Buch-Updates

Registrieren Sie dieses Buch
auf unserer Verlagswebsite.
Sie erhalten dann
Buch-Updates und weitere,
exklusive Informationen
zum Thema.

Galileo
BUCH UPDATE

Und so geht's

> Einfach **www.galileocomputing.de** aufrufen

<<< Auf das Logo **Buch-Updates** klicken

> Unten genannten **Zugangscode** eingeben

**Ihr persönlicher Zugang
zu den Buch-Updates**

176268171944

Gottfried Wolmeringer

Coding for Fun

Galileo Press

Liebe Leserin, lieber Leser,

ich hoffe, Sie bringen viel Zeit mit. Dieses Buch macht süchtig. Es ist die ideale Lektüre fürs Wochenende oder für Tage, an denen Sie ungestört mehrere Stunden hintereinander lesen und programmieren können. Unser Autor nimmt sie mit auf eine Reise durch die spannende Geschichte des Computers. Sie werden staunen, sich erinnern, selbst ausprobieren und dabei wahrscheinlich eine Menge lernen und, das ist ein Versprechen: Spaß dabei haben!

Lassen Sie sich ein auf das besondere Konzept dieses Werkes. Zur Erläuterung:

Ich fange von hinten an: Der sehr umfangreiche Anhang enthält nicht nur Zusatzinfos und Materialien, sondern technische Einführungen in Themen, die Sie, wollen Sie die Beispiele des Buches nachvollziehen, beherrschen sollten. Dazu gehören etwa Grundkenntnisse zur Virtualisierung. D. h., ein Blick in den Anhang als erster Schritt kann nicht schaden.

Sie erhalten in diesem Buch viel Wissenswertes zu geschichtlichen Hintergründen. Diese Passagen haben wir durch eine graue Texthinterlegung gekennzeichnet.

 Zudem gibt es Abschnitte für Kenner. Hier geht es um Spezialwissen (keine Sorge: Es ist jederzeit verständlich aufbereitet!). Auch diese Abschnitte sind kenntlich gemacht, nämlich durch eine Kennzeichnung am Rande und ein Icon.

 In die Praxis geht es vor allem in den »Für Könner« markierten Abschnitten. Steigen Sie hier ein und vollziehen die Beispiele nach, so haben Sie sich das Prädikat »Könner« auf jeden Fall verdient!

Dieses Buch wurde mit großer Sorgfalt geschrieben, lektoriert und gedruckt. Sollten Sie dennoch Anmerkungen und Verbesserungsvorschläge haben, so freue ich mich, wenn Sie sich an mich wenden.

Doch erst einmal: Viel Spaß beim Lesen!

Judith Stevens-Lemoine
Lektorat Galileo Computing

judith.stevens@galileo-press.de
www.galileocomputing.de
Galileo Press · Rheinwerkallee 4 · 53227 Bonn

Auf einen Blick

Der Name Galileo Press geht auf den italienischen Mathematiker und Philosophen Galileo Galilei (1564–1642) zurück. Er gilt als Gründungsfigur der neuzeitlichen Wissenschaft und wurde berühmt als Verfechter des modernen, heliozentrischen Weltbilds. Legendär ist sein Ausspruch *Eppur se muove* (Und sie bewegt sich doch). Das Emblem von Galileo Press ist der Jupiter, umkreist von den vier Galileischen Monden. Galilei entdeckte die nach ihm benannten Monde 1610.

Gerne stehen wir Ihnen mit Rat und Tat zur Seite:
judith.stevens@galileo-press.de bei Fragen und Anmerkungen zum Inhalt des Buches
service@galileo-press.de für versandkostenfreie Bestellungen und Reklamationen
stefan.krumbiegel@galileo-press.de für Rezensions- und Schulungsexemplare

Fachlektorat Jürgen Wolf, Mering
Lektorat Judith Stevens-Lemoine, Anne Scheibe, Christine Siedle
Korrektorat Roswitha Leferink, Düsseldorf
Cover Barbara Thoben, Köln
Titelbild Barbara Thoben, Köln
Typografie und Layout Vera Brauner
Herstellung Katrin Müller
Satz SatzPro, Krefeld
Druck und Bindung Bercker Graphischer Betrieb, Kevelaer

Dieses Buch wurde gesetzt aus der Linotype Syntax Serif (9,25/13,25 pt) in FrameMaker.

Bibliografische Information der Deutschen Bibliothek
Die Deutsche Bibliothek verzeichnet diese Publikation in der Deutschen Nationalbibliografie; detaillierte bibliografische Daten sind im Internet über http://dnb.ddb.de abrufbar.

ISBN   978-3-8362-1116-1

© Galileo Press, Bonn 2008
1. Auflage 2008, 2., korrigierter Nachdruck 2009

Inhalt

Teil II: Spiel, Computer, spiel!

6 Bunte Welten 217

Teil III: Ordnung im Chaos

7 Das Chaos kommt ins Spiel 249

Teil IV: Künstliche Intelligenz

Teil V: Programmieren lernen

Anhang Teil I: Vorbereitungen

Anhang Teil II: Installationen

H Ubuntu und QNX 479

I WinISO, Burnatonce und Virtual CD 497

J Die Installation von Java und Eclipse 515

Anhang Teil III: Biografien

Anhang Teil IV: Üblicher Anhang

Danksagung

... an meine Frau **Helga Rosita,** der ein herzlicher Dank für ihr Verständnis gebührt.

... an Herrn **Uwe Baumann,** der bei Microsoft eine Webseite betreut, in der es darum geht, spielerisch Programmiersprachen zu erlernen. Der mir große Teile seine Projektes **Coding4Fun** zur Verfügung gestellt und dem Verlag erlaubt hat, dieses Buch unter dem Namen Coding for Fun zu veröffentlichen.

... an Herrn **Andreas Kühnel,** dem ich einen besonderen Dank schulde für die zwei vollständigen Bücher, die sich auf der DVD des Buches befinden. Dadurch gewinnt der Leser nicht nur Einblick in die Geschichte der EDV, sondern kann auch noch zwei Programmiersprachen näher kennenlernen.

... auch an Herrn **Till Zoppke,** der mir seine **ENIAC-Simulation** für die beiliegende DVD zur Verfügung stellte. Ebenfalls zu danken habe ich Herrn **Christof Elmiger** für die Überlassung seiner Arbeit zu **L-Systemen.** Ein herzliches Dankeschön an Herrn **Thomas Jetter** für das Programm **MemBrain.** Danke auch für das neuronale Netzprogramm **NeuroSim** an Herrn **Frank Porstmann.** Leider konnte ich es jedoch aus Platzgründen nicht nutzen.

... ebenfalls an Herrn **Axel Koerfer** von der **Bitmanagement Software GmbH** für die Erlaubnis, den **VRML/X3D Viewer BS Contact** beilegen zu dürfen.

... an meine Lektorin **Judith Stevens-Lemoine,** die sich viel Mühe mit der Betreuung dieses Buches gegeben hat. Hätte sie sich meinen neuen Ideen gegenüber nicht aufgeschlossen gezeigt, wäre dieses Buch nie zustande gekommen. Den gleichen Dank schulde ich Herrn **Stefan Krumbiegel** von Galileo Press. Meinem Fachlektor und erfolgreichen Buchautor, Herrn **Jürgen Wolf,** danke ich sehr für das Lob und die hervorragenden Tipps.

... außerdem an meinen Lehrer und Mentor, **Prof. Dr. Peter Zöller-Greer,** der mich durch seine Forschungen im Bereich der KI vielfach anregte und unterstützte. Mit seinen Worten möchte ich sagen: »Der Mensch, wie er in der Natur vorkommt, benötigt im Grunde keinen Computer, aber der Computer in jedem Fall den Menschen.«

Ein ganz besonderer Dank gebührt jener endlosen Schar an Hobbyprogrammierern, die mit unvergleichlichem Elan und Enthusiasmus ihre Freizeit dafür opfern, geniale Softwareprogramme zu erstellen, die sie dann kostenlos weitergeben. Ohne ihre Arbeit wäre an ein solches Buch gar nicht zu denken gewesen. Denn es gäbe kein **Xen**, kein **FreeDOS**, kein **Squeak-Smalltalk** und vor allem kein **LINUX** und **Ubuntu**.

Und ehe ich es vergesse … Ein herzliches Dankeschön an den Leser, der dieses Buch gekauft hat. Aus Interesse am Computer oder vielleicht, weil er Spaß am Programmieren haben möchte und sich durch den Titel des Buches inspirieren ließ. Damit hat er im Grunde diesen »literarischen« Einblick in die tolle Welt der Computer erst möglich gemacht. Möge er die gleiche Freude finden, die ich daran hatte, dieses Buch zu schreiben.

»Die Frage, ob Computer jemals denken können, ist wie die Behauptung, dass U-Boote niemals untergehen.«
– Edgar Wybe Dijkstra

Vorwort

Gratuliere zu dem Entschluss, den tristen Computeralltag mal mit ein wenig Spaß versüßen zu wollen. Ein großes Vorhaben, wie Sie noch feststellen werden. Aber wir werden die Sache ernsthaft angehen, wir wollen ja allen Ernstes Spaß mit dem Computer haben.

Die Welt der Informatik zeichnet sich durch ständigen Wandel aus. Deshalb wunderte ich mich auch nicht, als sich zu Begriffen wie OOP und Supercomputing mit den Jahren Begriffe wie Virtualisierung, J2EE, CORBA, Servlets, Autoboxing, JVM, Apache-ANT, Jinii und viele mehr gesellten. Weit mehr schockierte mich allerdings die Erkenntnis, dass aus der kleinen Wissenschaft der Hacker im Hinterzimmer mehr und mehr ein große Wissenschaft des Softwareingenieurs wurde. Zweifellos eine notwendige Entwicklung, aber der Spaß an der Sache blieb dabei auf der Stecke. Aus diesem Grund fanden sich immer weniger junge Leute, die dieser ernsten Wissenschaft nachgehen wollten. Für mich stand fest: Es wurde allerhöchste Zeit, die alten Disketten hervorzukramen, auf denen es Programme gab, die Apfelmännchen zeichneten oder Conways *Spiel des Lebens* spielten. Zeit, dass der Spaß am Programmieren in den Computer zurückfand.

So entstand die Idee zu diesem Buch – und in diesem Geist wurde es auch geschrieben. Die Schwierigkeit dabei war, dass es kein Buch für den Softwarefachmann werden sollte – obwohl die Thematik auch für manchen Kenner interessant sein dürfte. Das Buch sollte vor allem für den Einsteiger interessant sein, genauso aber auch für den Programmieranfänger mit Grundkenntnissen. Mein Hauptanliegen war es, dem unbelasteten Heimanwender zu zeigen, dass Programmieren Spaß machen kann und er sich durchaus die Mühe machen sollte, eine Programmiersprache wenigstens ansatzweise zu erlernen. Nicht einmal, um ein eigenes DVD-Verwaltungsprogramm zu schreiben, sondern einfach für den Spaß an der Sache.

Deshalb wird der Leser in diesem Buch auch den Code für ein DVD-Verwaltungsprogramm vergebens suchen. Finden wird er dafür Code für »sinnlose« Software, die allerdings hohen Unterhaltungswert hat. Gleichzeitig wird im Buch ein Blick in die Geschichte der EDV vermittelt. Man sieht, wie diese Technik sich entwickelt hat und wie es zur Entstehung der interessanten Software, wie zum Beispiel des Programms ELIZA von Weizenbaum, kam. Jede Software hat schließlich ihre eigene (Vor-)Geschichte.

Damit das Buch für den **Anfänger** (DaU), Hobbyhacker genauso wie für den **Könner** (Freak) etwas Reizvolles zu bieten hat, sind alle Programme auch einfach installier- und ausführbar. Sozusagen als lebende »Fossilien« aus der Geschichte der EDV. Am Ende des Buches findet man im Rahmen einer KI-Technik-Simulation einen sehr interessanten Einstieg in die BASIC-Programmierung mit dem modernen Visual Basic für den **Anfänger**, der sich durch das Buch angeregt, entschließt, sich intensiver in eine Programmiersprache einzuarbeiten. Dazu gibt es auf der DVD die entsprechenden Handbücher und im Internet ein lehrreiches Projekt von Microsoft: **Coding4fun**.

 Der **Kenner** kann sich an den Beispielen als Programmierer versuchen und die Programme nachvollziehen oder selbst erstellen.

 Ein **Könner** findet in diesem Buch die Ideen und die Software zu den Meilensteinen der EDV-Geschichte. Das sind Ideen und Anregungen in viele Richtungen, sei es KI oder Spieltheorie. Die meisten Programmbeispiele liegen zudem als Eclipse-Projekte in der Programmiersprache Java auf der Buch-DVD (*Software zum Buch*\\ *Kap0X\JavaProjekte*). Sie unterliegen der OpenSource-Lizenz und dürfen weiterentwickelt werden. Es gibt also zahlreiche Anregungen, die man sich selbst als Könner unbedingt anschauen sollte.

Für den Anfänger gilt natürlich im Gegenzug: Mut zur Lücke! Funktioniert mal etwas nicht, lässt man es einfach weg. Wahrscheinlich weiß man am Ende des Buches so viel mehr, dass genau die weggelassenen Punkte nun auch verstanden werden.

Generell gilt, sich mit der Lektüre dieses Buches Zeit zu lassen. Es ist keine Kurzgeschichte, die sich an einem Tag lesen lässt. Man sollte es scheibchenweise durcharbeiten, wo es Spaß macht, länger verweilen, Schwierigkeiten umschiffen und später noch einmal angehen. Sodass selbst die Stellen, die sich erst als Klippen herausstellten, später den größten Spaßfaktor bieten können.

Es wäre schön, wenn sich Leser finden würden, die das Buch als Sammlung von Anregungen verstehen. Denn schlussendlich findet man insbesondere in der EDV die wichtigen Informationen mehr und mehr im Internet. Vielleicht werden wir Bücher in Zukunft anders definieren müssen und eventuell kann dieses Buch schon ein Schritt in die Zukunft sein, auch wenn der Schwerpunkt auf die Vergangenheit gerichtet ist.

So, nun wünsche ich jedem Leser ein Maximum an Fun beim Programmieren!

Gottfried Wolmeringer

»Männer kommen vom Mars, die Frauen von der Venus und die
Computer kommen aus der Hölle.«
– Unbekannter Autor

Hinweise zur Benutzung des Buches

Das Buch ist so aufgebaut, dass man einzelne Teile oder Kapitel auch separat durcharbeiten kann. Wichtig ist es jedoch, den Abschnitt »Ernsthaft Spaß mit der grauen Kiste« und den ersten Teil des Anhangs, »Vorbereitungen«, ganz zu Anfang zu lesen, sonst fehlen Ihnen die Grundlagen, um das Buch überhaupt durcharbeiten zu können.

Damit die einzelnen Bestandteile des Buches wie Programmcode und Kapiteleinführungen sich besser voneinander abheben, wurden jeweils unterschiedliche Schriften verwendet. Sie sind hier vor der Aufzählung der verwendeten Abkürzungen dargestellt, damit man einen Überblick gewinnen kann.

Darstellung	Verwendung
Kapiteleinführung	Vorwort vor den einzelnen Kapiteln
Listing	Programmcode
CD:/beispiele/kapitel01/pro001	Hinweis zu den Code-Beispielen auf der DVD-ROM
Start • Programm • VBasic	Menüfolge
<Proj.-Verzeichnis>	Erläuterung, die sinngemäß zu ersetzen ist
Ctrl + H	Tastatureingabe
Fett	Hervorhebung wichtiger Wörter und Begriffe

Tabelle 1 Tabelle der Zeichenformate

Abkürzung	Bedeutung
Start-Icon	Start-Kreis von Windows (bei Windows-Vista) und Start (bei älterem Windows)
GUI	Grafische Nutzerschnittstelle (aus Entwicklersicht)
IDE	Integrierte Entwicklungsumgebung
LMT	Linke Maustaste anklicken

Tabelle 2 Tabelle der Abkürzungen

Abkürzung	Bedeutung
OOP	Objektorientierte Programmierung
RMT	Rechte Maustaste anklicken
UML	Diagramme, um den Aufbau von OO-Programmen zu beschreiben
URL	Webadresse
VM	Virtuelle Java-Maschine

Tabelle 2 Tabelle der Abkürzungen (Forts.)

Ernsthaft Spaß mit der grauen Kiste

Nun zum wichtigsten Kapitel des Buches. Es befindet sich ganz am Schluss, genauer im Anhang A (Virtualisierung). Dieses Kapitel muss in jedem Fall zuerst durchgearbeitet werden, es sei denn, Sie sind ein Fachmann für Virtualisierung und haben auf Ihrem Rechner bereits Systeme wie Xen oder VMware.

Anhand dieses Kapitels wird die verfügbare Hardware so vorbereitet, dass auch andere Betriebssysteme installiert werden können, ohne dass das bestehende System verändert werden muss. Auch wenn Sie noch nie einen Rechner selbst konfiguriert haben, sollten Sie es diesmal versuchen. Es geht zunächst nur darum, ein Programm, ein Stück Software, zu installieren. Diese Software »gaukelt« dann einen eigenständigen Rechner im regulären Rechner vor, mit dem man beliebig herumexperimentieren kann, ohne dass etwas kaputt gehen kann. Sollte einmal etwas schieflaufen, löscht man einfach den »kaputten« Rechner aus dem Programm und erzeugt einen neuen. Sollte es ganz schlimm kommen, deinstalliert man die Virtualisierungssoftware und installiert sie wieder neu.

Also, alles völlig ungefährlich. Oder anders gesagt, wenn man nicht wirklich Unsinn macht, kann man mit der Software und den Beispielen im Buch keinen Schaden am Computer anrichten. Trotzdem können natürlich weder der Autor noch der Verlag dafür garantieren, dass die Software einwandfrei funktioniert oder kein Schaden entsteht.

Zur DVD-ROM

Auf der beiliegenden DVD ist die gesamte Software enthalten, die für Beschreibungen und die Sachverhalte aus dem Buch erforderlich ist. Es steht dem Leser frei, neuere Versionen oder andere Software aus dem Internet zu downloaden. Allerdings sollte er dann auch berücksichtigen, dass weder der Verlag noch der Autor ihm Fragen zu jener Software beantworten können.

Versuchen Sie also mit der Software auszukommen, die sich auf der DVD befindet. Dann ergeben sich auch kaum Diskrepanzen zum Inhalt des Buches und Sie erzielen den höchstmöglichen Lern- und Spaßeffekt.

Außerdem befinden sich zahlreiche Dokumentationen zur Software und zu weiterführenden Sachgebieten auf der DVD, sodass ein Leser sich über das Buch hinaus weiter in die Thematik einarbeiten kann. Helfen und Weiterführen sollen auch die überall im Buch eingestreuten Webadressen.

TEIL I
Vom Automaten zum Computer

»Ich denke, dass es einen Weltmarkt für vielleicht fünf Computer gibt.«
– Thomas J. Watson, Vorstandsvorsitzender der IBM, 1943

und später:

»Der Computer hilft uns, Probleme zu lösen, die wir ohne ihn gar nicht erst hätten.«
– Unbekannter Autor

*Vor 40 Jahren konnte niemand ahnen, dass es einmal Hochleistungs-
computer für ein Taschengeld zu kaufen gibt. In der heutigen Zeit hat
fast jeder zweite Haushalt Internetzugang. Vor 20 Jahren waren Computer etwas aufregend Neues, ein Abenteuer für Hacker und Freaks.
Heutzutage ersteigert Opa bei Ebay einen neuen Superrechner fürs
Wohnzimmer. Höchste Zeit, einen Blick in die Gründerzeit der Informatik zu werfen, als es noch purer Spaß war, mit Bits und Bytes zu jong-
lieren. Bits? Genau damit wollen wir anfangen, wenn auch auf eine
etwas ausgefallene Weise.*

1 Denkmaschinen

1.1 Am Anfang war das Wort – und das bestand aus 8 Bit

»Zehn kleine Negerlein...« Mit diesem – nicht immer lustigen – kleinen Kinder-
lied habe ich zählen gelernt. Das Schwierige daran ist, dass man rückwärts zählen
muss. Wichtig ist hierbei, die zehn Finger zu Hilfe zu nehmen. Computer, das
sind in erster Linie Rechenmaschinen. Und damit sind sie nichts anderes als die
Perfektionierung der ersten »Rechenmaschine«, des ersten »Computers« überhaupt, einer uralten Rechenhilfe, die immer noch in Gebrauch ist, nämlich unsere
beiden Hände.

Zweifellos ist für die Nutzung eines Computers und noch mehr für seine Programmierung Mathematik nicht ganz unwichtig, und zwar die numerische Mathematik und die darin verwendeten Zahlensysteme.

Daher wird es zunächst einmal ums Zählen gehen. Uff! Ich kann den Stöhner fast
hören.

Es wird spannend – versprochen!

Eine Frage vorab: Wie weit können Sie mit zehn Fingern zählen?

Bis zehn?

Ich kann mithilfe der Finger bis über 1000 zählen, ohne einen Trick oder auch
nur eine Zehe zusätzlich einzusetzen.

Das glauben Sie nicht? Warten Sie ab ...! Also zurück zu unseren Fingern, sie zeigen genau, wie das wichtigste Zahlensystem entstand. Es handelt sich um das so-

genannte Dezimalsystem oder Zehnersystem. Ein System mit der Basis 10. Das heißt, es kennt zehn verschiedene Zeichen, rechter Daumen, Zeigefinger, Mittelfinger usw. Man kann auch eins, zwei, drei usw. sagen. Wenn sie alle durchgezählt sind, beginnt man von vorn, muss sich jedoch merken, dass schon ein Durchgang war. Das geschieht, indem wir eine Zahl vor die andere schreiben. Der Wert einer Zahl hängt davon ab, wo sie steht, daher auch die Bezeichnung Stellenwertsystem. So erhält man 11, 12 und so fort. Obwohl wir es alle »bei der Hand haben« stammt das Dezimalsystem ursprünglich aus Indien. Von dort gelangte es nach Persien, wo es der persische Mathematiker Muhammad Ibn Musa al-Chwarizmi in seinem Arithmetikbuch verwendete, das er im 8. Jahrhundert schrieb. Das Dezimalsystem wurde etwa zur gleichen Zeit in Europa bekannt, in einer Form, bei der die Null fehlte. Aber erst nach der Übersetzung des persischen Arithmetikbuchs ins Lateinische begann der richtige Siegeszug dieses Zahlensystems in Europa. Trotz dieses anschaulichen Vergleichs unterscheidet sich das Zehnersystem von unserem Abzählen mit den Fingern gravierend. Die Finger sind so, wie wir sie verwendet haben, ein Additionssystem, aber das Zehnersystem ist ein Stellenwertsystem.

Unter uns gesagt: Die Finger sind eigentlich ein duales (binäres) Stellenwertsystem. Strichlisten beispielsweise gehören zu den Additionssystemen. Man zählt einfach die Elemente durch und hat die dargestellte Zahl. Die römischen Zahlen bis zur Drei sind auch so ähnlich: I II III IV... Zurück zu den Stellenwertsystemen ...

Sobald alle Ziffern durchgezählt sind, kommt es zu einem Übertrag. Beim Zehnersystem geschieht das hinter 9. Es lässt sich genauso gut ein System denken, bei dem wir bis 7 zählen und 8 so schreiben: 10. Wir könnten aber auch bis 12 zählen, wie wir es bei der Zeitrechnung machen.

1, 2, 3, 4, 5, 6, 7, 8, 9, A, B, C, 10, 11 usw. 22 und 23 sähen so aus: 1B, 1C und die 24 so 20.

Das erscheint im ersten Moment etwas merkwürdig. Wenn Sie es jedoch ein wenig verinnerlicht haben, wird es klar. Wer sich noch schwertut, kann sich im Internet weitere Informationen holen. Entsprechende Links befinden sich am Ende dieses Kapitels.

Es lässt sich im Grunde jede denkbare Basis für ein Zahlensystem einsetzen. Zum Beispiel 16 oder 100. Dann werden jedoch 100 verschiedene Zahlzeichen benötigt. Nur 0 oder 1 kann man nicht als Basis nehmen, dafür aber 2.

Das binäre System, oft auch duales System genannt, hat die Basis 2, also zwei »Zeichen«. Beispielsweise 0 und 1.

Stehen diese an der ersten Stelle rechts, haben sie den üblichen Wert 0 und 1. Die nächste Zahl ist 10, die den Wert 2 hat, nicht 10, wie bei dezimalen Systemen.

11 sind demnach 3 und so weiter. Oh, werden Sie denken, damit kommen wir aber nicht weit. Wie man es nimmt. Auch mit den Fingern lässt sich so zählen. Eine Faust besagt Null. Der Daumen oben, da er an der ersten Stelle ist, steht also für die Eins.

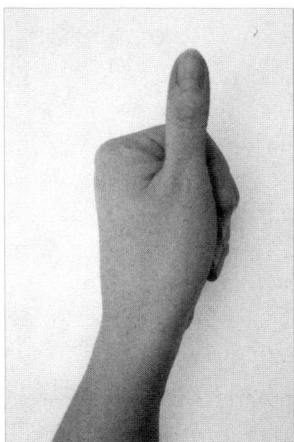

Abbildung 1.1   Bei der Eins ist noch alles beim Alten

Zählen wir nun weiter – wir kennen nur zwei Zustände – so muss der Daumen wieder runter und der Zeigefinger hoch, der für die Stelle Zwei steht.

```
10 = 2
```

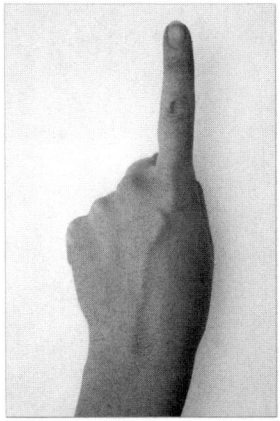

Abbildung 1.2   Die Zwei – der Zeigefinger allein

Den Daumen wieder hoch, und wir haben die Drei, weil Stelle Eins und Zwei belegt sind:

```
11 = 3
```

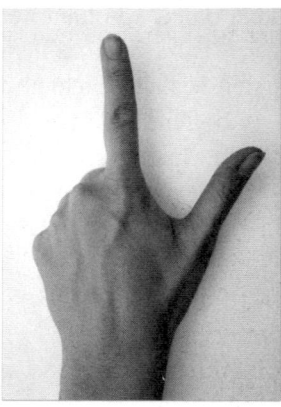

Abbildung 1.3 Zwei Finger stehen für die Drei

```
100 = 4
```

Vier wäre der Mittelfinger allein. Und so weiter. In der binären Mathematik steht 101 für die Fünf, also Daumen und Mittelfinger nach oben. Folgende Tabelle zeigt noch einmal das Prinzip:

Wert	16	8	4	2	1
Binärzahl	1	0	1	0	1

Angezeigt wird die Zahl 21 aus 16, 4, 1.

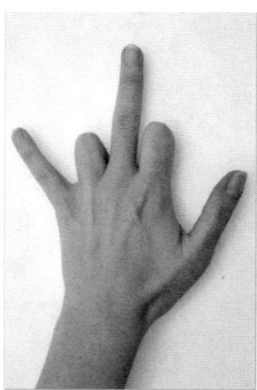

Abbildung 1.4 Die Zahl 21, an einer Hand gezeigt

Sie werden sich fragen, wie weit wir mit dem binären Stellenwertsystem auf den Fingern kommen. Versuchen Sie es einmal herauszufinden. Falls es gar nicht gelingen will, nutzen Sie den Taschenrechner in Windows im wissenschaftlichen Modus.

Genau dieses binäre System ist für den Betrieb unserer heutigen Computer enorm wichtig.

Nicht, dass Ihnen nun doch die Haare zu Berge stehen, in diesem Buch bleibt Mathematik keineswegs unser Hauptthema. Es geht darum, Spaß mit einem modernen Stück Technik zu haben. Das heißt aber auch, die Sache zu verstehen, und das sollte doch wohl gelingen. Wenn Sie daran zweifeln, schauen Sie sich Ihr binäres Stellenwertsystem an den Armen an. Sollten Sie hinsichtlich der Mathematik trotzdem immer noch rotsehen und sich fragen »Was haben Computer, um alles in der Welt, mit Rechnen zu tun? Der Begriff »Computer«, man mag es fast nicht glauben, ist bereits uralt. Schon im Mittelalter hießen in England mathematische Mitarbeiter, die langwierige und umfangreiche Berechnungen für Astronomen durchführten »Computer«, übersetzt »Rechner«. Abgeleitet ist das Substantiv vom Verb **to compute** (berechnen). Haben Sie herausgefunden, wie weit ihr binärer Fingercomputer rechnen kann?

Wenn Sie alle Finger hochhalten, heißt das im binären Stellenwertsystem genau 1023 (Abbildung 1.5).

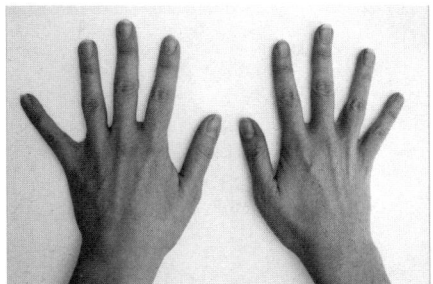

Abbildung 1.5   Bis 1023 gezählt

Das entspricht 2^{10} – einer Dualzahl mit 10 Stellen, wie folgende Tabelle sie zeigt.

512	256	128	64	32	16	8	4	2	1
1	1	1	1	1	1	1	1	1	1

Würden wir 1 dazuzählen

1024	512	256	128	64	32	16	8	4	2	1
0	1	1	1	1	1	1	1	1	1	1
									+	1

läuft ein Übertrag von rechts bis ganz links, denn

0	1
+	1

ergibt

1	0

was an den Fingern 1024 liefern würde.

1024	512	256	128	64	32	16	8	4	2	1
1	0	0	0	0	0	0	0	0	0	0

Mit 11 Fingern eine Kleinigkeit.

1024 bezeichnet man auch als Kilobit oder bei Byte als Kilobyte, obwohl es eigentlich Kibibyte heißen muss. Laut Norm ist Kilo 1000 und nicht 1024.

Nehmen wir nur acht Finger zu Hilfe, erhalten wir eine weitere wichtige Einheit der EDV, das Byte.

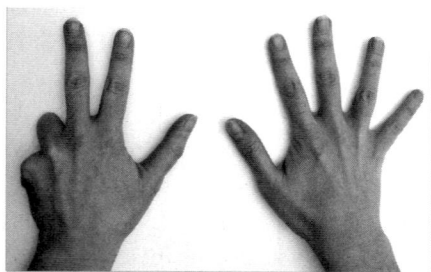

Abbildung 1.6   Ein Byte sind acht Bit und zählt 255

Ein Byte besteht aus 8 Bit und ist deshalb von Bedeutung, weil man mit ihm bis 256 zählen oder – anders ausgedrückt – 256 Zeichen darstellen kann. Das genügt für ein Zeichensystem mit Zahlen, Groß- und Kleinbuchstaben und noch einigen Sonderzeichen. Man könnte also mit einer Maschine, die acht Binärstellen bearbeiten kann, ganz gut Textverarbeitung betreiben. Deshalb waren die ersten erfolgreichen Kleincomputer auch mit sogenannten **8 Bit-Prozessoren** ausgestattet. Man spricht auch von 8 Bit breiten Binärwörtern, wenn ein Prozessor 8 Bit an einem Stück verarbeiten kann.

Die Erfindung des Computers

Für Computer, wie sie heute genutzt werden, wurde der Begriff erstmals 1946 verwendet, und zwar in dem Namen Electronic Numerical Integrator and Computer (abgekürzt ENIAC). Das war noch ein Elektronenrechner von der

Größe eines kleinen Hauses. Seine Rechenleistung entsprach nicht einmal einem heutigen Taschenrechner, ganz zu schweigen von der halben Million Dollar, die er kostete. Doch die Informatik fing nicht erst bei ENIAC an, sondern schon viel früher. Eigentlich sogar in der Antike. Aber wir wollen uns nur die interessantesten Highlights und spannendsten Geschichten aus der Geschichte der EDV anschauen. Auch wenn die Inder und Römer bereits Zählbretter kannten, richtig los ging es erst im zwanzigsten Jahrhundert.

1.2 Eine ernste Sache – oder der Krieg, der Vater aller Dinge?

Es gab bereits in der Antike Rechenhilfen. Wer kennt nicht den sogenannten Abakus, die auf Draht gereihten Kugeln. Im Grunde dient er als Ersatz für das Abzählen an den Fingern. Auch mit ihm lassen sich Berechnungen mit Additions- oder Stellenwertsystemen durchführen. Das geht mit dem Dezimal- als auch mit dem Dualsystem. Mit Fortschreiten der Technik wurden immer raffiniertere Hilfen entwickelt.

Um noch kurz in der Antike zu bleiben, wer kennt nicht den Satz: »Der Krieg ist der Vater aller Dinge«?

Er stammt von dem griechischen Philosophen Heraklid. Dieser führte den Beinamen »der weinende Philosoph«, weil seine Philosophie von einer tiefen Nüchternheit geprägt war. Die Griechen legten auch die theoretischen Grundlagen für die späteren Rechenmaschinen, weil sie sich intensiv mit der Mathematik auseinandersetzten. Die größten Mathematiker waren Hippokrates von Chios, Eudoxos von Knidos, Autolykos, aber vor allem Euklid, der nicht von ungefähr in Alexandria lebte und lehrte – angeblich hatten die Griechen nämlich die Mathematik von den Ägyptern abgespickt.

Der Satz vom Krieg sollte sich, wie so oft, auch bei den Rechenmaschinen bewahrheiten.

Zurück zur Neuzeit. Nach und nach wurden zahlreiche mechanische Rechenmaschinen entwickelt. Erst von berühmten Mathematikern z. B. Pascal und Leibniz, später vor allem von begabten Technikern. Es gab sogar einen Automaten, der mit einer Feder schreiben konnte, und einen Türken, der Schach spielte, als mechanisches Meisterwerk. Letzterer stellte sich allerdings als raffinierter Betrug heraus.

Die mechanischen Rechenmaschinen fanden weite Verbreitung, im Grunde zählte jede ratternde Ladenkasse und jeder Rechenschieber dazu. Was beweist, wie groß der Bedarf an »Computern« immer schon war.

Die Enigma war kein Computer

Oft hört man in diesem Zusammenhang den Namen **Enigma**. Die Enigma war kein Computer, sondern eine Chiffriermaschine, also ein Gerät, um Nachrichten so zu manipulieren, dass man sie auch nur mit einer Enigma lesen konnte. Sie wurde für die Entwicklung der echten Computer sehr wichtig, weil man Computer baute und weiterentwickelte, um diese verschlüsselten Nachrichten lesen zu können. Selbst heute noch spielen Computer beim Verschlüsseln von Nachrichten eine große Rolle.

Einer der Männer, die in England an der Entschlüsselung der Enigma arbeiteten, war das Mathematikgenie Alan Turing.

 Für Kenner: Enigma

Konstruiert wurde die Enigma bereits 1923 als Chiffriermaschine zum Ver- und Entschlüsseln geheimer Botschaften. Vom Typ her war es eine sogenannte elektromechanische Rotormaschine. Im Zweiten Weltkrieg wurde sie von der gesamten Wehrmacht eingesetzt. Die Entschlüsselung ihrer Arbeitsweise durch die Alliierten war mitentscheidend für den Ausgang des Krieges. Dabei hatten die Polen ein Vormodell bereits in den 30er-Jahren geknackt. Die Alliierten machten bei der Enträtselung erst Fortschritte, nachdem ihnen Exemplare aus deutschen U-Booten in die Hände gefallen waren.

Das gelang zunächst bei U110, das, nachdem es beschossen wurde, sehr langsam sank, worauf sich die Briten entschlossen, das Boot und damit alle wertvollen Informationen abzuschleppen. Der Kommandant der U110, Kapitänleutnant Fritz-Julius Lemp, erkannte das Vorhaben. Er schwamm zurück, um die Geheimdokumente und die Enigma zu zerstören, wurde dabei entdeckt und erschossen. Was war an einem Blechkasten nur so wertvoll, dass man es mit dem Leben bezahlte?

Die Enigma garantierte die Kommunikation, ohne dass der Feind die Nachrichten verstehen konnte. Hatte er aber ein Exemplar der Maschine in der Hand, war das Geheimnis schnell gelüftet. Alan Turing, ein englisches Mathegenie, entwickelte auf der Basis der polnischen Erkenntnisse entsprechende Dechiffriermaschinen.

Eine neue Baureihe der Enigma wurde entwickelt, und wieder war alles offen. Erneut war es ein U-Boot (U559), das aufgebracht wurde, und die neue Enigma M4 fiel auch in die Hände der Alliierten.

Alan Turing entschlüsselte nicht nur den deutschen Geheimcode, er legte auch die theoretischen Grundlagen zum Bau der Computer. Ebenfalls von großer Bedeutung war hierbei die Arbeit eines weiteren mathematischen Vordenkers, nämlich John von Neumann.

Genau mit Alan Turing fing der Spaß am Computer so richtig an. Er erdachte sich nämlich unter anderem so tolle Dinge wie die **Turingmaschine** und den **Turing-Test**.

1.3   Die Turingmaschine

Alan Turing meinte, bevor man einen Computer baut, sollte man sich darüber im Klaren sein, wozu er überhaupt dienen kann. Um das herauszufinden, erdachte er eine einfache Maschine, die genau das berechnen kann, was auch Menschen berechnen können, nicht mehr, aber auch nicht weniger.

Seine Originalveröffentlichung vom 12. November 1936 kann man sich heute im Internet ansehen:

http://www.wolframscience.com/prizes/tm23/images/Turing.pdf

Die Maschine sollte denkbar einfach sein und trotzdem alle bekannten Algorithmen lösen können. Er stellte sich einen endlos langen Papierstreifen vor, der Felder für Zeichen oder Ziffern hatte. In ein Feld passte nur ein Zeichen, oder es blieb leer. Zusätzlich benötigte man noch Bleistift und Papier. Den denkbar simpelsten Computer kann man also jederzeit an einem Schreibtisch simulieren. Es geht aber auch etwas technischer, in Form einer Maschine, die aus einem programmgesteuerten Schreib-/Lesekopf besteht, und aus einem endlosen Band, dem Papierstreifen. Die Maschine kann das Band vor- oder zurückschieben. Die Felder darauf lesen oder beschreiben, und sie kann anhalten.

Das Witzige an dieser einfachen Konstruktion ist nun, dass sie nur mit ihren drei Funktionen, Lesen, Schreiben und das Band bewegen, alle Aufgaben lösen kann, die auch ein Computer löst. In der sogenannten **Church-Turing-Hypothese** wird sogar behauptet, dass der Mensch auch nicht mehr berechnen kann, als ein solcher Apparat.

Übrigens hat 2007 ein englischer Student bewiesen, dass die Zwei–Zustands-Turingmaschine von Stephen Wolfram eine universelle Turingmaschine ist, und er gewann damit einen Preis von 25.000 $ (*http://www.heise.de/newsticker/meldung/97991*). Diese ist damit auch die einfachste universelle Turingmaschine.

In der Tat lassen sich alle mathematischen Grundfunktionen wie Addition, Subtraktion und Multiplikation mit dieser Maschine und ihren zwei Zuständen simulieren. Die ganze Mathematik baut darauf auf, somit lässt sich durch weitere Simulationen alles berechnen, was berechenbar ist.

Eine Funktion, die mit einer Turingmaschine berechnet werden kann, nennt man eine **turingberechenbare Funktion**. Es lässt sich also mit Recht sagen, dass die Turingmaschine eine Art grundlegender Computer ist.

Allerdings gibt es auch einen Haken an der Sache. Gerade als **David Hilbert** und **Bertrand Russell** dabei waren, in der **Principia Mathematica** die gesamte Mathematik auf logischer Basis zu beweisen, gelang es dem jungen österreichischen Mathematiker **Kurt Gödel** zu belegen, dass ein solcher Beweis völlig unmöglich ist. In logischen Systemen gibt es immer unbeweisbare Sätze. Genau dieses Problem zeigt auch die Turingmaschine. Darüber hinaus belegt sie, dass es unmöglich ist, vorher zu beweisen, dass das aktuelle Problem eines der vielen lösbaren oder eines der unlösbaren Probleme ist.

 Für Kenner: Aufbau und Funktionsweise einer Turingmaschine

Eine Turingmaschine liest Zeichen und verändert diese. Sie ist die damit denkbar einfachste Form einer Datenverarbeitungsmaschine. Alan Turing erdachte diese Maschine 1936, um die Berechenbarkeit von Funktionen zu zeigen. Außerdem ist sie laut Turing ein Modell für die Vorgehensweise des rechnenden Menschen.

Die Maschine besteht aus drei Teilen, einem Speicherband, das man sich als unendlich lang denkt, einem Schreib-/Lesekopf und der Steuereinheit. Das Band steht als Symbol für einen seriellen Speicheraufbau und die serielle Denkweise des Menschen. Es enthält Speicherstellen, die der Schreib-/Lesekopf nur einzeln lesen und überschreiben kann. Die Steuereinheit enthält die Anweisungen zur Verarbeitung der Daten, das Programm. Im Programm sind gelesene Zeichen einfach nur zu schreibenden Zeichen gegenübergestellt. Das bedeutet, dass einer eingehenden Information immer eine ausgehende Information gegenübersteht, es steht auch immer fest, was als Nächstes gelesen wird oder ob der Endzustand erreicht ist. Apropos Zustand: Zusätzlich hat die Maschine auch noch einen festgelegten Zustand, der Teil des Programms ist. Das bedeutet, dass sie nicht nur vorgeschrieben bekommt, was sie als Nächstes zu lesen hat, sondern auch, wie sie darauf reagieren soll. Sie hat sozusagen drei Eigenschaften:

▶ zu lesende Information

▶ einstellbarer Zustand

▶ zu schreibende Information

Fast unglaublich ist die Tatsache, dass damit die gesamte EDV beschrieben wurde.

Während Alan Turing seine Maschine noch auf dem Papier mit Bleistift und Radiergummi ablaufen ließ, sind wir heute in der glücklichen Lage, dieses Modell von einem Computer durchrechnen zu lassen. Das wollen wir auch gleich einmal tun, dadurch wird die Funktionsweise wesentlich anschaulicher.

Eine in Java programmierte Turingmaschine befindet sich auf der beiliegenden DVD unter: *Software zum Buch\Kap01\Turingmaschinen\Software* als *Turing 001.jar*.

Haben Sie Java JRE richtig installiert (siehe Anhang »Die Installation von Java und Eclipse«), doppelklicken Sie auf die Datei, um die Turingmaschine zu starten. Ein Dialog wird geöffnet, der eine simulierte Turingmaschine zeigt (Abbildung 1.7).

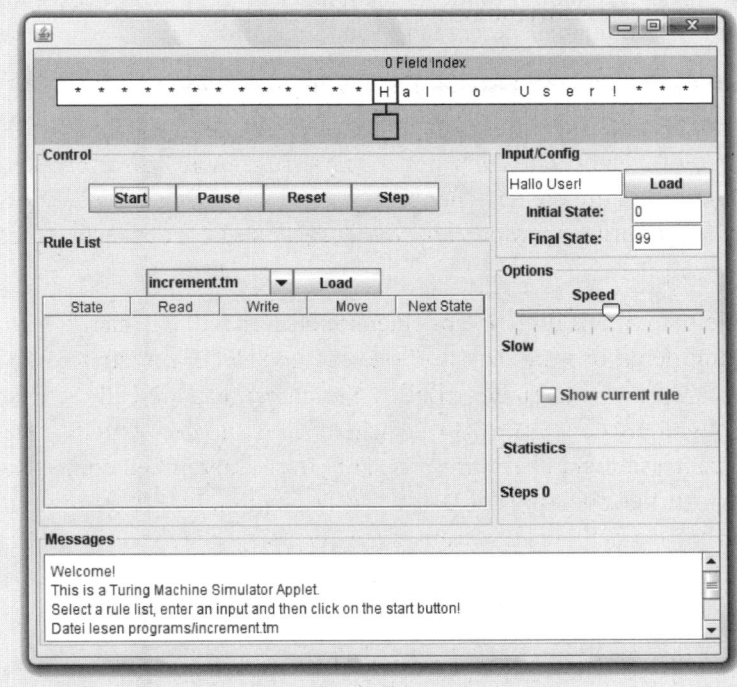

Abbildung 1.7 Die Turingmaschine

Die Dialogbox der Simulation gliedert sich in drei Teile:

Die eigentliche Turingmaschine mit dem endlosen Band und dem Schreib-/Lesekopf. Dazu gehören die Bedienelemente, die zum **Start** und Anhalten (**Pause**), aber auch zum **Zurücksetzen** (Reset – was ganz wichtig ist) der Maschine dienen. Zusätzlich gibt es noch die Möglichkeit von Einzelschritten (**Schritt**). Im Eingabefeld lassen sich Daten eingeben, die mit der Schaltfläche **Laden** auf das Band übernommen werden sollen. Ist ein Programm geladen, müssen hiermit erst Daten aufs Band geschrieben werden, bevor man starten kann.

Im Programmfeld wird das aktuell geladene Programm angezeigt, das mit der Schaltfläche **Lesen** in den Arbeitsspeicher der Turingmaschine übernommen werden kann. Die verfügbaren Programme zeigt die Combobox neben der Schaltfläche an. Die Programme befinden sich innerhalb der **Turing001.jar**-Datei in gepackter Form.

Geben wir beispielsweise die binäre Zahl 1111111111 ins Eingabefeld ein. Eben zwei Hände voll Einsen, die, wie wir wissen, die dezimale Zahl 1023 darstellen. Mit **Laden** stellen wir die Zahl auf das Band.

Im nächsten Schritt laden wir ein Programm, beispielsweise **increment.tm**, durch Auswahl in der Combobox und der **Laden**-Schaltfläche. Das Programm wird nun in der Programmtabelle angezeigt (Abbildung 1.8).

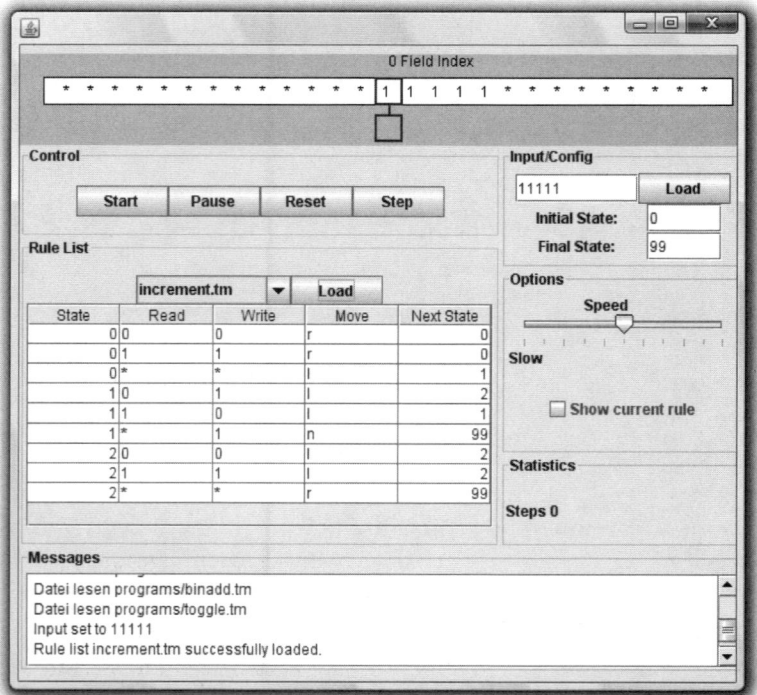

Abbildung 1.8   Das Programm, in der Turingmaschine geladen

Im Programm werden entsprechend dem gelesenen Zeichen, das zu schreibende Zeichen, der Zustand und die Bewegung des Schreib-/Lesekopfes festgelegt. Nun stellen wir die Geschwindigkeit etwas höher – den Speed-Schieber nach rechts schieben – und betätigen die **Start**-Schaltfläche.

Die Turingmaschine bildet nun das sogenannte 2er-Increment.

Wir stellen das einmal ganz übersichtlich in einer Tabelle dar. Die erste Zeile zeigt, welches Zeichen die Maschine gelesen hat. Hat sie beispielsweise ein Y gelesen, müssen wir in der dritten Spalte nachsehen. Außerdem müssen wir wissen, in welchem Zustand sich die Maschine gerade befindet. Wäre sie beispielsweise im Zustand 2, hieße das: Zeile Zustand 2 und ein Y gelesen als Y: 2 : R, was bedeutet: Sie schreibt ein Y, bleibt im Zustand 2 und bewegt den Schreib-/Lesekopf nach rechts.

Gelesenes Zeichen	#	X	Y
Zustand 1	# : 1 : R	Y : 2 : R	Y : 2 : R
Zustand 2	# : 2 : H	Y : 2 : R	Y : 2 : R

Tabelle 1.1 Turingprogramm: Wandle alle X nach Y

Legende	
:	Trennung der Anweisungsteile
<Zahl>	Nummer des Zustandes
L	Kopf nach links bewegen
R	Kopf nach rechts bewegen
H	Maschine anhalten
#	Leerzeichen
<abc... 123...>	alle verfügbaren Zeichen

Tabelle 1.2 Legende der Zeichen

Schauen Sie sich das Beispiel an. Auf dem Band sind aufeinanderfolgend die Zeichen Y und X gespeichert.

```
########YXYYXYYYXYXY######
       ^
```

Die Maschine steht auf dem letzten Leerzeichen vor der Zeichenfolge. Sie liest also ein Leerzeichen, sobald sie in Betrieb genommen wird. Nach dem Programm besagt dies, dass sie ein Leerzeichen schreibt, im ersten Zustand bleibt und sich nach rechts bewegt. Sie liest also ein Y, schreibt ein Y, fällt in den zweiten Zustand und bewegt sich weiter nach rechts. Sie liest ein X, schreibt ein Y, bleibt im zweiten Zustand und geht nach rechts. So geht es weiter, bis sie auf ein Leerzeichen trifft und demzufolge im zweiten Zustand anhält. Das ist doch keine Hexerei, werden Sie denken. Nun gehen wir daran, eine Maschine über ein selbstgeschriebenes Programm laufen zu lassen. Wer es sich nicht zutraut, kann gerne noch ein wenig mit der Turingmaschine experimentieren und den folgenden Abschnitt überspringen. Wer es sich zutraut, sollte sich als Turing-Programmierer versuchen.

Für Könner: Die Programmierung einer Turingmaschine

Für alle, die es nun genauer wissen wollen, folgt ein kleiner Programmierkurs zur Programmierung einer Turingmaschine. Es geht nicht darum, in Java ein Programm zu schreiben, das eine Turingmaschine zeigt, sondern die Maschine selbst zu programmieren.

In diesem ganz einfachen Programm soll ein doppelt vorkommendes Zeichen gefunden werden. Wenn also ein X doppelt vorkommt, soll die Maschine genau dort stehen bleiben.

Da wir X praktisch zählen müssen, sollte die Maschine nach Lesen eines X in den zweiten Zustand fallen. In ihm kann sie bei Vorkommen eines weiteren X stehen bleiben. Vorher sollte sie noch einen Schritt zurückgehen also auf das erste X. Bei allen anderen Zeichen kann sie im ersten Zustand bleiben und Zeichen für Zeichen so ausgeben, wie sie es liest.

Nach diesen Überlegungen ist es einfach, eine entsprechende Tabelle zusammenzustellen. Das sollte man auch zum Schreiben eines Programms tun, und zwar auf Papier. Die Lösung sollte aussehen wie Tabelle 1.2.

Gelesenes Zeichen	#	X	Y	Z
0	# :0 :R	X :1 :R	Y :0 :R	Z :0 :R
1	# :0 :R	X :H :L	Y :0 :R	Z :0 :R

Tabelle 1.3 Finde das Doppel-X

Nun benötigen wir eine Version der Turingmaschine, die in der Lage ist, Programme von der Festplatte einzulesen.

Eine derartige in Java programmierte Turingmaschine befindet sich auf der beiliegenden DVD unter: *Software zum Buch\Kap01\Turingmaschinen\Software* als *Turing002.jar*.

Nun erstellt man eine Textdatei mit dem Programm:

Start-Icon • Alle Programme • Zubehör • Editor

In der ersten Zeile gibt man den Namen des Programms als Kommentar ein:

```
# Suche das Doppel-X
```

Jetzt folgt die Zeile des Programms. Das Programm will sie etwas anders präsentiert haben. Zum Beispiel wird mit **Zustand 99** die Maschine angehalten. Den Rest zeigt die folgende Tabelle:

Zustand	Lesen	Schreiben	Bewegung	Nächster Zustand
0	x	x	r	1
0	y	y	r	0
0	z	z	r	0
0	*	*	r	0
1	x	x	n	99
1	y	y	r	0
1	z	z	r	0
1	*	*	r	0

Das fertige Programm wird also so aussehen:

```
# Suche das Doppel-X
0 x x r 1
0 y y r 0
0 z z r 0
0 * * r 0
1 x x n 99
1 y y r 0
1 z z r 0
1 * * r 0
```

Das ist schon alles. Nun kann man das Programm mit **Datei • Speichern** auf die Festplatte speichern, und zwar genau in das Verzeichnis, in dem die Turingmaschine abgespeichert ist. Der Dateinamen sollte mit der Endung **.tm** versehen werden, dadurch sieht man direkt, dass es sich um ein Programm für eine Turingmaschine handelt.

Nach dem Start von Turing002 lässt sich mit **Load** das Programm auswählen, das Band z. B. mit **zxyzzyyxxyz** füllen und mit **Start** ablaufen lassen. Wichtig ist auch, die Geschwindigkeit nicht zu langsam einzustellen, sonst bleibt die Maschine stehen. Nach jedem Versuch sollte zudem **Reset** betätigt werden. Ein Problem enthält das DoppelX-Programm freilich noch. Wenn die Maschine kein doppeltes X trifft, läuft sie endlos weiter.

Eine Turingmaschine führt nur einfachste Operationen aus, daher ist es gar nicht einfach, ein Programm für sie zu schreiben. Sie können sich gerne Gedanken zu weiteren Programmen machen, dann werden Sie diesen Sachverhalt erkennen. Relativ einfach sind Addierer oder Zählwerke. Je einfacher also eine Maschine ist, desto länger und komplizierter werden die Programme, die man für sie schreiben muss.

Auf der DVD findet man einige weitere Turingprogramme, die zum Experimentieren einladen sollen, und zwar ebenfalls unter: *Software zum Buch\ Kap01\Turingmaschinen\TuringProgramme*.

Hier befinden sich einfache Addierer und Zählwerke, aber auch Programme, die man scherzhaft als fleißige Biber bezeichnet. In der Datei steht jeweils, welche Eingabe gemacht werden kann.

Selbst wenn Sie keine eigenen Programme schreiben möchten, so können Sie diese doch mit der *Turing002.jar* starten und sich anschauen, wie sie abgearbeitet werden.

1.4 Turingmaschine Teil 2 – fleißige Biber und die Unvollständigkeit der Mathematik

So einfach die Turingmaschine auch wirken mag, so tiefgründig sind die Überlegungen, zu denen sie Mathematiker bereits angeregt hat.

Eine dieser Ideen ist, möglichst viele Einsen auf das endlose Band zu schreiben, wonach das Band auch anhält. Schließlich ist es ja trivial, ein Programm zu schreiben, das endlos Einsen erzeugt.

Gelesenes Zeichen	#	0	1
0	1 :0 :R	1 :0 :R	1 :0 :R

Die Frage ist, wie lange kann eine Maschine mit möglichst wenigen Anweisungen laufen, ohne dass sie ziellos weiterläuft? Turingmaschinen, die möglichst viele Zeichen schreiben, bevor sie stehen bleiben, nennt man **fleißige Biber**.

1962 hat der ungarische Mathematiker **Tibor Radó** eine Funktion entwickelt, die angibt, wie viele Einsen ein fleißiger Biber bei einer bestimmen Anzahl an Zuständen höchstens schreiben kann. Man nennt sie Radó- oder Fleißiger-Biber-Funktion.

 Für Kenner und alle, die Biber jagen wollen

Das eigentliche Problem besteht darin, dass sich nicht genau bestimmen lässt, wie viele Einsen ein Biber mit einer bestimmten Anzahl an Zuständen erzeugen kann. Bei ganz einfachen Bibern, mit weniger als fünf Zuständen, kann man das durchaus noch. Ab fünf Zustände gibt es jedoch so viele Möglichkeiten für Turingmaschinen, dass sie nicht mehr bestimmbar sind. Es ist nicht einmal mehr berechenbar, wann der Biber fertig ist. Man müsste also alle Fünferbiber durchtesten, um das festzustellen.

Fangen wir mit einem Einerbiber an. Das ist ein Biber, der nur einen Zustand hat. Er wird folglich auch nur ein Zeichen schreiben können. Wie sollte er anhalten?

```
0   *   1   L   99
0   1   1   L   99
```

So sieht ein Programm für den Einerbiber aus. Der Zweierbiber kann immerhin schon drei Einsen schreiben. Der Biber liegt im Verzeichnis *Software zum Buch\Kap01\Turingmaschinen\TuringProgramme\2erBiber.tm*.

auf der DVD. Versuchen Sie es. Starten Sie *Turing002.jar* und laden Sie das Programm *2erBiber.tm*. Dann muss man nur noch das Band vorbereitet werden. Am besten mit ******** **<Load>**, einer Reihe Leerzeichen, alles löschen. Dann können Sie mit der **Start**-Schaltfläche den Biber starten.

Richtig interessant wird es aber erst mit Fünfer- und Sechserbibern. Das sind Turingmaschinen, die Billionen Schritte ausführen, bis sie anhalten. Es gibt regelrechte Biberjäger, die nach solchen Bibern suchen. Auch da gilt es noch, mathematische Beweise zu erbringen und Lorbeeren zu ernten. Einer der bekanntesten und erfolgreichsten Biberjäger ist **Heiner Marxen**:

http://www.drb.insel.de/~heiner

1.5   Vollständig unvollständig

In diesem Zusammenhang fällt oft der Begriff der Gödelschen Unvollständigkeit. Hierauf wollen wir, angesichts unserer schönen Beispiele, noch etwas genauer eingehen. Laut dieser Unvollständigkeit ist es nämlich gar nicht möglich zu beweisen, nach wie vielen Schritten ein Biber fertig ist.

1.5.1   Was ist Turing-vollständig?

Diesen Ausdruck, den man öfter liest, wenn man sich mit der theoretischen Informatik oder gar der KI auseinandersetzt, wollen wir hinterfragen. Ein Computer wäre Turing-vollständig, wenn er alles berechnen kann, was auch eine Turingmaschine berechnen kann. Das Gleiche lässt sich beispielsweise auch über Programmiersprachen sagen. Aber was ist eigentlich alles berechenbar? Genau genommen, eigentlich sehr wenig. Alles, was sich berechnen lässt, lässt sich auch mit einfachen Mitteln berechnen, wie die Turingmaschine beweist.

In diesem Zusammenhang gibt es eine weitere Behauptung, die **Church-Turing-Hypothese**. Diese besagt: »Die turingberechenbaren Funktionen entsprechen genau den intuitiv berechenbaren Funktionen.« Das heißt, alles, was ein Mensch ausrechnen kann, kann auch eine Turingmaschine ausrechnen. Sie ist außer nach Alan Turing auch nach einem gewissen Alonzo Church benannt, der sie verfeinert hat.

Es ist wirklich eine reine Hypothese. Die Menge der intuitiv berechenbaren Funktionen wird sich nie bestimmen lassen, daher kann man diese Hypothese auch nicht beweisen. Ist diese Aussage jedoch richtig, hat sie die gravierendsten Auswirkungen auf die Computerentwicklung. Denn sie besagt nichts anderes, als dass der erste Computer vom Prinzip her schon alles konnte, was der leistungsfähigste Rechner je können wird. Man kann es ganz krass sagen: wenn es nicht möglich ist, der Turingmaschine das Denken beizubringen, wird das auch bei keinem mechanischen Gerät gelingen. Das Gravierendste ist, der Mensch wird zudem seine Denkweise selbst nie bewusst erfassen können, und eine Maschine kann das natürlich auch nicht. Aber keine Angst, wir werden nicht versuchen, der Turingmaschine Bewusstsein einzuhauchen.

Bei dem Versuch, andere Rechensysteme und Rechnermodelle zu konstruieren, die mehr leisten konnten als der Turing-Algorithmus, wurde die Church-Turing-Hypothese entdeckt. Der Versuch gelang jedoch nicht. Egal, was man auch berechnete, es zeigte sich immer wieder, dass die Turingmaschine das ebenfalls konnte. So wurde die Turingmaschine zum grundlegenden Formalismus der Berechenbarkeit. Nimmt man die **Church-Turing-Hypothese** als richtig hin, kann man einerseits beweisen, dass eine Funktion nicht berechenbar ist, andererseits bedeutet das aber auch, dass alles, was von unseren heutigen Computern nicht berechnet werden kann, auch von künftigen Computergenerationen nicht geschafft wird. Zur Verbesserung von Rechnern bleibt uns im Grunde nur noch, deren Taktgeschwindigkeit zu erhöhen, mehr nicht. Was fleißig von Intel und AMD gemacht wird.

1.5.2 Der Unvollständigkeitsleitsatz von Gödel und die Auswirkung auf die Informatik

Wir sprachen es bereits an. Gödel hat nachgewiesen, dass man in einem formalen System nicht jede Aussage logisch beweisen kann. Das bedeutet für unsere Biber-Turingmaschine, dass sie auf der Suche nach einer bestimmten Lösung endlos weiterlaufen könnte, weil sie kein Ergebnis findet. Man bezeichnet diesen Sachverhalt als sogenanntes Halteproblem. Die Frage bei Unvollständigkeitstheorem und Halteproblem: Gibt es eine Möglichkeit zu entscheiden, ob eine vorliegende Aussage bewiesen werden kann oder nicht? Bei der Turingmaschine demnach: Gibt es eine Turingmaschine, die für eine bestimmte Turingmaschine, z. B. einem Biber, bestimmen kann, wann diese fertig wird? Natürlich hat Alan Turing bereits 1936 diese Fragestellung beantwortet, indem er bewies, dass es keine Turingmaschine gibt, die das Halteproblem für alle Eingaben bestimmen kann.

Auf der DVD befinden sich auch einige Beispiele für die sogenannten fleißigen Biber. Sie zeigen recht anschaulich, worum es bei diesen Programmen geht *(Software zum Buch\Kap01\Turingmaschinen\Turing-Programme)*.

So zum Beispiel ein Programm, das Kopierbiber heißt. Die Programme werden auch mit *Turing002.jar* ausgeführt. Noch einmal soll unterstrichen werden, um welche theoretischen Überlegungen es bei solchen Programmen geht: Es ist nicht möglich, ein Programm zu schreiben, das aussagt, wie viele Schritte ein Biber mit einer bestimmten Zahl (n) an Zuständen laufen kann. Für kleine n ist das zwar noch möglich. Aber bei einer Turingmaschine mit fünf Zuständen ist das bis jetzt noch nicht gelungen. Man muss nämlich dabei alle Biber mit fünf Zuständen betrachten. Da die Anzahl der möglichen Biber mit fünf Zuständen jedoch immens ist, lässt sich das bereits mit n=5 schon nicht mehr machen.

1.6 Die Ameise

Die herkömmliche Turingmaschine besitzt ein Schreibband, also ein eindimensionales Speichermedium. Was geschieht aber, wenn man sich eine Maschine denkt, die auf einem zweidimensionalen Medium arbeitet?

Eine solche Maschine ist natürlich längst erfunden, sie nennt sich **Langton-Ameise** und ist eine zweidimensionale Turingmaschine.

Statt über ein Band, bewegt sich der Schreib-/Lesekopf nun auf einem Blatt Papier. Wieder sind es Speicherfelder, die dieses Mal aber nur entweder gefüllt oder leer sind. Bewegt der Kopf sich auf ein weißes Feld, färbt er es schwarz. Trifft er auf ein schwarzes Feld, färbt er es weiß. Der Kopf bewegt sich von Quadrat zu Quadrat, jedoch nie geradeaus, sondern jeweils nach rechts oder links. Ist das nächste Feld weiß, dreht er sich gegen den Uhrzeigersinn (also nach links). Ist das Feld schwarz, dreht er sich im Uhrzeigersinn (demnach nach rechts).

Nun könnte man glauben, bei dieser Art geregelter Bewegung müsste ein symmetrisches oder wenigstens ein sich wiederholendes, geordnetes Muster entstehen. Genau das geschieht auch in gewisser Weise. Zumindest zunächst. Direkt nach dem ersten Schritt zeigt sich bereits ein symmetrisches Muster. Erstaunlicherweise geht es zu immer größeren Symmetrien. Bis zu dem Muster in der folgenden Abbildung (Abbildung 1.9).

Abbildung 1.9 Die Langton-Ameise

Plötzlich wird es sehr chaotisch, nirgendwo ist ein Schema zu entdecken. So geht es 10 000 Schritte weit. Und dann gibt es auf einmal wieder nur noch Regelmäßigkeiten. Die Ameise endet in einer endlosen Wiederholung des gleichen Musters. Offenbar ist es die einzige stabile, zyklische Bewegungsform und auch eine sehr rasch in einer Richtung fortlaufende Figur, sodass aus dem Chaos heraus irgendwann einmal diese Figur entstehen musste. Ob es vielleicht doch noch eine andere fortlaufende Form gibt, ist nicht bekannt.

Natürlich wollen wir das praktisch nachvollziehen. Das Ameisenprogramm *Ameise001.jar* befindet sich auf der DVD unter: *Software zum Buch\Kap01\ Turingmaschinen\Software*.

Durch einen Doppelklick startet das Programm. Es öffnen sich zwei Felder. Eine weiße Zeichenfläche und ein Steuerungsdialog. Mit dem Eintrag im Tempofeld lässt sich die Geschwindigkeit bestimmen, mit der die Ameise arbeiten soll. 0 ist die größte Geschwindigkeit oder Echtzeit. Je höher die Zahl, desto langsamer läuft die Maschine. Das kommt einfach daher, weil der Eintrag im Programm durch `Thread.sleep(<wert>)` zum Bremsen des Prozesses genutzt wird (für die Java-Fachleute unter den Lesern). Für alle anderen: Das Programm wird praktisch nach jedem Zeichenschritt für die Millisekunden gestoppt, die in diesem Feld angegeben wurden. Der Wunschwert wird eingetragen und die Schaltfläche **Tempo** angeklickt. Die Schaltfläche **Start** lässt die Simulation ablaufen. Diese lässt sich jederzeit mit **Stop** wieder anhalten. Die Schaltfläche **Einzelschritt** erlaubt, das Verhalten genauer zu untersuchen. Die **Reset**-Taste setzt die Maschine in den Ausgangzustand zurück. Außerdem ist ein Sprung um eine bestimmte Anzahl Schritte möglich. Nachdem die gewünschte Anzahl Schritte in das Feld eingetragen ist, lässt sich der Sprung mit einem Klick auf die Schaltfläche **Springe um** durchführen.

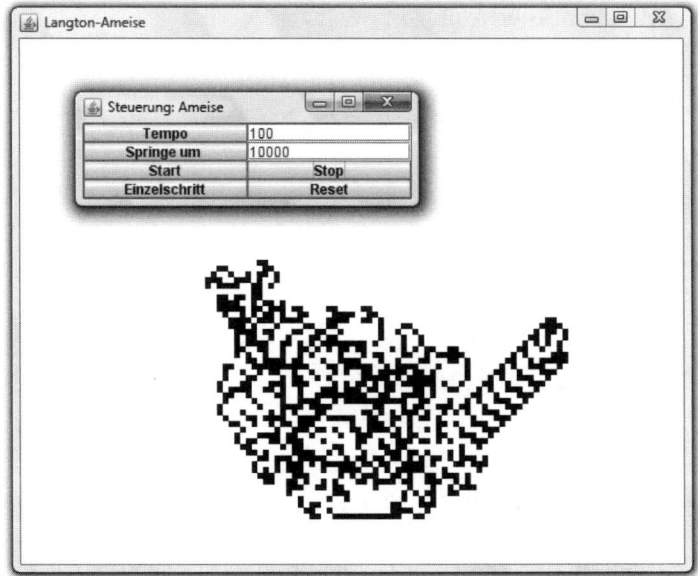

Abbildung 1.10   Die sogenannte Autobahn bei der Langton-Ameise

Die Anzahl der Schritte wird nur angezeigt, wenn die Ablaufgeschwindigkeit nicht beeinträchtigt wird, zum Beispiel beim Einzelschritt. Hier ließe sich das Programm durchaus noch etwas verbessern. Das sei jedoch den Java-Programmieren unter den Lesern überlassen. Der Code zum Programm liegt auf der DVD unter: *Software zum Buch\Kap01\Turingmaschinen\Software\Eclipse-Projekte\Langton-Ameise*.

Im nächsten Schritt wird aus der Turingmaschine im Grunde schon eine echte Programmiersprache gemacht.

1.7   Die GOTO-Programmierung

Diese Erweiterung der Turingmaschine führt zum sogenannten GOTO-Programm. Oder, wenn Sie so wollen, zur GOTO-Programmiersprache. Sie ist, wie die Turingmaschine, relativ einfach aufgebaut. Die Zeilen bestehen grundsätzlich aus einer Marke. Wir werden dafür eine Zeilennummer verwenden, einen Doppelpunkt, die Anweisung und das Anweisungsende mit Semikolon. Also etwa so:

```
Marke: Anweisung;
```

oder auch:

```
Marke: Anweisung; Marke: Anweisung;
```

Es gibt Variablen und Literale (also direkte Werte wie 1,2,3 ... »Text«) in begrenzter Anzahl und fünf Arten von Anweisungen.

1. Die Erhöhung eines Wertes:
   ```
   100: x1 = x1 + 2;
   ```
2. Die Reduzierung eines Wertes:
   ```
   101: x1 = x1 - 2;
   ```
3. Die Sprunganweisung:
   ```
   103: GOTO 101;
   ```
4. Der bedingte Sprung:
   ```
   104: IF x1 = 2 THEN GOTO 102;
   ```
5. Das Programmende:
   ```
   STOP;
   ```

Wer sich schon in der Programmierung ein wenig auskennt, sieht sofort, dass es hier um eine Sprache geht, die BASIC ziemlich ähnlich sieht. Das Witzige ist, dass sich nun einerseits beweisen lässt, dass ein GOTO-Programm genau das kann, was eine Turingmaschine kann, und andererseits, dass man alle denkbaren Programme aller üblichen Programmiersprachen in ein GOTO-Programm umschreiben kann.

Oft gibt es in der Programmiersprache **GOTO** noch eine Unterscheidung zwischen der Zuweisung (:=) und dem Vergleich (=). Weil wir jedoch BASIC nutzen werden, um GOTO-Programme zu schreiben, und BASIC hier keinen Unterschied macht, ignorieren wir das.

 Für Kenner: Ein einfaches GOTO-Programm programmieren

Um ein einfaches GOTO-Programm schreiben zu können, wird eine Programmiersprache in Form eines Compilers oder Interpreters benötigt. Zu den ersten DOS-Versionen gehörte bereits ein BASIC-Interpreter. Einen solchen Interpreter wollen wir nun nutzen, und zwar eine Nachprogrammierung dieses ersten Interpreters. Starten Sie einen der simulierten Rechner, auf dem Sie DOS bereits installiert haben oder noch installieren werden (genaueres dazu siehe Anhang G, »FreeDOS«).

Konkret benötigt wird das Programm **bwBASIC** und der Editor **vi** (dieser nur indirekt). bwBASIC steht dabei für **Bywater BASIC**, ein Augenzwinkern in Richtung gwBASIC, eine der häufigsten BASIC-Versionen von Microsoft aus der guten alten DOS-Zeit.

Wie bereits bei der Installation zu sehen (Abbildung 1.11), handelt es sich dabei um einen BASIC-Interpreter mit einem minimalen Sprachumfang nach dem Standard X3.60 von 1978.

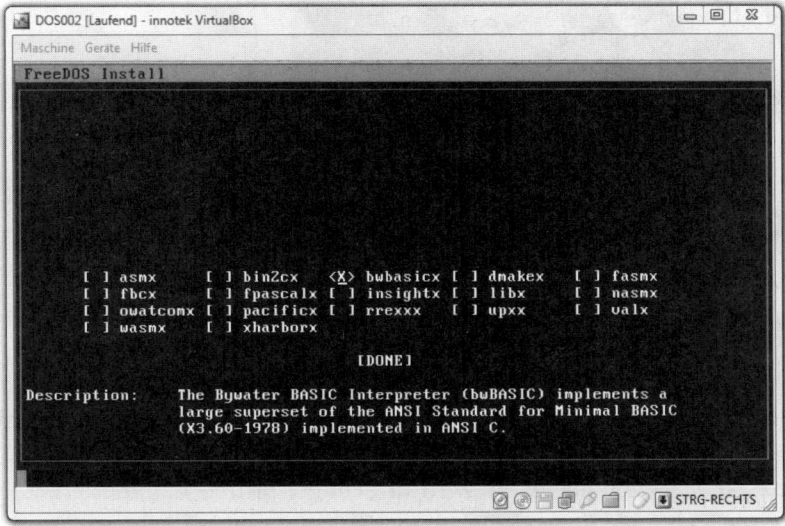

Abbildung 1.11 Die Installation von Bywater BASIC

Dies ist ein Interpreter, in dem direkt Codezeilen (interaktiv) eingegeben werden können, er führt aber auch Programme, die als Datei abgelegt sind, aus, und zwar beim Aufruf in der Form:

```
bwbasic datei.bas
```

Beginnen wir mit einem ganz einfachen Programm. Hierzu starten Sie zunächst bwBASIC mit `bwbasic <Return>`.

Der Interpreter startet im interaktiven Modus und zeigt eine Eingabezeile in der Form (Abbildung 1.12):

```
bwBASIC: _
```

Der Interpreter läuft und erwartet die Befehle. Zumindest welche, mit denen er etwas anzufangen weiß. Davon gibt es einige, wie z. B.:

CLEAR   Bildschirm reinigen

QUIT   Interpreter beenden

RUN   aktuelles Programm starten

Nun tippen Sie das Programm zeilenweise ein, die Zeilennummer zuerst. Nach jedem ⏎ erscheint wieder der bwBASIC-Prompt.

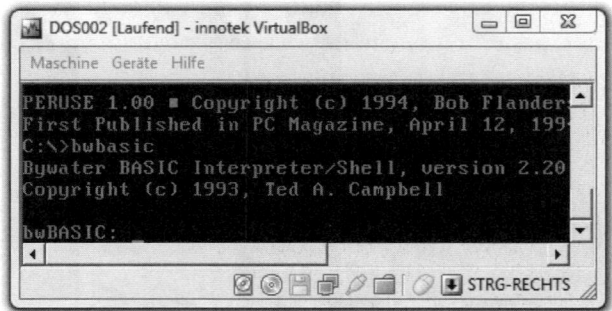

Abbildung 1.12 Der Interpreter läuft und erwartet die Befehle

```
bwBASIC: 10 REM Unser erstes bwBASIC Programm
bwBASIC: 20 PRINT "Hallo und Guten Tag"
```

Wie sich erkennen lässt, gibt es die Möglichkeit, mit **REM** einen Kommentar einzugeben, der unabhängig vom auszuführenden Code ist. Sobald eine Zahl und hinter dem folgenden Leerzeichen etwas eingegeben wird, erkennt bwBASIC das als Programmzeile. Es wird in Zehnerschritten nummeriert. Die Zeilen lassen sich schlecht verschieben, daher kann man bei Zehnerschritten später immer noch Zeilen einfügen. Gibt man eine Zeilennummer an, die bereits existiert, wird diese Zeile überschrieben. **PRINT** gibt ein Stringliteral oder den Inhalt von Variablen am Bildschirm aus. **LIST** zeigt die Zeilen an, die man bis jetzt getippt hat, und mit **RUN** werden sie ausgeführt.

Nur eine einfache Begrüßung genügt uns aber nicht. Wir wollen ein paar Informationen mehr.

```
30 PRINT "Wir haben den " + DATE$
40 PRINT "Um " + TIME$ + " Uhr"
```

Wenn Sie nun run eingeben, fällt die Begrüßung schon etwas anders aus (Abbildung 1.13).

Solch ein einfaches Programm spornt natürlich an, doch noch etwas mehr zu versuchen. Wie wäre es mit Kreisberechnungen? Mit der Erfindung der Diskette als Speichermedium benötigte man die Fläche der Plastikfolie für die Produktion. Also großer Kreisinhalt minus kleinem Kreisinhalt. Man kann sich das vorstellen wie eine Art Hutkrempe. Das müsste doch zu errechnen sein? Wollen Sie es nicht einmal versuchen?

Folgende Möglichkeiten der Programmiersprache bwBASIC können dabei ganz hilfreich sein:

```
<Buchstabe> =
```

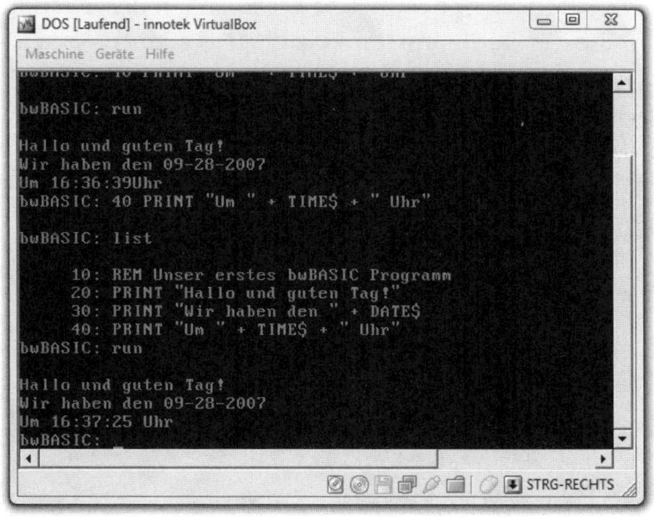

Abbildung 1.13 Begrüßung mit Uhrzeit

Eine Variable wird erzeugt, indem Sie einem Buchstaben als Variablennamen einen Wert zuweisen. Das kennen Sie bereits aus der Definition der GOTO-Sprache. Geben Sie hinter dem Buchstaben das Zeichen $ an, wird eine Textvariable erzeugt. Dem Text können auch Variablen ohne dieses Zeichen zugewiesen werden. Allerdings kann es bei Umwandlungen oder der Ausgabe zu Problemen kommen.

```
INPUT <Frage als String>, <Variable für die Antwort>
```

Mit INPUT können die Eingaben des Nutzers entgegengenommen werden.

```
GOSUB <Zeilennummer>
```

Mit GOSUB kann auch auf eine bestimmte Zeile gesprungen werden, wie mit GOTO. Allerdings merkt sich der Interpreter die Absprungadresse und man kann mit dem Befehl RETURN zurückspringen.

```
STR$(<Zahl>)
```

Mit **STR$** lassen sich Zahlen einfach in Text umwandeln.

Aber stopp! Was geschieht mit dem ersten Programm? Bevor Sie es mit **NEW** einfach löschen, sollten Sie es vielleicht speichern. Das geht, wie alles in BASIC, ganz einfach, nämlich mit SAVE <Dateinamen>

Also z. B.

```
SAVE "hallo.bat"
```

Danach löschen Sie das Programm mit NEW und beginnen mit dem Kreisberechnungsprogramm. Statt es im Interpreter einzutippen, können Sie auch einen Editor nutzen, den sogenannten **vi**. Er lässt sich aus BASIC mit EDIT aufrufen (Abbildung 1.14).

Abbildung 1.14 bwBASIC – Programmierung mit vi

Dieser Editor ist etwas gewöhnungsbedürftig. Er hat u. a. einen Steuerungsmodus, in den man mit der **<Esc>**-Taste gelangt. Hier gibt es Steuerungsbefehle wie:

dd löscht eine ganze Zeile

x löscht einen Buchstaben

a wechselt in den Schreibmodus

: wechselt zur Kommandozeile

In der Kommandozeile können wiederum andere Befehle abgesetzt werden:

q beendet das Programm

x beendet mit Speichern

Es würde zu weit gehen, hier den kompletten vi zu erläutern. Man findet jedoch reichliche Anleitungen im Internet. Entsprechende Adressen siehe die Tabelle am Ende des Kapitels.

Wie auch immer, geben Sie folgendes Programm ein:

```
10 REM Kreisberechnungen
20 REM PI ueber ATN (ARCTAN) bestimmen
30 PI=4*ATN(1)
40 REM Vom Nutzer den Radius erfragen
50 INPUT "Geben Sie bitte den inneren Radius in cm ein: ", r
60 GOSUB 210
70 ir = r
80 iu = u
90 ifl = f
100 INPUT "Geben Sie den aeusseren Radius in cm ein: ", r
110 GOSUB 210
120 REM Ergebnisse ausgeben
130 PRINT "Der innere Radius von: " + STR$(ir) + " cm"
140 PRINT "ergibt fuer den Innenkreis einen Umfang von: " +
          STR$(iu) + " cm"
150 PRINT "eine Innenflaeche von: " + STR$(ifl) + " cm2"
160 PRINT "und bei einem aeusseren Radius von: " + STR$(r) +
          " cm"
170 PRINT "einen aeusseren Umfang von: " + STR$(u) + " cm"
180 PRINT "bei der Gesamtflaeche von: " + STR$(f) + " cm2"
190 PRINT "Wobei fuer die Scheibe: " + STR$(f - ifl) +
          " cm2 benoetigt werden."
200 QUIT
210 REM Umfang und Flaeche errechnen
220 u=2*PI*r
230 f=PI*r*r
240 RETURN
```

Auch dieses Programm sollte abgespeichert werden!

```
SAVE "kreis.bat"
```

Wenn Sie es gelöscht haben, können Sie einmal versuchen, es wieder zu laden und auszuführen.

```
LOAD "kreis.bat"
```

Wie wir uns das vorgestellt haben, werden zunächst die Maße der Scheibe abgefragt und dann das errechnete Ergebnis angezeigt.

Soviel zur Programmierung. BASIC-Programme für bwBASIC braucht man nicht im interaktiven Modus zu laden, um sie ausführen zu können. Ein solches Programm können Sie auch direkt interpretieren lassen, und zwar in unserem DOS-Rechner mit:

```
bwbasic "hallo.bat"
```

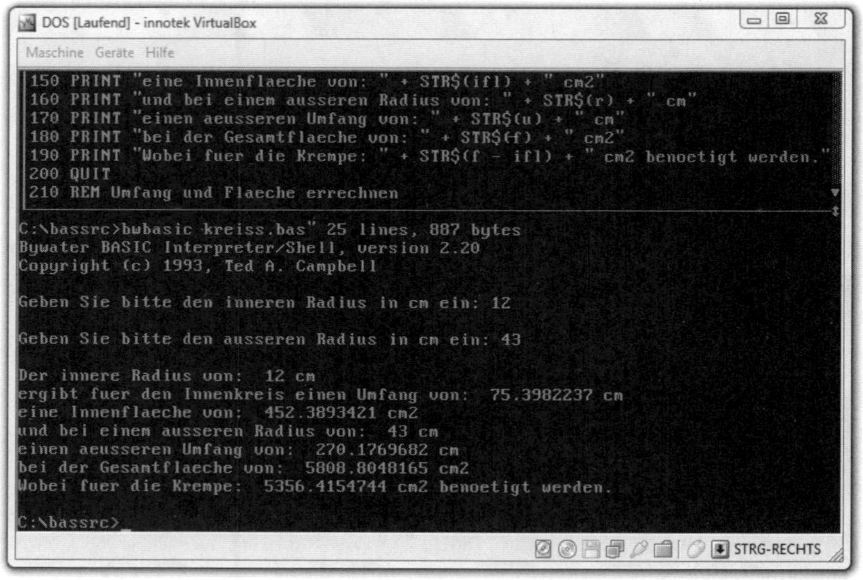

Abbildung 1.15 Wir berechnen eine Diskette

Allerdings muss das Programm dazu natürlich auf der Festplatte des Rechners liegen. Das gelingt am besten mit einer virtuellen Diskette (siehe Anhang). Die BASIC-Programme selbst findet man auf der DVD im Verzeichnis: *Software zum Buch\Kap01\GOTO-Programm*. Dort liegen *hallo.bas* und *kreis.bas*.

1.8 Der Turing- und der CAPTCHA-Test

Nun haben Sie also die berühmte Turingmaschine in Aktion und ihren Bezug zu den Programmiersprachen, insbesondere zur Sprache GOTO kennengelernt. Es gibt, wenn man so will, regelrechte Wettbewerbe darum, wer die Turingmaschine dazu bringt, möglichst viele Zeichen auszugeben. Sozusagen einen »Biber« zu züchten, der am weitesten läuft. Wettbewerbe gibt es auch beim sogenannten Turing-Test, selbst, wenn es sich dabei mehr um ein Gedankenexperiment handelt. Eigentlich geht er weit über Turingmaschinen und die Anfänge der Programmierung hinaus. Wir wollen ihn uns trotzdem hier schon anschauen, weil er vom Erfinder der Turingmaschine stammt. Die Computerpioniere, die damals auch noch davon ausgehen durften, dass sie mit einem Computer eine Art künstliches Gehirn schaffen (aus dieser Zeit stammt auch der Begriff Elektronengehirn!), hatten ein Problem.

Das Problem war, dass man weder bei Menschen noch bei Computern Gedanken sehen konnte. Man kann nicht einmal sagen, ob er gerade denkt oder nicht. Vielleicht war mit dem Rechenvorgang im Computer sogar ein Bewusstsein verbunden? Also überlegte sich Alan Turing einen Test, um diese Frage beantworten zu können.

1.8.1 Der Turing-Test

Zum Test gehören zwei Personen und ein Computer mit einem entsprechenden Programm. Einer der zwei Teilnehmer darf den Schiedsrichter spielen. Die Teilnehmer können sich nicht sehen, sondern nur per Tastatur und Monitor miteinander chatten. Der Schiedsrichter kommuniziert einmal mit dem Programm und einmal mit der zweiten Person. Seine Aufgabe ist es festzustellen, welcher seiner Kommunikationspartner das Programm ist. Kann er sich nicht entscheiden, so hat das Programm den Turing-Test bestanden. Es gilt natürlich nicht, zu raten. Alan Turing selbst war der Ansicht, dass es bis zum Jahr 2000 möglich wäre, Programme zu schreiben, denen es zu 70 % gelingt, von ihrer Menschlichkeit zu überzeugen. Doch bis heute ist es keinem Programm gelungen, den Turing-Test wirklich zu bestehen. Das ist auch recht einleuchtend. Wenn ein Mensch einen anderen Menschen fragt: »Warst du schon einmal auf dem Mars?« Kommt mit Sicherheit sofort die Antwort »Nein!« Die Antwort ist so sicher, dass die Fragestellung schon eine Vermessenheit ist. Ein Computer begreift natürlich nicht, dass der bemannte Marsflug noch bevorsteht, weil er überhaupt gar nichts begreift, und so kann er darauf schlecht antworten. Da er die Bedeutung der Frage nicht verstehen kann, muss er eine Datenbank durchsuchen, in der seine bisherigen Standorte gespeichert sind, und nachsehen, ob der Ort Mars bei den Datensätzen ist. Das dauert etwas, und schon hat er sich geoutet und sein fehlendes Bewusstsein preisgegeben. Trotzdem gibt es etliche Leute, die der Meinung sind, der Turing-Test sei längst bestanden, und sie können es in gewisser Weise sogar beweisen. Das hängt mit einem bestimmten Mann und seinem genialen Programm namens **ELIZA** zusammen. Dieser Mann heißt **Joseph Weizenbaum**. Er arbeitete bereits 1963 an dem renommierten MIT (Massachusetts Institute of Technology) als Professor für Informatik. Im Rahmen seiner Lehrtätigkeit entwickelte er 1966 ein Programm in der Sprache MAD-SLIP, um die Möglichkeit der maschinellen Verarbeitung der menschlichen Sprache zu untersuchen. Weizenbaum nahm sich, um ein möglichst effektives Einsatzfeld zu haben, das Beratungsgespräch der Psychotherapeuten als Vorbild. Hier geht es oft darum, Aussagen durch effektives Nachfragen zu vertiefen. Vorgehensweisen, die bereits von Platon und den Dialektikern entwickelt wurden. Man darf sich ein 'Gespräch' mit ELIZA etwa so vorstellen:

ELIZA: *Welches Problem haben Sie?*
Patient: *Ich habe das Problem, schlecht zu schlafen!*

ELIZA: *Sie haben das Problem, schlecht zu schlafen?*
Patient: *Ja, ich schlafe abends schlecht ein, weil ich oft nicht müde bin!*

ELIZA: *Sie schlafen abends schlecht ein, weil sie oft nicht müde sind?*
Patient: *Genau, ich arbeite nämlich als Programmierer und nicke im Büro stets nach den ersten zehn eingetippten Zeilen ein!*

ELIZA: *Arbeiten Sie gern als Programmierer?*
Patient: *Ich arbeite sehr gerne als Programmierer, noch lieber, seit ich das Buch »Coding for fun« gelesen habe!*

ELIZA: *Sie lesen ein Buch?*
Patient: *Ja, abends!*

ELIZA: *Lesen Sie nicht abends, dann können Sie wieder schlafen!*

Hilfreich war dabei, dass die englische Sprache streng logisch aufgebaut ist. Außerdem wurden verschiedene Sachverhalte berücksichtigt, so z. B., dass eine Familie aus Vater, Mutter und Kindern besteht, und Ähnliches mehr. Zudem traut man einem Psychiater Fragen zu, bei denen er diese so stellt, als verfüge er über keinerlei sachliches Wissen, so verblüfft einen die Funktionsfähigkeit des Programms in jedem Fall. Ein Sachverhalt, der dazu führte, dass nach Berichten und Vorführungen tatsächlich Ärzte wissen wollten, ob sie dieses Programm als ihre Urlaubsvertretung einsetzen könnten. Weizenbaum war wegen der Leichtgläubigkeit der Menschen so enttäuscht, dass er sich von einem Computerpaulus in einen Saulus verwandelte und von nun an gegen die Computerisierung der Gesellschaft wetterte. Aufbauend auf der Idee von ELIZA sind heutige Programmierer auf den Gedanken gekommen, die sogenannten Chats zu missbrauchen, um das Eliza-Experiment weiter zu führen. Die oft recht witzigen Dialoge kann man allesamt im Internet nachlesen:

http://fury.com/aoliza/

1.9 Der CAPTCHA-Test

Trotz dieses Überraschungserfolgs und der humorvollen Seite des Experiments steht natürlich fest, dass der Turing-Test noch nicht bestanden ist. Obwohl aufbauend auf der Technik der sogenannten Computertelefonie heute Telefonate öfter zwischen Maschinen und Menschen geführt werden, als man gemeinhin glauben mag. Aber in der Regel merkt der menschliche Gesprächsteilnehmer sofort, dass er es mit einem Computer zu tun hat. Der Mensch kann also noch zwischen Mensch und Maschine unterscheiden. Die Maschine kann es übrigens auch, muss sie auch, und tut sie auch ständig. Die Technik nennt man CAPTCHA (gespr. Käptcher), was als Abkürzung für *Completely Automated Public Turing test to tell Computers and Humans Apart* steht. Das heißt wörtlich übersetzt *Vollautomatischer öffentlicher Turing-Test, um Computer und Menschen zu unterscheiden*. Da Sie sich mit Computern befassen und gewiss auch das Internet intensiv nutzen, haben Sie wahrscheinlich schon öfter einen solchen Test gemacht und auch bestanden. Wenn Sie sich die folgende Abbildung anschauen, werden Sie wahrscheinlich sofort wissen, um was es geht, ohne dass hier weitere Erklärungen folgen müssen.

Abbildung 1.16   CAPTCHA von freemail.de (copyright WEB.DE GmbH)

CAPTCHA als Begriff wurde zum ersten Mal im Jahr 2000 von John Langford, IBM und von Luis von Ahn, Manuel Blum und Nicholas J. Hopper von der Carnegie Mellon University benutzt. CAPTCHAs werden insbesondere dazu eingesetzt, bestimmte Dienste und Seiten des Internets vor sogenannten Bots oder Agenten zu schützen. Also Programmen, die automatisch Aufgaben für Menschen ausführen, beispielsweise an einem E-Mail-Dienst anmelden oder Programme downloaden oder etwa an Preisausschreiben teilnehmen. Die Verlockung, etwas Derartiges in größerem Umfang automatisch ausführen zu lassen, ist natürlich groß, und man versucht das durch diese CAPTCHAs zu verhindern. Es gibt verschiedene Versionen dieses Tests. Meist geht es darum, eine Abbildung zu interpretieren. Die Funktionsfähigkeit beruht dabei darauf, dass Rechner zwar einfach mit Zeichen eines Zeichencodes arbeiten können. Bilder zu interpretieren, fällt jedoch relativ schwer. Das macht sich bereits bemerkbar, wenn es darum geht, Texte einzuscannen. Inzwischen gibt es zwar sehr gute Software, die allerdings sofort versagt, wenn der zu scannende Text schief im Scanner liegt oder die Qualität der Vorlage schlecht ist, z. B. die Buchstaben Lücken aufweisen. Dementsprechend geht man oft hin und dreht die Schriftzeichen in der Abbildung oder bildet fehlerhafte Zeichen ab, die es zu erkennen gilt (Abbildungen 1.16–1.19).

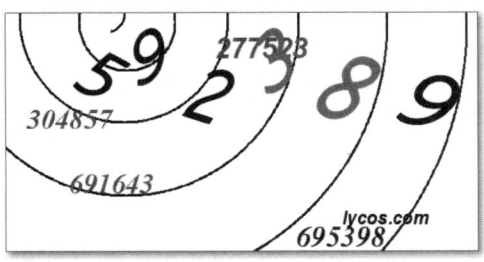

Abbildung 1.17   Lycos.com

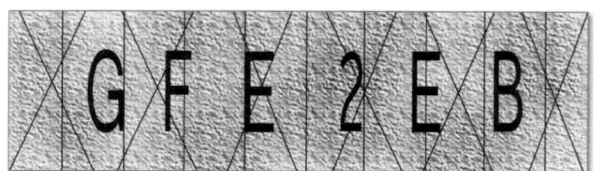

Abbildung 1.18   Prometeo.de

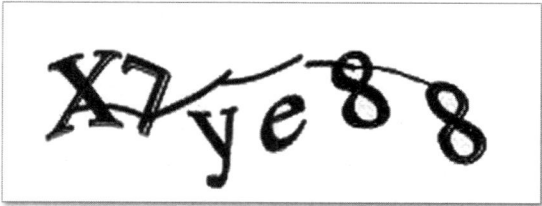

Abbildung 1.19   Yahoo.de

Der eigene CAPTCHA-Test

Es sollte nicht schwerfallen, weitere CAPTCHA-Tests zu erfinden. Man muss sich dabei nur die Schwachstellen des Computers vor Augen halten. Hier einige Beispiele. Wobei man natürlich immer eine größere Menge dieser Testaufgaben benötigt, damit der Computer nicht auf Wiederholungen wartet. Ein Grund, warum die üblicherweise verwendeten Bildchen auch so erfolgreich sind. Sie lassen sich automatisch generieren und sind für den Computer ein kaum zu knackendes Rätsel.

1. Tippfehler korrigieren.
   Schreibe diese Wörter richtig ins folgende Feld:

   VussballÄrde

   Wobei man die Schwäche von Rechtschreibprogrammen nutzen kann, die Suche beim ersten Buchstaben zu beginnen. Obwohl es sehr gute Rechtschreibprogramme gibt, kann man durch Einbau mehrerer Fehler ganz leicht den Lektor Computer herausfinden.

2. Rechenaufgaben umgangssprachlich stellen.
   Geben Sie die Antwort ein: Vier mit fünf addiert sowie plus drei ergibt?

   Auch hier hat der Computer Probleme mitzuhalten. Er muss die Zahlwörter und die Anweisungen richtig interpretieren. Wird die Aufgabe in Form einer Grafik gestellt, ist es noch problematischer.

3. Quizfrage stellen.
   Fragen mit allseits bekannten Antworten. Wie viele Mitglieder hatte der Chor der Bremer Stadtmusikanten?

Sinnvollerweise sollte eine Zahl als Antwort gefragt sein, oder ein kurzer Begriff. Allerdings hat man das Problem, dass dieser Test schlecht international einzusetzen ist. Er ist im Internet also nur landesweit brauchbar.

Für Könner: Programmieren eines Pseudo CAPTCHA-Tests

CAPTCHA-Tests werden hauptsächlich bei Webseiten genutzt, um den Zugang zu Diensten für Programme unzugänglich zu machen. Um einen CAPTCHA zu realisieren, gibt es viele Möglichkeiten. Theoretisch kann man alles, was an Sprachen im Internet verfügbar ist, von JavaScript bis serverseitiges Java nutzen, um CAPTCHAs zu erstellen.

Üblicherweise erzeugt man die Grafiken auf dem Server und sendet sie an den Browser. Da solche Zeichenprogramme schwer zu programmieren sind, wäre natürlich die Möglichkeit, Grafiken direkt für Webseiten zu beschreiben, die eleganteste Lösung. Und das gibt es tatsächlich. Es nennt sich SVG, was für **Scalable Vector Graphics** steht, zu Deutsch: *Skalierbare Vektorgrafiken*.

Damit ist es ganz einfach, per SVG-Code eine grafische Darstellung zu beschreiben, die der Browser in ein Bild umwandelt. Natürlich werden entsprechende Plug-Ins benötigt. Was gegen die Nutzung von SVG für CAPTCHAs spricht.

Die richtige Lösung ist wie gesagt ein Programm, das auf dem Server eine Grafik erzeugt, die einfach zum Browser geschickt wird und dort den Software-Agenten enttarnt. Da dies jedoch kein Lehrbuch für die erforderliche Programmiersprache ist, sondern Spaß an der Sache vermitteln soll, werden wir SVG nutzen. SVG ist im eigentlichen Sinn keine Programmiersprache und deshalb viel einfacher beim Erzeugen von Grafiken zu handhaben. Man gibt nur an, was man sehen will, und schon hat man das Ergebnis.

Momentan eignet sich der Internet Explorer am besten, um SVG-Grafiken anzuzeigen. Allerdings benötigt er auch ein Plug-In: SVGViewer (*SVGView.exe*) von Adobe. Andere Browser haben unter Umständen hier Probleme.

Das Plug-In ist auf der DVD enthalten unter: *Software zum Buch\Kap01\ Captcha\Plugin*.

Andere Versionen des Plug-Ins findet man im Internet auf der entsprechenden Seite von Adobe (siehe Link am Ende des Kapitels).

Natürlich ist eine Sprache für Grafiken nicht gerade trivial und auch nicht im Rahmen eines kleinen Experiments zu vermitteln. Wir wollen sie trotzdem nutzen, weil es programmiertechnisch immer einfacher ist, einen statischen

Sachverhalt zu beschreiben, als diesen Sachverhalt in einer echten Programmiersprache umzusetzen.

SVG arbeitet mit Tags, in Text eingeschobenen Anweisungen, wie HTML oder die Ursprache aller Beschreibungssprachen SGML. Tags sind in Spitzklammern eingeschlossene Befehle.

```
<text> Dieser Text wird verändert </text>
```

Dies ist z. B. eine Anweisung für Text, der sich zwischen den beiden sogenannten Tags befindet. Ein öffnendes Tag beginnt mit einem < Zeichen, ein schließendes mit </. Alles, was zwischen den beiden Tags liegt, wird von ihnen beeinflusst. Was die Tags nun tun sollen, wird innerhalb der Spitzklammern angegeben, wie z. B.

```
transform="rotate(20, 20, 100)"
```

Das bewirkt eine Transformation, und zwar von der Art Rotation in der angegebenen Stärke. Als erster Wert wird der Winkel angegeben. Zusätzlich kann noch ein Mittelpunkt für die Rotation als X, Y Wertepaar folgen. Es gibt weitere Transformationen wie

► Verschieben

► Skalieren

► Verzerren

Für den Text selbst gibt es die umfangreichen Möglichkeiten des Befehls style.

Das alles wird innerhalb der Text-Spitzklammern untergebracht. Wir verändern jeden Buchstaben einzeln, was Font, Größe und Drehung angeht. Dadurch machen wir es einem Programm schwer, die Zeichen zu erkennen.

Eine zusätzliche Funktion, die zufällige Muster über dem Bild anordnet, macht die Darstellung für Programme noch unleserlicher. Das lässt sich recht gut mit einem sogenannten Filter realisieren. Er wird zunächst definiert und erhält dabei eine ID, mit der man ihn aufrufen kann.

```
<filter id="filter1"
```

Zunächst wird das Objekt und somit die Fläche bestimmt, über die der Filter angewendet werden soll. Das hängt natürlich auch davon ab, für welches Element man ihn schließlich nutzt. In diesem Fall ist es ein Rechteck.

```
filterUnits="objectBoundingBox" x="0%" y="0%" width="100%"
  height="100%">
```

Jetzt wird festgelegt, welcher Filter mit welchen Parametern eingesetzt wird. In unserem Beispiel nutzen wir eine Turbulenz-Funktion.

```
<feTurbulence type="turbulence" baseFrequency="0.03"
  numOctaves="5"/>
```

Danach wird das Filter-Tag geschlossen.

```
</filter>
```

Nachdem der Filter nun bekannt gemacht wurde, kann er über seine ID in einem grafischen Element genutzt werden. In diesem Falle gilt das für ein Rechteck. Der Verweis wird über `filter ="<URL>"` realisiert.

```
<rect x="100" y="50" width="190" height="70"
  filter="url(#filter1)" />
```

Über die weitere Vorgehensweise mit SVG sollten Sie sich allerdings mithilfe der reichlich vorhandenen Internetseiten informieren. Wir haben SVG nur im Rahmen unserer Lösung erläutert. Hier nun das komplette CAPTCHA zum Nachprogrammieren. Erfassen Sie den Code einfach mit einem Textverarbeitungsprogramm und speichern Sie ihn in einer Datei mit der Endung `.svg` ab.

```
<?xml version="1.0"?>
<!DOCTYPE svg PUBLIC "-//W3C//DTD SVG 1.1//EN"
  "http://www.w3.org/Graphics/SVG/1.1/DTD/svg11.dtd">
<svg version="1.1" xmlns="http://www.w3.org/2000/svg">
  <text x="100 40 70 100" y="100" style="font-size:55;
        font-family:Times New Roman, Courier;
        font-weight:bold;font-style:oblique;stroke:black;
        stroke-width:1"
        transform="rotate(20,100,100)" >
    W
  </text>
  <text x="170 40 70 100" y="100" style="font-size:45;
        font-family:Arial black, Arial;
        font-weight:bold;font-style:oblique;stroke:black;
        stroke-width:1;fill:none"
        transform="rotate(-40,170,100)" >
    i
  </text>
  <text x="200 40 70 100" y="100" style="font-size:35;
        font-family:Comic Sans MS, Arial;
        font-weight:bold;font-style:oblique;stroke:black;
        stroke-width:1"
        transform="rotate(30,200,100)" >
    l
```

```
    </text>
    <text x="250 40 70 100" y="100" style="font-size:55;
        font-family:Courier new, Courier;
        font-weight:bold;font-style:oblique;stroke:black;
        stroke-width:1;fill:none"
        transform="rotate(-20,250,100)" >
      d
    </text>
    <filter id="filter1" filterUnits="objectBoundingBox"
        x="0%" y="0%" width="100%" height="100%">
        <feTurbulence type="turbulence" baseFrequency="0.03"
                    numOctaves="5"/>
    </filter>
    <rect x="100" y="50" width="190" height="70"
        filter="url(#filter1)"  />
    <line x1="100" y1="50" x2="290" y2="50" />
    <line x1="100" y1="120" x2="290" y2="120" />
    <line x1="100" y1="50" x2="100" y2="120" />
    <line x1="290" y1="50" x2="290" y2="120" />
</svg>
```

Abbildung 1.20 CAPTCHA im Eigenbau

Speichern Sie die Datei als **captcha.svg** ab und öffnen Sie diese mit dem Internet Explorer.

Für die Freaks, die es nicht hinbekommen haben, und alle Leser, die sich diese Übung nicht zutrauten, findet sich auf der DVD die fertige Lösung unter: *Software zum Buch\Kap01\Captcha\Captcha.svg*.

Für alle, die sich gerne mit SVG etwas intensiver auseinandersetzen wollen, gibt es eine interessante Seite im Internet, mit zahlreichen Codebeispielen. Ein Besuch lohnt sich in jedem Fall, wenn man den SVGViewer schon einmal installiert hat:

http://svglbc.datenverdrahten.de/

SVG ist im Gegensatz zu GOTO oder BASIC keine Programmiersprache, sondern eine Beschreibungssprache. Daher ist sie mehr mit XML, HTML oder SGML verwandt als mit einer echten Programmiersprache. Solche Sprachen beschreiben Sachverhalte und Daten, teilweise sogar, wie die Daten weiter zu behandeln sind. In diesem Fall werden Grafiken mit Text beschrieben. Das hat entscheidende Vorteile gegenüber einer üblichen Grafik, die aus Punkten besteht, die nach einem bestimmten Schema angeordnet sind. Dadurch wird der Computer in die Lage versetzt, die Grafik verarbeiten zu können, ohne sie zeichnerisch zerlegen zu müssen. Man kann durch den Text scrollen und nach bestimmten Kürzeln wie `type="turbulence"` suchen und den Computer auf diesen Sachverhalt, einen nebeligen Hintergrund, reagieren lassen.

HTML ist die am häufigsten eingesetzte Beschreibungssprache. 90 % aller Daten im Internet liegen in dieser Form vor. Mit ihr wird der Aufbau von Webseiten beschrieben, sodass ein Browser sie in der gewohnten Formen- und Farbenvielfalt präsentieren kann.

Es gibt noch viele andere Beschreibungssprachen, wie z. B. VML, ein Vorläufer von SVG, oder VRML, das für Virtual Reality Markup Language steht. Eine Sprache also, mit der virtuelle Welten beschrieben werden.

Auch wenn man mit diesen Sprachen nicht direkt programmieren kann, lassen sich mit Beschreibungs- oder Auszeichnungssprachen ganz tolle Sachen machen. In jedem Fall aber sind sie ein sehr weites Feld.

Am 7. Juni 1954 frühmorgens öffnet die von Gram gebeugte und früh ergraute Mutter von Alan Turing vorsichtig die Tür zum Schlafzimmer ihres Sohnes. Was sie erblickte, ließ sie voll Verzweiflung in sich zusammensinken. Auf dem Bett lag ihr toter Sohn, neben ihm ein halb gegessener, mit Zyanid vergifteter Apfel. Welch ein trauriges Ende, für den Mann, der durch seine genialen Ideen zum Computer mithalf, die Enigma zu entschlüsseln und damit den Zweiten Weltkrieg zu beenden. Nicht nur sein trauriges Ende, das angeblich die Idee zum Logo von Apple Computer lieferte, auch seine letzten Jahre, in denen er als Homosexueller geächtet worden war, sind diesem großen Mann nicht gerecht geworden.

1.10   Zusammenfassung

Nachdem wir nun alles, was mit Turing und der Berechenbarkeit zusammenhängt, hinter uns gelassen haben, sollten wir uns vielleicht auch unsere eigenen Gedanken dazu machen. In den letzten Kapiteln des Buches soll es um künstliche Intelligenz gehen. Vereinfacht ausgedrückt, also um geistige Fähigkeiten, die uns Menschen als Verstandeswesen ausmachen. Heißt das nun, dass die Turingmaschine beweist, dass man mit Maschinen den gesamten menschlichen Verstand simulieren kann, dass Maschinen im Prinzip auch denken können? Wenn wir uns erinnern, wie Alan Turing seine Maschine entwickelt hat, so müssen wir das eindeutig verneinen. Im Prinzip ein Geniestreich, beweist die Turingmaschine nicht, wie der Mensch denkt, sondern nur, wie er eine Rechenaufgabe löst. Ob er sie nun zu Papier bringt oder die Aufgabe im Kopf ausrechnet, ist dabei egal. Das heißt ja nicht mehr, als dass in diesem Moment das menschliche Gehirn selbst auch etwas simuliert, indem es schematisch, ja fast mechanisch, vorgeht. Wenn wir genau sind, simuliert das Gehirn in diesem Moment eigentlich eine Turingmaschine, um einfacher rechnen zu können. Im Grunde ist es deshalb nicht verwunderlich, wenn man gerade diese Vorgehensweise wunderbar technisch nachempfinden kann. Nun ist aber dieses logische Nachdenken und das schematische Rechnen nur ein Teil unseres Verstandes. Menschen können auch neue Ideen haben, Kunstwerke verschiedener Art schaffen, Gefühle empfinden. Das sind alles Dinge, die eine Turingmaschine nicht kann, das steht wohl außer Zweifel. Selbst eine solche empirische Aussage kann eine Maschine nicht treffen. Sie kann nicht auf Anhieb entscheiden. Das Leben erfordert ständig solche Problemlösungen. Aber was bringt uns eine Aussage zur Frage: Wie viel ist 3 mal 5? In der Art: Etwas größer als 10, vielleicht fast 16, aber eher 15. Wenn wir das bedenken, müssen wir zugeben, dass Mensch und Computer völlig verschiedene Denkweisen für eine Berechnung haben. Es gibt eine Überschneidung, eine kleine Verbindung zwischen beiden, die Turingmaschine, aber der Mensch muss sich sehr anstrengen, so schematisch zu denken, weil es seinem intuitiven Vorgehen widerspricht. Es strengt ihn an, und genau deshalb hat er dafür auch Maschinen erfunden.

1.10.1 Noch mehr Spaß

Zahlensysteme

In der Gruppe lässt sich mit dem binären Fingersystem leicht ein Spiel realisieren. Man nennt Zahlen bis 1024, und derjenige, der sie zuerst binär mit den Fingern anzeigt, hat gewonnen. Man kann mit den Fingern binär addieren und subtrahieren. Es geht natürlich dabei darum, die Aufgabe vorzurechnen. Wer sich verrechnet, hat verloren.

CAPTCHAs

»PWNtcha soll die meisten CAPTCHAs knacken können. Zum Glück wird dieser Code unter Verschluss gehalten...«.
– Meldung auf Prometeo.de 13. November 2006

Allerdings ist, ehrlich gesagt, der perfekte CAPTCHA-Test noch nicht gefunden. Es macht Spaß, sich Tests zu überlegen, durch die sich Mensch und Maschine unterscheiden lassen. Doch besser ist es, diese zu programmieren. Sind sie wirklich gut, kann man sogar reich damit werden.

Eine Frage zu unserem Pseudo-CAPTCHA

Wieso ist es nicht möglich, ein echtes CAPTCHA für das Internet so zu erstellen, wie wir das getan haben?

1.10.2 Webseiten zum Kapitel

URL	Beschreibung
http://de.wikipedia.org/wiki/Zahlensystem	Wikip-Artikel zu den Zahlensystemen
http://www.elektronik-kompendium.de/sites/dig/0208031.htm	Zahlensysteme für Elektroniker
http://www.elektronik-kompendium.de/sites/dig/1109101.htm	Umrechnung von Zahlensystemen
http://did.mat.uni-bayreuth.de/~heike/Grundschule/Mathe/Arithmetik/Zahlenraum/zsysteme_index.html	Artikel zu den Zahlensystemen
http://andremueller.gmxhome.de/zahlsys.html	Zahlensysteme und Computer
http://de.wikipedia.org/wiki/Bin%C3%A4rpr%C3%A4fix	Kibi in Wikipedia
http://de.wikipedia.org/wiki/Byte	Byte in Wikipedia
http://de.wikipedia.org/wiki/Bit	Bit in Wikipedia
http://www.wolframscience.com/prizes/tm23/images/Turing.pdf	Turings Originalartikel zur Turing-maschine
http://heikomentzel.de/turing/	Turingmaschine von Heiko Mentzel
http://ironphoenix.org/tril/tm/	schöne Internet-Turingmaschine, die die großen Biber errechnen kann
http://web.bvu.edu/faculty/schweller/Turing/Turing.html	Turingmaschine, die einen Java-Preis gewonnen hat
http://ais.informatik.uni-freiburg.de/turing-applet/	Turingmaschine der Uni Freiburg
http://de.wikipedia.org/wiki/Ameise_%28Turingmaschine%29	Ameisen in der Turingmaschine
http://www.mathematische-basteleien.de/ameise.htm	Artikel zu Langton-Ameisen
http://noebis.pi-noe.ac.at/javanuss/node164.html	Turmiten als spezielle Ameisen
http://noebis.pi-noe.ac.at/javanuss/node163.html	Noch einmal Ameisen
http://vlin.de/material_2/Turingmaschi-nen.pdf	Lehrausbildung zu Turingmaschinen
http://www.google.de/search?hl=de&q=Greifswald+simulatoren+f%C3%BCr+turing&btnG =Google-Suche&meta=lr%3Dlang_de	Arbeit zu Turingmaschinen

URL	Beschreibung
http://de.wikipedia.org/wiki/Turing-Test	Wikipedia-Seite zum Turing-Test
http://www.ureda.de/php/spider/anzeige.php3?id=277	Artikel zum Turing-Test
http://www.heise.de/newsticker/meldung/97991	Die einfachste universelle Turing-maschine
www.logic.at/lvas/185170/07-Ernst.pdf	Einwände gegen den Turing-Test
http://www.wolframscience.com/prizes/tm23	einfachste Turingmaschine – Wettbewerb
http://www.wolframscience.com/prizes/tm23/background.html	Wolframs Seite, mit Hinweisen zu Turing-Tests
http://www.schoene-aktien.de/ibm1_alte_aktien.html	IBM-Geschichte
www.ostc.de/vi-short.pdf	Die wichtigsten vi-Befehle
http://www.linux-fuer-alle.de/doc_show.php?docid=29&catid=8	Der Linux vi
http://phyma.phyma.uni-konstanz.de/tutorials/vi.html	Die Bedienung von vi
http://wiki.ubuntuusers.de/Vim	vi-Bedienung für Ubuntu
http://www.emsps.com/oldtools/msbasv.htm	Geschichte der BASIC-Versionen
http://www.stoppt-den-spam.info/webmaster/captcha-tutorial/index.html	CAPTCHA für Webseiten
http://www.deruwe.de/captcha.html	CAPTCHA-Anleitung
http://recaptcha.net/	Ganz spezielles CAPTCHA-Projekt
http://de.wikipedia.org/wiki/Scalable_Vector_Graphics	Wikipediaseite zu SVG
http://svg.tutorial.aptico.de/	SVG Tutorial
http://www.selfsvg.info/	SelfSVG
http://www.adobe.com/svg/	Adobe SVG-Seite
http://www.adobe.com/svg/viewer/install/	Download des Adobe SVG Viewers
http://svglbc.datenverdrahten.de/	SVG-Beispiele

1.10.3 Weiterführende Literatur zum Kapitel

Frank Bongers, XHTML, HTML und CSS – Handbuch und Referenz, mit CD, Galileo Press, 2007

Till Wortmann, Die Computer-Fibel, Galileo Press, 2004

Vitaly Friedman, Praxisbuch Web 2.0, Galileo Press, 2007

Dieter Bochmann, Binäre Systeme. Ein Boolean Buch (broschiert), Lilole Verlag GmbH, 2006

Stephanie Kretschmar, Alan Turing. Sein Leben und sein Werk (broschiert), GRIN Verlag, 2007

Stuart M. Shieber, The Turing Test: Verbal Behavior as the Hallmark of Intelligence, engl. B&T Verlag, 2004

Heinz-Dieter Ebbinghaus, Turingmaschinen und berechenbare Funktionen 1, Springer Verlag, 1970

Nachdem wir uns mit Herrn Turings Möglichkeit, Computer zu bauen, beschäftigt haben, wollen wir uns jetzt mit richtigen Rechnern befassen und uns die Urgroßeltern unseres PCs einmal ansehen

2 Geschichte auf Endlospapier

ENIAC

Damals, als Herr Turing sich Gedanken über seinen Test machte, gab es den Computer im heutige Sinne noch gar nicht.

Der sogenannte ENIAC war eigentlich die erste EDV-Anlage, die man als elektronischen Computer bezeichnen konnte. Denn er arbeitete mit Röhren und konnte für umfangreiche Berechnungen durch Verbinden von Steckdosen mit Kabeln programmiert werden. ENIAC war ursprünglich allerdings auch ein rein militärisches Projekt.

Das amerikanische Verteidigungsministerium hatte einer Gruppe von Wissenschaftlern unter Federführung von Mauchley und Eckert in Pennsylvania den Auftrag gegeben, eine Maschine zur Berechnung von Schießtabellen zu bauen. Betriebsbereit war dieser 1946, also erst nach dem Krieg, anders als die Entschlüsselung der Enigma, wäre er jedoch kaum kriegsentscheidend geworden.

Eines sollten wir freilich noch richtigstellen. Der erste Computer wurde nicht, wie Sie vielleicht glauben, von einem Engländer (Turing) oder Amerikanern (Mauchly u. Eckert) gebaut. Es war tatsächlich ein Deutscher, Konrad Zuse. Wobei die Nationalität für die Spitzenkräfte auf diesem Fachgebiet natürlich keine Rolle spielt.

Von Beruf war Zuse eigentlich Bauingenieur, er hatte jedoch ein recht ungewöhnliches Hobby, nämlich Erfindungen zu machen. Schon in den Dreißigerjahren hatte er sich vorgenommen, einen Rechenautomaten zu konstruieren. Dabei kam ihm die Idee, dass Maschinen viel einfacher mit dem Dualsystem, statt mit dem Dezimalsystem rechnen könnten. Denn, wenn man nur zwei Zeichen benötigte, konnte man mit Schaltern rechnen. »Schalter ein« für 1 und »Schalter aus« für 0. Da ihm die nötigen Röhren fehlten, mit denen sich sehr rasch schalten lässt, verwendete er Telefonrelais als Schalter.

Letztendlich wurde so seine Z3, also sein drittes Zuse-Modell, 1941 die erste wirklich laufende und programmierbare Rechenmaschine der Welt. Für einen einzelnen Erfinder eine große Leistung. Zumal er neben der Maschine auch noch die Programmiersprache **Plankalkül** für ihre Programmierung entwickelt hatte.

Zurück zum ENIAC, ins Jahr 1946. Was damals gewiss noch niemand so recht glauben wollte: Das war der erste große Schritt ins Computerzeitalter. Vielleicht ist der Ausdruck Zeitalter etwas hochtrabend, schließlich sind es mal gerade 50 Jahre, die der moderne Computer alt ist. Trotzdem hat er die Welt völlig verändert. Ohne ihn keine Mondlandung, keine Roboter, keine Globalisierung und kein Internet, um nur einige Folgen der Computerentwicklung aufzuzählen. Mit ENIAC begann aber auch das »ernsthafte« Programmieren, und damit soll sich dieses Buch ja befassen. Oder besser gesagt, mit dem »Spaß«, den man am »ernsthaften« Programmieren haben kann. Wobei wir den Begriff »ernsthaft« nicht immer so genau nehmen wollen.

Ob die Programmiererinnen von ENIAC, die sogenannten ENIAC-Frauen, Spaß mit dem Riesen-PC hatten, erscheint fragwürdig, zumal er nur dazu entwickelt worden war, ballistische Tabellen für den Zweiten Weltkrieg zu berechnen. Dazu konnte er addieren, subtrahieren, multiplizieren, dividieren und Quadratwurzeln ziehen. Allerdings war der Krieg schon beendet, als er einsatzbereit war. Trotzdem wurde er noch einmal militärisch genutzt, John von Neumann berechnete auf ihm mathematische Modelle zur Wasserstoffbombe. Übrigens lieferte von Neumann (der angeblich sehr viel Humor hatte) mit seiner nüchternen Art, mit solch furchtbaren Dingen wie Atombomben umzugehen, die Vorlage für den Stanley-Kubrick-Film »Dr. Seltsam oder wie ich lernte, die Bombe zu lieben«.

Da lassen wir uns doch den Spaß nicht nehmen, einmal den ersten Elektronenrechner der Welt in Aktion zu sehen.

Es gibt tatsächlich Simulationen von ENIAC für den PC, die das abenteuerliche Gefühl vermitteln können, das Forscher, wie z. B. unser Dr. Seltsam empfanden, als sie den ersten elektronischen Computer der Welt programmieren durften. Die Programme haben übrigens fast ausschließlich Frauen eingestellt, sodass der Begriff der ENIAC-Frauen geprägt wurde.

2.1   Die Simulation

Die Simulation befindet sich ebenfalls auf der Buch-DVD: *Software zum Buch\ Kap02\ENIAC\eniac.jar.*

Man kann sie aber auch direkt aus dem Internet starten. Die entsprechende Seite ist:

http://page.mi.fu-berlin.de/zoppke/eniac/

Es gelingt über einen der beiden ersten Links:

```
Click here to start the ENIAC simulation as Java Applet.
Click here to start the ENIAC simulation by Java Webstart.
```

Webstart ist Teil des Java-JRE und erlaubt, Java-Software über das Internet zu nutzen. Vor dem Start wird das entsprechende Programm erst auf der heimischen Festplatte zwischengespeichert. Applets werden dagegen in den Speicherbereich geladen, den der Browser nutzt, und laufen auch meist auf der Oberfläche des Browsers. Von daher wird der Start als Applet wahrscheinlich einfacher sein.

Um eine der beiden Möglichkeiten zu nutzen, muss Java installiert sein (siehe Anhang »Installationen«). Oder man zieht die Jar-Datei (gepackte Datei, die das Java-Programm in ablauffähiger Form enthält) auf seinen Rechner herunter. Sie heißt: *eniac.jar*.

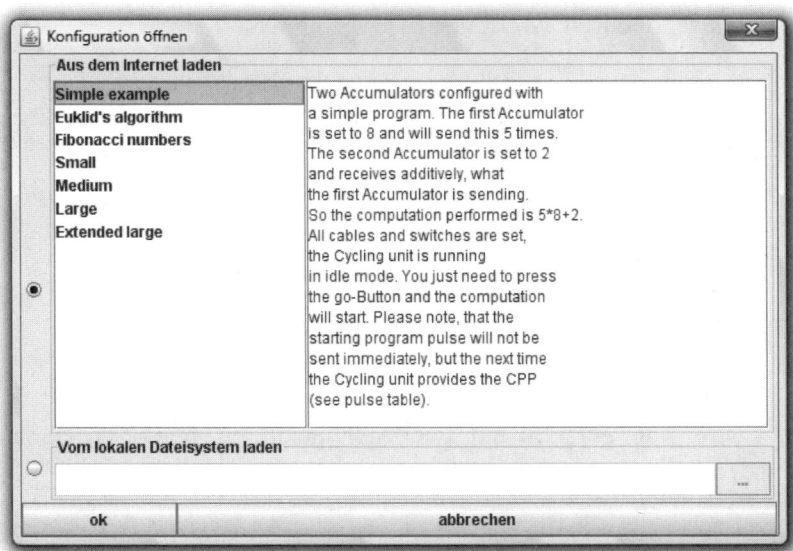

Abbildung 2.1 Mitgelieferte ENIAC-Programme

Diese kann dann durch einen Doppelklick gestartet werden. Natürlich auch nur, weil wir bereits eine JVM (Java Virtual Machine) auf dem Rechner installiert haben (siehe Anhang J, »Die Installation von Java und Eclipse«). Falls der Doppelklick versagt, versuchen Sie es in der Eingabeaufforderung mit:

```
java -jar eniac.jar
```

Wie man auch startet, zunächst öffnet sich ein Dialog, mit dessen Hilfe eines der beiliegenden Programme für den ENIAC geladen werden kann. Die Programme befinden sich ebenfalls in diesem gepackten Dateiarchiv (Jar-Datei). Eigentlich sind es lediglich drei Programme und vier Grundkonfigurationen. Die Konfigurationen dienen dazu, selbst Programme auf dem Rechner einzurichten. Sie stellen unterschiedliche Hardwarekonfigurationen des Rechners dar. Die vorhandenen Programme sind:

Simple example

Dieses Programm ist ein ganz einfacher Algorithmus, der 8 mit 5 multipliziert und schließlich 2 hinzuaddiert. Dieses Programm wird auch geladen, wenn man nichts auswählt, deshalb werden wir es uns als Erstes ansehen.

Euklids algoritm

Diese Rechenregel, die Euklid zugeschrieben wird, erlaubt das Finden eines größten gemeinsamen Teilers zweier natürlicher nicht gleich großer Zahlen. Die größere Zahl wird durch die kleinere geteilt. Der auftretende Divisionsrest dient wieder als Divisor für den Divisor der ersten Rechnung. Geht die Division irgendwann einmal ohne Rest auf, ist der Teiler gefunden.

Fibonacci numbers

Das ist der Algorithmus zur Berechnung der sogenannten Fibonacci-Zahlen, bestehend aus folgenden zwei Anweisungen:

▶ Die ersten beiden Zahlen der Folge sind 0 und 1.

▶ Jede folgende Zahl ist die Summe der beiden Vorgänger.

Das Programm errechnet diese Zahlen fortlaufend.

Small

Eine kleine ENIAC-Konfiguration mit zwei Akkumulatoren, einer Starteinheit und einer Takteinheit. Ein Programm ist nicht konfiguriert.

Medium

Diese etwas größere Konfiguration des Rechners besteht aus einer Starteinheit und einer Takteinheit, vier Akkumulatoren und zwei Transmittern zum Speichern von Daten.

Large

Die Large-Konfiguration des Rechners weist folgende Komponenten auf: eine Starteinheit und eine Takteinheit, acht Akkumulatoren und zwei Transmitter.

Extended large

Das ist das leistungsfähigste Beispiel und verfügt über Start- und Takteinheit und dazu über einen Transmitter, jedoch 16 Akkumulatoren. Bis zu 20 Akkumulatoren stehen am Rechner zur Verfügung.

Nachdem das gewünschte Programm gewählt ist, öffnet sich ein Fenster, das einen Blick auf den (etwas reduzierten) ENIAC zeigt. Die Abbildung zeigt die Small-Version mit zwei Akkumulatoren.

Abbildung 2.2 Simulation des ENIAC mit einer einfachen Rechenaufgabe

Für den Start von ENIAC mussten zunächst alle Komponenten einzeln eingeschaltet werden. Danach hatten die einzelnen Komponenten, die Zählwerke mit ihren sogenannten Flipflops, beliebige zufällige Werte, die vor Beginn der Berechnungen erst einmal auf Null gestellt werden mussten. Diese Arbeit übernahm die sogenannte **Initiating-Unit**. An ihr war zudem der Startknopf angebracht, mit dem die einprogrammierten Programme gestartet wurden. Damit wurde die sogenannte **Cycling Unit** in Betrieb genommen, die Taktimpulse an die einzelnen Komponenten sendete. Dieser Takt ist notwendig, damit die berechnenden Bausteine regelmäßig ihre Zustände ändern können und dabei Rechenvorgänge durchführen. Das galt für den ENIAC und gilt so auch noch für moderne Rechner.

Denn genau diese Taktgeschwindigkeit ist der Gigahertz-Wert, der bei jedem Rechner angegeben wird. ENIAC arbeitete mit 100 kHz, hatte aber auch die Möglichkeit, einzelne Impulse abzugeben sodass sich die Arbeitsschritte genau nachvollziehen ließen, um eventuelle Programmierfehler leichter zu entdecken.

Die wichtigste Komponente von ENIAC war der sogenannte **Akkumulator**. Er ist bis heute ein sehr wichtiger allgemeiner Baustein im Prozessor von Computern. In einem solchen modernen Prozessor begegnen wir ihm in Form der Akkumulator-Register (Kürzel AL, AH, AX oder EAX).

8*5 + 2

ist eine ganz einfache Berechnung aus zwei Schritten. Zum Errechnen des Ergebnisses wird zuerst 8 mit 5 multipliziert und zum Ergebnis dann 2 addiert. Wir erhalten also ein Zwischenergebnis, das gleich in den nächsten Rechenschritt wieder einfließt. Genau das realisiert der Akkumulator. In ihn wird das Ergebnis einer Rechnung gelegt, und beim nächsten Schritt wird mit dem Inhalt des Akkumulators weitergerechnet.

Realisiert ist das im Prozessor durch eine feste Verdrahtung mit dem Eingang der Recheneinheit, zugleich ist er aber auch mit dem Ausgang verbunden, so landet das Ergebnis der Berechnungen auch stets im Akkumulator.

Bei der Programmierung wird eine Variable, die Zwischenergebnisse speichert, manchmal ebenfalls als Akkumulator bezeichnet.

Die Akkumulatoren von ENIAC konnten jeweils eine bis zu zehn Stellen umfassende Dezimalzahl speichern, addieren oder subtrahieren. Dafür benötigten sie erstaunlich kurze 0,2 Millisekunden, weil sie mit Röhren arbeiteten statt mit Relais. Um genauere Berechnungen durchführen zu können, ließen sich je zwei Akkumulatoren zusammenschalten. Außer mit dem Akkumulator konnten auch noch mit dem sogenannten Multiplikator für Multiplikationen und dem Divider/ Square-Rooter (Divisionen und Wurzelziehen) Berechnungen durchgeführt werden. Komplexere Berechnungen wurden von einer sogenannten Master-Programmeinheit durchgeführt, von der es zwei Stück gab.

Einen echten Hauptspeicher hatte der Rechner dagegen nicht. Vor allem aber wurde der Rechner nicht durch gespeicherte Befehle gesteuert. Es gab jedoch Einheiten zum Lesen und Schreiben von Lochkarten, die zur Ablage der Ergebnisdaten dienten. Angezeigt wurden die Rechenergebnisse direkt beim Rechnen in den Akkumulatoren. Zu diesem Zweck gab es in ihrem Oberteil zehn Reihen von jeweils zehn Birnchen und zwei zusätzliche Glühbirnen für das Vorzeichen.

Die gesamte Programmierung musste mit Kabeln gesteckt oder durch Schalter eingestellt werden. Dabei waren die in Kniehöhe verlaufenden Kabel, die sogenannten **Program Trays,** für die Übertragung der Programmimpulse zuständig. Die **Digit Trays,** für die Übertragung der Zahlwerte, verliefen dagegen in Kopfhöhe. An allen Trays gab es entsprechende Steckdosen, die über Kabel mit den Steckern an den Komponenten verbunden werden konnten. Diese Art der Programmierung fand erst ein Ende, nachdem von Neumann 1948 den ersten Elektronenrechner der Welt mit einem Befehlsspeicher ausstatten ließ.

Natürlich lassen wir es uns nun nicht nehmen, den alten ENIAC selbst einmal zu programmieren. Wer es sich nicht zutraut, kann hinter dem Abschnitt weiterlesen.

Für Könner: Programmierung des ENIAC

Die Programmierung dieses gigantischen »Röhrenradios« ist, wie Sie sich vielleicht denken können, nicht ganz einfach. Am ehesten lernt man es, wenn man sich den Ablauf der beiliegenden Programme genau anschaut. Es gibt auch eine Anleitung in Englisch zur Berechnung des Divisionsrestes, aus der man sehr viel lernen kann:

http://www.myhpi.de/~schapran/eniac/modulo/

Um es möglichst authentisch zu machen, haben wir uns etwas ganz Besonderes ausgedacht, wir wollen eine der Formeln ausrechnen, die J. von Neumann vielleicht auf diesem Rechner durchrechnen ließ: die Einsteinsche Energiegleichung:

$E = mc^2$

Diese Gleichung besagt, dass die Energie, die frei wird, wenn in einer Bombe Masse zerstrahlt wird, der Potenz der Lichtgeschwindigkeit entspricht. Die Geschwindigkeit des Lichts ist nun in etwa 299.792,458 km/sek., also eine erschreckend große Zahl. Die Einheit der Energie ist Joule und wird in kgm^2/s^2 angegeben.

Wenn wir also 1 kg Materie zerstrahlen und diese Energie angeben wollen, müssen wir nur die Geschwindigkeit des Lichts in m/s bei der Berechnung nutzen und erhalten als Ergebnis Joule. Das wäre also:

$E = 1kg * (299.792.458 \, m/s)^2$

ergibt:

89.875.517.873.681.764 Joule oder 8,987 551 787·10^{16} Joule (kg m^2/s^2)

Zum Vergleich: 1 kg Steinkohle hat einen Heizwert von 29.158.000 Joule, Öl von 41.757.000 Joule, das ist in etwa ein Zweimilliardstel der sogenannten Ruheenergie, die beim Zerstrahlen frei wird.

In solchen Zahlendimensionen zu rechnen, ist selbst mit »großen« Computern nicht ganz einfach. Deshalb rechnen wir den Wert nur ungefähr aus. Wir rechnen 299.792.458 * 3. Jeder Multiplikationszyklus dauert seine Zeit, und knappe 30.000.000 Zyklen dauern uns einfach zu lange. Doch vom Prinzip her bleibt es sich gleich.

Gestartet wird der ENIAC durch Aufruf des Programms **eniac.jar** entweder durch Doppelklick oder über die Zeile:

```
java -jar eniac.jar
```

Wird die Konfiguration **Small** gewählt, zeigt sich schon das Ungetüm.

Es bleibt die Frage, wo werden welche Kabel angeschlossen? Dafür gibt es eine praktische Hilfe: **Ansicht • Stromfluss anzeigen**

Dieses Feld sollte aktiviert sein. Jetzt lässt sich genau sehen, welche Leitungen Strom führen. Was sehr weiterhilft. Außerdem werden die Namen der Bauelemente angezeigt, wenn man den Mauszeiger auf eines der Bauteile hält.

Fangen wir ganz links an der Steuereinheit an. Hier gibt es den Go-Knopf und von dort kommt der Startimpuls. Direkt darunter befindet sich eine runde Steckdose (Programm connector out). Diese wird nun mit dem **Program try** verbunden. Dazu zieht man einfach mit der Maus ein Kabel in die obere Reihe, ganz nach rechts (Programm connector 11 in/out) (Abbildung 2.3).

Wie geht es nun weiter? Bei Anklicken des Go-Knopfs passiert rein gar nichts. Die Steuereinheit hat einen On/Off-Schalter (Heaters power switch), der muss auf On umgelegt werden, wie auch der von der Takteinheit (Abbildung 2.3).

Nach Anklicken des On-Knopfs fließt beim ersten Zyklus ein Stromimpuls. Den Akkumulator könnte man vielleicht auch mal einschalten. Er besteht aus zwei Hälften und besitzt zwei Schalter, die wir nun auf On umlegen.

Bei Beobachten des Stromimpulses zeigt sich, dass er unter dem Akkumulator bei Programm conncetor 11 ankommt.

Hier ziehen wir ein Kabel nach oben, und zwar direkt darüber zum **Programm connector 11 in** (Abbildung 2.4).

Darüber befindet sich **repeat switch**. Also ein Wiederholungsschalter. Er vervielfacht sozusagen den Schaltimpuls. Wir wollen den Impuls drei Mal nutzen, was einer dreifachen Addition, also einer Multiplikation mit 3 entspricht. Demnach stellen wir hier die 3 ein (Abbildung 2.4). Natürlich muss es der **Repeat switch 11** sein. Einen anderen zu schalten, macht wenig Sinn, dort käme kein Impuls hin.

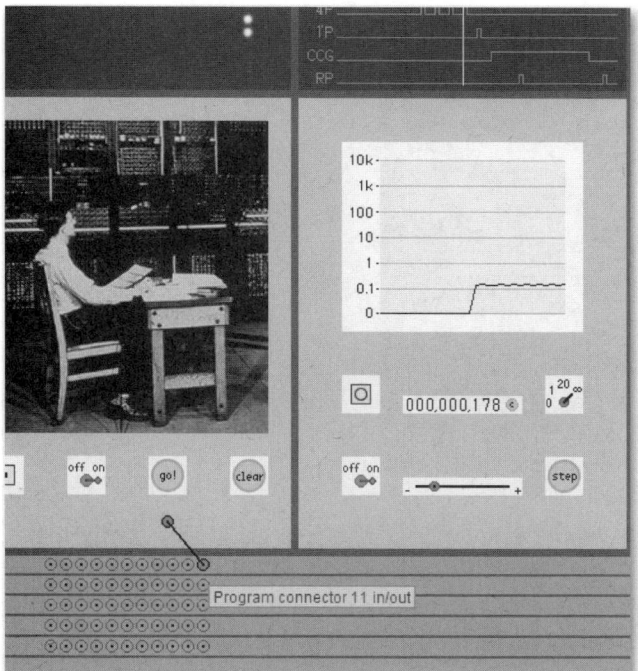

Abbildung 2.3   Verbindung am Programm connector

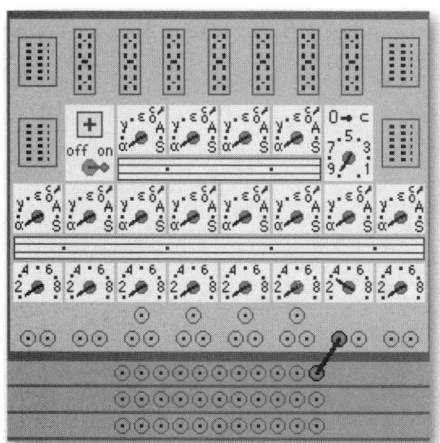

Abbildung 2.4   Am Akkumulator

Nun gilt es, den **Operations switch** einzustellen. Mit ihm lässt sich bestimmen, welcher Dezimalport aktiviert werden soll. Wir nutzen A. Es hätte aber auch eine der anderen Schalterstellungen genommen werden können. Nur müssen wir später auch dort stecken, wo wir eingestellt haben.

73

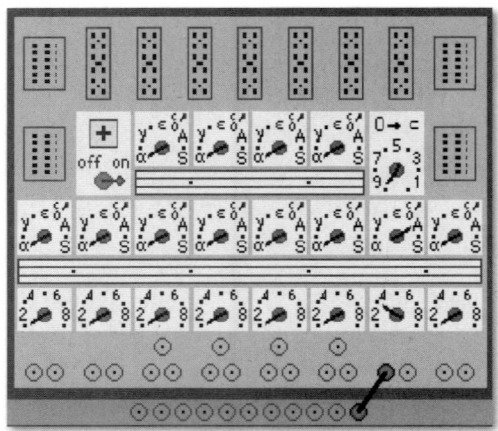

Abbildung 2.5 Operation Switch auf A eingestellt

Bei einem Test stellen wieder einmal fest, dass rein gar nichts passiert. Das liegt daran, dass wir alles eingestellt haben, das Signal aber nicht bis zu unserer Anzeige gelangt. Das Signal sitzt sozusagen am Interconnector IL2 fest. Wir müssen die IL- und IR-Verbindungen durchführen.

Ziehen wir also die Verbindung **Interconnector IL1** nach **IL2**. Da der Bus jedoch offen ist, passiert immer noch nichts. Wir müssen praktisch einen Abschlusswiderstand in Form eines Blindsteckers stecken, damit die Leitungen störungsfrei arbeiten können. Wir setzen ihn auf **Interconnector IR1**.

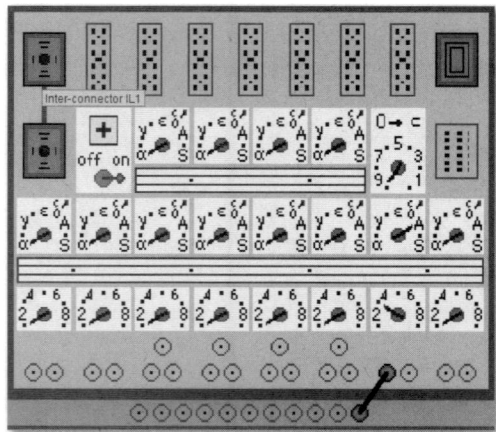

Abbildung 2.6 IL1-IL2 und IR1 setzen

Wenn wir jetzt den Go-Knopf anklicken, sieht die Sache schon ganz anders aus. Der Akkumulator stößt dreimal eine Addition an. Nun gilt es nur noch, diese Berechnung irgendwo zu speichern.

Bei genauem Hinschauen lässt sich erkennen, dass unsere Signale am **Digital-connector A output** zum **Digital Try** hin anstehen. Von hier müssen wir eine Verbindung auf den Tray ziehen, um das Ergebnis am anderen Akkumulator abgreifen zu können.

Nun ziehen wir das Kabel vom **Digitalconnector A output** zum Tray 4 und greifen es auf dem Akku rechts daneben ab, um es in den Alpha Input zu legen. Das ist die senkrechte Steckdose ganz links.

Auch hier müssen wir den Bus wieder abschließen und herunterführen, zu den Schaltern. Natürlich brauchen wir auch den Takt, den wir wieder an der gleichen Stelle vom Programmconnector 11 hochziehen. Und dreimal brauchen wir den Takt auch wieder. Nur der **Operations switch 11** braucht nicht extra eingestellt werden. Wir nutzen ja schon den alpha-Input, der immer eingestellt ist, weil er die Ruhestellung aller **Operations switche** ist. Danach ist der Kasten programmiert (Abbildung 2.8).

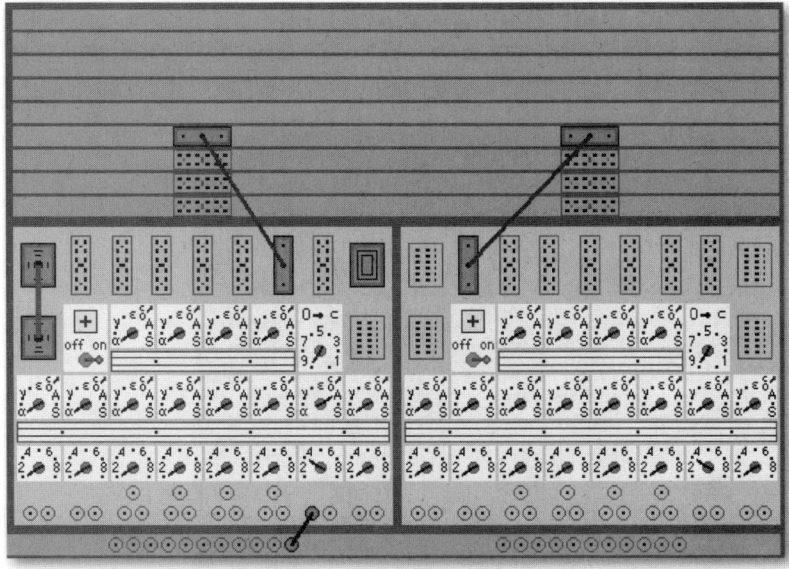

Abbildung 2.7 Digitales Signal am zweiten Akku angelegt

Es wird freilich nicht viel passieren. Es gibt nämlich keine Eingabe, die der Rechner verarbeiten könnte. Wir können nun beispielsweise auf dem linken Akku eine Zahl eingeben. Dazu wird auf die entsprechende Lampe geklickt. Wenn wir in der dritten Lampenreihe 5 anklicken, haben wir die Zahl 500 eingestellt. Lassen wir den Rechner nun laufen, erhalten wir nach drei Zyklen als Ergebnis 1500 auf der rechten Lichtertafel angezeigt. Damit haben wir kontrolliert, ob der ENIAC richtig programmiert ist.

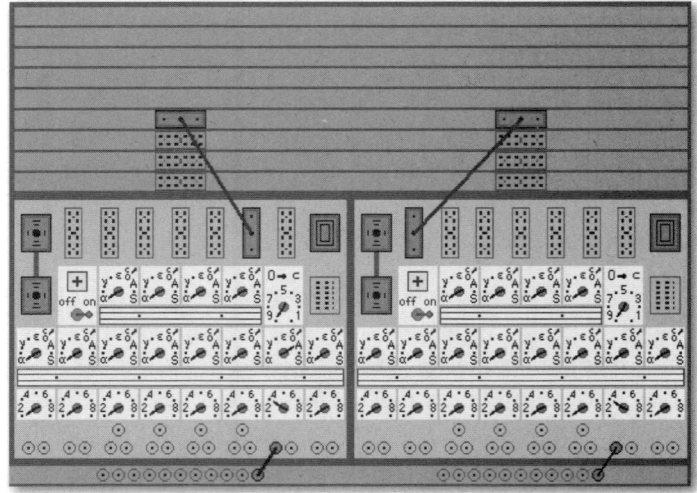

Abbildung 2.8   Programmierung abgeschlossen

Nun sollten wir vielleicht auf der ersten Tafel die Lichtgeschwindigkeit einstellen. Wir aktivieren also 299792458 Meter pro Sekunde (Abbildung 2.9).

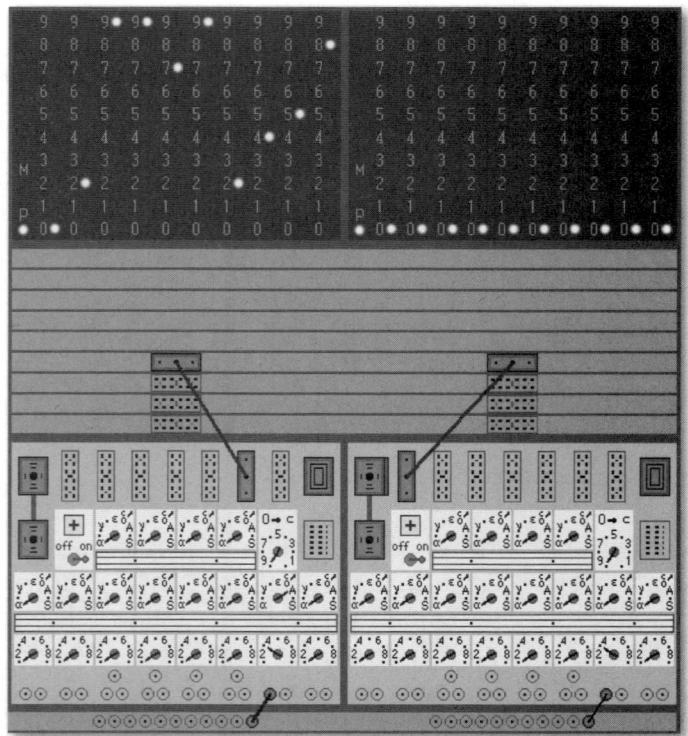

Abbildung 2.9   Vor der Berechnung

Wir wissen zwar nicht, ob und wie oft Herr von Neumann diese Zahl in den ENIAC eingegeben hat. Aber für diesen Moment dürfen wir uns einmal als von Neumann fühlen, wenn wir den Go-Schalter anklicken. Die Berechnung beginnt.

Wie erwartet, erscheint nach drei Durchläufen ein Ergebnis:

Wir lesen es ab und müssen noch acht Nullen anhängen, da wir statt 300.000.000 ja nur eine 3 nutzen konnten.

89.937.737.400.000.000

Es weicht zwar gehörig vom richtigen Ergebnis ab.

89.875.517.873.681.764

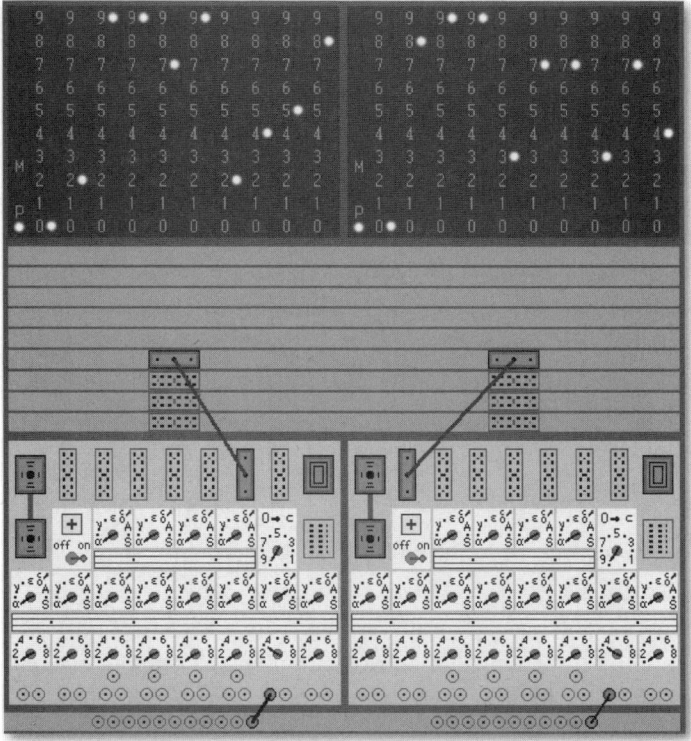

Abbildung 2.10   Das Ergebnis ist da!

Als Multiplikator haben wir auch nicht die genaue Lichtgeschwindigkeit genommen. Aber es hat uns gezeigt, dass der ENIAC durchaus für solche Berechnungen verwendbar war. Seine Möglichkeiten sind damit natürlich noch lange nicht ausgeschöpft. Aber es wäre eine längere Angelegenheit, wollten wir hier alles erkunden, was ENIAC damals schon konnte.

Auch wenn Ihnen die Programmierung dieser rechnenden Wohnzimmer-schrankwand nicht so ganz gelungen sein sollte, können Sie sich wenigstens die Beispiele anschauen. Man kann am Taktgeber auf einfache Weise mit dem Schieberegler die Taktrate erhöhen oder verringern. Mit dem Stepschalter lassen sich einzelne Takte absetzen, was einer Einzelschrittausführung und damit dem Debuggen entspricht. Was Debuggen eigentlich ist, werden wir bald praktisch ausführen.

Wie erwähnt, machen Sie sich nichts daraus, wenn der ENIAC Ihnen nicht recht gehorchen wollte, auch unser Dr. Seltsam, der geniale österreichisch-ungarische Computerwissenschaftler John von Neumann, soll damit seine Probleme gehabt haben. Man erzählt sich die Geschichte, dass er den Rechner einmal einen ganzen Tag arbeiten ließ, bis er feststellte, dass alle Ergebnisse falsch waren, weil ein Stecker nicht richtig stach. Dabei muss man ihm neidlos zugestehen, dass er ein Hochbegabter, wenn nicht gar ein Genie gewesen ist. Er besaß ein fotografisches Gedächtnis, das es ihm gestattete, ganze Buchseiten praktisch mit einem Blick auswendig zu lernen. Konnte er doch Goethes Faust aus dem Gedächtnis aufsagen. Er setzte sich während seines ganzen Lebens mit den vielseitigsten Problemen der Physik und Mathematik auseinander und löste viele wissenschaftliche Rätsel. Dabei ging er ganz selbstlos vor und half bereitwillig jedem Wissenschaftskollegen, ohne auf sein Urheberrecht zu bestehen. Als er schließlich an Krebs starb, den er sich wahrscheinlich durch seine langjährige Mitarbeit am amerikanischen Atombombenprogramm zugezogen hatte, standen Tag und Nacht Wachen vor seiner Krankenzimmertür, weil man befürchtete, er könnte im Todeskampf noch militärische Geheimnisse ausplaudern.

Wenn die Programmierung des ENIAC auch stark an eine alte Telefonvermittlung erinnerte, so ging die Entwicklung des Computers danach rasant weiter.

Schon das nächste Modell von Eckert und Mauchley, der erste in Serie gebaute Computer UNIVAC von 1951, sollte ebenfalls Computergeschichte schreiben. Im Jahr 1952 stand die Präsidentschaftswahl an. Die Wahl war bereits im Vorfeld äußerst spannend. Es wurde ein Kopf-an-Kopf-Rennen zwischen dem ehemaligen General Dwight D. Eisenhower (der Ursprung der Familie Eisenhauer liegt in der Eisenindustrie-Region des heutigen Saarlandes) und Stevenson, dem Gouverneur von Illinois. Man hatte beschlossen, durch eine Hochrechnung mit dem neuen UNIVAC die Wähler möglichst früh über den Ausgang der Wahl zu informieren.

Daraus wurde ein gewaltiges Medienspektakel, denn jeder Sender wollte bei der Bekanntgabe des Ergebnisses dabei sein.

UNIVAC wurde mit 5 % der Auszählung programmiert und prognostizierte einen klaren Sieg für Eisenhower. Die Enttäuschung war groß, denn jeder war der Meinung, dass Stevenson gewinnen würde. Man nannte den Rechner eine geistlose und dumme Maschine und beachtete das Ergebnis nicht mehr. Als die Auszählungen jedoch beendet waren, hatte der Rechner Recht behalten und ganz Amerika war perplex. Mit einem Paukenschlag war der Computer in die Öffentlichkeit getreten und sollte nicht mehr wegzudenken sein. Wer das Zeichen der Zeit verstand und damals IBM-Aktien kaufte, wurde ein reicher Mann.

Während bei ENIAC das Programm in der Verkabelung mehr oder weniger festgeschrieben war, hatten bereits ältere Rechner wie der Z3 die Programme selbst auch im Speicher vorliegen, in diesem Fall einen Lochstreifen aus fehlbelichteten Filmstreifen. Aber selbst der ENIAC-Computer wurde noch auf einen Arbeitsspeicher umgerüstet, in den er die Programmierung als Programm ablegen konnte.

Wenn wir hier schon den Begriff Arbeitsspeicher nutzen, wird es Zeit, die Bestandteile des Computers genauer zu betrachten.

Prinzipiell besteht ein Computer zumindest aus einer **Zentraleinheit** und den peripheren Geräten. Das war bereits beim ENIAC so, ist heute bei Ihrem PC nicht anders und wird auch auf unbestimmte Zeit so bleiben.

Die Zentraleinheit ist zunächst einmal der Kasten, den wir als Computer bezeichnen. Er enthält auf der Hauptplatine (Motherboard) den **Prozessor**, den **Hauptspeicher** und je nach Ausstattung einige **Steckkarten**. Der ENIAC war im Grunde nicht viel mehr als das, was heute der Prozessor in unserem PC ist. Wobei ein moderner Pentium-Prozessor dem damaligen ersten Elektronengehirn um Welten überlegen ist. Trotzdem wird uns hier und da etwas bekannt vorkommen, wenn wir uns im nächsten Kapitel den Prozessor näher anschauen.

2.2   Hallo, CPU! Wir sprechen Assembler

Nun wollen wir einen Blick in unseren eigenen Rechner riskieren. Keine Angst, dazu brauchen Sie das Gehäuse nicht mit einem Schraubendreher zu bearbeiten. Wir nutzen einen sogenannten **Debugger** (Entwanzer), zu Deutsch »Fehlersucher«, um einen Blick auf die Register der CPU zu werfen. Unserer Vorgehensweise entsprechend ist es bereits ein betagtes Programm, freilich eines, das EDV-Geschichte geschrieben hat. Unter DOS war es das Nonplusultra eines Debuggers. Man konnte ihn resident in den Speicher ablegen und an jeder beliebigen Stelle des laufenden Systems in den Debugger springen, um sich anzuschauen, was der

Rechner in seinem tiefsten Innern gerade treibt. Ich spreche von AFD (Advanced Fullscreen Debugger). Dieser befindet sich auf der Buch-DVD unter: *Software zum Buch\Kap02\afd.exe*.

Wieder wird DOS als Betriebssystem benötigt. Dazu starten wir VirtualBox und darauf den installierten DOS-Rechner. Die AFD-Software bringen wir entweder über eine virtuelle Diskette oder VirtualCD auf den DOS-Rechner. Zur Not käme auch eine gebrannte CD im angehängten reellen Laufwerk des Wirtsrechners infrage.

```
Geräte • CD/DVD-ROM einbinden • Host-Laufwerk D:
```

Erstellen wir ein Verzeichnis auf C:, das den Debugger aufnehmen kann:

```
mkdir coding01
cd coding01
```

Nach dem Wechsel in ein Verzeichnis kopieren wir den Debugger vom virtuellen Diskettenlaufwerk oder der CD dort hinein:

```
copy a:\afd.exe
```

Das Programm besteht nur aus einer Exe-Datei, wie es in DOS-Zeiten oft der Fall war, es braucht also weiter nicht installiert zu werden, und es lässt sich sofort starten:

```
afd <Returntaste>
```

Es öffnet sich ein Begrüßungsdialog (Abbildung 2.11), aus dem man mit einer beliebigen Taste ins Programm gelangt (Abbildung 2.12).

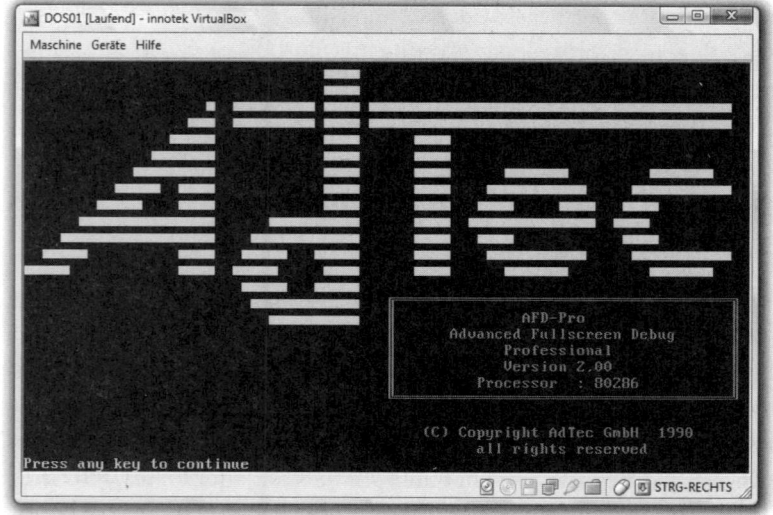

Abbildung 2.11   Der AFD ist gestartet

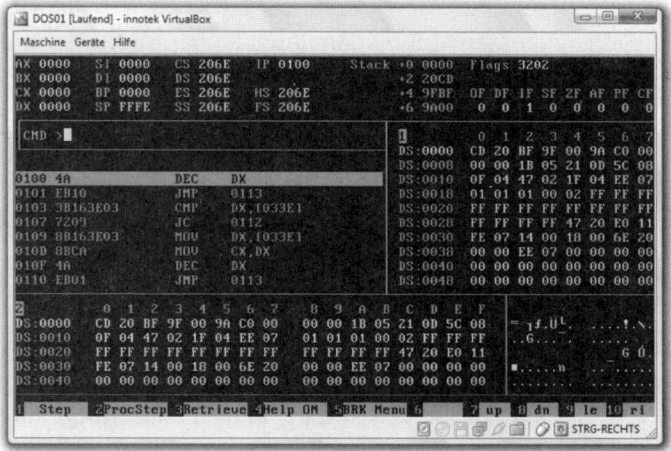

Abbildung 2.12 Im Programm

Der Blick in unseren Rechner ist recht schematisch, zeigt aber das Nötigste, was für die Programmierung in Assembler erforderlich ist.

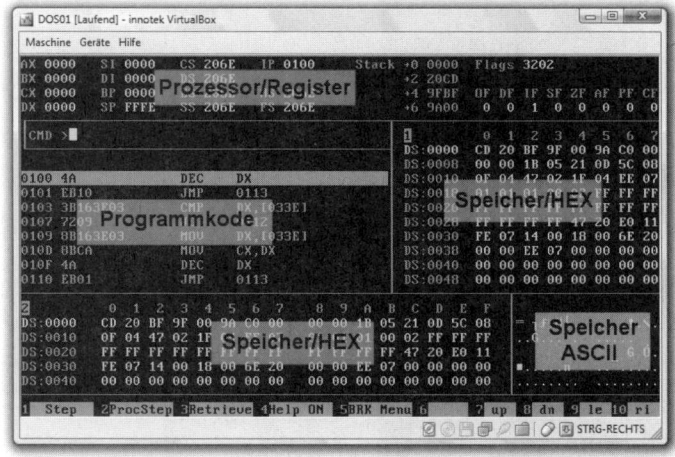

Abbildung 2.13 Die Teile des AFD-Dialogs

Der obere Teil gestattet sozusagen einen direkten Blick in den Prozessor. Hier werden vor allen Dingen die Register und ein Teil des sogenannten Stacks dargestellt. Darunter liegt das Feld mit dem Programmcode, der ausgeführt werden kann. Es ist ein Blick auf den Hauptspeicher, die Stellen, an denen das Programm liegt. Die übrigen Fenster zeigen dorthin, wo die Daten liegen. Das Witzige an AFD ist die Tatsache, dass wir das alles beliebig verändern können. Mit den Funktionstasten F7 bis F10 lässt sich zwischen den Feldern hin und her wechseln und darin editieren. F4 ruft die Online-Hilfe auf.

Wie bereits erwähnt, verstehen Computer im Grunde nur zwei Zeichen: die Null und die Eins. Damit man einen Rechner nicht mit endlosen Reihen an Nullen und Einsen füttern muss, erschienen schon bald nach dem ENIAC eine Reihe an verständlicheren Abkürzungen, mit denen sich Anweisungen für die ersten Rechner zusammenstellen ließen. Statt 10010000 konnte man nun einfach NOP eingeben, und nach einem kurzen Übersetzungslauf wusste der Rechner, dass er genau einen Takt lang gar nichts tun soll. Nichts anderes als NO OPERATION bedeutet nämlich dieses NOP oder besser (10010000 HEX90).

Genau das wollen wir direkt an unserem AFD versuchen. Im Programmfenster ist eine bestimmte Adresse zu sehen. Zum Beispiel 0100 mit einer Hexadezimalzahl dahinter. An diese Adresse springen wir durch Eintippen von A 100 (Abbildung 2.14). Dort geben wir NOP ein und löschen den Rest der Zeile heraus (Abbildung 2.15).

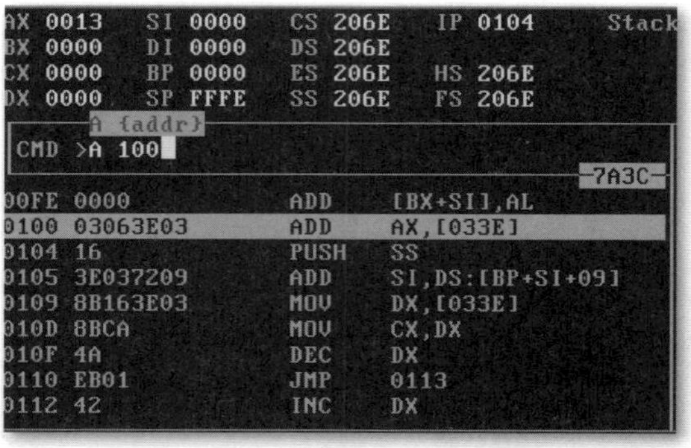

Abbildung 2.14 Assemblieren ab Adresse 100

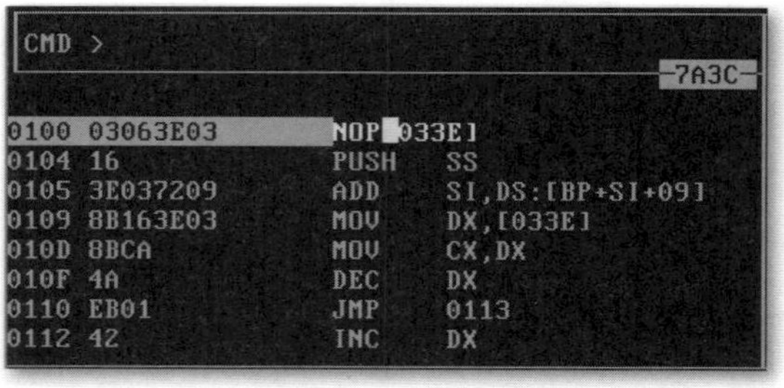

Abbildung 2.15 NOP – und sonst nichts mehr

Würden wir jetzt den Rechner diese Zeile ausführen lassen, passierte auch nicht das Geringste. Deshalb laden wir rasch noch eine Zahl in den Akkumulator so sehen wir, dass unsere Assembleranweisungen auch ausgeführt werden. Ein Zeilenumbruch und dann:

```
ADD AX,13
```

Man braucht kein Programmierer zu sein, um zu erraten, dass dies für den Prozessor bedeuten muss, zum Inhalt des Akkumulators die Ganzzahl 13 hinzuzuaddieren (Abbildung 2.16). Mit der Tastenkombination <Strg-Return> gelangt man wieder in die Befehlszeile. Nun kann man mit den Cursortasten wieder zum Speicherplatz 0100 zurückkehren..Das ist die Ausgangsadresse, von der aus wir die eingegebenen Befehle ausführen wollen (Abbildung 2.17).

Jede Anweisung kann einzeln ausgeführt (F1 Einzelschritt [Step]), es kann aber auch von einer bestimmten Stelle aus gestartet werden (F2 Prozedur ausführen [ProcStep]).

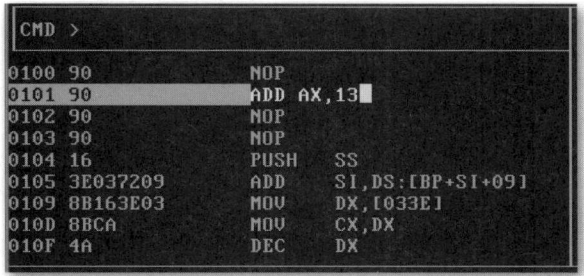

```
CMD >

0100 90              NOP
0101 90              ADD  AX,13
0102 90              NOP
0103 90              NOP
0104 16              PUSH SS
0105 3E037209        ADD  SI,DS:[BP+SI+09]
0109 8B163E03        MOV  DX,[033E]
010D 8BCA            MOV  CX,DX
010F 4A              DEC  DX
```

Abbildung 2.16   ADD AX, 13

```
AX 0000    SI 0000    CS 206E    IP 0104      Stack
BX 0000    DI 0000    DS 206E
CX 0000    BP 0000    ES 206E    HS 206E
DX 0000    SP FFFE    SS 206E    FS 206E

CMD >

0100 90              NOP
0101 051300          ADD  AX,0013
0104 16              PUSH SS
0105 3E037209        ADD  SI,DS:[BP+SI+09]
0109 8B163E03        MOV  DX,[033E]
010D 8BCA            MOV  CX,DX
010F 4A              DEC  DX
0110 EB01            JMP  0113
```

Abbildung 2.17   Start der Ausführung

Wenn wir mit <F1> nun NOP ausführen, geschieht nicht das Geringste. Der Prozessor schläft nun genau einen Takt lang. Noch einmal die F1-Taste genutzt, und AX zeigt den Inhalt 0013 an (Abbildung 2.18). Wir haben also einen einzigen Befehl erfolgreich ausführen lassen! Einen Befehl von denen, die der Prozessor normalerweise Millionen pro Minute ausführt. Was uns zeigt, dass es im Innern des Rechners gar nicht so sehr um Zauberei geht. Selbst der Akkumulator funktioniert noch genauso, wie er bereits beim ENIAC seine Arbeit getan hat. Natürlich ist Assembler mit dem Befehl ADD noch lange nicht erschöpft. Im Gegenteil, in Assembler könnte man im Grunde alles ausdrücken, was unser Rechner überhaupt kann, von der einfachen Addition zweier Zahlen über das Betriebssystem DOS, von AFD bis zu unserem Windows-Betriebssystem und der Rechnersimulation VirtualBox. Allerdings wären die Programme unüberschaubar lang, weil man in Assembler jede Kleinigkeit (Festplattenzugriff usw.) ausprogrammieren müsste. Aber jedes Programm auf dem Rechner kann man sich im Grunde mit einem Debugger wie dem AFD anschauen und sieht so den Maschinencode in Assemblercode zurück-übersetzt, also disassembliert. Am Ende jeder Programmierung steht also der Maschinencode und deshalb wird Assembler auch oft verwendet, um fertige Programme auf Geschwindigkeit hin zu optimieren.

```
AX 0013   SI 0000   CS 206E   IP 0104      Stack
BX 0000   DI 0000   DS 206E
CX 0000   BP 0000   ES 206E   HS 206E
DX 0000   SP FFFE   SS 206E   FS 206E

CMD >█

0101 051300        ADD    AX,0013
0104 16            PUSH   SS
0105 3E037209      ADD    SI,DS:[BP+SI+09]
0109 8B163E03      MOV    DX,[033E]
010D 8BCA          MOV    CX,DX
010F 4A            DEC    DX
0110 EB01          JMP    0113
0112 42            INC    DX
0113 E2C4          LOOP   00D9
```

Abbildung 2.18   Der Akkumulator enthält nun 013

Weil das so gut geklappt hat, wollen wir uns den Prozessor ein wenig genauer anschauen und noch ein paar kleine Assemblerprogramme erstellen, die wir mit dem AFD ausführen können.

2.3   Auf dem Weg zum Prozessorflüsterer

Was AX bedeutet, wissen wir nun bereits. Es ist das Register, das direkt mit der Recheneinheit des Prozessors gekoppelt ist. Aber all die anderen Buchstaben, sind das auch Register, und was hat es mit dem Begriff Stack auf sich?

 Für Kenner: Die Register

Register sind Speicherplätze direkt im Prozessor, die unglaublich schnell gefüllt und geleert werden können. Ihr Inhalt wird dazu benutzt, den Ablauf der Befehle zu steuern oder als Daten verarbeitet zu werden. Die Register unseres Prozessors haben auch bereits eine Entwicklungsgeschichte hinter sich. Sie rührt vor allem daher, dass die Register in den ersten Prozessoren nicht so viel Platz boten. So waren sie zunächst lediglich ein Byte groß, fassten also 8 Binärzahlen.

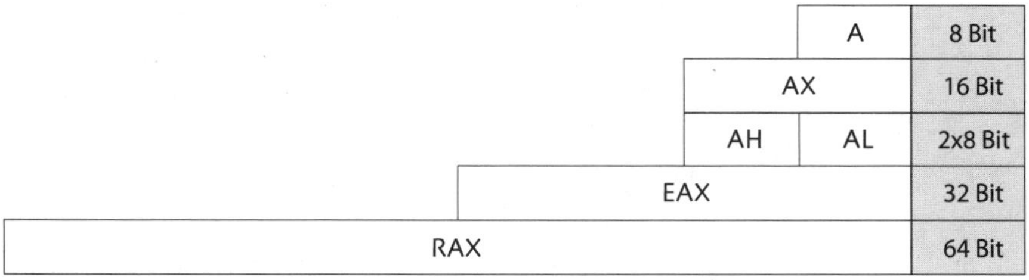

	A	8 Bit
	AX	16 Bit
	AH	AL	2x8 Bit
	EAX	32 Bit
RAX		64 Bit

Abbildung 2.19   Weiterentwicklung des Akkumulators

Weil ältere Software auch auf den neuen Prozessoren laufen sollte, musste jedes Register so aufgeteilt werden, dass die Teilstücke immer dem Prozessorvorgänger entsprachen. Das war so beim Wechsel von den 8 Bit-Prozessoren zu den 16 Bit-Prozessoren. Der neue Name für den Akkumulator war AX, der 8 Bit-Anteil nannte sich AL für A Low, die unteren 8 Bit sozusagen. Die 32 Bit-Register bekamen den Namen EAX und der 64 Bit breite Akkumulator RAX. Eine ähnliche Entwicklung durchliefen die übrigen Register. Wobei ein Teil der Register heutiger Prozessoren bei den 8 Bit-Rechnern noch gar nicht vorhanden war (Segmentregister). Folgende Tabelle zeigt die wichtigsten Register der verschiedenen Architekturen. AFD, der für Intel-286-Prozessoren entwickelt wurde, bietet lediglich die Extended-Register an.

	Name		Enlarged	Extended
		Bitbreite		
Name	Aufgabe	63 – 0	31 – 0	15 – 0
Datenregister	Akkumulator	RAX	EAX	AX
	Basisregister	RBX	EBX	BX
	Zähler	RCX	ECX	CX
	Daten (I/O)	RDX	EDX	DX
Indexregister	Code Index	RSI	ESI	SI
	Destination Index	RDI	EDI	DI
	Basis Pointer	RBP	EBP	BP
	Stack Pointer	RSP	ESP	SP
	Befehlszeiger (Instruktions Pointer)	RIP	EIP	IP
Segmentregister	Daten Segment	R8	DS	
	Extra Segment	R9	ES	
	Stack segment	R10	SS	
	Code Segment	R11	CS	
	Data Segment 1	R12	FS	

Name			Name	Enlarged	Extended
			Bitbreite		
Name	Aufgabe	63 – 0	31 – 0	15 – 0	
	Data Segment 2	R13	GS		
		R14			
		R15			
Status	Statusregister	RFLAGS	EFLAGS		
MMX Register		FPR0			
		...			
		FPR7			

Was noch fehlt, ist ein Einblick in die Befehle, die der Prozessor versteht. Obwohl es eine ganze Reihe Befehle gibt, kann man mit der Kenntnis einiger grundlegender Anweisungen schon viel bewirken:

Registerbefehle

MOV	Lade oder schiebe
INC	Erhöhe um 1
DEC	Reduziere um 1
ADD	Addiere
ADC	Addiere mit Übertrag
SUB	Subtrahiere
MUL	Multipliziere, ohne Vorzeichen

Programmbefehle

NOP	Nichts ausführen – einen Takt warten
JNZ	Springe, solange CX noch nicht Null ist
JMP	Bedingungsloser Sprung
HLT	Prozessor anhalten

Stapelbefehle

PUSH	Lege auf den Stapel
POP	Nimm vom Stapel

Das ist wirklich nur ein ganz winziger Ausschnitt aus dem Befehlsatz eines modernen Prozessors. Es gibt noch eine ganze Reihe Schiebebefehle, wesentlich mehr Sprungbefehle und Befehle, mit denen Unterprogramme ausgeführt werden. Für die Zahlenspielereien, die wir im Innern unseres Prozessors ausführen möchten, genügen diese paar Anweisungen jedoch locker.

MOV

Mit dem **Move** (lade-)Befehl lassen sich Daten in ein Register oder einen Speicherplatz schieben, aber auch Daten zwischen Registern hin und her bewegen. Das Ziel wird immer zuerst genannt. Zum Beispiel MOV AL, [0200] heißt, dass aus der Speicherzelle 0200 das Register AL zu füllen ist.

INC

Der Inhalt des genannten Registers oder Speicherplatzes wird um die Zahl Eins erhöht. Das Ergebnis verbleibt natürlich in dem genannten Register. So lässt sich beispielsweise direkt in einem Speicherplatz eine Zahl hochzählen:

MOV   [0200], 10   Lade 10 in Speicherplatz 200

INC   [0200]   Erhöhe den Inhalt von Speicherplatz 200 auf 11

DEC

Der Inhalt eines Speicherplatzes oder Registers wird um 1 verringert.

DEC   [0200]   Reduziere die 11 in 0200 wieder auf 10

ADD

Addiere zwei Zahlen, ohne einen vorherigen Übertrag zu berücksichtigen. Es können Register und Speicherstellen addiert werden. Addiert man beispielsweise zwei untere Hälften einer Zahl, entsteht ein Übertrag, der in der nächsten Addition der oberen Hälften berücksichtigt werden muss. Ein alter Übertrag darf natürlich bei der Addition der kleineren Teile einer Zahl nicht berücksichtigt werden.

ADD   [0300], AL   Addiere den Inhalt von AL zum Inhalt von 0300 und lege
                                     das Ergebnis in 0300 ab. Ein Übertrag aus vorherigen Be-
                                     rechnungen bleibt unberücksichtigt.

ADC

Addiere zwei Zahlen und erhöhe zusätzlich um ein 1, wenn die vorherige Berechnung einen Übertrag bewirkte.

| ADC | [0301], AH | Addiere den Inhalt von AL zum Inhalt von 0301 und berücksichtige, wenn die Berechnung davor einen Übertrag hatte. |

| ADC | [0302], 00 | Lege den Übertrag aus der vorigen Berechnung in Speicherstelle 302 ab. Durch die Addition von 00 wird lediglich der Übertrag abgelegt. Den Übertrag merkt sich der Prozessor im sogenannten Carry-Bit. Im AFD kann man es als CF schön während der Additionen beobachten. |

SUB

Ziehe zwei Zahlen voneinander ab. Das Ergebnis landet, wie üblich, in dem zuerst angegebenen Speicherelement. SUB AX, [0200] zieht z. B. von dem Inhalt von AX den Inhalt der Speicherstelle 0200 ab und schreibt das Ergebnis nach AX. Es können wahlweise Register und Speicherstellen genutzt werden. Lediglich die Nutzung zweier Speicherplätze ist nicht möglich.

MUL

Führt eine Multiplikation ohne Vorzeichen durch. Es wird immer mit dem Akkumulator AX gerechnet. Man kann mit B/ für Byte oder W/ für Word angeben, ob eine 8 oder eine 16 Bit Multiplikation durchgeführt werden soll. Das Ergebnis wird ebenfalls in AX abgelegt. Bei den 16 Bit-Berechnungen wird zusätzlich DX genutzt.

NOP

Der Prozessor führt über drei Takte hin gar nichts aus. Sinnvoll ist dieser Befehl z. B., wenn der Prozessor mit einem langsamen Baustein kommuniziert und warten muss. Es kann auch sein, dass je nach Programmbefehl an verschiedene Stellen gesprungen wird, zwischen denen jedoch keine Befehle sinnvoll sind und daher dort NOPs stehen.

JNZ

Dieser Befehl für einen bedingten Sprung gehört zu einer ganzen Gruppe von Befehlen, die alle Sprünge unter bestimmten Bedingungen durchführen. JNZ führt einen Sprung an die angegebene Adresse durch, solange CX noch nicht 0 ist. Man kann sich den Befehl gut bei der Realisierung einer zählenden Schleife vorstellen. Es lässt sich nachvollziehen, dass CX durch ein DEC CX bei jedem Durchlauf um 1 reduziert wird.

JMP

Es wird in jedem Fall an die genannte Adresse gesprungen. Dabei kann ein Sprung innerhalb eines Segments erfolgen, aber auch über Segmentgrenzen hinweg ausgeführt werden. Es kann auch an eine Adresse gesprungen werden, die sich in einem Register befindet.

HLT

Dieser Befehl hält den Prozessor bis auf Weiteres an. Das bedeutet, dass er nichts mehr ausführt, bis er durch eine Unterbrechungsanweisung aus diesem Dornröschenschlaf aufgeweckt wird. Der Befehl kann Schleifen ersetzen, in denen auf eine Unterbrechung gewartet wird, oder den Rechner in den Ruhezustand versetzen.

PUSH

Der Befehl legt den Inhalt eines Registers oder eines Speicherplatzes auf dem Stapel ab. Den Stapel, einen speziellen Bereich im Speicher zum kurzzeitigen Ablegen von Daten, kann man sich wie einen Tellerstapel vorstellen. Was zuletzt aufgelegt wurde, wird als Erstes wieder herunter genommen. Auch Rücksprungadressen bei zahlreichen Verzweigungen innerhalb eines Programms sind auf diese Art elegant abzulegen, da man in umgekehrter Reihenfolge zurück muss, wie man gesprungen ist. Der Stapelzähler (Stackpointer) wird um 1 erhöht.

POP

Der Befehl nimmt den obersten Eintrag vom Stapel herunter. Nach dem Befehl ist der Stapelzähler um 1 reduziert.

Für Könner: Assemblerprogramm

Versuchen Sie doch einfach einmal $E=mc^2$ mit einfachen Assemblerkenntnissen zu errechnen. Im Prinzip wäre folgende Vorgehensweise denkbar:

- lade die Lichtgeschwindigkeit in AX
- multipliziere AX mit der Lichtgeschwindigkeit
- multipliziere AX mit m
- das Ergbnis befindet sich in AX

In ein Register des simulierten Rechners passen nur 16 Bit-Zahlen, dadurch können wir damit nur bis 65.530 rechnen. Bis ca. 3.000.000.000 m/s für die Lichtgeschwindigkeit fehlt noch ein gutes Stück. Natürlich könnte man mit einem modernen 64 Bit-Prozessor das Ergebnis ganz locker ausrechnen. Aber das macht schon wieder keinen Spaß mehr. Viel reizvoller kann es sein, mit einem Prozessor, der nur 8 Bit breite Datenworte hat, 299.792.458 * 299.792.458 zu errechnen. Die Multiplikation mit der Masse wollen wir uns ersparen und gehen einfach von 1 kg aus. Gerade das Rechnen mit 8 Bit-Befehlen soll deutlich machen, wie man früher in Assembler programmieren musste. Ohne spezielle Tricks geht das natürlich nicht. Man muss die Zahlen in Faktoren zerlegen. Etwa in der Art:

299.792.458

10001.11011110.01111000.01001010
$\quad$ d $\qquad$ c $\qquad$ b $\qquad$ a

Niederes Byte der ersten Zahl = a, höheres Byte = b usw. Multiplizieren wir das höhere Byte ohne den niederen Teil, müssen wir es danach auf der Position 2^8 abspeichern, was einfach einer Verschiebung um acht Stellen der Binärzahl entspricht. Bei zwei Zahlen von 16 Bit Breite sähe das so aus.

$$(2^8b_1 + a_1) * (2^8b_2 + a_2)$$

Daraus ergibt sich: $2^{16}b_1b_2 + 2^8 (a_1b_2 + b_1a_2) + a_1a_2$, was nicht von ungefähr an die binomischen Formeln erinnert.

Da unsere Zahlen weit größer sind, wirkt das noch etwas gefährlicher:

$$(2^{24}d_1 + 2^{16}c_1 + 2^8b_1 + a_1) * (2^{24}d_2 + 2^{16}c_2 + 2^8b_2 + a_2)$$

Nach Ausmultiplizieren ergibt sich Folgendes:

$$2^{48}d_1d_2 + 2^{40}c_1d_2 + 2^{32}b_1d_2 + 2^{24}a_1d_2 + 2^{40}d_1c_2 + 2^{32}c_1c_2 + 2^{24}b_1c_2 + 2^{16}a_1c_2 +$$
$$2^{32}d_1b_2 + 2^{24}c_1b_2 + 2^{16}b_1b_2 + 2^8a_1b_2 + 2^{24}d_1a_2 + 2^{16}c_1a_2 + 2^8b_1a_2 + a_1a_2$$

Hiervon darf man sich allerdings nicht beeindrucken lassen. Zumal wir keine zwei verschiedenen Zahlen miteinander multiplizieren, sondern die Potenz einer Zahl errechnen, also Multiplikand und Multiplikator gleich sind. Was uns die Sache gründlich vereinfacht, sodass wir Folgendes schreiben können:

$$2^{40}(cd + cd) + 2^{32}(bd + bd) + 2^{24}(ad + ad) + 2^{24}(bc + bc) + 2^{16} (ac + ac) +$$
$$2^8(ab + ab) + 2^{48}dd + 2^{32}cc + 2^{16}bb + aa$$

Nun gilt es, dies in Assembleranweisungen umzusetzen.

Wir müssen uns diese lange Zahl im Speicher zusammenbauen. Unser Debugger zeigt uns die Zahlen als hexadezimale Zahlen an. Was bedeutet, dass wir sie umwandeln müssen, dabei hilft uns wieder der wissenschaftliche Taschenrechner des Betriebssystems. Nach Umwandeln von 299.792.458 in eine Hexadezimalzahl, ist das Ergebnis 11DE784A. Jeweils ein Pärchen davon steht für eine 8 Bit lange Teilzahl, wobei im Speicher links die kleineren Zahlen stehen:

Buchstabe für den Teil der Zahl	a	b	c	d
Zahl	4A	78	DE	11
Speicherstelle im AFD	200	201	202	203

Genauso werden wir sie in den Speicher schreiben und in unsere Berechnung einfließen lassen.

Eine Speicherstelle wird in Assembler einfach durch ihre Nummer in einer eckigen Klammer angegeben. Zum Beispiel [0200]. Dabei muss der Inhalt eines Segmentregisters dazugerechnet werden (z. B: DS), falls man die absolute Adresse im Speicher wissen möchte. Das ist jedoch nur bei großen Datenmengen wichtig. Bei so kleinen Datenmengen wie in unserer Berechnung bleibt man immer innerhalb des Speicherbereichs, der durch das Segmentregister adressiert werden kann. Es gilt zu berücksichtigen, dass der Speicher in AFD von links nach rechts verläuft. Die Zahlen also auch von links nach rechts in den Speicher geschrieben werden und nicht von rechts nach links, wie man sie normal schreibt. Schreiben wir also zunächst einmal unsere Lichtgeschwindigkeit in den Speicher. Dazu wechseln wir mit **F8** ins untere Speicherfeld und tragen ab der Speicherstelle 200 die HEX-Zahlen 4A, 78, DE und 11 ein (Abbildung 2.20).

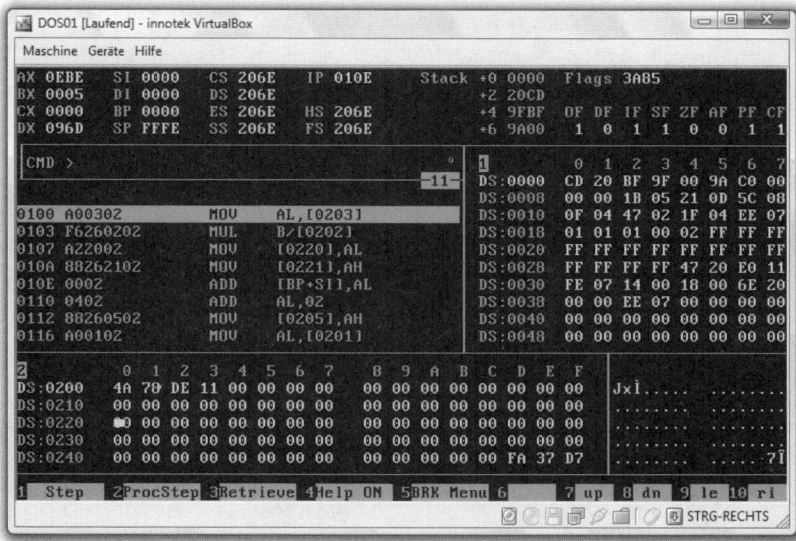

Abbildung 2.20   Zahl ab Speicherstelle 0200 in den Speicher schreiben

Das Ergebnis speichern wir später mit dem Programm ab der Speicherstelle 0220 bis 0227. Falls gewünscht, lässt sich dort die entsprechende Anzahl Nullen hineinschreiben. Wirklich erforderlich ist es nicht, weil wir die Rechenergebnisse mit dem **MOV**-Befehl dort einfügen werden. Soweit sind die Vorbereitungen bereits abgeschlossen. Was wir nun benötigen, ist das eigentliche Programm, und das wird nicht ganz einfach. Es geht dabei weniger darum, zu multiplizieren und zu addieren, sondern an der richtigen Stelle im Speicher abzulegen. Und um das Schieben, vom Speicher in ein Register und umgekehrt. Schauen Sie es sich einmal an:

Zunächst schieben wir **a** in den unteren Teil von **AX**

MOV AL, [0200]

Danach multiplizieren wir **b** mit AX

MUL B/[0201]

und schieben das Ergebnis aus AX, wo es nach der Berechnung steht, nach 0221 und 0222, weil wir unter Umständen durch die Multiplikation eine Zahl größer als 2 Hexstellen bekommen haben.

MOV [0221], AL
MOV [0222], AH

Nun addieren wir das Ergebnis von **a * b** auf sich selbst, weil wir **ab + ab** benötigen. Auch dabei kann es einen Überlauf geben, deshalb nehmen wir AH ADC (addieren mit Übertrag). Aber auch bei der Addition mit AH könnte ein Übertrag anfallen. Ihn müssen wir nach 0223 schreiben. Das gelingt durch Addieren mit Übertrag in diese Speicherstelle.

ADD [0221], AL
ADC [0222], AH
ADC [0223], 00

Wieder schieben wir **a** in den unteren Teil von AX, in AL

MOV AL, [0200]

und multiplizieren mit **c**

MUL B/[0202]

dieses Ergebnis addieren wir 2 * wie gehabt mit 0222 und 0223

ADD [0222], AL
ADC [0223], AH
ADD [0222], AL
ADC [0223], AH
ADC [0224], 00

Nun schieben wir **c** in den unteren Teil von AX, in AL

MOV AL, [0202]

und multiplizieren mit **b**

MUL B/[0201]

mit diesem Ergebnis verfahren wir wieder wie zuvor beim Ablegen in 0223 und 0224

ADD [0223], AL
ADC [0224], AH
ADD [0223], AL
ADC [0224], AH
ADC [0225], 00

Nun schieben wir **d** in AL

MOV AL, [0203]

und multiplizieren mit **a**

MUL B/[0200]

dieses Ergebnis addieren wir 2* mit 0223 und 0224

ADD [0223], AL
ADC [0224], AH
ADD [0223], AL
ADC [0224], AH
ADC [0225], 00

Wieder kommt **d** in AL

MOV AL, [0203]

und multiplizieren mit **b**

MUL B/[0201]

dieses Ergebnis wird doppelt mit 224 und 0225 mit Übertrag addiert

ADD [0224], AL
ADC [0225], AH
ADD [0224], AL
ADC [0225], AH
ADC [0226], 00

Nun muss **d** wieder in den unteren Teil von AX, in AL

MOV AL, [0203]

und multiplizieren mit **c**

MUL B/[0202]

dieses Ergebnis addieren wir nach 0225 und 0226

```
ADD [0225], AL
ADC [0226], AH
ADD [0225], AL
ADC [0226], AH
ADC [0227], 00
```

Jetzt haben wir die normalen Multiplikationen bereits durchgeführt. Nun müssen nur noch die Potenzen aa, bb, cc, dd errechnet und an den richtigen Stellen addiert werden.

Wir schieben **d** in den unteren Teil von AX

```
MOV AL, [0203]
```

Dann multiplizieren wir **d** mit AX, also mit sich selbst

```
MUL  B/[0203]
```

und addieren das Ergebnis nach 0226 und 0227, weil hier die Position für 2^{48} ist.

```
ADD [0226], AL
ADC [0227], AH
ADC [0228], 00
```

Nach dd müssen wir nun cc errechnen.

Wir schieben **c** in den unteren Teil von AX

```
MOV AL, [0202]
```

und multiplizieren **c** mit AX.

```
MUL  B/[0202]
```

Das Ergebnis addieren wir nach 0224 und 0225, weil hier die Position 2^{32} liegt.

```
ADD [0224], AL
ADC [0225], AH
ADD [0226], 00
```

Nun schieben wir **b** in den unteren Teil von AX

```
MOV AL, [0201]
```

Schließlich multiplizieren wir **b** mit AX

```
MUL  B/[0201]
```

und addieren das Ergebnis nach 0222 und 0223 auf die Position 2^{16}.

ADD [0222], AL
ADC [0223], AH
ADD [0224], 00

Nun schieben wir **a** in AL

MOV AL, [0200]

Dann multiplizieren wir a mit AX

MUL B/[0200]

und addieren das Ergebnis nach 0220 und 0221.

ADD [0220], AL
ADC [0221], AH
ADD [0222], 00

Das ist das ganze Programm. Starten Sie die Eingabe mit A 100 ⏎ für Assemblieren ab Adresse 0100. Achten Sie bei der Eingabe darauf, dass Sie in jeder Zeile die ⏎-Taste betätigen, sonst übernimmt der AFD die Anweisungen nicht. Wie man unschwer erkennen kann, löst sich eine einfache Mathematikaufgabe in zahlreiche Schritte auf, die mit den Eigenheiten des Prozessors kämpfen und ihn soweit bringen sollen, diese langen Zahlen richtig zu verarbeiten. Was ebenfalls noch auffällt, ist die enorme Zeilenanzahl. Die Hoffnung, eine Multiplikation mit einer Zeile zu erschlagen, hatte sich rasch gelegt, nachdem wir uns entschieden haben, 8 Bit-Multiplikationen zu verwenden. Man sieht also, wie komplex Programme auf Maschinenebene oder – wie in diesem Fall – auf Assemblerebene sind. Diesen immensen Aufwand macht der Prozessor dadurch wett, dass er dieses Programm in einer unglaublich kurzen Zeit ausführen kann.

Ein ADD benötigt rund 10 Takte, ein MUL 50 Takte, sodass wir für das Programm ruhig 1000 Takte veranschlagen können. Bei einem heute üblichen Rechner von 2 GHz (1 GigaHertz entspricht rund 1 Milliarde Takte pro Sekunde) kommen wir für die Ausführung des Programms also auf eine Zweimillionstel Sekunde. Das bedeutet, dass unser Rechner in einer Sekunde 2 Millionen dieser $e=mc^2$ Berechnungen ausführen kann.

An Hand folgender Tabelle können wir noch einmal nachvollziehen, ob wir alles richtig gemacht haben. Sie zeigt uns die Speicherplätze, sowie die Multiplikationen unserer Teilzahlen, außerdem den Platz, an dem die Ergebnisse landen sollten.

Adressen	220	221	222	223	224	225	226	227
Zweierpotenzen	2	2^8	2^{16}	2^{24}	2^{32}	2^{40}	2^{48}	2^{56}
zu errechnende Multiplikationen		ab	ac	bc ad	bd	cd		
zu errechnende Potenzen	aa		bb		cc		dd	
Ergebnis	64	75	DD	AC	4E	4D	3F	01

Nachdem wir überzeugt sind, alles richtig programmiert zu haben, führen wir das Programm aus.

Wer es nicht wirklich selbst eintippen möchte, findet es auch vollständig auf der DVD unter: *Software zum Buch\Kap02\AFD* als *emc2.afd*.

Man speichert es am besten über VirtualFloppy auf dem Laufwerk C: des DOS-Rechners. Im AFD lässt sich das Programm mit dem Befehl

```
L /0100 c:\emc2.afd
```

in den Arbeitsspeicher laden. Es enthält den Code sowie die Zahl 4A78DE11 auf 0200 und den ausgenullten Platz ab 220 für das Ergebnis.

Um den Assemblermodus zu verlassen, nutzt man die Tastenkombination ⌈Strg⌉+⌈↵⌉. Ausführen lässt es sich jetzt im Einzelschrittverfahren mit der ⌈F1⌉-Taste. Es lässt sich aber auch an einem Stück ausführen. Dazu wird **G 0100, 01F7** eingegeben, was für GO <StartAdr><,EndAdr> steht (Abbildung 2.21).

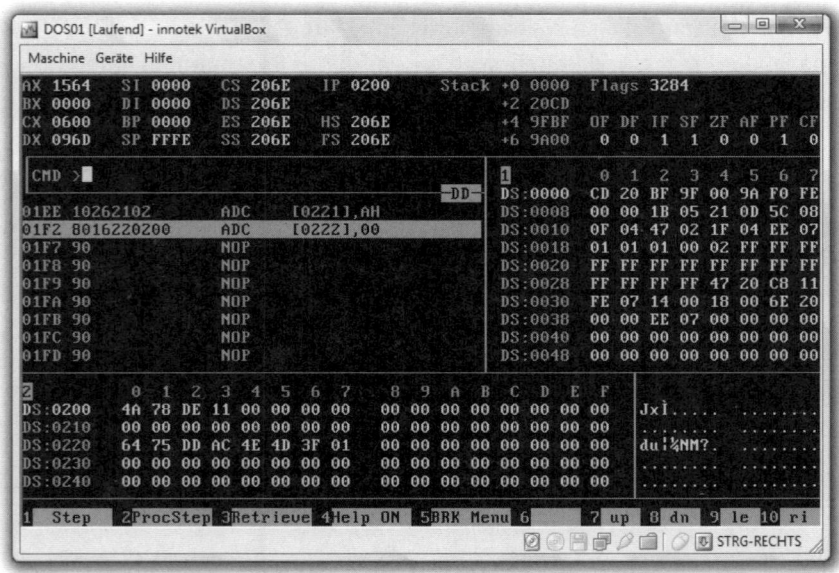

Abbildung 2.21 Nach der Berechnung

Nun sollte ab Adresse 220 das uns bereits bekannte Ergebnis erscheinen. Wir können uns damit zufrieden geben, wir können die Adresse aber auch in den Taschenrechner von Windows eingeben und überprüfen. Wie gesagt, immer darauf achten, dass die größte Teilzahl im AFD rechts steht. In den Taschenrechner müssten wir also im HEX-Modus Folgendes eingeben:

013F4D4EACDD7564, was genau der gesuchten 89.875.517.873.681.764 Joule entspricht.

Hier ist sie also endlich, die Energie, die man gewinnt, wenn 1 kg Materie zerstrahlt wird. Was übrigens auf einfache Weise nur gelingt, wenn Antimaterie zur Verfügung steht. Sollte die Berechnung richtig bleiben, darf nur 1 Pfund Materie und 1 Pfund Antimaterie zusammengeschüttet werden, keineswegs etwa 1 kg. Das könnte eventuell tödlich enden ;-). Diese Menge entspricht übrigens etwa der Energie bei der Explosion einer Wasserstoffbombe.

John von Neumann soll damals übrigens die Idee eines Großrechners für die Hauptniederlassung einer Lebensversicherung gehabt haben, der zwei Stockwerke in einem Wolkenkratzer füllen sollte. Die Diskussionen bestanden darin, ob er besser in den unteren oder den oberen beiden Stockwerken unterzubringen sei. Von Neumann habe aber darauf bestanden, der Rechner müsse vom 67ten bis zum 68ten Stockwerk aufgestellt werden. Als die Kollegen wissen wollten, warum, meinte er lapidar: »Was glauben Sie, meine Herren?« Der Physiker unter den Männern gab zu verstehen, die Luft sei dort dünner und die Röhren würden daher länger halten. Einer sagte sogar: »Dann ist er näher bei Gott.« Von Neumann rieb sich die Stirn und feixte: »Der Mensch hat sein Gehirn ja auch im Kopf und nicht im Arsch.«

Genug der Atomspalt- und Zahlenklauberei.

Im Computer gibt es nicht nur die Prozessoren, die mit Binärzahlen Pingpong spielen. Es gibt auch die sogenannten peripheren Geräte wie beispielweise Tastatur, Monitor, Drucker. Später kam die sogenannte Maus und vieles andere mehr hinzu. Bei den Nachfolgern von ENIAC mit seinen Kabelsteckereien, erfolgte ursprünglich die Dateneingabe ausschließlich per gestanzter Lochkarten. Später wurden Fernschreiber als Tastaturen, aber auch als Ausgabedrucker verwendet. Tastatur und Druckwerk wurden schließlich getrennt und entwickelten sich separat weiter. Wobei der Drucker die größten Entwicklungsschritte hinter sich brachte. Apropos Drucker: Mit diesem lassen sich ganz tolle Sachen machen. Ob das nun Zahlenspiele oder kleine Kunstwerke aus Punkten sind. Selbst mit einem Typenraddrucker, einem Nadeldrucker oder einem Schnelldrucker, der normal nur Text aufs Papier brachte, konnte man durch einen Trick ganz ansehnliche Bilder malen. »Computerleute« waren halt immer schon erfinderisch.

2.4   ASCII-Malereien

Wie das damals aussah, lässt sich ganz einfach zeigen. Hobbyprogrammierer haben sich an die Kunstwerke von damals erinnert und Programme für Windows geschrieben, die automatisch aus üblichen Bildern ASCII-Grafiken erstellen. Eines dieser Programme nennt sich ASCIIArt und liegt auf der DVD: *Software zum Buch\Kap02\ASCIGrafik* als *AsciiArtMachine.exe*.

Die Installation wird durch Doppelklick auf diese Datei gestartet. Es genügt, ein Verzeichnis für die Installation anzugeben. Nach der Installation ist das Programm sofort einsatzbereit. Grafiken, die man umwandeln möchte, legt man am besten zuvor im Verzeichnis **Quellgrafiken** ab, das während der Installation innerhalb des ASCIIArtMachine-Verzeichnisses angelegt wurde.

Das Programm zeigt nach dem Start folgenden Dialog (Abbildung 2.22).

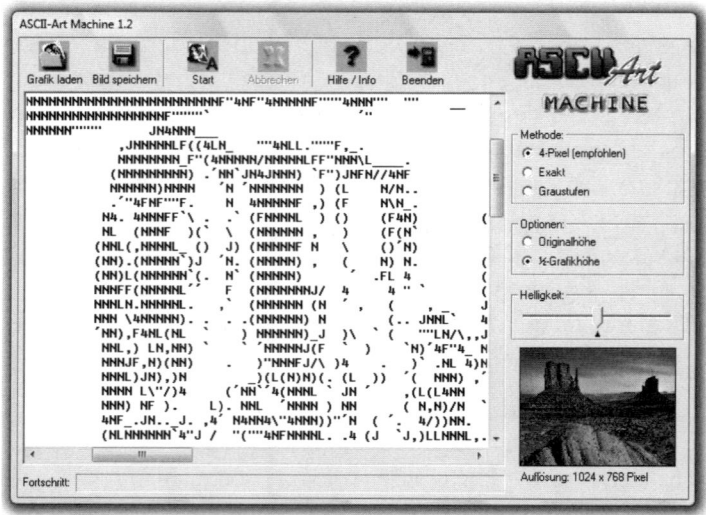

Abbildung 2.22   ASCIIArt bei der Arbeit

Die Bedienung gestaltet sich denkbar einfach. Zunächst wird eine Grafik geladen, die in der Voransicht unten rechts gezeigt wird. Durch **Start** erzeugt man die AS-CIIGrafik, deren Einstellungen beeinflussbar sind.

Die Erzeugungsmethode, die Bildgröße und die Helligkeit lassen sich variieren. Das reicht vollkommen aus, um aus fast jedem Bild ein überzeugendes ASCII-Kunstwerk zu schaffen. Selbst komplizierte Abbildungen lassen sich damit gekonnt umsetzen. Ein schwieriges Bild für entsprechende Versuche befindet sich auf der DVD unter: *Software zum Buch\Kap02\Bilder* als *Leo.bmp* .

Es lässt sich auch als 4-Pixel-ASCII-Bild erzeugen (Abbildung 2.24).

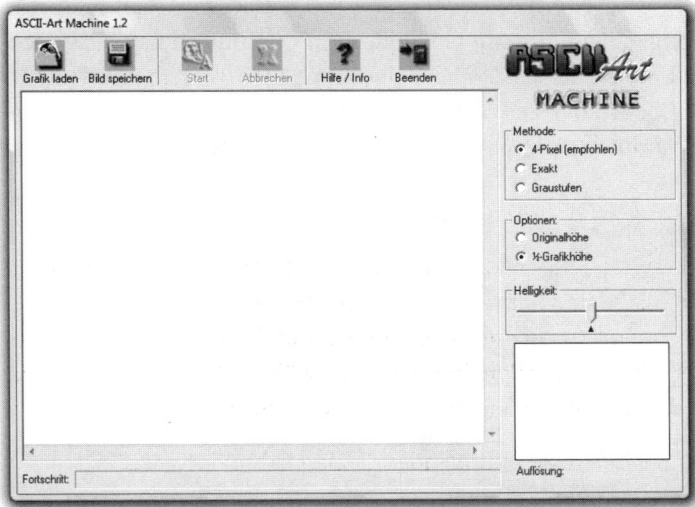

Abbildung 2.23   ASCIIArt nach dem Start

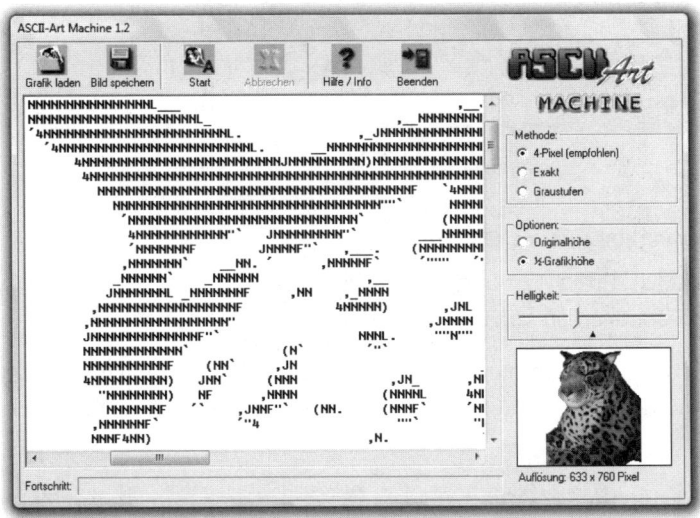

Abbildung 2.24   Ein Leopard als ASCII-Bild

Diese Bilder werden jedoch relativ groß, sodass es schwer ist, sie ohne das breite Endlospapier, das den ersten ASCII-Künstlern damals noch zur Verfügung stand, problemlos auszudrucken. So versuchen wir es einmal als Graustufenbild, um es kleiner darzustellen.

Nachdem die Grafik erstellt ist, kann man sie entweder als BMP-Grafikdatei, ASCII-Textdatei oder Hypertextdatei abspeichern. Als Grafikdatei abgespeichert, lässt sie sich beliebig vergrößern oder verkleinern. Sie lässt sich dadurch besser beurteilen. Diese Möglichkeit bestand bei den ersten Computern natürlich nicht. Dort gab es nur die Chance, sie als Zeichenreihe an den Drucker zu jagen, um sie als Ganzes auf Papier beurteilen zu können. Genau das wollen wir nun einmal mit einem modernen Computer und mit DOS tun. Dafür speichern wir die Grafik als Txt-Datei ab.

Abbildung 2.25 Das Ganze als Graustufengrafik

 Für Kenner: Druckausgabe unter DOS

Starten Sie zunächst Ihren virtuellen DOS-Rechner, um die Textdatei von zuvor unter DOS drucken zu können.

Mit der virtuellen Disk bekommen Sie die Datei **leo.txt** in den Rechner. Wer sie nicht erstellen konnte, findet sie unter: *Software zum Buch\Kap02\Bilder\ leo.txt*.

Virtual Floppy starten (Reiter **Driver • Start**). **Drive 0 • Open** und ein Verzeichnis suchen, sowie einen Dateinamen angeben. Mit **Create** erzeugen. Nun kann die Datei mithilfe des Dateiexplorers nach Laufwerk A: kopiert werden. Anschließend wird nur noch das Laufwerk unter VirtualBox mit **Geräte • Diskettenlaufwerk einbinden** aktiviert. Aber bitte erst, wenn der Rechner bereits läuft, sonst versucht er, über A hochzufahren, und das kann nicht gelingen.

Es gibt mehrere Möglichkeiten, die Datei zum Drucker zu transferieren. DOS kennt den Befehl print, nach dem die Datei genannt wird, und schon fließt der Datenstrom über das Druckerkabel. Herkömmlicher ist sicher der Befehl copy. Versuchen Sie es einmal damit. Hier müssen allerdings das Kopierprojekt sowie das Kopierziel angegeben werden. In diesem Fall lpt1, was für Line Printer 1 steht. Die Bezeichnung meint unter DOS die erste parallele Schnittstelle des Rechners (Abbildung 2.26).

```
copy d:\leo.txt lpt1:
```

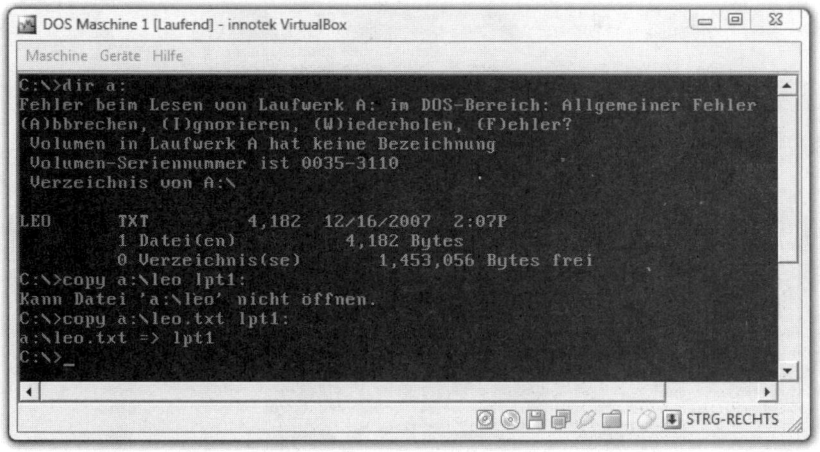

Abbildung 2.26 Drucken mit Fehlern, die so auftreten können

Je nach Drucker kann es sein, dass die Zeichen zwar am Drucker ankommen, der Drucker jedoch nicht startet, weil der Befehl für das Einziehen eines Blattes einfach in der zu druckenden Datei fehlt. Für diesen Fall haben die Drucker eine Taste zum Papier einziehen. Danach sollte das Ergebnis auf Papier übertragen werden. Voraussetzung ist natürlich, dass am Rechner ein Drucker angeschlossen ist und dass der Virtuelle Rechner ihn auch nutzen kann.

Wenn es nicht funktioniert, lässt sich immer noch der **print**-Befehl nutzen. Auch ist der Druck über DOS nicht nur in unserem virtuellen Rechner möglich. Jedes Windows hat bis heute eine DOS-Konsole. Geben Sie im Feld **Suche starten** einfach **command** ein. Sogleich wird eine 16-Bit-Konsole geöffnet, in der der Druckvorgang ebenfalls abgewickelt werden kann.

Zurück zu unserem Computer und den Peripheriegeräten, angefangen bei der Tastatur bis zu den Soundboxen. Im Grunde benötigt der Rechner für alle diese Geräte jeweils ein Programm, mit dessen Hilfe er die Geräte nutzen kann. Würde man alle diese Programme individuell programmieren, könnte man keine Software erstellen, die auf verschiedenen Rechnern laufen soll, so, wie es heute ganz selbstverständlich ist. Es wird also eine Art Schnittstelle benötigt, auf die immer auf die gleiche Weise zugegriffen wird, um die verschiedenen Teile und Geräte eines Rechners ansprechen zu können.

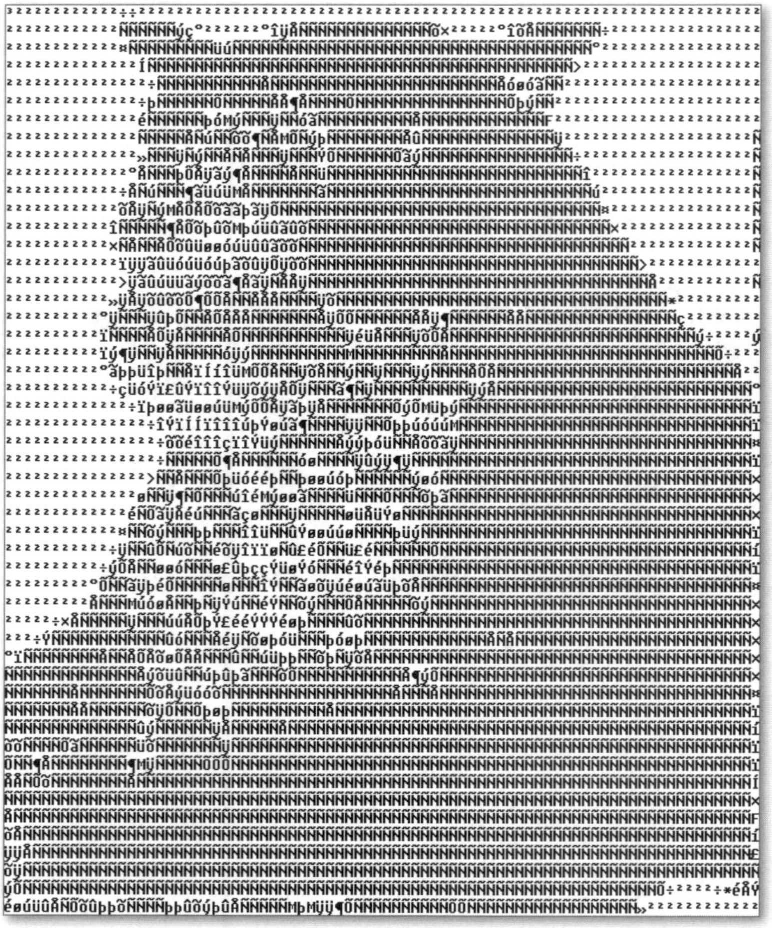

Abbildung 2.27 Leo ist nun auf Papier verewigt

2.5 Zusammenfassung

Kaum war der Computer erfunden, »wollte« er auch schon programmiert sein. Wir haben diese Notwendigkeit am sogenannten ENIAC praktisch erfahren. Er war der erste Elektronenrechner überhaupt. Statt ratternde Relais, wie der erste Rechner von Zuse, hatte er ganze Schränke voller Röhren. Im Gegensatz zu späteren Rechenmaschinen arbeitete er noch nicht mit Binärzahlen.

Nachdem wir uns an einem kleinen Programm mit diesem »Riesenbaby« versucht hatten, ging es gleich danach in den Mikrokosmos. Nämlich zu den Mikroprozessoren und der Assemblersprache, mit der man sie programmieren kann. Statt einem Assemblerprogramm haben wir einen Debugger zum Programmieren dieser ursprünglichsten aller Computersprachen genutzt. Es war auch nicht irgendein Debugger, sondern AFD, der erfolgreichste Debugger unter DOS. Seine Technik, die es zuließ, jederzeit aus einem Programm heraus den laufenden Code zu debuggen, war damals revolutionär. So fiel es auch nicht schwer, mit diesem gut durchdachten Werkzeug die ersten Erfahrungen mit Assemblerbefehlen, wie ADD und MUL, zu sammeln. Es war sofort zu sehen, ob die Befehle ausgeführt wurden und wie sie sich auf die Register des Prozessors auswirkten.

Nicht viel anders arbeiteten die ersten Programmierer, die die Computer programmierten, die nach dem ENIAC gebaut wurden. Grafik gab es damals auch. Allerdings in einer anderen Form als wir sie heute kennen. Man sprach von ASCII-Grafiken und sie waren nur Spielerei. Obwohl es auch Balkengrafiken und Diagramme gab, die man mit ASCII-Zeichen dargestellt hat. Um das nachzuvollziehen, haben wir ein Programm eingesetzt, das aus den heute üblichen Bildformaten ASCII-Grafiken erzeugt.

Nachdem wir uns in diesem Kapitel von den Zahlen noch etwas quälen ließen, wollen wir im nächsten Kapitel die Programme ansehen, die im Computer das Sagen haben.

2.5.1 Noch mehr Spaß – Assembler pur

Der Umgang mit AFD war eigentlich keine echte Assemblerprogrammierung. Wir haben lediglich ein paar kleine Routinen in Assembler umgesetzt und ausgeführt. Dabei waren wir bereits in einem Programm, nämlich in AFD. Was uns erspart hat, den geschriebenen Code in Maschinensprache zu übersetzen (kompilieren) und zu binden (linken), um ihn als lauffähige Datei aufrufen zu können. Ein richtiges Assemblerprogramm erfordert doch etwas mehr Arbeit. Der Anfang ist jedoch getan. Mit etwas Elan sollte es nicht schwerfallen, sich weiter in dieses interessante Feld der Programmierung einzuarbeiten.

Für die ganz Wissbegierigen befindet sich auf der DVD ein Programmpaket mit Namen *asmarc.exe*. Es ist ein selbstentpackendes Archiv im Verzeichnis *\Software zum Buch\Kap02\DOS-Assembler*. In diesem Paket ist alles enthalten, was man für die Assemblerprogrammierung unter DOS braucht. Unter anderem sind auch ausführliche Anleitungen zu verschiedenen Aspekten der Assemblerprogrammierung enthalten, sowie ein kleines Lernprogramm mit einfachen Assemblerbeispielen. Leider ist die Funktion der Programme zeitlich begrenzt. Aber um erste Erfahrungen mit Assembler zu sammeln, reicht es in jedem Fall aus.

Man muss nicht unbedingt der erfahrenste Programmierer sein, um damit zurecht zu kommen. Zumal die Programme nicht nur unter DOS laufen. Man kann sie auch im DOS-Fenster aller Windows-Versionen zum Laufen bringen.

Kopieren Sie dazu zunächst die Datei *asmarc.exe* in ein Verzeichnis auf Ihrer Festplatte. Dann wechseln Sie ins DOS-Fenster, indem Sie bei Windows-Vista einfach in das **Suchen/Starten**-Feld unter dem Systemmenü cmd eingeben. Übrigens startet man mit **cmd** eine moderne 32 Bit-DOS-Konsole und mit **command** eine alte DOS-Konsole.

Ist die DOS-Konsole geöffnet, lässt sich in das Verzeichnis wechseln, in das man die **asmarc**-Datei kopiert hat. Mit **asmarc** ⏎ wird sie entpackt. Im Verzeichnis ASM stehen nun die enthaltenen Dateien ausgepackt zur Verfügung. Die Verzeichnisnamen (Books, Demos, Lernprog) deuten den Inhalt an.

Zum Programmieren startet man den Editor mit **Asmedit** ().

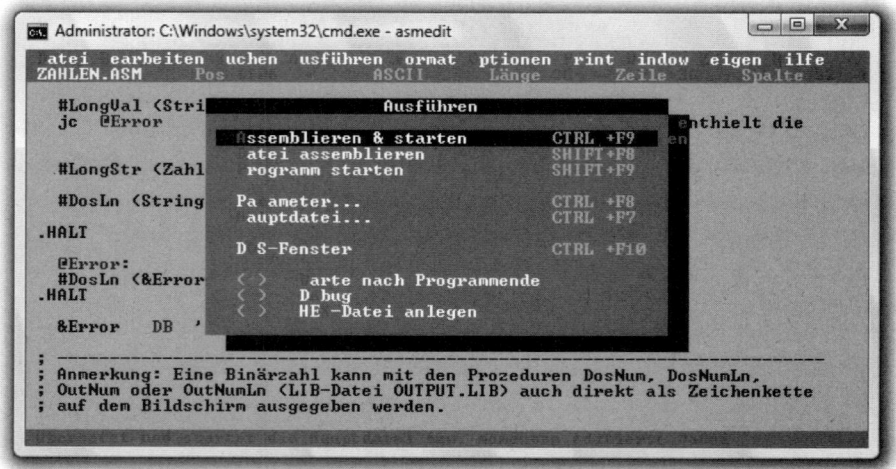

Abbildung 2.28   Der Editor für Assembler

Der Editor ist eine richtige kleine IDE. Sie können mit ihm den gesamten Entwicklungsvorgang steuern. Nachdem man ein Assemblerprogramm eingegeben hat, lässt sich nach dem Speichern mit [Alt]+[A]-[A] der Übersetzungsvorgang einleiten, wonach das Programm sofort gestartet wird. Die beigefügten Demoprogramme bieten eine gute Einführung und geben einen interessanten Einblick in diese Programmiersprache.

2.5.2   Webseiten zum Kapitel

URL	Beschreibung
http://de.wikipedia.org/wiki/Euklidischer_Algorithmus	Wikipedia-Seite zum Euklidschen Algorithmus
http://de.wikipedia.org/wiki/Fibonacci-Folge	Die Fibonacci-Folge bei Wikipedia
http://www.myhpi.de/~schapran/eniac/modulo/	Programmierung von ENIAC

URL	Beschreibung
http://admin-wissen.de/	Seite mit vielen Tutorials
http://www.admin-wissen.de/no_cache/tutorials/ tutorialdatenbank/categorie/pc-geschichte/aktion/ tutorial-kategorie/	Tutorials zur Computergeschichte
http://www.schoene-aktien.de/ ibm1_alte_aktien.html	IBM-Geschichte
http://www.weller.to/his/h05-erste-computer.htm	Computergeschichte mit Fotos
http://www.myhpi.de/~schapran/eniac/modulo/	Modulo für den ENIAC
http://lehre.hki.uni-koeln.de/botana/301105/ BIT%20-%2030.11.2005.pdf	Einführung in Assembler
http://www.activevb.de/tutorials/tut_asm/asm.html	Assemblerlehrgang
http://mycpu.eu/	Prozessor Marke Eigenbau
http://www.cpu-museum.de/	Einblick in die Prozessorwelt
http://www.3dchips.net/review.php?id=66&page=5	Artikel über Prozessoren

2.5.3   Weiterführende Literatur zum Kapitel

Jürgen Wolf, Linux-Unix-Programmierung. Das umfassende Handbuch, Galileo Press, 2005

Sascha Kersken, IT-Handbuch für Fachinformatiker, Galileo Press, 2007

Konrad Zuse, Der Computer – mein Lebenswerk, Springer Verlag, 2007

Dirk Siefkes, Anette Braun, Peter Eulenhöfer, Pioniere der Informatik, Springer Verlag, 2007

Ohne Betriebssysteme hätten wir an unseren Rechnern wenig Freude.
Programme müssten für jedes Rechnermodell speziell programmiert
werden. Wollte man neue Grafikkarten nutzen, müsste man alle Pro-
gramme updaten oder gar neu kaufen. Wie wenig sinnvoll das ist, lässt
sich leicht nachvollziehen. Aber Betriebssysteme sind nicht nur eine stan-
dardisierte Schnittstelle für andere Programme, sie bringen auch oft
eine Vielzahl an Programmen mit. Häufig haben sie auch interessante
Eigenarten, die es sich allein schon lohnt anzusehen. Mit diesen kamen
aber auch die höheren Programmiersprachen und damit die Chance,
Rechner zu programmieren, ohne Nullen und Einsen zählen zu müssen.

3 Betriebssysteme

3.1 Masterprogramme

Einfach, weil wir bei unseren Spielereien mit dem Computer immer wieder auf Betriebssysteme stoßen werden, wollen wir sie jetzt einmal näher betrachten. Bereits bei den Vorbereitungen für die Nutzung des AFD, für die Programmiersprache Java und alle anderen Programme und Beispiele haben wir das eine oder andere Betriebssystem genutzt oder installiert. Was hat es also mit dieser speziellen Art Software auf sich? Wenn man so will, ist das Betriebssystem eine Art Antrieb für einen Computer.

Heutzutage sind die Rechner über eine Taschenrechnerfunktionalität hinausgewachsen. Es lassen sich Texte oder gar Bilder bearbeiten. Dafür kamen immer neue Zusatzgeräte (Scanner, Kameras u. a. m.) auf den Markt, die sogenannten Peripheriegeräte. Diese Geräte mussten natürlich auch angesteuert werden. Zusätzlich ergab sich ständig das Problem, genügend Hauptspeicher für laufende Programme zur Verfügung zu stellen. Alles Aufgaben für eine spezielle Software, das Betriebssystem.

Den Bezug zur Hardware erkennt man oft bereits am Namen, wie bei der Abkürzung **DOS**, die für **Disk Operating System** steht.

Früher unterteilte man in Einbenutzer-, Mehrbenutzersysteme, Einzelprogramm- und Multiprogrammsysteme, Batch(Stapel)- und Dialogsysteme.

Heute werden sie in Betriebssysteme unterteilt mit textorientierter oder grafischer Oberfläche in Echtzeit-, Timesharing-, lokale und verteilte Systeme, in Parallel-Systeme, PC- und Handheld-Systeme.

Eines haben sie alle gemeinsam, sie sind zum Betrieb der jeweiligen Hardware unabdingbar. Wen wundert es, dass diese offenbar sehr mächtige Art von Software besonders die Medien beeindruckte. So gibt es in dem 1981 gedrehten computeranimierten Hollywood-Streifen **Tron** aus der Werkstatt des Medienkonzerns Disney einen Superbösewicht mit Namen MCP = Master Controll Programm. Dieses Programm beherrscht die Innenwelt des Computers, den Schauplatz des Films, und strebt, wie könnte es anders sein, natürlich die Weltherrschaft an. Zum ersten Mal wurde eine große Öffentlichkeit mit Begriffen wie I/O für Input-Output, mit Computeranimationen und Computerspielen konfrontiert. Das Computerzeitalter begann seinen Einzug in die Privathaushalte und das böse Programm MCP ist nichts anderes als die filmische Umsetzung eines Betriebssystems. An welches konkrete Betriebssystem mögen die Schöpfer von **Tron** dabei wohl gedacht haben?

Geschichtlicher Überblick

Die allerersten Rechner benötigten keine Betriebssysteme. Entweder arbeiteten sie mechanisch und besaßen überhaupt keine Software oder es handelte sich um Einzelstücke, wie die ersten elektronischen Rechner ENIAC oder Mark 1.

Erst als Rechner in Serie produziert wurden und Baureihen aufkamen, wurde es wichtig, Softwareschnittstellen zu schaffen, auf denen Anwendungsprogramme ablaufen konnten, ohne an jeden Rechner separat angepasst zu werden.

Das erste Betriebssystem, das auf diese Weise über mehrere Modellreihen eingesetzt wurde, war OS/360, das IBM 1964 mit der Modellreihe System/360 einführte. Wahrscheinlich ist es auch das Betriebssystem, das am längsten in unveränderter Form genutzt wurde. UNIX ist zwar schon länger in Gebrauch, wurde jedoch ständig verbessert.

Für die neuen Mini- und Microcomputer mussten andere Betriebssysteme entwickelt werden. In der Programmiersprache PL/1 wurde ab 1963 beispielsweise das System **Multics** entwickelt. Verfügbar war es ab 1969. Angeregt von den Arbeiten an Multics, entwickelten **Ken Thompson** und **Dennis Ritchie** an den Bell Laboratories von AT&T 1969 das Betriebssystem **UNIX**. Es fand weltweite Verbreitung und wurde insbesondere an den amerikanischen Universitäten weiterentwickelt. Vor wenigen Jahren wurde nach ihm das neue, aber an die Funktionsweise angelehnte, freie Betriebssystem **Linux** benannt.

Etwa zur gleichen Zeit wie UNIX wurde von **Gary Kildall** das System **CP/M** entwickelt, und kurz darauf erblickte **PC-DOS** das Licht der Welt.

Was wir heute noch als DOS bezeichnen, ist eigentlich eine Entwicklung von Microsoft und einer der Gründe für den Erfolg dieses Unternehmens. Es wurde am 12. August 1981 in der Version 1.0 mit dem IBM-PC auf den Markt gebracht. Computer für den normalen Geldbeutel gab es damals schon eine ganze Zeit, aber IBM brachte mit seinem PC ein Gerät, in dem es Steckplätze gab, für die jede Firma, die Lust dazu hatte, Steckkarten bauen konnte. Genau diese Möglichkeit, spezielle Teile wie Grafikkarten zuzuliefern, war am Ende ausschlaggebend für den großen Erfolg des IBM-PCs und seiner Nachbauten, den sogenannten PC-Klonen.

Wie es Bill Gates und Paul Allen mit ihrer Firma Microsoft damals erging, als IBM von ihnen ein Betriebssystem und die Programmiersprache BASIC kaufen wollte, siehe Anhang G, »FreeDOS«.

3.1.1 Wie war das eigentlich mit DOS?

Da die Urheberrechte an älteren Betriebssystemen nicht einfach so freigegeben sind, hat man sie in der Freeware-Gemeinde nachprogrammiert und der Öffentlichkeit zur Verfügung gestellt. Eine der bekanntesten dieser Versionen ist FreeDOS. Falls Sie es sich noch nicht genauer angesehen haben, sollten Sie das tun (siehe Anhang G, »FreeDOS«). Dort finden Sie auch eine kurze Einführung in die DOS-Befehle. Sie sind durchaus nicht überholt, DOS dient unter Windows immer noch als Konsole. Kennt man sich also in DOS aus, lassen sich viele Routinearbeiten am Betriebssystem auf der DOS-Konsole rascher erledigen, als dies unter der grafischen Oberfläche von Windows möglich ist.

Ein einfacher Vergleich soll aufzeigen, was gemeint ist. Man kopiert ein Verzeichnis von der beiliegenden DVD in das Verzeichnis *temp* der Festplatte *C:* Das Verzeichnis *Software zum Buch* eignet sich ganz gut dazu, es enthält viele Unterverzeichnisse und große Mengen an Dateien.

Zuerst löscht man es mit dem Dateiexplorer von Windows. Je nach Rechner dauert das bis zu zehn Minuten und länger. Nun kopiert man das Verzeichnis erneut nach *temp* und löscht es wieder von der DOS-Konsole aus von der Platte: Start-Menü anklicken und **cmd** im Suchen-Feld eingeben.

```
cd /temp
del /S/Q "Software zum Buch"
```

Wobei **del** die Kurzform für **delete** (löschen) ist. Noch besser wäre **remove directory** (entferne Verzeichnis):

```
rmdir /S/Q "Software zum Buch"
```

Der Geschwindigkeitsunterschied ist gravierend. Je nach Rechnerleistung dauert es jetzt nur Bruchteile von Sekunden, um alles zu löschen, und das hauptsächlich, weil keine zeitaufwändige grafische Darstellung des Vorgangs erforderlich ist. Durchaus ein Argument, um öfter mal in der DOS-Konsole zu arbeiten.

Viel mehr war DOS auch eigentlich nicht. Es war ein Befehlsinterpreter mit einer Textoberfläche und ein paar Hilfsprogrammen. Es handelte sich zwar um ein einfaches Betriebssystem, aber längst um kein Batch-Betriebssystem mehr, wie die ersten Betriebssysteme. Was bedeutete, dass man Auftragslisten erstellte, die wie an einem Fließband abgearbeitet wurden. Es gab auch keine Interaktion, weil die Arbeit der Rechner nur darin bestand, eingefütterte Aufträge durchzuführen. DOS dagegen wartete bereits auf die Eingaben eines Nutzers und war damit interaktiv. Aber Nutzerfreundlichkeit lässt sich noch steigern, wie sich bald zeigen sollte.

3.2 MS-Windows

Das heute meistgenutzte Betriebssystem hat eine eigene, fast eigenwillige Geschichte. Witzigerweise ist der Beginn eng mit der des Apple-Betriebssystems verknüpft. Im sogenannten Silicon Valley (Palo Alto) wurde im Xerox Forschungsinstitut Xerox Palo Alto Research Center (PARC) an den neusten Rechnerkonzepten gearbeitet. Es gab keinen Zeitdruck und keine Richtlinien, sodass neue Ideen ungehemmt keimen konnten. In der Tat hatte man revolutionäre Ideen realisiert, unter anderem die grafische Oberfläche mit der Maus als steuernde Hardware und eine neue Programmiersprache auf Basis des objektorientierten Paradigmas. Das Institut und Xerox waren weniger an der Vermarktung der einzelnen Ideen als an einem Gesamtprodukt, mit ihren neuen Rechnern, Alto und Star, interessiert. Man versteckte sich jedoch nicht, sondern zeigte die Ergebnisse der Forschungstätigkeit recht freizügig. Besucher waren unter anderem ein gewisser **Bill Gates**, aber auch **Steve Jobs**, der auf Betreiben eines gewissen **Dominik Hagen** einmal vorbeikam.

Steve Jobs bot Xerox an, die Technologie zu kaufen. Wie bereits erwähnt, bestand daran jedoch kein Interesse. Als Steve Jobs Xerox jedoch Aktienanteile von Apple überließ, wurde ihm erlaubt, ausgewählte Apple-Entwickler mitzubringen, die sich alles noch einmal anschauten.

Wen wundert es, dass die Leute von Xerox heute noch nicht gut auf die Vorgänge von damals zu sprechen sind. Ein kurzer, trockener Text in ihrer History-Webseite weist darauf hin:

http://www.parc.com/about/history/

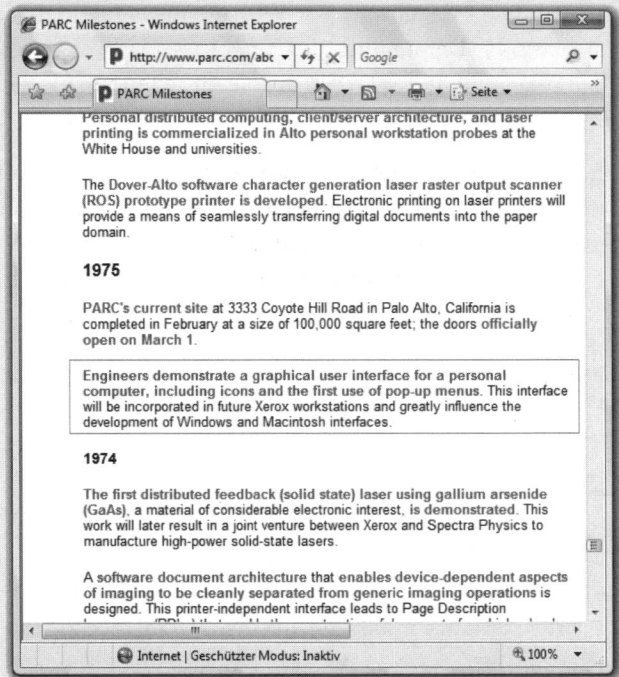

Abbildung 3.1   1975 erblickte die grafische Oberfläche das Licht der Welt. (Quelle: www.parc.com)

Jetzt stand bei Apple fest, der grafischen Benutzeroberfläche gehört die Zukunft. Da man die Technik nicht kaufen durfte, entwickelte man etwas Eigenes, in der Art, wie man es bei Xerox gesehen hatte. Das Gleiche machten die Entwickler um Bill Gates.

Was Jobs und Gates damals in Silicon Valley zu sehen bekamen, kann man heute nicht mehr ganz genau rekonstruieren. Trotzdem können wir es recht gut auf unseren Computern nachempfinden. Was am Ende aus dem Xerox Labor ans Licht der Öffentlichkeit trat, war nämlich Smalltalk 80. Und das war 1980, wie der Name assoziiert. Damals wurde dieses Smalltalk standardisiert. Ursprünglich entwickelt wurde es bereits 1972 am Palo Alto Research Center von Xerox, als Teil des sogenannten Dynabook. Eben des Konzeptes, das die beiden Computer-Asse damals auf dem aktuellen Entwicklungsstand zu sehen bekamen.

Auch wenn heute oft behauptet wird, Smalltalk sei ursprünglich als Entwicklungswerkzeug für Kinder gedacht gewesen, so sagt das doch nichts über die Qualität der dabei entstandenen Ideen aus. Außerdem ist es nicht wahr. Bei Xerox war man bestrebt, einen Bürocomputer zu bauen, der einfacher zu bedienen sein sollte. Der Xerox 8010 hatte eine grafische Oberfläche, die Programmiersprache Smalltalk und eine Maus. Aber er hatte auch zwei Nachteile. Die Objektorientierung war so revolutionierend, dass sie kaum jemand nachvollziehen konnte, und der Rechner war mit 16595 Dollar für Privatleute kaum erschwinglich (*http://www.mark13.org/node/63*).

Trotzdem war er mit Sicherheit einer der ganz großen Geniestreiche in der Geschichte der EDV. Unterstrichen wird dies schon dadurch, dass der Entwickler **Alan Kay** dafür 2003 den **Turing Award** erhielt. Den Nobelpreis der EDV.

Das erste Smalltalk ist auch heute noch verfügbar, wenn auch die Rechte nicht ganz geklärt sind. Hier und da lässt es sich im Internet aufstöbern, und wer Lust hat, kann danach suchen und es sich auf einem virtuellen DOS-PC installieren (Abbildung 3.2).

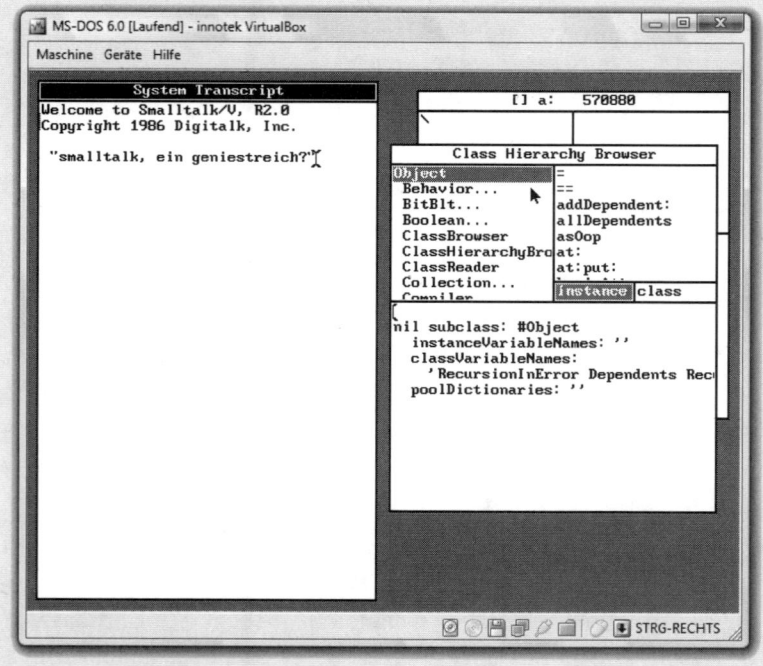

Abbildung 3.2 Die Oberfläche von Smalltalk 80

Was man zu sehen bekommt, ist sozusagen das Ur-Windows, die erste grafische Oberfläche überhaupt. Sie ist eine Nachbildung der Schreibtischarbeit mit ihren

Papierbögen und Zetteln. Die Fenster sind einfach gestaltet, simple Linien als Rahmen und ein Kopf ohne System-Icons. Die Bedienung ist rein mausorientiert, die Maus war gleichzeitig für diese Oberfläche erfunden worden. Durch Klicken mit der rechten Maustaste auf die Kopfleiste wurde ein Menü geöffnet, in dem man untenliegende Fenster hervorholen, die Größe des Fensters ändern oder es verschieben konnte.

Auf Smalltalk werden wir noch bei der Betrachtung der einzelnen Sprachen etwas genauer eingehen.

MS-Windows selbst wurde gar nicht als eigenes Betriebssystem entwickelt, sondern lediglich als Aufsatz für DOS, als grafische Oberfläche, die wie ein Anwendungsprogramm unter DOS gestartet werden konnte. Die Version 1.0 ist übrigens nicht in den Handel gekommen. Das erfolgreichste Windows jener Zeit wurde Version 3.1. Witzigerweise hatte Gary Kildall sein GEM als grafische Oberfläche für CP/M noch eher fertig, als Microsoft sein Windows für DOS.

GEM ist als FreeGEM auch mit auf der DVD enthalten. Wenn Sie FreeDOS vollständig installiert haben, wurde auch GEM mit installiert und Sie können es sich nun anschauen. Fahren Sie den DOS-Rechner unter VirtualBox hoch und geben auf C: einfach GEM [↵] ein, um die grafische Oberfläche zu starten.

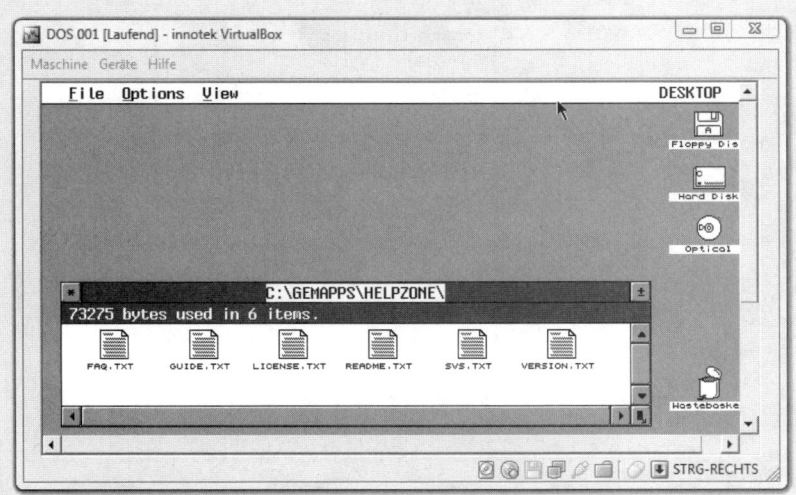

Abbildung 3.3 Eine der ersten grafischen Oberflächen war GEM.

Wie man schnell feststellt, ist eine grafische Oberfläche vor allen Dingen mit der Symbolisierung und Visualisierung der Datenbestände eines Rechners verbunden. Die Bedienung ist im Grunde nicht viel anders als beim heutigen Windows.

Die Fenster kann man mit dem rechten System-Icon minimieren oder maximieren und mit dem linken schließen. Man kann mit diesem Icon auch ein Unterverzeichnis wieder verlassen. Mit dem Doppelklick gelangt man in Unterverzeichnisse, kann aber auch Programme starten. Beim Verlassen der Programme gelangt man wieder zu GEM zurück. An Tools und Programmen hat es nicht viel zu bieten — im Grunde nämlich nur einen Taschenrechner und eine Uhr. Ein Papierkorb war schon vorhanden, der das Löschen von Dateien und Verzeichnissen visuell verständlich machte.

3.3   Die Zeit der Homecomputer

Hier soll nicht verheimlicht werden, dass in den Achtzigerjahren auch die große Zeit der sogenannten Homecomputer begann. Die Medien hatten den Computer hoffähig gemacht, und in den Firmen wurde er einigen Mitarbeitern auf den Schreibtisch gestellt. Die Firma Apple wollte jedoch den Computer für jedermann bauen. Aber beide, der PC aus dem Büro wie der Apple II für den betuchten Enthusiasten, waren für den Hausgebrauch zu teuer.

In diese Marktlücke drangen nach und nach eine ganze Reihe Anbieter mit klingenden Namen. Um nur einige zu nennen: Commodore, Sinclair, Atari, Arcon, Schneider, Spectravideo und Sony. Das erfolgreichste Modell von allen war der Commodore C64. Was bei ihm überzeugte, waren Leistung und Preis. Sein Name leitete sich von seinem 64 KB Hauptspeicher ab.

Abbildung 3.4   Der Commodore 64 Homecomputer

Die Hardware war in einem etwas höheren Tastaturgehäuse untergebracht (scherzhaft Brotkasten getauft), wie bei den meisten Heimcomputern üblich. Sie bestand aus einem 8-Bit-Prozessor, 64 KB RAM sowie der Tastatur. Es gab zwar einen Monitorausgang und einen entsprechenden Monitor im Zubehörprogramm. Aber wie von jedem anderen Heimcomputer, so durfte man auch von ihm erwarten, dass er über den HF-Ausgang an den heimischen Fernseher angeschlossen werden konnte.

Der C64 hatte ein 8-KB-ROM-BIOS, das seine Komponenten Tastatur, serielle IEC-Schnittstelle für Diskettenlaufwerke und Drucker, Kassetteninterface und

Videoausgabe initialisierte und als Kanäle den Anwendungen und dem ebenfalls enthaltenen 8-KB-ROM-BASIC zur Verfügung stellte.

Trotz der heute unvorstellbar geringen Ressourcen realisierte man erstaunliche Anwendungen, natürlich insbesondere im Bereich Spiele. Die Programmierung erforderte selbst mit der Sprache BASIC eine ganze Reihe Tricks und Kniffe, um brauchbare Ergebnisse zu erzielen. Unter anderem entstand auch der sogenannte Spagetticode. Er war weniger, wie man vielleicht glauben könnte, das Ergebnis fehlender Programmierkenntnisse, sondern der Wunsch, Speicherplatz zu sparen – auch Formatierung kostet Bytes. Außerdem sollte der Quellcode unleserlich gemacht werden. Insbesondere, weil der Rechner noch über keinerlei Schutzmechanismen verfügte. Es bleibt zu erwähnen, dass die Verschlüsselung via Spagetticode natürlich nicht sehr wirkungsvoll war.

3.3.1 Spiel mit dem Commodore 64

Genau genommen kam mit den Heimcomputern eigentlich der Spaß in die Computerwelt. Aus diesem Grund lassen wir es uns nicht nehmen, diesen Home-Supercomputer C64 einmal genauer zu betrachten. Seine Anhänger haben ihn für den heute üblichen PC emuliert. So kann man problemlos, selbst mit einem hochauflösenden flachen Monitor, in die Welt der pummeligen Heimcomputer einsteigen. Auf der DVD befinden sich Emulationen der bekanntesten Commodore-Spielecomputer. Sie liegen unter: *Software zum Buch\Kap03\C64\WinVICE-1.21*.

In diesem Verzeichnis klickt man die Datei *x64.exe* doppelt an, um die Emulation zu starten. Mit [Alt]+[↵] lässt sich übrigens zum Vollbild und wieder zurück schalten. Wenn wir schon bei den Tasten sind: [⇧]+[Pos1] löscht den Monitor, und jede Steuertaste, die innerhalb von Anführungszeichen gedrückt wird, wandelt der C64 in Sonderzeichen um, die genau das im Programm bewirken, das man mit den Steuertasten bei der Bedienung auslöst.

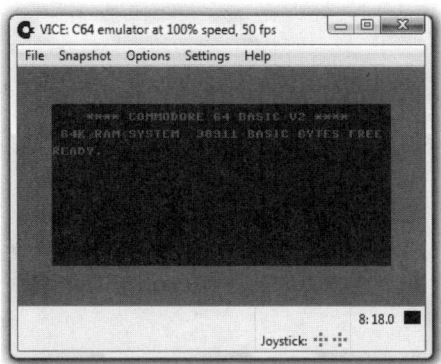

Abbildung 3.5 Die Commodore 64-Emulation

Die Spiele für den C64 findet man im Internet in einer endlosen Reihe. Die Rechte sind auch hier nicht unbedingt klar, so liegt der DVD keins dieser Spiele bei. Man kann sie sich bei Bedarf aus dem Internet downloaden.

Eine ganz besondere Freude bereitete es C64-Hackern, sogenannte Intros zu entwickeln. Mit allen erdenklichen Tricks ließen sie Schriftzüge über den Bildschirm schwingen oder kreisen. Dazu gehörte eine große Portion an internen Kenntnissen, und Assembler musste eingesetzt werden. Es wurden aber auch Editoren für Intros entwickelt, die das Ganze vereinfachten. Für ein Intro selbst reichen unsere Kenntnisse also nicht, aber für eine Primitivversion vielleicht?

Für Kenner: Den C64 in BASIC programmieren

Das interne BASIC des C64 ist direkt verfügbar. Gibt man beispielsweise

```
PRINT "Coding4fun"
```

ein, wird der Text wie gewünscht einmal ausgegeben. Aber damit geben wir uns als angehende BASIC-Fachleute nicht zufrieden.

Wie wäre es mit diesem Code:

```
10 REM LAUFSCHRIFT
20 PRINT "▼"
30 FOR Z = 1 TO 5 : PRINT "◘" : NEXT
40 For L = 1 TO 30
50 PRINT " CODING4FUN▌▌▌▌▌▌▌▌▌▌▌▌▌▌▌▌▌▌▌▌▌▌▌▌▌";
60 FOR Z = 1 TO 50
70 NEXT Z
80 NEXT L
30 PRINT "CODING4FUN ";
40 FOR L = 48 TO 22 STEP -1
50 PRINT "▌▌▌▌▌▌▌▌▌▌▌▌▌▌▌▌▌▌▌▌▌▌▌▌▌CODING4FUN ";
60 FOR Z = 1 TO 50
90 NEXT Z
60 NEXT L
70 GOTO 20
```

Die verwendeten Steuersequenzen sind, jeweils hinter einem ":

▼   `⇧`+`Pos1`
◘   `↓`
▌▌ `←`

Genaueres zu den Zeichensätzen findet man unter:

http://www.c64-wiki.de/index.php/Zeichen

Wie bei BASIC üblich, beginnt eine Programmzeile mit der Zeilennummer. Mit LIST lässt sich ein Programm auflisten und RUN führt es aus.

Der Code des Programms befindet sich natürlich auch auf der DVD unter: *Software zum Buch\Kap03\C64\snapshot\quicksnap0.vsf.*

Die Datei wird auf die Festplatte kopiert, allerdings muss WinVICE-1.21 auch auf die Festplatte kopiert worden sein. Die Snapshot-Datei wird in *WinVICE-1.21\C64* abgelegt. In den Speicher des C64 bekommt man sie über **Snapshot • Load quicksnapshot image**.

Leider haben wir damit noch lange kein Spiel wie Manic Miner für den C64 programmiert. Wir konnten jedoch etwas von dem Spaß erahnen, den es machte, den Brotkasten »zum Leben zu erwecken«. Es gibt jedoch sehr umfangreiche und gute Seiten zum Thema C64 im Internet.

Mit der C64-Emulation kann man nicht nur programmieren, sondern auch die alten Spiele noch einmal spielen.

Bekannte Spiele für den C64:

▶ Pirates

▶ Manic Miner

▶ Summergames/Wintergames

▶ Zynaps

▶ Space Crusade

▶ Maniac Mansion

Wurde ein Spiel aus dem Internet bezogen und entpackt, lässt es sich per Menü in den Rechner laden. Die Menüpunkte sind: **File • Autostart disk/tape image**

In **Suchen in:** wählt man das Verzeichnis aus, in dem die Spiele-Datei liegt, und klickt sie an. Mit **Attach** wird sie geladen.

Nachdem das Spiel geladen ist, muss die entsprechende Steuerung aktiviert werden. Die meisten Spiele werden mit Joystick gespielt, nun heißt es also, die Joystick-Steuerung einzurichten. Das gelingt über die Menüpunkte: **Settings • Joystick settings...**

Natürlich lassen sich auch PC-Joysticks nutzen. Aber hier kurz der Hinweis, falls man keinen Joystick besitzt. Man wählt oben ein Keyset aus und konfiguriert es mit der Schaltfläche oberhalb von OK (Abbildung 3.7). Nach Anwahl der Schaltfläche für die Richtung, z. B. **South,** drückt man die entsprechende Taste, z. B. ⌊↓⌋, und schon ist die Verwendung als Joysticktaste festgelegt.

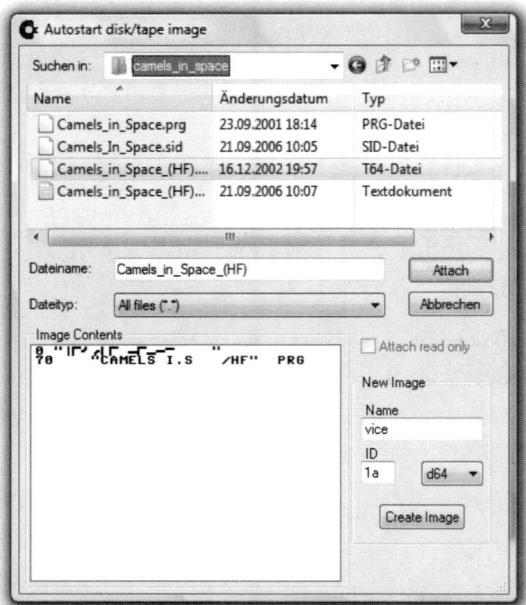

Abbildung 3.6 Die Datei mit dem C64 laden

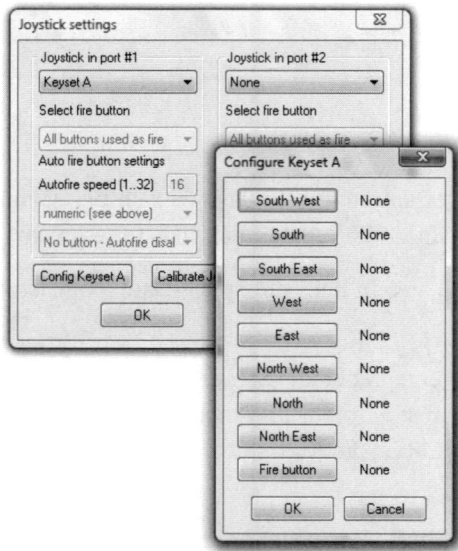

Abbildung 3.7 Die Tasten als Joystick-Ersatz einrichten

Danach steht dem Spielerlebnis aus Heimcomputertagen nichts mehr im Wege. Viele der Spiele sind leider reine Ballerspiele von nicht gerade überwältigendem Niveau (Abbildung 3.8). Es gibt aber auch anspruchsvolle Spiele, wie z. B. **Pirates**.

Abbildung 3.8 Space Crusade

3.4   NT – New Technologie

Nach diesem Abstecher in die Welt der Heimcomputer wollen wir den weiteren Werdegang von Windows verfolgen, der als Grafikzusatz zu DOS begann.

Nun galt es, die grafische Oberfläche weiter zu verbessern, aber auch ein modernes Betriebssystem zu bauen, das mehrplatz- und serverfähig sein sollte. In DOS konnte zu einem Zeitpunkt immer nur eine Anwendung genutzt werden, und personalisierte Nutzung durch mehrere Personen war auch nicht möglich.

So fing Microsoft in den frühen 90ern damit an, ein ganz neues Betriebssystem zu entwickeln. Erfahrungen wurden bereits gesammelt, als zwischen 1987 und 1991 für IBM das sogenannte **OS/2** entwickelt wurde. Es besaß entfernte Ähnlichkeiten mit Windows, hatte jedoch einen eigenen Betriebssystemkern, der nicht wie bei DOS/Windows von der grafischen Oberfläche getrennt war.

Das neue Windows sollte Serverfähigkeit mitbringen, so war es nicht für den Heimanwender geplant, sondern ausschließlich für den Büroeinsatz. Es kam als **Windows NT** 3.1 im Juli 1993 auf den Markt. Was nicht nur den Schritt zu einer neuen Technologie kennzeichnete, sondern auch die herausragende Stellung von Windows 3.1 noch einmal unterstrich.

NT stand in diesem Falle wirklich für einen Neuanfang. Es war nicht mehr mit DOS unterlegt, sondern hatte eine eigene Abstraktionsebene oberhalb der Hardwarezugriffe, den HAL (Hardware Abstraction Layer). Somit gab es für die Programme keinen direkten Hardwarezugriff mehr, und für Spiele, die den schnellen direkten Zugriff brauchten, musste ein Zusatz her, genannt DirectX.

Ohne DirectX waren nur sehr langsame Grafikzugriffe möglich und damit konnten Spiele nicht flüssig laufen. DirectX, wie ein Tunnel angelegt, der direkt vom Spiel zur Hardware führt, machte die Spiele wie unter DOS schnell und damit spielbar. NT war allerdings für den Büromarkt gedacht. Für den Heimanwender benötigte man ebenfalls wieder mal ein Betriebssystem-Update.

Windows 95 war »pünktlich« im August 1995 in den Läden zu kaufen. Zuvor wurde es als Windows 4.0 oder unter dem Codenamen »Chicago« geführt. Das Neue an dem System waren nicht nur Änderungen an der Oberfläche, sondern vor allem der Umstieg von 16 auf 32 Bit-Prozessortechnologie. Nach wie vor lief es allerdings auf DOS und war damit, wie seine Vorgänger, eine separate grafische Oberfläche für DOS.

Das Programm wurde auf Disketten sowie auf CD-ROM plus Startdiskette ausgeliefert. Von CD-ROM konnte nicht gebootet werden.

Das System war ein großer Verkaufserfolg, obwohl nur eine Version ausgeliefert wurde. Mehrere Folgeversionen wurden nur als OEM-Versionen in Verbindung mit Rechnern geliefert.

3.5   Das Millennium-Gespenst geht um

Windows NT wurde in verschiedenen Versionen ausgeliefert, von 3.1 bis 4.0. Die schöne, neue, noch buntere Betriebssystemwelt war wieder in Ordnung. Obwohl sich ein gewisser **Linus Torvalds** bereits darangemacht hatte, **Linux** zu entwickeln. Doch das interessierte nur eine Hand voll Enthusiasten. Etwas weit Gewaltigeres zeichnete sich am Horizont der Zeitrechnung ab. Richtig, das neue Jahrtausend. Man sprach auch vom y2k-Problem und vom sogenannten Millennium Bug. Dabei war es weder ein Fehler, noch eigentlich ein Problem. Es war einfach nur Nachlässigkeit der Programmierer, die seit den 50ern ihre Programme schrieben und wohl nie darüber nachdachten, dass sie Teil einer Technik waren, die wohl Hunderte von Jahren ihre Arbeit tun muss. In allen Programmen und auch in den meisten Betriebssystemen gab man Jahreszahlen immer nur mit zwei Stellen an. Das sparte in dem Moment Speicherplatz, wenn man das Datum als String darstellen musste. Der Nutzen war kaum der Rede wert, aber es wurde halt gemacht. Nun war guter Rat teuer. Viele zogen in Betracht, die Angelegenheit einfach auf sich beruhen zu lassen. Der Nutzer sollte bedenken, dass statt 1901 das Jahr 2001 war, falls der Rechner eine solche Zahl anzeigte. Aber ganz so einfach war das nicht. Man konnte sich nicht recht vorstellen, wie ein Rentner seine Rente bekommen sollte, wenn der Computer plötzlich der Meinung war, der Mann sei noch gar nicht geboren. Bei Windows PCs glaubte man sogar, es sei möglich, dass der Kalender statt auf

1900 auf 1980 oder 1984 springen könnte. Offenbar hatten hier die Entwickler den Beginn der Zeitrechung mit dem Beginn der Entwicklungsarbeit an DOS gleichgesetzt.

Hektische Betriebsamkeit entwickelte sich, wo jahrzehntelang sträfliche Unbefangenheit herrschte. Man begann die abenteuerlichsten Projekte ins Leben zu rufen, die nicht selten über nicht weniger abenteuerliche Etats verfügten. Von Krankenhäusern bis zu Militärs war alles damit beschäftigt, zu experimentieren. Was passiert, wenn man an einem UNIX-Rechner die Uhr von 1997 auf 2001 stellt? Nichts, aber wenn man sie wieder zurückstellt! Der Rechner hat nämlich plötzlich Dateien auf der Festplatte, die in das Jahr 2001 datieren, die es 1997 also gar nicht geben darf. Das Betriebssystem hängt sich auf.

Diese und ähnliche Erkenntnisse machten sich breit und kosteten Unsummen. Aber das war gar nichts gegen die Katastrophen, die man kommen sah. Am 31. 12.1999, Punkt Mitternacht, sollten Flugzeuge vom Himmel stürzen, Kernkraftwerke ausfallen, Fahrstühle stecken bleiben, Atomraketen scharf gemacht werden, Telefone klingeln, Fabrikanlagen ausfallen, Krankenhäuser evakuiert werden und Rechner, die versehentlich nicht abgeschaltet wurden, ihre Festplatten löschen. Vielleicht sollte man wirklich jede EDV-Anlage der Welt für eine Minute herunterfahren. Am 1.1.2000 könnte man sie wieder in Betrieb nehmen. Die Frage war nur, würde es helfen? Oder hatte man den Supergau damit nur um eine Minute verzögert?

Die Angst ging um, und mit Angst ließ sich immer schon gut Geld verdienen. Neue Verfahren wurden erdacht, Programme hastig niedergeschrieben, Urkunden ausgestellt und Plaketten aufgeklebt (Abbildung 3.9).

Abbildung 3.9   Diese Hardware ist Jahr 2000 tauglich, Plakette der NSTL.

Einrichtungen wie die NSTL, National Software Testing Laboratories in Amerika, brauchten ihre Existenzberechtigung nicht mehr mit langen Erläuterungen zu belegen. Jeder wollte sich plötzlich ihrer Dienste versichern.

Auch Microsoft gehörte zu den Kunden; es hatte sich rechtzeitig, nämlich am 27. September 1997, mit der ersten Betaversion von Windows NT 5.0 in der Lage gezeigt, das Problem zu meistern und die Welt endgültig zu retten. Demzufolge entschloss man sich im Oktober 1998, das neue Windows auf Windows 2000 umzutaufen. Der Jahrtausendwende stand also nichts mehr im Wege. Angesichts der Größe des Problems wurde Windows 2000 jedoch erst am 17. Februar 2000 veröffentlicht. Wie Windows 2000, sind auch die noch folgenden Versionen, Windows XP, Windows Server 2003 und Windows Vista, eine Weiterentwicklung auf Basis von Windows NT 3.1.

Das Jahr-2038-Problem

Die Erfahrung mit dem Millennium Bug machte die Entwickler natürlich hellhörig und sie durchforsteten die bestehende Software nach weiteren Gefahren in dieser Größenordnung. Es dauerte nicht lange, bis sie fündig wurden mit dem **Jahr-2038-Problem**.

Alle Betriebssysteme, die den POSIX-Kalender nutzen, wie Linux, haben das Problem eines sogenannten Überlaufs am 19. Januar 2038, um 03:14:08 Uhr, weil sie die Zeit in Sekunden seit dem 1. Januar 1970 zählen und dafür 32 Bit Integer nutzen. Vorzeichenbehaftete Zahlen unterscheiden mit dem letzten Bit, das ganz links steht, ob die Zahl positiv oder negativ ist. Gelangt der Zähler bei 2147483647 an und zählt noch 1 hinzu, wird die Zahl negativ, und durch die Umrechnung wird der Rechner nicht mehr den 19. Januar 2038 anzeigen, sondern den 13. Dezember 1901, 20:45:52 Uhr.

Allerdings ist zu erwarten, dass wir bis zu diesem Zeitpunkt längst Rechner mit 256 Bit breitem Bus und entsprechend leistungsfähiger Software haben. Auch die Errechnung des aktuellen Datums dürfte auf andere Weise erfolgen. Beispielsweise mit einer 64 Bit Integerzahl. Womit also die 2038-Katastrophe wahrscheinlich vermieden wird.

3.6   Linux

Während sich Windows fortentwickelte, hatte still und heimlich ein weiterer Akteur die Bühne betreten, Linux. UNIX, das große professionelle Betriebssystem für Netzwerke und Hochleistungsrechner gibt es schon lange. Es hat sich parallel zu den Systemen für Microcomputer entwickelt und lief in erster Linie auf Minicomputern und größeren Anlagen. Beides, Soft- wie Hardware, war so teuer, dass es für den Privatanwender kaum infrage kam und auch nie in großen Stückzahlen ausgeliefert wurde.

Zu guter Letzt werfen wir noch einen Blick auf Linux. Als UNIX-ähnliches System, hatte es von vornherein einen ganz anderen Aufbau als die Betriebssysteme der DOS-Schiene. Es war vor allen Dingen multitasking- und multiuserfähig. Was besagt, dass der Rechner seine Leistung so verteilt, dass auch mehrere Anwender an einer Aufgabe arbeiten können. Jeder mit einem eigenen geschützten Plattenplatz.

Die Auswirkungen von Linux waren immens und sind noch lange nicht am Ende angelangt. Weit größer jedenfalls, als es der Entwickler des sogenannten Kernels, Linus Torwalds, abschätzen konnte, als er 1991 mit der Programmierung anfing. Nicht nur, dass es heute fast für jede Hardware verfügbar ist, vom Videorecorder bis zum Supercomputer, es wurde als Open Source Projekt ins Leben gerufen und hat die Softwareszene damit maßgeblich verändert.

Das Wichtige an Betriebssystemen wie UNIX und Linux ist die Virtualisierung der Betriebsmittel, also der Hardwarekomponenten. So wird auf alle Geräte über Dateien zugegriffen. Laufwerke werden so abstrahiert, dass sie nur noch Teil des Verzeichnisbaumes sind und nicht als Laufwerke angesprochen werden.

Der Arbeitsspeicher ist nicht an den Hauptspeicher gebunden, sondern wird als virtueller Speicher durch den Plattenplatz ergänzt. Was in Windows inzwischen natürlich auch so gemacht wird. Die Virtualisierung reicht bis zum Prozessor. Hier hat die Sache allerdings ihre Grenzen, obwohl Xen, das für die Virtualisierung ganzer Rechner steht, inzwischen mit den meisten Linux-Distributionen ausgeliefert wird.

Wenn wir schon dabei sind, nutzen wir die virtuelle Technik gleich einmal, um Ubuntu, eine der vielen Linux-Distributionen, auf unserem virtuellen Rechner laufen zu sehen (zur Installation siehe Anhang H). Es ist eine Distribution, die vom südafrikanischen Millionär und Computerfreak Mark Shuttleworth stammt. Man erzählt sich die Anekdote, er habe auf seinem Weltraumflug gesehen, dass die Erde gar nicht so groß sei, wie er ursprünglich dachte, und es demzufolge gar nicht so unmöglich sein könne, Microsoft zu besiegen.

Mit pfiffigen Ideen hat er kurz nach seinem Studium einige Firmen gegründet und war zu viel Geld gekommen. Da er schon als kleiner Junge davon träumte, einmal ins All zu fliegen, ergriff er die Chance, sobald die Russen Flüge zur ISS für Privatleute anboten, und verkündete am 5. Januar 2002: »Ich will der nächste Weltraumtourist werden.« So wurde er für 20 Mio. Dollar zum zweiten Weltraumtouristen und zum ersten Afrikaner im Weltall.

Zurück auf der Erde, verwirklichte er seinen nächsten Traum, Afrika ein eigenes, kostenloses Betriebssystem zu schenken. Es musste eine Linux-Distribution sein, und damit sie sich auf dem hart umkämpften Markt auch durchsetzte, ließ er für mehrere Millionen Dollar CD-ROMs pressen und jeder, der das System über die Homepage bestellte, bekam kostenlos so viele Exemplare, wie er wollte (Abbildung 3.10).

Abbildung 3.10   Ubuntu als Geschenkpackung von Herrn Shuttleworth

Das mag zwar wie ein Märchen klingen, ist jedoch wahr und eine kleine Episode aus jenen Karrieren und Biografien, die mit der Geschichte des Computers und der EDV eng verbunden sind (mehr dazu siehe Anhang K).

Ubuntu ist ein etwas reduziertes Linux, das nutzerfreundlicher aufgebaut ist als üblicherweise eine der vielen anderen Linux-Distributionen. Wir haben sie uns schon vorab bei der Installation kurz angeschaut. Nun geht es darum, zu erfahren, welche Programme auf diesem System interessant sind. Es gibt einige Programme, insbesondere Spiele, die unter Windows entwickelt und später auf Linux übertragen wurden. Die weitaus meisten Programme unter Linux wurden auch auf Linux entwickelt. Es gibt sogar einige Programme, die später für Windows fit gemacht wurden. Bei einem Programm trifft das besonders zu: **Gimp**. Das ist ein Grafikprogramm, das unter Linux so erfolgreich war, dass es nun auch für Windows erhältlich ist. Das Schöne daran ist natürlich, dass es kostenlos ist und unter Ubuntu auch direkt übers Internet installiert werden kann.

Es gehört außerdem zur Standardausstattung einer Ubuntu-Distribution. Das lässt sich überprüfen, indem die Menüpunkte **Anwendungen • Grafik** aufgerufen werden (Abbildung 3.12).

Sollte das Programm fehlen oder es sich um eine alte Version handeln, kann es einfach übers Internet upgedatet werden. Entscheidend dafür ist allerdings, dass über den virtuellen Rechner auf die Internetverbindung des realen Rechners zugegriffen wird, um ins Internet gelangen zu können. Das geht in VirtualBox ganz einfach über den Menüpunkt **Geräte • Netzwerkadapter** (Abbildung 3.11).

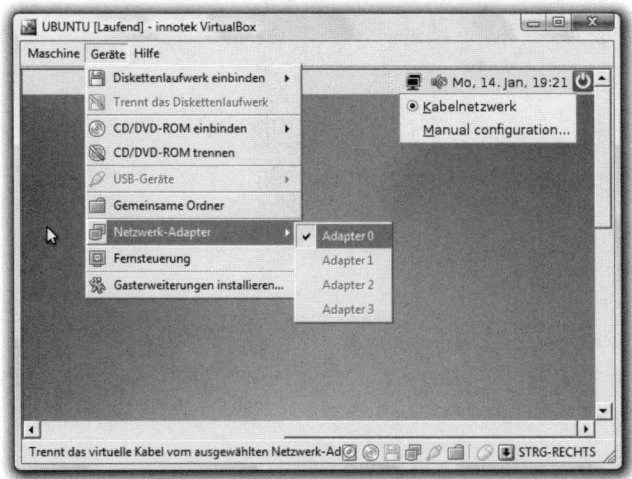

Abbildung 3.11   Netzwerkadapter auswählen

In Ubuntu selbst gibt es in der Systemleiste oben ein Icon für das Netzwerk (Abbildung 3.11). Falls die Verbindung nicht aufgebaut werden kann, besteht hier auch die Möglichkeit der manuellen Konfiguration. Da diese Netzwerkverbindung aber nur innerhalb eines Rechners von Windows zu Ubuntu abgewickelt wird, sollte es in der Regel funktionieren.

Nachdem Sie mit dem Browser überprüft haben, ob die Internetverbindung aufgebaut wird, können Sie das Betriebssystem um ein zusätzliches Programm bereichern. Dazu rufen Sie folgenden Menüpunkt auf: **System • Administration • Synaptic-Paketverwaltung**

Wählen Sie den Menüpunkt **Suchen** und geben Sie Gimp ein. Nun erscheint es in der Liste, und das Kontrollkästchen vor dem Namen kann aktiviert werden. Danach gilt es nur noch auf das Icon **Anwenden** zu klicken. Nach einer einmaligen Bestätigung beginnt auch schon die Installation. Spätestens nun sollte **Gimp** Teil des Menüs sein (Abbildung 3.12).

Nach dem Start des Programms öffnen sich zahlreiche Dialogfenster. Ein kleines Beispiel für die Leistungsfähigkeit von Ubuntu und Gimp. Wählen Sie im Menü des Dialogs mit dem Namen **The Gimp** die Menüpunkte: **Extras • Skript-Fu • Logos • Frostig...** (**Extras** heißt in älteren Versionen noch Xtns).

Abbildung 3.12 GIMP ist installiert.

Ein Dialog öffnet sich, der ein Feld **Text** besitzt. Hier tragen Sie `Coding for Fun` ein. Nach Aktivierung durch die OK-Schaltfläche generiert das Programm ein Logo in »frostig« gerenderter Schrift.

Abbildung 3.13 Der Schriftzug aus Gimp

Dieses kleine Beispiel hat gezeigt, dass es sich bei Linux wie Ubuntu nicht um ein zurückgebliebenes Betriebssystem, sondern um ein modernes System mit interessanten Programmen handelt.

Als Linus Torwalds bekannt gab, dass er einen Kernel für ein neues UNIX-Betriebssystem entwickelt hat, bekam er Zoff mit einem der großen Software-theoretiker, nämlich Andrew S. Tanenbaum. Dieser war der Meinung, dass ein monolithischer Kernel nicht mehr zeitgemäß wäre. Man nennt den Kernel deshalb monolithisch, weil er aus einem zusammenhängenden Programm besteht. Tanenbaum spricht vom Microkernel als einem kleinen Kernprogramm, das sich die angeforderten Funktionen jeweils zulädt. An sich hat Prof. Tanenbaum natürlich recht, aber Microkernel machen ein Betriebssystem langsamer als ein monolithisches System, und als Linux entwickelt wurde, war der PC noch nicht so schnell wie heute. Zudem sind echte verteilte Systeme mit Microkernel einfacher zu realisieren. Natürlich gibt es inzwischen längst mit Linux verwandte Microkernel-Systeme. Eines davon sollte man vielleicht einmal unter die Lupe nehmen. Es heißt **QNX** und ist ein Echtzeitsystem. Also ein

System, das seine Ergebnisse in einer bestimmbaren Zeitspanne liefern kann. Ein Fenster der grafischen Oberfläche öffnet sich nicht irgendwann, sondern garantiert eine Sekunde nach Anklicken. Echtzeitsysteme müssen nicht unbedingt schnell arbeiten, aber zeitlich zuverlässig.

3.7 Computern in Echtzeit

Zuvor wurde QNX bereits kurz besprochen, nun wollen wir noch etwas näher auf dieses System eingehen. Auf dem virtuellen Rechner haben wir es bereits installiert (siehe Anhang H). Es handelt sich hier um eine etwas ältere Version. Aber zur Demonstration sollte sie ausreichen.

Eingeloggt wird, wie gehabt, mit `root`, ohne Passwort. Es erscheint eine etwas andere Oberfläche als bei Windows oder Linux. Diese nennt sich **Photon micro-GUI,** ist recht nutzerfreundlich und für ihre Leistungen erstaunlich klein. Wie bei den neuen Windows-Versionen (ab Windows NT) handelt es sich bei QNX um ein Microkernel-Betriebssystem. Es ist vor allem als sogenanntes Embedded-System (eingebettetes System) in Gebrauch, also als System, das in Maschinen und Anlagen zur Steuerung genutzt wird. Wahrscheinlich wird es in Zukunft vor allem in Kraftfahrzeugen anzutreffen sein. Allerdings zunächst zur Steuerung der Stereoanlage, bevor es uns irgendwann einmal das Lenkrad aus der Hand nimmt.

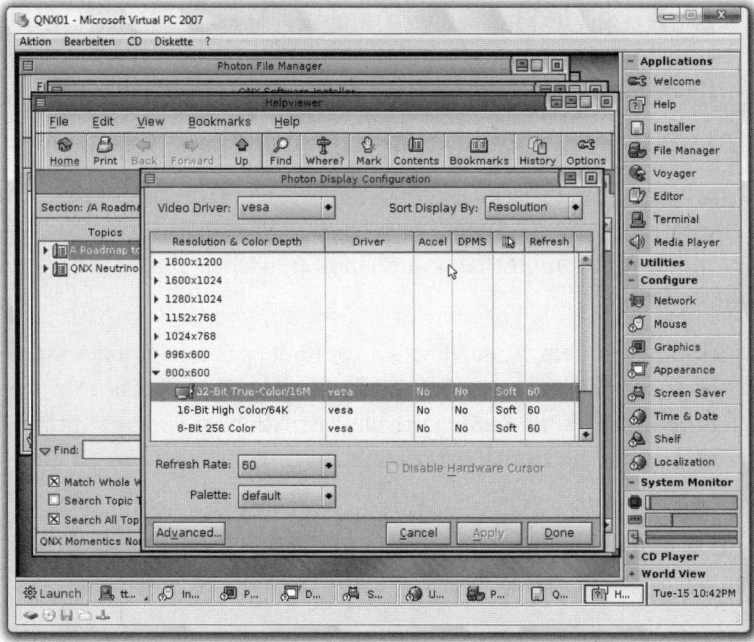

Abbildung 3.14 QNX – das Echtzeitsystem

Was ist nun das Besondere an einem Echtzeitsystem? Versuchen Sie doch einfach durch Starten mehrerer Programme, das System in die Knie zu zwingen (Abbildung 3.14). Merken Sie den Unterschied?

Linux, vielleicht in Form von Ubuntu, verhält sich schon etwas anders als die gewohnten Betriebssysteme. QNX ist nun noch einen Schritt skalierbarer. Es arbeitet Nutzereingaben wesentlich konsequenter ab. Sie werden nicht warten müssen, bis ein Button gedrückt werden kann, weil das System gerade etwas anderes macht.

QNX ist, was Programme und die Befehle der Shell angeht, Linux sehr ähnlich. Was anregen sollte, ein wenig zu programmieren. Die Shell oder auch Konsole ist zwar nur ein Textfenster zum Entgegennehmen von Befehlen und erlaubt so das Arbeiten mit dem Betriebssystem. Aber die sogenannten Shellskripte haben einen Befehlsumfang, der durchaus mit jeder echten Programmiersprache mithalten kann. Deshalb können wir hier auch keineswegs die ganze Skriptsprache vermitteln, sondern nur ein paar Spielereien, die die Möglichkeiten andeutungsweise zeigen.

 Für Kenner

> Zuerst müssen Sie, sofern noch nicht geschehen, das System auf Deutsch umstellen, damit es mit der Tastatur keine Probleme gibt: **Configure • Localization**
>
> In dem Dialog stellen Sie die Eintragungen unter **Keyboard** und **Language** auf Deutsch (German) um. Es könnte ein Neustart notwendig sein, damit die Änderungen wirksam werden.
>
> Starten Sie danach eine Shell über die **Sidebar**: **Applications • Terminal**
>
> Um ein Skript schreiben zu können, wird freilich ein Editor benötigt. Wir werden im Beispiel **vi** nutzen, obwohl er sehr gewöhnungsbedürftig ist. Wer gar nicht damit zurechtkommt, kann auch den grafischen Editor einsetzen: **Applications • Editor**
>
> Zunächst wechseln Sie in ein Homeverzeichnis. In der Shell kann man die aktuelle Position im Verzeichnisbaum mit **pwd** abfragen. Falls Sie sich im Verzeichnis **/root** befinden, können Sie dort bleiben. Sie können aber auch mit `cd /home` in das allgemeine Home-Verzeichnis wechseln.
>
> Mit `vi hallo` öffnen Sie die Datei für das Skript. Bei **vi** lässt sich nicht direkt losschreiben. Man muss ein **a** eingeben, um in den Edit-Modus zu gelangen. Dann tippen Sie folgende Zeilen ein (Abbildung 3.15):
>
> ```
> while
> do
> ```

```
     echo "Hallo Welt, hier bin ich!"
done
```

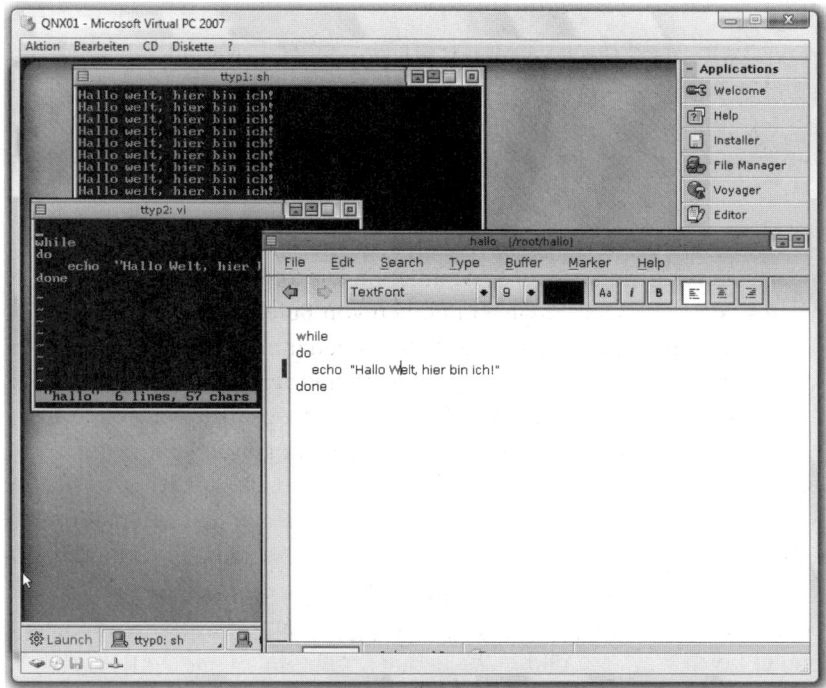

Abbildung 3.15 vi, grafischer Editor und laufendes Programm

Dann müssen Sie in den Kommandomodus von vi. Das gelingt mit ⎡Esc⎤ : Dabei springt der Cursor in die Kommandozeile am unteren Rand. Hier geben Sie ein x ⏎ ein, und schon landet man wieder beim Shell-Prompt. Durch ls wird angezeigt, dass die neue Datei tatsächlich existiert. Nun müssen Sie erst die Rechte so setzen, dass man die Datei auch als Programm starten kann. Das gelingt mit:

```
chmod 777 hallo
```

Der Befehl bewirkt, dass alle Nutzer des Rechners die Datei hallo lesen, schreiben und starten können.

Nun können Sie das Miniprogramm starten. Das gelingt mit der Eingabe von hallo und anschließendem Drücken der ⏎-Taste. Nun läuft das Programm in einer Endlosschleife und schreibt »Hallo Welt, hier bin ich!« unzählige Male auf den Bildschirm. Zur Unterbrechung dient die Tastenkombination:

⎡Strg⎤+⎡C⎤

> Ein interessantes Experiment wäre es nun, mehrere Terminals zu starten, in denen wir jeweils unser Programm laufen lassen, um dem System mal auf seinen »Echtzeit-Zahn« zu fühlen.

Wer dagegen QNX mit C programmieren möchte, muss sich freilich eine aktuellere Version im Internet besorgen. Dem Buch wurde diese Version nicht beigelegt, weil sie zeitlich begrenzt ist. Wie bei Linux, so ist das auch bei QNX, es gibt eine Open Source Version, die von einer freien Entwicklergemeinde weiterentwickelt wird.

3.8 Programmiersprachen im Schlepptau der Betriebssysteme

Eng mit vielen Betriebssystemen sind bestimmte Programmiersprachen verbunden. So gehört C untrennbar zu UNIX, Linux und QNX, schon allein, weil UNIX, aber auch Linux, vorrangig in dieser Sprache programmiert worden sind. BASIC gehört zu DOS, zumindest war es ursprünglich so. Was aber nicht heißt, dass DOS in BASIC programmiert wurde. Es ist vielmehr so, dass jemand, der einen Computer nutzt, unter Umständen selbst programmieren möchte, um diesen Rechner ganz individuell nutzen zu können. Aus diesem Grund war man damals überzeugt, dass zu einem Betriebssystem immer auch eine Programmiersprache gehört.

Man kann z. B. sagen, dass mit dem Freeware-Betriebssystem Linux auch die Sprache Java an Gewicht gewann. Auch diese ist frei verfügbar und systemunabhängig, weil die erzeugten Programme sowohl unter Windows als auch unter Linux und anderen Systemen laufen.

Programmiersprachen gibt es wenigstens 1000 und selbst über die wichtigsten lassen sich ganze Bände erzählen. Man teilt sie in sogenannte Generationen ein, die man mit **GL** (Generation Language) abkürzt, wobei die Zahl der Generationen je nach Autor schwankt.

- ▶ 1GL Maschinensprachen
- ▶ 2GL Assemblersprachen
- ▶ 3GL Prozedurale Sprachen
- ▶ 4GL Deskriptive Sprachen
- ▶ 5GL Objektorientierte Sprachen
- ▶ 6GL KI-Sprachen

Es gibt auch andere Gliederungen, in denen oft objektorientierte Sprachen auf 6GL eingestuft werden und 5GL wissensbasierende Sprachen sind.

Man kann Sprachen auch auf Basis ihres Abstraktionsniveaus oder des Abstands von der Maschinenebene unterscheiden.

- **Microprogrammsprachen:** Zur Programmierung der Maschinenbefehle im Prozessor selbst.

- **Assembler:** Maschinennahe Programmierung

- **Verfahrensorientierte Sprachen:** Sprachen, die sich an der Art orientieren, wie der Prozessor Befehle abarbeiten kann.

- **Anwendungsorientierte Sprachen:** Sprachen, die an den Problemstellungen orientiert sind, die es zu lösen gilt.

Man unterscheidet aber prinzipiell auch hohe und niedere Sprachen, wobei Maschinensprache und Assembler gemeinhin die niederen und alle anderen die höheren Programmiersprachen sind.

Sprachen werden oft nicht aus dem blauen Dunst heraus erdacht, sondern durch Weiterentwicklung einer oder mehrerer Vorgängersprachen.

So kann man regelrechte Stammbäume der Programmiersprachen erstellen. Dabei reicht die »Blutlinie« von Assembler direkt bis C# oder Java.

Um die Verbindungen zwischen den Sprachen zu zeigen, nutzen wir zeitgemäß einen sogenannten Netzgraphen: Was man darunter zu verstehen hat, wollen wir direkt einmal klären. Wir haben mit Java ein entsprechendes Demoprogramm installiert. Es liegt unter *Software\java\jdk1.6.3\demo\applets\GraphLayout* und kann durch Anklicken der Datei *example1.html* aufgerufen werden. Es zeigt sich ein ständig in Bewegung befindliches Diagramm.

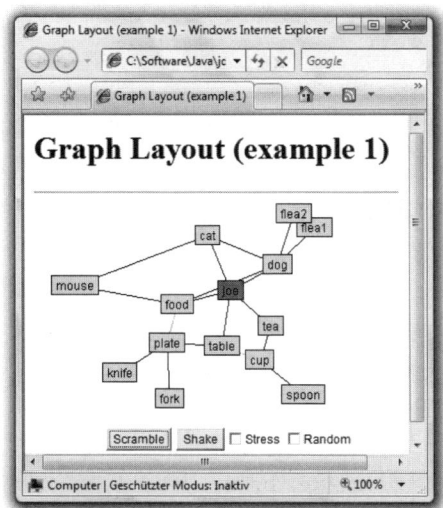

Abbildung 3.16 Das dynamische Netz

Die einzelnen Knoten haben Verbindungen zueinander, denen Gewichte (Werte) zugewiesen sind. Je nach Gewicht sind die Abstände weiter oder enger. Auf diese Weise lassen sich Beziehungen darstellen. Das ist doch auch etwas für einen Überblick der Programmiersprachen.

Das Programm befindet sich auf der DVD im Verzeichnis: *Software zum Buch\ Kap03\Netz.*

Das lauffähige Java-Programm heißt *Netz.jar* und wird mit `java -jar Netz.jar` aufgerufen. Die Datei *netz.txt* muss im gleichen Verzeichnis liegen, damit die Software die Textdatei lesen kann.

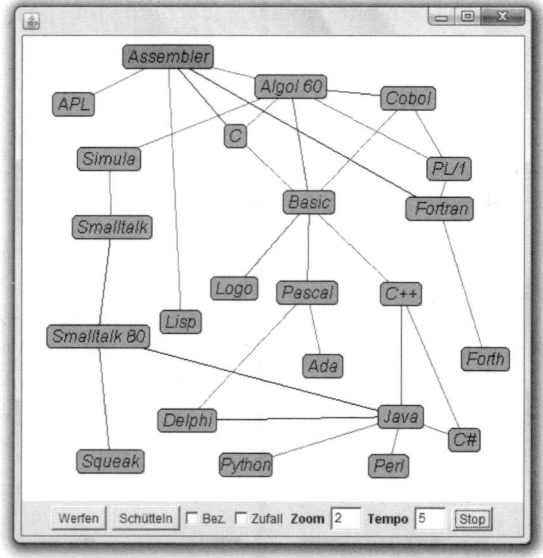

Abbildung 3.17 Übersicht der wichtigsten Sprachen

Das Programm zeigt nur einen groben Überblick über die Sprachentwicklung und ihre Beziehungen zueinander. Es ist ohnehin schwierig zu sagen, welche Sprache in ihrer Entwicklung von welcher Sprache wirklich beeinflusst wurde, und wie stark. Deshalb passt unser dynamisches Modell ganz gut, es ist freigestellt, welche Sprache Sie ins Zentrum setzen.

Ebenso, welche Sie fixieren (mit der rechten Maustaste) und wie Sie sie anordnen, nachdem Sie das ganze Netz mit der **Stop**-Schaltfläche eingefroren haben. Sollten man sich gar nicht entscheiden können, lässt sich mit **Werfen** oder **Schütteln** der Zufall zu Hilfe nehmen. Es steht Ihnen auch frei, die Bindungen in der Datei *netz.txt* anders zu setzen, um der Entwicklungsgeschichte der Sprachen näherzukommen. Die folgende Tabelle zeigt die Entstehung der wichtigsten Sprachen in ihrer zeitlichen Abfolge:

Entstehungszeit	Name der Programmiersprache
1942—1945	Plankalkül
ab 1948	Assembler
1953—1956	FORTRAN
1959	Lisp
1959	APL
1958—1960	ALGOL
1960	COBOL
1964	BASIC
1964	SIMULA
1964	LOGO
1965	PL/1
1969	Forth
1970	PASCAL
1972	Prolog
1972	C
1972—1975	Smalltalk
1983	Ada
1986	C++
1987	Perl
1991	Python
1996	Squeak
1996	Java
2000	C#
2003	Delphi

Tabelle 3.1 Entstehungszeit der wichtigsten Sprachen

Als erste universelle Programmiersprache wird heute **Plankalkül** angesehen. Diese Sprache erdachte sich Konrad Zuse, nachdem er seinen ersten vollprogrammierbaren Rechner, den Z3, gebaut hatte. Da er seine Ideen erst 1972 öffentlich machte, konnte die Sprache jedoch kaum andere Sprachentwicklungen beeinflussen. Erstaunlicherweise wies sie aber doch Ähnlichkeiten mit PROLOG und EIFFEL auf.

FORTRAN, deren Name sich von FORmula TRANslation ableitet, wurde die erste wirklich realisierte und genutzte Programmiersprache. Ein gewisser John W. Backus, der Programmierer bei IBM war, machte im Jahre 1953 seinem Vorgesetzten den Vorschlag, Assembler durch eine verständlichere Sprache zu ersetzen. So wurde FORTRAN durch ein IBM-Team unter seiner Leitung entwickelt. Da FORTRAN sich sehr leicht mit Assembler optimieren lässt, wird diese Sprache bis heute im mathematischem Bereich eingesetzt. Seither ist sie freilich viele Male erweitert und überarbeitet worden.

ALGOL (gebildet aus ALGOrithmic Language) wurde von einem multinationalen Team für den wissenschaftlichen Einsatz entwickelt. Von ihr haben fast alle Hochsprachen etwas geerbt. Denn mit ALGOL wurde das erste Mal versucht, eine Programmiersprache zu schaffen, die an die natürliche Sprache angelehnt war, aber die gleiche Eindeutigkeit wie mathematische Gleichungen aufwies. Genau dieses Rezept sollte sich bewähren und viele der in den folgenden Jahren entwickelten Sprachen nutzten das gleiche Rezept und orientierten sich dabei an ALGOL. Deshalb gilt allgemein ALGOL als Mutter der modernen Programmiersprachen.

Wenn man sich das folgende **Hallo Welt** in ALGOL 60 anschaut, fällt die Ähnlichkeit mit modernen Sprachen sofort auf:

```
'COMMENT' EIN "HALLO, WELT" IN ALGOL 60;
 'BEGIN'
    OUTSTRING(2,'('HALLO, WELT')');
 'END'
```

Die Syntax mutet etwas seltsam an, da in der Schreibweise zwischen Schlüsselwörtern (Befehle) mit Hochstrichen und Methoden/Funktionen ohne Hochstriche unterschieden wird.

Das Wichtigste aber war, dass die Befehle erstmals unabhängig von ihrer Position waren. Man spricht von der sogenannten **Formatfreiheit**. Mussten die Schlüsselwörter bei den früheren Sprachen genau in einer bestimmten Spalte beginnen, so war das mit ALGOL zum ersten Mal egal. Ihre Bedeutung leitete sich nur von ihrer Bezeichnung ab und nicht mehr zusätzlich von der Position.

3.9   Zusammenfassung

Die Geschichte der Computer ist eine Geschichte der Betriebssysteme. Bis auf wenige Ausnahmen benötigte jeder Rechner ein solches Masterprogramm. Wichtig wurden sie vor allem, als Computer in Serie produziert wurden. Und natürlich hatten die Betriebssysteme für den PC ausschlaggebende Bedeutung. Denn sie versetzten den Nutzer erst in die Lage, die Hardware seines Rechners überhaupt nutzen zu können. Mit den PCs kamen Betriebssysteme wie CP/M und MS-DOS. Da zeigte sich ein gravierender Wandel in der Nutzung des Computers. In den

Xerox Labors in Silicon Valley wurde die erste grafische Nutzeroberfläche und die Maus zur Bedienung entwickelt.

Nach diesem Vorbild wurden die Betriebssysteme Windows und MacOS geschaffen und zu immer komplexeren und bunteren Softwarewerkzeugen weiterentwickelt.

Konkurrenz kam von einer ganz anderen Seite. Professionelle Systeme hatten ohnehin immer schon Betriebssysteme genutzt, die zur UNIX-Linie gehörten. Dort kam alles in Bewegung, als ein Student namens Linus Torwalds einen Betriebssystemkern entwickelte, aus dem schließlich Linux wurde.

Da dieses System frei erhältlich ist, konnten wir uns eine der Distributionen auch auf einem virtuellen Rechner installieren. Es war nicht irgendeine Distribution, sondern Ubuntu, eine afrikanische Linux-Version, die ein junger Software-Ingenieur entwickelte, der bereits als Tourist in den Weltraum geflogen ist.

Ubuntu erwies sich als solide Basis für zahlreiche Programme — unter anderem auch für das Grafiksystem **Gimp**, das mit vielen tollen Effekten aufwartet. Wir haben uns eine weitere Betriebssystemvariante angesehen: **QNX**, das als Echtzeitbetriebssystem in naher Zukunft in Kraftfahrzeugen Verwendung finden soll.

Mit den Betriebssystemen war hin und wieder die Entwicklung einer neuen Programmiersprache verbunden. Mit einer dynamischen Darstellung verschafften wir uns einen Überblick über die Beziehungen zwischen den Programmiersprachen. Als Mutter der modernen Programmiersprachen sieht man heute ALGOL an. Es war eine auf ihre Weise revolutionäre Sprache, mit der die Entwicklung der prozeduralen Sprachen begann.

3.9.1 Noch mehr Spaß – Betriebssysteme im Netz

Statt Sprachen könnten wir auch Betriebssysteme in einem Netz darstellen. Das ist nicht weiter schwierig. Die Infos zu den Verwandtschaftsverhältnissen zwischen den Betriebssystemen findet man im Internet, und die Datei *netz.txt* ist leicht zu ändern.

Nur für Java-Könner

Das Netzprogramm für die Sprachen ist keineswegs ausgereift. Denkbar ist, dass jeder Eintrag wie eine Schaltfläche funktioniert, die einen Text zur jeweiligen Sprache in einem separaten Dialogfenster öffnet.

3.9.2 Webseiten zum Kapitel

URL	Beschreibung
http://www.c64-wiki.de	sehr gute C64-Seite
http://www.mark-brand.de/html/c64.html	C64-Seite
http://www.cfd.tu-berlin.de/Lehre/EDV1/skripte/ f95_skript/node6.htm	Übersicht der Programmiersprachen
http://www.robotrontechnik.de/index.htm?/html/ software/sprachen.htm	Überblick über die Programmier- sprachen
http://www-ps.informatik.uni-kiel.de/fg214/	GI Programmiersprachen
http://irb.cs.tu-berlin.de/~zuse/history/ Programmiersprachen.html#Entwicklung	Geschichte der Programmiersprachen
http://www.br-online.de/wissen-bildung/thema/ iss/ms.xml	Mark Shuttleworth im Weltraum
http://www.netzmafia.de/skripten/bs/index.html	Betriebssystemüberblick
http://www.betriebssysteme.org/	GI Betriebssysteme
http://www.zdnet.de/enterprise/sw/ 0,39023278,39139278,00.htm	alternative Betriebssysteme
http://www.apple.com/de/macosx	das neue Mac-Betriebssystem
http://www.macprime.ch/applehistory	die Apple-Geschichte
http://www.macprime.ch/applehistory/story/ die-next-story	die NeXT-Story
http://www.gnustep.org	das NeXT-Betriebssystem

3.9.3 Weiterführende Literatur zum Kapitel

Joachim Hänsel, Basiswissen C64, Westermann Verlag, 1997

Marcus Fischer, Ubuntu GNU/Linux, Galileo Computing, 2007

Heike Jurzik, Debian GNU/Linux. Das Praxisbuch, Galileo Computing, 2006

Marcus Fischer und *Rainer Hattenhauer*, Ubuntu Linux. Und Kubuntu Linux. Grundlagen, Anwendung, Administration, Galileo Computing, 2006

Peter A. Henning und *Holger Vogelsang*, Taschenbuch Programmiersprachen, Hanser, 2007

Programmiersprachen erwecken den Computer zum Leben. Er setzt durch sie faszinierende Ideen in die Realität um. Ob das nun wunderschöne Grafiken wie das »Apfelmännchen« sind oder ganze Spielfilme wie »Krieg der Sterne«, ob das Musik aus höheren Sphären ist oder Lernprogramme für Chemie, oder ob er uns gar an einem virtuellen Schachbrett matt setzt. Das alles – und noch vieles mehr – lässt sich mit Programmiersprachen verwirklichen.

Doch, wie schon in der Bibel, führt auch hier zu viel des Guten ins Chaos.

4 Babels Fluch

4.1 Was nach Algol kam – und wie Programmieren Spaß macht

Schon vor der Entwicklung von Algol wurde klar, dass es zwei Ebenen in der Programmierung gibt: die Ebene der Maschine, auf der die Sprache nur die Befehle kennen kann, die auch der Prozessor auszuführen vermag, sowie die Ebene des Programmierers und seiner Gedanken. Er kommuniziert am liebsten in Worten (mit der Kollegin), statt unendliche Reihen von Nullen und Einsen einzutippen.

Es galt also eine Sprache zu entwickeln, die den menschlichen Denkweisen entgegenkam. Algol-Interpreter oder -Compiler gibt es heute kaum noch, aber wir kennen bereits eine Sprache, die mit Algol recht nahe verwandt ist, und das ist BASIC. Im Gegensatz zu Assembler konnte man sich in Algol etwas Originelles ausdenken und realisieren, ohne über Speicherplätze und Register nachzudenken. Das Problem bestand nur noch aus dem Problem selbst.

Die ersten Spielereien waren zwar aus heutiger Sicht sehr primitiv, aber der Spaß dabei war, dieses Problem, das man ins Auge gefasst hatte, zu lösen. Außer Zahlenspielereien blieb nicht viel mehr als ASCII-Grafiken, so wurde meist mit geometrischen Figuren aus Zeichen gespielt.

Eine Aufgabe war zum Beispiel, einen Diamanten aus Sternchen aufs Papier zu bringen. Ein Gebilde, das etwa so aussehen sollte:

```
            *
         *     *
       *         *
     *             *
   * * * * * * * *
     *             *
       *         *
         *     *
            *
```

Etwas größer darf es natürlich schon sein. Vielleicht zehn Zeilen pro Spitze, womit es dann insgesamt 21 Zeilen wären.

Für Könner: Ein Diamant aus Sternen

Natürlich musste man die Sache mit Schleifen lösen. Nur die Zeilen mit PRINT auszugeben, wäre zu einfach gewesen. Augenfällig ist, dass hier die Anzahl der vorderen Leerzeichen abnimmt, es folgt jeweils ein Stern und Leerzeichen, deren Anzahl zunehmen. Versuchen wir eine Lösung in BASIC. Starten Sie also einen virtuellen Rechner mit installiertem FreeDOS und BWBASIC (siehe Anhang Teil II, »Installationen«). Wechseln Sie in die Konsole und gehen Sie nach FDOS.

```
CD FDOS
bwbasic
```

Danach können Sie die Zeilen des Programms eingeben. Wichtig ist, zuerst die Zeilennummer einzugeben. Wie Sie sich sicher erinnern, kann man sich mit LIST das Programm ansehen und mit RUN die eingegebenen Zeilen ausführen lassen.

```
10   L = 10
20   FOR I = 0 TO L
30      T$ = " "
40      FOR J = 1 TO L + I
50         IF J = L - I THEN
60            IF I > 0 THEN
70               T$ = T$ + "*"
80            END IF
90         END IF
100        T$ = T$ + " "
110     NEXT J
120     IF I = L THEN
130        T$ = "* * * * * * * * * * *"
140     ELSE
150        T$ = T$ + "*"
```

```
160    END IF
170    PRINT T$
180 NEXT I
190 FOR I = 1 TO L
200    T$ = " "
210    FOR J = 1 TO 2 * L - I
220       IF J = I THEN
230          IF I < L THEN
240             T$ = T$ + "*"
250          END IF
260       END IF
270       T$ = T$ + " "
280    NEXT J
290    T$ = T$ + "*"
300    PRINT T$
310 NEXT I
```

Es wird in der Tat eine einfache Diamant-Zeichnung erzeugt (Abbildung 4.1).

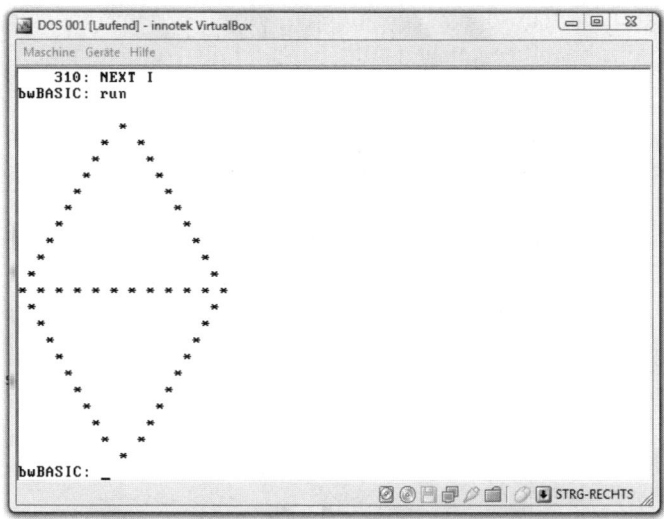

Abbildung 4.1   Der Sterndiamant als BASIC-Ausgabe

Wer lieber die fertige Programmdatei versuchen möchte, findet diese auf der DVD als: *Software zum Buch\Kap04\BASIC\Diamant.bas.*

Zum Übertragen bietet sich **VirtualFloppy** an. Das Programm starten, den Treiber aktivieren und unter Drive 0 mit **Open** eine Datei auswählen oder anlegen. Wenn sie geöffnet ist, kann man sie unter Windows mit dem Dateiexplorer als Laufwerk A: nutzen. Um sie unter VirtualBox zu verwenden, schließt man sie erst unter VFD mit **Close** und bindet sie unter **Geräte · Dis-**

kettenlaufwerk einbinden • Diskettenabbild ein. Jetzt kann man unter DOS auf A: zugreifen. Am besten mit `copy a:\diamant.bas c:\fdos\diamant.bat` auf C: kopieren. Nun lässt sich die Datei von BASIC aus öffnen:

```
load "diamant.bas"
```

Der Code des Programms wurde hier absichtlich nicht kommentiert. Kommentare würden das Ganze unübersichtlich machen, und uns geht es im Moment noch gar nicht darum, BASIC zu lernen. Das Einrücken des Codes soll ihn verständlicher machen. Das Markanteste am Programm sind die Schleifen.

```
20   FOR I = 0 TO L
30      T$ = " "
40      FOR J = 1 TO L + I
```

Es handelt sich um sogenannte zählende Schleifen oder For-Schleifen. Eine Variable wird hochgezählt und dieses Hochzählen wird im Code innerhalb der Schleife genutzt. In diesem Falle wird die Variable I mit 0 gefüllt und so weit erhöht, bis die Zahl erreicht ist, die in L steht. Das bewirkt in unserem Programm die Zeile 20. Innerhalb der Zeilen müssen wir wiederum mit einer Schleife die nötige Anzahl an Leerzeichen aufbauen und die Sternchen einfügen.

In Algol hätte das Programm im Grunde nicht viel anders ausgesehen. Es gibt zahlreiche Algol-Dialekte, die meist mit einer Jahreszahl bezeichnet sind. Hier einmal die Version in Algol60:

```
BEGIN
COMMENT Sterndiamant in Algol60;
integer l, j, i;
string t;
  l = 10;
  for i := 0 step 1 until l
     t = " "
     for j = 1 step 1 until l + i
     IF j = l - i THEN
       begin
         IF i > 0 THEN
         begin
             t = t + "*"
             end
     end
```

usw.

Es gibt kleine Unterschiede in der Schreibweise (Syntax). So wurde bei Algol in der For-Schleife statt TO der Begiff until genutzt. Statt mit THEN beginnt der Block nach If mit `begin`, das bei Blöcken allgemein genutzt wird. `begin` steht immer das unumgängliche `end` gegenüber.

Damit nicht jedes Teilprogramm mehrmals in den Programmcode implementiert werden musste, erfand man das Konstrukt der Prozedur, die anhand ihres Namens aufgerufen werden konnte. Die Grundlage für die prozedurale, die strukturierte Programmierung war geschaffen.

4.2 Von Pascal zu Turbo Pascal

Bereits als Algol68 entwickelt wurde, waren viele Weichen in der Weiterentwicklung der Programmiersprachen gestellt. Lisp gab es schon vorher.

Smalltalk und die Objektorientierung deuteten sich bereits an, und **Niklaus Wirth** entwickelte sein **Algol-W**, woraus später Pascal und dann Delphi werden sollte.

In der Geschichte der Programmiersprachen sollte der Schweizer Elektroingenieur noch eine große Rolle spielen. Immerhin gehen nicht weniger als sechs Programmiersprachen auf ihn zurück: Algol-W, Pascal, Modula, Modula2, Oberon und bedingt Delphi.

Nachdem er an der Technischen Hochschule in Zürich studiert hatte, war er erst in Kanada und dann in Kalifornien an der Universität von Berkley. Genau zu der Zeit, als Smalltalk und damit die grafische Oberfläche entstand, befand er sich zu einem Studienaufenthalt im Palo Alto Research Center (PARC) von Xerox. Es ist müßig, sich vorzustellen, ob er die Entwicklung vorhersah, miterlebte oder sogar Ideen dazu beitrug. Für Pascal- und Wirth-Fans aber vielleicht ganz reizvoll. Zweifellos gehört er zu den ganz Großen der Informatik.

Seine Sprache sollte in der Turbo-Version von Borland weltweite Anerkennung finden. Insbesondere in der Informatikausbildung wurde Pascal zum wichtigsten Werkzeug.

Borland hatte die tolle Idee, die alten und überholten Versionen seiner Software in einer Art Museum den Interessenten weltweit kostenlos zur Verfügung zu stellen. Dieses Museum im Internet findet man unter der Adresse: *http://dn. codegear.com/museum/antiquesoftware*

Wir laden uns die Software von dort herunter, um Pascal einmal mit Algol und BASIC vergleichen zu können. Es ist die Version 5.5. Man findet dort auch Turbo Pascal v1.0, wenn man ganz genau sehen möchte, wie die Karriere von Pascal wirklich begann. Die Dateien befinden sich aber auch auf der DVD unter: *Software zum Buch\Kap04\Pascal\Tp5.5 Disk1 und Disk2.*

Für Kenner: Turbo Pascal

Am besten legt man sich mit VirtualFloppy bereits 2 Floppyimages an, die man nur noch austauschen muss, wenn bei der Installation die zweite Diskette verlangt wird. Installiert wird auf einem DOS-Rechner, für uns heißt das Free-DOS (Abbildung 4.2). Achten Sie darauf, dass Punkt: **1 Start... no EMS** ausgewählt ist. Andernfalls stürzt der virtuelle Rechner ab, da Turbo Pascal relativ viel Hauptspeicher benötigt. Haben Sie Turbo Pascal im Verzeichnis c:\TP installiert, lässt es sich von dort mit **Turbo** starten, und schon landet man in der IDE von Turbo Pascal.

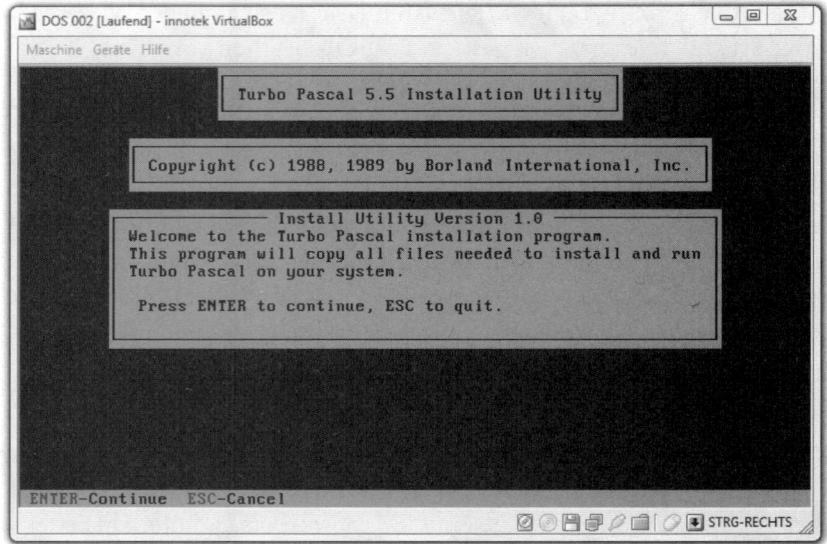

Abbildung 4.2 Die Turbo Pascal-Installation

Zum Editieren lässt sich der Menüpunkt **Edit** verwenden. Gestartet wird mit **Run • Run** (Alt+R) Wobei Turbo Pascal nicht direkt die Nutzersicht anzeigt. Man muss auf die Sicht über **Run • User Screen** umstellen.

```
{Stern Diamant in TurboPascal}
var
  l, i, j: Integer;
  t: String;
begin
  l := 10;
  for i := 0 to l do
  begin
    t := ' ';
    for j := 1 to l + i do
```

```
   begin
      if j = 1 - i THEN
      begin
         if i > 0 THEN
      begin
            t := t + '*';
         end;
      end;
      t := t + ' ';
   end;
   if i = 1 then
      begin
         t := '* * * * * * * * * * *';
      end
   else
      t := t + '*';
   writeln (t);
end;

for i := 1 to 1 do
begin
   t := ' ';
   for j := 1 TO 2 * 1 - i do
   begin
      if j = i then
      begin
         if i < 1 then
         begin
            t := t + '*';
         end;
      end;
      t := t + ' ';
   end;
   t := t + '*';
   writeln (t);
end;

end.
```

Der Pascal-Code erinnert ebenfalls stark an BASIC. Die For-Schleife ist ähnlich wie: `for i := 0 to 1 do`

Nur, dass `Do` am Ende folgt und ein Beginnblock im Innern liegt. Daran lässt sich die Abstammung von Algol besonders deutlich erkennen.

Entscheidende Punkte für Pascal sind z. B. **Prozeduren**, also in sich geschlossene Teilprogramme, die das frühe BASIC nicht kannte, die Möglichkeit Typen festzulegen oder mit **uses** sogenannte **Units** (also externen Code) einzubinden. Die immer komplexeren Betriebssysteme und schließlich die grafischen Oberflächen machten es nötig, viel externen Code zu nutzen, um Programme zu erstellen, die in diesen komplexen Umgebungen lauffähig waren.

Units können mitgelieferte Programmpakete sein, aber auch selbst erstellt werden.

TurboPascal 5.5 kommt mit ganz interessanten Beispielen, mit denen man sich diese Sachverhalte ansehen kann.

Hier muss natürlich auch mit **turbo** ⏎ die IDE aufgerufen werden.

File · Load · *.pas

▶ **WINDEMO.PAS**
Demonstration von Multitextfenstern, die sich gegenseitig überdecken können (Abbildung 4.3).

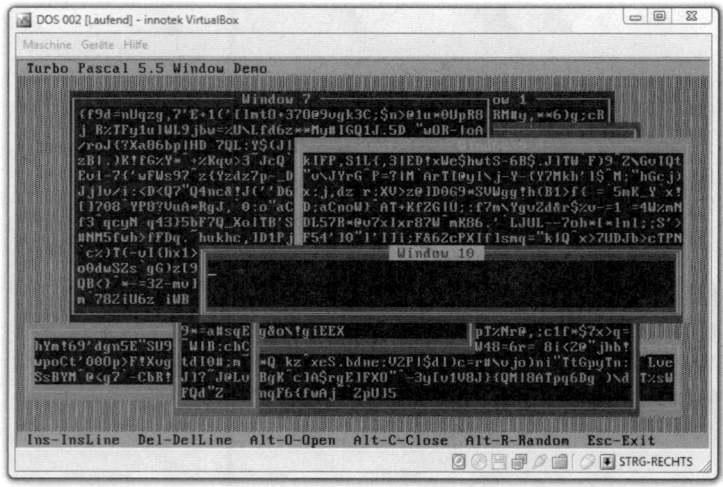

Abbildung 4.3 Window vor Window auf der Textoberfläche

▶ **ARTY.PAS**
Grafische Spielereien, entsprechend den damals üblichen Liniengrafiken

Bedenken Sie, dass viele der PAS-Dateien zu den Demoprogrammen gehören und ohne diese nicht laufen.

Sie haben es vielleicht bemerkt, die Pascal-Version 5.5 wirbt bereits damit, objektorientierte Programmierung zu ermöglichen. Für die damalige Zeit und für Pascal eine revolutionäre Sache, die schließlich in der Entwicklung von **Delphi** münden sollte. Wir werden uns die sogenannte OOP jedoch auf Basis einer anderen Programmiersprache ansehen.

Es gibt auch eine freie Pascal-Version, die von folgender Seite bezogen werden kann: *http://www.freepascal.org/download.var.*

4.3   Turbo C

Kaum zwei Jahre, nachdem Niklaus Wirth an seiner erste Pascal-Version arbeitete, entstand UNIX und damit die Programmiersprache C. Federführend bei der Entwicklung war **Dennis Ritchie**, der damit zu einer bekannten Größe in der Computerwelt wurde. Außerdem beteiligt waren **Brian Kernighan** und **Ken Thompson**. Entwickelt wurde C in den Bell Laboratorien, speziell, um damit ein neues Betriebssystem zu programmieren: UNIX. Statt sich wie bei BASIC vorrangig an der Denkweise des Softwareingenieurs zu orientieren, ist C wieder näher an Assembler, also an der Maschine und ihren Möglichkeiten, orientiert und erlaubt daher sehr schnelle Programme. Programme in C lassen sich auch gut nachträglich durch Assembler optimieren. Diese Eigenschaften führten dazu, dass C vor allem bei der Entwicklung von Betriebssystemen eingesetzt wurde. Die Systemkerne fast aller heute verfügbaren Betriebssysteme sind in C oder C++ programmiert worden. Demzufolge ist C auch für alle Systeme verfügbar. C und die direkten Abkömmlinge wie C++, Java und C# dominieren praktisch den gesamten Markt der Programmiersprachen. C hat zudem zahlreiche weitere Sprachen beeinflusst, wie z.B. PHP und Perl.

C oder Java zu lernen bzw. bereits zu können, ist heute für einen Programmierer unabdingbar. Natürlich beschäftigen wir uns damit hier auch, einmal in Form einer alten Borland-Version, um das reine C einmal gesehen zu haben, und einmal in Form von Java. Wieder wird unser Sterndiamant dafür herhalten müssen. Die Programme sind 1 zu 1 übertragen und nicht so programmiert, dass die Möglichkeiten der jeweiligen Sprache optimal ausgenutzt wurden. So sieht man am besten die Ähnlichkeit zwischen den Sprachen.

Wir beziehen die C-Entwicklungsumgebung wieder aus dem Borland Museum. Sie befindet sich aber auch auf der DVD unter: *Software zum Buch\Kap04\ TurboC.*

Es handelt sich um eine DOS-Version, die wir wieder unter FreeDOS nutzen. Die drei Disketteninhalte lassen sich am besten per VirtualFloppy installieren.

Nachdem die erste Diskette angehängt ist, lässt sich die Installation mit **Install** starten (Abbildung 4.4).

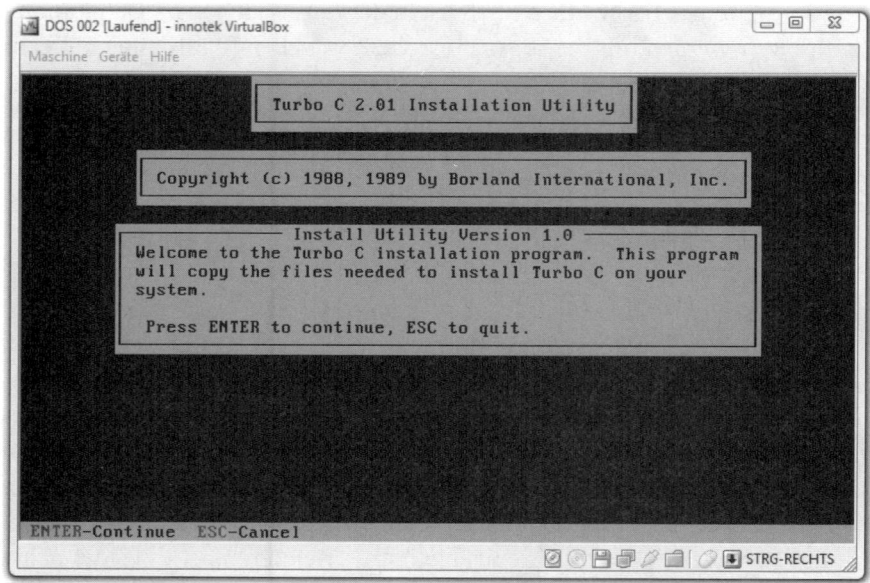

Abbildung 4.4 Die Installation von Turbo C beginnt.

Die Voreinstellungen können unverändert bleiben, weil ein ganzer Rechner für C zur Verfügung steht. Nun müssen nur noch nacheinander die drei Disketten-abbilder eingehängt werden, und schon ist C installiert. Mit TC kann man die Entwicklungsoberfläche starten. Wenn man möchte, kann man zuvor noch in der *autoexec.bat* den Pfad erweitern, was aber nicht unbedingt erforderlich ist.

Für Könner: Ein Diamant in C

Nun gilt es nur noch, unser einfaches Programm einzugeben. Wer sich mit Pascal anfreunden konnte und C nicht kennt, kann versuchen, das Programm aus Pascal nach C zu übertragen. Die Sprachen sind sich wirklich ähnlich, dadurch ist es ganz einfach. Einige Aufrufe von **Suchen/Ersetzen** – und fertig. Für alle anderen folgt hier das Programm. Sie können sich ansehen, was sich von Pascal nach C verändert hat.

```
/* Stern Diamant in Turbo C */
#include <stdio.h>

main()
{
    int l;
    int i;
    int j;
    char t[128];
```

```
l = 10;
for (i = 0; i <= l; i++)
{
    strcpy(t, " ");
    for (j = 1; j <= l+i; j++)
    {
        if (j == l - i)
        {
            if (i > 0)
            {
                strcat(t, "*");
            };
        };
        strcat(t, " ");
    };
    if (i == l)
    {
        strcpy(t, "* * * * * * * * * * *\n");
    }
    else
        strcat(t, "*\n");
        printf (t);
};

for (i = 1; i <= l; i++)
{
    strcpy(t, " ");
    for (j = 1; j <= 2 * l - i; j++)
    {
        if (j == i)
        {
            if (i < l)
            {
            strcat(t, "*");
            };
        };
        strcat(t, " ");
    };
    strcat(t, "*\n");
    printf (t);
};
}
```

Statt begin/end verwendet C geschweifte Klammern. Statt for/to wird die Schleife eher mathematisch beschrieben: for (j = 1; j <= 2 * l – i; j++)

Die Variable j wird hochgezählt. Von 1 so lange, bis sie genauso groß wie 2 * l – i ist. Die Schrittweite ist 1 in der Form j = j + 1, was die lange Schreibweise von j++ ist. Es ist jetzt auch klar, wieso C++ diese merkwürdige Erweiterung bekommen hat. Ganz einfach: C + 1.

Die `uses`-Anweisung, die in unserem Beispiel nicht nötig war zum Einbinden externen Codes, ist durch `#include <stdio.h>` ersetzt worden. Bei C spricht man von Headerdateien. Variablen werden ebenfalls definiert. Zwar mit einigen Unterschieden, aber im Grunde gleich. Nur bei Textvariablen gibt es einen gravierenden Unterschied. Hier wurde ein langes Characterfeld definiert (char t[128];). Für C sind Texte nichts anderes als Felder mit Zeichen. Die Länge ist auf eine Zweierpotenz gesetzt, das lässt sich bei C einfacher verwalten. Weil wir ein Textfeld haben, in das wir Zeichen hineinsetzen müssen, können wir nicht mehr einfach mit = und + Texte bearbeiten. C kennt dafür Funktionen. `strcpy` zum Kopieren eines Textes in ein leeres Textfeld und `strcat` zum Verketten von Texten. `strcpy` führt in jedem Fall dazu, dass der hineinkopierte Text am Anfang beginnt, egal, ob schon etwas in dem Feld stand oder nicht.

Die Funktion zum Ausgeben auf den Nutzerscreen heißt nun `printf`. Sie macht keinen Zeilenumbruch, wie `writeln` bei Pascal. So müssen wir den Zeilenumbruch selbst in den Text einbauen, es ist das Zeichen \n.

Es lohnt sich wiederum, die beigefügten Beispiele zu Turbo C anzuschauen. Insbesondere das Beispiel **BGIDEMO.C** zeigt sehr schön die maschinennahen Möglichkeiten der Sprache und die hohe Geschwindigkeit der erzeugten Programme (Abbildung 4.5).

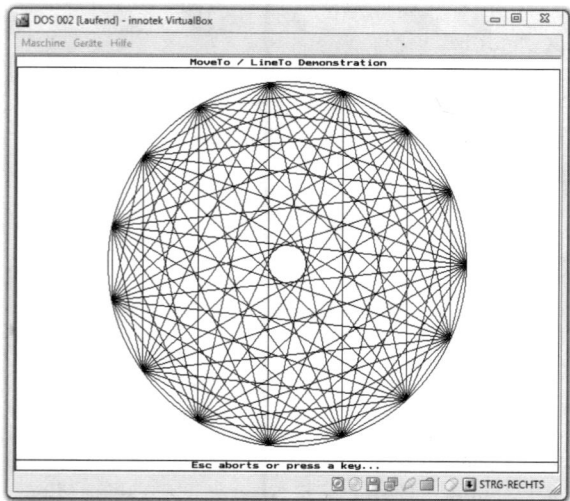

Abbildung 4.5 Die Rosette aus dem Turbo C-Beispiel

Wer sich fragt, wie man mit C eine solche Rosette zeichnen kann, sollte sich den zugehörigen Code einmal ansehen.

```
void LineToDemo(void)
{
  /* Strukturen sind komplexe Datentypen */
  struct viewporttype vp;
  struct PTS points[MAXPTS];

  /* Definieren der Variablen */
  int i, j, h, w, xcenter, ycenter;
  int radius, angle, step;
  double  rads;

  /* Zeichenfenster aufbauen */
  MainWindow( "MoveTo / LineTo Demonstration" );

  /* Hole Daten des Zeichenfensters in die Struktur vp */
  getviewsettings( &vp );

  /* Mit den Daten in der Struktur Höhe und Breite des
     Fensters errechnen */
  h = vp.bottom - vp.top;
  w = vp.right  - vp.left;

  /* Damit den Mittelpunkt für die Rosette bestimmen */
  xcenter = w / 2;
  ycenter = h / 2;

  /* Den größtmöglichen Radius errechnen */
  radius  = (h - 30) / (AspectRatio * 2);

  /* Die Anzahl Schritte steht in der Konstanten MAXPTS */
  /* Mit MAXPTS Winkel zwischen den Schritten errechnen */
  step    = 360 / MAXPTS;

  /* Schritte beginnen bei Winkel 0    */
  angle = 0;

/* Schleife über Anzahl Schritte    */
for( i=0 ; i<MAXPTS ; ++i )
{
    /* Vom Winkel auf das Bogenmass umrechnen    */
    rads = (double)angle * PI / 180.0;

    /* Vom Bogenmass auf die Koordinaten umrechnen */
```

```
    points[i].x = xcenter + (int)( cos(rads) * radius );
    points[i].y = ycenter - (int)( sin(rads) * radius *
    AspectRatio );

    /* Winkel zum nächsten Schritt hochzählen      */
    angle += step;
}
/* Grossen Kreis zeichnen  */
circle( xcenter, ycenter, radius );

for( i=0 ; i<MAXPTS ; ++i )
{
    for( j=i ; j<MAXPTS ; ++j )
    {
     /* Kreis entlanglaufen */
         moveto(points[i].x, points[i].y);

     /* Linien zu den anderen Punkten auf Kreis */
       lineto(points[j].x, points[j].y);
    }
  }

  /* Bild stehen lassen, bis der Nutzer unterbricht */
  Pause();
```

Ein einfaches Programm mit schönem Ergebnis. Wenn man Kreise zeichnen möchte, kommt man ohne Bogenmaß und Umrechnung auf die Koordinaten kaum aus. Wer ein wenig mit dem Programm spielen (Abbildung 4.6), die Maße verändern oder mehr Punkte auf dem Kreis anspringen möchte, findet es auf der DVD als: *Software zum Buch\Kap04\TurboC\rosette.c*

Abbildung 4.6   Die Rosette mit 20 Punkten

4.4 Auf dem Weg zur OOP

Wer nicht zu den etwas älteren Jahrgängen zählt, wundert sich vielleicht schon die ganze Zeit, dass es unter der DOS-Textoberfläche auch so etwas wie Fenster gab (Abbildung 4.3). Es gab in der Tat etliche Programme, wie z. B. Framework von Ashton Tate, die diese Technik ähnlich intensiv nutzten, wie wir das heute unter Windows kennen. Diese Art Fenster waren sogar schneller als die grafischen Fenster von heute, nur nicht so anspruchsvoll. Obwohl man auch damals versuchte, einen einheitlichen Stil zu propagieren. Der sogenannte SAA-Standard legte beispielsweise ein genormtes Aussehen für Dialoge unter DOS fest.

Es folgten noch eine ganze Reihe weiterer Sprachen, wie **PL/I** (Programming Language One), eine universelle Sprache mit großem Sprachumfang, die sich jedoch hauptsächlich im technischen Bereich etablierte. Diese war die wichtigste Sprache auf den IBM-Großrechnern. In ihr wurde sogar ein Betriebssystem realisiert, nämlich **Multics**, der Vorläufer von UNIX.

PL/1 Programm:

```
ROSETT: PROC OPTIONS(MAIN);
....
CALL POSITION(20, 100);
...
END ROSETT ;

POSITION: PROC (INT, A, RA);
          DCL R FLOAT(16),
          1 POINT,
          2 X FLOAT(16),
          2 Y FLOAT(16);

          /* Vom Winkel auf das Bogenmass umrechnen      */
          R = A * 3.14 / 180.0;
          /* Vom Bogenmass auf die Koordinaten umrechnen */
          X = XC + ( COS(R) * RA );
          Y = YC - ( SIN(R) * RA );
          RETURN (POINT) ;
          END POSITION ;
```

Cobol (Common Business Oriented Language), eine Sprache, die in erster Linie im betriebswirtschaftlichen Bereich eingesetzt wurde und teilweise immer noch wird. Ein Cobol-Programm hat einen sehr schematischen Aufbau. Man hat im Programm verschiedene **Devisions** und **Sections,** also Teile und Sektoren. Auch eine Data-Division mit den Deklarationen der Variablen und eine Procedure-Devision mit dem Programmcode.

Bereits bei Deklaration der Daten wird bestimmt, wie sie auf dem Ausdruck dargestellt werden sollen. Damit wollte man den Entwickler zwingen, direkt nutzerorientiert zu entwickeln.

Schon früh machte man sich Gedanken über Sprachen für spezielle Anwendungsfälle. So entstand bereits in den 60er-Jahren LOGO unter der Federführung von **Seymour Papert**. Ursprünglich als eine Art Erweiterung der Sprache Lisp, die schon sehr früh entwickelt worden war. Später wurde sie auf die grafische Turtle-Steuerung reduziert und vorrangig für die Ausbildung verwendet. Vor allem bei Homecomputern eingesetzt, waren der geringe Speicherbedarf und die einfache Bedienung sehr förderlich.

Bei Algol und seinen Nachfolgern musste man noch ein entsprechendes Studium haben, um ein halbwegs umfangreiches Programm erstellen zu können. Es wurde verzweifelt nach einer Möglichkeit gesucht, eine Sprache zu entwerfen, die jedermann einsetzen konnte, um Computer zu programmieren. Das würde die teuren Softwareingenieure entlasten oder gar ersetzen können. Ein erster Ansatz dazu war LOGO, später schließlich Smalltalk und die objektorientierte Programmierung.

S. Papert dachte schon zu Beginn der 70er daran, Logo in der Ausbildung zu nutzen, schrieb aber sein berühmtes Buch **Mindstorms** erst in den 80ern und erregte damit weltweit Aufsehen. Seine Idee und die seiner **LOGO - Artificial Intelligence Group** war, Kindern die Möglichkeit zu geben, Computer so zu nutzen, wie Erwachsene das tun, als Werkzeug zur Lösung der Probleme ihrer kleinen Welt, statt Kinder mit Erwachsenenprogrammen auf dem Rechner zu konfrontieren. Man dachte daran, Computer bereits im Kindergarten einzusetzen und zu Hause fand man kaum einen Homecomputer, über den nicht die Logo-Schildkröte krabbelte.

Es gibt aber auch ganz andere Entstehungsgeschichten für Programmiersprachen. **Charles H. Moore**, ein hochbegabter junger Physiker und Astronom von 31 Jahren, hatte seine Lebensstellung gefunden. Er arbeitete nun an dem erst zehn Jahre zuvor gegründeten amerikanischen Nationalobservatorium in Kitt Peak, Arizona. Auf sein Anraten hin hatte man einen Rechner für das 0,9 m Spiegelteleskop gekauft. Seine Idee war, das Gerät millimetergenau zu steuern, Sterne auch am Tag zu finden, ohne lange mit dem Rechenschieber und den Tabellen herumzusitzen. Aber es gab ein Problem, es war keinerlei Software dazu vorhanden. Weder ein Betriebssystem noch irgendwelche anderen Programme. Selbst, wenn man welche gekauft hätte, für die Steuerung eines Telekopes wären sie ohnehin nicht geeignet gewesen.

Moore hatte bei **John McCarthy** die Programmierung mit Lisp erlernt und sich mit Fortran beschäftigt. Aber ob das ausreichte, um den Kauf oder die Programmierung teurer Spezialsoftware zu umgehen?

Er begann mit der Entwicklung eines eigenwilligen Systems. Wie oft mochte er dabei daran gedacht haben, alles beiseite zu schieben und lieber eine Nacht am Teleskop zu verbringen? Wie oft mochte sein Chef an ihm gezweifelt haben?

Aber John McCarthy, sein Lehrer, war nicht irgendwer, sondern der Erfinder von Lisp. Darüber hinaus der Mann, der den Begriff **Künstliche Intelligenz** in die Informatik einführte. Außerdem hatte er den **mark-sweep**-Algorithmus erdacht, die Grundlage der automatischen Speicherbereinigung von Smalltalk und Java, der sogenannten **Garbage Collection**. Später sollte er sich den **Alpha-Beta-Algorithmus** einfallen lassen, der Schachprogramme dazu in die Lage versetzte, schließlich auch menschliche Schachspieler zu schlagen.

Moore hatte als Ergebnis kein Programm für die Steuerung von Teleskopen, sondern das **Forth-System**. Forth steht für **fünfte** Computergeneration. Es ist eine Programmiersprache, eine Entwicklungsumgebung und ein Betriebssystem in einem. Es sollte in den folgenden Jahren noch in vielen anderen Teleskopen zum Einsatz kommen und für die Steuerung von Satelliten bis zu Robotern genutzt werden. Moore entwickelte es selbst vielfältig weiter und schuf schließlich sogar Forth-Prozessoren, die sehr schnell und extrem stromsparend waren.

Der Grund, warum wir heute nicht alle mit Forth-Prozessoren arbeiten, liegt allein in der von ihm verwendeten komplizierten Syntax, sodass sämtliche Programmierer hätten umlernen müssen. Ein Sachverhalt, an dem nicht nur Forth, sondern auch Smalltalk scheitern sollte.

Natürlich gab es außer Forth weitere exorbitante Sprachentwicklungen, wie beispielsweise **Prolog** (Programmation en Logique). Was in Deutsch soviel heißt wie Programmieren mit Logik. Eine Sprache, in der man nicht die Lösung programmiert, sondern nur eine Fragestellung formuliert. Die Lösung findet die Sprache auf Grund einer Datenbasis selbst. Wenn man so will, ein Beweis für den Satz, dass in jeder guten Frage die Antwort steckt.

Eine dieser speziellen Sprachentwicklungen sollte den Namen **BASIC** erhalten (Beginners All-purpose Symbolic Instruction Code). Zu Deutsch etwa: allgemeine Programmiersprache für Anfänger. Ein passender Name, sie war von **John George Kemeny** und **Thomas Eugene Kurtz** am Dartmouth College als Vereinfachung von Algol und Fortran entwickelt worden.

Natürlich machten all diese Sprachen einfach Spaß, obwohl sie ziemlich primitiv und sehr kryptisch waren, weil es etwas extrem Elitäres war, einen Computer programmieren zu dürfen. Aber einige dieser Sprachen waren nicht nur elitär, sie hatten einen Hauch von Genialität und haben diesen bis heute nicht eingebüßt. Das nehmen wir einmal unter die Lupe, und hier und da sollten wir ein kleines einsteinsches Grinsen entdecken. Auch wenn ab und an unsere Kenntnisse nur ausreichen sollten, die Programme ablaufen zu lassen und nicht vollständig selbst zu programmieren. Der Spaß wird nicht lange auf sich warten lassen.

4.5 Logo – Schildkrötenhaltung im PC

Die Sprache Logo gibt es auch heute noch. Die Idee einer krabbelnden Schildkröte, die eine Linie hinter sich herzieht, wurde in zahlreiche andere Programmiersprachen und Programme übernommen. Sie diente sogar als Grundlage zum Spiel **Tron**. Zum ersten Mal in dem Disney Cyber-Streifen »Tron« gezeigt, bekämpfen sich zwei Motorradfahrer, die eine Linie in Form einer Mauer hinter sich herziehen. Das Spielfeld ist begrenzt, so wird die befahrbare Fläche immer kleiner und jeder versucht den Gegner zu Fall zu bringen, indem er seine Bahn so kreuzt, dass der andere gegen die Mauer rasen muss. Doch dazu später mehr.

 Für Kenner: Logo

Schauen wir uns Logo also einmal an. Eine kleine Version, die zwar nicht Original-Logo entspricht, aber sehr leicht zu bedienen ist, gibt es für Ubuntu. Diese nennt sich KTurtle. Sie lässt sich einfach nachträglich über das Internet auf Ubuntu, oder besser Kbuntu installieren. Unter Ubuntu werden die Hilfe und die deutsche Version nicht richtig unterstützt.

Mit **Kmenü · Programme hinzufügen/entfernen...** wird das Konfigurationsprogramm **Adept** gestartet.

Geben Sie ins **Suchen**-Feld KTurtle ein. Den daraufhin angezeigten Eintrag wählen Sie an und klicken auf die **Anwenden**-Schaltfläche.

Nun wird KTurtle installiert und ist unter dem Menüpunkt **Lernprogramme · Verschiedenes · KTurtle (Logo Programmierumgebung)** zu starten. In einem ersten Schritt wollen wir das Programm auf Deutsch umstellen, damit wir eine einheitliche Syntax nutzen können: **Einstellungen · KTurtle einrichten**.

Wählen Sie die Sprache für die Logo-Befehle: Wir wählen Deutsch aus und klicken auf die Schaltflächen **Anwenden** und **OK**.

Abbildung 4.7 KTurtle installieren

Danach versteht Logo deutsche Anweisungen, was besonders schön ist, wenn man Kindern das Programmieren beibringen möchte.

Im nächsten Schritt können wir, falls gewünscht, weitere Unterstützungen einschalten: **Einstellungen • Erweiterte Einstellungen • Editor einrichten – Erweiterungen**

Jetzt ist unsere Schildkröte einsatzbereit. Auf dem Textfeld linkerhand gibt man die Befehle ein und sieht rechts, wie die Schildkröte diese ausführt.

```
vorwärts 10
```

Das soll unser erster Befehl sein. Damit er ausgeführt wird, müssen wir entweder auf das Zahnrad klicken oder die Tastenkombination [Alt]+[↵] nutzen. Wenig Sinn hätte es jetzt, immer wieder lauf vorwärts zu befehlen. Schreiben wir einen zweiten Befehl dazu:

```
nachrechts 5
```

Das bedeutet für die Schildkröte, sie soll sich um 5 Grad nach rechts drehen. Wenn wir diese Befehle nun abwechselnd ausführen lassen, passiert etwas Merkwürdiges. Das lebende Fossil beginnt einen Kreis zu ziehen (Abbildung 4.8).

Natürlich wollen wir den vollen Kreis sehen, etwas mühsam, nicht wahr? Doch wozu gibt es Logo? Schreiben wir doch einfach wiederhole und erhalten unser erstes Logo-Programm, wenn wir dahinter in einem Block [ ] unsere alten Befehle eingeben.

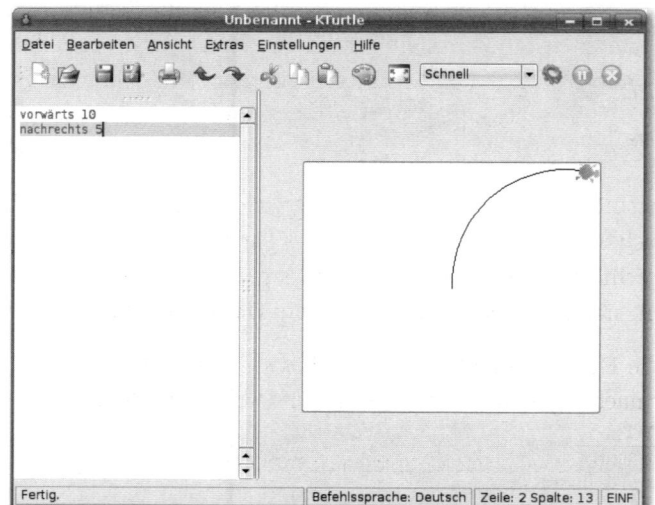

Abbildung 4.8 Immer im Kreis?

```
wiederhole 100
[
    nachrechts 5
    vorwärts 10
]
```

Beim Ausführen des Programms läuft die nette Schildkröte immer im Kreis herum. Wenn wir die Geschwindigkeit reduzieren (neben dem Zahnrad), können wir ihr bequem dabei zusehen.

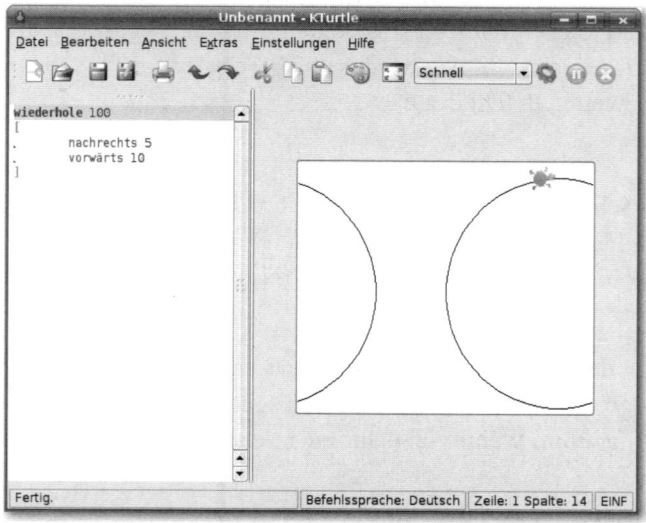

Abbildung 4.9 Störe meine Kreise nicht!

Wie Sie sehen, kann Programmieren ganz einfach sein. Dass die Schildkröte, wenn sie rechts über den Blattrand läuft, links auftaucht, liegt daran, dass ihre Welt zwar endlich, aber unbegrenzt ist. Man kann sich das vorstellen wie die aufgeklappte Oberfläche einer Kugel. So weit sie auch läuft, sie wird nie ans Ende ihrer Welt kommen.

Nun wäre es ein Leichtes, Sie zu einem Logo-Programmierer zu machen. Aber versuchen Sie es doch selbst einmal. Die Hilfe zu KTurtle ist sehr umfangreich und Turtlen macht echt Spaß, wie Sie sicher bereits gemerkt haben. Sie sollten auch nicht vergessen, sich die Beispiele anzuschauen: **Datei • Beispiele öffnen**

Diese werden auch in Deutsch angezeigt, somit sind sie selbsterklärend und lassen sich wunderbar nach eigenen Ideen umgestalten (Abbildung 4.10).

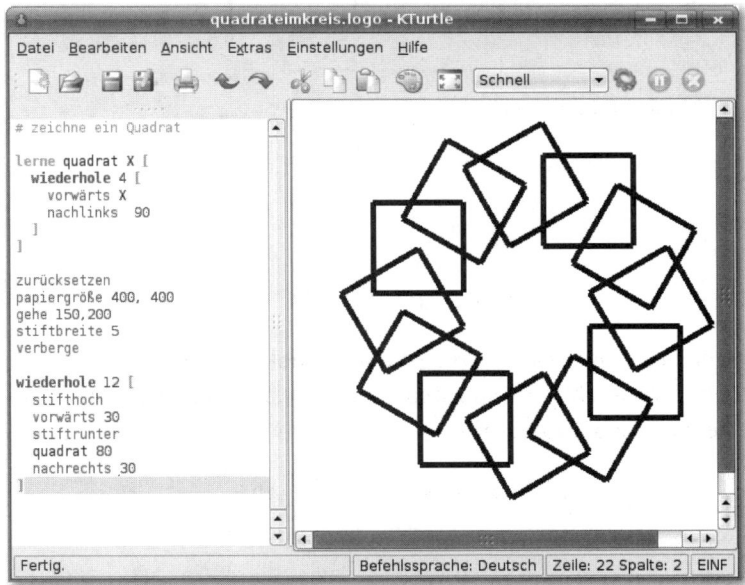

Abbildung 4.10 Beispiel-Logos

Nun wird es Zeit für ein großes Lob an die unermüdlichen Leser. Bravo! Auch wenn es Spaß macht, so ist der Stoff nicht immer einfach. Der Könner wird sich vielleicht langweilen. Doch jetzt kommt etwas für alle. Was halten Sie davon, eine Partie TRON gegen mich zu spielen. Gut, ich muss meinen Part an den Computer abgeben, sei's drum. Das Spiel ist wirklich kinderleicht, aber es fetzt.

Weil wir schon mal in Kubuntu sind, laden wir uns rasch mal **KTron** aus dem Internet herunter. Wieder **Adept** starten und bei **Suchen** Ktron eingeben.

So, das war also ein Spiel, das durch eine Programmiersprache entstand und durch einen Spielfilm bekannt wurde.

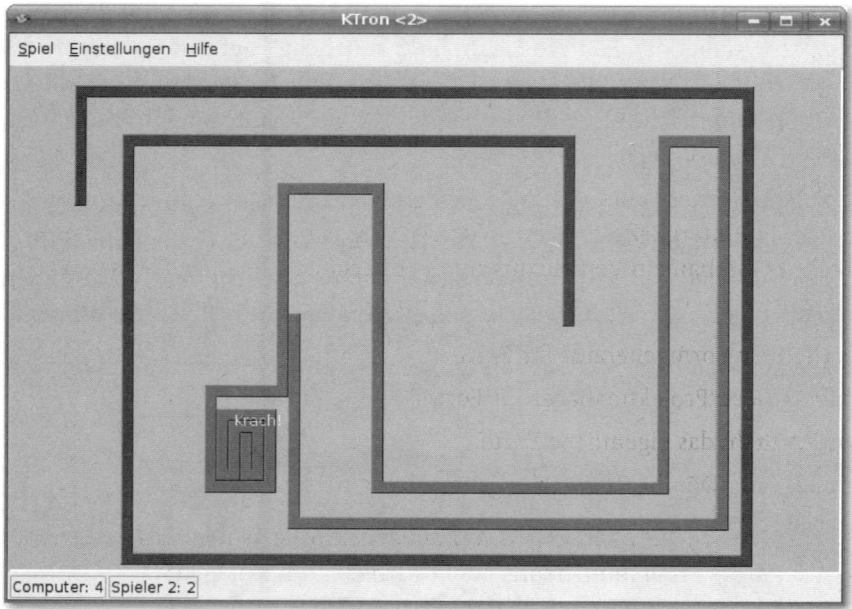

Abbildung 4.11 Och, verloren. Na ja, man hat auch mal Pech.

4.6 Forth – aus dem Weltraum herunter ins Windows

Nun zu der Sprache, die sozusagen von den Sternen kam: Forth. Auch diese Sprache wird schon sehr lange gepflegt und ist heute noch weit verbreitet. Sie wird in erster Linie zur Programmierung von Steuerungen aller Art eingesetzt. Sollten Sie daran denken, ihren Rasenmäher so umzubauen, dass Sie am Wochenende Bücher lesen können, während Ihr Mäher das Gras stutzt, sei Ihnen nur Forth empfohlen. Fast alles, was nach Roboter aussieht, versteht Forth, ob es sich um ein Schachspiel, einen Taschenrechner oder Fußball spielende Blecheimer handelt.

Erst 2002 hat sich die Win32Forth Project Group zusammengefunden, um Forth weiter zu fördern. Den großen Erfolg hat die Sprache in erster Linie ihrem Erfinder Moore zu verdanken. Außerdem ist sie natürlich auf ihre Weise genial. Obwohl ganz einfach aufgebaut, ist sie in der Lage, selbst Windows-Programme zu verwirklichen oder so anspruchsvolle Anwendungen wie z. B. einen PDF Viewer oder einen Browser.

Forth ist überhaupt eine Geschichte für sich. Das ist ein System, mit dem man dadurch programmiert, dass man es erweitert. Üblicherweise ist die Installation so aufgebaut, dass es sich selbst installiert. Ein brauchbares Linux-Forth war nicht verfügbar. Deshalb müssen wir Ubuntu nun wieder verlassen und mit Windows weiterarbeiten.

Für Könner: Forth

Sie finden Win32Forth unter: *http://win32forth.sourceforge.net/*

Und natürlich auf der Buch-DVD unter: *Software zum Buch\Kap04\Forth\ w32f61200.exe*

Die Installation unter Windows sollte problemlos ablaufen, auch wenn sie in mehrere Teile untergliedert ist. Als Nutzer braucht man nicht einzugreifen. Als Ergebnis hat man ein Verzeichnis auf dem Rechner mit einigen Windows-Programmen.

▸ **ForthForm:** Formgenerator für Forth

▸ **ForthProject:** Projektmanager für Forth

▸ **Win32Forth:** das eigentliche Forth

▸ **Win32ForthIDE:** die Entwicklungsumgebung für Forth-Projekte

Auch wenn nur übliche Windows-Anwendungen zu sehen sind, Forth ist ganz anders als übliche Programmiersprachen. Es arbeitet mit Stapeln (Stacks), also Speicherlisten, die sich von unten nach oben aufbauen. Wir wollen uns das ansehen und starten einfach einmal Win32Forth (Abbildung 4.12).

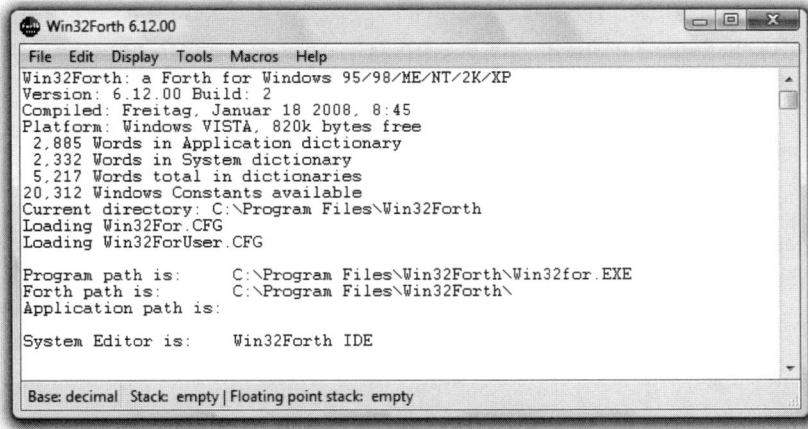

Abbildung 4.12 Forth ist gestartet.

In der Tat sieht der Inhalt der Dialogbox eher aus wie die Meldungen eines Betriebssystems als wie der einer Programmiersprache. Neben Stapeln nutzt Forth noch sogenannte Wörterbücher, Dictionaries. Es sind in den Meldungen 2885 Wörter im **Applikationswörterbuch** und 2332 im **Systemwörterbuch**. In der Fußleiste des Dialogs steht außerdem etwas von einem **Stapel** (Stack) und einem **Fließpunkt-Stapel**. Dort wird auch angezeigt, wie viel Daten gerade auf den Stapeln liegen. Im Moment scheinen die Stapel leer zu sein. Das wollen wir ändern. Schreiben Sie doch einfach einmal einige Zahlen hinein.

```
13 <Returntaste>
13 <Returntaste>
```

Forth schreibt jeweils ein OK dahinter, um zu zeigen, dass die Zahlen auf dem Stack gelandet sind. Befehle beziehen sich fast immer auf den Stapel, er ist das »Herz« von Forth.

In der Fußzeile steht nun:

```
Stack: {2} 13 13
```

Was geschieht wohl, wenn wir nun ein Pluszeichen eingeben, und warum?

Was passiert dagegen, wenn wir 13 + 13 eintippen?

13 landet auf dem Stapel und der Befehl + wird eingegeben, der Forth anweist, den Inhalt des Stapels zu addieren. Aber es ist nur die 13 vorhanden, so kann er 13 mit nichts addieren und macht demnach auch nichts. Wir müssen also erst einmal die Zahlen auf den Stapel legen und dann sagen: Addiere das, was ich auf den Stapel gelegt habe. 1 + 1 sieht in Forth demnach so aus: 1 1 +, wenn man das Ergebnis sehen will, sogar: 1 1 +. (Den Punkt nicht vergessen!) Der Punkt nimmt immer den oberen Wert vom Stapel und zeigt ihn am Bildschirm an.

Diese Schreibweise nennt man **umgekehrte polnische Notation** (UPN). Es gab sie schon vor dem Computer. Der polnische Mathematiker **Łukasiewicz** entwickelte sie in den 20er-Jahren des vorigen Jahrhunderts. Sie hat den Vorteil, dass man keinerlei Klammern benötigt, um mathematische Terme zu schreiben.

(7 + 3) * (4 + 6) schreibt man darin so: 7 3 + 4 6 + *

Versuchen Sie es in Forth. Diese Schreibweise ist nicht nur sehr ungewohnt, sondern auch viel schneller als unsere sogenannte **Infix-Notation**. Immerhin haben wir bei unserem einfachen Term vier Zeichen gespart, nämlich die Klammern. Sie wird außer in Forth unter anderem in RPL, Smalltalk, Post-Script und bei der SPS- Programmierung genutzt.

Nun eine zählende Schleife in Forth! Erschrecken Sie nicht:

```
: test
11 1 do i . cr loop
;
```

Gestartet wird durch Eingabe von `test`.

Man kann `test` öfter aufrufen. Erst mit

```
FORGET test
```

wird es wieder aus dem Wörterbuch gelöscht. Aber das Wörterbuch ist ebenfalls ein Stapel. Das heißt, alles, was nach `test` definiert wurde, wird ebenfalls mit `FORGET` gelöscht. Denken Sie sich einen Stapel aus Tellern, wobei der viertoberste ein roter Teller ist. Der tapsige Kellner bekommt den Befehl, den roten Teller wegzuwerfen. Da es keinen Platz zum Abstellen von Tellern gibt, wirft er also die vier oberen Teller weg. Das ist ein Problem beim Programmieren. Deshalb ist es sinnvoller, mit Programmen in Form von Forth-Dateien zu arbeiten, statt den Code direkt einzugeben.

Damit sind wir schon bei den Wörterbüchern. Ein neues Wort wird mit einem Doppelpunkt und einem Leerzeichen eingeleitet, alles, was dahinter kommt, muss Forth kennen, es müssen also alte Wörter sein, das war's schon. Strings werden durch ." gekennzeichnet und mit " abgeschlossen.

Versuchen Sie einmal Folgendes:

```
: EIN ." a ";
: IST    ." is ";
: DER ." the ";
: ADLER ." eagle ";
: VOGEL ." bird ";
```

Versuchen Sie nun: `DER ADLER IST EIN VOGEL`

Und schon haben Sie einen elektronischen Dolmetscher programmiert. Und, wenn die kleinen elektronischen Dolmetscher mal nicht mit Forth arbeiten?!

Die in Forth vorhandenen Wörter kann man sich mit folgendem Befehl ansehen:

```
WORDS !
```

Es wird nur ein Ausschnitt aus dem Wörterbuch angezeigt. Man kann durch Angeben eines Teilstrings spezifizieren:

`WORDS LO !` zeigt z.B. alle Wörter an, in denen die Buchstabenfolge `Lo` vorkommt oder `WORDS ! !` alle Wörter mit dem !-Zeichen.

Es gibt zahllose weitere Möglichkeiten in Forth und endlos viele Kniffe. Deshalb hier ein einfaches Grafikbeispiel. Es geht darum, die Startpunkte von Linien an der Kante der Zeichenfläche entlanglaufen zu lassen. Das Programm findet man auf der DVD: *Software zum Buch\Kap04\Forth\Moiree.f*

Der wichtigste Teil ist eine Schleife, in der die X/Y-Koordinaten hochgezählt werden. Schleifen haben Namen und es können, wie bei Funktionen, Werte zugefügt werden. Wir rufen die Schleife mit 140 MOIREE auf. DO läuft bis 140, als wäre 140 0 DO I definiert.

```
\ MOIREE als Schleife
: MOIREE 0 DO I
  0 X !
  2 I *
  Y !
  MITTE
  X @ Y @ LINETO: tDC
  0 Y !
  2 I *
  X !
  MITTE
  X @ Y @ LINETO: tDC
```

Wir setzen X auf 0, verdoppeln den Schleifenzähler und legen ihn vom Stapel nach Y ab (Y !). Nun gehen wir zur Mitte. MITTE haben wir definiert:

```
: MITTE
  300 300 MOVETO: tDC
;
```

Von dieser Mitte ziehen wir nur noch eine Linie nach X/Y. Eigentlich ganz einfach. Diese MoveTo-Anweisung ist im Grunde genommen ein Turtle.

Auch die zum Programm gehörenden Forth-Beispiele sind sehr sehenswert und helfen, wenn man sich in diese Sprache vertiefen möchte. Man findet sie in der Win32ForthIDE unter dem Menüpunkt: **File · Open file** im Verzeichnis *Win32Forth/demos*. Ist das Programm geladen, kann man es mit F12 oder mit dem Menüpunkt **Tools · Compile** starten.

Beispiele, die Sie sich in jedem Fall ansehen sollten:

- ▶ **CalendarDemo.f**: sehr schöner Kalender
- ▶ **FlashControlDemo.f**: Flash Analoguhr
- ▶ **HtmlControlDemo.f**: Webseite zu Forth (Zugang muss online sein)
- ▶ **HtmlDisplay.f**: öffnet zwei Webseiten
- ▶ **MultiHello.f**: öffnet mehrere Fenster
- ▶ **PdfControlDemo.f**: zeigt eine AcroReader-Seite an

Fast noch interessanter sind die beigefügen Forth-Projekte. Sie lassen sich durch **Project · Open project** im Verzeichnis **Win32Forth/proj** ansehen. Man muss auch hier compilieren, um starten zu können. Sehenswert sind eigentlich alle Projekte. Vor allem zeigen sie auch die enorme Leistungsfähigkeit von Win32Forth (Abbildung 4.13).

Abbildung 4.13   Ein Schachspiel in Forth

Nicht zuletzt unterstützt es auch objektorientierte Programmierung, die in unseren Beispielen ebenfalls verwendet wird. Sie ist selbst nach 40 Jahren immer noch eine reizvolle Sprache, die sich vor den neuen Sprachen nicht zu verstecken braucht. Es gibt zu Forth übrigens auch sehr viele interessante Webseiten.

4.7   Die Softwarekrise

Mit der wachsenden Zahl der Programmiersprachen wuchsen die Kosten und die Programme waren immer schlechter zu warten, weil schließlich nicht jeder Programmierer jede Sprache beherrschen konnte. Eine große Krise bahnte sich an.

Wichtige Programme, die in der Geschäftswelt Aufgaben wahrnahmen, wie z. B. bei Banken, konnten nicht mehr gewartet werden, weil der Programmierer inzwischen nicht mehr dort arbeitete und sein Nachfolger den Code nicht richtig beherrschte. Und das nicht nur, weil er weniger Berufserfahrung hatte, sondern auch weil viele Programmierer möglichst undurchsichtigen Code schufen und auch nicht kommentierten.

Große Probleme zeigten sich vor allem im militärischen Bereich, wo der Kalte Krieg die Kontrahenten zu immer neuen Rüstungsanstrengungen trieb. Eine erste NATO-Tagung, die sich mit diesem Thema auseinandersetzte, fand 1968 in Garmisch-Partenkirchen statt. Man kam zu der Überzeugung, dass Software-entwicklung in Zukunft besser organisiert werden musste, wollte man nicht blind in eine Katastrophe rennen. Der Begriff des **Software Engineering** wurde geprägt.

Das amerikanische Verteidigungsministerium gab sich damit nicht zufrieden, nachdem man Anfang der 70er festgestellt hatte, dass für hauseigene Software-projekte inzwischen über 450 verschiedene Computersprachen eingesetzt wurden. Es schien unmöglich, dieses babylonischen Sprachgewirrs jemals wie-der Herr zu werden. Also suchte man nach einer Sprache, durch die man alle anderen Sprachen notfalls ersetzen konnte.

Inzwischen wurde nicht mehr von einem Problem gesprochen, sondern ver-wendete den Begriff Softwarekrise. Eine erste Erwähnung des bedauerlichen Zustands findet sich in der Dankesrede des niederländischen Informatikpro-fessors Edsger W. Dijkstra zur Verleihung des Turing-Preises 1972. Er war der Mann, der die strukturierte Programmierung in die Informatik einführte und den Goto-Befehl verteufelte. Mit seinen Worten war die Softwarekrise:

»eine schlimme Sache, deren Ursache darin begründet ist, dass die Maschinen wesentlich komplexer geworden sind. Um es ziemlich einfach auszudrücken: So-lange es keine Computer gab, stellte die Programmierung kein Problem dar; als wir ein paar schwache Computer hatten, wurde Programmierung zu einem klei-nen Problem und nun, da wir gigantische Computer haben, ist die Programmie-rung ein ebenso gigantisches Problem.«

Obwohl die objektorientierte Programmierung heute das Problem etwas ent-schärfte, ist es nur ein scheinbarer Erfolg. Software ist nach wie vor so schlecht wie eh und je. Nur, dass die Anwender sich daran gewöhnt haben.

Ein Beweis dazu lieferte Bill Gates höchstpersönlich am 6.1.2005 bei der Be-grüßungsrede zur Consumer Electronics Show in Las Vegas. Diese Rede hatte bereits Tradition, und nicht immer ging dabei alles glatt. Für diesen Tag hatte man Conan O'Brien engagiert, eine Größe des amerikanischen Unterhaltungs-fernsehens, um die Geschichte etwas aufzulockern.

Das vorzustellende Windows XP besaß schon eine Reihe Multimedia-Funktio-nen, und Bill Gates wollte zeigen, wie man von der Digitalkamera per Blue-touth Bilder auf die Festplatte des Notebooks überträgt. Aber der Versuch ging daneben, der PC stürzte ab und ließ sich auch nicht mehr in Gang bringen.

O'Brien meinte bissig: »Ha, für dieses Malheur werden bei Microsoft neun Leute gefeuert.« Was Bill mit einem säuerlichen Lächeln dankte. Die Tragödie sollte allerdings noch nicht vorbei sein.

O'Brien sollte nun ein neues Autorennenspiel vorführen. Was zu einem weiteren Absturz führte. Als schließlich Bill Gates die Möglichkeiten des Tablet PC zeigen wollte und versuchte, ins Internet zu gehen, kam keine Verbindung zustande. Die Blamage war perfekt.

Warum erzähle ich das? Es soll zeigen, dass die Softwarekrise keineswegs gemeistert ist, auch wenn man sie nun schon seit Jahren totschweigt. Sie setzte sich trotz aller Verbesserungen in der Hard- und Softwareindustrie fort. Sie wurde nur nicht mehr so ernst genommen.

Doch zurück in die 70er, zum Verteidigungsministerium. Man fand keine Programmiersprache, die alle anderen Sprachen hätte ersetzen können. So wurde beschlossen, eine eigene Sprache zu entwickeln. Es wurden mehrere Prototypen erstellt und diese getestet. Am Ende blieben vier Favoriten übrig. Sie erhielten die Codebezeichnungen Red, Green, Blue und Yellow, damit man nicht anhand ihrer Namen auf die Hersteller schließen konnte.

Schlussendlich fiel die Entscheidung für Green, eine Entwicklung von **Jean Ichbiah** von der Firma Honeywell Bull. Da das Pflichtenheft am 10. Dezember 1980 gebilligt wurde, dem Geburtstag von Lady Ada Lovelace, die als erste Programmiererin gilt, erhielt die Sprache den Namen **Ada**. Ada 83 war die erste Norm und Ada 95 wurde die erste genormte objektorientierte Programmiersprache. Die aktuelle Norm ist Ada 2005. Das Besondere an Ada war, dass die Compiler validiert (nach Tests freigegeben) werden mussten, um den Namen Ada tragen zu dürfen. Was dazu führte, dass sie alle das gleiche Verhalten zeigten und man als Ada-Programmierer nie böse Überraschungen erlebte. Von der Syntax erinnert Ada sehr an Pascal.

Infolge dieser Normierung wurde Ada weltweit in militärischen und wichtigen wirtschaftlichen Bereichen eingesetzt. Allerdings ist seit dem Aufstieg von Java die Bedeutung mehr und mehr geschwunden. Die Zahl der beim amerikanischen Verteidigungsministerium genutzten Sprachen fiel zwar auf ca. 35, aber die Softwarekrise war damit noch nicht vollständig vom Tisch.

Mehr Erfolg versprach man sich später durch den Einsatz von Java und dem damit verbundenen Softwarevertrieb über das Internet.

Die amerikanische Luftwaffe hat einen freien Ada-Compiler entwickeln lassen, den sogenannten GNAT-Compiler (Abbildung 4.14), den man über das Internet beziehen kann: *http://www.adacore.com*

Allerdings muss man sich vorher an einem Account anmelden. Es gibt auch eine Version für die Eclipse IDE.

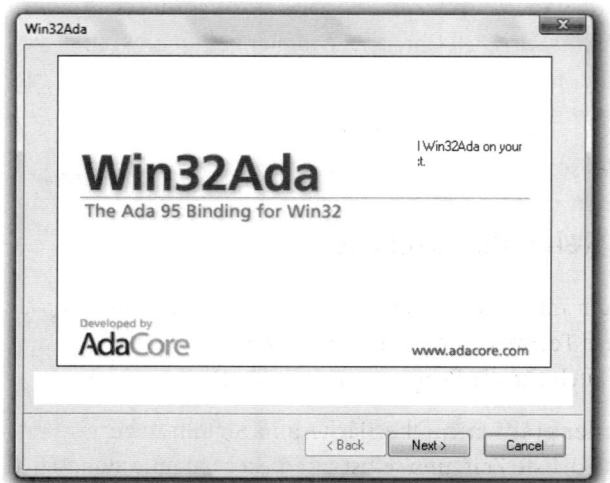

Abbildung 4.14 Ada installieren

Als der Computer ein Massenprodukt wurde, hatte man plötzlich noch ganz andere Probleme. Viren!

> *Pressemeldung vom 5. Mai 2000*
>
> *Seit Dienstag, dem 5ten Januar ist ein neuer Virus im Umlauf, der weltweit ganze Computernetze lahmlegt. Es handelt sich um einen sogenannten E-Mail-Wurm, der beim Öffnen einer eingetroffenen E-Mail aktiviert wird. Dem Anschein nach sind jedoch nur die Nutzer des MS E-Mail-Clients Outlook und Outlook Express betroffen. Soweit bekannt, verbreitet sich die E-Mail mittels IRC-Client mIrc und über das besagte E-Mail-Programm.*
>
> *Erkennen lässt sich die befallene Email an folgenden Worten in der Betreffzeile: »I LOVE YOU«, »Susitikim shi vakara kavos puodukui...« oder »Joke«. Bereits zahlreiche große Unternehmen haben große Schäden durch das Auftreten des Wurmes gemeldet.*
>
> *Der Virus hat sich innerhalb von ein bis zwei Tagen um die gesamte Erde verbreitet. Anbieter von Virenschutzprogrammen haben bereits erste Updates und Tools zur Enttarnung und Bekämpfung des Schadprogramms ausgeliefert.*

Dieser Text stammt keineswegs aus einem Katastrophenfilm, sondern aus der Realität. Der Virus **I love you** richtete Schäden von mehreren Milliarden Dollar an und hielt die gesamte EDV-Welt mehrere Tage lang in Atem.

Viren sind vielleicht die unschönste Seite des Computerzeitalters, wenn man mal von gewissen Seiten im Internet absieht. Sie sind jedoch nicht mehr aus der Welt zu schaffen und werden auch weiterhin einen Teil der Leistung unserer Rechner mit Abwehrmaßnahmen beanspruchen.

Es mag vielleicht Spaß machen, Viren zu entwickeln, kann aber auch sehr teuer werden. Deshalb werden wir dieses Thema hier nicht besprechen.

4.8 Smalltalk: Im Reich der Objekte

Nachdem man den Rechner mit einem grafiktauglichen Monitor ausgestattet hatte, lag die Idee nahe, diese Technik zu nutzen, um die Bedienung des Rechners einfacher zu machen, aber auch für die Programmierung direkt zu nutzen.

Wir haben die Entstehung der grafischen Oberfläche und Smalltalk bereits kurz angesprochen. Nun wird es höchste Zeit, uns selbst mit dieser Sprache zu beschäftigen.

Heute heißt das Zauberwort gegen die Softwarekrise **OOP** oder zu Deutsch **objektorientierte Programmierung**. In der EDV ist das geradezu ein Methusalem mit meterlangem Rauschebart, der uns nun aus dem Schlamassel helfen soll.

OOP wurde zum ersten Mal bei der Entwicklung der Sprache Smalltalk radikal umgesetzt. Smalltalk-Liebhaber behaupten, dabei auch das einzige Mal. Mit Smalltalk kam nicht nur die OOP zur Programmierung, sondern weitere Innovationen wie:

- ▸ Objektorientierte Analyse und Design
- ▸ Aspektorientierte Programmierung
- ▸ Extreme Programming
- ▸ Design Patterns
- ▸ Visuelles Programmieren
- ▸ Frameworks
- ▸ Komponentenentwicklung

Dies legt irgendwie die Vermutung nahe, dass an dieser Sprache irgendetwas Besonderes dran sein muss.

Zum Ersten ist die Syntax der Sprache betörend einfach, sie baut auf einem einzigen Sachverhalt auf:

```
Objekt erhält Nachricht
```

Das klingt recht unglaubwürdig, deshalb sollten wir zuerst unsere Smalltalk-Version in Betrieb nehmen, bevor wir weiter diskutieren. Wir verwenden Squeak, das ist eine freie Version, die vom ursprünglichen Entwickler stammt und sich im Laufe der Jahre enorm gewandelt hat. Man findet sie im Internet unter:

http://www.squeak.org/

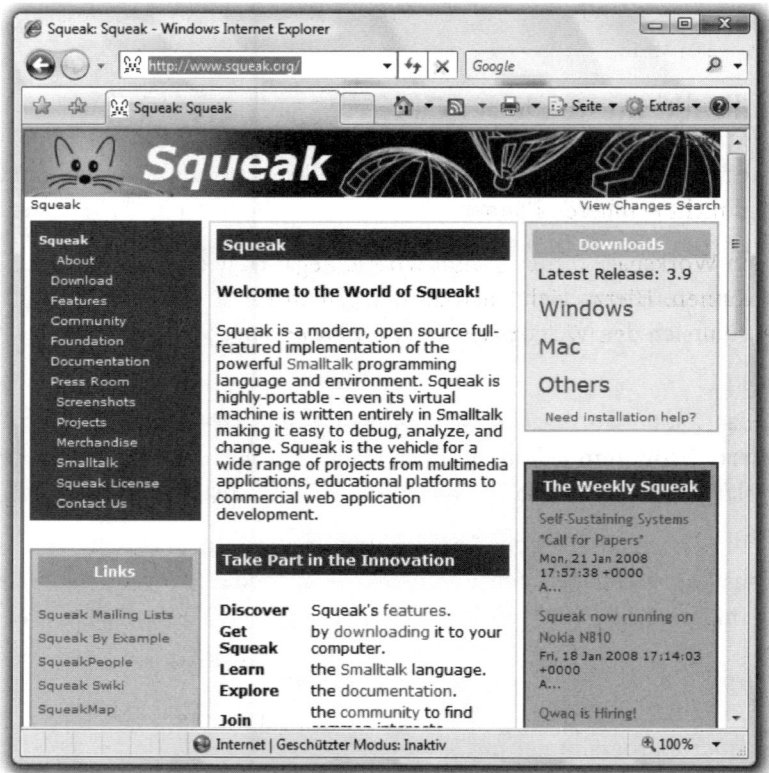

Abbildung 4.15   Die Squeak-Homepage

Sie ist natürlich auch auf der DVD zu finden, und zwar als V 3.9 und V 3.10 alpha für Windows.

Software zum Buch\Kap04\Smalltalk\Squeak\Squeak 3.9-win32
Software zum Buch\Kap04\Smalltalk\Squeak\Squeak 3.10alpha-win32

Man kann die Sprache direkt von der DVD starten oder aber das gewünschte Verzeichnis erst auf die Festplatte kopieren, damit es schneller läuft.

Zum Start klickt man auf die Datei *Squeak.exe*. In einem ersten Schritt kann man Squeak auf Deutsch umstellen, wenn man es denn möchte. Dazu klickt man mit rechts auf die Workspace-Fläche und wählt: **Show Main docking bar**

In der Menüleiste, die nun eingeblendet wird, wählt man: **Configuration · set language... · Deutsch**

Squeak gibt es, wie Forth, für fast alle denkbaren Rechner und Prozessoren. Während es bei Forth die Einfachheit des Systems ist, was die Anpassung auf andere Systeme erleichtert, ist es bei Smalltalk die Tatsache, dass eine virtuelle Maschine genutzt wird. Im Grunde braucht immer nur diese Maschine angepasst zu werden, wenn Smalltalk auf einen neuen Rechner oder ein neues Betriebssystem übertragen werden soll.

Eine weitere Eigenschaft bestärkt die Ähnlichkeit zu Forth. Auch Squeak ist mehr als eine Programmiersprache. Es ist Entwicklungssystem und Sprache in einem. Es war auch schon vorgesehen, ein Smalltalk-Betriebssystem zu schaffen. Es hat sich allerdings nicht etablieren können.

Wir sollten ein Workspace öffnen, damit wir die Regel **Objekt erhält Nachricht** überprüfen können. Hierzu zieht man an der gelben Lasche **Tools** am rechten Rand und nimmt sich den Workspace einfach aus der Sammlung heraus auf die Arbeitsfläche.

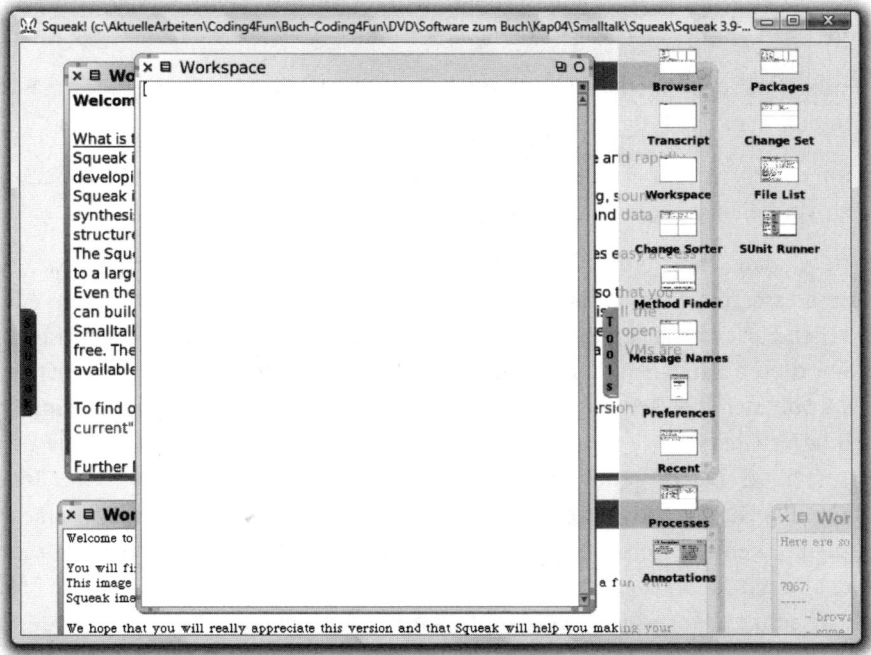

Abbildung 4.16 Squeak mit geöffnetem Workspace

Entgegen der bisher von uns eingesetzten Programmiersprachen ist Smalltalk im Grunde ein reiner Interpreter. Das heißt, jede einzelne Anweisung lässt sich separat übersetzen und das Ergebnis sofort ansehen. Um diese Möglichkeit optimal zu nutzen, haben sich die Entwickler von Smalltalk damals etwas ganz Besonderes ausgedacht. Man markiert das, was der Rechner ausführen soll, und wählt den

Befehl aus einem Kontextmenü, das mit der rechten Maustaste geöffnet wird. Zum Programmieren ist die ganze Schreibfläche des Workspace geeignet und " Kommentare " werden einfach in Anführungsstriche eingeschlossen.

Compiler/Interpreter

Um das Besondere an Smalltalk und an Java verständlich zu machen, wollen wir weiter ausholen und einmal etwas über den Unterschied zwischen Compiler und Interpreter erzählen.

Im Prinzip gibt es zwei Formen der Übersetzung von Programmen, die in einer Programmiersprache geschrieben sind, also in ausführbarem Code.

Das ist einmal das Kompilieren durch einen **Compiler** (Übersetzer) oder das Interpretieren durch einen **Interpreter** (Dolmetscher). Beides sind natürlich Programme, die jeweils für eine bestimmte Programmiersprache entwickelt wurden. Ein Compiler kommt ohne Interaktion mit dem Nutzer aus und benötigt nur die Datei mit dem zu übersetzenden Programm; er kann also in der Textkonsole laufen oder ganz ohne Meldungen seine Arbeit tun.

Ein Interpreter arbeitet dagegen oft interaktiv. Meist sogar in Form einer Art Editor, in den man das Programm direkt eingeben kann (BASIC, Smalltalk u. a.).

Ein Interpreter ist am ehesten mit einem Dolmetscher, einem Simultanübersetzer, zu vergleichen, der z. B. im Europa-Parlament arbeitet.

Steht ein spanischer Redner am Pult, so wird die Simultanübersetzerin warten, bis sie den ersten Satz gehört hat und ihn dann ins Deutsche übersetzen. Alle deutschen Parlamentarier, die kein Spanisch können und ihren Kopfhörer tragen, werden diesen Satz verstehen. Genauso mit dem zweiten Satz und dem dritten. Wiederholt sich der Redner nun mehrfach, kann die Übersetzerin nicht einfach sagen: »Das Gleiche wie im ersten Satz.« Sie wird den alten Satz schön brav neu übersetzen. Genauso geht ein Interpreter zum Beispiel für BASIC vor. Jede BASIC-Anweisung wird einzeln übersetzt (interpretiert). Das Programm startet sozusagen, wenn der erste Satz übersetzt worden ist. Tritt beim Übersetzen ein Fehler auf, wird der Programmlauf an dieser Stelle abgebrochen. So kann die Fehlersuche sehr zeitaufwändig werden, da immer nur der aktuelle Fehler entdeckt wird. Die Fehler werden jedoch exakt lokalisiert, was die Fehlerbehebung erleichtert. Auch ein Interpreter übersetzt Wiederholungen im Code jedes Mal neu. Er kann den Code auch nicht optimieren, da er eine Befehlsfolge erst ganz durchlaufen hat, wenn sie bereits ausgeführt ist. Stellen Sie sich eine Schleife vor, deren Code 100 Mal durchlaufen wird, so muss der Interpreter diesen Code 100 Mal übersetzen. Eine Sache, die den Ablauf eines Programms wesentlich verlangsamen kann. Ein Compiler erstellt dagegen erst einmal eine Übersetzung des ganzen Programms, bevor man überhaupt irgendetwas starten kann. Davor muss noch ein **Linker** das Programm binden. Er führt Programmteile zusammen und setzt Rücksprünge auf die richtige Stelle. Die Arbeit des Linkers ist auch eine Folge der nur einmaligen Übersetzerarbeit des Compilers. Programmteile, die mehrmals durchlaufen werden sollen, müssen so eingebaut und adressiert werden, dass sie mehrmals angesprungen werden und der Prozessor auch wieder zum Ausgangspunkt des Sprunges zurückkehren kann.

Heute unterscheidet man noch zwischen statischem und dynamischem Linken. Beim statischen Linken wird ein Programm vollständig fertig zusammengefügt. Es wird immer auf dem vorgesehenen Betriebssystem ablaufen, egal wie das System konfiguriert ist. Dynamisches Linken baut das Programm erst beim Ablauf zusammen und benötigt binäre Bibliotheken, wie beispielsweise die Dll's unter Windows. Solche Laufzeit-Librarys (Bibliotheken) gibt es auch unter Linux (z. B. glibc).

Ist ein Programm beispielsweise wie ein BASIC-Programm kompiliert und gelinkt, hat man unter Windows eine COM- oder EXE-Datei, die per »Aufruf« direkt gestartet werden kann. Unter Linux erkennt man eine Programmdatei an ihrem »Ausführbar«-Dateiattribut. Man spricht auch vom sogenannten X-Bit. Das für den Eigentümer, die Gruppe oder alle anderen separat gesetzt sein kann. Zum Beispiel.

```
-rwxr-xr-x    1 root    root    359 Feb 20 06:54 diamant
```

Bei einem Compiler, wie er bisher beschrieben wurde, spricht man übrigens von einem AOT-Compiler. Was für Ahead of time steht, also »vor der Zeit«. Was auch nicht mehr besagt, als dass nach dem Schreiben eines Programms erst einmal kompiliert wird, bevor man etwas starten kann.

Zum Programmieren ist es natürlich ideal, wenn man jederzeit den getippten Code ausführen kann. Also sollte man mit dem Interpreter ein Programm entwickeln und am Ende mit dem Compiler das Programm für die Auslieferung fertig machen. Diese Lösung gab es in der Tat, auch für Smalltalk und einige andere Sprachen. Es gibt dabei jedoch Probleme mit Sprachdifferenzen und Laufzeitunterschieden. Nicht nur für den Programmierer, auch für den Rechner, wäre es ideal, möglichst spät zu binden. Gibt es doch Programmcode, der zwar vorhanden ist, jedoch nur ganz selten genutzt wird. Warum sollte man ihn dann einbinden und das Programm dadurch größer und langsamer machen?

Also hat man etwas geschaffen, und das erstmalig für Smalltalk, was sozusagen eine Mischung aus Compiler und Interpreter darstellt. Man kompiliert ein Programm erst einmal in einen Zwischencode, den sogenannten Bytecode, und interpretiert diesen mit einer virtuellen Maschine. So geschehen bei Smalltalk, Java und .NET. Das war nun zwar toll für die Programmierer, aber die Programme liefen wesentlich langsamer als kompilierte Programme. Also erfand man den **JIT-Compiler** (Just in Time – bei Bedarf/zur rechten Zeit). Bis zum Programmstart bleibt alles beim Alten. Aber statt den Bytecode nun zu interpretieren, schaltet die VM den JIT-Compiler an und übersetzt langsame oder häufig genutzte Programmteile direkt in Maschinencode. Wobei natürlich zwischen der längeren Kompilierzeit und dem Geschwindigkeitsgewinn des erzeugten Maschinencodes abzuwägen ist. JIT-Compiler gibt es für Java, .NET, Smalltalk, JRuby und Perl.

Nun wieder zur Praxis und zurück zur Smalltalk-Regel `Objekt erhält Nachricht`.

Wenn man in »Smalltalk« denkt, so steht im Hintergrund die virtuelle Maschine und wartet darauf, eine Nachricht zu bekommen. Erreichen kann man die Maschine durch Anklicken eines Menüpunktes. Jetzt fehlt nur noch das Objekt, das wir ihr senden wollen.

Versuchen wir es mit einer einfachen Rechenaufgabe:

`5 + 5 - 27`

Das wäre also die Nachricht, die wir an die VM absetzen möchten. Markieren wir also den Term. Hierfür gibt es mehrere Möglichkeiten.

Entweder markiert man die Formel mit der Maus, indem man mit gedrückter linker Maustaste über die Formel streicht. Oder man wählt die ganze Zeile mit [Alt]+[C] aus oder die ganze Seite mit [Alt]+[A].

Jetzt gilt es sich zu entscheiden, welche Art von Nachricht es werden soll. Wir können der VM sagen, sie soll das Objekt, das sie bekommt, ausführen. Das geht mit [Alt]+[D] oder **doIt** im Menü.

Zur Ausführung des Objekts und Anzeige des Ergebnisses wählt man [Alt]+[P] oder **printIt** im Menü. Soll nur eine Zeile ausgeführt werden und der Cursor befindet sich in dieser, brauchen wir nichts zu markieren. **doIt** und **printIt** funktionieren so, als wäre die Zeile markiert.

Wir wählen [Alt]+[P] oder **printIt**. Was bedeutet nun diese Formel aus Sicht der objektorientierten Programmierung?

Objekt 5 wird die Nachricht **addiere** mit dem Parameter `5 - 27` gesandt. Was bedeutet, dass erst dem zweiten Objekt 5 die Nachricht subtrahiere (27) gesandt wird. Das Ergebnis geht in die erste Nachricht ein und als Endergebnis erhalten wir: `-17`, was markiert ist, damit man es gleich mit der Backspace-Taste löschen kann, falls es nicht mehr benötigt wird.

Auch wenn in Smalltalk die Anweisung immer aus `Objekt bekommt Meldung` besteht, gibt es doch Unterschiede.

Es existieren drei Formen von Meldungen:

- **einfache Meldungen:** `13 sqrt`
- **verknüpfte Meldungen:** `13 + 14`
- **Schlüsselwortmeldungen: Transcript show:** `13 + 14`

Eine Zahl, die im Programmcode direkt verwendet wird, bezeichnet man auch als **Literal**. Nach der einmaligen Verwendung ist sie sozusagen für das weitere Programm gestorben. Nun möchte man eine Zahl oder ein Wort aber öfter verwenden.

Dafür kann man sie aufbewahren, sozusagen einpacken. Hierzu dienen Variablen, die in Smalltalk natürlich auch Objekte sind.

Damit sie verwendbar sind, werden sie mit einem Namen verknüpft:

```
goddy := 13 + 14.
```

Wir erhalten wieder das Ergebnis.

Aber bei folgendem Beispiel zeigt sich etwas anderes:

```
goddy := 13 + 14.
goddy
```

Nun haben wir den Variableninhalt. Wie lange ist er verfügbar?

Die Variable ist innerhalb eines Workspace uneingeschränkt gültig. In einem anderen Workspace bleibt sie unbekannt. Die Gültigkeit von Variablen ist bei der Programmierung eine entscheidende Größe. In Java beispielsweise unterscheidet man private, protected, public. Man spricht auch von Sichtbarkeit oder Zugriffsbeschränkung. Sie hat auch mit der sogenannten Kapselung zu tun, bei der man dafür sorgt, dass Klassen intern verändert werden können, während die Methodennamen nach außen unverändert bleiben. Aber nirgendwo wird die Kapselung grafisch so sichtbar wie in Smalltalk mit Workspaces.

Es gibt eine weitere Eigenart, die sogenannten Blöcke. Unabhängig von Klassen, Methoden oder, wenn Sie so wollen, Funktionen kann man in Smalltalk Code zu Blöcken zusammenfassen. Sie werden in eckigen Klammern gekapselt. Der Code wird jedoch erst aufgerufen, wenn das Ergebnis des Blocks gewünscht wird. Was bedeutet, dass Variablen, die im Block genutzt werden, das Ergebnis noch beeinflussen können, was folgendes Beispiel sehr schön zeigt:

```
| t |
t := 1.
b := [t * 77].
" t := 12. "
b value.
```

Führen Sie das Beispiel aus und entfernen Sie die Anführungszeichen der vierten Zeile. Was wird nun beim Ausführen passieren? Da der Block erst ausgewertet wird, wenn wir ihn mit der Nachricht `value` dazu auffordern, sich auszuwerten, wird sich das Ergebnis ändern. Einmal erhalten wir 77 und anschließend 924.

Smalltalk, das selbst in Smalltalk geschrieben ist, kann man während der Ausführung anhalten und verändern. Ein Debugger, der bei jedem Fehler geöffnet wird, bietet diese und weitere Möglichkeiten.

Das Tolle an Smalltalk und vor allem Squeak ist jedoch nicht das Schreiben des Smalltalk-Quellcodes, sondern es sind die zahlreichen Möglichkeiten, die darauf aufbauen.

Inzwischen sind die neuen Konzepte in dieser Sprache so umfangreich, dass man gleich mehrere Bände dazu schreiben müsste. Die Entwickler haben sich bemüht, alles einfach, ja sogar kinderfreundlich zu machen, weil Squeak Teil des sogenannten 100-$-Computer-Projektes ist. In diesem Projekt geht es darum, den Kindern der Dritten Welt neue Weiterbildungschancen zu geben durch Entwicklung bezahlbarer Notebooks, die im Unterricht und Fernunterricht eingesetzt werden können.

4.8.1 Morphing statt Programmiering (ung)

Eines dieser neuen Konzepte ist Morphing. Es ist eine Art visuelle Programmierung. Morphs sind Objekte und Funktionen, die visuell bearbeitet und verknüpft werden können.

Nehmen Sie sich dazu einmal Workspace aus der Werkzeugkiste und erzeugen Sie einen HeadingMorph, in dem Sie ihn in der Welt öffnen:

```
"So funktioniert ein Vektor "
HeadingMorph new openInWorld
```

Jeder Morph hat einen Halo, einen Rand aus Bedienelementen, über den man ihn steuern und schließen kann. Den Halo erhält man, indem der Morph über die rechte Maustaste mit **select** angewählt wird. Man kann ein Objekt auch über die Menüleiste (Dockingbar) und den Punkt **View objects hierarchy** auswählen.

Squeak bringt eine ganze Reihe Morphe mit. Unter anderem Objekte zur Sprachein- und ausgabe sowie für Musik und Simulationen vieler Art.

Nach dieser »kinderleichten« Version der Programmierung wollen wir uns wieder einer »seriösen« Sprache zuwenden.

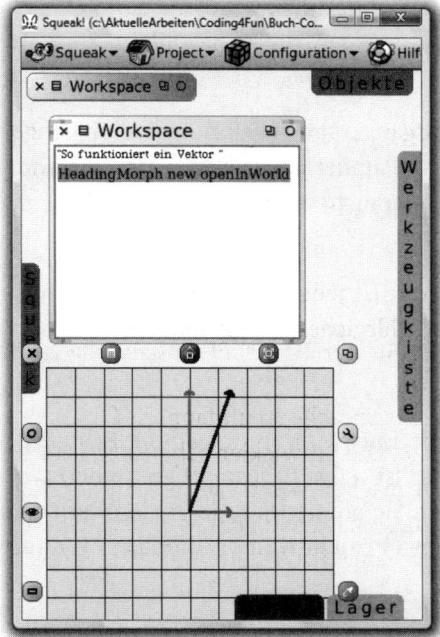

Abbildung 4.17 HeadingMorph mit Halo

4.9 Java

Der Wind tanzte durch die verdorrten Blätter an der Eiche vor dem Bürofenster. Was war das nur für eine Laune der Natur? Alle Bäume hatten längst die Last ihrer abgestorbenen Blätter abgeworfen. Nur die Blätter der Eichen verharrten – bis zur Frühlingssonne – am Baum.

Versonnen blickte **James Gosling** durch die beschlagenen Scheiben. So stur wollte er auch sein. Unerbittlich hinter seiner neuen Sprache stehen, sie nicht fallen lassen wie Eichenblätter. Deshalb nannte er die neue Sprache einfach **Oak**, »Eiche«. Sie war für die Programmierung von Geräten und Fernsteuerungen gedacht. Aber noch im gleichen Monat musste er erfahren, dass sein Projekt eingestellt wurde.

Wenige Jahre darauf galt es, eine Sprache für das neu erblühte Internet zu kreieren. Warum nicht Oak, dachte Gosling. Das Unglaubliche geschah: Das »Eichblatt«, das scheinbar schon verdorrt war, wurde mit einem neuen Namen die erfolgreichste Programmiersprache aller Zeiten, Java.

Java ist in erster Linie einmal eine objektorientierte Sprache, auch wenn nicht alles objektorientiert ist. Sie kennt elementare Typen, die keine Objekte sind, wie int, boolean u. a.

Java vereint die besten Konzepte seiner Vorgängersprachen und vor allen Dingen ist es von der Syntax eine Sprache der Algol-Familie wie C, BASIC und die anderen. Um ein Programm in Java zu schreiben, braucht man nicht grundsätzlich umzudenken.

Für Könner: Java

Versuchen Sie es also einmal. Java sollten Sie bereits installiert haben, weil Sie es ständig für die Beispiele benötigen.

Zur Programmierung von Java wird die Entwicklungsumgebung Eclipse genutzt. Das gehört sich einfach so, Eclipse ist selbst in Java programmiert worden. Nach dem Start von Eclipse richten Sie ein neues Projekt ein über **Datei • Neu • Projekt... • Java Projekt • Weiter • Projekt Name: Diamant • Weiter • Ordnername: src • Fertigstellen**.

Dann wählen Sie links im Dateibaum **src** aus und starten mit der rechten Maustaste **Neu • Klasse** den Bau einer Klasse.

Als Name nimmt man wieder **Diamant** und wählt außerdem **public static void main** an.

```
public class Diamant
{
int l = 10;

    /**
     * @param args
     *
     */
    public static void main(String[] args)
    {
        // Objekt diamant aus Klasse Diamant erzeugen
        Diamant diamant = new Diamant();
        // maleDiamant Methode des Objekts aufrufen
        diamant.maleDiamant();
    }

    private void maleDiamant()
    {
        // Obere Spitze
        for (int i = 0; i < l; i++)
        {
```

```java
        for (int j = 0; j < l + 1; j++)
        {
            if (i > 0 && j == i + 1)
                System.out.print("*");
            if (j == l - i)
            System.out.print("*");
            else
                System.out.print(" ");
        }
        System.out.println("");
    }

    // Mitte
    String linie = "";
    for (int i = 0; i <= l; i++)
        linie += "* ";
    System.out.println(linie);

    // Untere Spitze
    for (int i = 0; i < l; i++)
    {
        for (int j = 0; j < l + 1; j++)
        {
            if (j == i + 1)
                System.out.print("*");
            if (i < l - 1 && j == l + 1 - (i + 2))
            System.out.print("*");
            else
                System.out.print(" ");
        }
        System.out.println("");
    }
    }
}
```

Man sieht, dass sich vom inneren Aufbau nicht viel geändert hat. Der wichtigste Punkt ist, dass wir nun ein Objekt **Diamant** haben, dessen Methode **maleDiamant** das Bild erzeugt.

Das Programm befindet sich in der ausführbaren Form auf der DVD unter: *Software zum Buch\Kap04\java\Diamant.jar*.

Das Programm funktioniert nur beim Start von der Konsole mit:

```
java -jar Diamant.jar
```

Einfach, weil es die Konsole braucht, um den Diamanten zu zeichnen.

Auf der DVD befinden sich noch andere Java-Programme, die Sie sich anschauen sollten, falls Sie sich näher mit Java befassen möchten. Man erkennt sie an der Endung jar, falls es lauffähige Jar-Pakete sind, ansonsten an Dateien mit der Endung **.java** im Projektverzeichnis.

Mit Sicherheit ist Java nicht der Weisheit letzter Schluss. Der Erfolg der Sprache ist vor allem mit ihrer Kostenfreiheit, den verteilten Anwendungen und EJBs zu erklären. Aber die Sprache selbst bietet nichts Neues. Sie ist nicht einmal annähernd so genial wie Lisp, Forth oder Smalltalk. In der Tat ist auch zu erwarten, dass der Hype um Java langsam abklingen dürfte. Spätestens, wenn Sun auf die Idee kommen sollte, Lizenzgebühren einzutreiben, wäre es mit der goldenen Zukunft für Java vorbei.

Noch ein weiterer Effekt kommt hinzu. Eine Sprache, die in großem Umfang genutzt wird, muss sich an Restriktionen (Einschränkungen) halten. Sie kann sich nicht mehr weiterentwickeln, wie die kaum bekannte Sprache, die nur von einer kleinen elitären Gruppe genutzt wird. Sie ist in ihrer Entwicklung förmlich stecken geblieben. Neue Sprachen werden entwickelt oder alte entwickeln sich weiter und übernehmen das, was an der Sprache Java bahnbrechend gewesen ist. Inzwischen gibt es so viele Java-Programme, dass man die Sprache nicht mehr einfach alle sechs Monate verbessern kann, ohne Probleme mit den Anwendern zu bekommen. Ideen von außen werden an die Entwickler der Sprache herangetragen, die sehr praxisbezogen aber keineswegs revolutionär sind. Sie überfrachten die Sprache schließlich, und so können andere Sprachen sie am Ende ablösen. Das war bisher immer so und wird auch bei Java nicht anders sein.

Anfang 2007 wurde die Programmiersprache D veröffentlicht. Die Geschichte der Programmiersprachen geht also weiter. Freuen wir uns darüber. Nur mit einer Programmiersprache, das wäre doch langweilig geworden.

4.10 Zusammenfassung

Die Geschichte der Programmierung praktisch zu erfahren, war nicht einfach. Jede Programmiersprache ist eine Welt für sich, in der man sich leicht verlaufen kann. Unsere Beispiele waren darum auch recht einfach und so angelegt, dass sie auch ein Laie mit etwas Mühe zum Laufen bekommen kann. Die Profis unter den Lesern können sich mit der Sprache, die ihnen zusagt, auf eigene Faust etwas intensiver auseinandersetzen.

Wir haben zunächst ein wenig BASIC programmiert, weil wir damit schon vertraut waren und eher damit zurechtkamen. Später kam Algol60 an die Reihe. Eine sehr alte Sprache, die nicht mehr genutzt wird. Aber wie oft bei den Programmiersprachen, merkt man ihr das Alter nicht so recht an. Sie ist immer noch verständlich und auch gar nicht so viel anders als BASIC, gehören beide doch zur gleichen Sprachgruppe. Algol können wir sogar noch programmieren, allerdings mit einem Werkzeug, das erst in einem der nächsten Kapitel vorgestellt wird.

Es folgte Pascal. Eine ehemals sehr weit verbreitete Sprache, die in der Ausbildung gute Dienste tat. Von der gleichen Firma haben wir noch Turbo C versucht. C ist etwas nüchterner und nicht so leicht zu lesen. Heute ist C im Gegensatz zu Pascal immer noch von eminenter Bedeutung, weil große Teile der existierenden Programme in C geschrieben sind. Die nächste Sprache, die wir uns praktisch angesehen haben, war Logo. Sie ist ein wenig mit Lisp verwandt und gar nicht so simpel, wie es immer heißt. Allerdings haben wir uns nur mit der einfacheren Seite beschäftigt.

Mit Forth waren wir ganz bei einer Sprache angekommen, die nicht mehr der Algol-Familie angehört. Forth ist außerdem mehr als eine Sprache. Sie ist mehr ein System. Sie ist eher mit Lisp verwandt. Man könnte bei Forth, Logo, Smalltalk, Scheme und Lisp fast von der Lisp-Familie sprechen.

In dieser Familie haben wir uns ein wenig ausgetobt, viele bekannte Vertreter angesehen und ausprobiert. Mit Sicherheit sehr interessant, auch wenn z. B. Squeak mit den letzten Versionen immer kindlicher geworden ist. Es handelt sich um eine Smalltalk-Version, die zeitweise sogar bei den Disney-Studios eingesetzt wurde. Sie stammt vom eigentlichen Smalltalk-Erfinder.

Letztendlich waren wir bei Java angelangt. Java nutzen wir schon seit einigen Kapiteln indirekt und nun haben wir uns angeschaut, wie die Programme in dieser Sprache aussehen. Sie sind wieder eindeutig der Algol-Familie zuzuordnen und von daher auch leichter verständlich, als die oft raffiniert programmierte Software aus der Lisp-Familie.

Nachdem Sie nun einen Überblick über die Sprachen gewonnen haben, wollen wir uns in den nächsten Kapiteln wieder den Programmierergebnissen dieser Sprachen zuwenden.

»Software wird viel schneller langsamer als Hardware überhaupt schneller wird.«
– Niklaus Wirth

4.10.1 Noch mehr Spaß

Logo kontra KTurtle

Wem KTurtle gefallen hat und wer sich einmal am echten Logo versuchen möchte, dem kann geholfen werden. Das Institut für Mathematik und Informatik der Pädagogischen Hochschule Ludwigsburg hat eine sehr schöne Logo-Version ins Netz gestellt, die man sich unter *http://www.ph-ludwigsburg.de/logo.html* herunterladen kann. Die Version finden Sie auch auf der DVD unter: *Software zum Buch\Kap04\MSW-Logo*.

Back to the Roots

Wer es mehr mit den Uraltsprachen hat, kann heute auch noch Algol60 programmieren. In Kapitel 8, »Smalltalk, Lisp und Neuronale Netze«, werden wir Lisp besprechen und dazu wird DrScheme genutzt. Unter anderem gehört dazu ein Algol60-Simulator. Wer Lust hat, kann in dem besagten Kapitel nachlesen, wie man DrScheme installiert.

Danach startet man DrScheme und wählt die Menüpunkte **Sprache · Sprache auswählen** und dann Algol60 aus.

Anschließend kann man sich im oberen Fenster einmal an diesem Programm versuchen:

```
begin
  comment
                Programm in Algol 60;
integer l, j, i;

  l := 10;
  for i := 0 step 1 until l do
    begin
      for j := -1 step 1 until l + i do
        begin
          if j = l + i then
            prints (`*');
          if j = l - i then
            begin
              if i > 0 then
              prints (`*')
            end
          else
            prints (` ');
        end;
      println (` ');
    end;
    println (`* * * * * * * * * * * *');
  for i := 0 step 1 until l do
    begin
      for j := -1 step 1 until 2*l - i - 1 do
        begin
          if j = i then
```

```
        prints (`*')
    else
        prints (` ');
    end;
    println (`*');
    end;
end
```

Das Programm finden Sie auch auf der DVD unter: *Software zum Buch\Noch mehr Spaß\Algol60*.

Mehr Spaß an Squeak

Dass Squeak einen hohen Spaßfaktor hat, brauchen wir hier sicher nicht mehr zu erwähnen. Nehmen Sie sich mal die Zeit und erforschen das System einmal richtig.

Noch vor kurzem gab es kaum Literatur oder Webseiten dazu. Inzwischen hat sich die Situation etwas gebessert. Insbesondere auch durch *www.squeak-ev.de*.

Man sollte sich auch nicht durch den Eindruck verunsichern lassen, Squeak sei nur etwas für Kinder. Squeak ist sehr leistungsstark und zählt zu den mächtigsten Programmiersprachen überhaupt, in dieser Sprache wurden schon zahlreiche große Softwareprojekte programmiert. Also ran an Squeak!

4.10.2 Webseiten zum Kapitel

URL	Beschreibung
http://dn.codegear.com/museum/ antiquesoftware	Das Borland-Softwaremuseum
http://www.squeak.org/Download	Squeak-Downloadseite
http://www.masswerk.at/algol60/report.htm	Algol60-Referenz
http://kaminari.scitec.kobe-u.ac.jp/java/logo/	Turtle-Grafik in Java
http://www.bernd-leitenberger.de/ programmiersprachen-geschichte.shtml	Überblick über die Programmiersprachen
http://community.borland.com/article/images/ 20803/tp55.zip	Turbo Pascal 5.5 downloaden
http://www.hrz.uni-dortmund.de/A1/kurse/ pascal99/tag1.html	Pascal-Kurs
http://web.mit.edu/multics-history/source/ Multics_Internet_Server/Multics_sources.html	Der Multic Quellcode
http://www.swisseduc.ch/informatik/turtles/ informationen.html	Programmieren für Kinder
http://www.ph-ludwigsburg.de/logo.html	MSW LOGO

URL	Beschreibung
http://www.cs.utexas.edu/users/EWD/ ewd03xx/EWD340.PDF	The humble programmer von Edsger W. Dijkstra
http://de.video.yahoo.com/video/play? ei=UTF-8&gid=164636&vid=201949&b=0	Bill Gates Bluescreen
http://www.forth-ev.de	Forth-Seite
http://wiki.forthfreak.net	Forth-Wiki
http://www.adacore.com/home/academia	GNAT-Compiler für Ada
http://www.java.com/de/download/manual.jsp	Java bei Sun
http://www.java.com/de/	Java-Spiele und mehr
http://www.squeak-ev.de/	Deutsche Squeak-Seite
http://scratch.mit.edu/	Squeak für Kinder
http://www.apfelwiki.de/Main/ Programmierung	Programmiersprachen für Apple-Rechner
http://developer.apple.com/releasenotes/ Cocoa/index.html	die Apple-Programmierung

4.10.3   Weiterführende Literatur zum Kapitel

Gottfried Wolmeringer, Java 6 lernen mit Eclipse, Galileo Computing, 2007

Christian Ullenboom, Java ist auch eine Insel, Galileo Computing, 2008

Seymour Papert, *MindStorms*: Children, Computers, and Powerful Ideas, BASIC Books, 2. Auflage 1993 (englisch)

Ulrich Cuber, Eclipse 3 für Java-Entwickler, Galileo Computing, 2007 (Video-Training)

Kim Rose/Mark Duzdial, Squeak Open Personal Computing and Multimedia, Prentice Hall, 2002

TEIL II
Spiel, Computer, spiel!

»Das Spiel ist das Einzige, was Männer wirklich ernst nehmen.«
– Peter Bamm

Die Geschichte der Computerspiele füllt mit Sicherheit ein eigenes Buch. Spiele haben einen hohen Anteil bei dem Thema »Spaß am Computer«. Daher wollen wir diese hier auch nicht ausklammern.

5 Im Anfang war das Pong

5.1 Wie aus Zahlen Spiele wurden

Nachdem wir uns nun den Kopf über Programmiersprachen mehr oder weniger zerbrochen haben, wollen wir uns wieder etwas mehr Spaß gönnen. Und Spaß bereitet natürlich das Spielen, so auch am Computer.

Also kurz zurück zu den Anfängen. Der Prozessor führt die Befehle aus, die wir ihm in Form einer Datei in den Hauptspeicher laden.

Natürlich hat es Spaß gemacht, zu sehen, wie die CPU unsere Befehle ausführt. Aber richtig sehen lässt sich das natürlich nicht. Das muss sozusagen mit anderen Befehlen überprüft werden. Die zurückgelieferten Informationen versetzten die Entwickler von AFD in die Lage, den Prozessor schematisch darzustellen, in den Mikroprozessor hineinsehen konnten auch sie nicht.

Die ersten Rechner waren reine Zahlenjongleure, genauso wie man die Superrechner späterer Generationen als Numbercruncher, Zahlenfresser, bezeichnete.

Wie alle aus der Schule wissen, sind Zahlen eine recht trockene Angelegenheit. Wie falsch das ist, beweisen uns im Grunde täglich unsere Computer. Mit ihnen kann man Textverarbeitung machen, virtuelle Landschaften konstruieren, Musik komponieren und in Hollywood-Filmen träumen. Doch das sind alles nur Zahlen, Zahlen innen im Prozessor. Genau das ist eigentlich auch die Aussage, wenn wir von einem digitalen Gerät sprechen. Haben wir einen digitalen Videorecorder, so speichert er Filme als Zahlenreihen auf einer DVD. Zahlen sind die »Hauptnahrung« von Computern, so sind auch in allen digitalen Geräten jeweils ganz spezielle Computer, die diese Zahlen bearbeiten. Warum sollten Zahlen also langweilig sein? Auch mit den Zahlen, mit denen wir in der ersten Schulklasse den Kampf aufnahmen, kann man viel Spaß haben. Die Zahlen sind, auch wenn wir sie an Hand unserer zehn Finger recht einfach verdeutlichen können, gar nicht so sachlich logisch, wie sie auf den ersten Blick scheinen. Das Zehnersystem steckt voller Geheimnisse, die schon seit Hunderten von Jahren den Menschen immer wieder zu neuen Spielen anregen. Wer dabei an Sudoku denkt, liegt gar nicht so falsch. Das ist nur eines von vielen Zahlenspielen. Eigentlich ist es eine Form von magischen Quadraten. Auch Goethe lies sich von diesen »zauberhaften« Zahlen inspirieren und nahm sie in seinen Faust auf. Der Zauberspruch der Hexe in Faust 1 ist nicht mehr und nicht weniger als ein magisches Quadrat.

Die Szene ist überaus gespenstig: Hinter Spinngeweben, makabrer Trockenfauna wird der Blick von den lodernden Flammen eines Herdfeuers gebannt, um das nicht weniger wunderliche Tiere wieseln. Auf den Flammen brodelt ein unbeschreiblich stinkender Sud in einem mit dicker Borke verkrusteten Kessel, der auch schon einige Stöße und Knuffe weggesteckt hat. Im Schein des Feuers deklamiert eine gebückte Gestalt aus einem geheimnisvollen Buch. Es ist die Herrin dieses Spektakels:

Du musst verstehn!
Aus Eins mach Zehn,
und Zwei lass gehn
und Drei mach gleich –
so bist du reich!
Verlier die Vier!
Aus Fünf und Sechs –
so sagt die Hex –
mach Sieben und Acht:
Dann ists vollbracht.
Und Neun ist Eins
und Zehn ist keins.
Das ist das Hexen-Ein-mal-Eins!

Faust scheint das sinnloses Gefasel: »Mich dünkt, die Alte spricht im Fieber!«

»Das ist noch lange nicht vorüber!« erläutert ihm der Leibhaftige in Gestalt eines fahrenden Scholaren. »Ich kenn es wohl, so klingt das ganze Buch; ich habe manche Zeit damit verloren, denn ein vollkommner Widerspruch bleibt gleich geheimnisvoll, für Kluge wie für Toren...«

Soweit Meister Goethes Werk. Es gibt eine ganze Reihe von Interpretationen dieses mathematischen Zauberspruchs. Eine sehr interessante Betrachtung dieser Literaturstelle stammt von Herrn Georg Gläser (*http://www.sw-stein.de/abi08/Hexeneinmaleins/hexe.pdf*). Ergebnis der Zauberdichterei ist das folgende magische Quadrat, dessen Reihen, Spalten und Diagonalen in der Addition jeweils 15 ergeben.

4	9	2
3	5	7
8	1	6

Abbildung 5.1 Magisches Quadrat

5.2   Japans Wunderwaffe gegen Langeweile

Sudoku, dieser Name klingt selbst wie ein Zauberwort. Die Faszination an diesem Zahlenrätsel allerdings ist wohl die Freiheit, die man beim Finden der Lösung hat. Es kann Zufall sein, schematisches Vorgehen oder Können. Was hat es damit auf sich? Denjenigen, die es kennen, brauche ich es nicht zu erklären. Aber für alle anderen, hier eine Einführung.

Sudoku (kurz für »Suji wa dokushin ni kagiru«), heißt in etwa »Zahlen bleiben immer allein«. Es ist, wie wir schon erwähnten, ein Zahlenrätsel mit logischem Aufbau und gehört zu den magischen Quadraten.

Es gibt verschiedene Formen. Normalerweise geht es darum, ein Gitter aus 9 × 9-Quadraten so zu füllen, dass jede Zahl von 1 bis 9 in den Reihen und Spalten nur einmal vorkommt. Als Vereinfachung oder Erhöhung des Schwierigkeitsgrades, wie immer man will, gilt es darum, Felder von 3 × 3-Quadraten auf gleiche Weise eindeutig gefüllt zu haben, nämlich mit den Ziffern von 1 bis 9. Die Schwierigkeit besteht nun darin, dass verschiedene Zahlen bereits eingetragen sind und es gilt, diese zu berücksichtigen. Sonst ließe sich das Quadrat beliebig ausfüllen.

Langer Worte kurzer Sinn, schauen wir uns doch einfach ein Beispiel an. Zunächst gibt es ein Ausgangsquadrat oder besser gesagt, eine Aufgabe:

4	9			1	6		5	7
		7	4		2	8		
8		6		5		4	9	
9				8	1		3	5
	7	3	2	4		6	8	
8	6				5	2		9
		9	1		8		7	3
7		5		2	4	1	6	
6		1			3		2	4

Abbildung 5.2 Sudoku-Aufgabe

Nun gilt es, dieses Quadrat entsprechend den Regeln richtig zu füllen. Hierbei geht man am besten so vor, dass man schaut, welche Reihen und Spalten, die meisten Ziffern enthalten. Dort sucht man nach den fehlenden Zahlen, die in der Reihe und in der Spalte, so wie in dem kleinen Teilquadrat, noch nicht vorkommen.

Am Ende hat man ein Quadrat, das dem folgenden entspricht:

4	9	2	8	1	6	3	5	7
3	5	7	4	9	2	8	1	6
8	1	6	3	5	7	4	9	2
9	2	4	6	8	1	7	3	5
5	7	3	2	4	9	6	8	1
1	6	8	7	3	5	2	4	9
2	4	9	1	6	8	5	7	3
7	3	5	9	2	4	1	6	8
6	8	1	5	7	3	9	2	4

Abbildung 5.3 Lösung

Hatten Sie ihn gefunden? Wen? – Den Fehler!

Wir haben mit Absicht einen Fehler eingebaut. Wenn Sie ihn gefunden haben, ist das Prinzip schon verstanden. Noch besser, wenn Ihnen aufgefallen ist, dass alle Quadrate Variationen von Goethes Magischem Quadrat sind.

Ein Programm für Sudokus kann man sich in zweierlei Hinsicht denken. Einmal, um Sudokus zu entwerfen, und einmal, um welche zu lösen. Natürlich kann man auch ein Programm schreiben, das beides kann.

Zum Ausfüllen braucht man im Grunde nur eine Zufallsfunktion. Man nimmt eine Liste aus den Zahlen von 1 bis 9 und wählt zufällig die Zahlen daraus, die man in die Reihen einträgt. So geht man Reihe für Reihe durch, bis die neun Reihen gefüllt sind. Nun löscht man zu viele Zahlen zufällig heraus, wie es man dem Schwierigkeitsgrad des Spiels entsprechend für richtig hält.

Das ist nicht die goldene Lösung, aber eine, die uns bestimmte Elemente der modernen Programmiersprachen wie Zufallszahlen, Arrays und Listen praktisch näherbringt.

5.3   Der Computer als Sudoku-Maschine

Ein Sudoku-Programm zu programmieren gehört nicht gerade zu den einfachsten Programmieraufgaben. Man sieht es schon daran, dass **Wayne Gould**, einer der Sodoku-Väter, eben kein Japaner, sechs Jahre brauchte, um ein Programm dafür zu schreiben. Erfunden hat diese Rätselform eigentlich ein gewisser **Howard Garns** in Indiana, wobei er seine Urheberschaft, aus welchem Grund auch immer, lange geheim hielt.

Sudoku zu programmieren, das geht bestimmt gut in einer Sprache wie Java, objektorientiert und mit zahlreichen grafischen und mathematischen Möglichkeiten. Warum nicht. Aber was halten Sie von Forth?

Vielleicht haben Sie es schon gemerkt – bei den Beispielen des von uns installierten Win32Forth befindet sich auch ein Sudoku. Die lauffähige Datei findet man unter: *C:\Program Files\Win32Forth\sudoku.exe* oder auf der DVD unter: *Software zum Buch\Kap05\Sudoku\Sudoku.exe*.

Es handelt sich um eine mit Forth erzeugte Exe-Datei, die auch als Quellcode beiliegt und die Sie als Projekt in die Win32ForthIDE laden können.

Dazu starten Sie die IDE und wählen über das Menü **Project · Open project**, wechseln in das Verzeichnis **Win32Forth\proj** und wählen **Sudoku** aus.

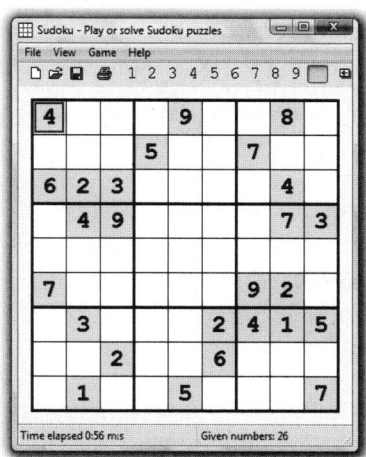

Abbildung 5.4 Sudoku mit Forth

Wenn man sich die zahlreichen Klassen und zugehörigen Dateien anschaut, wird man feststellen, dass man in Forth ähnlich wie in Assembler große Teile der Programm-Bausteine selbst zusammenzimmern muss. Daher ist es vom Quellcode her ein recht langes Programm. Aber durch die schnelle Sprache wird es natürlich auch schnell. Mit einem speziellen Forth-Prozessor wäre es noch um Größenordnungen schneller. Natürlich lässt sich das Programm nicht auf Anhieb verstehen, wenn man in Forth nicht sehr bewandert ist. Aber ein Blick in den Code lohnt sich immer, man sieht sehr schön die Kniffe. Achten Sie auch mal darauf, mit wie wenig Variablen Forth-Programmierer auskommen.

Der Programmierer des Programms hat sich davor gescheut, einen echten Sudoku-Generator zu schreiben. So kann man mit dem Programm selbst sehr elegant Sudokus erstellen (**File • New**), die der Rechner als richtig oder falsch erkennt und die Anzahl möglicher Lösungen findet (**Game • Find number of solutions**) sowie eine Musterlösung anzeigt (**Game • See solution**). Sudokus, die man gut findet, kann man ausdrucken. Das Programm zeigt sehr schön die Leistungsfähigkeit von Forth.

Natürlich gibt es auch Generatoren, die selbst Sudokus entwickeln. Allerdings sind sie vom Code her noch etwas komplexer. Außerdem erzeugen sie nicht immer Sudokus, die menschlichen Sudokuspielern entsprechend interessant erscheinen.

Für Könner: Sudoku-Design

Wenn wir das Programm schon nicht programmieren, so wollen wir uns wenigstens ein paar Gedanken machen, wie man so ein Spiel programmieren könnte.

Betrachtet man sich dieses Spiel genauer, ist sofort ersichtlich, dass es darum geht, in einer Zeile und einer Spalte sowie in dem 3 × 3-Kästchen eine Zahl nur einmal vorkommen zu lassen. Führen wir die Mengen als Listen auf, erhalten wir für die erste waagerechte Zeile, die wir mit 0 nummerieren:

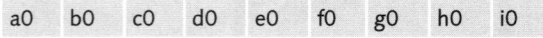

In der ersten senkrechten Spalte haben wir das Feld a0 ebenfalls:

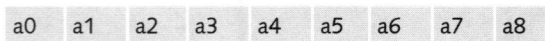

Das erste 3 × 3-Kästchen sehen wir auch als Liste und stellen fest, dass Senkrechte und Waagerechte hier jeweils drei Mal vertreten sind.

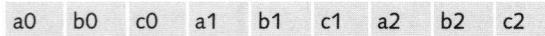

Von allen drei Listen kommen jeweils neun Stück vor. Um ein brauchbares Programm zu erhalten, müssen also 27 Listen geführt werden, die man entsprechend mit den vorhandenen Zahlen füllt. Nun gilt es, die Liste zu finden, die die wenigsten Leerstellen aufweist. Dort setzt man eine Zahl in der ersten Leerstelle ein, die in keiner der anderen Listen vorkommen darf. Das klingt nach einer programmtechnisch hochinteressanten Aufgabe. Jeder, der Lust dazu verspürt, kann sich gerne daran versuchen.

Unser Forth-Beispiel war unter Windows natürlich eine grafische Lösung. Als die ersten Monitore aufkamen, war das noch nicht so einfach. Die ersten Computerdisplays waren nicht mehr als Kathodenstrahlröhren. Auf ihnen wurden auch die ersten grafischen Spiele überhaupt gespielt. Angeblich geschah dies bereits 1947–1948 mit einem Spiel, das ein Raumschiff simulierte. Das nächste Spiel, das auf einem Computer gespielt wurde, war OXO. Es ist auch unter dem Namen Noughts and Crosses bekannt und ist nichts anderes als eine Computerversion von Tic-Tac-Toe. **A. Sandy Douglas** entwickelte es bereits 1952 auf dem **EDSAC**-Computer.

Diese sehr interessante Maschine besaß Kathodenstrahlröhren zur Ergebnisausgabe und Anzeige der Speicherinhalte sowie eine Telefonwählscheibe zur Eingabe von Zahlen. Aber was sage ich, schauen wir uns diese Höllenmaschine einfach einmal an (Abbildung 5.5). Sie ist diesmal nicht auf der DVD, sondern nur im Internet zu finden: *http://www.dcs.warwick.ac.uk/~edsac/*.

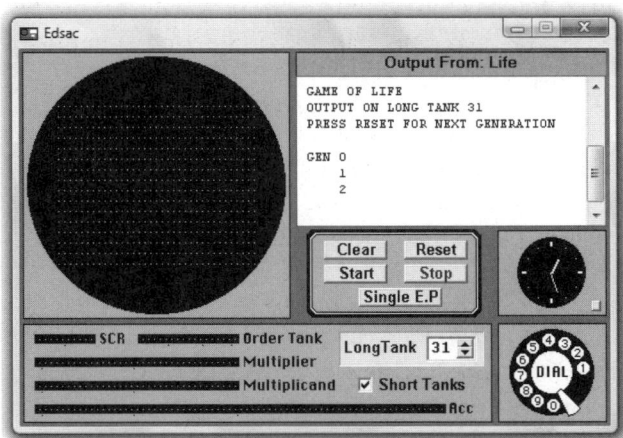

Abbildung 5.5   EDSAC-Simulation

Über die Schaltfläche **Software** lässt sich die EDSAC-Simulation downloaden. Sie ist für verschiedene Systeme verfügbar. Für genauere Informationen sollte man nicht vergessen, die Dokumentation ebenfalls zu ziehen. Die Programmierung ist sehr schwierig, deshalb soll hier nicht genauer darauf eingegangen werden. Bei der Darstellung von ENIAC wurden Sie bereits genug strapaziert. Aber wen es interessiert, der sollte es natürlich versuchen. Zumal der Spaßfaktor noch um einiges größer ist als bei der ENIAC-Simulation.

Hinter der Schaltfläche **Programs** finden Sie eine ganze Reihe Programme für den EDSAC. Es sind einfache TXT-Dateien, die Sie durch Anklicken bei Halten der **Shift**-Taste in ein Fenster bekommen, aus dem Sie den Code einfach durch Markieren und Kopieren entnehmen können. Speichern Sie ihn in einer Textdatei ab, die Sie dann mit dem Simulator und **File** und **Open** laden.

Zum Programm **Wada Sieve** gibt es noch eine wunderschöne Geschichte:

Nach dem Zweiten Weltkrieg begann man weltweit Computer zu entwickeln. So auch, in Japan, wo ein junger Forscher, Eiiti Wada, 1958 am Entwurf des ersten japanischen Computers arbeitete. Dazu studierte er den englischen EDSAC-Rechner sehr genau. Natürlich ist es nur eine Legende, wenn behauptet wird, die Japaner wollten den EDSAC einfach bloß nachbauen.

EDSAC steht übrigens für **E**lectronic **D**elay **S**torage **A**utomatic **C**alculator und war der erste elektronische Rechner, der die Von-Neumann-Architektur einsetzte und Programme im eigenen Speicher ablegte. Seinerzeit war er der leistungsfähigste Rechner der Welt und das erste richtige Vorbild für unsere heutigen Computer. Seine erste Berechnung machte er am 6 Mai 1949.

Martin Campbell-Kelly programmierte 1996 eine Simulation dieses interessanten Rechners, um ihn als Beispiel des ersten Von-Neumann-Rechners für die Schulung und Forschung verfügbar zu haben. Auf einer Konferenz traf er den japanischen Forscher Eiiti Wada und kam mit ihm ins Gespräch. Zum Abschied gab er ihm eine Version seines EDSAC-Simulators mit nach Japan.

Einige Zeit später bekam er eine E-Mail aus Japan:

>*Lieber Martin,*

ich hatte unheimlich viel Spaß mit deinem schönen Simulator. Damals, vor über 40 Jahren, hatte ich große Schwierigkeiten, mich in die Technik und Programmierung von EDSAC einzuarbeiten. Ich kannte ja niemanden, der es mir hätte zeigen können. Doch schließlich hatte ich wirklich genau verstanden, wie der Rechner funktioniert und wie seine Programme aufgebaut sind.

Aber, was soll ich sagen, ich habe nie ein eigenes EDSAC-Programm geschrieben. Nur immer darüber gelesen, auch von dem Sieb des Eratosthenes Programm von Wheeler. Heute, ein halbes Jahrhundert später, habe ich versucht, auch einmal ein Primzahl-Programm für den EDSAC zu schreiben. Hier ist es.«

Laut Martin Cambell-Kelly ist das ein sehr schönes Programm, das die Möglichkeiten des Rechners auf perfekte Weise einsetzt, also ein kleines Meisterwerk.

Neben dem **Sieb des Wada** findet man im Internet eine **Pong**-Version und **Life**, das heben wir uns allerdings für später auf (Abbildung 5.6). Eine weitere Version findet man in dem bei der Installation eingerichteten Verzeichnis **Contributed programs** als Conway.

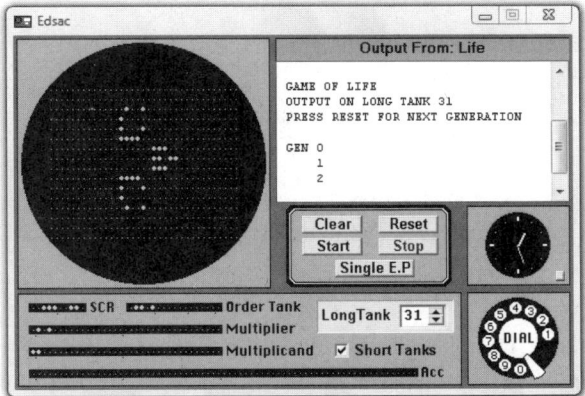

Abbildung 5.6 Life auf dem EDSAC

Das Spiel OXO finden Sie unter **Demonstration programs** bei Ihrer EDSAC-Installation oder wieder auf der DVD unter: *Software zum Buch\Kap005\OXO\ OXO.txt*.

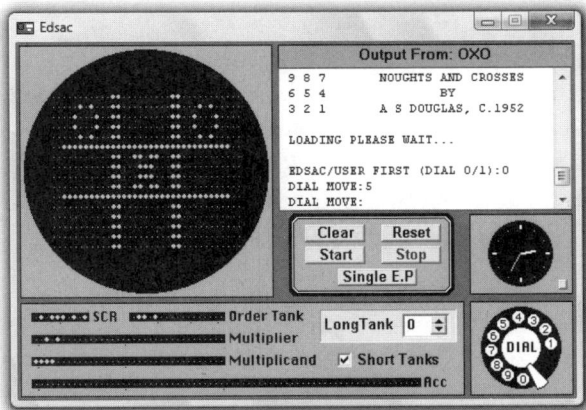

Abbildung 5.7 Das Spiel OXO von 1952

Um das Spiel zu spielen, wählt man erst einmal 1 für Start beim Nutzer oder 0 für Start beim Computer auf der Wählscheibe (Abbildung 5.7). Danach kann man die Nummer des Feldes wählen. Die Nummerierung der Felder wird links vom Programmtitel angezeigt. Sie ist:

```
9 8 7
6 5 4
3 2 1
```

Man sieht an der Abbildung sehr schön, wo der merkwürdige Name für diese Tic-Tac-Toe-Simulation herkommt.

Natürlich waren das noch keine Spiele für die Allgemeinheit. Der EDSAC war einer von gerade mal fünf Computern, die es damals gab, und jede dieser Maschinen war ein absolutes Unikat. Elektronische Spiele für alle sollten erst Jahrzehnte später folgen.

Der erste Monitor im Homecomputerbereich war der Fernseher. Dieser hatte die überwältigende Auflösung von 640 x 480 Punkten, meist sogar wesentlich weniger. Wen wunderte es, wenn die ersten Spiele auf den Homecomputern recht grobe Klötze waren? Noch vor dem Computer waren Spielekonsolen auf den Markt gekommen, die den Fernseher bereits spieltauglich machten. Das erste wirklich erfolgreiche Spiel, an dem alle sich versuchen wollten, hieß Pong und war eine wirklich »klotzige« Tennis-Simulation. Es gab einen quadratischen Ball, der hin und her sprang, und rechteckige Schläger, die man mit einem Schieberegler oder einem Drehpoti (Paddle) hin und her bewegen konnte.

Schauen wir uns das einfach einmal an.

5.4 Mit Pingpong fing es an

Pong hieß das erste erfolgreiche Grafik-Computerspiel. Der Erfinder war ein gewisser **Ralph Baer**, ein Deutschamerikaner, der sich außerdem Senso, ein musikalisches Gedächtnisspiel, erdachte. Das Spiel wurde 1972 von Magnavox, einer ehemaligen Lautsprecherfabrik, auf den Markt gebracht. Später übernahm die frisch gegründete Firma **Atari** die Spielidee und realisierte damit ihre ersten großen Umsätze.

Sie finden eine Java-Version auf der DVD unter: *Software zum Buch\Kap05\Ping-Pong\PingPong.jar*.

Es handelt sich um eine einfache Version des Spiels. Gezählt werden nur die Schlägerberührungen des Balls. Die Realisation in Java erlaubt nur eine vertikale Schlägersteuerung, einmal mit den Cursortasten auf und ab und mit den Buchstabentasten Y und A.

Abbildung 5.8 Das Spiel Pingpong als Remake des Urspiels Pong

Für Kenner: Pong in Java

Im gleichen Verzeichnis befindet sich auch der Java-Quellcode als Eclipse-Projekt. Sie werden sehen, dass der meiste Code für die Darstellung der Ziffern des Zählwerks erforderlich ist. Genauso war es auch bei der ersten Version damals. Nur, dass es nicht in Java programmiert, sondern mit Hardware realisiert war.

Zunächst gibt es einmal eine Variable, die bei der Berührung der Schläger hochgezählt wird. Die Zahl wird in einen String umgewandelt und in die erste und zweite Ziffer zerlegt. Danach können die einzelnen Ziffern digitalisiert werden. In einer Liste wird festgehalten, welche von den sieben Balken leuchten sollen.

```
/*
 *
 * Anordnung der Balken für die Ziffern
 *
 *    4
 *   0 5
 *    3
 *   1 6
 *    2
 */
private void digitize(int zahl)
{
    digitNull();
    switch (zahl)
    {
```

```
        case 0:
            digit[0] = true;
            digit[1] = true;
            digit[2] = true;
            digit[4] = true;
            digit[5] = true;
            digit[6] = true;
            break;

        case 1:
            digit[5] = true;
            digit[6] = true;
            break;
```

Am Ende werden die jeweiligen Balken der Digitalanzeige gezeichnet.

```
private void zeichneLine(Graphics g, int zahl)
{
    switch (zahl)
    {
    case 0:
        paintYBalken(g, 0, 0);
        break;
    case 1:
        paintYBalken(g, 0, 20);
        break;
    case 2:
        paintXBalken(g, 0, 40);
    break;
    case 3:
        paintXBalken(g, 0, 20);
        break;
case 4:
        paintXBalken(g, 0, 0);
        break;
    case 5:
        paintYBalken(g, 20, 0);
        break;
    case 6:
        paintYBalken(g, 20, 20);
        break;
    }
}
```

Das Spiel selbst ist einfach zu programmieren. Sobald der Ball eine Grenze erreicht, und das ist sowohl der Rand des Spielfelds als auch der Schläger, wird er um 90 Grad abgelenkt. Das gelingt, indem wir zur Seite weglaufen. An der oberen X-Grenze laufen wir +Betrag nach Y an der unteren einen −Wert.

Actionspiele dieser Art wurden immer weiter perfektioniert, bis zu Versionen, die eine annähernd realistische Welt zeigen, in der der Spieler sich bewegt. Es werden heute Spiele angeboten, beispielsweise für die Spielkonsole WII von Nintendo, die versuchen, auch die Bewegungen des Spielers beim Tennis oder anderen Spielen möglichst realitätsnah zu erfassen, um das Spielerlebnis zu vervollkommnen. Das wird erreicht, indem man in die Controller Bewegungssensoren einbaut, die die Bewegungen im Raum erfassen.

5.5 Der Homecomputer als Schrittmacher

Mit dem Homecomputer begann die Epoche der Computerspiele. Obwohl es schon vereinzelte Computerspiele vor Pong gab. Auch vor dem Heimcomputer hatte der Spielemarkt Erfolge mit den sogenannten Arcade-Spielen auf großen Konsolen in Spielhallen, Gasthäusern usw. Man kann sie heute mit einem Emulator auf dem heimischen Computer wieder spielen.

Die Homepage des Mame-Lizenz Emulators ist: *http://www.mamedev.org/*

Die Anzahl der verfügbaren Spiele explodierte, sobald es Homecomputer am Markt gab, die Entwicklung wurde schier unüberschaubar.

Aus den reinen Textspielen waren längst grafische Spiele geworden. Sie entwickelten sich von reinen 2D-Spielen über Pseudo-3D-Spiele zum echten 3D-Spiel.

Die ersten Spiele, die auf den Computer realisiert wurden, waren Rollenspiele.

5.5.1 Rollenspiele

Mit dem Computer spielen, wie geht das? Fragten sich die ersten Programmierer, die der Überzeugung waren, man müsse mit diesen blinkenden Monstern auch spielen können.

Berühmt ist die Tic-Tac-Toe-Szene aus dem dreifach für den Oscar nominierten Film **War Games** von 1983, in dem ein Schüler den Rechner WOPR (**W**ar **O**peration **P**lan **R**esponse) des Verteidigungsministeriums NORAD dazu bringt, mit ihm das Spiel »Weltweiter thermonuklearer Krieg« zu spielen.

Um WOPR die Sinnlosigkeit des Atomkriegs zu zeigen, läßt man ihn Tic-Tac-Toe spielen, was man nur bedingt als Spiel bezeichnen kann. Wenn man als Erster beginnt und fehlerfrei spielt, kann man es nicht verlieren. Wenn der Gegner keinen Fehler macht, aber auch nicht gewinnen.

Sie kennen es bereits von der EDSAC-Simulation, haben es aber auch unter den Java-Beispielen als Applet: *c:\programme\jdk1.6.3\demo\applets\TicTacToe\example1.html*.

Abbildung 5.9   Tic-Tac-Toe

Versuchen Sie doch einmal WOPR zu schlagen!

Spiele wie Skat oder »Mensch ärgere dich nicht« waren zur damaligen Zeit auf Grund der fehlenden grafischen Ausgabe auf dem Computer undenkbar. Auch sind Spiele wie »Mensch ärgere dich nicht« auf dem Computer kaum zu realisieren, weil keine echten Zufallsfunktionen vorhanden und demnach Würfelreihen nicht wirklichkeitsnah sind.

Rollenspiele eigneten sich damals sehr gut für die Übertragung auf den Computer, weil sie mit Texten arbeiteten. Texte konnte man aber nicht nur sprechen, sondern auch lesen und schreiben. Und das war mit den ersten Computern bereits möglich.

Bei Rollenspielen geht es darum, die Identität von Personen in bestimmten Situationen anzunehmen. Ob das nun irgendein Held ist, der Abenteuer zu bestehen hat, ein Gefangener, ein Soldat oder ein Gejagter auf der Flucht. Alles ist denkbar, da das Spiel nur in der Phantasie der Mitspielenden abläuft.

Das erste Computerrollenspiel wurde 1974 auf Großrechnern entwickelt. Es hieß **Dungeons and Dragons**. Während bei den Vorläufern neben Papier und Stift oft auch mit einem Würfel gearbeitet wurde, hatte der Computer den Vorteil, völlig unvorhersehbare Elemente mit ins Spiel einbauen zu können.

Junge Leute an den Universitäten hatten Zugang zu Großrechnern, so wurden die ersten Rollenspiele von Studenten programmiert.

Man kann sich die Programmierung der Urversion eines Rollenspiels relativ einfach vorstellen. Denken wir uns einen Wegweiser in »Phantasien«, auf dem zwei Ortsnamen stehen: »Oberulmen« und »Niederulmen«.

Sie kommen an einen Wegweiser, der sich wie eine Wetterfahne im Wind dreht. Auch Niederulmen, wo sie ein magisches Schwert erstehen können, steht auf einem der Bretter. Aber wo liegt es? Im Moment zeigt der Wegweiser, Niederulmen läge westlich.

Ein alter Mann kommt des Weges.

Nutzer: `Hallo`

Programm: `Hallo! Wohin des Weges?`

Nutzer: `Nach Niederulmen`

Programm: `Ah! Das Dorf, wo jeder zweite Satz gelogen ist!`

Nutzer: `Was?`

Programm: `Ich muss es wissen. Denn ich bin dort geboren. Wie kann ich helfen?`

Nutzer: `Wo liegt Niederulmen?`

Programm: `Wo der Wegweiser gerade hinzeigt. Im Osten.`

So ähnlich kann man sich einen Dialog aus einem alten Rollenspiel vorstellen.

Für Könner: Theorie der Spiele-Engine

Gewiss glauben Sie nun, man könnte es etwa so programmieren:

```
if (nutzer = "Hallo")
    print "Hallo! Wohin des Weges?"
```

Im Prinzip schon. Aber dann müsste der ganze Handlungsstrang aufeinanderfolgend ausprogrammiert sein und »Hallo« käme 100 Mal im Code vor. Deshalb sind Spiele in Teilprogramme aufgegliedert:

Parser

Der Parser ist der Teil, der die Eingaben des Spielers entschlüsselt. Er versucht an bestimmten Worten zu erkennen, was der Nutzer gesagt oder gefragt hat. Die ersten Parser hatten nur wenig Logik implementiert, sodass man nur bestimmte Wörter benutzen konnte. Teilweise stellte das Programm Wahlmöglichkeiten zur Verfügung, so wie heute eine Combobox. Oder man konnte `S` für Süden `N` für Norden und ähnliche Abkürzungen eingeben.

Regelwerk

Das Regelwerk wird auch oft als Game-Engine bezeichnet. Es steuert den Spielablauf, indem es die Ergebnisse des Parsens mit den Regeln des Spiels weiterverarbeitet. Das Regelwerk ist entscheidend für die Qualität des Spiels. Bei heutigen Spielen ist es oft mit KI angereichert, wodurch die Figuren des Spiels in der Lage sind, dazuzulernen. Handelt es sich um ein Rollenspiel oder einen Egoshooter mit weiträumiger Landschaft, sind die Regeln mit verschiedenen Positionen im Universum des Spiels verbunden. Regelwerke moderner Spiele können extrem komplex sein.

Grafikeinheit

Eine Video- oder Grafikengine gibt es, seit die Spiele nicht mehr nur mit Texten agieren. Selbst mit der Blockgrafik unter DOS wurden schon Videospiele realisiert. Die Grafikeinheit muss die Ergebnisse aus den Berechnungen des Regelwerks in eine entsprechende Lageänderung in der virtuellen Welt des Spiels umsetzen. Bei den heutigen 3D-Spielen ist die verwendete Grafikengine von entscheidender Bedeutung für den Erfolg eines Spieles. Inzwischen nutzt man die enorme Rechnerleistung spezieller Grafikchips, die nicht selten die Rechenleistung des Prozessors weit hinter sich lässt, um eine fast real wirkende virtuelle Spielewelt auf den Monitor zu zaubern.

Natürlich steckte die bewegliche Grafik von Pong an, und die Anhänger der Rollenspiele wollten auch etwas Bewegung sehen.

Wir können diese ersten grafischen Versionen nachempfinden, wenn wir uns das Spiel NetHack auf unserem virtuellen DOS-Rechner anschauen.

```
cd FDOS\GAMES
cd nethack
nethack <Return>
```

Man spielt einen Ritter in einer Burg voller Geister und Dämonen. Man betrachtet die Szene aus der Vogelperspektive und erkennt sich selbst als Klammeraffensymbol @. Während man sich durch die Gänge der Burg bewegt, ändert sich die Umgebung, von der man immer nur einen bestimmten Bereich, eben das Sehfeld, erkennen kann.

Wie bei einem Rollenspiel üblich, kann man sich mit Text, der mit den Cursortasten gewählt wird, interaktiv mit den Figuren verständigen, Nahrung aufnehmen und Waffen benutzen. Die verschiedenen Figuren werden durch unterschiedliche Symbole aus dem ASCII-Zeichensatz dargestellt.

Wenn Sie so wollen, haben wir hier schon das Zusammenspiel von Parser, Regelwerk und Grafikeinheit. Im Grunde ist das Spiel trotz seiner grafischen Minimalausstattung bereits ein relativ komplexes Programm. Es wurden auch zahlreiche einfachere Programme realisiert, zumal es bald der Traum jedes Jugendlichen war, ein eigenes Computerspiel zu entwickeln. Wurde keine eigene Spielidee erfunden, wollte man doch wenigstens eine bekannte Spielidee in ein originelles Programm umsetzen. Das **HangMan**-Spiel auf unserem DOS-Rechner ist ein sehr schönes Beispiel dafür.

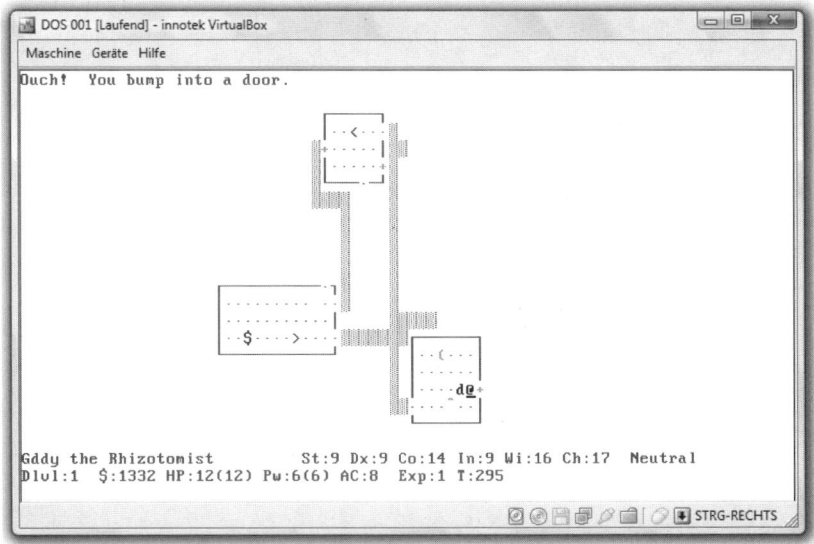

Abbildung 5.10   NetHack auf DOS

Überhaupt bildeten sich bald zahlreiche verschiedene Stilrichtungen aus. Wobei man die Rollenspiele zu den **Abenteuerspielen**, den **Adventures**, zählt.

Mit den Heimcomputern kamen auch die sogenannten Jump-and-Run-Spiele in Mode. Sie sind eine Unterart der Geschicklichkeitsspiele. Im englischen Sprachraum werden die Spiele merkwürdigerweise als **Plattformspiele** bezeichnet. Einer der ersten erfolgreichen Vertreter dieser Spielegattung war **Donkey Kong** von der Firma Nintendo. Es gibt zahlreiche Varianten und Mischformen. So kann man z. B. **Lara Croft** in gewisser Weise noch zu dieser Spieleart zählen, obwohl sie sich durch eine 3D-Welt bewegt. Jump 'n Run (mit **Prince of Persia** als dem bekanntesten Vertreter) und Labyrinthspiele (**PacMan, Manic Miner**) sowie Ballerspiele haben in Lara Croft zu einer optimalen Symbiose gefunden.

Natürlich haben wir in unserer FreeDOS-Spielesammlung auch ein Jump-and-Run-Spiel. Es heißt passenderweise **JumpBump**. Leider sind unsere virtuellen Rechner zu schnell, um dieses Spiel sinnvoll spielen zu können (Abbildung 5.11).

Abbildung 5.11 JumpBump als Vertreter der Jump-and-Run-Spielekultur

Wie bei Lara Croft wurden einige der erfolgreichsten Spiele schließlich sogar verfilmt. Unter anderem auch das erfolgreichste Spiel überhaupt: **Super Mario**, das allerdings nur für die **Nintendo**-Spielkonsolen erhältlich war.

Spielkonsolen? Nun ja, als die Heimcomputer aus der Mode kamen, weil sich jeder einen der billig gewordenen PCs leisten konnte, kamen stattdessen die Spielkonsolen auf den Markt. PCs, die mehr für die Büroarbeit gedacht sind, bringen nicht unbedingt die Leistung, die man zum Spielen von anspruchsvollen Grafikadventures benötigt. So verfügt die Playstation III, die neuste Spielkonsole von Sony, über einen Prozessor mit sieben Prozessorkernen, was man bei PCs bisher noch vergebens sucht.

Doch zurück zu Super Mario, die Figur selbst, ein dicklicher italienischer Klempner, kam bereits in Donkey Kong vor und erlebte nun eigene Abenteuer. Mit 295 Millionen verkauften Exemplaren ist Mario das erfolgreichste Computerspiel aller Zeiten.

Die Herstellung solcher Spiele erfordert einen gewaltigen Aufwand. Von Informatikern über

- Zeichner
- Autoren
- Level-Designer
- 3D-Animatoren
- Musiker aller Coleur
- Game-Designer

bis zum Produzenten, benötigt man einen ganzen Bürotrakt, um ein Spiel mit derartig hohen grafischen und soundtechnischen Ansprüchen wie bei Lara Croft zu realisieren.

> Neben diesen anspruchsvollen Spielen gab es triviale Versionen, in denen es nur darum ging, zu schießen und bewegte oder unbewegte Ziele zu zerstören. Sie entwickelten sich von einfachen Vorgängern, wie **SpaceInvaders** bis zum 3D-Ego-Shooter **Doom**.

Schauen wir uns zuerst einmal Pseudo-3D-Shooter an. Auch dies gehört zu unserem DOS-Spiele-Repertoire und befindet sich unter dem Verzeichnis: *C:\FDOS\ GAMES\KRAPTOR*

Es wird in einem Menü gestartet und mit der Maus bedient. Mit dem Spiel ist eine kleine Geschichte von Rebellen und Freiheitskampf verflochten, die die sinnlose Ballerei ein wenig würzen soll.

Abbildung 5.12 Pseudo-3D-Kriegsspiel Kraptor

> Aus dieser Art Ballerspiele sind die echten 3D-Spiele hervorgegangen, und einer der ersten Vertreter hieß **Starglider**. Es wurde 1986 von **Rainbird** herausgebracht. Inspiriert von den ersten Star Wars-Filmen wurde eine Welt in Vektorgrafik mit einem Raumschiff durchflogen.

Andere Darstellungen echter 3D-Welt waren mit den damaligen Rechnern noch nicht möglich. Es gab auch einen Rendermodus für leistungsfähigere Rechner, der allerdings nur grobe Polygone darstellen konnte. Dieses Spiel haben wir leider nicht zur Verfügung, aber das unmittelbare Vorbild, **Star Trek,** gehört zu den FreeDOS-Spielen, sodass wir es uns ansehen können. Das geht unter DOS, aber auch in der DOS-Konsole von Windows. Es liegt unter: *Software zum Buch\ Kap05\startrek\trek-n.*

Es wird mit den Cursortasten gespielt und stellt die Pilotenkanzel eines Weltraumschiffes dar. Die Idee beruht auf der erfolgreichen Fernsehserie Raumschiff Enterprise. Es ist eines der ersten Spiele, in dem ein virtuelles Steuerpult im Rechner bedient wird. Von diesem Spiel ausgehend, über Starglider, gelangt man in einer Linie zu den Spielen, die in 3D-Umgebungen spielen.

Heute sind fast ausschließlich diese vertreten. Einer der bekanntesten Vorläufer der aktuellen Spiele ist DOOM. Das ist ein sehr blutiger Ego-Shooter, und verschiedene Versionen sind indiziert worden. Der einzige Spielreiz ist wirklich die Möglichkeit, sich durch eine virtuelle 3D-Welt zu bewegen.

Unter FreeDOS gibt es eine nachprogrammierte Version. Sie genügt durchaus, eine Vorstellung von der Art des damaligen Originals zu bekommen.

Sie finden es auf dem DOS-Rechner unter:

```
cd freedos\games\doom
doom3
```

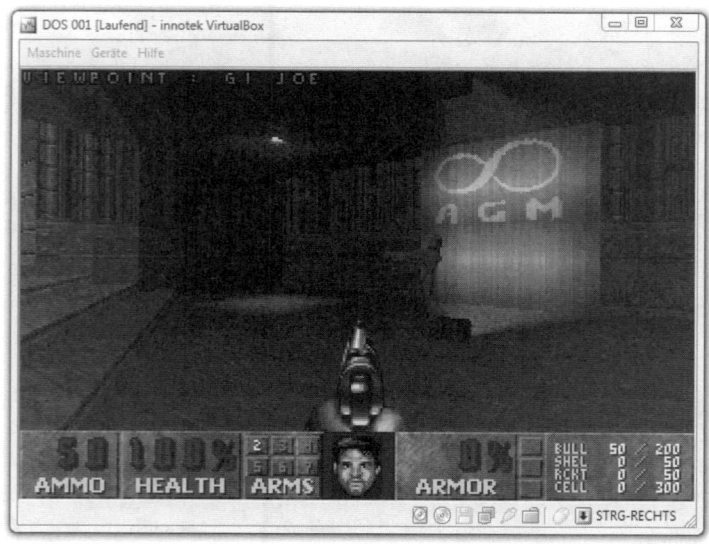

Abbildung 5.13 DOOM war einer der ersten Ego-Shooter.

Natürlich blieb die Entwicklung dabei nicht stehen. Längst hatte sich eine weitere Art von Spielen etabliert: die MMORPGs. Diese Abkürzung steht für **Massively Multiplayer Online Role-Playing Game,** also in etwa Massenspieler Online Rollenspiel. Wie man sich denken kann, wird es im Internet gespielt und ist ein Rollenspiel, bei dem viele Personen gleichzeitig mitspielen können. Diese Spiele haben sich aus den MUDs entwickelt und erleben gerade einen Boom. **MUD** steht dabei für **Multi User Dungeon** oder **Multi User Dimension**. Es handelte sich dabei um reine Text-Rollenspiele, die es schon seit den 70er-Jahren gibt. Daraus wurde **1979/1980** von den beiden Studenten **Richard Bartle** und **Roy Trubshaw** in England (das erste MUD programmiert in **BCPL,** einer Sprache der ALGOL-Gruppe), das sie folgerichtig **MUD 1** nannten. Diese Art Spiele gibt es heute noch, obwohl sie unter der Übermacht der MMORPGs einige Fans verloren haben.

1991 wurde **Neverwinter Nights** ins Netz gestellt, das als das erste richtige MMORPG gilt. Auftraggeber für das Spiel war der Internetanbieter **AOL**. Die Spielewelt war allerdings noch keine echte 3D-Welt. Die kam erst 1996 mit dem Spiel **Meridian 59**.

Gleich ist allen Spielen, dass man in die Haut eines bestimmten Charakters schlüpft. Den kann man sich meist vor Beginn des Spiels in gewissen Grenzen selbst zusammenstellen. Üblich ist auch, dass die Person sich weiterentwickeln kann. Je nach Spiel nimmt das jedoch einige Zeit in Anspruch. Der Charakter bekommt durch Erfolge im Kampf oder geschicktes Handeln größeres Gewicht, indem er kampfstärker wird und bessere Waffen erhält. Meist bekommt man einen durch den Computer geführten Begleiter zur Seite gestellt, oder andere Mitspieler bilden eine Gruppe. Bereits in den Papier-und-Bleistift-Rollenspielen war es üblich, dass einer der Mitspieler die Moderation übernahm. Das ist auch bei einigen Rollenspielen so. Der Spielleiter hat oft spielgestaltende Möglichkeiten. Er kann Gegner mit ins Spiel bringen und Waffen oder Nahrung verteilen. Bei anderen Spielformen gibt er den Auftraggeber ab, für den die Mitspieler tätig werden. Es werden Gilden gegründet, Kampftruppen zusammengestellt oder Expeditionen ausgestattet. Der Phantasie sind keine Grenzen gesetzt (Abbildung 5.14).

Die Zahl dieser Spiele steigt gerade inflationär an. Teilweise benötigt man umfangreiche Clients, die vor Spielbeginn installiert werden müssen. Andere Spiele können mit dem Internetbrowser gespielt werden (Abbildung 5.14). Meist gelangt man kostenlos hinein und in den ersten Spielerlevel. Möchte man weiterkommen, werden oft monatliche Beiträge fällig. Das ist nicht unproblematisch, da diese virtuellen Welten ein enormes Suchtpotenzial besitzen.

Was zu einem kleinen Teil sogar darauf zurückzuführen ist, dass sich durch die Abspaltung einer Art neuen Welt auch eine eigene Sprache herausgebildet hat.

Eine Erscheinung, die im Grunde bis auf die Fachbegriffe der Informatik zurückreicht, die zum großen Teil aus dem Englischen kommen. Es entstanden Begriffe wie **DAU** (dümmster anzunehmender Nutzer (User)) oder **Newbies** für Neulinge. Die meisten Begriffe entstanden natürlich dort, wo sich große Gruppen zusammenfanden, so bei den inzwischen fast wieder ausgestorbenen LAN-Parties oder den MMORPGs.

Abbildung 5.14   Login zum Browserspiel: Die Stämme

Wer sich genauer über den **Spielerslang** informieren möchte, sollte einen Blick auf den Begriff **Computerspieler-Jargon** in Wikipedia riskieren.

Die Möglichkeiten bei manchen Ego-Shootern reichen noch weiter. Bei den Spielen der **Unreal**-Reihe (Abbildung 5.15) gibt es Leveleditoren, mit denen man selbst eigene Spiellandschaften zusammenstellen kann. Manche Spiele kann man mit einer Art Programmiersprache steuern. Bei einem 3D-Spiel, ob Ego-Shooter oder Rollenspiel, bzw. der Virtual Reality (VR) allgemein, geht es darum, die sogenannte **Immersion** möglichst perfekt zu machen. So bezeichnet man die Einbindung in die virtuelle Welt mit den Möglichkeiten der VR und des Computers, auch wenn die heutige Technik und heutigen Spiele noch nicht die totale Rückkopplung bieten. Das heißt, man sieht und hört zwar eine Welt, aber Wind, Wärme, Kälte, Geruch und kinetische Einwirkungen fehlen. Trotzdem ist die Immersion bei manchen Menschen so stark, dass sie sich zusehends in dieser virtuellen Welt heimisch fühlen. Für Forscher liegt darin angeblich auch die große Gefahr der VR.

Abbildung 5.15   Splash des Ego-Shooter Unreal II

Wo wir gerade bei Suchtgefahr sind, darf ein MMORPG-Spiel nicht unerwähnt bleiben: **World of Warcraft**. Es hat über 10 Mio. Mitspieler, eine eigene Fernsehsendung bei GIGA und schlägt damit alle Rekorde. Im Gegensatz zu Spielen wie Unreal kann man hier jedoch nichts selbst programmieren. Manipulationen irgendwelcher Art sind bei WoW überhaupt nicht gerne gesehen und führen zum Ausschluss vom Spiel. Um mitspielen zu dürfen, ist, wie bei den meisten MMORPGs üblich, eine monatliche Gebühr zu zahlen. Es gibt jedoch eine Art Probemitgliedschaft, bei der man seinen Spieltrieb zeitlich begrenzt kostenlos in der Welt von WoW austoben kann.

Hat man die umfangreichen Anmeldeformalitäten hinter sich gebracht, wird zunächst die Umgebung aus dem Internet gezogen. Das kann eine Weile dauern, und ein schneller Internetzugang ist ganz sinnvoll.

Danach kann man sich einen Charakter zusammenstellen. Ein großer Anreiz bei diesem Spiel ist die grafisch extrem fantasievolle Ausstattung, die stark an die Bilder der Gothic-Szene erinnert. Von daher schon sehenswert und für jemanden, der gerne spielt und sich in der Welt von **Harry Potter** oder **Herr der Ringe** zu Hause fühlt, überaus reizvoll.

Spielen sollte jedoch stets eine Nebenbeschäftigung bleiben, es sei denn, man kann damit seinen Lebensunterhalt bestreiten.

Das gilt in begrenztem Umfang für alle Spiele, aber noch mehr für eine weitere Entwicklung, die aus diesen MMORPGs hervorgegangen ist, die virtuellen Geschäftswelten. Marktführer ist momentan **Second Life**.

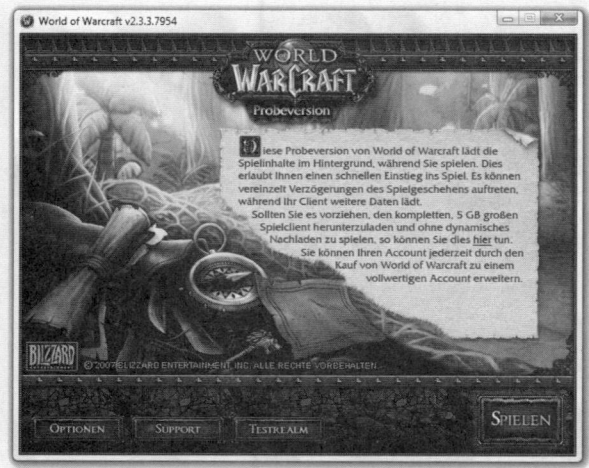

Abbildung 5.16 Die Probeversion von World of Warcraft

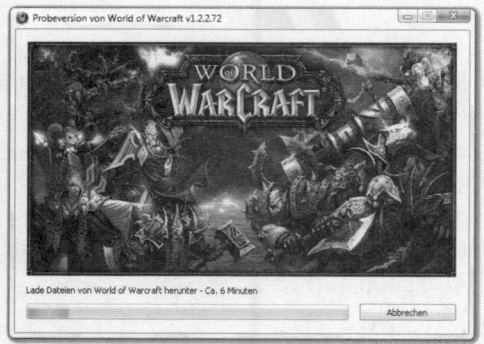

Abbildung 5.17 Die WoW-Dateien werden aus dem Internet geladen

Abbildung 5.18 Mein Alterego als WoW: Superzwerg

Abbildung 5.19   Das Tor zu einer anderen Welt – die Second Life Homepage

Diese virtuelle Welt fungiert im Computer als Abbild der realen Welt. Man kann dort sogar geschäftlich tätig werden. Ein großer europäischer Reiseveranstalter bietet virtuelle Reisen ins Second Life an, und zahlreiche bekannte Firmen haben Niederlassungen in dieser virtuellen Welt.

Second Life funktioniert auch nicht anders als die üblichen MMORPGs. Man lädt sich einen Client aus dem Internet und installiert ihn, um teilnehmen zu können. Bei Eintritt in die neue Welt bekommt man einen Avatar, eine virtuelle Verkörperung, zugeteilt. Danach kann man in dem neuen Körper diese erst einmal unbekannte Welt erforschen. Es gibt extra eine Insel, auf der man den Umgang mit dem Avatar und die Orientierung in der neuen Welt erlernen kann, sie heißt **Orientation Island**.

Abbildung 5.20   Second Life lernen in Orientation Island

Für Kenner: Programmierung in Second Life

Sie werden sagen, das ist zwar ganz schön, aber was hat das alles mit Programmierung zu tun?

Second Life lässt sich auch programmieren. »Linden Scripting Language« (kurz **LSL**) nennt sich die Programmiersprache, die nach den Betreibern der virtuellen Welt, den **Linden Labs,** genannt ist. Sie erinnert sehr an C++ oder Java, nur ist sie lange nicht so mächtig, es fehlen Vererbung und Polymorphie. Ein einfaches LSL-Beispiel könnte so aussehen:

```
default
{
  state_entry()
  {
    llSay(0, "Guten Tag, lieber Leser. Willkommen hier in der
             virtuellen Welt Second Life !");
  }
}
```

5.6 Kritik an den virtuellen Welten

Gewaltverherrlichung sollte man nicht kritiklos hinnehmen. Zu viel Gewalt in den Medien und dem Computer stumpft ab. Vor allem aber fördert sie eine menschliche Neigung, die es eigentlich zu unterdrücken, gar abzustellen gilt. Wie jede technische Entwicklung hat auch die VR und die 3D-Darstellung in Spielen eine unschöne Seite und wird in schlechter Absicht missbraucht. Das geht so weit, dass es in der VR von Second Life sogar Verbrechen, Kidnapping, Vergewaltigung und andere Straftaten gibt. Es wird nicht ausbleiben, dass man solche Taten, die zwar nur virtuell stattfinden, im tatsächlichen Leben bestrafen muss. Die größte Gefahr resultiert jedoch aus der Diskrepanz zwischen wirklicher und virtueller Welt. Es kann zur Selbstentfremdung kommen, ähnlich wie das Oscar Wilde in seinem berühmten Roman »Das Bildnis des Dorian Gray« beschrieben hat. Durch die Chance, in Second Life immer einen gleich jungen, schönen Körper zu haben und nur mit ›scheinbar‹ vollkommenen Individuen umzugehen, entsteht eine Art Sucht, die den »Spieler« weltfremd und wirklichkeitsscheu werden lässt. Zumal der Anreiz, sich in die virtuelle Welt zu flüchten, dadurch gegeben ist, dass man reales Geld damit verdienen kann und sogar in extremen Fällen davon den Lebensunterhalt zu bestreiten vermag. Das ist besonders verfänglich, zumal keinerlei Haftung für wirtschaftliche Verluste von Seiten des Betreibers bestehen. Die schöne, neue Welt kann einen also reich machen, aber auch ohne weiteres ruinieren. Natürlich wird das nicht passieren, wenn man sich über die Sachverhalte genau im Klaren ist.

Dabei bringt die VR alle Voraussetzungen mit, eine hilfreiche Technik zu sein. Wir können mit ihr an fernen Orten weilen, ohne das Arbeitszimmer zu verlassen, Sehenswürdigkeiten in aller Welt virtuell besuchen, in vergangene Zeiten reisen. Gefährliche Arbeiten tun, ohne in Gefahr zu geraten, Flugzeuge fliegen, den Meeresboden erforschen oder Kernkraftwerke abbauen und zu fernen Sternen aufbrechen. Wir können virtuelle Entspannung in anderen Welten finden, wo uns die Realität uns diese nicht mehr zu geben vermag. Wir könnten sogar virtuelle Kriege austragen und auf reale Konflikte vollständig verzichten.

Aber das wahre Problem steckt wieder mal nicht im Computer, sondern sitzt davor. Vielleicht gelingt es dieser neuen Technik wenigstens, uns ein wenig mehr davon zu überzeugen, dass wir uns ändern sollten.

Deshalb wollen wir nach einem kleinen Einblick in die Geschichte der Computerspiele im nächsten Kapitel ganz konkret sehen, wie 3D-Welten programmiert werden.

5.7   Meilensteine der Computerspiele und Spielegrafik

Name	Infos
1958 **Tennis for two**	Eine Tennis-Simulation mit Analogcomputern. 1958 von **William Higinbotham** bei BNL, einer öffentlichen amerikanischen Forschungseinrichtung, entwickelt. Higinbotham wurde nie als Erfinder des Videospiels anerkannt.
1972 **Pong**	Eine Konsole für Fernseher, das Spiel ist eine Tennis-Simulation. Der Entwickler **Nolan Bushnell** war der Gründer der Computerfirma **Atari**. Seine Spielefirma **Axlon** entwickelte später das legendäre Spiel **Space Quest**. Mit seiner Firma **Androbot Inc.** lieferte er einige der ersten Heimroboter, hatte damit aber keinen Erfolg.
1973 **Maze War und Spasim** Ego-Shooter	Die ersten Ego-Shooter wurden 1973 entwickelt.
1974 **DnD** Rollenspiel	Das erste Computerrollenspiel wurde 1974 von **Gary Whisenhunt** und **Ray Wood** an der Universität von Illinois programmiert. Das Spiel beruht auf dem Brettspiel **Dungeons and Dragons** von **Gary Gygax** und **Dave Arneson** aus dem gleichen Jahr. Es geht darum, in einem Verlies Monstern zu entkommen und sie zu bekämpfen. Es ist ein reines Textrollenspiel.
1975 **Dungeon** Rollenspiel	Ähnlich DnD, aber mit primitiver Grafik.

Tabelle 5.1   Die Geschichte der Computerspiele

Name	Infos
1980 **Battlezone** Ego-Shooter	Ein Kriegsspiel mit Panzern. Es war das erste **Arcade-Spiel** in 3D und stammt von Atari. Die 3D-Welt bestand aus primitiven Gittermodellen. Das Spiel wurde 1982 als Stellar 7 für den Apple II umgeschrieben.
1981 **Ultima** Rollenspiel	Erstes Spiel einer ganzen Reihe Ultima-Spiele von **Richard Garriott**. Ultima war richtungsweisend für alle folgenden Rollenspiele. Es hatte schnell Kultstatus.
1985 **The Bard's Tale** Rollenspiel	Erstes Spiel der gleichnamigen Reihe mit Kultstatus.
1987 **Dungeon Master** Rollenspiel	Erstes Grafik-Rollenspiel in Echtzeit.
1991 **Neverwinter Nights** Rollenspiel	Das Spiel gilt als erstes MMORPG, als Spiel für Massenteilnahme übers Internet.
1991 **Lemmings** Geschicklichkeit	Spiel von der Firma **Psygnosis**. Es erreichte rasch Kultstatus. Im Spiel geht es darum, Gruppen von Lemmingen über Hindernisse durch das Spielfeld zu manövrieren. Die Lemminge agieren selbstständig, haben jedoch verschiedene Eigenschaften, die man gezielt einsetzen kann.
1991 **Catacomb 3-D** Ego-Shooter	Spiel von **id Software,** das als erster Ego-Shooter nach modernen Gesichtspunkten gilt. id Software entwickelten auch **Doom** und **Wolfenstein 3D**.
1992 **Ultima Underworld** Rollenspiel	In dem Spiel geht es darum, eine Prinzessin aus einem Labyrinth zu befreien. Zaubersprüche, Waffen und viele Dialoge, die mit der Maus ausgewählt werden, bestimmen das Spiel. Entwickelt wurde es von **Blue Sky Productions**. 3D-Rollenspiel, das durch Verkleinerung des Blickfensters eine vollgerenderte Welt realisierte. Es gilt als erstes echtes 3D-Spiel. Das Spiel wurde nicht ins Deutsche übertragen.
1992 **Wolfenstein 3D** Ego-Shooter	Spiel zur Zeit des Nationalsozialismus; wurde auf Grund der Verwendung von entsprechenden Symbolen bei uns zensiert. Das Spiel von der Firma **id Software** hat einen hohen Kultstatus.
1993 **Doom** Ego-Shooter	Dieses Spiel wurde auf Grund seiner Gewaltverherrlichung indiziert. Es stammt ebenfalls von **id Software.** Die Handlung spielt im Weltraum, wo auf einem Marsmond ein Portal zur Hölle geöffnet wird. Der Spieler hat die Aufgabe, die Invasion der Höllenbewohner aufzuhalten.

Tabelle 5.1 Die Geschichte der Computerspiele (Forts.)

Name	Infos
	Der Quellcode des Spiels wurde später unter die GNU GPL-Lizenz gestellt, also freigegeben. Daraufhin wurde das Spiel auf weitere Betriebssysteme übertragen. Wie z. B. auch auf **FreeDOS**.
1996 **Diabolo** Rollenspiel	Auslöser der gewaltigen Rollenspieleuphorie Ende der 90er-Jahre, die darin mündete, dass man die Spiele in Hollywood verfilmte.
1998 **Baldur's Gate** Rollenspiel	Rollenspiel, das Kultstatus erreichte. Es handelt sich um ein finsteres Monsterspektakel, bei dem die Hauptfigur am Ende sterben muss, um das Spiel abzuschließen.
1998 **Unreal** Ego-Shooter	Von **Epic Megagames** entwickelt und in der engl. Version verboten, sowie in der Deutschen erst ab 16 Jahren freigegeben. Auf Grund der herausragenden Grafik-Engine, die Feuer und Spiegelungen in herausragender Qualität zeigte, ein Kultspiel. In Unreal hat man erstmals bereits als erste Waffe eine Pistole, die unbegrenzt nutzbar bleibt. Vorher waren Waffen nur befristet nutzbar.
2003 **Unreal II** Ego-Shooter	Fortsetzung des Erfolges, diesmal von Atari. Das Spiel erhielt eine noch bessere Grafikengine, die Spielintelligenz und die Story sind allerdings nicht besonders gelungen. Nach der Veröffentlichung wurde das Entwicklerstudio von Atari aufgelöst.
2003 **Second Life** VR-Geschäftswelt	Man spricht von einer 3D-Online-Infrastruktur. Es ist eine über das Internet erreichbare 3D VR (virtuelle Welt), in der man soziale Kontakte aufbauen und wirtschaftlich tätig sein kann.
2004 **World of Warcraft** Rollenspiel (MMORPG)	Ein Rollenspiel mit höchstem Suchtpotenzial (10 Mio. Accounts). Es wurde 2004 von der Firma Blizzard Entertainment veröffentlicht. Es ist aus 3D-Spielen in Vogelperspektive hervorgegangen und gilt als eines der besten 3D-Spiele. Es ist grafisch sehr interessant und umfangreich.

Tabelle 5.1   Die Geschichte der Computerspiele (Forts.)

5.8   Zusammenfassung

Nun ist dies zwar kein Buch über Computerspiele, trotzdem wäre es vermessen gewesen, die Spiele zu übergehen, schließlich geht's um Spaß am Programmieren. Und es steht außer Zweifel, dass gerade die Spieleprogrammierer den meisten Spaß mit dem Computer bewirkt haben.

Bereits die ersten Rechner an den Forschungsinstituten und Universitäten verlockten ihre Programmierer dazu, mal etwas anderes zu versuchen, als nur trockene Zahlen. So entstanden auch bald die ersten Spiele. Wir können das nachempfinden. Wir haben uns mit solch einem Spiel beschäftigt, und zwar Sudoku, das ja auch aus Zahlen besteht. Es zeigte sich, dass es gar nicht so einfach ist, so etwas zu programmieren. Deshalb programmieren wir es hier nicht selbst, sondern zeigen nur ein Beispiel aus Forth.

In die Geschichte der Spiele sind wir mit Pong eingestiegen, dem Spiel, das vom Gründer der Firma Atari stammt. Das Original war zwar auf Hardwarebasis realisiert und für den Fernseher gedacht, trotzdem ließ es sich recht einfach in Java nachprogrammieren. Mehr als ein paar weiße Balken gab es damals auch gar nicht zu sehen.

Neben den Geschicklichkeitsspielen waren es zuerst die Rollenspiele, die als textbasierende Spiele mit dem Computer realisiert wurden. Das erste Spiel war Dungeons und Dragons (Verliese und Drachen). Es hatte als Strategiespiel mit Papier und Bleistift begonnen und wurde in dieser Form sehr erfolgreich verkauft. Die Umsetzung auf Computer sollte aber noch viel erfolgreicher werden. Es wurde die Geburtsstunde einer ganz neuen Ära, die der Computerspiele, die mit dem Auftauchen der Heimcomputer in ihre schöpferischste Phase trat.

Auf die reinen Textspiele folgten bald grafische Versionen, die sich von Welten aus ASCII-Zeichen, zu 2D-Darstellungen, über Gittergrafiken in 3D, zu gerenderten 3D-Welten fortentwickelten.

Es kamen andere Spielformen hinzu, wie die Jump-and-Run-Spiele. Und erste Helden wie Super Mario. Schließlich kamen die Ballerspiele und schlussendlich Ego-Shooter. Einige Spiele wurden so erfolgreich, dass man sie schließlich sogar verfilmte. Aber es gibt nicht nur Sonnenseiten, es gibt auch Schatten. Zu viel Spielen kann schädlich sein, und das in vielerlei Hinsicht. Das gilt auch für Entwicklungen wie MMORPGs, also Spiele für Millionen Mitspieler. Aber auch für neue Ideen wie Second Life, eine virtuelle Welt, in der man agieren kann, wie in der Wirklichkeit.

5.8.1 Noch mehr Spaß

Spielen

Die Spiele von heute im Internet zu finden, ist nicht schwer, deshalb hat die Tabelle der Webseiten auch nicht übermäßig viele Einträge. Außerdem ist die Zeit auf dem Gebiet der Computerspiele so schnelllebig, dass es sich kaum lohnt, die Webseiten zu notieren. Bis sie veröffentlicht sind, hat ihr Inhalt bereits gewechselt. Sehenswert sind Spielemonster wie World of Warcraft allemal. Solange man sich darüber im Klaren ist, auf was man sich einlässt, kann man sich den Spaß durchaus einmal gönnen und einen Blick in diese Welt der Fantasie riskieren.

Möchte man andererseits die alten Spiele wirklich noch einmal sehen, findet man im Netz durchaus spielbare Versionen z. B. von Super Mario u. Ä. als Flash-Spiel oder als Java-Lösung.

Insbesondere die Möglichkeit **Lemmings,** online zu spielen, sollte man sich nicht entgehen lassen. Es ist wirklich eine interessante Spielidee.

Es tauchen auch immer wieder einfache Spiele auf, die trotz der Einfachheit ihre Anhänger finden. Ein schönes Beispiel ist **Moorhuhn**.

Einmal Hacker sein

Besonders reizvolle Spiele sind die, bei denen der Computer selbst im Mittelpunkt des Spiels steht. Es gibt sie in verschiedenen Ausführungen. Eines dieser Spiele ist **Hack The Game V. 1.21** (Abbildung 5.21). Man nimmt den Platz eines Hackers vor seinem Rechner ein und hat die Aufgabe, in verschiedene Rechnersysteme einzudringen.

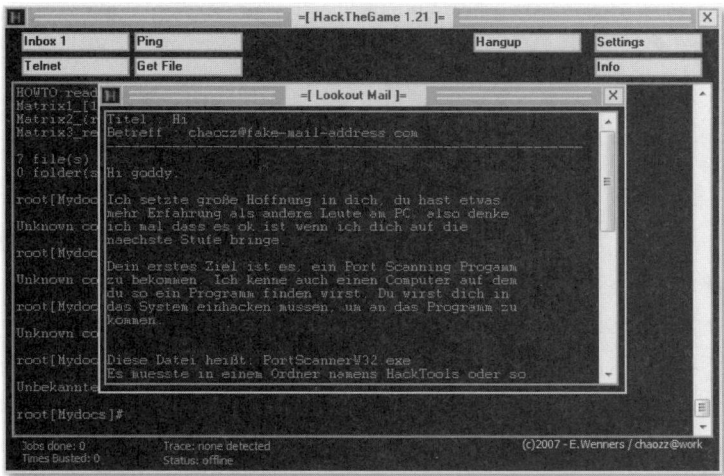

Abbildung 5.21 Hacker spielen

Es befindet sich auf der DVD unter: *Software zum Buch\Kap05\Hacker\ HackTheGame121.zip*.

Zur Installation braucht es nur entpackt zu werden. Man beginnt das Spiel, indem man in seine Mailbox (Inbox1) sieht. Mehr wird nicht verraten...

Virtuelle Welten

Natürlich kann auch der Ausflug in virtuelle Welten ganz interessant sein. Insbesondere die Möglichkeit 3D-Figuren in Second Life zu programmieren, kann sehr viel Spaß machen. Man sollte jedoch wissen, auf was man sich einlässt, wenn man seine Freizeit in virtuellen Räumen verbringt. Deshalb wurde die Programmierung in diesem Bereich auch hier nicht ausführlicher besprochen.

Wir werden aber im nächsten Kapitel näher auf 3D-Programmierung eingehen.

5.8.2 Webseiten zum Kapitel

URL	Beschreibung
http://www.sw-stein.de/abi08/ Hexeneinmaleins/hexe.pdf	Entzauberung einer faustischen Textstelle
http://www.freegames24.de/ onlinegames/spaceinvaders.html	SpaceInvaders Online-Spiel
http://www.rpguides.de/dnd/index.php	DnD Pen & Paper Spiel
http://www.dungeons-and-dragons.de/ ddalt.html	Deutsche Dungeons-und-Dragons-Seite
http://www.mamedev.org/	Arcade-Spieleemulator
http://www.tombraider.com/ anniversary/	Lara Croft-Homepage
http://user.it.uu.se/~alexb/ entertainment/pacman/index.html	PacMan-Spiel im Internet
http://www.atari.com/nwn2/motb/US/ index.html	Neverwinter Nights 2
http://lemmings.mytrash.tv/	Lemmings online spielen
http://www.bioware.com/games/ baldurs_gate	Balders Gate Homepage
http://unreal.com/index2.html	Ureal Homepage
http://de.secondlife.com/	SecondLife-Homepage
http://www.filmstarts.de/produkt/ 38301,Doom.html	DOOM-Filmkritik
http://www.wow-europe.com/de/ index.xml	World of Warcraft deutsch
http://www.warcraftrealms.com/ activity.php	Die Spieleraktivität bei WoW
http://www.moorhuhn.de/	Moorhuhn-Seite
http://lemmings.softonic.de/mac	Lemmings für Mac
http://software.web.de/suche/ computerspiele/724	Spiele für den Mac

5.8.3 Weiterführende Literatur zum Kapitel

Robin Wilson, Sudoku Lösungsbuch, Bassermann Verlag, 2007

Matthias Melzer, Second Life-Programmierung mit Linden Scripting Language, Hanser, 2007

Christian Wirsing, Das große Lexikon der Computerspiele (Lexikon Imprint), Schwarzkopf & Schwarzkopf, 2003

Paul A. C. Kail, FORTH. Einführung und vollständiger Programmierkurs in FORTH, Oldenburg 1988

Nachdem ein Blick in die Geschichte der Computerspiele geworfen wurde, soll jetzt hinter die Kulissen von 3D-Welten und VR geschaut werden. Mit den zur Verfügung stehenden Mitteln lässt sich zumindest ansatzweise nachvollziehen, wie man 3D-Welten entwickelt und in virtuelle Welten abtaucht.

6 Bunte Welten

6.1 Vom Sternenkrieger zum echten Ritter

Das kleine Büro schmiegte sich wie eine Nähe suchende Katze an die Mauer, die die Welt der Träume, das Filmgelände, von der Außenwelt trennte. Der junge Mann am Mischpult wurde nicht müde, sich die Szenen wieder und wieder anzusehen. Es galt, die Musik optimal auf das Geschehen im Film anzupassen. Er vertonte einen Werbefilm zu einem gigantischen Filmereignis: dem ersten **Star Trek**-Kinofilm. Vielleicht hegte er die Hoffnung, bei einem der nächsten großen SF-Filme als offizieller Mitarbeiter für die Hintergrundmusik engagiert zu werden. Keine unbegründete Hoffnung, denn er sollte für seine Werbefilmvertonung den Clio Award gewinnen. Außerdem hatte er an fast 30 Musikalben mitgearbeitet.

Doch an diesem Abend war er mit seinen Tapes nicht zufrieden. Irgendwie hatte ihn eine Filmszene so beeindruckt, dass er von dieser Idee, die ihn erfasst hatte, nicht mehr loskam. Die Szene hatte **John Charles Dykstra** gedreht, ein Fachmann für filmische Spezialeffekte und Erfinder der **Dykstraflex** Computerkamera. Dykstra war fast auf den Tag genau zehn Jahre älter als er und hatte schon viel Geld mit seinem Können in Sachen Spezialeffekte verdient. Würde er, **Kai Krause**, das auch schaffen? Nach dem Essener Gymnasium war er mit 19 Jahren nach Kalifornien ausgebüchst, um sein Glück zu machen.

Der erhoffte große Erfolg blieb schließlich doch aus. So kam es, dass er sich an die Stunden hinter dem Syntesizer erinnerte, als er die Soundeffekte für Starwars sampelte. Seine Idee war, dass man mit dem Computer gewiss noch bessere Bilder machen konnte, als Dykstra mit seiner Kamera. Inzischen hatte sich der Computer weiterentwickelt und die Möglichkeiten schienen kurz vor der Realisierung. Es gab bereits große Grafikprogramme wie **Photoshop**, die mit entsprechenden Plug-Ins erweitert werden konnten. Genau das wollte

Kai Krause tun. Also verkaufte er 1990 sein gesamtes Musikequipment an **Neil Young** und machte sich daran, Programme für Grafiker zu entwickeln.

Sie bekamen den Namen **Kai's Power Tools** (KPT) und sollten ihn berühmt machen. Es folgte **Kai's Power Goo** ein Programm, nicht nur für Designer, dass Fotos verzerren konnte – ein Kultprogramm. Sein Markenzeichen dabei wurde eine Bedienoberfläche, die sehr nutzerfreundlich und sehr ungewöhnlich gestaltet war.

Der finanzielle Erfolg erlaubte es ihm, einige Firmen zu gründen. Am bekanntesten wurde **MetaCreations**, die 1997 aus der Fusion von MetaTools und Fractal Design entstand. Seine erfolgreichsten Produkte wurden **Bryce** und **Poser**.

6.1.1 Bryce

Nach einem Canyon in Utah benannt, handelt es sich bei Bryce um einen Landschaftsgenerator, der aus einer Hand voll Einstellungen eine individuell gestaltete Landschaft generiert. Für die Version 2 erstellte Kai Krause eine neue revolutionäre Bedienungsoberfläche.

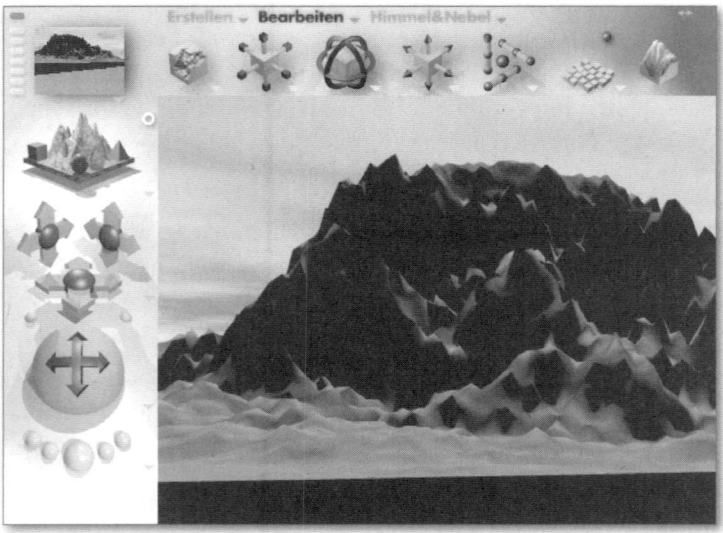

Abbildung 6.1 Die revolutionäre Oberfläche von Bryce 2

Mit 3D-Elementen kann der Nutzer die Gestaltung seiner Landschaft intuitiv durchführen. Es ist sofort ersichtlich, wofür die Bedienungselemente gedacht sind, weil sie ihre Funktion durch Lage und Gestalt deutlich machen. Die Version 3 war die letzte Version des Programms, die unter der Regie von Kai Krause entstand. Nach dem Konkurs seiner Firma MetaCreations wurde Bryce an

Corel verkauft. Corel brachte zwei neue Versionen des Programms auf den Markt, bevor es an DAZ Productions weiterverkaufte. Kai's geniale Oberfläche blieb mit Einschränkungen bis heute erhalten.

6.1.2   Poser

Das zweite größere Produkt von Kai's Firma MetaCreations ist das Figuren-Animationsprogramm **Poser**. Es ist zwar nicht von Kai's Firma **MetaTools** erfunden worden, sondern von **Larry Weinberg** für **Fractal Design**, aber beide Firmen verschmolzen zu MetaCreations, und Kai Krauses Handschrift erkennt man an der Benutzeroberfläche mehr als deutlich. Ursprünglich war Poser dazu gedacht, die bei bildenden Künstlern übliche Gliederpuppe zu ersetzen. Das gelang bereits mit den ersten Versionen sehr gut. Aber mit der Version 3 wurde das Gliederpuppen-Niveau verlassen (Abbildung 6.2). Mit der neusten Version 7 ist es ohne weiteres möglich, virtuelle Menschen zu erschaffen, die so gut sind, wie die Gestalten aus den animierten Hollywood-Filmen.

Abbildung 6.2   Poser V 4 mit der Oberfläche von Kai Krause

Poser bietet natürlich auch die Möglichkeit, mit einer integrierten Programmiersprache an 3D-Grafiken zu arbeiten. Es ist die OOP-Sprache **Python**. Sie wird oft als integrierte Sprache genutzt, so z. B. in **Gimp**, das in diesem Buch kurz angesprochen wird, in OpenOffice und in den Grafiksystemen **Maya** und **Blender**. Letzteres werden wir uns noch ansehen.

Python ist eine einfache und gut durchdachte Sprache. Möchte man eine neue Sprache lernen, ist sie keine schlechte Wahl. Entwickelt wurde sie um 1990 am Centrum voor Wiskunde en Informatica in Amsterdam von **Guido van Rossum**. Gedacht war sie als Nachfolger für die Programmier-Lehrsprache ABC und die Plattform, zu der sie entwickelt wurde, ist das Betriebssystem **Amoeba**. Prof. Andrew S. Tanenbaum, den Sie im Buch schon kennenlernten, hatte es mit seinen Kollegen entwickelt. Es ist ein echtes verteiltes System mit Microkernel. Jeder, der damit arbeitet, hat einen virtuellen Rechner zur Verfügung, der keine physische Entsprechung braucht. Ein sehr interessantes System, mit dem bereits Linus Torvalds Erfahrungen zum Betriebssystembau sammelte.

Doch zurück zu 3D-Grafiken.

Weil Poser jedoch nur zum Arrangieren von 3D-Figuren und nicht zu deren Erschaffung gedacht ist, wird immer ein zusätzliches Grafikprogramm benötigt, um mit Poser neue Figuren entwickeln zu können.

Nachdem die Dotcom-Blase im März 2000 endgültig zerplatzte und viele der neuen Internetfirmen mit ins finanzielle Aus riss – auch Krauses Firmen –, zerplatzten nicht nur die Träume vieler Anleger. Auch zahlreiche Ideen von Kai Krause konnten nun nicht mehr verwirklicht werden. Gerade hatte er begonnen, auch neue Hardware zu entwickeln.

Kai Krause kehrte Amerika den Rücken und kam nach Deutschland zurück. Er übernahm die Burg Rheineck, die von 1993 bis 1999 leer gestanden hatte. Zuvor war sie eine Art Konferenzhotel. Die wechselvolle Geschichte der Burg gipfelte nun darin, dass sie als »Byteburg« zu einem Zentrum innovativer Forschungen auf dem Gebiet der EDV wurde.

Die Idee Kai Krauses war die, mit Burg Rheineck einen Ort zu schaffen, der als Treffpunkt für Künstler, Forscher, Entwickler und Unternehmen aus dem Bereich der Computergrafik und neuen Medien fungiert. Hier hoffte er in der Ruhe der massiven Mauern einer Burg die neuen Ideen wachsen zu sehen, die die Zukunft der Informationstechnologie mit bestimmen werden. Schließlich gilt er immer noch als einer der größten Innovationsträger auf diesem Gebiet, wie zahlreiche Auszeichnungen belegen.

Bevor die Entwickler einzogen, wurde die Burg mit entsprechend leistungsfähigem Equipment ausgestattet und entsprechende Glasfaser-Verkabelungen für Internetanschlüsse und Netzwerke durch die alten Mauern gezogen.

Man darf gespannt sein, welche revolutionären Entwicklungen bald aus den kalten Mauern einer alten Rheinburg in die glitzernde Welt der Computer hinaustreten.

6.2   Blender – Grafik in höchsten Tönen

Kai Krauses Programme gibt es nicht kostenfrei, aber ein Programm, das sich durchaus mit diesen messen lässt, auch wenn die Bedienung nicht so überzeugt wie bei den Programmen des Meisters der Nutzerfreundlichkeit. Das Programm nennt sich **Blender** und ist unter der GPL lizenziert, also kostenfrei aus dem Internet zu laden. Die Leistungsfähigkeit bleibt nicht hinter den kostenpflichtigen Programmen wie **Maya** oder Ähnlichem zurück.

Maya wurde übrigens für die Erstellung der »Shrek«-Filme und »Findet Nemo« eingesetzt. Auch mit Blender wurde bereits ein Film erstellt, der heißt »Elephants Dream«.

Die Geschichte von Blender begann 1988 in den Niederlanden. **Ton Roosendaal** hatte sich entschlossen, mit Kollegen ein Studio für Grafik und bewegte Animationen zu gründen, mit Namen **NeoGeo**. Der Zeitpunkt war gut gewählt und NeoGeo wuchs zu einem erfolgreichen Animationsstudio in Europa heran und gewann zahlreiche Preise.

Die verwendete Software war nicht zufriedenstellend, deshalb entschloss man sich, ein eigenes Grafikprogramm zu schreiben. Das war 1995 und somit das Geburtsjahr von Blender. Bald waren auch andere Büros an diesem Programm interessiert, und Ton Roosendaal gliederte Blender in die neu gegründete Firma NaN aus. Die Erfolgsgeschichte bekam jedoch einen kleinen Knick, und unter neuen Investoren wurde Blender schließlich eingestellt.

Die Nutzergemeinde zeigte jedoch weiterhin großes Interesse an dem Programm. Daher fasste man den Entschluss, die **Blender Foundation** zu gründen, um einen Weg zu finden, die Entwicklung und Verbreitung von Blender in Form eines Open-Source-Projekts weiterzuführen. Durch eine Sammlung bekam man so viel Geld zusammen, dass man Blender von den NaN Investoren kaufen und der Open-Source-Gemeinde zur Verfügung stellen konnte. Das war Ende 2002.

Seitdem wird das Programm von freiwilligen Helfern aus der ganzen Welt weiterentwickelt und steht den Nutzern kostenlos zur Verfügung. Was eine sehr schöne Sache ist. Grafikprogramme dieser Leistungsfähigkeit sind normalerweise sehr teuer.

Blender hat Funktionen wie die UV-Texturierung (das ist eine Oberflächengrafik, die mit bestimmten Punkten auf die Oberfläche gespannt wird) oder die Lippensynchronisation für sprechende Figuren. Vor allen Dingen aber kann man mit Blender eine Figur von Grund auf neu erschaffen.

Man findet Blender im Internet unter:

http://www.blender.org/download/get-blender/

Es ist aber auch auf der DVD unter: *Software zum Buch\Kap06\Blender\blender-2.45-windows.*

Das Programm Blender wird weiter nicht installiert, sondern einfach nur in ein Verzeichnis der Festplatte entpackt. Falls es schon entpackt ist, genügt es, das Programmverzeichnis einfach auf die Festplatte zu kopieren. Die entpackten Dateien können auch auf der DVD direkt gestartet werden.

Blender besitzt recht kleine Bedienelemente und ist etwas gewöhnungsbedürftig, was die Bedienung angeht. Außerdem sind die einzelnen Funktionen sehr zahlreich und umfangreich, sodass wir es unmöglich in diesem Kapitel ganz besprechen können. Zum Glück gibt es reichlich Literatur zu Blender und ausführliche Handbücher, sodass man es leicht selbst erlernen kann. Besonders zu empfehlen ist das Handbuch unter wikibooks. Die Seite zur Bedienung finden Sie im Internet über:

http://de.wikibooks.org/wiki/Blender_Dokumentation:_Die_Blenderbedienung_ verstehen

Es gibt im Blender-Verzeichnis auch eine Kurzanleitung *BlenderQuickStart.pdf*, die man sich vorab ansehen sollte.

Nachdem das Programm gestartet wurde, ist zunächst einmal wichtig, dass man mit Num+Strg+F6 zwischen den einzelnen Ansichten von Blender hin und herschalten kann. Den Namen der Ansicht sehen Sie in der Mitte oben in der Combobox, falls Sie den Header oben stehen haben. Mit dieser Box lässt sich die Ansicht auch bequem ohne Tastencode wechseln.

Schalten Sie zunächst einmal in die **Material**-Ansicht, weil Sie hier bereits drei Teilfenster haben. Versuchen Sie sich im Öffnen und Schließen von Teilfenstern. Befindet sich der Mauszeiger auf einem Fensterrand, verwandelt er sich in einen Doppelpfeil und Sie können mit der rechten Maustaste bestimmen, ob Sie Fenster teilen (Split Area), verschmelzen (Join Area) oder eine Kopfleiste anbringen (Add Header).

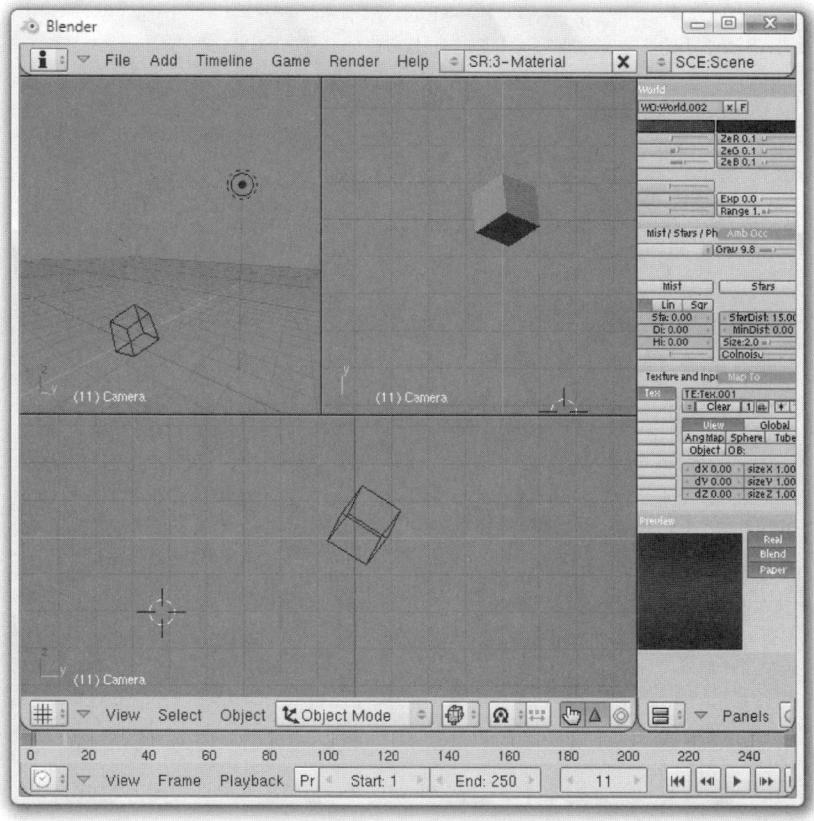

Abbildung 6.3 Blender mit drei Ansichten auf einem Würfel

Für Kenner: 3D mit Blender

Nun wollen wir uns daranmachen, den Diamanten zu zeichnen, der uns bereits das ganze Buch hindurch begleitet hat. Er soll aus zwei Pyramiden aufgebaut werden. Zuerst erzeugen Sie eine Pyramide aus einem Grundkörper und spiegeln ihn. Um die Eingaben zu verfolgen, lassen Sie ein Arbeitsfenster, am besten das untere, offen und erzeugen drei Fenster darüber, in denen Sie jeweils eine der drei Koordinatenachsen sehen. Haben Sie die drei Fenster erstellt (siehe oben), schalten Sie sie entsprechend um. Num1 für die Sicht entlang der Y-Achse, Num7 für die Z-Achse (den Blick von oben) und Num3 für den Blick in die X-Richtung (Abbildung 6.4).

Jetzt stellen Sie in der unteren Combobox auf **Object-Mode** um. Das ist wichtig, um Objekte als Ganzes auswählen zu können. Den Würfel anklicken, bis er einen hellblauen Rand hat, und mit der X-Taste löschen. Das Programm fragt noch einmal nach.

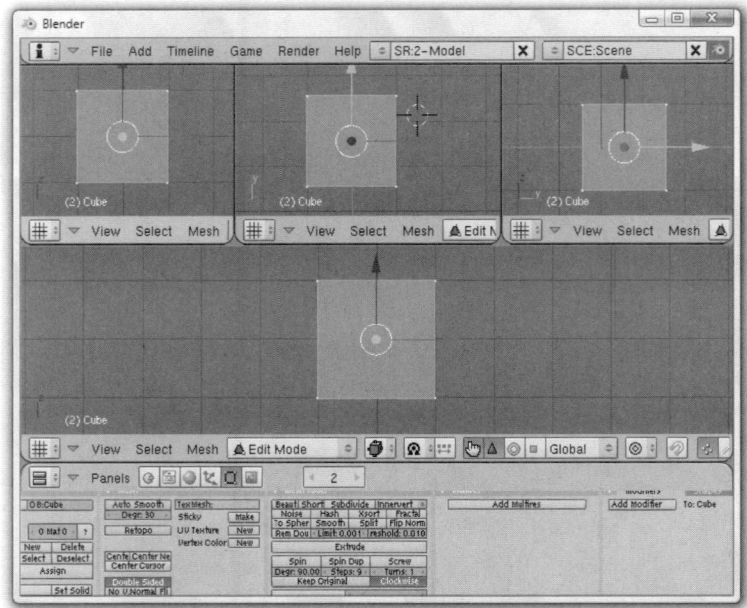

Abbildung 6.4 Blender mit vier Fenstern

Nun geht es darum, die erste Hälfte des Diamanten zu zeichnen. Hierzu tippen Sie die Leertaste an. Ein Menü öffnet sich und Sie wählen: **Add • Mesh • Cone**.

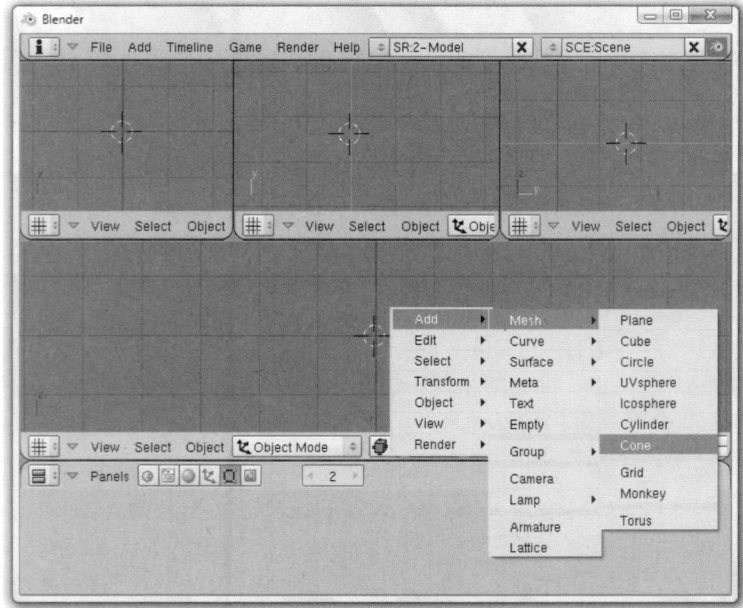

Abbildung 6.5 Grundkörper Cone auswählen

In einem kleinen Dialog wird nach den Kanten und dem Radius gefragt. Sie stellen Vertices auf 3 oder auf 4. Schon sehen Sie die erste Hälfte des Steins. Er lässt sich in den einzelnen Fenstern zentrieren, wenn Sie das Scrollrad der Maus und die Tasten ⟨⇧⟩ und ⟨Ctrl⟩ nutzen. Der Cursor muss auf dem jeweiligen Fenster stehen. Man kann mit diesen Tasten auch vergrößern und verkleinern. Die gleiche Funktionalität bieten auch die Schaltflächen. Meist sind diese aber nach dem Start etwas klein.

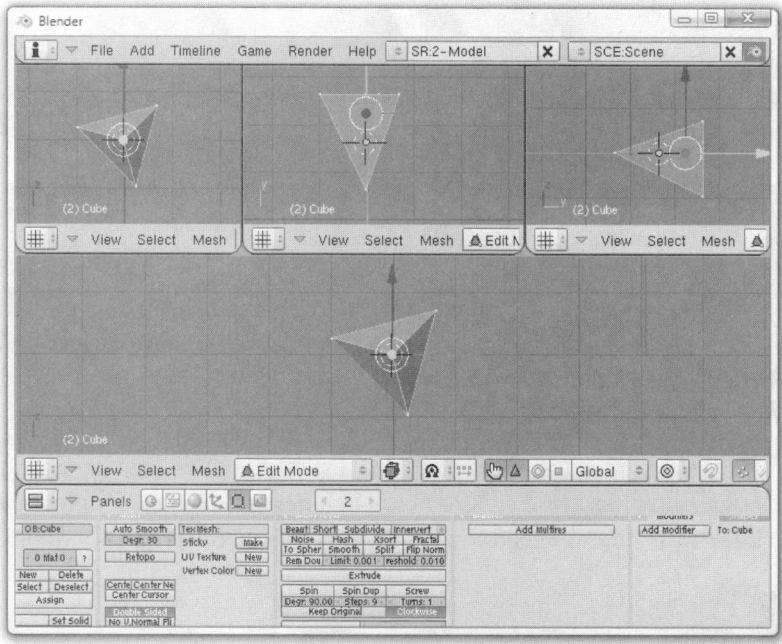

Abbildung 6.6 Die Diamantsplitter

Nun müssen die Weltkoordinaten und die Objektkoordinaten miteinander abgeglichen werden. Das können Sie über die Menüpunkte: **Object • Clear/ Apply • Apply Scale/Rotation**.

Das Menü ist nur sichtbar, wenn man sich im Objekt-Modus (Object Mode) befindet. Wahrscheinlich passiert nichts, weil die Systeme sich noch überdecken. Sie müssen den halben Stein so verschieben, dass er mit der Unterkante genau auf dem globalen Mittelpunkt liegt. Denn um diesen Mittelpunkt wird gespiegelt. Dazu schalten Sie zunächst in den **edit Modus** und wählen danach über das Menü alles aus mit: **Select • Select/Deselect all**.

Wenn Sie nun etwas greifen und bewegen, verformen Sie den Körper. Deshalb drücken Sie die ⟨G⟩-Taste (Vorsicht, die Maus erst einmal nicht bewegen). Somit werden alle ausgewählten Punkte in die Verschiebeaktion einbezogen.

Die Maustaste braucht nicht gedrückt zu werden, das Objekt hängt schon an der Maus.

Das globale Zentrum wird als kleiner Punkt angezeigt. Er muss genau auf der Unterseite zu liegen kommen. Das geht am besten in der X-Ansicht (Abbildung 6.7).

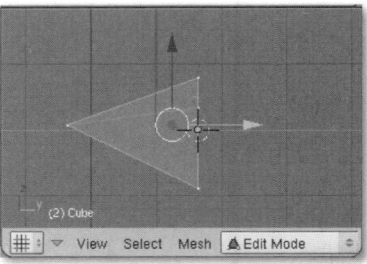

Abbildung 6.7 Auf den globalen Mittelpunkt verschieben

Nun braucht nur noch gespiegelt zu werden. Hierzu wählen Sie in dem großen Bedienfeld bei den Panels **Editing** aus und dort in der Gruppe **Modifiers** den **Add modifier** an: **Add modifier · mirror**.

Nun gilt es nur noch die Achse festzulegen, um die gespiegelt werden soll (Abbildung 6.8). In unserem Fall wird es Y sein. Es könnte aber auch sein, dass Sie sich vertan haben und eine andere Achse nehmen müssen. Sie können die Achsen einfach zu- und abschalten und das Ergebnis betrachten (Abbildung 6.9).

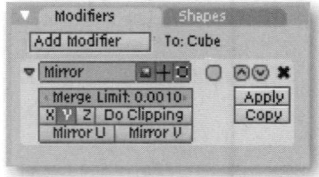

Abbildung 6.8 Die Spiegelachse auf y stellen

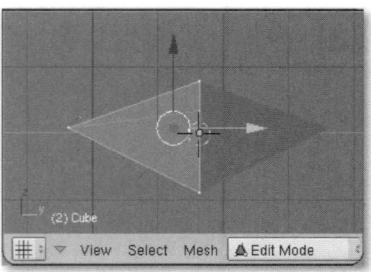

Abbildung 6.9 Der Diamant mit zwei Spitzen

Sie können das **Merge Limit** vergrößern, damit die Körper auch wirklich verschmelzen.

Nun muss das Werk nur noch in Szene gesetzt und schließlich gerendert werden. Also auf **Object mode** gehen. Sinnvoll ist es auch, auf die Kamerasicht zu schalten. Hierfür nutzen Sie wieder die obere Combobox oder [Num]+[Ctrl] und [6]. So lange drücken, bis ein Fenster mit einer Art Bildschirmrand sichtbar ist. Das ist der Blick, den später das fertig gerenderte Bild zeigt. Drehen wollen wir numerisch gesteuert. Hierzu den Cursor auf ein Fenster setzen und die Taste [N] antippen. Es wird ein kleiner Dialog geöffnet, der die Koordinaten und die Drehungen um die Achsen anzeigt. Hiermit lassen sich nun die Werte der Drehungen so lange ändern, bis der Diamant einen halbwegs guten Eindruck macht. Rendern kann man übrigens mit der Funktionstaste [F12]. Die Objekte lassen sich in dieser Ansicht auch bewegen.

Jetzt geht es zurück in die Modellansicht.

Es gilt, das Objekt in ein noch günstigeres Licht zu setzen. Dazu klicken Sie auf dem Schaltflächenbereich das Lampensymbol an. Es wird zwar umgeschaltet, aber viel ist nicht zu sehen, ganz einfach weil noch kein Licht aufgestellt ist. Das geht auch über **Add**, mit der Leertaste und **Add • Lamp • Lamp**.

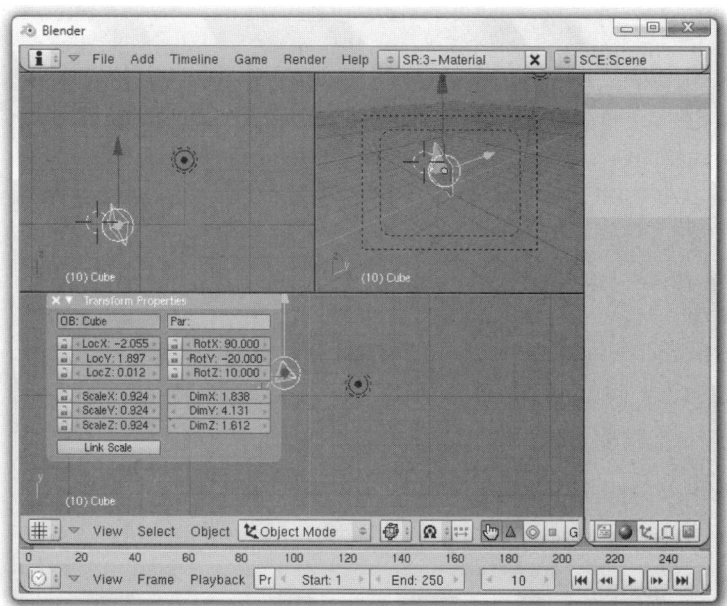

Abbildung 6.10 Den Stein in Position setzen

Es gibt fünf Lampenformen. Reichlich Gelegenheit, um Versuche zu starten. Am Ende erscheint etwas wie in Abbildung 6.11.

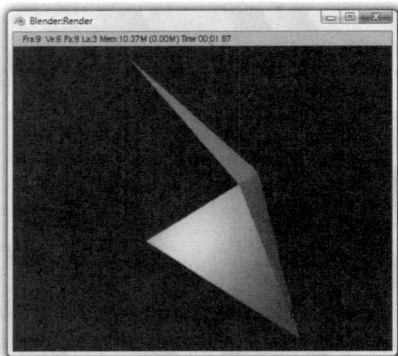

Abbildung 6.11   Der fertige, gerenderte Diamant

Wer die fertige Blender-Datei laden möchte – sie liegt auf der DVD unter *Software zum Buch\Kap06\Blender\Dateien\Diamant.blend*.

Natürlich ist das bei weitem nicht alles, was man mit Blender machen kann. Aber es war ein Einstieg, den man nachvollziehen konnte, um eine Vorstellung zu gewinnen, wie man mit solch einem Werkzeug arbeitet.

Nun aber zur Programmierung von Blender mit Python. Das ist ein wirklich weites Feld. Auch nur halbwegs diese hochinteressante Form der Programmierung zu zeigen, würde den Rahmen dieses Buches sprengen. Wir wollen uns aber zumindest ansehen, wie ein Python-Programm ausschaut und es nutzen. Hierzu wechseln wir wieder auf eine andere Ansicht, und zwar in die **Scripting Ansicht**. Rechter Hand sieht man nun eine Editierfläche. Hier hinein laden wir mit der rechten Maustaste oder mit dem Filemenü **Open** (ins Verzeichnis **Scripts** wechseln) die Datei *vrml97_export.py*.

Blender zeigt den Code des Exportprogramms. Es lässt sich schon sehen, dass auch Python von der Syntax her der ALGOL-Familie angehört. Allerdings gibt es auch Klassen, und außerdem kann man mit Python, wie mit Lisp, funktional programmieren.

Hier ein kleines Bruchstück des Programms:

```
############################################
# Global Variables
############################################

scene = Blender.Scene.getCurrent()
world = Blender.World.GetCurrent()
worldmat = Blender.Texture.Get()
filename = Blender.Get('filename')
_safeOverwrite = True
```

```
extension = ''
ARG=''
```

Es werden Variablen gefüllt: die Szene und die Welt, wie auch die genutzte Textur. Der gewünschte Dateiname wird vom Nutzer erfragt.

Nutzen Sie das Programm einmal, und zwar über das Menü **File • Export • VRML 97**.

Wählen Sie **All Objects** aus. Die Datei speichern Sie so ab, dass Sie sie auch wiederfinden. Zum Beispiel unter *C:\temp* als *diamant.wrl*.

Außerdem können Sie den Diamanten auch im Nachfolgeformat X3D abspeichern.

Wir werden noch einmal auf die Dateien zurückkommen.

Ein etwas komplexeres Beispiel findet sich in Blender selbst. Es ist das Maskottchen, ein Äffchen (Abbildung 6.12). Wir können es über **Leertaste • Add • Mesh • Monkey** einfügen. Die Funktion **SetSmooth** unter **Link and materials** im **Editing** Panel glättet es.

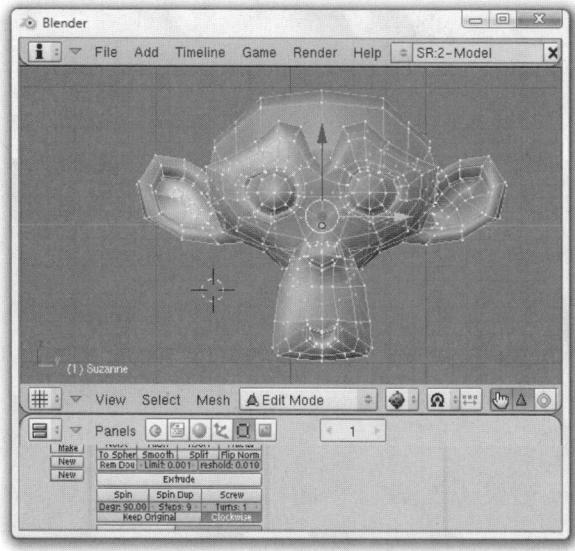

Abbildung 6.12   Das Maskottchen von Blender

Blender selbst hat bereits eine ausgezeichnete Renderengine. Man spricht übrigens von **Raytracer**, wenn das Programm die Lichtstrahlen und ihre Reflexionen berechnet, um ein möglichst realistisches Bild zu erzeugen. Aber es geht noch besser. **YafRay** ist ein fotorealistisches Renderprogramm, das ebenfalls unter der Open-Source-Lizenz steht. Es verarbeitet direkt Dateien aus Blender.

Ein Blick auf die Homepage lohnt sich in jedem Fall:

http://www.yafray.org/

Besonders sehenswert ist natürlich die Gallery.

Abbildung 6.13   »Fotos« aus dem Computer mit YafRay

6.3   Blender in Eigenbau

Ein Programm wie Blender selbst programmieren? Sie schlagen die Hände über dem Kopf zusammen? Natürlich ist das eine Arbeit von Jahren, sonst hätte Ton Rosendahl seine Zeit nicht gut genutzt.

Aber wenigstens die Grundzüge?

Für ein 3D-Programm, gleich welcher Art, gilt es, zwei große Probleme zu lösen. Das ist einmal die Projektion der dreidimensionalen Gegenstände auf die zweidimensionale Oberfläche des Monitors. Das betrifft zunächst einmal nur die Form. Denn dreidimensionale Gebilde sehen immer anders aus, je nachdem, aus welcher Perspektive sie betrachtet werden. Genau das will berechnet werden. Das zweite Problem ist die Farbe und damit die Beleuchtung. Auch diese ändert sich, je nachdem, aus welchem Blickwinkel man auf den Gegenstand sieht. Außerdem kommt es noch darauf an, wie er beleuchtet wird.

Für Kenner: 3D-Grafik

Fangen wir also an. Auch diesmal wollen wir uns ein großes Vorbild nehmen und in die Zauberkiste des Java-Erfinders James Gosling greifen. Das heißt, eines seiner Java-Beispiele nachzuvollziehen. Es findet sich unter den Demos des JDKs, das wir installiert haben, z. B.:

jdk1.6.0\demo\applets\WireFrame\example1

Es handelt sich um einen einfachen Würfel. Er lässt sich mit der Maus greifen und hin und her drehen. Unabhängig von diesen interaktiven Möglichkeiten ist es eine übliche 3D-Darstellung in Gitterform. Im Grunde sind es nur Linien, die je nach Stellung des virtuellen Gegenstandes berechnet werden.

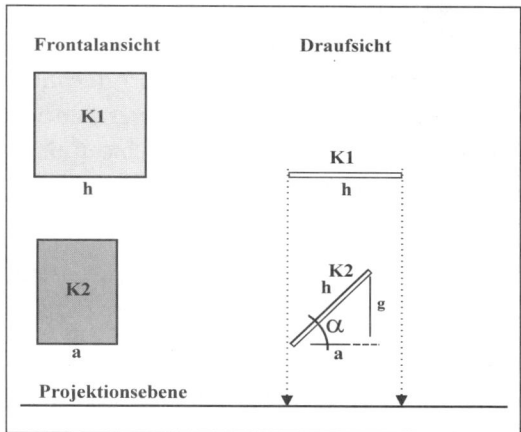

Abbildung 6.14 Die Berechnung von Streckenverkürzungen

Nehmen wir beispielsweise einen von uns aufgestellten Karton, K1. Er hat die Breite **h**. Sie erscheint zu **a** verkürzt, wenn wir den Karton etwas schräg stellen, K2. Die Berechnung der neuen Länge a ergibt sich aus dem Winkel α zu:

```
a = cos α * h
```

h = Hypotenuse, a = Ankathete und g = Gegenkathete

Für den Winkel 35^0 ergäbe sich bspw. eine neue Länge von 16,4, wenn h die Länge 20 hätte. Im Grunde also keine Zauberei. Nur dass wir für jede Linie die Schrägstellung berechnen müssten. Wenn unser Gitterkörper nun 1000 Linien hat, macht dies 1000 Berechnungen. Dazu hat die Mathematik aber auch längst eine Lösung entwickelt, die sogenannte Matrizenrechnung. Keine Angst, wir werden nun keine Vektor- oder Matrizenrechnung besprechen. Wir nehmen es einfach mal hin und programmieren damit. Außerdem hat es Herr Gosling optimal für uns umgesetzt.

Wenn wir uns seine Drehenmethode in der Datei *Matrix3D.java* anschauen, entdecken wir **cos** und die Multiplikation, von der wir gesprochen haben:

```
/** rotate theta degrees about the y axis */
void yrot(double theta) {
theta *= (pi / 180);
double ct = Math.cos(theta);
double st = Math.sin(theta);

float Nxx = (float) (xx * ct + zx * st);
float Nxy = (float) (xy * ct + zy * st);
float Nxz = (float) (xz * ct + zz * st);
float Nxo = (float) (xo * ct + zo * st);
```

Im Prinzip funktioniert es schon wie beschrieben. Wenn wir den Karton nehmen und ihn weiter weg aufstellen, wird er auch kürzer. Man spricht von der perspektivischen Verkürzung. Im Grunde kann man sie ähnlich errechnen. Auch dabei gibt es einen Winkel und zwei Längen. Somit beherrschen wir Drehbewegungen und lineare Bewegungen. Viel mehr gibt es auch gar nicht. Wer das alles etwas genauer erkunden möchte: es gibt zu diesen Problemen der räumlichen Darstellung Literatur genug, auch im Internet.

Natürlich hat James Gosling kein Programm geschrieben, das einen Würfel dreht, sondern ein Programm für alle denkbaren 3D-Objekte. Wir werden diese Dateien verwenden.

Weil uns das Programm doch etwas einfach scheint, verbessern wir es ein klein wenig. Ohne viel zu ändern, kann man aus Herrn Goslings genialem Ansatz ein ganz brauchbares Programm machen. Die Urheberrechte bleiben natürlich beim Java-Erfinder.

Für Kenner: Java-Programm 3DMaster

Das Programm mit Namen 3DMaster befindet sich auf der DVD unter: *Software zum Buch\Kap06\3DMaster\3DMaster.jar*.

Diesmal genügt es nicht, nur die Jar-Datei doppelt anzuklicken, sondern sie muss mit der Java Virtual Machine gestartet werden, weil noch ein Parameter mitgegeben wird, nämlich der Name der 3D-Datei.

Das könnte dann so aussehen:

```
java -jar 3DMaster.jar diamant.obj
```

Die Obj-Datei enthält die Objektbeschreibung zu dem Diamanten, aber nur eine Fläche, den Rest als Drahtmodell (Abbildung 6.15). Dadurch können Sie sich diese ansehen und damit experimentieren. Vielleicht sollten Sie das Modell ganz als Drahtmodell oder ganz als Gittermodell ausgeben. Die anderen Dateien sind die Beispiele aus dem JDK-Demo-Verzeichnis.

Das Objekt kann nach wie vor mit der Maus bewegt werden. Zusätzlich habe ich einen Bediendialog geschrieben, der aus einfachen Schaltflächen und einem Textfeld besteht. Im Textfeld kann die Datei angegeben werden, die angezeigt werden soll. Die Schaltfläche **Neu** lädt dann das entsprechende Objekt. Es ist möglich, hinein und heraus zu zoomen und in alle Achsrichtungen im positiven und negativen Sinn rotieren zu lassen.

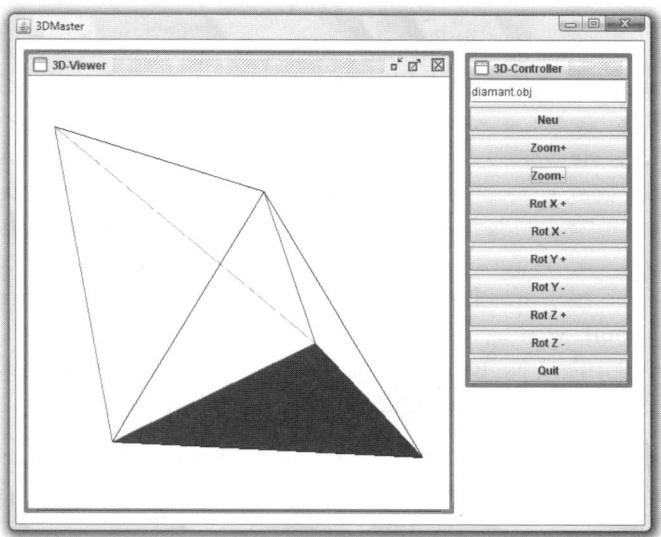

Abbildung 6.15 3DMaster mit dem Diamanten

Hinsichtlich der Programmierung ist das kein Problem gewesen. Die Klasse Matrix3D enthielt bereits alle erforderlichen Methoden, die es nur noch aufzurufen galt. Wie die bereits erwähnte Methode zum Drehen in der Y-Achse:

```
void yrot(double theta)
```

Nutzt man negative Werte, dreht sich das Objekt in die entgegengesetzte Richtung.

So einfach das Programm auch ist, es zeigt sehr schön, wie ein 3D-Programm funktioniert. Ob es nun ein reines Darstellungsprogramm ist oder eins wie Blender, mit dem man 3D-Objekte erstellen kann. Wenn Sie sich unser *Diamant.obj* ansehen, werden Sie auch feststellen, wie man so ein Objekt beschreiben kann:

```
v 0.5 0.5 2
v 0 0 1
```

```
v 0.5 1 1
v 1 0 1
v 0.5 0.5 0
l 1 2
l 1 3
```

Hinter v folgen drei Koordinaten, die den Punkt im Raum angeben. Hinter l wird festgelegt, von welchem Punkt zu welchem Punkt eine Linie zu ziehen ist. So ist l 1 2 eine Linie von Punkt v 0.5 0.5 2 zu Punkt v 0 0 1.

f 1 2 4 spannt eine Fläche zwischen den Punkten 1, 2 und 4.

Auch wenn es ganz gut funktioniert, so ist das Programm noch lange kein vollwertiges 3D-Werkzeug oder gar ein Raytracer. Wenn Sie genauer hingesehen haben, konnten Sie feststellen, dass die Fläche immer in der Reihenfolge gezeichnet wird, in der sie vom Programm aus der Objektdatei ausgelesen wurde. Nun wäre es aber sinnvoll, die hinten liegenden Flächen zuerst zu zeichnen und die vorn liegenden zuletzt, sonst verdeckt die Hinterseite die Vorderseite eines Objekts, was unschöne Effekte zeigt. Dazu muss man schon einen virtuellen Beobachter annehmen und seinen Standpunkt. Ebenso ist nicht allein der Abstand wichtig, weil ein längliches Objekt durchaus eine Rückseite haben kann, die teilweise näher als die Vorderseite liegt. Es muss also beim Objekt konkret errechnet werden, welche Fläche wo vorn liegt.

Im Verzeichnis liegt auch das Eclipse-Projekt mit den Quellen. Wer sich als Java-Kenner daran versuchen möchte, kann es gerne tun.

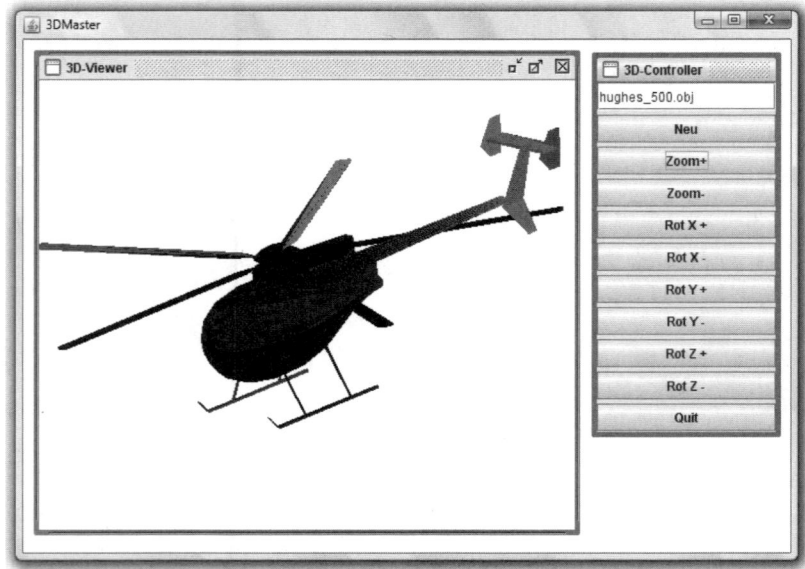

Abbildung 6.16 Ein Hubschrauber

Das war zwar jetzt kein Fotorealismus, aber immerhin ein Anfang. Wollen wir doch mal sehen, wie man das noch verbessern kann.

Die Entwickler um James Gosling haben natürlich schnell erkannt, dass mit Java auch ernsthafte 3D-Anwendungen geschrieben werden können. Von vornherein haben sie die Möglichkeit vorgesehen, Java zu erweitern. Es gibt verschiedene sogenannte APIs, unter anderem auch 3D-APIs. So kann man nun wirklich professionell 3D-Räume erzeugen, ohne selbst alles auszuprogrammieren, wie das James Gosling in seinen Beispielen gemacht hat.

Die API heißt einfach **Java 3D** und ist auf der SUN Homepage erhältlich:

http://java.sun.com/products/java-media/3D/download.html

Informationen dazu findet man ab Seite:

http://java.sun.com/products/java-media/3D/

Die API liegt aber auch auf der DVD unter: *Software zum Buch\Kap06\Java3D*.

Das Verzeichnis enthält die Dokumentation und die API sowie etliche Beispiele. Einige Beispiele wurden hier als Jar-Datei exportiert, damit sie sich jeder ansehen kann.

Das Getriebebeispiel (Abbildung 6.17) ist auch dabei. Es dreht sich selbstständig, während man es mithilfe der Maus von allen Seiten studieren kann.

Abbildung 6.17 Ein Getriebebeispiel mit Java 3D von SUN

Für den Spezialisten unter den Lesern sollte es kein Problem sein, mit der 3D API ein einfaches 3D-Java-Programm zu erstellen. Anhand der Beispiele lässt sich die Vorgehensweise studieren.

Man muss 3D API installiert haben (gegebenenfalls über ein bestehendes JDK installieren), um die Beispiele starten zu können (das gilt auch für die Jar-Dateien). Die Installationsroutine sucht sich die bestehende Java-Installation. Daher wird auch ein Anfänger sie hinbekommen. Versuchen wir es einmal.

Die Jar-Dateien befnden sich auf der DVD unter: *Software zum Buch\Kap06\Java3D\Beispiele*.

Wer sich für den Quellcode interessiert, findet ihn in einer gepackten Datei unter: *Software zum Buch\Kap06\Java3D\demos*. Die Datei heißt: *j3d-examples-1_5_1-src.zip*.

Danach kann man aus den gepackten Beispielen ein Eclipse-Projekt machen. Einfach den Inhalt der gepackten Datei in ein Eclipse Workspace kopieren und als neues Projekt einbinden. Die API-Dokumentation ist ebenfalls mit auf der DVD.

Für Könner: Java 3D

Natürlich lassen wir es uns nicht nehmen, den Diamanten auch in Java zu programmieren. Das fertige Programm findet man auf der DVD: *Software zum Buch\Kap06\Java3D\Beispiele\Diamant.jar*.

Es ist, wie üblich, eine Jar-Datei. Das Ganze sieht etwas einfach aus. Aber einfach ist es natürlich nicht. Deshalb liegt die Lösung auch als Eclipse-Teilprojekt bei (*Software zum Buch\Kap06\Java3D\Diamant*).

Es handelt sich um das *src*-Verzeichnis. Möchte man es in die 3D-Beispiele von SUN mit aufnehmen, kopiert man alles genau in dieses Verzeichnis.

Auch in Java 3D geht man ähnlich vor wie in Blender. Genau deshalb haben wir auch das Zeichenprogramm genutzt. Sonst ist der Java-Code noch schwerer zu verstehen. Es gibt den gleichen Grundkörper, **Cone**.

```
// Erzeuge eine Pyramide
//
// Cone(Radius, Höhe, Flags, Teilung (Anzahl Flächen) X,
// Teilung Y , Aussehen)
Cone spitze = new Cone(0.6f, 0.8f, 5, 4, ori, app);
```

Nur dieses Mal nehmen wir vier Kanten, weil sonst alles noch komplizierter wird.

Diese Anweisung stammt aus der Methode, die eine Pyramide erzeugt. Wie bei Blender werden die Objekte immer im Koordinatenmittelpunkt gebaut und müssen von dort transformiert werden. Sie werden also dorthin verschoben, wo sie am Ende liegen sollen.

Dafür gibt es extra Transformationsobjekte:

```
// Pyramide muss positioniert werden
Transform3D t = new Transform3D();
t.set(scale, pos);
TransformGroup objTrans = new TransformGroup(t);
```

In diese Transformation wird das eigentliche Objekt gesteckt.

```
objTrans.addChild(spitze);
```

Nun muss man nur noch ein ganzes Universum darum bauen, und schon hat man eine schöne 3D-Szene.

Abbildung 6.18 Der Diamant als Java-3D-Programm

Zur Erinnerung: Ist die 3D API nicht installiert, werden diese Beispiele nicht laufen, und wenn man sich mit Eclipse daran versuchen möchte, muss man auch dort die 3D API einbinden (Abbildung 6.19).

Also im Grunde ist das Ganze nicht einmal so schwierig. Trotzdem sollten Sie es nicht unterschätzen. Wenn Sie einigermaßen mit Java-Code umgehen können und Sie 3D-Szenen wirklich reizen, kann 3D Java allerdings ein tolles Hobby sein.

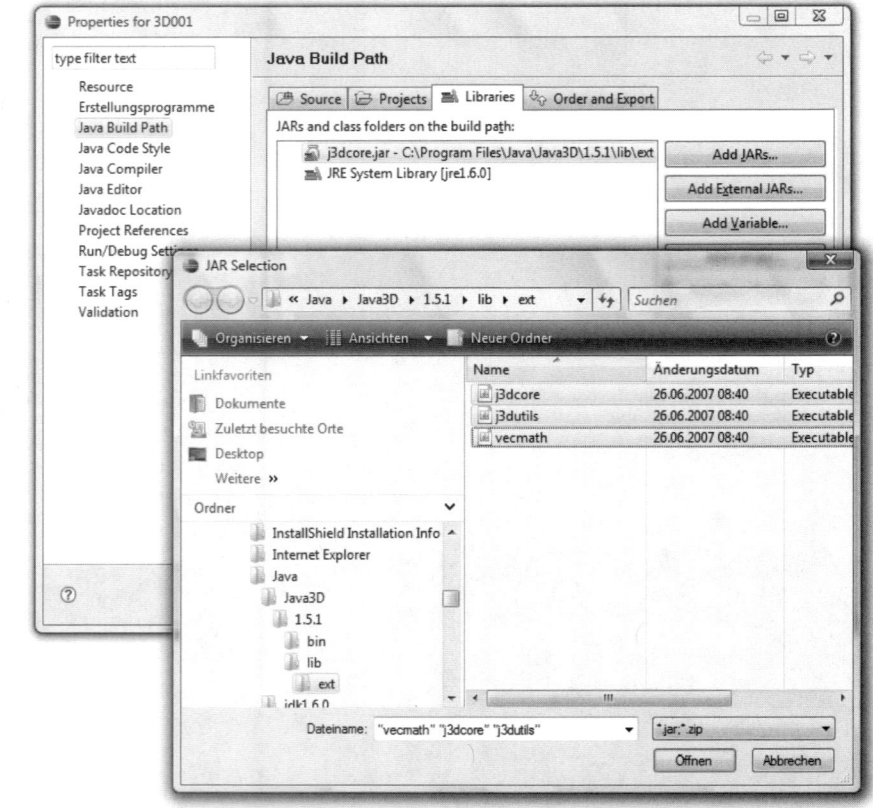

Abbildung 6.19 3D API mit Eclipse nutzen

Vor Jahren hatte man schon die Idee, das Internet dürfte nicht nur zweidimensionale Webseiten zeigen, sondern auch Räume, in denen man sich bewegen kann. Nun kann man von Webdesignern nicht verlangen, dass sie solche Gebilde in Java programmieren oder mit Blender zeichnen. Es musste einen einfacheren Weg geben. Dazu erfand man die 3D-Beschreibungssprache **VRML**, d. h. **Virtual Reality Markup Language**, übersetzt: »Beschreibungssprache für virtuelle Realität«.

Vielleicht war da schon so etwas wie SecondLife in der Planung, in jedem Fall war in diese Richtung gedacht. Allerdings ist das schon so lange her, dass VRML inzwischen überholt ist. Der Nachfolger nennt sich kürzer und moderner **X3D**. Davor gab es noch eine Zwischenversion **VRML2**.

Um einen Blick in diese 3D-Welten werfen zu können, benötigt der Browser ein spezielles Plug-in oder einen Viewer, der diese Dateien ohne Browser anzeigen kann. Also im Grunde genommen etwas wie den SecondLife-Client, der ebenfalls solche 3D-Einblicke ermöglicht.

Wir haben drei VRML-Werkzeuge auf der DVD, die sich in dem folgenden Verzeichnis befinden: *Software zum Buch\Kap06\VRML*.

Es sind die Programme:

▶ **Octaga Player**
Ein Programm zum Darstellen von VRML- und X3D-Szenen. Die Szenen können durchwandert und Objekte in alle Richtungen bewegt werden.

▶ **BS Contakt**
Darstellungen von VRML- und X3D-Dateien. Zahlreiche Einstellungen zur Beleuchtung und Darstellung sind möglich.

▶ **X3D Edit 3.2**
Ein Werkzeug zum Erstellen und Ansehen von VRML- und X3D-Dateien.

Wir laden unsere Diamant-VRML-Datei einfach einmal mit diesen Werkzeugen und schauen uns an, was man damit tun kann (Abbildung 6.20).

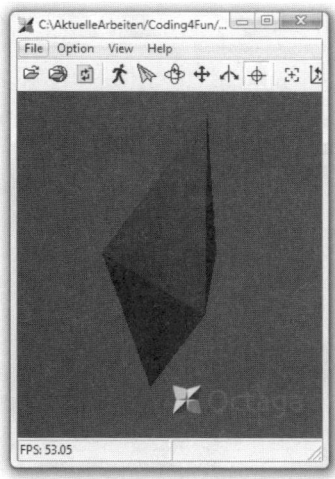

Abbildung 6.20 Der Diamant im Octaga-Viewer

Die Objekte lassen sich beliebig drehen und so von allen Seiten betrachten. Man kann die Lampen ein- und ausschalten. Wenn wir auf unseren Diamanten zulaufen, stellen wir fest, dass wir daran abprallen. Er wird also so simuliert, als wäre er tatsächlich als fester Gegenstand vorhanden.

Der **Octaga Player** zeigt VRML tadellos an, bei X3D-Dateien hat er etwas Probleme mit der Positionierung. Dagegen stellt der **BS Contact Viewer** beide Dateiformen tadellos dar.

Aber auch die Python-Datei in Blender, die unser X3D-Dateien erstellt, scheint Probleme zu haben. So hat sie nur den halben Diamanten konvertiert.

Für Könner: X3D

Schauen wir uns doch einmal die erzeugten Dateien mit einem Editor an.

Hier die X3D Datei:

```xml
<?xml version="1.0" encoding="UTF-8"?>
<!DOCTYPE X3D PUBLIC "ISO//Web3D//DTD X3D 3.0//EN" "http://
www.web3d.org/specifications/x3d-3.0.dtd">
<X3D version="3.0" profile="Immersive" xmlns:xsd="http://
www.w3.org/2001/XMLSchema-instance"
xsd:noNamespaceSchemaLocation="http://www.web3d.org/
specifications/x3d-3.0.xsd">
<head>
  <meta name="filename" content="diamant.blend" />
  <meta name="generator" content="Blender 245" />
  <meta name="translator" content="X3D exporter v1.55 (2006/01/
    17)" />
</head>
<Scene>

<NavigationInfo headlight="FALSE" visibilityLimit="100.0"
type="EXAMINE, ANY" avatarSize="0.25, 1.75, 0.75" />

<Background groundColor="0.057 0.221 0.4" skyColor="0.057 0.221
 0.4" />

<Transform DEF="rsvd_Cone" translation="-0.936 -0.037 -1.043">
  <Shape>
    <Appearance>
    <Material DEF="MA_Material" diffuseColor="0.447 0.071 0.071"
    specularColor="0.401 0.401 0.401" emissiveColor="0.0 0.0 0.0"
    ambientIntensity="0.167" shininess="0.098" transparency="0.0"
    />
    </Appearance>
    <IndexedFaceSet solid="true" coordIndex="1 0 3 -1, 3 2 1 -1,
      3 0 2 -1, 4 0 1 -1, 4 1 2 -1, 2 0 4 -1, ">
      <Coordinate DEF="coord_rsvd_Cone"
        point="-0.676691 0.807014 -1.034778, -0.228403 -0.866019
        -1.034778, -1.901436 -0.417731 -1.034778, -0.935510
        -0.158912 0.965222, -0.935510 -0.158912 -1.034778, " />
    </IndexedFaceSet>
  </Shape>
</Transform>

<PointLight DEF="Lamp" ambientIntensity="0.0" color="1.0 1.0 1.0"
```

```
    intensity="0.571" radius="29.9999828339" location="4.076
    1.005 5.904" />

<Viewpoint DEF="Camera" description="Camera" centerOfRotation=
    "0 0 0" position="7.48 5.34 6.51" orientation="-1.05 1.91
    0.47 0.93" fieldOfView="0.661" />
</Scene>
</X3D>
```

Es lässt sich erkennen, dass Objekt, Kamera und Licht darin definiert sind. Es gibt Transformationen, also Verschiebungen und feste Definitionen für Farben und Positionen in der virtuellen Welt.

Es sollte auffallen, dass im Grunde alles aufgeführt ist, was wir mit Blender gemacht haben. Ebenso ist eine große Ähnlichkeit zu unserer 3D-Java-Datei zu erkennen. Die X3D Datei ist wesentlich stärker gegliedert als die VRML-Datei, insbesondere dort, wo das Objekt beschrieben wird. X3D ist auch, wie gesagt, eine Weiterentwicklung von VRML.

Es sollte ganz interessant sein, Werte direkt in der Datei zu ändern und zu sehen, welche Auswirkungen die Änderungen auf das Objekt haben.

Die Viewer für X3D und VRML sind teilweise Demoprogramme, die entsprechende Einschränkungen aufweisen.

6.4 Virtual Reality

Im Zusammenhang mit 3D-Darstellungen stößt man immer wieder auf den Begriff **Virtuelle Realität** (VR, engl. *Cyberspace*).

William Gibson verwendete den Begriff 1985 in seinem Roman »Neuromancer« und verhalf ihm so zu großer Popularität. Der Roman erzählt die Geschichte eines Hackers, der mit der Arbeit für einen KI-Computer einen medizinischen Eingriff bezahlt. Der Roman, als Teil einer Trilogie, ist eine der direkten Vorlagen für den Kultfilm »Matrix« aus dem Jahr 1999.

Virtuelle Realität ist bei uns etwa seit Beginn der 90er des vorigen Jahrhunderts bekannt. Es geht dabei um die Einbindung von Nutzern in die 3D-Welt des Rechners auf eine Weise, die dem Nutzer eine zweite Realität vorgaukelt. Das gelingt umso besser, je perfekter verschiedene Zusatzgeräte, z. B. VR-Brillen und Kopfhörer, mit Computer und Nutzer interagieren können. Der Begriff regte vor allem die Fantasie der Medienschaffenden an. Es gibt zahlreiche Filme, die sich mit diesem Thema auseinandersetzen, und nicht wenige weitere Begriffe, die mit diesem Oberbegriff gebildet wurden. Selbst der von uns so oft genutzte Begriff der virtuellen Rechner ist nur deshalb so geläufig, weil das Präfix »virtuell« sich seit »Neuromancer« und der virtuellen Realität so breit machen konnte.

Weitere Begriffe, die in diesem Zusammenhang entstanden sind:

- **Cyberpunk**
- **Cyberreality**
- **Cyberwelt**
- **Cyberkosmos**
- **Cyberuniversum**
- **Cybersex**
- **Cybergame**

Um für den Anwender den Eindruck einer virtuellen Realität zu erzeugen, ist es erforderlich, ihn möglichst stark von der Wirklichkeit abzukoppeln. Außerdem muss der Rechner, der die virtuelle Realität steuert, durch Sensoren genau über die Interaktionen des Nutzers informiert sein.

Das erreicht man durch einen **VR Helm**, der das gesamte Sehfeld aufbaut und gleichzeitig die Kopfbewegungen an den Rechner meldet. Die Problematik besteht darin, dass die Interaktionen des restlichen Körpers sowie die Einwirkung der Umwelt auf den Körper mit Wärme, Kälte, Gravitation usw. unberücksichtigt bleiben.

Es gibt zwar Versuche, auch das in den Griff zu bekommen, z. B. durch gyroskopähnliche Gestelle, in die der Nutzer eingehängt wird. Beispielsweise so, wie sie in dem Film »Der Rasenmähermann« gezeigt wurden, der auf einer Vorlage von Steven King beruht. Als einziges Interaktionsmittel hat sich bisher der sogenannte Datenhandschuh (*Data Glove*) etabliert. Mit ihm werden die Bewegungen einer Hand an den Computer übertragen.

Lediglich der Einsatz von VR in sogenannten **Simulatoren** in der Ausbildung und in der Unterhaltungsindustrie liefert befriedigende Ergebnisse. Solche Simulatoren sind jedoch extrem teuer.

Deshalb ging das Interesse an der VR in letzter Zeit etwas zurück, weil es nicht gelang, diese Probleme befriedigend und vor allem kostengünstig zu lösen.

Trotzdem wird VR bereits auf vielen Gebieten eingesetzt, und zahlreiche neue Einsatzgebiete scheinen zukünftig möglich. Heutige Einsatzfelder sind z. B.:

- Kampfpilotenausbildung im militärischen Bereich
- virtuelle Schießstände bei Polizei und Militär
- Verkehrspilotenausbildung im Simulator
- Schiffssimulatoren
- Fahrschulen für Spezialfahrzeuge

▶ Architekten verwenden virtuelle Modelle ihrer Entwürfe, Designer modellieren ihre Mode, ihren Schmuck und Kunstwerke in der VR.

Weitere und zukünftige Anwendungsfelder wären z. B. das 3D-Fernsehen, Fernsteuerung von Robotern jeder Art, virtueller Urlaub und virtuelle Konferenzen.

Eine heute schon futuristisch anmutende Entwicklung ist die virtuelle Internetwelt **SecondLife**. Wir hatten diese im vorigen Kapitel bereits angesprochen. Wenn Sie so wollen, ist es eine Art VR für alle und mit allen. Sie ist wie die reale Welt angelegt, in der man Produkte kaufen und für Geld arbeiten kann. Es wurden inzwischen sogar von großen Reiseunternehmen virtuelle Reisen in diese andere Welt angeboten. Tatsächlich zur zweiten Wirklichkeit werden solche Entwicklungen, wenn es gelingt, mit entsprechenden Peripheriegeräten, wie VR-Brille und Ganzkörperanzug, lebensnah in diese zweite Welt einzusteigen. Was bisher nur wie ein Blick in einen Spiegel wirkt, nimmt den Datenreisenden letztendlich völlig gefangen. Fraglich, ob so etwas ohne Folgen bleibt. Gewiß wird es bald auch ganz neue Krankheitsbilder geben, die auf zu viel VR-Konsum zurückzuführen sind. Vielleicht können diese dann vom virtuellen Arzt im Cyberspace behandelt werden?

Abbildung 6.21 Fotorealistisch gerendertes Mädchengesicht

Die Realitätsnähe der Computerspiele wird weiter zunehmen. Sie werden am Ende wie Spielfilme wirken, an denen der Spieler als Avatar teilnehmen kann und auf deren Verlauf er entsprechend Einfluss nimmt.

Vor allem aber werden diese Filme in 3D und Echtzeit durchgerechnet, sodass man die Figuren von allen Seiten betrachten kann.

Schauspieler wird es nur noch am realen Theater geben. Es wird aufwendiger sein, die Akteure von allen Seiten zu filmen (scannen), um dann 3D-Computergestalten aus ihnen zu machen, als die Szenen gleich im Computer zu erstellen.

Gewiss gibt es dann auch endlich Filme mit den Hauptdarstellern Rudolpho Valentino, Marilyn Monroe, Shirley Temple und Roger Moore in ein und demselben Film.

6.5   Zusammenfassung

Eine bunte Welt voller scheinbarer Wirklichkeiten hat sich uns in diesem Kapitel erschlossen. Trotz der weiten Kreise, die wir gezogen haben, konnte nicht alles aufgezeigt werden, was es in diesem Sektor der Informatik gibt.

Um näheren Kontakt mit der 3D-Grafik zu bekommen, haben wir uns, bevor wir die revolutionären Grafikprogramme von Kai Krause betrachtet haben, darangemacht, selbst eine 3D-Grafik zu erstellen. Eingesetzt haben wir dazu das Programm Blender, das man kostenlos über das Internet beziehen kann. Es bietet alle Möglichkeiten eines guten Animations- und Renderprogramms. 3D-Objekte zu erstellen ist jedoch nicht einfach. Deshalb haben wir uns eine Darstellung unseres beliebten Diamanten vorgenommen. Wir haben gesehen, dass man von Standardkörpern ausgeht, die sich verschieben, drehen oder spiegeln lassen. Es gibt weitere Möglichkeiten mit einem Programm wie Blender. Allerdings kostet es etwas Zeit, sie zu erlernen. Wir haben auch gesehen, dass dieses Programm eine vollwertige Programmiersprache enthält, Python. Wir konnten uns nur kurz damit beschäftigen. Python ist eine moderne Spache, die sich auch als Anfängersprache eignet, weil sie relativ einfach ist.

Nach Blender haben wir für die Java-Spezialisten einen einfachen Renderer aufgebaut, der auf Code von James Gosling, dem Erfinder von Java, zurückreicht.

Wo wir schon bei Java waren, haben wir gleich noch einen Abstecher zur Java 3D API gemacht. Das ist ein Klassenpaket, das speziell auf die 3D-Darstellung zugeschnitten ist. Es kann von SUN bezogen werden.

Hiermit lässt sich im Grunde alles, was man mit Blender zeichnen kann, auch in Form eines Programms erstellen. Man hat ein sogenanntes Universum, in das man Objekte ablegt und sie per Transformation verändert oder verschiebt.

Ganz ähnlich wird das auch in VRML oder X3D gemacht. Das sind zwei Beschreibungssprachen für 3D-Welten im Internet. Wobei X3D bereits der Nachfolger von VRML ist.

Die Sprachen sind die Grundlagen für Entwicklungen wie SecondLife und ähnliche Projekte sowie 3D-Spiele im Internet.

6.5.1 Noch mehr Spaß

Grafiken designen

Natürlich ist auch diesmal der Spaß nicht ausgeblieben. Wenn virtuelle Welten keinen Spaß mehr machen, hier noch ein paar Tipps, um das Thema zu vertiefen. Es gibt zahlreiche Grafikwerkzeuge, die man als zeitlich begrenzte Demoversionen von der Herstellerwebseite beziehen kann. Es lohnt sich durchaus, das eine oder andere Programm genauer anzusehen.

Was die Leistungsfähigkeit angeht, so orientiert man sich am besten an den Bildern, die die zahlreichen Hobbygrafiker während ihrer Freizeit erstellt haben. Im Internet findet man entsprechende Galerieseiten, auf der solche Bilder gezeigt werden. Eine Galerie, die Grafiken aller gängigen Programme zeigt, ist beispielsweise:

http://www.creative-3d.net/3DGallery.cfm

Einige Hersteller haben zeitlich begrenzt sogar Vollversionen verschenkt. Allerdings waren in diesen Tagen die Server so stark überlastet, dass man kaum in der Lage war, ein Programm zu downloaden.

Python lernen

Python ist eine sehr interessante Programmiersprache. Bei ihrer Entwicklung wurde Wert auf Einfachheit gelegt. Man hat die Elemente der Sprache so weit wie möglich reduziert. In vielen Sprachen kann man z. B. Schleifen auf verschiedenste Weise realisieren. Eigentlich eine unnötige Verunsicherung des Entwicklers. Python versucht hier, immer nur einen brauchbaren Lösungsweg zu bieten.

Python ist auch interessant, weil es in vielen Produkten als integrierte Sprache enthalten ist. Es könnte sich also durchaus lohnen, diese Sprache zu erlernen.

6.5.2 Webseiten zum Kapitel

URL	Beschreibung
http://de.wikipedia.org/wiki/X3D	X3D-Seite bei Wikipedia
http://www.blender.org/	Blender-Homepage
http://www.blender.org/download/get-blender/	Download von Blender
http://de.wikibooks.org/wiki/ Blender_Dokumentation	deutsches Blenderhandbuch
http://de.wikibooks.org/wiki/Blender	Blender-Handbuch
http://www.bitmanagement.com/demos/ demos.de.html	3D-Tool-Anbieter

URL	Beschreibung
http://www.web3d.org/	Web 3D Consortium
http://www.daz3d.com/	DAZ-Homepage
http://www.zeit.de/1995/30/ Der_Herr_der_Landschaften	Artikel über Kai Krause
http://www.heise.de/ct/97/05/078/	Krauses Ideen
http://www.larryweinberg.com	Homepage des Poser-Erfinders
http://www.e-frontier.com/	Anbieter von Poser
http://www.autodesk.com/maya	Maya-Homepage
http://www.yafray.org/	Yafray-Homepage
http://www.vrvis.at	Kompetenzzentrum VR
http://www.vrml2.de/	gute VRML-Seite
https://java3d.dev.java.net/	interessante 3D-Seite von SUN
http://www.web3d.org/x3d/content/ README.X3D-Edit.html	Freier X3D Editor
http://vrml.cip.ica.uni-stuttgart.de/dune/	Seite zu VRML97
http://www.web3d.org/x3d/wiki/index.php	3D-Wiki mit viel Doku
http://www.octaga.com/joomla/index.php	Octaga-Software für 3D-Visualisierung
http://www.caligari.com	3D Software Truespace mit Lernfilmen
http://sweet-home-3d.softonic.de/mac	3D Wohnungsplanung für den Mac
http://winfuture.de/news,44146.html	Apples 3D Oberfläche
http://www.filou.de/rhino3d/rhino.htm	Rhino Homepage
http://community.irhino3d.com	Rhino 3D für Mac

6.5.3   Weiterführende Literatur zum Kapitel

Johannes Ernesti und *Peter Kaiser*, Python, Galileo Press, 2008

Thomas Theis, Einstieg in Python, Galileo Press, 2002

Arndt von Koenigsmarck, Femme digitale, Addison-Wesley, 2006

Joachim Gartz, Das Praxisbuch zu Corel Bryce 5, SmartBooks Publishing AG, 2001

Thomas Hintz und *Philip Plescher*, Blender. Einführung in die 3D-Modellierung, Open Source Press, 2008

Mark Pesce, VRML, Hanser, 2002

TEIL III
Ordnung im Chaos

»Die Aufgabe der heutigen Kunst scheint es, Chaos in die Ordnung zu bringen.«
– Theodor W. Adorno

Die Chaostheorie wurde von Benoît Mandelbrots Ideen stark beeinflusst.
Er fand die »Mandelbrot-Menge« und stellte sie grafisch dar. Die ästhe-
tisch sehr ansprechenden Bilder, oft auch als Apfelmännchen bezeichnet,
gehören zu den schönsten Computergrafiken überhaupt.
Doch was steckt hinter all den farbigen Ornamenten? Wir wollen in die-
sem Kapitel versuchen, Ordnung in das Chaos zu bringen.

7 Das Chaos kommt ins Spiel

7.1 Chaos als Kunst

Nachdem Computer so weit entwickelt waren, dass sie grafische Darstellungen auf farbigen Monitoren sichtbar machten, interessierten sich plötzlich auch Künstler für die blechernen Kunstgehirne, obwohl Kunst und Computer sich eigentlich widersprechen. Man erdachte sich allerlei Formeln, die kunstvolle Farbgebilde auf den Monitor zauberten. Verschiedene Richtungen bildeten sich aus, während einige versuchten, das Unverstellbare mit dem Computer sichtbar zu machen, probierten andere sich an 3D-Welten. Das ging so weit, dass manche Bildhauer sogar Hammer und Meißel mit Tastatur und Joystick tauschten, um virtuelle Plastiken zu erschaffen.

Aber einer übertraf sie alle, Benoît Mandelbrot, der Vater der Chaostheorie. Ohne es zu wollen, schuf er Kunstwerke, wie sie vorher noch nie ein Mensch sah, und trotzdem waren sie einem vom ersten Anblick an vertraut. Beschäftigen wir uns also einmal eingehender damit.

Starten Sie dafür Ihren Ubuntu-Rechner und schauen Sie sich an, welche Software darauf installiert ist.

Es geht darum, das Programm **XaoS** zu finden, das für Linux entwickelt wurde, also auch unter Ubuntu lauffähig ist. Falls es nicht zu finden ist, muss man es nachträglich aus dem Internet installieren. Dazu wählt man die Menüpunkte: **Anwendungen · Hinzufügen/Entfernen** (Abbildung 7.1).

Ein großer Dialog öffnet sich. In dem Dialog werden die Programmgruppen und ein Teil der installierten Programme angezeigt. Damit wir nicht ewig suchen müssen, geben wir in das Textfeld **zu Suchen** »XaoS« ein und betätigen die ⏎-Taste (Abbildung 7.2).

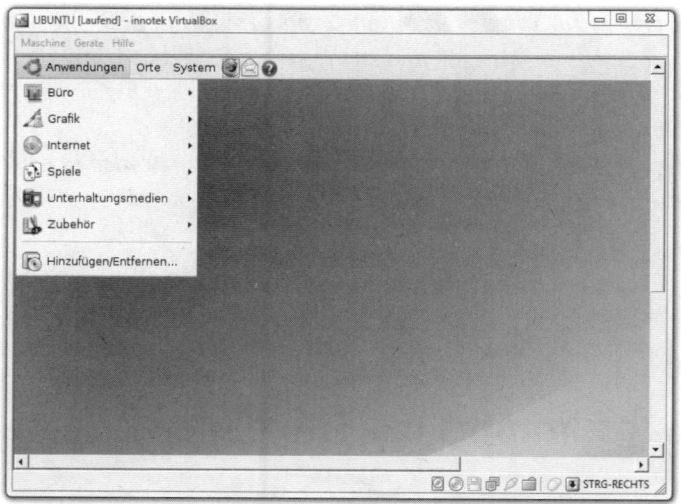

Abbildung 7.1 Software hinzufügen/entfernen

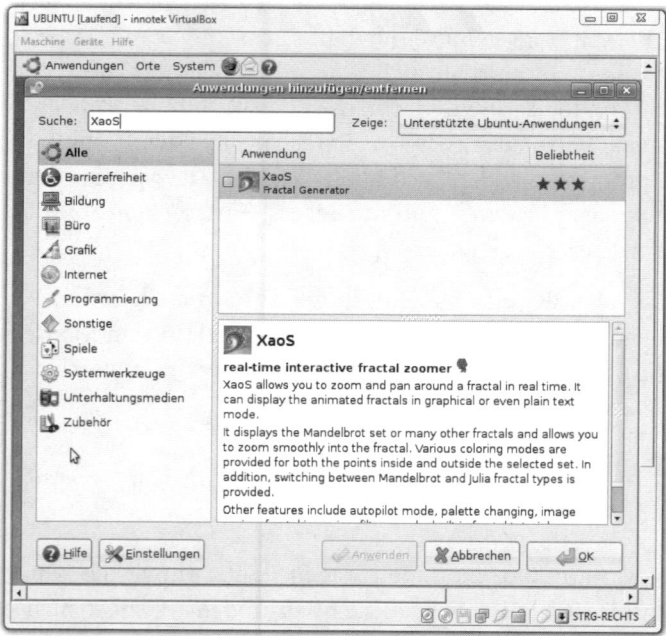

Abbildung 7.2 Das Programm XaoS suchen

Der Programmname und eine Beschreibung werden angezeigt. Ist vor dem Programmnamen ein Häkchen, ist das Programm bereits installiert. Falls nicht, wird die Checkbox vor dem Namen angeklickt, damit das Häkchen erscheint, und nun wird mit **OK** bestätigt.

Abbildung 7.3   Die Überprüfung der Änderungswünsche

Das Installationssystem zeigt noch einmal die gewünschten Änderungen an und fragt, ob sie in der Art richtig sind (Abbildung 7.4).

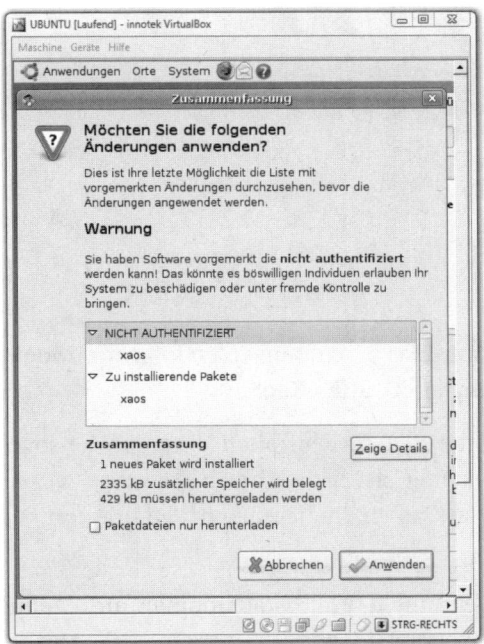

Abbildung 7.4   Eine letzte Nachfrage vor der Installation

Nun versucht Ubuntu das Programm im Internet zu finden und auf dem virtuellen Ubuntu-Rechner zu installieren. Zuerst erscheint der Hinweis, dass die Software nicht für Ubuntu authentifiziert werden kann (Abbildung 7.4). Eine unschöne Sache, die sich aber im Moment nicht ändern lässt. Da wir auf einem virtuellen Rechner arbeiten, kann uns insoweit nicht viel passieren und wir lassen es darauf ankommen. Ubuntu informiert uns nun mit Fortschrittsbalken über den Ablauf des Downloads und der Installation.

Ist die Installation abgeschlossen, wird dies mit einem Dialog gemeldet. Man kann sich die Details im Dialog ansehen und erhält ausführliche Informationen darüber, was bei der Installation abgelaufen ist (Abbildung 7.5). Ein Blick darauf lohnt sich immer, insbesondere um festzustellen, ob etwas schiefgelaufen ist. Sollte dies der Fall sein, muss gegebenenfalls die Installation wiederholt werden.

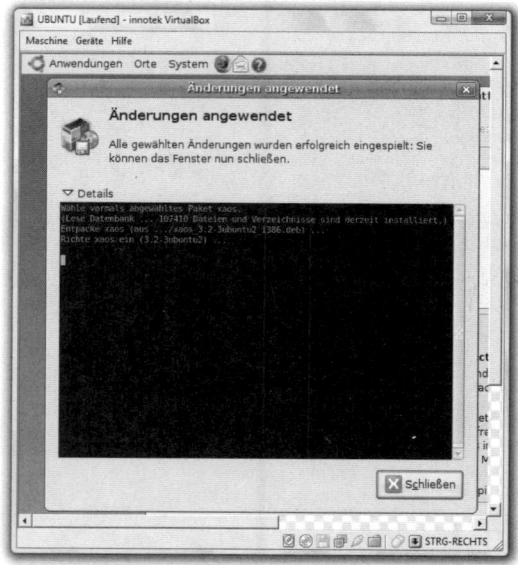

Abbildung 7.5 Die Details anschauen

Nach der erfolgreichen Installation kann das Programm über folgende Menüpunkte aufgerufen werden: **Anwendungen · Grafik · XaoS**.

Das Programm öffnet einen Dialog mit einem farbenfrohen Blick auf die sogenannte Mandelbrotmenge. Man bezeichnet sie auch scherzhafterweise wegen ihrer rundlichen Form mit Kopf, die stark an ein Stehaufmännchen erinnert, als Apfelmännchen (Abbildung 7.6).

Mit den Maustasten lässt sich in Realzeit hinein- und herauszoomen. Die Menüleiste bietet zahlreiche weitere Möglichkeiten, die tollen, fraktalen Grafiken zu erforschen und zu modifizieren.

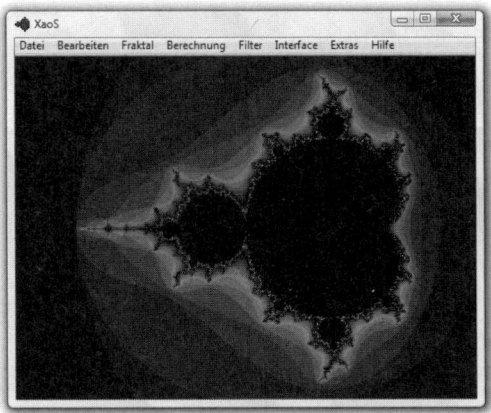

Abbildung 7.6   Das Apfelmännchen

Abbildung 7.7   In den Tiefen des Apfelmännchens

Auf der DVD befindet sich übrigens auch eine Windows-Version des Programms: *Software zum Buch\Kap07\Apfelmännchen\XaoS-3.2*. Das startbare Programm befindet sich unter *\bin\xaos.exe*.

Unter *Apfelmännchen* gibt es auch die Datei *xaos1.mpg*. Sie enthält eine Art Anleitung in englischer Sprache und kann mit dem Windows Media Player betrachtet werden. Sie zeigt einige interessante Modifikationen an der Darstellung aus künstlerischer Sicht und ist deshalb recht sehenswert.

Ein Fotomodell aus der CPU

Nachdem Benoît Mandelbrot die ersten Bilder dieser Art veröffentlicht hatte, wollten plötzlich alle Zeitschriften und Kalenderverlage seine Bilder haben. Eine mathematische Formel war zum Fotomodell geworden. Ende der 80er-

Jahre war das Apfelmännchen so bekannt wie eine Laufstegschönheit. Jeder Bildverlag und erst recht jede Fachzeitschrift versuchte neue, noch farbenprächtigere Gegenden in der schier unendlichen Fülle der chaotischen Mandelbrotmenge zu finden. Mit dem Interesse an den farbigen Grafiken wuchs auch das Interesse an der zugrundeliegenden Theorie. Die Chaostheorie war in aller Munde.

Das Gleichnis von dem Flügelschlag des Schmetterlings und dem Orkan über New York wurde erdacht und verbreitete sich über den ganzen Erdball. Eine neue Wissenschaft schien entstanden zu sein und lieferte plötzlich Erklärungen für alles. Die Wetter-Propheten waren nicht böse darüber, denn sie hatten endlich eine Erklärung dafür, warum ihre Aussagen oft nicht zutrafen.

Künstler nahmen sich die Formel zur Brust und formten sie in vielerlei Variationen um. Damals benötigte ein PC noch Stunden, um eine Mandelbrotgrafik zu erstellen. Die Algorithmen waren noch nicht richtig optimiert und die Rechner sehr langsam. Man nutzte Transputer, Rechner mit mehreren Prozessoren oder koppelte die ersten Cluster aus wenigen Rechnern zusammen, um in erträglicher Zeit eine der begehrten Grafiken zu erhalten.

Das Programm XaoS ist noch ein Überbleibsel der Euphorie jener Tage.

Sie werden sich sagen, dass man so ein Programm wie XaoS sicher nur mit viel Aufwand selbst erstellen kann. In der Tat ist XaoS nicht gerade ein einfaches Programm. Aber das Komplizierte daran ist nicht die Darstellung des Apfelmännchens in all seinen Einzelheiten, sondern die Tatsache, dass man in Echtzeit hinein- und herauszoomen kann. Hierzu müssen die Berechnungen extrem schnell ausgeführt und es muss mit allerlei Tricks gearbeitet werden.

Beim Apfelmännchen handelt es sich um ein sogenanntes Fraktal, das auf einer Funktion mit imaginären Zahlen beruht. »Fraktal« als Wort wurde etwa um 1975 von Benoît Mandelbrot geschaffen, wobei er vom lateinischen Ausdruck *frangere* ausging, was für »brechen« oder »in Stücke zerbrechen« steht. Als **fraktale Gebilde** werden Muster bezeichnet, die einen extrem hohen Grad an Selbstähnlichkeit oder Skaleninvarianz besitzen. Was kann man sich darunter vorstellen? Gewiss haben Sie schon einmal zwischen zwei Spiegeln gestanden? Oder Sie können sich wenigstens vorstellen, was man sieht, wenn sich zwei Spiegel gegenüberstehen? Falls nicht, sollten Sie dieses Experiment unbedingt einmal durchführen. Ein Spiegel, in dem sich ein zweiter Spiegel spiegelt, zeigt eine unendliche Reihe Bilder von sich selbst und dem gegenüberstehenden Spiegel, die immer kleiner werden.

Wenn Sie das Apfelmännchen mit der Zoom-Funktion untersuchen, werden sie feststellen, dass es viele kleine Apfelmännchen enthält.

Wie bekommt man solche fraktalen Effekte, oder wie »spiegeln« sich Programme? In der Programmierung kennt man dafür einen anderen Begriff, **rekursiv**. Ein Beispiel zeigt folgende Grafik (Abbildung 7.8). Wir können uns das Bild im Buch oder das Programm selbst ansehen. Sie finden es auf der DVD unter: *Software zum Buch\Kap07\Kugeln*.

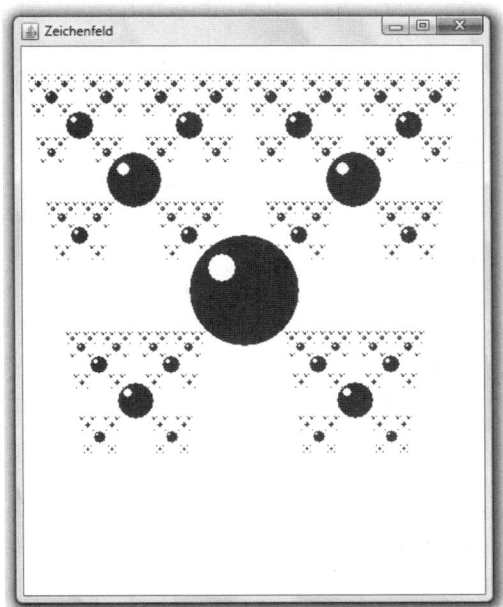

Abbildung 7.8 Drei oder sieben Kugeln im Raum?

Gestartet wird das Programm mit: *java -jar KugelMuster.jar*.

Der Quellcode des Programms liegt als Eclipse-Projekt im gleichen Verzeichnis. Bei dem Bild lässt sich die Ähnlichkeit mit zwei Spiegeln, die sich unendlich oft selbst ansehen, nicht leugnen. Trotzdem ist es etwas ganz anderes. Es scheint ein Bild zu sein und trotzdem unendlich viele. Wie können wir so etwas ergründen? Am ehesten gelingt das wohl mit einem Blick in das Programm:

```
public void zeichne(Graphics g, double x, double y, int d)
{
if (d > 0)
    {
// ruft sich selbst vier Mal
// schachbrettartig auf
        zeichne(g, x - d, y + d, d / 3);
        zeichne(g, x - d, y - d, d / 2);
        zeichne(g, x + d, y + d, d / 3);
        zeichne(g, x + d, y - d, d / 2);
```

```
// Zeichne die Kugel
g.setColor(Color.blue);
g.fillOval((int)x-d/2, (int)y-d/2, d, d);
g.setColor(Color.white);
g.fillOval((int)x-d/3, (int)y-d/3, d/4, d/4);
    }
}
```

Der Code der wichtigsten Methode **zeichne** zeigt deutlich, dass wir in der Methode nur eine Kugel malen, einen blauen, großen Kreis mit einem kleinen, weißen Kreis als Reflexfleck.

Vorher rufen wir allerdings die Methode selbst vier Mal auf. Die Methode hat drei Parameter, x und y als Position und den Durchmesser der Kugel. Wir verkleinern den Durchmesser beim Aufruf und versetzen sie nach links unten und oben und genauso rechts daneben. Wir arbeiten bei y+d also unten, mit d/3 wird die Kugel (das Bild) unten kleiner. Der Eindruck, der dabei entsteht, ist der einer Tafel, die wir von oben betrachten und die durch die Flucht nach unten immer schmaler wird. Das Beispiel zeigt sehr schön, wie einfach es ist, mit der rekursiven Technik, der Technik des Selbstaufrufs, komplexe Gebilde aufzubauen.

Mit dem Apfelmännchen ist es ähnlich. Nur dass es sich dabei nicht um eine willkürliche geometrische Form handelt, sondern um die Ergebnisse einer Gleichung. Genau genommen handelt es sich beim Apfelmännchen um die sogenannte Mandelbrotmenge, die Lösungsmenge der folgenden Gleichung:

z = z2+c

Wenn man die Lösungsmenge in ein Koordinatensystem einträgt, erhält man diese eigenwillige Figur. Obwohl sie stark gegliedert ist, enthält sie keine Lücke.

Wir sprechen jetzt keineswegs von diesen bunten Flächen. Die Mandelbrotmenge ist genau das, was bei der Darstellung schwarz ist. Die bunten Flächen außen herum sind lediglich zur Verschönerung angelegt.

7.2 Das Apfelmännchen-Programm

Vielleicht hat der letzte Satz Sie davon überzeugt, beim Apfelmännchen gehe es um eine Mogelpackung. Das ist nicht ganz so, aber es handelt sich keineswegs um eine hochkomplexe Sache. Um das zu beweisen, liegt das Programm auf der DVD bei und Sie können es sich anschauen, sofern Sie Lust dazu verspüren, Eclipse zu starten und sich durch den Java-Code zu »wühlen«.

Das lauffähige Programm liegt unter: *Software zum Buch\Kap07\Apfelmännchen* als *apple.jar*. Man kann es mit der Java-VM starten durch: *java -jar apple.jar*.

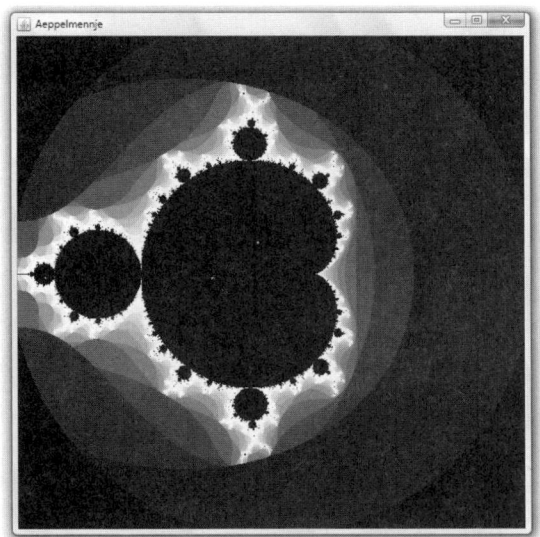

Abbildung 7.9 Das Java-Apfelmännchen

Es ist natürlich wieder das Apfelmännchen zu sehen, auch wenn die Farben etwas anders sind. Dieses Programm bietet nicht die vielfältigen Möglichkeiten der professionellen Lösung unter Ubuntu. Es hat zwei Mausfunktionen. Mit der linken Maustaste lässt sich ein Auswahlfeld über die Grafik ziehen und so kann man beliebig hineinzoomen. Mit der rechten Maustaste wird ein Bildschirmbild gespeichert und als *screenshot.jpg* unter *c:\temp* abgelegt.

Abbildung 7.10 Screenshot mit dem Aepplemennje-Programm

Für Könner: Apfelmännchen von innen

Das Schöne an diesem Programm ist nun natürlich, dass wir es beliebig modifizieren und so die Funktionalität untersuchen können.

Wie bereits erwähnt, ist die Mandelbrotmenge das Ergebnis der Formel **z = z2+c,** wobei es sich bei c um eine komplexe Zahl handelt. Sie finden die Formel in der Methode **berechne** sofort, zumal wir die gleichen Buchstaben für die Variablen genutzt haben.

```java
public int berechne(Komplex c)
{
    int i = 0;
    Komplex z = new Komplex();
    while (true)
    {
        z.mult(z);
        z.add(c);
        if (z.abs() > 1.5)
            return i;
        i++;
        if (i > 255)
            return 0;
    }
}
```

Die Methode wird genutzt, um die Farbe festzulegen, die das bunte Bild sichtbar macht. Wie schon erwähnt, sind die Farben ziemlich willkürlich. 256 Farben genügen zwar, aber diese kleine Anzahl führt zu Ungenauigkeiten. Je weiter hineingezoomt wird, umso ungenauer werden die Ergebnisse. Das Apfelmännchen, das eigentlich immer wieder auftauchen sollte, und auch immer in der gleichen Form, wird immer zauseliger und ist schließlich nur noch ein Fleck ohne rechte Form. Wenn wir die Zahl 255 wesentlich vergrößern, z. B. auf 25000, dauert es zwar erheblich länger, bis das Bild aufgebaut ist, aber beim Zoomen werden wir die nun viel tiefer reichende Selbstähnlichkeit feststellen.

Nun wollen wir einmal die bunte Spielerei weglassen und uns nur die Mandelbrotmenge ansehen. Dazu braucht man keine Javakenntnisse und muss nur ein wenig mit Eclipse umgehen können.

Die Änderung können Sie direkt in der **berechne**-Methode machen, aber auch in der Methode **drawApple**:

```java
private void drawApple()
{
```

```
    for (int x = 0; x < SIZE; x++)
        for (int y = 0; y < SIZE; y++)
        {
        Komplex c = aApple.getKomplex(x, y, SIZE);
        int farbe = aApple.berechne(c);
        grafik.setColor(farben.getInstance(farbe));
        grafik.drawLine(x, y, x, y);
        }
}
```

Hier kommt das Ergebnis der Berechnung an und wird in Farben umgesetzt. Das macht die Methode **farben.getInstance**.

Klammern Sie diese einfach aus und arbeiten Sie nur noch mit Schwarz und Weiß. Auf diese Weise erscheint die Mandelbrotmenge als schwarze Flecken und es lässt sich erkennen, wie weit die farbige Darstellung davon abweicht.

```
private void drawApple()
{
    for (int x = 0; x < SIZE; x++)
        for (int y = 0; y < SIZE; y++)
        {
        Komplex c = aApple.getKomplex(x, y, SIZE);
        int farbe = aApple.berechne(c);
        Color farb;
        if (farbe == 0)
            farb = Color.black;
        else
            farb = Color.white;
        grafik.setColor(farb);
//      grafik.setColor(farben.getInstance(farbe));
        grafik.drawLine(x, y, x, y);
        }
}
```

Die Abbildungen sind weit weniger spektakulär, die Formenvielfalt ist aber nach wie vor vorhanden (Abbildung 7.11).

Für alle die, die sich mit Java nicht genug auskennen: Um das Programm selbst zu modifizieren, gibt es auf der DVD eine modifizierte Version. Sie liegt unter: *Software zum Buch\Kap07\Apfelmännchen* und trägt den Namen: *Appleungeschminkt.jar*.

Auch hier lässt sich hineinzoomen, um die Details genauer zu sehen. Es lohnt sich in jedem Fall, denn jetzt werden Ähnlichkeiten sichtbar, die man bei der farbigen Version eventuell übersehen hat (Abbildung 7.12).

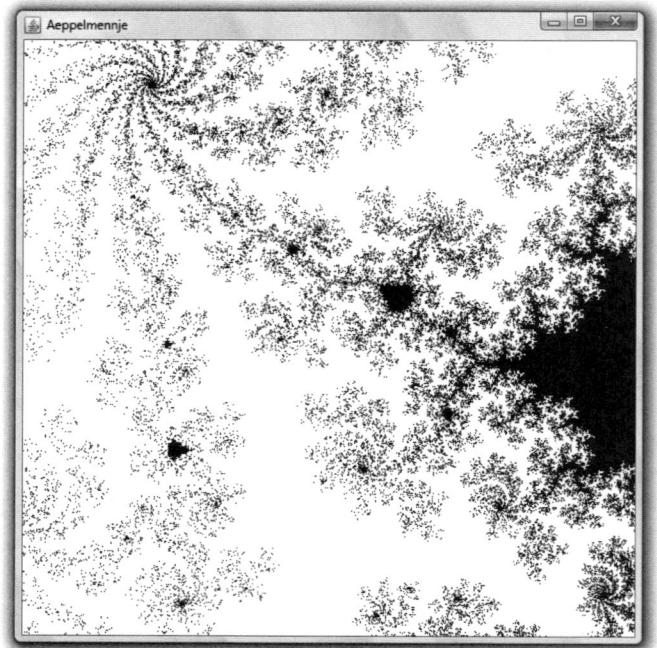

Abbildung 7.11 Die Mandelbrotmenge, ungeschminkt

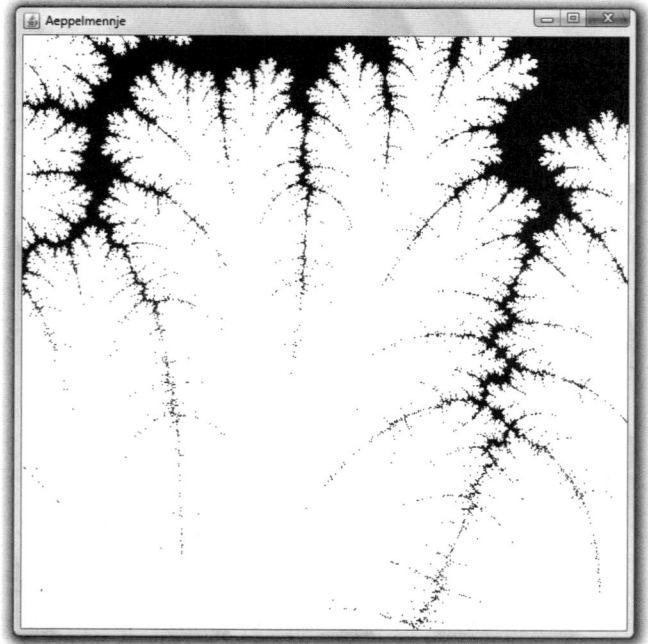

Abbildung 7.12 Eine Küstenlinie?

Hat das nicht große Ähnlichkeit mit einem Blick aus dem All auf unsere Mutter Erde? Die Ähnlichkeit ist nicht zufällig. Die Natur arbeitet mit den gleichen Mitteln wie die Mandelbrotmenge. Überall gibt es Selbstähnlichkeit, überall chaotische Systeme. Genau hier zeigte sich auch der größte Nutzen dieser Algorithmen. Die Erzeugung realitätsnaher Computerbilder wurde in den letzten Jahren immer wichtiger. Es geht dabei nicht nur um Stillleben, auch die Filmindustrie und insbesondere Spezialstudios wie **Pixar** oder **DreamWorks,** die mit Filmen, die komplett aus dem Computer stammen, bereits gewaltige Umsätze machen, sind auf Szenen mit Wolken, Nebel, Berg- oder Küstenszenen auf Raytracer angewiesen, die mit Algorithmen aus der Chaostheorie berechnet werden.

7.3 Die Chaostheorie

Chaos ist das Fehlen jeglicher Ordnung, das ist die Grundlage der Chaostheorie in aller Kürze. Ganz so einfach hat es jedoch die Wissenschaft nicht. Echtes Chaos, wie es in der Natur vorkommt, kann der Computer nicht simulieren, genauso wenig wie echten Zufall. Was man in der Informatik unter Chaos versteht, ist nicht unbedingt das Gleiche wie in der freien Natur. Wenn in den Alpen das Eis schmilzt und ein Berghang ins Rutschen kommt, so gibt es im Tal ein Chaos aus Schlamm und Steinen verschiedener Größen. Selbst wenn man jedes Atom des Berges im Computer erfassen würde und jede noch so unwichtige Messzahl der Umgebung und des Klimas, man könnte niemals aus dem Berg den Zustand des Tales nach dem Bergrutsch errechnen. Gerade das macht Chaos aus, nämlich, dass es nicht zu berechnen ist. Der Computer jedoch braucht, um überhaupt ein Ergebnis zu erzeugen, in jedem Fall eine Rechenregel. Ohne diese kann er absolut gar nichts liefern. Wäre er nun eine Zufallsmaschine und könnte Chaos echt vorhersagen, würde es trotzdem nicht mit dem von uns gesuchten Endzustand des Berges übereinstimmen. Auch wenn wir so einen Computer bauen könnten, wäre er wertlos. Das liegt einfach in der Natur von Chaos begründet.

So können wir uns vorstellen, dass die Mathematiker froh waren, festzustellen, dass es eine ganze Reihe Formeln gibt, die zumindest in gewissen Grenzen so etwas wie Chaos liefern. Denken wir doch mal an Langtons Ameise. Wir hatten sie betrachtet, als es um Turingmaschinen ging. Sie erzeugt doch ganz offenbar ein chaotisches Muster, auch wenn es immer wieder das Gleiche ist. Das Gleiche muss es schon sein, weil es aus einer Regel heraus entsteht, und gerade darum ist es kein echtes Chaos. Wie wir schon sagten, ist Chaos jedoch wichtig für wissenschaftliche Untersuchungen (Geologie, Astronomie u. v. a. m.) und zur Darstellung realitätsnaher Bilder.

Nachdem diese Erkenntnis gewonnen war, wurde die Chaosforschung von Jahr zu Jahr wichtiger. Man fand überall chaotische Effekte und Wirkungsweisen, z. B. die Bewegungen mehrerer Himmelskörper umeinander. Solange nur ein Planet um eine Sonne kreist, ist das kein Problem und nicht chaotisch. Aber stellen Sie sich zwei Sonnen vor oder drei, um die ein Planet kreisen soll.

Baut man ein Pendel, an dem noch ein weiteres hängt, kommt es zu chaotischen Schwingungen, die man nicht mehr vorhersagen kann.

Eine Lotteriemaschine, die ihre Kugeln mischt, erzeugt ebenfalls ein Chaos. Ohne dieses Chaos wären die Ziehungen vorhersagbar und Lotteriespiele nicht möglich.

Schließlich legte man fest, dass ein Chaos vorliegt, wenn eine verschwindend kleine Änderung am Ausgangszustand zu einer nicht vorhersagbaren und großen Änderung am Endzustand führt.

Das erinnert nicht von ungefähr an das Gleichnis vom Schmetterling und dem Orkan.

Auf die oft recht komplexen Formeln weiter einzugehen, mit denen die Chaosforschung arbeitet, macht hier kaum Sinn. Aber wir konnten feststellen, dass bei der grafischen Darstellung in der Chaosforschung oft mit Selbstähnlichkeiten gearbeitet wird. Eigentlich gehört diese Technik nicht zur Chaosforschung, sondern eher in die Geometrie.

Schauen wir uns an, was Naturwunder aus dem Computer uns noch Interessantes zu bieten haben.

7.4   Fraktale – das Wunder der Selbstähnlichkeit

Sprachen, die sich gut für die grafische Darstellung von Fraktalen eignen, sind beispielsweise **Logo**, **Smalltalk** und spezielle Spracherweiterungen, so wie **Compas** für Pascal.

Mit Logo haben wir uns bereits beschäftigt. Nun wollen wir es erneut unter Kubuntu nutzen, um uns einige der interessantesten Fraktale anzusehen. Eines der bekanntesten ist die sogenannte **Drachenkurve**. Sie werden es vielleicht nicht glauben, aber sie entsteht dadurch, dass man eine Strecke immer wieder in der Mitte faltet. Man kann das sehr schön an einem schmalen Papierstreifen versuchen. Der Streifen wird in der Hälfte gefaltet und dann immer wieder in der Hälfte gefaltet. Wichtig ist, immer in der gleichen Richtung zu falten – Selbstähnlichkeit eben. Am Ende muss man sehen, dass jeweils 90°-Winkel gebildet werden, schon hat man die Drachenkurve.

Abbildung 7.13   Ein Papierstreifen, zwei Mal gefaltet

Abbildung 7.14   Der Papierstreifen nach drei Faltungen

Abbildung 7.15   Ein weiteres Mal gefaltet

Für Kenner: Drachen zähmen

So, das Ganze nun mit dem Computer. So einfach, das gleich vorweg, wie mit Papier, geht es nicht. Kubuntu starten und KLogo aktivieren. Schon kann es losgehen. (KLogo sollte auf Deutsch umgestellt sein.)

```
zurücksetzen
pg 350, 500
lösche
gehe 200, -130

lerne drache stufe, richt, laenge [
stufe = stufe - 1
laenge = laenge/1.41421
wenn richt > 0 [
    wenn stufe > 0 [
        nachrechts 45
        drache stufe, 1, laenge
        nachlinks 90
        drache stufe, 0, laenge
        nachrechts 45
    ]
    sonst [
        nachrechts 45
        vorwärts laenge
        nachlinks 90
        vorwärts laenge
        nachrechts 45
    ]
]
sonst
wenn stufe > 0 [
        nachlinks 45
        drache stufe, 1, laenge
        nachrechts 90
        drache stufe, 0, laenge
        nachlinks 45
    ]
    sonst [
        nachlinks 45
        vorwärts laenge
        nachrechts 90
        vorwärts laenge
        nachlinks 45
```

```
    ]
]
drache 10, 0, 200
```

Also, lassen wir die Schildkröte mal laufen. Falls es Probleme gibt, die Datei befindet sich natürlich wieder auf der DVD: *Software zum Buch\Kap07\Fraktale\drache.logo.*

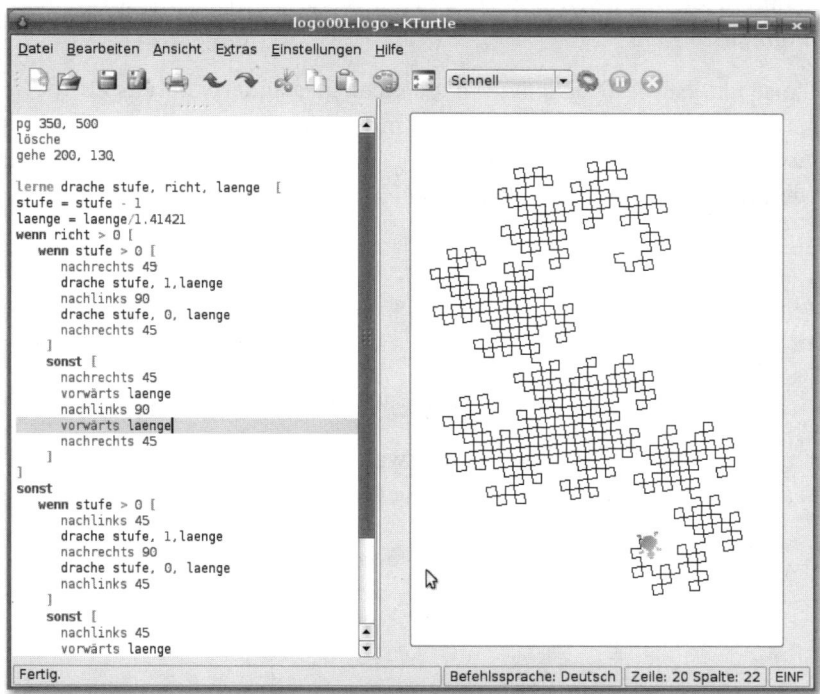

Abbildung 7.16 Die Schildkröte malt einen Drachen

Nicht nur Logo, auch Smalltalk eignet sich sehr gut, um rekursive Programme und damit Fraktale zu schreiben. Auch hier ist es die Drachenkurve, die sich als Beispiel anbietet. Sie haben Smalltalk in Form von Squeak kennengelernt und starten nun dieses Programm, um sich damit einmal in Fraktalen zu versuchen.

```
| form pen |

form := Display.
pen := Pen newOnForm: form.
form fillWhite.
pen up.
pen goto: 200@160.
pen down.
```

```
pen dragon: 12.
 [Sensor keyboardPressed] whileFalse: [].
  Display restore.
```

Er werden zwei Variablen genutzt. In **form** wird das Display gehalten und in **pen** die Pen-Klasse. Die Form füllen Sie mit weißer Farbe und den Stift setzen Sie in etwa in die Mitte oben. Nun lassen Sie die Drachenkurve mit 12 Iterationen durchlaufen. Ein Sensor wartet auf einen Tastendruck, damit Sie abbrechen können.

Wie Sie sehen, ist die Drachenkurve, wie manches andere, bereits als Klasse in Squeak enthalten. Also eigentlich ein Kinderspiel. Wen es wirklich interessiert, wie die Drachenkurve in Smalltalk gezeichnet wird, der kann sich den Code von **dragon** in der Klasse Pen ansehen:

```
dragon: n
  n = 0
   ifTrue: [self go: 5]
   ifFalse: [n > 0
   ifTrue: [self dragon: n - 1; turn: 90; dragon: 1 - n]
   ifFalse: [self dragon: -1 - n; turn: -90; dragon: 1 + n]]
```

Also auch nicht die Welt, und genau das, was wir in Logo geschrieben hatten. Zwei Fälle: bei **true** um 90° drehen und bei **false** um -90°.

Abbildung 7.17 Die Drachenkurve

Die Kurve ist bereits in Smalltalk enthalten, also könnten wir sie doch auch mehrmals zeichnen und ein »Drachenkreuz« bauen:

```
| form pen |

form := Display.
pen := Pen newOnForm: form.
form fillWhite.
4 timesRepeat: [
    pen up.
pen go: 60.
pen down.
pen dragon: 10.
].
 [Sensor keyboardPressed] whileFalse: [].
  Display restore.
```

Trotz der schönen Beispiele wollen wir noch einen Schritt weitergehen und eine spezielle Sprache nutzen, eine Kurzschreibweise, die speziell dafür entwickelt wurde, solche Gebilde, wie wir sie zuvor geschaffen haben, zu beschreiben.

Man nennt sie L- oder Lindenmeyer-System. Diese Kurzschreibweise erfand der ungarische Biologe **Aristid Lindenmeyer** 1968, um damit Wachstumsvorgänge an Pflanzen beschreiben zu können. Es handelt sich dabei um ein sogenanntes Ersetzungssystem.

Mit den Anstrengungen der Computerspiele-Industrie, möglichst naturnahe Bilder zu generieren, wurden L-Systeme zum Aufbau naturnaher Pflanzen genutzt.

Vor allen Dingen Rekursionen lassen sich per L-System-Schreibweise einfach notieren. Die Schreibweisen lassen sich auch relativ einfach in einer Sprache wie Logo nachvollziehen.

Für Könner: L-Systeme

Anweisungen in einem L-System bestehen aus Zeichenfolgen, wobei einzelne Zeichen wie Variablen für andere Zeichenfolgen stehen, die bei der Abarbeitung eingefügt werden. Deshalb auch der Name Ersetzungssystem. Solche Ersetzungssysteme kennt man bereits seit **Noam Chomskys** Arbeiten über formale Grammatiken in den 50er-Jahren.

Bei einer L-System-Anweisung spricht man von einem sogenannten Quadrupel. Mit den entsprechenden Bezeichnungen sieht ein solches Quadrupel folgendermaßen aus:

$G = (V, S, \omega, P)$

V sind die Zeichen, die als Variablen dienen können. Man spricht von Alphabet.

S sind die Zeichen, die als Konstanten angesehen werden.

ω ist ein Zeichen aus dem verwendeten Alphabet, das als Startwort oder Axiom bezeichnet wird.

P sind die definierten Ersetzungsregeln ähnlich wie Programmanweisungen.

Betrachtet man die Drachenkurve als L-System, könnte man sie folgendermaßen schreiben:

$G = (V, S, \omega, P)$
$V = \{R, L\}$
$\omega = R$
$P = \{(R \rightarrow +R\text{--}L+), (L \rightarrow \text{-}R++L\text{-})\}$

Die Variablen V stehen dabei für eine der Regeln. Gleichzeitig bedeuten sie aber auch einen Schritt nach vorn. Sodass die Zeichen folgende Bedeutung haben:

R = ein Schritt nach vorn und Regel R nutzen
L = ein Schritt nach vorn und Regel L nutzen
- = eine Drehung nach rechts im Winkel Delta
+ = eine Drehung um Delta nach links

Wie man sieht, ist die Länge, um die sich bewegt wird, nicht ausschlaggebend. Wir beschreiben eigentlich nur die Richtung und die Anzahl der Bewegungen. So gesehen orientiert sich ein Lindenmeyer-System an der Natur, wo alles so lange wächst, wie es die Witterung erlaubt.

Das war nun die mathematische Form. Aber wie funktionieren L-Systeme, wenn sie interpretiert werden?

Das Axiom ist R, also haben wir die Ersetzungsregel R → +R--L+ zu nutzen:

R
+R--L+

In diesem Therm muss nun R und L ersetzt werden. Das spezielle an Lindenmeyer-Systemen ist, dass immer alle Ersetzungen einer Iteration gleichzeitig durchgeführt werden. Es wird also nicht R ersetzt und dann L, sondern beide:

++R--L+---R++L-+

Die nächste Iteration würde dann so aussehen:

+++R--L+---R++L-+--+R--L+++-R++L--+

Wem das noch etwas schwierig erscheint, der kann sich unter der URL *http://olli.informatik.uni-oldenburg.de/lily/LP/start.html* ein Lernprogramm zu dem Thema anschauen, das auf didaktisch ausgezeichnete Weise die Problematik näherbringt.

Natürlich kann man das nun auf Papier zeichnen und von Hand durchspielen. Doch es wird Zeit, wieder mal den Computer zu nutzen.

Selbstverständlich gibt es zahlreiche Programme zu dieser Thematik. Ein sehr schönes Lindenmeyer-Programm ist das von Christof Elmiger. Es befindet sich auf der DVD unter: *Software zum Buch\Kap07\Fraktale\lyndyhop*.

Es handelt sich wieder um ein Java-Programm in Form einer Jar-Datei: *lyndyhop.jar* Wie üblich kann sie mit `java -jar <Programmname>` gestartet werden oder einfach durch Doppelklick, falls Java richtig eingerichtet ist.

Ein großes Dialogfeld mit zwei Zeichenflächen wird geöffnet.

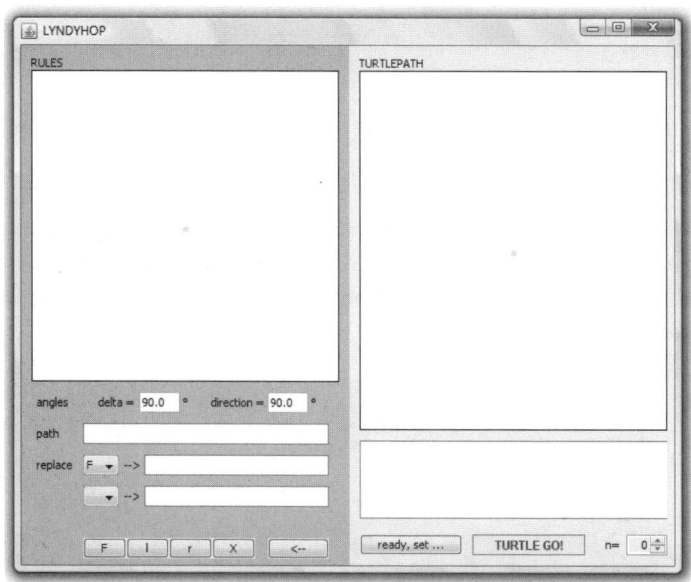

Abbildung 7.18 Das Lindenmeyer-Programm

In der zugehörigen XML-Datei (*rulesets.xml*) sind bereits zahlreiche Beispielprogramme enthalten, sodass Sie sich keine neuen Lindenmeyer-Terme ausdenken müssen. Um eine Regel zu laden, wählen Sie zunächst unter **load rules** einen Paketnamen aus, und eine Regel. Die Namen sind selbsterklärend. Zum Beispiel:

edge rewriting L-Sytems • Drachenkurve. Danach müssen Sie die Regel mit **load** erst laden. Jetzt gilt es, die Regel mit **read, set** der Schildkröte zu übergeben. Durch mehrmaliges Anklicken von TURTLE GO! können einzelne Iterationsschritte durchlaufen werden. Sie werden rechts daneben mitgezählt. Dort kann auch zu jedem beliebigen Schritt zurückgesprungen werden. Achten Sie jedoch darauf, nicht zu viele Schritte anzustoßen, dann bleibt das Programm wegen der hohen Rechenzeit fast stehen.

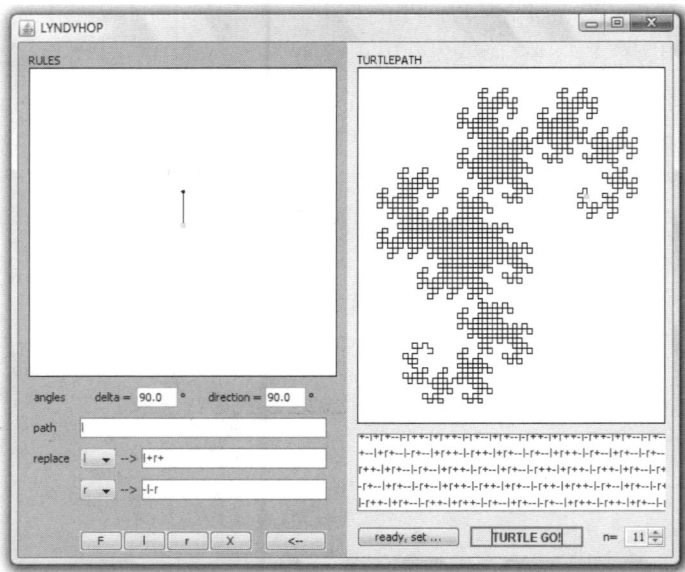

Abbildung 7.19 Die Drachenkurve mit dem L-System

Sie werden bald feststellen, dass es wunderbare Figuren zu entdecken gibt, wie beispielsweise das Sierpinski-Dreieck:

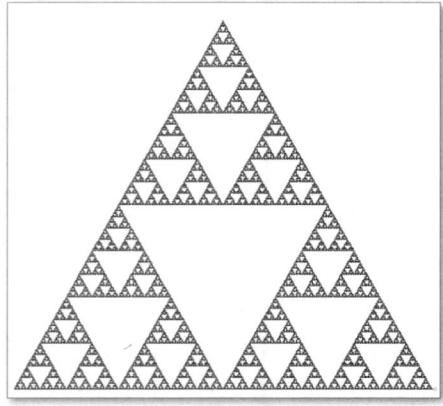

Abbildung 7.20 Das Sierpinski-Dreieck

Oder die schönen organischen Figuren, wie das Ruchgras:

Abbildung 7.21 Das Ruchgras

Und den Ginster:

Abbildung 7.22 Der Ginster

7.5 Naturähnlichkeit

Wenn wir schon bei L-Systemen sind, so ist es nur noch ein kleiner Schritt zur Natur selbst. Schließlich hat Lindenmeyer das System genutzt, um den Aufbau von niederen und höheren Pflanzen zu beschreiben. Und das zuvor genutzte Programm Lyndyhop hat uns auf eindrucksvolle Weise die *Möglichkeiten des L-Systems* gezeigt. Wobei das von uns genutzte Programm nur eine begrenzte Iterationszahl realisieren konnte. In der Tat ist es auch in der Natur so, dass nur wenige Iterationsschritte vollzogen werden. Sie kennen bestimmt diesen Witz von der Laus, die Läuse hat, die wiederum Läuse haben. Es liegt schon an der Natur der Sache, dass man das nicht unbegrenzt fortsetzen kann. Deshalb machen L-Systeme, die mehr als fünf Iterationsschritte durchführen, wenig Sinn. Zumal die Iterationen erforderlich machen, dass die Länge jeweils gekürzt wird, was nach spätestens fünf Schritten Schwierigkeiten bei der Darstellung mit sich bringt. Selbst beim Apfelmännchen, das theoretisch beliebig oft iteriert wird, weshalb man bei solchen Programmen auch Zoomfunktionen einbauen muss.

Schaut man sich in der Natur genauer um, findet man überall fraktale Konzepte. Selbst im ganz Großen gelangen wir von den sich drehenden Galaxienscheiben zu den Sonnensystemen, in denen wiederum Planeten kreisen, die ihrerseits Monde besitzen. Selbstähnlichkeit in den Bestandteilen scheint ein allgemeines Naturgesetz zu sein. Es beruht offenbar auf der Gültigkeit der zugrundeliegenden Gesetze, die für die Bestandteile wie für die großen Gebilde gelten.

Man trennt in strenge und statistische Selbstähnlichkeit. Beim Apfelmännchen konnte man beides sehen. Könnten wir es mit absoluter Genauigkeit berechnen, was unmöglich ist, dazu brauchte man unendlich viel Zeit, so gäbe es in seiner Darstellung nur strenge Selbstähnlichkeit. Mit der bestehenden Ungenauigkeit trifft man beim Hineinzoomen immer öfter auf statistische Selbstähnlichkeiten, die genauso eindrucksvolle Farbspiele erzeugen können, aber keine deckungsgleichen Figuren mehr hervorbringen.

Gleiches gilt wohl auch für die Natur. Sonnensysteme und Planeten mit Monden entsprechen der strengen und Galaxien oder Elementarteilchen eher der statistischen Selbstähnlichkeit. Blumenkohl oder auch Farne sind über zwei Stufen streng selbstähnlich. Das kann man natürlich auch mit L-Systemen zeigen. Doch die Farnfunktion wollen wir hier einmal in Java vorführen. Das Programm liegt auf der DVD als: *Software zum Buch\Kap07\Fraktale\farn.jar.*

Abbildung 7.23 Der Farn

Für Könner: Ein Wedel in Java

Wer sich gerne am Programm versuchen möchte – es liegt als Eclipse-Projekt im gleichen Verzeichnis. Die wichtigste Methode ist die **f**-methode, die den Farn errechnet. Sie wird mehrmals mit geänderten Parametern aufgerufen und erzeugt so vom Stiel bis zum kleinsten Blatt den gesamten Farnwedel.

```
private void f(double p0, double p1, double p2, double p3,
  double p4, double p5, Graphics _g)
{
    double xnew = p0 * x + p1 *y + p4;
    double ynew = p2 * x + p3 * y + p5;
    x= xnew;
    y = ynew;
    int xPoint = (int)((x+4)/8.0 * width);
    int yPoint = (int)((12-y)/ 12.0 * height);
    _g.drawLine(xPoint, yPoint, xPoint, yPoint);
}
```

Lassen Sie sich nicht von der **drawLine**-Methode täuschen, es wird lediglich ein Punkt gezeichnet.

Der Farnwedel ist ein ziemlich komplexes Fraktal im Gegensatz zum Binärbaum, der hier als Vergleich ebenfalls in Java ausgeführt ist.

```
private void baum(int ast, Kroete kroete)
{
    if (ast < 1) // Abbruchbedingung
        return;

    kroete.forward(ast/2);
    kroete.left(45);
    baum(ast/2, kroete);
    kroete.right(90);
    baum(ast/2, kroete);
    kroete.left(45);
    kroete.backward(ast/2);
}
```

Das Beispiel findet man auf der DVD als: *Software zum Buch\Kap07\Fraktale\Baum.jar*. Dort findet man auch den Quellcode als Eclipse-Projekt.

In einem L-System sieht der Binärbaum folgendermaßen aus:

G = (V, S , ω, *P*)
V = {F, L}
ω = F
delta = 45
P = {(F → [L+F/2][L-F/2])}

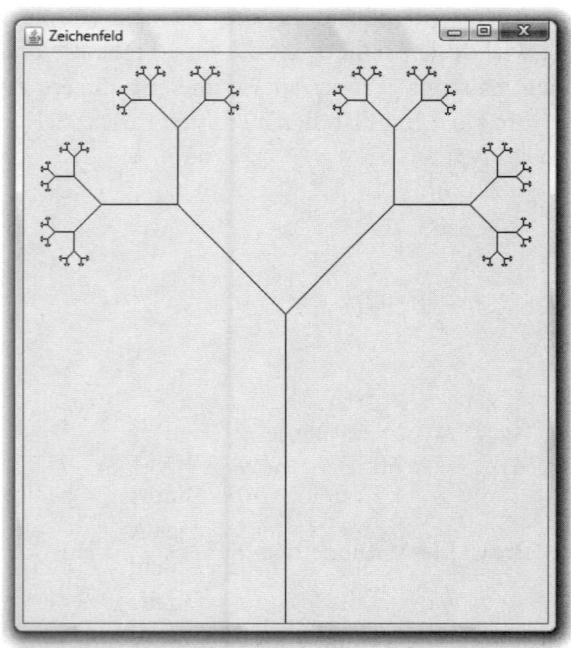

Abbildung 7.24 Ein binärer Baum mit delta = 45

Fraktale sind sogar hilfreich, um chemische Reaktionen zu erklären. Aber wie Sie selbst gewiss schon erkannt haben, lassen sie sich auch nutzen, um das Wachstum von Kristallen zu simulieren. Denken Sie nur an Gebilde wie Eisblumen an der Fensterscheibe und ihre Ähnlichkeit mit Teilen des Apfelmännchens.

Bestimmt suchen Sie auch nach einem Nutzen hinter all diesen fraktalen Gebilden. Was würden Sie sagen, wenn ich behaupte, dass z. B. unsere Kleidung ohne Fraktale sehr instabil wäre? Denken Sie an die Geschichte von dem alten Chinesen, der seinen Sohn einen Reiser zerbrechen lässt, und dann reicht er ihm davon ein Bündel. Ein Bündel ist ein längliches Gebilde aus Reisern. Es ist selbstähnlich, genau wie die Trosse, an denen Hängebrücken aufgehängt sind. Es sind Fasern, die wiederum aus Fasern bestehen. Das führt zu einer schier unglaublichen Reißfestigkeit. Spaßvögel erklären das so, dass, bevor die Trosse reißt, erst jede einzelne Faser zerrissen werden muss, vor lauter Zerreißen käme man nie bei der ganzen Trosse an. Natürlich rührt das daher, dass sich die Festigkeiten der Fasern summieren. Aber auch Gittergerüste, wie der Eifelturm, sind statistisch selbstähnlich. Seide, aber vor allem die Hanffaser, ist in hohem Maße eine fraktale Faser. Genau deshalb ist unsere Kleidung so haltbar.

Fraktale haben also durchaus nicht nur spielerischen Reiz oder sind einfach nur schön, sie sind auch extrem wichtig, wenn es um Stabilität und Festigkeit geht.

7.6   Ist sie tot, die Chaostheorie?

Zum Ende des Kapitels wollen wir noch einmal zur Chaostheorie zurückkehren, schließlich hat sie uns den Weg zu diesen zauberhaften Bildern gezeigt. In den letzten Jahren wurde sie mehr und mehr zurückgedrängt. Mit dem Interesse an den bunten Bildern ging offenbar auch das Interesse an den zugrundeliegenden Ideen zurück.

Mathematiker und Wissenschaftler arbeiten natürlich immer noch an der Thematik. Es hat sich jedoch gezeigt, dass es wohl ein zugrundeliegendes Chaos über alle Bereiche der Natur nicht gibt. Das Chaos in der Astronomie gehorcht anderen Gesetzen als das Chaos in der Geologie. Daher war es wahrscheinlich falsch, von einer einheitlichen Chaostheorie auszugehen. Trotzdem hat ihre Entstehung zu zahlreichen Erkenntnissen und Erfolgen in der Computergrafik beigetragen. Selbst die Bewegungen der Himmelskörper sind verständlicher geworden als vor der Chaostheorie. Auch hier können winzige Änderungen in der Bahn eines Planetoiden dazu führen, dass der Körper nicht auf die Erde stürzt und ganze Landstriche in eine lodernde Hölle verwandelt. Vielleicht ein Grund für die Wissenschaft, die Chaostheorie nicht so ganz aus dem Auge zu verlieren?

7.7 Zusammenfassung

Keine Theorie zuvor hat die Informatik so innovativ beeinflusst wie die Chaostheorie. Als Einstieg diente das Apfelmännchen, das wir uns mit dem Programm XaoS unter Ubuntu angeschaut haben. Das Programm, das unter Linux entwickelt wurde, gibt es inzwischen auch für Windows.

Die Figur vereint Chaos mit Selbstähnlichkeit. Sie wäre unansehnlich, wenn sie nur ein Fraktal wäre, aber genauso, wenn sie nur ein chaotisches Gebilde darstellen würde.

Die Grundlagen der Chaostheorie führten uns zum sogenannten Schmetterlings-Gleichnis, zeigten uns aber auch die Unmöglichkeit, echtes Chaos mit einer Turingmaschine zu erzeugen. Vielleicht ist aber die Chaosmaschine bloß noch nicht erfunden worden.

Da es aber im Computer kein echtes Chaos gibt, beruht der größte Teil der Wirkung des Apfelmännchens auf seinen fraktalen Eigenschaften.

Aus diesem Grund haben wir uns als Nächstes diese Selbstähnlicheit genauer betrachtet. Hier war der Einstieg die sogenannte Drachenkurve. Man findet Selbstähnlichkeit in vielerlei Formen. Angefangen von zwei Spiegeln, die man gegenüberstellt, bis zu Küstenlinien. Wobei das eine strenge, das andere statistische Selbstähnlichkeit ist.

Zur Beschreibung von Selbstähnlichkeiten kann man sogenannte Lindenmeyer-Systeme einsetzen, abgekürzt L-Systeme. Somit ist es relativ einfach, komplexe fraktale Gebilde zu beschreiben. So konnten wir von der Drachenkurve bis zu fraktalen Gebilden, die dem natürlichen Gras stark ähneln, zahlreiche L-Systeme untersuchen.

7.7.1 Noch mehr Spaß

Dieses Kapitel hat gleich eine ganze Kiste voller Anregungen mitgebracht. Es gibt unendlich viele Möglichkeiten das Gesehene in weitere Spaßhormone zu verwandeln. Hier nur einige Anregungen:

In den Tiefen des Apfelmännchens

Es macht schon eine Menge Spaß, im Apfelmännchen herumzuzoomen. Manche Webseiten zeigen, dass dies auch getan wird. Selbst Leute, die Postkarten damit gestalten, gibt es. Mit Screenshots kann man die entdeckte Schönheit festhalten, ausdrucken und die Räumlichkeiten verschönern.

Papiertiger

So, wie wir die Drachenkurve in Papier gefaltet haben, kann man zahlreiche andere Fraktalfiguren zumindest ansatzweise falten. Das Programm Lyndyhop verrät, wie das geht, dadurch, dass man die einzelnen Iterationsschritte genau nachverfolgen kann. Mit dünnen Streifen und der entsprechenden Geduld kann man so richtige kleine Papierkunstwerke schaffen, die man aufkleben und an die Wand hängen kann.

Logo macht Spaß

Wem Logo gut gefällt und wer damit arbeiten möchte, dem sei empfohlen, die Grafiken der L-Systeme einmal mit Logo zu versuchen. Es wird nicht auf Anhieb funktionieren, aber mit etwas Erfahrung sollte es nicht schwerfallen, die meisten Beispiele auch in Logo umsetzen zu können.

Das Gleiche gilt natürlich auch für Smalltalk, obwohl es hier etwas schwieriger ist.

7.7.2   Webseiten zum Kapitel

URL	Beschreibung
http://de.wikipedia.org/wiki/Fraktal	Wikipedia-Artikel zu den Fraktalen
http://www.warping.org/fraktale.phtml	Fraktale als Kunst
http://www.fraktal-poster.de/	fraktale Kunst
http://www.fraktale-online.de/	Mandelbrotmenge
http://www.physcip.uni-stuttgart.de/phy11733/	3D Fraktale
http://rene.rondot.de/facharbeit/ facharbeit-Title.html	Arbeit über Fraktale
http://www.wolferseder.de/	Fraktale mathematisch betrachtet
http://www.fractal-dome.de/	Fraktalseite
http://olli.informatik.uni-oldenburg.de/lily/LP/ start.html	interessante Seite zu Lindenmeyer-Systemen
http://www.everything2.com/index.pl? node_id=766485	Drachenkurve
http://www-lehre.informatik.uni-osnabrueck.de/ ~cg/2000/skript/8_Fraktale.html	Beispiele mit Programmcode
http://www.chaostheorie.de/	Forum zur Chaostheorie
http://www.nkruetzmann.de/	Arbeit zur Chaostheorie
http://www.ewf-europe.org/informatik/projekte/ mebib/fai/mathematik/chaostheorie.html	Übersichtsseite zum Thema
http://www.schockwellenreiter.de/pythonmania/ mandelbrotpy.html	Apfelmännchen in Python

URL	Beschreibung
http://www.versiontracker.com/php/qs.php? mode=basic&action=search&str=fractal& srchArea= macosx%7Cclassic&submit=Go	Fractalprogramme für MAC classic als Freeware
http://www.versiontracker.com/php/qs.php? mode=basic&action=search&str=fractal& srchArea= macosx	Fractalprogramme für Mac OS X

7.7.3   Weiterführende Literatur zum Kapitel

Peter Zöller-Greer, Künstliche Intelligenz – Grundlagen und Anwendungen, Composia Verlag, 2007

Benoît B. Mandelbrot: Die fraktale Geometrie der Natur, Birkhäuser Verlag, 1980

Heinz-Otto Peitgen, Chaos, Rowohlt Tb, 1998

TEIL IV
Künstliche Intelligenz

»Das ist der Fluch angeborener Intelligenz: Mit vier Jahren Wunderkind,
mit vierzig wunderlich.«
– Ernest Hemingway

*Auf der Suche nach dem Spaß mit dem Computer sind wir sozusagen fast
an der oberen Begrenzung angelangt. Wenn Sie so wollen, bei den höchsten Schwierigkeitsgraden. Um es vorwegzunehmen, Computer können
nicht denken. Das lässt sich ziemlich sicher sagen, obwohl wir selbst
nicht wissen, was Denken eigentlich ist.*

*Merkwürdigerweise hat der Computer die Frage selbst beantwortet: mit
künstlichen neuronalen Netzen. Es gibt sie als Forschungsobjekte schon
sehr lange. Die ersten Modelle existierten bereits, als John von Neumann
noch über seine Computerarchitektur nachdachte. Erstaunlich ist, dass
sie ähnliche Eigenschaften zeigen wie das menschliche Gehirn. Sie lernen
und vergessen auch wieder. Aber Prozessoren sind doch ganz anders aufgebaut, sodass wir sicher sein können, dass sie gewiss nicht denken können. Und die sogenannte KI kennt außer NNs noch eine ganze Reihe
anderer interessanter Sachverhalte ...*

8 Smalltalk, Lisp und Neuronale Netze

Eine alte Frage stellt sich immer wieder: Was unterscheidet Mensch und Tier?

Der Mensch verfügt über geistige Fähigkeiten, die ihn befähigen, seinen Hei-
matplaneten kurzzeitig zu verlassen, die Umwelt nachhaltig zu verändern und
Techniken zu entwickeln, mit denen er so etwas wie Computer bauen kann.
Einer der Oberbegriffe für diese geistigen Fähigkeiten ist Intelligenz. Angeblich kann man sie messen und angeblich haben Tiere sie nicht. Man glaubt
aber, sie künstlich erzeugen zu können. Das ist alles nicht unbedingt richtig
und wir werden versuchen, einen objektiveren Standpunkt zu finden.

Aber keine Angst, es geht in diesem Kapitel nicht darum, wie in Mary Shelleys
»Frankenstein«, einen künstlichen Menschen zu schaffen. Der Roman war übrigens als Warnung gedacht, sich nicht zum Übermenschen erheben zu wollen.

Auch die ethische Problematik, die **Steven Spielberg** in seinem Film »A.I.
(Künstliche Intelligenz)« so rührend anspricht, berührt uns nicht. Bis heute
weiß man weder wirklich, wie Intelligenz noch wie Bewusstsein funktionieren. Schauen wir uns doch einfach an, was die Informatik in dieser Richtung
hervorgebracht hat und was Spaß daran macht.

In der Informatik unterscheidet man prinzipiell schwache und starke KI. Diese Aufspaltung geht auf den amerikanischen Philosophen **John Searle** zurück, der die Ideen vom **Chinesischen Zimmer** publik machte. Dieses Zimmer ist eine große Bibliothek, in der ein Analphabet arbeitet, der taub und stumm ist. Ihm werden Zettel zugereicht, auf dem für ihn völlig unbekannte chinesische Schriftzeichen stehen. An Hand seines Bücherkataloges sucht er sich nun ein Buch, in dem zu den Zeichen die Antwortzeichen stehen. Diese malt er auf die Rückseite, bevor er den Zettel wieder zurückgibt. Laut Searle müsste dieses Zimmer den Turing-Test bestehen, weil in den vielen Büchern immer die richtigen Antworten stehen. Ein Mensch könnte nicht herausfinden, ob er mit dem chinesischen Zimmer oder einer Person debattiert. Deshalb müsste man zwischen der **schwachen KI**, dem Versuch Ergebnisse zu erzielen, die wie intelligent wirken, und der **starken KI**, dem Versuch wirkliches Denken hervorzubringen, unterscheiden.

8.1 Neuronale Netze und das Perceptron

Warum rechnet ein Computer mit binären Zahlen? Warum wird überhaupt gerechnet und nicht etwa versucht zu denken?

Neben den Von-Neumann-Maschinen gab es schon sehr früh Konzepte zu anderen Rechnern. Vor allen Dingen versuchte man zu entschlüsseln, wie die Gehirne in der Natur funktionieren. Man glaubte, wenn man das erst einmal richtig verstanden hatte, müsste man auch in der Lage sein, es zu imitieren.

Die Simulation neuronaler Netze ist in der Informatik bereits ein alter Hut. Schon in den Jahren, als man die ersten Computer baute, machte man sich auch Gedanken darüber, ob Rechner nicht vielleicht so aufgebaut sein sollten wie natürliche Gehirne. Sozusagen ein Rechner nach der Natur oder wie man das heute nennt, nach dem bionischen Prinzip.

Der Aufbau und die Funktion der Nervenzellen war prinzipiell bekannt und so stand einem Nachbau nichts im Wege. Die Maschine bekam den Namen **Perceptron**, weil sie den Nerven im Auge nachempfunden war. Perceptron leitet sich ab vom lateinischen »percipere«, was »erfassen, begreifen oder wahrnehmen« heißt. Es wurde bereits 1958 von **Frank Rosenblatt** entwickelt und bestand ursprünglich nur aus der Simulation einer einzigen Nervenzelle.

 Für Kenner: Nerven

> Hier beginnt die Geschichte der KNNs, der künstlichen neuronalen Netze. Um sie zu verstehen, muss man sich ein wenig mit den natürlichen neuronalen Netzen beschäftigen, den NNNs.

Die natürlichen neuronalen Netze bestehen aus Nervenzellen, die miteinander mit Rezeptoren (Sinneszellen) und Effektoren (Muskeln) verbunden sind. Sie nehmen Signale der Rezeptoren auf und leiten Befehle an die Effektoren weiter.

Die Nervenzellen (Neuronen) des Menschen und auch der Tiere bestehen aus dem Zellkörper (Soma), den Zellfortsätzen (Dendriten) und dem Nervenstrang (Axon). Während der Zellkörper zur Versorgung der Nervenzelle mit allen wichtigen Stoffen und Energie dient, leitet das Axon Nervenimpulse über längere Strecken. Die Dendriten erinnern sehr an kleine Bäumchen mit abertausenden von Ästen. Es können bis zu 200 000 sein. An den Spitzen dieser Ästchen, zwischen Nervenfasern, Zellkörpern, Rezeptoren und Effektoren, sitzen die sogenannten Synapsen. Hier werden die über das Axon ankommenden elektrischen Nervenimpulse in chemische Vorgänge umgesetzt. Synapsen stellen zunächst einmal eine Trennung der elektrischen Leitung dar, sichtbar in Form des sogenannten synaptischen Spaltes. Außerdem werden Signale nur in eine Richtung über den Spalt transportiert. In gewisser Weise verhindern Synapsen so einen Kurzschluss im Gehirn. Trifft ein Signal auf den synaptischen Spalt, ergießen sich sogenannte Neurotransmitter in den Spalt. Sie führen auf der anderen Seite zur Auslösung eines elektrischen Nervenimpulses. Neurotransmitter kennen wir im Grunde alle, es sind unter anderem:

- ▶ Glutamat
- ▶ Adrenalin
- ▶ Noradrenalin
- ▶ Dopamin
- ▶ Serotonin
- ▶ Histamin

Man kann sich eine Synapse vorstellen wie eine Fähre über einen Fluss, die nur in eine Richtung Fahrgäste aufnimmt. Die ankommende Straße (Nervenstrang) bringt die Fahrzeuge (Signal) heran und trägt sie auf die andere Flussseite zur wegführenden Straße.

Beim Übergang über den synaptischen Spalt können Signale verstärkt oder abgeschwächt werden. Die Signale laufen von diesen Schaltstellen zu den Zellkörpern. Dort passiert erst einmal gar nichts, bis die Signaleingänge einen bestimmten Level überschreiten. Dann sendet die Nervenzelle ihrerseits ein Signal aus, das über das Axon weitergeleitet wird.

Wie können wir uns nun die Simulation des Ganzen vorstellen? Stellen Sie sich ein kleines künstliches Gehirn aus sechs Neuronen vor, das VB lernen möchte.

Wir haben drei Eingangsneuronen, an denen die Wünsche und Eigenschaften anstehen, und drei Ausgangsneuronen für die Ziele. Alle Eingangsneuronen sind mit allen Ausgangsneuronen verbunden. Das Wichtigste dabei ist jedoch, welche Bedeutung wir den einzelnen Neuronen beimessen, wie wir Eingabe und Ausgabe interpretieren.

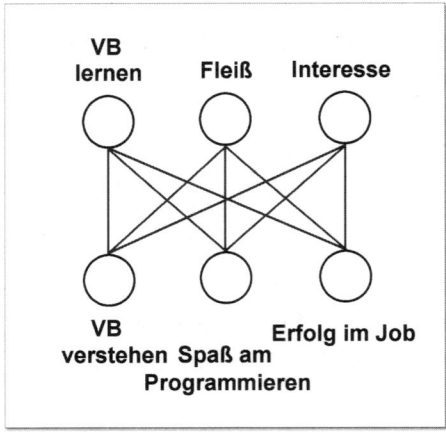

Abbildung 8.1   KNN will VB lernen.

Nun sind Gehirne von Natur aus faul. Es besteht also nur der Wunsch, VB zu lernen, sonst nichts. Von Fleiß und Interesse keine Rede. Unser NN soll mit Zahlen arbeiten, so bekommt das »VB lernen«-Neuron ein Signal, also 1 und die anderen jeweils 0. Alle Neuronen sind miteinander verbunden, dadurch erhalten wir als Ergebnis an den Ausgabeneuronen 1 1 1 (Abbildung 8.2). Was bedeutet, dass unser Hirnchen VB versteht und Spaß und Erfolg im Job hat.

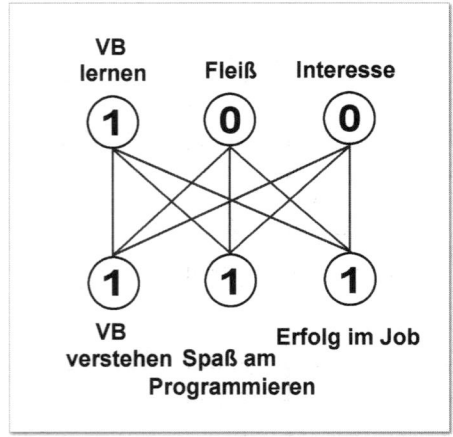

Abbildung 8.2   Das Netz mit Ein- und Ausgabe

Für Kenner: Neurosimulation

Das wollen wir nun einmal an einem sogenannten Simulationsprogramm zeigen. Dazu installieren Sie das Programm **MemBrain**. Sie finden es auf der DVD unter: *Software zum Buch\Kap08\KünstlNN\MemBrain\MemBrain.zip*.

Sie müssen die Datei erst entpacken und über *setup.exe* installieren. Eine umfangreiche Anleitung zu MemBrain findet man übrigens auf der Homepage:

http://www.neuronalesnetz.de/membrain.html

Bei Start des Programms muss man ein wenig warten, bis man es nutzen kann.

Zuerst stellen Sie unter **Edit • Default Properties** die Activation Function auf BINARY und das Gewicht (Weight) unter Edit Link Properties auf 1 und außerdem auf sichtbar (Display Weight).

Nun legen Sie zunächst drei Eingangsneuronen an: **Insert • New Neurons**. Brechen Sie mit der ⎡Esc⎤-Taste ab und kontrollieren Sie die Einstellungen an den Neuronen mit Doppelklick.

Stellen Sie unter **Edit • Default Properties** den Typ auf OUTPUT, die Activation Function auf BINARY und den Rest wie bei den Eingangsneuronen. Pfeile auf den Neuronen zeigen, ob es Eingangs- oder Ausgangsneuronen sind. Jedes Neuron hat einen kleinen Spalt, den wir als Synapse ansehen wollen. Von dort lässt sich mit der Maus eine Verbindung, ein Axon, zu einer Synapse eines anderen Neurons ziehen. Versuchen Sie es. So verbinden Sie alle Eingangs- mit allen Ausgangsneuronen. Die Gewichtung der Verbindungen ist jeweils 1. Das ist wie keine Gewichtung. Es handelt sich um eine Art Bewertung, wie stark das Signal berücksichtigt werden soll. Die Gewichtung wird vom Programm an die verknüpfenden Linien geschrieben.

Nun lassen sich die Eingabeneuronen anwählen. Wir setzen das erste Neuron mit der Taste 1 auf 1. Den Rest und die Ausgangsneuronen lassen wir unverändert. Mit dem Menüpunkt **Net • Think Step** lassen wir es einmal durchrechnen (denken).

Das Ergebnis fällt wie erwartet aus. Unser faules Hirn glaubt allen Ernstes, es könne ohne Fleiß und Interesse VB lernen und auch noch Spaß und Erfolg im Job haben.

Programmtechnisch ist dieses Gebilde einfach zu realisieren. In Neuron 4 addieren wir die Eingänge 1 + 0 + 0 und erhalten als Ausgangspotenzial 1, und das Gleiche machen wir in den anderen Ausgangsneuronen.

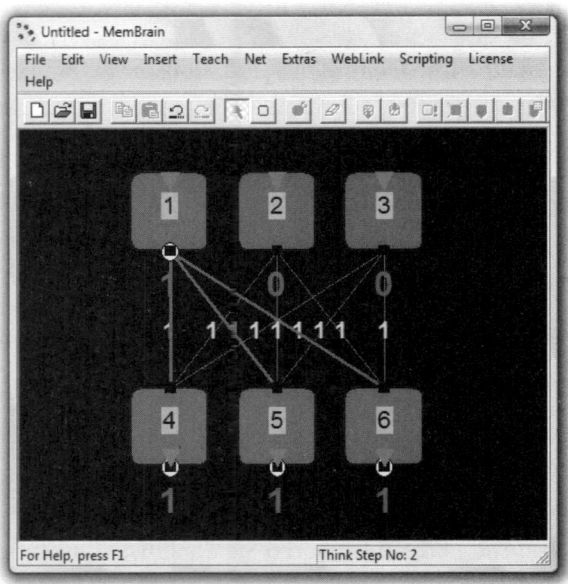

Abbildung 8.3 Ein einfaches Netz mit dem Simulator MemBrain

Wie wir von den echten Nerven gelernt haben, schwächen Synapsen Signale ab oder verstärken sie. Das hängt ganz davon ab, was am Ende als Ergebnis benötigt wird. Die Nerven passen sich nach und nach an das erforderliche Ergebnis an. Das Ganze nennt man Lernen. Im KNN steuert man das mit der Gewichtung. Die Signale werden mit ihr multipliziert. Ist z. B. das VB lernen besonders wichtig, wird dort keine 1 als Gewicht eingetragen, sondern z. B. eine 2. Dadurch wird das »Signal« von diesem Neuron doppelt so stark. Da man aber im Voraus nicht weiß, wie man die Gewichtung einstellen muss, muss man sie anhand der geforderten Ergebnisse justieren. Manuell wäre das mühsam, deshalb gibt es dafür einen Lernalgorithmus.

Versuchen wir das doch hier mal an dem Beispiel-Gehirnchen. Dazu gibt es eine Art elektronischen Lehrer, den **Lesson Editor**. Wir starten ihn über die Menüpunkte **Tech · Lesson Editor...**

Es öffnet sich ein Dialog, in dem wir Ein- und Ausgaben gegenüberstellen können. Wir stellen nun Lerndatensätze zusammen, die unser Kleinhirn erlernen soll. Später werden wir kontrollieren, ob es die Lektion verstanden hat.

Wir tragen jeweils Werte in die Input- und in die Output-Zeile ein und speichern sie mit der Schaltfläche **New Pattern** ab. Am Ende schließen wir mit **Close** ab.

Input	Output
1 1 0	1 0 1
1 0 1	1 0 0
1 0 0	0 1 0
1 1 1	1 0 1

Wir haben einen Satz Lerndaten erstellt. Nun müssen wir das Netz trainieren über die Menüpunkte: **Teach • Start Teachter (Auto)**. Es kann sein, dass wir den Lernvorgang noch abbrechen müssen. Das kommt ganz auf die Lerndatensätze an.

Jetzt ist es verwendbar. Das heißt, wir können es abfragen. Dazu stellen wir das »Hirnchen« an über **Net • Start Thinking (Auto)** und geben die Werte an den Eingabeneuronen ein. Und siehe da, dieses merkwürdige Softwaregebilde hat sich tatsächlich etwas gemerkt.

Es lassen sich nun sämtliche gelernten Kombinationen erfragen: VB lernen und Interesse haben oder VB lernen und fleißig sein, was dazu führen sollte, dass wir VB verstehen und Erfolg im Job haben. Wir können sogar etwas abfragen, was wir gar nicht gelernt haben, nämlich nur Interesse. Das künstliche neuronale Netz meint allerdings, dass uns nun der Erfolg und die VB-Kenntnisse winken, was nicht ganz richtig sein kann. Allerdings stellt sich auch die Frage: Kann ein KNN überhaupt Antworten auf Fragen geben, die es nicht trainiert hat? Das würde nämlich bedeuten, dass es eigenhändig Schlüsse ziehen kann. In der Tat ist dies möglich, allerdings nur bei umfangreicheren Netzen. Der Simulator ist vorhanden. Versuchen steht nichts im Wege! Vergessen Sie jedoch nicht, das Netz mit **Net • Stop Thinking** abzustellen, bevor Sie es neu trainieren.

Auf die DVD sollte sogar noch ein weiterer NN-Simulator. Leider war kein Platz mehr. Er heißt **NeuroSim** und funktioniert ganz ähnlich wie MemBrain. Sie finden dieses NNetz-Programm jedoch im Internet unter:

http://www.informatik.htw-dresden.de/~iwe/Belege/Porstmann/NeuroSim.html

Haben Sie sich soeben auch gewundert? Wie kann sich so ein kleines Software-Gebilde mit so wenig Gewichtung so viele Kombinationen merken?

Im Grunde werden die Informationen »übereinander« gespeichert. Sie ergeben sich nur im Zusammenspiel zwischen Neuronen und Gewichtung. Deshalb spricht man von einem assoziativen Speicher (lat. *associare* – verknüpfen). Diese Form eines Speichers hatte Konrad Zuse bereits 1943 vorgeschlagen. Solche Speicher lassen sich witzigerweise überfüttern, dann fangen sie an, unsichere Ergebnisse zu liefern. Ein Zeichen, dass Gehirne wohl auch mit dieser Speicherform arbeiten.

Im gleichen Jahr haben übrigens die Mathematiker **Warren McCulloch** und **Walter Pitts** das »Neuron« als logisches Schwellwertelement mit mehreren Eingängen und einem einzigen Ausgang in die Informatik eingeführt. Sechs Jahre später stellte der Psychologe **Donald O. Hebb** die Hypothese auf, dass sich beim Lernen die aktivierende oder hemmende Wirkung einer Synapse als Produkt der vor- und nachsynaptischen Aktivität berechnen lässt.

Diese Erkenntnisse versetzten schließlich **Frank Rosenblatt** in die Lage, 1957 sein Perceptron zu entwickeln. Es war keineswegs eine Computersimulation, sondern eine Konstruktion aus Birnchen und Drähten als Hardware. Und entsprechend der Hoffnung seines Erfinders ein Prototyp für assoziative, denkende Computer. Rosenblatt konnte nachweisen, dass ein paar Eingabe-Neuronen und ein Ausgabeneuron genügen, um die Funktionen AND, OR und NOT zu erlernen.

Werfen wir doch einmal einen Blick darauf. Wir brauchen ein Netz mit zwei Eingangsneuronen und einem Ausgangsneuron. Voila, wir haben ein Perceptron (Abbildung 8.4). Nach Rosenblatt bestand das Perceptron aus drei Schichten, von denen jedoch nur zwei Schichten wirklich als Neuronen arbeiteten. Deshalb verwenden wir nur drei Neuronen in zwei Schichten. Das entspricht jedoch nicht dem Original-Perceptron und verhält sich auch nicht ganz exakt so.

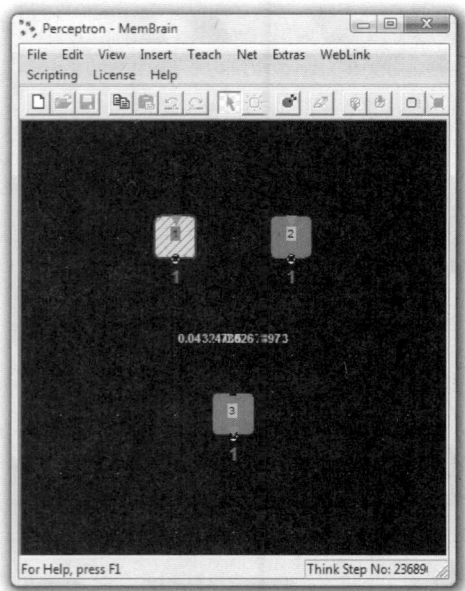

Abbildung 8.4 Das Perceptron mit der AND-Funktion

Wir trainieren es genau wie Frank Rosenblatt auf die binäre OR-Funktion. Das heißt, ist ein Eingang auf 1, so steht der Ausgang auf 1. Wenn beide Eingänge 1 haben, ist der Ausgang auch 1.

Versuchen Sie es oder laden Sie mit **File • Open** das bereits trainierte Perceptron von der DVD. Es liegt unter: *Software zum Buch\Kap08\KünstlNN\MemBrain\ Demos\P-OR*.

Tatsächlich, wenn wir das Netz einschalten (**Net • Start Thinking (Auto)**), auf eines der Eingangsneuronen gehen und die 1 drücken, bleibt das Ausgangsneuron tot. Sind die Eingangsneuronen aktiv, zeigt der Ausgang die 1, also die OR-Funktion.

> Die Grundlage für lernende Hardware schien geschaffen. Da veröffentlichten 1969 **Marvin Minsky** und **Seymour Papert** in dem Buch »Perceptrons« den Nachweis, dass die XOR-Funktion von einem Perceptron niemals erlernt werden kann. Die Erkenntnis blieb Rosenblatt übrigens erspart, weil er kurz vor der Buchveröffentlichung durch einen Bootsunfall ums Leben kam.

Wir haben bereits Probleme bei der AND-Funktion, wie Sie leicht feststellen können, und XOR, das Entweder-oder (exclusive Oder), kann das Perceptron wirklich nicht begreifen. Es entspricht:

```
1 XOR 0 = 1
0 XOR 1 = 1
1 XOR 1 = 0
0 XOR 0 = 0
```

Das sieht man schon daran, dass beim Trainieren keine Erfolgsmeldung kommt. Das heißt, beim Training gelingt es nicht, die Eingabeneuronen und die Ausgabeneuronen entsprechend der Lernvorgaben in Einklang zu bringen (Abbildung 8.5).

> Obwohl man später herausfand, dass mit einer zusätzlichen Reihe Neuronen das Problem zu lösen ist, kam die Forschung an neuronalen Netzen völlig zum Erliegen, bis 1986 **David E. Rumelhart, Geoffrey E. Hinton** und **Ronald J. Williams** ihre Forschungen zum sogenannten **Backpropagation**-Netz veröffentlichten.

Das müssen wir natürlich erst einmal überprüfen. Also eine zusätzliche Reihe Neuronen muss her. Man spricht von den sogenannten HIDDEN-Neuronen, also den verdeckten Neuronen. Sie haben in unserem Simulator zwei Synapsen. Wir stellen sie ebenfalls auf BINARY ein.

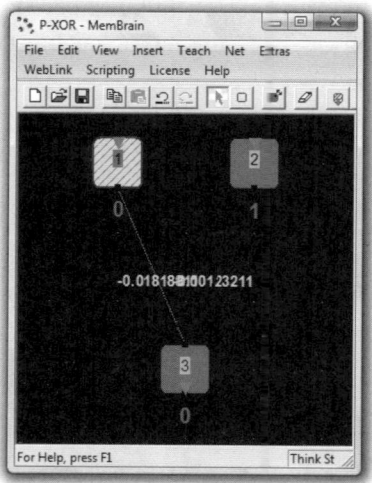

Abbildung 8.5 Das Perceptron kann kein XOR.

Abbildung 8.6 Das Perceptron mit Hidden-Neuronen bei AND

Das dreilagige Perceptron finden Sie auf der DVD als Perceptron3 und die zugehörigen trainierten Versionen als P3-...

Wie Sie leicht feststellen können, funktioniert alles fehlerfrei. Ein Perceptron mit drei Neuronenebenen kann also AND, OR und XOR.

Sie sollten nicht versäumen, sich die Beispiele des MemBrain-Simulators anzusehen. Sie befinden sich im Verzeichnis *Examples*. Außerdem in der gepackten Datei *MemBrainExamples.zip*. Es gibt auch Skript-Beispiele.

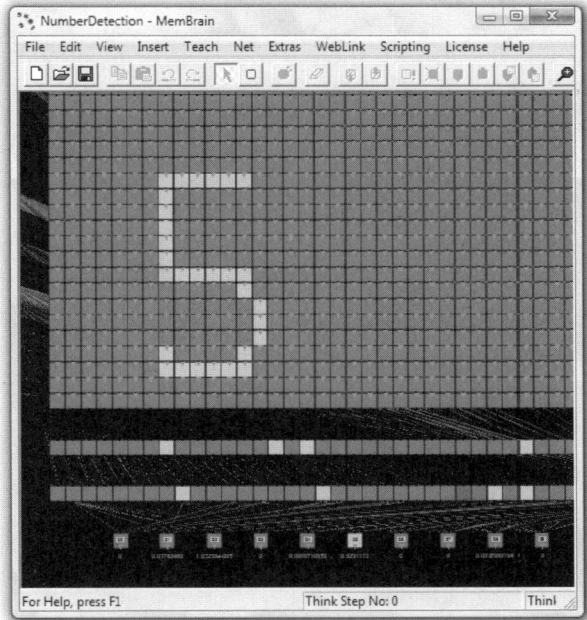

Abbildung 8.7 MemBrain liest Zeichen.

Das Beispiel **NumberDetection** zeigt den ursprünglichen Einsatz des Perceptrons in einer erweiterten Version mit vier Neuronenebenen. Die Eingangsneuronen bilden eine Fläche, auf der durch Aktivieren Zeichen abgelegt werden. Die Neuronen werden so trainiert, dass bei 1 das erste Ausgangsneuron, bei 2 das zweite usw. aktiv wird. Auf diese Weise arbeitet das Netz wie die Retina des Auges und erkennt nach einiger Übung alle Zahlen. Das Beispiel müsste noch etwas trainiert werden, was ziemlich mühsam ist. Das Beispiel **ActivationSpikesDemo** zeigt sehr schön die Aktivität in einer Art Hopfield-Netz.

Das Backpropagation-Netz von **David E. Rumelhart** korrigiert seine Gewichte selbst, indem es die Abweichungen rückwärtslaufend berücksichtigt. Es lernt rascher und kann auch mehr als Netze mit der Hebb-Lernregel.

Danach kam es zu einer stürmischen Entwicklungsphase, die jedoch nicht zu den gewünschten Ergebnissen führte, weil es technisch unmöglich war, die zahlreichen Schaltungen im Gehirn auch nur annähernd nachzustellen. Übliche neuronale Netzmodelle auf dem Computer entsprechen in etwa der Leistungsfähigkeit eines Schneckenhirns.

Man schätzt die Anzahl der menschlichen Hirnzellen auf etwa 1 Billion: 1 000 000 000 000.

Bei bis zu 200 000 Synapsen pro Zelle ergeben sich so maximale 200 000 000 000 000 000 Synapsen.

Das sind 200 Billiarden Verknüpfungen, die technisch heute in einem räumlich auf Computergröße beschränkten Areal nicht realisiert werden können.

Interessanterweise war damals Marvin Minsky einer der schärfsten Gegner von Frank Rosenblatt, dem Erfinder des Perceptrons. Die junge KI buhlte um Fördermittel und es bildeten sich zwei Lager. Die Konnektivisten, die daran glaubten, man müsse auf neuronale Netze setzen, wenn man vorankommen wolle, und die Anhänger der KI durch Programmierung mit den funktionalen Sprachen. Es kam zu energischen Grabenkämpfen, bis der Beweis gelang, dass das Perceptron »unbrauchbar« war.

Ironischerweise forschte Minsky wieder in den 80er-Jahren selbst sehr erfolgreich an neuronalen Netzen. Er entwarf unter anderem eine Art Fliegenklatsche, die selbstständig lernte, eine virtuelle Fliege zu erschlagen.

Es wurden noch zahlreiche weitere Netzformen entwickelt mit teilweise sehr interessanten Eigenschaften. Eine wirkliche Konkurrenz für den Von-Neumann-Rechner waren sie jedoch bis heute nicht. Das liegt teilweise auch daran, dass neuronale Netze nicht vorhersagbar richtig arbeiten. Unter 100 richtigen Antworten kann es immer mal wieder zu einem falschen Ergebnis kommen. Sie ähneln eben etwas zu sehr den Gehirnen.

8.2   Wie Rotkäppchen in den Computer kam

Inzwischen gibt es in der Neuroinformatik elektronische Bausteine, die direkt mit Nervenzellen kommunizieren. Auf diese Weise ist man in der Lage, Prothesen zu bauen, die der Mensch nur durch Willensanstrengung bewegen kann. Die Forschung arbeitet daran, noch einen Schritt weiterzugehen und Nervenzellen selbst in größerem Umfang zu ersetzen. Man spricht in diesem Falle von Neuroprothesen.

Natürlich fragt man sich unwillkürlich: Soll das menschliche Gehirn wirklich so funktionieren? Hat es nicht eine innere Welt, in der alle Dinge ihren Platz besitzen und Sachverhalte begriffen werden? Neuronale Netze tun das auch, behaupteten einige Forscher, und **William Jones** und **Josiah Hoskins** von der Microelectronics und Computer Techboloy Corp., gelang es sogar, dies an einem einfachen Netz zu zeigen.

Für Könner: Märchennetz

Ihr Märchennetz beruht auf folgender Geschichte. Um die Rotkäppchen-Katastrophe zu verhindern, die uns von den Gebrüdern Grimm überliefert ist, entschloss man sich, das kleine Mädchen genau zu instruieren. Man wies es darauf hin, dass es drei Lebewesen begegnen könne. Der Großmutter, die es an ihren großen Augen erkennt, ihrer runzligen Haut und der Freundlichkeit. Ihr solle es sich nähern, etwas zu essen anbieten und einen Kuss auf die Wange geben. Außerdem gäbe es im Wald noch einen freundlichen Holzfäller. Er hätte zwar große Ohren, sähe aber recht gut aus. Zu dem solle es ebenfalls gehen, ihm etwas aus dem Korb zu essen geben und ihn bitten, gegen den Wolf zu helfen. Den Wolf aber, den würde es wie eh und je an den großen Augen, den großen Ohren und den großen Zähnen erkennen. Da hilft bloß noch schreien, weglaufen und den Holzfäller suchen. Diese einfachen Zusammenhänge kann nicht nur Rotkäppchen sich merken. Ein einfaches Netz mit Eingabe- und Ausgabeneuronen, ohne Zwischenschicht, kann sich das bereits merken. Wird jedoch ein dreischichtiges Netz mit drei verdeckten Neuronen verwendet, so repräsentieren nach dem Lernen diese Neuronen, so unglaublich es klingt, jeweils eine Figur aus dem Märchen. Wohl gemerkt, ohne dafür bestimmt gewesen zu sein. Das gelingt auch mit vier verdeckten Neuronen. Werden die entsprechenden Eigenschaften im Inputvektor aktiviert, übernimmt stets das dafür auserwählte verdeckte Neuron die Hauptübertragungsleistung zum Output. Offenbar abstrahiert bereits dieses einfache Netz, dass hier drei Objekte beteiligt sind. Ein Hinweis darauf, wie Neuronen sich ihre Welt durch Abstraktion selbst erschaffen?

Das müssen wir natürlich ausprobieren.

Wir haben also sechs Eingangs- und sieben Ausgangsneuronen und folgenden Sachverhalt:

Großmutter

Input:

1

2   große Augen

3

4   Freundlichkeit

5   runzlige Haut

6

Output:

10

11

12

13 Kuss auf die Wange geben

14 nähern

15 Essbares anbieten

16

Holzfäller

Input:

1 große Ohren

2

3

4 Freundlichkeit

5

6 sieht gut aus

Output:

10

11

12

13

14 nähern

15 Essbares anbieten

16 um Hilfe bitten

Wolf

Input:

1 große Ohren

2 große Augen

3 große Zähne

4

5

6

Output:

10 weglaufen

11 schreien

12 Holzfäller suchen

13

14

15

16

Das trainierte Netz finden Sie auf der DVD unter: *Software zum Buch\Kap08\ KünstlNN\MemBrain\Demos\MärchenNet*. Nachdem Sie es geladen haben, klicken Sie auf **Net • Start Thinking**.

Geben Sie jetzt die Inputwerte entsprechend dem Märchen ein. Beim Wolf wird das Neuron 9 am aktivsten sein (Abbildung 8.8). Bei der Großmutter das Neuron 8 und beim Holzfäller Neuron 7.

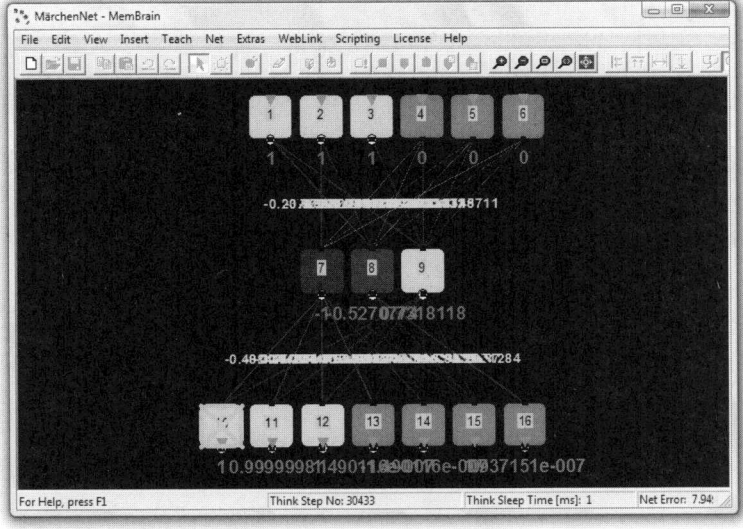

Abbildung 8.8 Das Neuron 9 ist der Wolf.

Das ist doch ein ganz erstaunliches Ergebnis. Es hat auch nichts damit zu tun, dass sich aktive Neuronen gegenüberliegen. Je nachdem, wie sich das Netz einstellt, kann es auch sein, das Neuron 9 die Großmutter wird und 8 der Wolf. Das ist völlig unabhängig von der sogenannten Netztopologie, dem geometrischen Aufbau des Netzes.

8.3   Die Sprachen der KI

Die Sprachen der KI sind **Smalltalk**, **Lisp** und **Prolog**. Wobei Sie Smalltalk schon ein wenig in Form von Squeak kennengelernt haben. Auch wenn dieser Dialekt auf die Ansprüche von Kindern umgebaut wurde, hat er doch der Sprache nicht ihre Fähigkeit geraubt, KI-Programme auszuführen. Im Übrigen ist es nicht so, dass diese Sprachen eigentlich für KI entwickelt wurden. Es sind Sprachen, mit denen man im Grunde jedes Programm schreiben kann. Sie sind halt nur für die Künstliche Intelligenz besonders gut geeignet. So kann man in Lisp oder Prolog recht gut Expertensysteme schreiben, weil man auf einfache Weise Entscheidungsbäume realisieren oder Aus- und Eingabeinterpreter erstellen kann. KI-Sprachen im reinen Sinne gibt es also eigentlich gar nicht.

Die vielen Beispiele der verwendeten Programmiersprachen enthalten mindestens ein Programm, das der KI zuzurechnen ist. Zum Beispiel das Forth-Schachprogramm. Schach galt lange Zeit als Prüfstein für die Qualität Künstlicher Intelligenz. Das rührt daher, dass es unglaublich viele Schachzüge gibt. Die Zahl der möglichen Stellungen wird mit $2,28 * 10^{46}$ angegeben, also

22 800 000 000 000 000 000 000 000 000 000 000 000 000 000 000

(Fragen Sie aber nun bitte nicht, wie man diese Zahl ausspricht.)

Der Computer braucht also im Grunde genommen Jahrhunderte, um für die jeweilige Stellung den optimalsten Zug zu errechnen. Programme arbeiten deshalb auch mit Bibliotheken, in denen mögliche Züge für verschiedene Situationen gespeichert sind, so wie das chinesische Zimmer. Was ein untrügliches Zeichen dafür ist, dass man Intelligenz nur simuliert und nicht erzeugt.

Als man damit begann, sich mit solchen Sachverhalten zu beschäftigen, wurde die Programmiersprache Lisp als Werkzeug ausgewählt. Sie wird deshalb bis heute mit dem Begriff KI in Verbindung gebracht. Neben Lisp sind auch Smalltalk und Prolog anerkannte Sprachen der KI. Außerdem zählt man als sprachübergreifende Konzepte noch **Fuzzy Logik** und **Neuronale Netze** zur KI.

8.4   Lisp und Scheme

Lisp wurde nicht entwickelt, um denkende Programme zu schreiben. Der Name steht lediglich für **List Processing**. Ursprünglich waren es FORTRAN-Unterprogramme, bis ein gewisser **Steve Russell** auf die Idee kam, dafür einen eigenen Interpreter zu schreiben. Die Sprache Lisp war geboren, die jedoch in zahlreiche Dialekte zerfallen ist. Einen dieser Lisp-Dialekte mit Namen **Scheme** werden wir uns anschauen.

Aber warum wurde Lisp nun ausgewählt, um »klügere« Programme zu schreiben, als man üblicherweise schreibt?

Es ist zwar eine der ersten entwickelten **funktionalen Sprachen**, sie ist gleichzeitig aber auch ungeheuer flexibel, weil kein Unterschied zwischen Daten und Programmcode gemacht wird, sodass es sehr einfach ist, das Programm selbst während der Laufzeit zu ändern. Man spricht bei Lisp auch von der programmierbaren Programmiersprache.

Was ist aber nun eine funktionale Programmiersprache? Die Idee zu solchen Sprachen geht auf das sogenannte **Lambda-Kalkül** zurück. Es wurde von Alonzo Church und Stephen Kleene in den 30er-Jahren eingeführt. Man kann damit Logiken höherer Stufen darstellen, und es ist so mächtig, dass sein Funktionsumfang dem der Turingmaschine entspricht.

Vereinfacht ausgedrückt verwendet man in Lisp statt Rechentermen, Schleifen und ähnlichen Konstrukten Funktionen. Was man ermitteln möchte, wird also als Ergebnis von einer Funktion geliefert. Das klingt etwas umständlich, ist aber ein einfaches Prinzip. So einfach, als würden wir für x = a + a einfach x = Doppel (a) schreiben. Das ist der ganze Zauber. Schwierig ist dabei der Beweis, was man mit dieser Festlegung alles anstellen kann. Wie man Funktionen auf Funktionen definiert usw. Wen es reizt, das tiefer auszuloten, der findet im Internet genügend Infos dazu. Lambda wird übrigens mit dem griechischen Buchstaben λ dargestellt. Sie werden ihm noch begegnen.

Lisp hat außerdem den großen Vorteil, dass es sehr einfach zu erlernen ist. Daher wird es in den amerikanischen Schulen oft als erste Programmiersprache genommen. Lisp hat den Vorteil, dass die Schüler von Anfang an flexibler programmieren lernen. Wir werden **DrScheme** verwenden, einen modernen Lisp-Dialekt.

Für Kenner: Scheme

Um Scheme etwas näher kennenzulernen, sollte man nach unserem bewährten Rezept ein wenig damit programmieren (spielen).

Dazu müssen Sie es erst einmal installieren. Man findet das Programm im Internet unter:

http://download.plt-scheme.org/

Aber auch auf der DVD: *Software zum Buch\Kap08\Scheme.*

Nach einem Doppelklick auf *plt-372-bin-i386-win32.exe* wird die Installation gestartet. Die Installationsroutine fragt nach einem Verzeichnis, in das installiert werden soll. Das gewünschte Verzeichnis wird angegeben.

Vor dem ersten Start sollten Sie wissen, dass Lisp oder Scheme etwas anders sind. Mit ihnen programmieren heißt, diese Sprache zu erweitern. Es gibt verschiedene Ausbaustufen für DrScheme. Daher muss man festlegen, mit welchem Scheme man arbeiten möchte. In gewisser Weise kann man auch sagen, ich will nun mit einem Scheme arbeiten, das sich wie BASIC verhält. Das alles ist keine Frage und erklärt, warum es bei DrScheme eine Form gibt, die der Programmiersprache Algol60 entspricht. Sozusagen ein Algol60-Interpreter. DrScheme ist auch speziell für Schulungen entwickelt worden. Es gibt im Internet eine sehr schöne Dokumentation dazu, die man in jedem Fall parallel nutzen sollte. Sie hat den sehr sinnigen Titel: »Wie man programmieren sollte«. Leider ist sie nur in englischer Version, glücklicherweise aber vollständig im Internet verfügbar:

http://www.htdp.org

Folgende Links aus dem Buch sind interessant:

http://download.plt-scheme.org/doc/drscheme/
http://schemecookbook.org/

Die Dokumentationen können auch aus der Entwicklungsumgebung heraus über die folgenden Menüpunkte aufgerufen werden: **Hilfe • Verwandte Web-Seiten • How to design programms**.

Nach der Installation wollen wir DrScheme starten.

Ein Dialog wird geöffnet, der aus zwei Textboxen besteht, zwei Treeansichten an den Seiten und einer Schaltflächen- sowie einer Menüleiste. In der oberen Textbox gibt man den Programmcode ein und darunter werden die Meldungen angezeigt.

Bevor wir zu Codieren beginnen, müssen wir allerdings erst die gewünschte Sprache einstellen. Dazu wählen wir im Menü: **Sprache • Sprache auswählen • Experimentelle Sprachen • Lazy Scheme**.

Außerdem haben wir noch die Möglichkeit, sogenannte Teachpacks anzuhängen.

Wie bereits erwähnt, kann in Scheme kann man sehr einfach Interpreter programmieren, und daher haben die Entwickler die Oberfläche für Algol60 genutzt. Es lassen sich also mit DrScheme kleine Experimente mit Algol60 machen, einer ausgestorbenen Programmiersprache. Das bedeutet, sie wird heute nicht mehr eingesetzt. Bei näherer Betrachtung lässt sich auch feststellen, dass sie nicht ganz einfach war. Natürlich ist sie andererseits auch nicht mit allen heutigen Möglichkeiten ausgestattet. Möchte man zum Beispiel Text ausgeben, ist man darauf angewiesen, ihn direkt im Code an der Stelle als Literal anzugeben, wo er ausgegeben werden soll. Variablen sind nur für Zahlen gedacht.

8.5 Kurze Einführung in Scheme (Lisp)

Lisp ist eine einfache Sprache und lässt sich relativ leicht erlernen. Außerdem hat sie gewisse Ähnlichkeiten mit Forth. Was nicht verwundert, hat doch **Charles H. Moore,** der Erfinder von Forth, bei **John McCarthy,** dem Erfinder von Lisp, studiert. Sie sollten versuchen, so weit als möglich alles nachzuvollziehen, weil Lisp immer ein brauchbarer Einstieg in die allgemeine Problematik der Programmierung darstellt. Es ist also auch eine gute Vorbereitung, um am Ende des Buches BASIC zu lernen. Allerdings, und das muss man betonen, hat Lisp nichts mit objektorientierter Programmierung zu tun. Chaotisch ist es außerdem. Aber gerade das zwingt zu systematischem Arbeiten und fördert das Verständnis dafür, wie der Computer ein Programm abarbeitet.

Für Könner: Scheme-Programmierung

Bei Lisp kommt als Erstes immer die Anweisung, was zu tun ist, und dahinter die Attribute/Parameter. So gesehen besteht Lisp nur aus Prozeduraufrufen (Funktionsaufrufen). Auch für mathematische Formeln in Scheme gilt dieses Gesetz. Sie kennen das bereits – die polnische Notation (+ 13 13), sozusagen der Aufruf der Funktion + mit zwei Parameter. Außerdem wird in Lisp/ Scheme alles geklammert.

Dieser Term ersetzt in unserer bisherigen Denkweise 13 + 13.

Na los, Sie haben es noch nicht eingegeben? Sie können es oben im Programmcode-Fenster eingeben oder unten in der Kommandozeile. Den Code oben müssen Sie mithilfe der Schaltfläche **Start** interpretieren lassen.

Eigentlich ist dieses Miniprogramm in Lisp erst vollständig, wenn man noch ein Display für die Ausgabe davorsetzt:

```
(display ( + 13 13))
```

Wollen Sie statt Literal 13 nun eine Variable nutzen, müssen sie diese definieren. Diesmal im oberen Fenster:

```
(define dreizehn 13)
(display (+ dreizehn dreizehn))
```

Das ist schon fast ein Lisp-Programm, werden Sie denken. Nicht ganz. Dazu müsste man es aufrufen können. Also machen wir daraus doch eine Funktion (Procedure). Das wird wieder mit **define** realisiert. Es wird nur etwas anders geschrieben:

```
(define (hoch2 x)
(* x x))
```

Das haben Sie oben eingegeben und danach die **Start**-Schaltfläche angeklickt. Dadurch haben Sie praktisch Scheme neu gestartet und zusätzlich diese Funktion dazugeladen. Nun können Sie das »neue« Scheme im **unteren** Fenster nutzen:

```
(display (hoch2 13))
```

Klammern gibt es immer reichlich. Wir haben außerdem eine gruppierte Funktion. Die Funktion **display** wird mit dem Parameter Funktion **hoch2** aufgerufen. Sie fangen schon an, in Funktionen zu denken? Ah, das ist sehr gut, diese Denkweise ist eigentlich das ganze Geheimnis von Scheme, Lisp und dem λ-Kalkül.

Die Klammern, wichtig wie sie sind, trennen Funktion und Parameter und legen damit fest, in welcher Reihenfolge die Anweisungen auszuführen sind. Damit kann man schon einiges anfangen, aber sinnvoll wäre natürlich auch eine If-Funktion.

Wieder wird mit Klammern getrennt.

```
(define (abfrage )
(if (> 13 12)
(display "Ja")
(display "Nein")))
```

Was wird wohl herauskommen?

Wie Sie wissen, wird Scheme erst gestartet und später in der Kommandozeilen-Abfrage aufgerufen. Wenn Scheme Ihnen sagt:

```
# <procedure>
```

So heißt das: »Ich akzeptiere nur Funktionen«. In diesem Fall haben Sie die Klammern beim Aufruf der Funktion vergessen.

Was wird nun hier wohl herauskommen:

```
(define x 2)
(define x (* 2 x))

(display x)
```

Sie verstehen, was damit gezeigt werden sollte? Es gibt keine Zuweisung in der Art wie X = X * 2. Wie in der Mathematik hat eine Variable immer einen bestimmten Wert. Sie ist kein Schuhkarton, in dem man mal einen Schuh und mal zwei hineinlegt. Deshalb ist die Richtigkeit von Lisp-Programmen auch mathematisch beweisbar. Die von nicht funktionalen Programmen nicht.

Nun haben wir allerdings ein Problem. Wenn wir nicht X = X * 2 schreiben können, lassen sich schlecht Berechnungen auf veränderten Werten ausführen. Es gibt eine raffinierte Lösung: die Rekursion.

In der Programmierung mit funktionalen Sprachen aber auch bei Prolog und in der KI spielt die Rekursion eine sehr große Rolle. Da man sie mit Lisp besonders schön zeigen kann, schauen wir sie uns jetzt genauer an.

8.5.1 Rekursion

Rekursion funktioniert durch eine Funktion, die sich selbst aufruft. Sinnvoll ist das natürlich nur bei Wiederholungen von Rechenvorgängen. Nehmen wir die Summe aller Zahlen von 1 bis 100. Also 1 + 2 + 3 ... + 99 + 100. Da wir der Funktion die größte Zahl, die Grenze, mitgeben müssen, fangen wir am besten bei ihr an mit dem Rechnen, also n + (n-1). Demnach kann unsere Funktion nur so aussehen, dass wir in ihr + n F() rechnen, also n mit der Funktion addieren. Was im Grunde ein Ersatz ist für

```
for (int i = 100; i > 0; i--)
```

Wobei unsere Schleife ein Abbruchkriterium hat, die Rekursion noch nicht. Sie würde also ewig weiterlaufen. Also muss if hinein. Wir zählen von der höchsten Zahl abwärts, daher muss bei 1 abgebrochen werden.

if (= z 1) ist die richtige Abbruchbedingung. Sie entspricht dem Java-Ausdruck if (z == 1).

```
(define (sum z)
(if (= z 1)
1
(+ z (sum (- z 1)))))
```

Die **Start**-Schaltfläche nicht vergessen. Aufgerufen wird das Programm nun mit:

```
(sum 100)
```

Versuchsweise sollten Sie die Abbruchbedingung mal entfernen. Anschließend entsteht sozusagen eine Endlosrekursion. Sie kann mit der **Stopp**-Schaltfläche abgebrochen werden.

Nun ja, künstliche Intelligenz ist das bisher natürlich nicht. Trotzdem hat die eben gelöste Aufgabe etwas mit Intelligenz zu tun. Es ist die Aufgabe mit der Carl Friedrich Gauß im Alter von neun Jahren den sogenannten »Kleinen Gauß« entwickelte. Er war gerade eingeschult worden und sein Lehrer Büttner hatte einigen der 100 Schüler seiner Klasse diese Aufgabe gegeben. Er hoffte, damit etwas Ruhe zu haben. Kaum hatte er die Aufgabe erklärt, gab der junge Gauß seine Tafel schon ab. Er hatte erkannt, dass man alle Zahlen bis 100 in 50 Zahlenpaare zerlegen konnte, die alle 101 als Summe aufwiesen.

```
1 und 100    = 101
2 und 99     = 101
```

usw. Die Lösung war also 101 * 50 und demnach 5050. Dermaßen aufgefallen, wurde dafür gesorgt, dass Gauß studieren konnte, und so wurde er schließlich zum größten Mathematiker aller Zeiten. Viele seiner Entdeckungen hat er für sich behalten und nur in seinen Tagebüchern festgehalten. Sie sind vor kurzem vollständig digitalisiert ins Internet gestellt worden. Für den mathematisch Interessierten bestimmt ein toller Leckerbissen.

Machen wir uns nichts vor, so eine Lösung wie den Kleinen Gauß wird unser Computer nicht finden, selbst wenn wir ihn mit Lisp, Smalltalk und Prolog gleichzeitig programmieren würden. Ihm bleibt halt nichts anderes übrig, als stur alle Zahlen zusammenzuzählen.

Wo wir gerade bei Gauß sind und bei der Mathematik – außerdem haben wir sogar das Jahr der Mathematik – noch schnell eine kleine Aufgabe.

Bauen Sie das Scheme-Programm so um, dass es statt der Summe die Fakultät ausrechnet. Sie erinnern sich? Die Fakultät ist einfach das Produkt der Zahlenreihe, also statt 1 + 2 + 3 usw. heißt es: 1* 2 * 3 usw.

Rekursionen sind oft sehr elegante Lösungen, aber meist nicht ganz einfach zu durchschauen. Sie haben noch einen weiteren Nachteil. Weil sie aus einer Funktion bestehen, die sich selbst immer wieder aufruft, bildet sich eine »schwere« Kette im Speicher, die viele Daten enthält. Es gibt eine einfachere Lösung. Die übliche Iteration, die in Basic so aussieht:

```
FOR i = 1 TO 10
```

Genug, werden Sie denken. Bevor man sich an eine neue Aufgabe macht, sollte man die vorherigen hinter sich haben. Hier also die Lösung zur Fakultätserrechnung mit Scheme. Sie sieht kaum anders aus als die Summen-Funktion:

```
(define (fak z)
(if (= z 1)
1
(* z (fak (- z 1)))))
```

Aufrufen lässt sie sich beispielsweise mit:

```
(fak 13)
```

Sie hatten es richtig? Toll! Jetzt haben Sie ein großes Lob verdient. Nun noch eine Aufgabe für Ihre Intelligenz. Was ist der Unterschied zwischen dem Programm aus unserer Summenlösung und folgender Lösung:

```
(define (fak z)
(if (= z 0)
1
(* z (fak (- z 1)))))
```

Warum sind die beiden Lösungen gleich und warum ist die letzte Funktion trotzdem nicht richtig?

8.5.2 Iteration

In Lisp oder Scheme, wie Sie wollen, sieht eine solche Schleife etwas befremdlich aus. Auf den ersten Blick scheint sie nicht anders auszusehen als die Rekursion.

```
(define (iterSum summe zahl)
(if (> zahl 0)
(iterSum (+ zahl summe) (- zahl 1))
summe))
```

Aufruf als

```
(iterSum 0 100)
```

Wenn Sie sich die beiden Funktionen jedoch genauer ansehen und die Funktion sum und iterSum miteinander vergleichen, gibt es einen gravierenden Unterschied.

Bei der Rekursion wird das Ergebnis auf den Stapel gelegt, geht also als Ganzes zurück

```
(+ z (sum (- z 1)))))
```

Bei der Iteration wird das Ergebnis + `zahl summe` als Parameter bei Aufruf der Funktion mit gereicht.

```
(iterSum (+ zahl summe) (- zahl 1))
```

Es wird zwar in beiden Fällen die Funktion aufgerufen, aber die Rekursion verbraucht wesentlich mehr Ressourcen.

Aber nun klären wir erst unsere Frage zu dem Fakultätsprogramm noch auf. Natürlich ist das Ergebnis gleich, weil mit 1 zu multiplizieren, die Lösung nicht verändert. $n * 1 = n$ und weil wir herunterzählen - z 1 kommen wir über die 2, 1 zur 0 und bei der 0 wird noch einmal mit 1 multipliziert.

```
(if (= z 0)
1
```

Was das Ergebnis nicht ändert, aber trotzdem überflüssig ist. Bei der Summenfunktion ergäbe sich ein Fehler. Es sei denn, wir schreiben

```
(if (= z 0)
0
```

Zurück zum Thema Iteration, hier als Beispiel nun noch die Errechnung der Fakultät als Iteration.

```
(define (iterFak prod zahl)
(if (> zahl 0)
(iterFak (* zahl prod) (- zahl 1))
prod))
```

Aufruf als

```
(iterFak 1 13)
```

So, was kommt wohl heraus, wenn wir die Funktion mit (iterFak 0 13) aufrufen? 0? Natürlich, das kam ja wie aus der Pistole geschossen. Bravo! Das neutrale Element der Multiplikation ist 1, bei der Addition ist es 0.

Es wäre müßig, nun alle Lisp- oder Scheme-Befehle durchzusprechen. Anleitungen zu Scheme findet man im Internet reichlich. Außerdem sollen Sie kein Scheme-Programmierer werden.

Scheme ist zwar keine schlechte Sprache und bietet interessante Möglichkeiten. Aber sie ist auch nicht unbedingt neu oder auf heutige Anforderungen zugeschnitten. Heute versucht man Sprachen zu entwickeln, die den Programmierer nicht zu sehr fordern.

Das gilt übrigens für viele Sprachen, angefangen bei Assembler über C usw. Nun zurück zur künstlichen Intelligenz.

Mit Lisp ließen sich in den Anfängen der KI Probleme bereits lösen, die mit Algol60 beispielsweise nur schwer zu lösen waren. Zu Anfang verstand man darunter oft die Programmierung von Aufgaben, die sehr an Denksportaufgaben erinnerten, seien es Schach- und andere Spiele. Leider sind in unserem DrScheme keine so anspruchsvollen Beispiele enthalten. Aber es gibt einige Spielebeispiele, die vielleicht von Interesse sind.

Starten Sie DrScheme und wechseln Sie über **Datei · Öffnen** in die Verzeichnisse: **collects · games**.

Laden Sie die Datei *games.ss* aus diesem Verzeichnis und starten Sie sie durch Anklicken der **Start**-Schaltfläche. Eine Dialogbox wird geöffnet, die zahlreiche Schaltflächen enthält, durch die sich die Spiele aufrufen lassen.

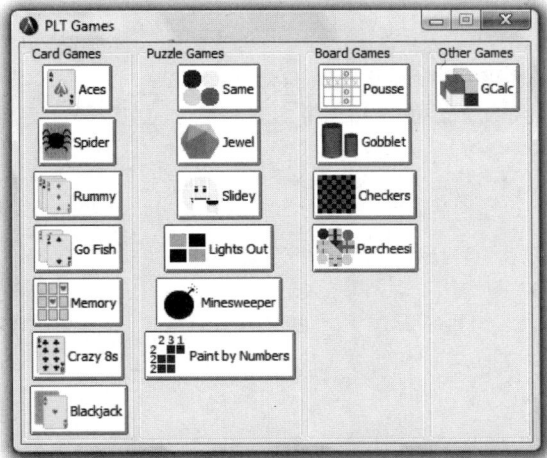

Abbildung 8.9 DrScheme Spielebeispiele

Sie zeigen weniger die Tauglichkeit von DrScheme für KI-Software als vielmehr die grafischen Möglichkeiten. Deshalb schauen wir uns ein echtes KI-Programm unter Scheme an. Wie wäre es mit ELIZA?

Sie erinnern sich? Es war beim Turing-Test. Wir hatten es kurz angesprochen. Es ist das Programm, das seinem Erfinder vom Paulus zum Saulus werden ließ. **Joseph Weizenbaum** wollte 1966 mit seinem Programm zeigen, wie man mit dem Rechner natürliche Sprache abarbeiten kann. Er simulierte einen Psychologen, der einen Patienten behandelt. Leider hatte das Programm eine völlig unbeabsichtigte Wirkung. Die noch junge KI war davon überzeugt, dass es der erste Schritt zu einem denkenden Computer ist. Sozusagen eine Art Gehirn im Computer. Das enttäuschte Prof. Weizenbaum so sehr, dass er sich von nun an gegen Computer- und Fortschrittsglauben wandte.

Wählen Sie die Programmiersprache **Kombo** (enthält MrEd und Fortgeschrittene), um das Programm mit Scheme starten zu können. Jetzt lädt man über **Datei · öffnen**.

Danach wählt man die Datei ELIZA im Verzeichnis ELIZA aus. Das Verzeichnis findet man auf der DVD unter: *Software zum Buch\Kap08\Eliza*.

Nach dem Laden des Programms mit der **Start**-Schaltfläche muss es nur noch aufgerufen werden. Dazu geben Sie an der Kommandozeile (ELIZA) ein. Sie wissen ja, mit Klammern!

Eine Eingabezeile wird geöffnet, über die Sie mit dem Programm kommunizieren können. Die möglichen Dialoge entsprechen dem Original von Weizenbaum und sind daher in Englisch.

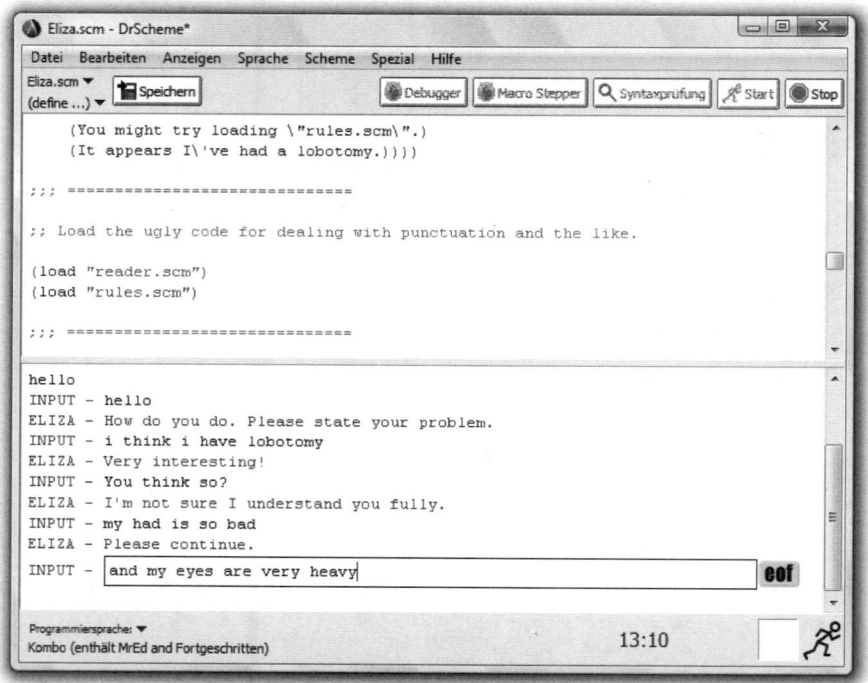

Abbildung 8.10 Auf der Couch von ELIZA

Ein kurzer Beispieldialog soll Ihnen den Einstieg in die »Behandlung« zeigen:

```
INPUT - Hello
ELIZA - How do you do. Please state your problem.
INPUT - I am very hungry
ELIZA - In what way are you very hungry?
INPUT - In all ways
```

```
ELIZA - Go on.
INPUT - My dream is to eat a dinasaur
ELIZA - Do you not believe that is to eat a dinasaur
        has to do with your problem?
```

An der Art der Antworten sieht man sehr schön, worin die geniale Idee zu ELIZA besteht. Es gibt Antworten, die je nach Situation etwas anderes bedeuten. Eine Frage mit einer weiteren zu beantworten, führt dazu, dass der Mensch sich die Antworten selbst gibt. Hinzu kommt, dass Englisch eine relativ einfache Sprache ist, die sich gut maschinell nutzen lässt.

Durch die Eingabe von **quit** kann man die Sitzung beenden. Oder einfach die **Stopp**-Schaltfläche anklicken. Witzigerweise hat man das Programm als Ganzes wie einen Psychiater verstanden. Kommentieren Sie einfach einmal Zeile 162 in *Eliza.scm* aus und sehen Sie, was passiert.

```
;;(load "rules.scm")
```

Ich habe mir die Mühe gemacht, ELIZA ins Deutsche zu übertragen. Es ist mehr eine freie Umgestaltung. Daher kann es sein, dass die Antworten und Fragen nicht immer so ideal passen, wie bei der englischen Version. Die Regeln liegen in der Datei *rules.scm*. Sie besteht aus vielen einzelnen Paragrafen wie:

```
(((?* ?x) ich möchte (?* ?y))
 (Wirklich?)
 (Wenn Sie wirklich wollen müssen Sie ?y ))
```

Der Aufbau ist dank Scheme recht einfach. Es gibt den Text, nach dem gescannt wird:

```
((?* ?x) ich möchte (?* ?y))
```

Der Text vor dem Literal, also vor »ich möchte«, landet in der Variablen ?x, der Text dahinter in ?y. Die Antworten, die dahinter folgen, können diese Variablen nutzen.

Das Programm heißt ElizaD und man findet es auf der DVD unter: *Software zum Buch\Kap08\ElizaD*.

Auch das Programm, das man mit DrScheme laden muss, heißt *ElizaD.scm*. Versuchen Sie es einmal und legen Sie sich auf die virtuelle Couch der deutschen Elisa.

Viel Spaß dabei!

8.6   Lispmaschinen

Als die KI ihre größten Erfolge feierte, war es Lisp, auf der die großen Hoffnungen lagen. Es waren weniger die erstaunlichen Möglichkeiten der Sprache, als vielmehr eine andere Entwicklung, mit der wir uns kurz beschäftigen wollen, die sogenannten Lispmaschinen. Das waren nun weniger virtuelle Maschinen, wie man vielleicht denken könnte. Es waren richtige Computer aus Chips und Platinen, und sie arbeiteten nicht auf der Basis von Maschinensprache sondern von Lisp. Genauso wie man heute Prozessoren kennt, die Java-Code ausführen können.

Trotzdem hat es mit diesen Lispmaschinen eine ganz besondere Bewandtnis. Als sie entwickelt wurden, war an den PC im heutigen Sinne noch nicht zu denken. Es gab im Grunde nur Großrechner, die einen ganzen Stab an Bedienungspersonal benötigten. Lisp-Rechner, die zunächst einmal nur für spezielle Forschungsprojekte genutzt wurden, stellten die ersten Rechner dar, die von Einzelpersonen genutzt wurden. Somit war im Grunde die Idee des Einzelplatzrechners geboren. Außerdem wurden mit Lispmaschinen folgende Konzepte entwickelt:

▶ **Computernetzwerke**
Als Einzelplatzrechner konnten nur Daten ausgetauscht werden, wenn man die Lispmaschinen mit einem Netzwerk untereinander verband. Die Idee des Netzwerks war geboren.

▶ **Grafische Oberflächen**
Auch die Firma Xerox arbeitete mit Lispmaschinen und entwickelte ein eigenes Modell. Das war die Zeit, als dort **Smalltalk** und die **grafische Oberfläche** entwickelt wurden. Auch Lispmaschinen wurden damit bestückt und mit der ersten Maus bedient. So gesehen haben Lispmaschinen auch an der Entwicklung der modernen Nutzeroberflächen ihren Anteil.

▶ **Virtueller Speicher**
Auch das Prinzip des virtuellen Hauptspeichers durch Auslagern von Daten aus dem Hauptspeicher auf die Festplatte wurde erstmals auf einer Lispmaschine realisiert.

▶ **Hypertext**
Hypertexte sind Texte mit Verknüpfungen (Links), eben das, was wir inzwischen alle aus dem Internet kennen. Damals gab es so etwas nur bei Programmen auf Lispmaschinen. Ein Lispmaschinen-Hersteller, die Firma Symbolics, bekam mit ihrem Dokumentationssystem auf Basis von Hypertext zahlreiche Auszeichnungen.

Im Grunde waren das alles Errungenschaften, die sich die KI auf ihre Fahne schreiben konnte. Leider blieb ihr der ganz große Erfolg verwehrt: die Entwicklung eines intelligenten elektronischen Assistenten. Bei der Erzeugung echter Intelligenz versagte die KI kläglich. Damit verlor sie schließlich ihre Vorreiterrolle vollständig. Die Lispmaschinen wurden schließlich durch normale Von-Neumann-Maschinen auf Basis der heutigen Prozessortechnik ersetzt.

Die KI widmete sich den üblichen Aufgaben der Informatik mit dem Unterschied, dass sie für die schwierigsten Fälle zuständig blieb. Nach und nach ließen sich hier durchaus beeindruckende Erfolge erzielen. So besiegte ein IBM-Rechner mit dem Programm **Deep Blue** von **Feng Hsiung Hsu** am 10. Februar 1996 den amtierenden Schachweltmeister **Garri Kasparow**. Es gelang mit komplexen Modellen das Wetter und das Klima halbwegs brauchbar vorherzusagen.

Man muss sich jedoch immer darüber im Klaren sein, dass die Lösung all dieser Probleme mit dem Computer nicht bedeutet, dass ein Programm dieses Probleme verstanden und selbstständig gelöst hat. Die Lösung hat der Programmierer erarbeitet und sie geschickt in sein Programm gepackt. Um dieses große Dilemma zu lösen, hat man schließlich Sprachen wie Prolog entwickelt und nicht zuletzt Systeme, wie künstliche Neuronale Netze und evolutionäre Algorithmen.

8.7 Prolog

Prolop ist die Abkürzung von **Programmation en Logique**. Diese Sprache wurde 1972 von **Alain Colmerauer** an der Universität von Marseille unter dem Namen Q-Systems entwickelt.

Er hatte sich mit anderen die Aufgabe gestellt, eine Sprache zu entwickeln, womit man Aussagen in natürlicher Sprache analysieren kann. Prolog ist eine deskriptive Sprache und arbeitet deshalb ganz anders als alles, was wir bisher betrachtet haben. Trotzdem lässt sich auch in Prolog alles ausdrücken, das heißt, übliche Programme schreiben. Ganz besonders geeignet ist diese Sprache allerdings für Expertensysteme. Es ist eine sehr eigenwillige Sprache, sodass es allemal interessant ist, sie etwas genauer unter die Lupe zu nehmen.

Für Könner: Prolog-Programmierung

Man findet SWI-Prolog im Internet unter:

http://www.swi-prolog.org/

Außerdem auf der DVD unter: *Software zum Buch\Kap08\prolog\w32pl56 50.exe*.

Ist das Programm installiert, sieht man nach dem Start (das Programm heißt *plwin.exe*) lediglich eine einfache Textoberfläche. Trotzdem besitzt Prolog versteckte Qualitäten.

Eine Zeile wird in Prolog immer durch einen Punkt abgeschlossen. Das heißt, so lange kein Punkt eingegeben wird, übergibt der Editor den Code erst gar nicht, und es erfolgt auch keine Auswertung. Holen wir uns zunächst einmal Hilfe:

```
1.?-    help.
```

Es öffnet sich ein umfangreiches Hilfedokument, das demjenigen Unterstützung bietet, der sich etwas tiefer in Prolog einarbeiten möchte.

Angenommen, Eliza, die berühmte Psychologin, benötigt ein Verwaltungsprogramm für ihre Patienten. Also gibt sie einige Daten mit ihrem Textprogramm ein und speichert es unter *c:\temp\kartei.pl* ab:

```
patient(winzig, willi, m, abergläubig).
patient(zweistein, albert, m, melancholisch).
patient(deWinter, samanta, w, kaufsüchtig).
patient(winzig, annamarie, w, leidet unter ihm).
patient(turing, alan, m, verwirrt).
patient(vonNeumann, john, m, genial).
```

Beachten Sie den Punkt und die Tatsache, dass nur Variablen großgeschrieben werden dürfen (was ungünstig ist).

Hiermit wäre das erste Prolog-Programm bereits geschrieben und die Kartei fertig. Das glauben Sie nicht ganz und wollen es natürlich erst mal sehen, also laden. Das geht in Prolog mit

```
[`c:/temp/kartei`].
```

Es wird zwar ein Fehler ausgegeben, aber der Interpreter führt es trotzdem aus. Sie wollen natürlich wissen, ob das Programm auch wirklich geladen ist. Das überprüfen Sie mit:

```
listing.
```

Das Programm sollte aufgelistet werden. Man kann Programme übrigens auch mit:

```
consult(`c:/temp/kartei`).
```

laden. Nun soll das Programm auch genutzt werden. Eliza möchte wissen, welche Anliegen ein gewisser Herr Winzig bei seinem letzten Besuch geäußert hat. Was muss sie dafür tun? Sie gibt erst einmal folgende Zeile ein:

```
patient(winzig, Vorname, Geschlecht, Anliegen).
```

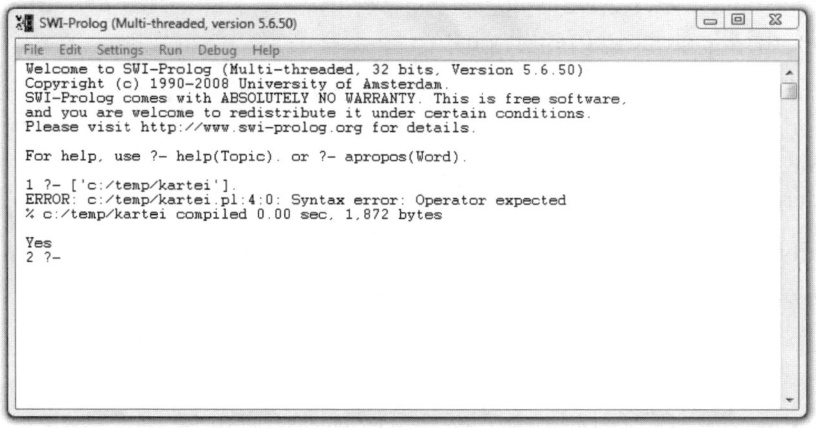

Abbildung 8.11 Das erste Programm ist geladen

Der Rechner gibt die Daten der ersten Person gleichen Namens aus und bleibt mit dem Cursor hinter abergläubig stehen. Das bedeutet, dass er noch nicht fertig ist. Dann gibt er nämlich immer sein obligatorisches Yes aus. Sie geben nun ein r ein, was *redo* bedeutet, und ihn dazu bringt, die Abfrage zu wiederholen. Und siehe da, eine weitere Person mit dem Nachnamen Winzig wird angezeigt, sodass schließlich folgende Aussage erscheint:

```
Vorname = willi,
Geschlecht = m,
Anliegen = abergläubig

Vorname = annamarie,
Geschlecht = w,
Anliegen = leidet
```

Im Grunde haben wir in Prolog also sozusagen eine Art Datenbank mit Abfragebefehlen. Eliza möchte beispielsweise nur den Vornamen von Herrn Winzig wissen:

```
patient(winzig, Vorname, m, _).
```

Sie erhält:

```
Vorname = willi
Yes
```

> Prolog hält zwischendurch an, so können Sie das r versuchen. Es folgt daraufhin No. Was bedeutet, dass es keinen zweiten männlichen Winzig gibt. Das möchte sie jetzt kontrollieren, indem sie alle Patienten einsieht:
>
> ```
> patient(Nachname, Vorname, Geschlecht, Anliegen).
> ```
>
> Natürlich muss jeweils ein r eingegeben werden oder stattdessen der Strichpunkt, der die gleiche Bedeutung hat.

Das ist natürlich noch lange nicht alles. Aber wir können hier Prolog nicht erschöpfend behandeln. Eine ungefähre Vorstellung, wie man Prolog nutzen kann, haben Sie jedoch bekommen. Es gibt in Prolog Listen, Rekursion, Backtracking und anderes mehr.

An unserem einfachen Beispiel war bereits zu erkennen, dass Prolog ideal für Programme wie ELIZA geeignet ist. Es gibt auch einen Namen für Programme dieser Art, man bezeichnet sie als Expertensyteme.

8.8 Expertensysteme

Gewiss haben Sie den Begriff Expertensystem auch schon gehört?

Lange Zeit sah es so aus, als wären sie das Einzige, was am Ende von der künstlichen Intelligenz übrig bleibt. Das kam einfach daher, weil man in der KI zuerst glaubte, wirkliche Intelligenz erschaffen zu können. Als Produkt dieser Intelligenz sah man den **General Problem Solver** an. Was soviel bedeutet wie allgemeiner Problemlöser. Allein dieser Name legt schon nahe, dass man an so etwas wie einen künstlichen Verstand dachte. Man glaubte, ein allgemeines Vorgehen gefunden zu haben, mit dem man alle Probleme dieser Welt zu lösen hoffte. Es gab verschiedene Ansätze, wie das Zerlegen in Teilprobleme, die man reihum lösen wollte, oder der Vergleich mit ähnlichen Problemen, bei denen man bereits die Lösungen kannte.

Am Ende musste man jedoch zugeben, dass die Forschung in dieser Richtung aussichtslos war. So wurde schließlich versucht, keinen allgemeinen Problemlöser, sondern ganz spezielle Programme für eng begrenzte Aufgaben zu entwickeln. Die sogenannten Expertensysteme waren entstanden. Als ihr eigentlicher Erfinder gilt **Edward Albert Feigenbaum**.

Nach dem Niedergang der KI und dem Aufkommen der Expertensysteme unterstrich man mit folgender Überlegung den Bedarf an dieser Art Software: »Experten sind teuer und mit dem Experten, der eine Firma verlässt, verlässt sein Know-how diese auch. Mit Expertensystemen ist es möglich, Wissen und Können von der Person des Experten zu trennen und dadurch zu erhalten.«

Ganz so einfach war es doch nicht. Bald zeigte sich, dass Expertensysteme, sofern sie nicht ganz richtig »gefüttert« wurden, auch völlig falsche Aussagen machen konnten. Denken wir nur an den schon einmal erwähnten Film »War Games«. Hier ist es der Computer **WOPR**, der eine folgenschwere Fehlentscheidung trifft. Nur auf die Organisation eines nuklearen Gegenschlags programmiert, kann er natürlich nicht zwischen Spiel und Wirklichkeit unterscheiden. Daher ist der Einsatz von Expertensystemen niemals ganz unumstritten gewesen. Insbesondere nicht im militärischen Bereich.

Es wäre jetzt kein Problem, ein eigenes Expertensystem aufzubauen. Im Internet gibt es zahlreiche Werkzeuge zur Erstellung solcher Systeme. Diese haben jedoch nur wenig spielerischen Reiz. Denken Sie sich beispielsweise, ELIZA würde nicht scheinbar richtige Antworten geben, sondern mit einem Regelwerk ganz genau die Äußerungen und Empfindungen ihrer Patienten analysieren, und schon haben wir ein ganz brauchbares Expertensystem. In der Tat werden in der Medizin schon recht oft Expertensysteme zur Kontrolle oder zur Erstellung von Diagnosen eingesetzt.

Wer sich genauer damit auseinandersetzen möchte, dem sei folgende Seite empfohlen:

http://www.d3web.de/

8.9　Die Theorie von den Softwareagenten

Mit der OOP war der Informatik ein großer Schritt in Richtung modellorientierte Programmierung gelungen. Inzwischen macht man sich Gedanken darüber, was die Weiterentwicklung der OOP sein könnte. Es gibt verschiedene Ansätze, unter anderem aspektorientierte, sprachorientierte und agentenorientierte Programmierung.

Für die KI am interessantesten ist das Konzept der sogenannten **Softwareagenten**. Man spricht auch von autonomen Softwareagenten. Während die OOP eine Kapselung der Daten und zugehörigen Methoden realisiert, ist die Kapselung bei der AOP (agentenorientierte Programmierung) noch wesentlich stärker. Agenten werden als völlig autarke Einheiten betrachtet, die mit einer beliebigen Softwareumgebung interagieren können.

Wie hat man sich solch ein Programm oder Teilprogramm vorzustellen? Computerviren sind typische Softwareagenten. Was nicht heißt, dass Sie jetzt lernen sollen, wie man Computerviren programmiert.

Welche Eigenschaften machen aus Viren nun so gute autonome Softwareagenten? Wie der Name schon verrät, ist es das Auf-sich-selbst-gestellt-sein, in wechselnden Umgebungen. Genauer betrachtet finden sich folgende Punkte, die einen Softwareagenten ausmachen:

▶ **selbsterhaltend** (autark)
Ein Softwareagent startet und beendet sich selbst und sorgt dafür, dass er persistent ist, also auf Medien abgelegt wird und so erhalten bleibt.

▶ **selbstagierend** (proaktiv)
Ein Softwareagent arbeitet unabhängig von einem menschlichen Nutzer.

▶ **sensorisch**
Ein Softwareagent nimmt seine Umwelt in gewisser Weise wahr. Er nimmt Daten aus ihr auf.

▶ **aktorisch**
Das Programm gibt Daten an seine Umwelt ab und beeinflusst sie dadurch.

▶ **reaktorisch**
Der Agent reagiert auf bestimmte sensorische Inputs auf ganz bestimmte Weise.

▶ **lernfähig** (adaptibel)
Resultierende Outputs können optimiert und somit eine Anpassung an die Umwelt oder eine Optimierung realisiert werden.

▶ **sozioaktiv**
Der Softwareagent kann zwischen normalem Code und anderen Agenten unterscheiden, insbesondere Agenten der gleichen Art erkennen und dieses »Wissen« nutzen.

▶ **klassifizierbar**
Ein Softwareagent lässt sich als Einheit betrachtet besser einordnen als übliche Software. Viren z. B. verursachen Schäden in bestimmbarer Höhe.

▶ **gekapselt**
Softwareagenten sind extreme Blackboxen. Es darf nie von Bedeutung sein, wie sie intern funktionieren.

Man unterscheidet verschiedene Arten von Softwareagenten. Allgemein üblich ist bisher die Einteilung in zwei Typen:

Kognitive Agenten

Kognitive oder KI Agenten sind die anspruchsvollere Variante. Sie treten oft als Stellvertreter für natürliche oder juristische Personen auf. Sie können auftragsorientiert oder wirkungsorientiert arbeiten.

Diese Art von Agenten haben meist eine Abstraktion ihrer Umwelt zur Verfügung, etwa in Form eines vereinfachten Weltmodells. Daher können sie in beschränktem Umfang planen und zielgerichtet handeln.

Eine spezielle Form dieser Agenten sind die sogenannten **BDI-Agenten**. Ihr Name ist eine Abkürzung für *Beliefs* (Glaube/Wissen), *Intentions* (Absichten) und *Desires* (Ziele/Wünsche).

Um die gesteckten Ziele zu erreichen, erarbeitet sich der Agent auf Basis seines Belief-Bestands eine Reihe Intentions. Was noch nichts darüber aussagt, welche Erfolge letztendlich erreicht werden.

Innerhalb dieser Agentengruppe trennt man noch in ziel- und nutzenorientierte Agenten auf.

Stellen Sie sich einen Agenten vor, der für Sie ein Buch kaufen soll, das »Handbuch Softwareagenten«. Sie benötigen das Buch unbedingt, weil Sie eine Entwicklungsarbeit beginnen wollen. Sie werden einen Kaufagenten beauftragen, das Buch in jedem Fall so rasch wie möglich zu erwerben, unabhängig vom Preis. Wenn dieses Programm dazu nun alle Online-Buchhändler des Internets durchsucht, wird er, sobald er das Buch gefunden hat, bestellen und seinen Erfolg melden. Der **zielorientierte Agent** wird keineswegs alle Online-Buchhändler berücksichtigen, sondern nur die bis zur Erreichung seines Ziels.

Anders der **nutzenbasierende Agent**. Er bekommt von Ihnen den Auftrag, ein Buch zu Algol60 zu finden, das möglichst billig und dazu gut erhalten ist. Er wird nicht mit der Suche aufhören, wenn er ein erstes Buch gefunden hat. Er wird von allen Anbietern, die er kennt, die Angebote vergleichen und für jedes Buch entscheiden müssen, was ausschlaggebend ist, der Preis oder der Erhaltungsgrad des Buches oder womöglich noch das Können des Autors.

Reaktive Agenten

Die einfachste Agentenform sind die reaktiven Agenten. Sie entsprechen im Grunde einem Objekt in der OOP. Sie haben immer die gleichen Reaktionen auf die gleichen Eingaben zu liefern. Deshalb enthalten sie meist auch keine KI, sondern ein festes Regelwerk. Außerdem speichern diese Agenten meist auch keine Daten und verfügen daher auch nicht über eine Historie, noch verfolgen sie zeitlich differenzierte Ziele.

Das hat dazu geführt, dass man mit der Zeit immer komplexere reaktive Agenten entwickelt hat. Man spricht in diesem Fall von **beobachtenden Agenten**.

Ihre fest vorgegebenen Reaktionen erfolgen nun nicht mehr immer aktuell, sondern je nach Bedarf zeitlich verschoben. Aber auch dieses Verhalten ist fest vorgegeben und wird nicht durch interne KI modifiziert.

Man trennt die beiden großen Agentengruppen auch in vorhersagbare und nicht vorhersagbare Agenten. Weil das Verhalten von reaktiven Agenten stets vorhersagbar ist, und das von kognitiven Agenten nicht unbedingt.

Stellt man den Agenten althergebrachte Software gegenüber, so entspricht ein reaktiver Agent eher der üblichen Software und der kognitive Agent eher dem neuronalen Netz.

Wenn man so will, ist das Agentenparadigma umfassender als das der OOP oder ähnlicher Konzepte. Was trotzdem nicht heißt, dass ein Agent jemals mehr kann als eine Turingmaschine.

Was bringt nun das Agentenparadigma beim Programmieren für Vorteile? Im Grunde genommen kann man einen Agenten auch als Klasse auffassen oder sogar als Methode. Eine Klasse oder eine Methode ist eine gekapselte Softwareeinheit, die u. U. Daten erhält und Daten zurückgibt. Soweit stimmen wir mit der Agentendefinition überein. Hinzu kommen die Unabhängigkeit vom Nutzer und die Eigenständigkeit hinsichtlich Konservierung auf Datenträger. Außerdem kann der Agent, ohne Rücksprache mit dem Nutzer, seine Ziele ansteuern. Während Klassen und Methoden immer die gleichen Ergebnisse liefern sollten, kann der Agent sich anpassen, adaptieren. In gewisser Weise also Klassen, die sich so verhalten, als könnten sie sich im begrenzten Rahmen selbst umprogrammieren.

Festzuhalten ist dabei, dass es noch sehr unterschiedliche Definitionen darüber gibt, was unter einem Softwareagenten zu verstehen ist. Außerdem ist noch gar nicht sicher, ob sich diese Art der Programmierung überhaupt je wirklich durchsetzen wird.

Die größte Chance für Softwareagenten sind große Netzwerke wie das Internet und komplexe Aufgabenstellungen. Bei einfachen Problemlösungen sind sie weniger angebracht. Außerdem unterstützen sie die Verwendung genetischer Algorithmen. Diese funktionieren am besten, wenn es sich um viele Softwarebausteine handelt, die sich vom Nutzen exakt bewerten lassen. Ganz so, als würde man Rosen züchten: solche, die am längsten blühen, werden vermehrt.

8.10 Evolutionäre Algorithmen

Wie können Agenten sich selbst verbessern, sich durch Auswahl und Zufall weiterentwickeln? Genau diese Frage beantwortet die Programmierung von genetischen Algorithmen.

Die Idee geht auf den amerikanischen Informatiker **John Henry Holland** zurück. Er war der erste Doktor der Informatik an der University of Michigan.

Zusammen mit anderen Forschern entwickelt er die Idee des genetischen Algorithmus nach dem Vorbild der Natur. Eines der wichtigsten Bestandteile der evolutionären Informatik, der **Schemasatz** von John H. Holland, ist nach ihm benannt. Er beschreibt das Konvergenzverhalten genetischer Algorithmen.

In der Natur ist der Aufbau der Lebewesen im sogenannten Genom archiviert. Es befindet sich in jedem Zellkern, jeder Zelle eines lebenden Wesens. Träger dieser sogenannten Erbinformation ist die **DNS**, ein spiralförmig aufgewickeltes Riesenmolekül. Mit nur vier verschiedenen Molekülbruchstücken ist hier der gesamte Bauplan eines Lebewesens codiert. Wie Darwin damals in seinem Buch »On the Origin of Species« (Die Entstehung der Arten) darlegte, gelingt es der Natur, eine Art indirekter Intelligenz an den Tag zu legen, indem sie Lebewesen durch Mutation verändert, die sich dann im Daseinskampf bewähren müssen. Da die Umwelteinflüsse nachhaltig sind, entstehen so Lebewesen, die immer besser an bestimmte Lebensräume angepasst sind, wie z. B. Vögel oder Fische.

Diese Tatsache faszinierte John Holland so, dass er beschloss, dieses Verfahren der Natur für die Informatik zu nutzen.

Dazu galt es zunächst eine Theorie zu entwickeln, mit der sich die Vorgänge bei der Vererbung aus der Natur auf den Rechner übertragen ließen.

Bis heute wurde noch keine formale Beschreibung für genetische Programme entwickelt, wenn man einmal davon absieht, dass man diese Technik in die Idee der Softwareagenten aufnehmen kann. Daher werden genetische Algorithmen oft durch umgangssprachliche Beschreibungen oder durch Pseudocode definiert.

Nehmen wir als Aufgabe an, keine Art künstliche Ameise zu kreieren. So hat eine Ameise zunächst einmal bestimmte Eigenschaften, die sich weiterentwickeln können. Sie muss kräftig genug sein, um innerhalb kurzer Zeit möglichst viel Nahrung in den Bau zu schaffen. Andererseits soll sie aber auch schnell genug sein, um ihren Fressfeinden zu entkommen.

Also gehen wir von einer Art Urameise aus, die wir nun einmal vorher bestimmen müssen, sie wird nicht von selbst entstehen. Unsere Anwendung könnten wir dann im Pseudocode etwa so beschreiben:

```
Wähle oder kreiere eine Umwelt für den genetischen Algorithmus.
Wähle eine Grundkonstitution für das Urindividuum.
Erzeuge mittels dieser Urindividuen eine zufällige Startpopulation.
durchlaufe
{
```

```
Bewerte die Individuen
  Geschwindigkeit und Transportleistung
Suche Paare für die Vermehrung
  Wähle die erfolgreichsten Ameisen aus
  Kombiniere jeweils zwei Genträger zu einem neuen Typ
Erzeuge neue Königinnen durch Kombination mit
bewährten Genträgern
  Verwende bei der Vermehrung Mutationsregeln
    Ändere zufällig Eigenschaften der neuen Ameisen
  Ersetze die erfolglosen Individuen der alten Generation
  durch neue Individuen
    Selektiere durch Fressfeinde oder Umwelteinflüsse
    (verhungern) den bestehenden Ameisenbestand.
} solange ein festgelegter Zeitraum noch nicht vergangen ist oder
eine genau spezifizierte Abbruchbedingung nicht zutrifft
```

Wenn wir die Eigenschaften der Ameisen in ein Digramm eintragen, werden wir eine Fläche oder einen Raum erhalten, der die Fähigkeiten der Ameisen beschreibt. An irgendeiner Stelle dieses sogenannten Suchraums wird die ideale Ameise zu finden sein. Sie werden vielleicht sagen, das ist die obere, rechte Ecke. Aber ganz so einfach ist es nicht. Stellen Sie sich eine Ameise vor, die sich wie Herkules Berge von Futter auf den Rücken packt und losgeht. Schwer bepackt muß sie natürlich langsam sein. Irgendwo müssen wir realistisch bleiben. Sie kommt also langsamer voran. Außerdem verbraucht sie mehr Energie und wird folglich öfter fressen. Aus diesem Grund wird sie nach 30 Ameisenschritten vom Ameisenlöwen gefressen. Haben wir nur solche Supertransportameisen, wird das Ameisenvolk noch in dieser Generation aussterben. Demnach ist auch ein ganz wichtiger Sachverhalt, dass wir viele verschiedene Ameisen haben. Ersetzen wir alle alten Ameisen direkt durch unsere neue Generation, haben wir ein Volk von Klonen. Sie wissen, Individuen, die absolut identisch sind. Haben sie nur eine Schwachstelle, werden sie unweigerlich daran zugrunde gehen. Auch ein Grund, warum in der Natur sich solche Dinge nie durchgesetzt haben. Ameisen, Bienen, Wespen und ähnliche Tiere, bei denen es große Mengen an Geschwistern gibt (alle Bienen eines Stockes sind zum Beispiel Schwestern), sind immer unfruchtbar. Die Bienen selbst vermehren sich nicht, nur ihre Königinnen. Könnten die Arbeiterinnen der Bienen oder Ameisen sich vermehren, würde es bald Abermilliarden Ameisen/Bienen geben, die alle sehr ähnlich wären und alle Ameisen sterben auf einen Schlag aus, wenn sich irgendwelche schädlichen Einflüsse auswirken würden.

Aber genug der Theorie. Jetzt ein konkretes Beispiel. In diesem Beispiel geht es darum, dass Ameisen wild wuchernde Pilzkolonien möglichst optimal abernten. Die Ameisen selbst sind der Evolution unterworfen. Sie müssen ihre Bewegung dem Wachstum der Pilze anpassen. Die erste Version dieses Programms geht auf

John Holland zurück. Es gab allerdings inzwischen verschiedene Versionen. Die gezeigte Version ist in Java programmiert und stammt von David Eck (Abbildung 8.12). Das Programm findet man auf der DVD unter: *Software zum Buch\Kap08\Genetics\HollandsWorld.jar*. In dem Verzeichnis befindet sich auch ein Eclipse-Java-Projekt mit gleichem Namen, falls Sie sich den Code einmal ansehen möchten.

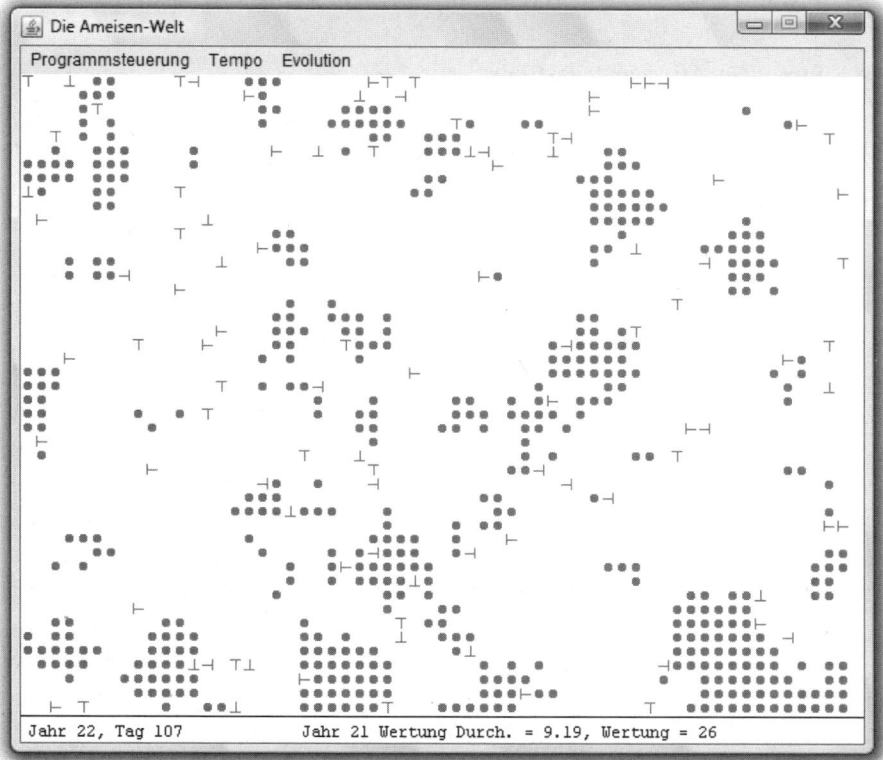

Abbildung 8.12 Eine Welt mit genetischen Ameisen

Die Pilze werden durch rote Punkte dargestellt und die Ameisen durch T-Zeichen, die sich jeweils in die Richtung drehen, in die sie laufen wollen. In gewisser Weise sind es Turtles (Schildkröten), wie in Logo. Sie kennen vorwärts, rückwärts nach rechts und links drehen. Allerdings nur in 90°-Schritten. Dazu ist die Welt gitterförmig angelegt. Die Ameisen werden geboren und müssen sich bewähren. Wo sie geboren werden, kann man als Nutzer über folgende Menüpunkte festlegen: **Evolution • Ameisen werden geboren**.

Hier lässt sich bestimmen, an welcher Position die virtuellen Ameisen entstehen sollen. Das ist nicht belanglos, da sie möglichst viele Pilze fressen sollen und sich, je nachdem wo und wie sie Pilze finden, anders entwickeln. Man wird feststellen, dass einige Ameisen so mutiert sind, dass sie sich auf der Stelle drehen. Das ist nur sinnvoll, solange sie sich in einer Pilzkolonie befinden. Andere Ameisen rasen nur geradeaus und hoffen, so optimalen Erfolg beim Fressen der Pilze zu haben.

Der Aufbau solcher evolutionärer Agenten kann sehr unterschiedlich sein. Es kommt jedoch darauf an, die Fähigkeiten in einem virtuellen Genom zu verschlüsseln, dass dazu dient, bei der Vermehrung mit anderen erfolgreichen Genomen gemischt zu werden.

Für Könner: Genetischer Java-Code

Bei unserem Beispiel ist dafür die Klasse Chromosom zuständig. Sie ist die entscheidende Klasse beim Bau eines genetischen Programms. Sie befindet sich in der Datei: EVOCanvas.

```java
private static final int SIEHTRAND = 0;
private static final int SIEHTMEISE = 1;
private static final int SIEHTNICHTS = 2;
private static final int SIEHTPILZ = 3;

private static class Chromosom
{
/* Ein Chromosom besteht aus zwei Teilen, die jeweils 16 Stellen
   pro Eigenschaft der Ameise haben. Die Eigenschaften reichen
   von siehtRand bis siehtPilz. */
    byte[][] StatusNeu = new byte[16][4];
    byte[][] aktDNA = new byte[16][4];

/* Mit der Zufallsfunktion werden Mutationen in das Genom
   eingebracht. Ohne Mutationen werden keine Veränderungen
   auftreten und somit auch keine Weiterentwicklung */
    void zufallsFunktion()
    {
    for (int i = 0; i < 16; i++)
    {
     for (int j = SIEHTRAND; j <= SIEHTPILZ; j++)
     {
      StatusNeu[i][j] = (byte) (Math.random() * 16);
      aktDNA[i][j] = (byte) (Math.random() * 4);
     }
    }
    }

/* Das Kreuzen entspricht der geschlechtlichen Vermehrung. Es ist
```

das Gegenstück zur Mutation, sozusagen die gezielte
Verbesserung des Genoms. */

```java
void kreuzeDNS(Chromosom fremdGenom)
{
    int crossPoint = (int) (Math.random() * 128);
    byte temp;
    int ct = 0;
    for (int i = 0; i < 16; i++)
    {
        for (int j = 0; j < 4; j++)
        {
        if (ct > crossPoint)
        {
            temp = StatusNeu[i][j];
    StatusNeu[i][j] = fremdGenom.StatusNeu[i][j];
    fremdGenom.StatusNeu[i][j] = temp;
        }
        ct++;
        if (ct > crossPoint)
        {
    temp = aktDNA[i][j];
    aktDNA[i][j] = fremdGenom.aktDNA[i][j];
    fremdGenom.aktDNA[i][j] = temp;
        }
         ct++;
        }
      }
    }
}
```

/* Bei der Geburt einer neuen Ameise muss der Chromosomensatz
   verdoppelt werden. Dazu dient diese Methode. */

```java
Chromosom cloneDNS()
{
    Chromosom chrom = new Chromosom();
    for (int i = 0; i < 16; i++)
    {
     for (int j = 0; j < 4; j++)
     {
        chrom.aktDNA[i][j] = aktDNA[i][j];
        chrom.StatusNeu[i][j] = StatusNeu[i][j];
     }
    }
    return chrom;
    }
}
```

Durch Kreuzen und zufällige Veränderung der Chromosomen werden die Ameisen sozusagen über den Suchraum verteilt. Je näher sie der optimalen Ameise kommen, desto höher ist ihre Bewertung und umso höher ist die Wahrscheinlichkeit, sich durchzusetzen und ihr Genom an zahlreiche Nachkommen weiterzugeben.

Man kann das mit dem Programm HollandsWorld optimal untersuchen. Durch die Einstellmöglichkeiten zum Pilzwachstum müssen die Ameisen sich immer wieder neu anpassen. Das gelingt ihnen nicht immer gleich gut. Wenn man die Pilze in Reihen wachsen lässt, haben sie schnell eine Strategie, mit der sie die Reihen entlanglaufen, indem sie sich bei fehlenden Pilzen umdrehen. Wachsen die Pilze dagegen in Gruppen, ist es für sie weit schwieriger, diese optimal abzugrasen. Man sieht am besten im 100-Generationen-Durchschnitt (100 Jahre), ob die Populationen sich noch weiterentwickeln. Je nach Konstellation erreicht die Entwicklung nach kürzerer oder längerer Zeit ihr Maximum und es findet keine Weiterentwicklung mehr statt.

Für denjenigen, der sich intensiver mit genetischen Algorithmen beschäftigen möchte und Java gut kennt, wurde die Entwicklungsumgebung **JGAP** mit auf die DVD gepackt. Es handelt sich um ein Open Source Java Framework, das genetische Programmierung und genetische Algorithmen unterstützt.

Die Schwierigkeit bei genetischen Algorithmen liegt darin, die Möglichkeiten der Selektion und Vermehrung durch Kreuzen in den Programmcode zu packen. Daher schien die Zukunft dieser Form von KI nicht sonderlich rosig zu sein.

Als 1996 eine Frau Aki Maita auf die Idee kam, die Möglichkeiten von KI zu nutzen, um ein virtuelles Spielzeug zu kreieren, war das Tamagotchi geboren.

8.11 KI goes to Tamagotchi

Tamagotchi ist ein Kunstwort aus dem japanischen Wort für Ei (*tamago*) und einer Verballhornung von engl. *Watch* (Uhr). Es war ein kleines, eiförmiges Elektronikspielzeug mit einfachem Prozessor und einem kleinen einfarbigen LCD-Display. Über drei Tasten ließ sich mit dem virtuellen Lebewesen, das auf dem Display agierte, spielen. Es sollte ein kleines Küken symbolisieren, um das man sich, nachdem es aus dem Ei geschlüpft war, kümmern musste. Das virtuelle »Huhn« entwickelte dabei, je nachdem, wie man es behandelte, individuelle Eigenarten.

Auch wenn die erste Ausführung recht einfach war, zeigte sie doch die Möglichkeiten, wenn man etwas schuf, das auf die Umwelt reagierte und sich anpasste, in der Art, wie wir das bei unseren virtuellen Ameisen im vorigen Experiment zeigten.

Im Ursprung geht die Idee auf die Erkenntnisse der KI zurück, dass man einen künstlichen Verstand wahrscheinlich nicht erschaffen kann, sondern als Interaktion mit der Umwelt erziehen muss.

Bis heute ist nicht bewiesen, ob das wirklich so ist. Weder die Anhänger des gebauten künstlichen Verstandes noch die der pädagogischen Fraktion haben ein wirklich beeindruckendes Exemplar vorzuweisen.

Aus der Tamagotchi-Euphorie gingen ganz interessante Weiterentwicklungen für den Computer hervor. Nachdem Tamagotchi in Japan ein überwältigender Erfolg wurde, begann man es weltweit zu vermarkten. So wurde es am 12. Mai 1997 auch auf den deutschen Markt gebracht. Außerhalb Japans gewann das kleine Spielzeug zwar sehr rasch Millionen Anhänger, aber die Euphorie ebbte auch wieder rasch ab. Gerade diese Eigenart, als künstliches Wesen Zuwendung zu verlangen und eigene Ideen zu entwickeln, ließ das Interesse der kleinen Kunden rasch sinken. Denn es ist nicht unbedingt das, was man von einem Spielzeug erwartet. Außerdem war seine physische Repräsentanz nicht gerade beeindruckend.

So wurden ähnliche Spiele für den Computer entwickelt, die teilweise ihr eigenes Universum mitbrachten, in dem sie lebten. Die bekannteste dieser Figuren wurde **FinFin** von der Firma Fujitsu. FinFin ist eine Kreuzung aus Delfin und Vogel, kann laufen, schwimmen und fliegen. Sein Lebensraum ist eine eigene virtuelle Welt mit zahlreichen nicht weniger exotischen Tieren. Ähnlich wie beim Tamagotchi kann FinFin vom menschlichen Spieler versorgt werden. Es besitzt allerdings weit mehr KI als das einfache Tamagotchi.

Zu FinFin gibt es eine deutsche Homepage *http://home.arcor.de/emge/index_ d.htm.*

Natürlich wollen wir es uns nicht nehmen lassen, auch ein virtuelles Wesen auf unserem Rechner anzusiedeln, den **Mopyfish**. Er hat sich auf der DVD in folgendem Verzeichnis versteckt: *Software zum Buch\Kap08\Mopyfish.*

Es handelt sich um einen Bildschirmschoner, der auf den neuen Windows-Versionen lauffähig ist. Wie der Name sagt, ist es die Simulation eines Fisches. Genau wie das Tamagotchi oder FinFin will er versorgt werden und verhält sich entsprechend. Er besitzt eine recht weit entwickelte KI und bildet damit einen witzigen Abschluss für die Betrachtungen zu diesem Entwicklungszweig der EDV.

Abbildung 8.13 Das virtuelle Lebewesen Mopyfish

8.12 Denken in Silizium

Wird es je denkende Rechner geben? Nachdem wir ein künstliches, neuronales Netz programmiert haben, können wir uns schon mal Gedanken zu diesem größten Problem der EDV machen. An theoretischen Modellen versuchten wir zu ergründen, ob es überhaupt je eine Lösung für dieses Problem gibt, das wir bereits bei der Erläuterung des Turing-Tests angesprochen haben. Der eigentliche Punkt dürfte sein, dass jede denkende Maschine immer ein chinesisches Zimmer bleibt. Wenn wir den Computer der Zukunft fragen: »Was denkst du gerade?« und er meint: »Ich denke gerade über den Verstand nach«, werden wir uns immer fragen müssen, ob er unsere Frage wirklich wahrgenommen hat oder ob er nur eine Regel durchläuft und die Antwort das Ergebnis einer komplexen Rechenaufgabe war.

Es bleibt auf ewig eine Frage, die nie zu beantworten ist, genauso wenig wie wir wissen können, was der Mensch augenblicklich wirklich denkt. Trotzdem gehen die Forschungen natürlich weiter.

An der Eidgenössischen Technischen Hochschule in Lausanne wurde das bisher umfangreichste Projekt in der neuronalen Netzforschung in Angriff genommen. Dort wollen einige Forscher unter der Leitung des Biologen **Henry Markram** die neusten neurologischen Forschungen zum Bau einer Computerversion des Gehirns nutzen.

Man darf gespannt sein, welche Erkenntnisse uns die Zukunft bringt.

8.13 Zusammenfassung

Die Geschichte des Computers ist wohl doch eine Geschichte der denkenden Maschine, zumindest des Versuchs, sie zu kreieren. Bereits ganz zu Anfang gab es eine Computerversion, die den Anschein machte, es könnte gelingen, die künstlichen neuronalen Netze zu verwirklichen. Ihre Geschichte ist allerdings eine Geschichte der Misserfolge. Trotzdem sind es interessante Gebilde, die es sich anzusehen lohnt. Wir haben mit MemBrain, einem Simulator für neuronale Netze, einfache Modelle des ersten NNs, der sogenannten Perceptrons, nachgebaut, trainiert und getestet. Neuronale Netze werden nämlich nicht programmiert, sondern trainiert wie echte »Hirne«. Eigenartigerweise kann man auch nicht vorhersagen, wie sie sich im Innern verhalten werden und wie sie letztendlich ihre Gewichtung, die Beziehung der Neuronen untereinander, eingestellt haben.

Während neuronale Netze starker KI zuzurechnen sind, gehören die Programmiersprachen der KI zur schwachen. Wir haben uns Scheme angeschaut, eine moderne Version der Sprache Lisp, und ein klein wenig Prolog. Es sind Sprachen, die ganz anders sind als die üblichen Sprachen, über die wir bisher gesprochen haben. Smalltalk kommt ihnen noch am nächsten, es ist auch mit ihnen verwandt. Es sind Sprachen der funktionalen Sprachgruppe und der fünften Computersprachengeneration, obwohl sie teilweise schon sehr alt sind. Nach ELIZA in der Programmiersprache Scheme und über einen winzigen Einblick in Prolog sind wir zu den Expertensystemen gelangt.

Mit autonomen Softwareagenten wurde ein neues Programmierparadigma geschaffen, das auch bei der genetischen Programmierung sehr hilfreich sein kann. Damit entstehen nun wirklich Programme, die sich wie Tiere in ihrer Umwelt behaupten müssen und durch Vererbung besser und besser werden können.

Zum Schluss haben wir künstliche Wesen vorgestellt, die über mehr oder weniger KI verfügen. Die erste Form war wohl das sogenannte Tamagotchi, sozusagen eine neue Spezies, die später auf dem PC zu zahlreichen Kopien und Weiterentwicklungen mutierte.

8.13.1 Noch mehr Spaß

Neuronale Netze

Ähnlich wie beim Rotkäppchen-Netz kann man versuchen, Personen im NN zu klassifizieren. Daraus lässt sich ein regelrechtes Spiel machen, das vor allem mit mehreren Personen interessant ist.

ELIZA mal anders

Das Programm ELIZA fordert praktisch dazu heraus, es zu modifizieren. Es gibt sicher dazu zahlreiche Möglichkeiten. Man kann es zu einer Wahrsagerin umbauen oder zu einem Quizspiel. Wer es sich ganz schwer machen will, könnte sogar ein Textadventure daraus entwickeln.

Virtuelle Lebewesen

Verzichtet man auf Grafik, lässt sich ein virtuelles Wesen mit einem neuronalen Netz entwickeln. Man trainiert es auf gewisse Verhaltensweisen durch Reizen bestimmter Eingangsneuronen. Danach kann man sich ansehen, ob es sich immer gleich verhält oder auch hin und wieder unerwartete Reaktionen zeigt. Besonders interessant ist es, Dinge abzufragen, die man nicht direkt trainiert hat.

NeroGame

Die Neural Networks Group an der Fakultät für Informatik der Universität of Texas in Austin hat sich Gedanken gemacht, wie man die Möglichkeiten der KI auf anschauliche Weise demonstrieren kann. Da Spiele oft auch einen pädagogischen Wert haben, wurde beschlossen, eine Art Kampfspiel zu entwickeln. Es geht dabei darum, Roboter, die ein künstliches neuronales Netz besitzen, so zu trainieren, dass sie sich selbstständig in einem Kampfgeschehen bewähren können. Zu Beginn des Spiels sollen die Roboter keinerlei Eigenintelligenz aufweisen. Wenn man einen Roboter aufruft, wird er lediglich sinnlos im Kreis herumlaufen. Nun kann man ihn mit verschiedenen Situationen konfrontieren und ihm zeigen, wie er sich dabei verhalten soll.

Beispielsweise, wenn er einem zweiten, einem feindlichen Roboter begegnet oder mit der Außenmauer kollidiert. Glaubt man seinen Roboter ausreichend trainiert zu haben, kann man einen Trupp feindlicher Roboter abrufen, und der Erfolg des Trainings muss sich bewähren (Abbildung 8.14).

Neben einem Handbuch sind einige dokumentierende Filmsequenzen verfügbar. Die Homepage des Projekts ist: *http://www.nerogame.org*.

Das Programm zum Spiel kann von der Homepage geladen werden. Es befindet sich aber auch auf der DVD unter: *Software zum Spiel\Noch mehr Spaß\nerogame\nero2_win32.exe*.

Abbildung 8.14   NeroGame-Training

8.13.2   Webseiten zum Kapitel

URL	Beschreibung
http://gdz.sub.uni-goettingen.de/no_cache/dms/load/met/?IDDOC=38910&	die Werke von Gauß
http://www.betoerend.de/dasLandHinterDemEndeDesSinns/lambda/welcome.html	Erläuterung des Lambda-Kalküls
http://www.informatik.uni-erlangen.de/html/lisp-enter.html	umfangreiche Lisp-Seite
http://www.htdp.org	tolles engl. Scheme-Lehrbuch
http://www.linux-magazin.de/heft_abo/ausgaben/2001/01/funktioneller_gehts_nicht	Texte zu Scheme
http://apsymac33.uni-trier.de:8080/Lisp-Kurs	interaktiver Lispkurs der Uni Trier
http://fara.cs.uni-potsdam.de/-jthomas/Prolog/Vortrag-Prolog.html/story.htm	Prolog
http://ksl-web.stanford.edu/people/eaf/	Seite von Prof. Feigenbaum
http://www.d3web.de/	Werkzeug zur Erstellung von Expertensystemen
http://www.htw-dresden.de/~iwe/StudArbeiten.html	Arbeiten zur Neuroinformatik

URL	Beschreibung
http://www.informatik.htw-dresden.de/~iwe/Belege/Porstmann/NeuroSim.html	NeuroSim-Seite
http://jooneworld.com/	Java Neuronales Netzwerk
http://www.ti.uni-tuebingen.de/Neuronale_Netze.19.0.html	NN Forschung
http://www.uni-muenster.de/imperia/md/content/ziv/service/software/spss/handbuecher/deutsch/spss_neural_network_16.0.pdf	Handbuch mit Erläuterungen zu NNs
http://www.neuroxl.com	Anbieter von NN-Software
http://www.neurocomputing.de/links.html	Links zu NN
http://www.jiac.de	Java-Agentensysteme
http://home.arcor.de/emge/index_d.htm	FinFin-Homepage
http://www.mopyfish.net/	MopyFish-Homepage
http://www.nzzfolio.ch/www/d80bd71b-b264-4db4-afc0-277884b93470/showarticle/c6e884e7-048d-4d72-b2bb-21a9db656ee4.aspx	Artikel zur AI in der NZZ
http://www.nerogame.org	NeroGame-Homepage

8.13.3 Weiterführende Literatur zum Kapitel

Prof. Dr. rer. nat. Peter Zöller-Greer, Künstliche Intelligenz, Composia Verlag, 2007

Harold Abelson, Gerald Jay Sussman, Julie Sussman, Struktur und Interpretation von Computerprogrammen. Eine Informatikeinführung, Springer Verlag 2001

Matthias Felleisen, Robert Bruce Findler, Matthew Flatt, How to Design Programs: An Introduction to Programming and Computing, MIT press 2001

Feng-hsiung Hsu: Behind Deep Blue, Princeton University Press Princeton und Oxford 2002

Von Computern wie Telefonanlagen kommend, sind wir nun in einen Bereich vorgestoßen, der immer etwas geheimnisvoll bleibt – die künstliche Intelligenz.

Dem Kapitel über Lispmaschinen war zu entnehmen, dass KI zwar eine tolle Idee ist, jedoch noch sehr im Dunkeln steht. Deshalb lassen wir uns von den zahlreichen Theorien, die es in diesem Bereich gibt, erst gar nicht beeindrucken, wir gehen es einfach an.

9 Zelluläre Automaten – KI und mehr

9.1 Rechnende Schwärme – oder können Computer einsam sein?

Bereits kurz nach der Entwicklung der ersten Computer machte man sich auch darüber Gedanken, wie ganz viele rechnende Einheiten sich im Verbund verhalten würden. Man stellte sie sich innerhalb von Räumen mit einer festgelegten Dimension vor. Da es kaum realisierbar schien, die Raumpunkte selbst rechnen zu lassen, stellte man sie als Manifestationen von Zuständen dar, die bestimmten Rechenregeln zu folgen hatten. So waren sie in gewisser Weise doch Turingmaschinen oder konnten wenigstens von einer berechnet werden, also ein Fall für den Computer.

Bereits Aristoteles (384–322 v. Chr.) formte mit seiner Aussage: »Das Ganze ist mehr als die Summe seiner Teile« das wichtigste Prinzip der zellulären Automaten – und das vor über 2 000 Jahren.

1940 stellte in Los Alamos ein gewisser Stanislaw Ulam seine Idee zu zellulären Automaten vor. Der uns inzwischen recht gut bekannte John von Neumann war damals ein Kollege. In der ihm eigenen Art griff er die Idee seines Vordenkers auf und erarbeitete daraus ein universelles Berechnungsmodell.

Seine ausgearbeitete Idee hatte Bausteine mit 29 Zuständen. So konnte der Automat ein bestimmtes Muster immer wieder selbst reproduzieren. Damit beschrieb John von Neumann als Erster einen zellulären Automaten, der, wie die Turingmaschine, berechnungs- und konstruktionsuniversell war.

Die Theorie der zellulären Automaten öffnete erst Ende der 90er-Jahre wieder eine neue Seite der EDV. Man versuchte Rechner in einem Netzwerk als zelluläre

Automaten zu sehen, als Schwarm. Denken Sie sich diese als Prozessoren, die in einer bestimmten Menge in einem Raum vorkommen. Jeder Rechner hat nur Verbindung mit den unmittelbar benachbarten Rechnern. Sie sollen nun auf äußere Reize (Nutzereingaben) und Aufgabenstellungen nicht mehr nur allein reagieren, sondern als Gemeinschaft.

Doch damit nicht genug. Die Ideen der Entwickler sollen unsere Welt verändern: Unser Haus soll Heimat zellulärer Systeme werden, die selbstorganisierend aufeinander abgestimmt unser Leben leichter machen. Unsere Kleidung soll mit zellulären Automaten durchsetzt sein, die alle unsere Körperfunktionen überwachen und Alarm schlagen, wenn wir beim Sport Gefahr laufen, Schaden zu nehmen. Nicht zuletzt besteht die Vision, statt eines Medikaments eine Ladung winziger, zellulärer Automaten in die Arterie zu injizieren. Diese kleinen Roboter sollen dann eigenständig nach Krankheitsherden suchen und den Schaden beheben.

9.2 Ein Spiel namens Leben

Diese Theorien führten ein Nischendasein, da keine praktische Anwendung in Sichtweite war. Da geschah das Unerwartete. Jemand machte diese Theorien sichtbar, in einem Spiel, das keinen Sinn und Zweck hatte und dazu noch eine Eigenart besaß, die für Spiele untragbar ist – es spielte mit sich selbst. Damit war zwar die praktische Anwendung immer noch nicht gefunden, aber der Begriff zelluläre Automaten war plötzlich in aller Munde.

Der englische Mathematiker John Horton Convay entwickelte Ende der 60er-Jahre das Spiel, das viel Aufsehen erregen sollte. Er nannte es Life – Leben. Es war das erste richtige Computer-Kultprogramm überhaupt. Zahlreiche Wissenschaftler verschwendeten monatelang teure Rechenzeit an Großrechnern, um es zu spielen.

»Stellen Sie sich eine in einem rechteckigen Gitternetz lebende Population vor. Jedes Quadrat in dem Netz enthält ein Mitglied dieser Population oder ist leer. Jedes Quadrat hat acht angrenzende Quadrate, die unter Umständen einen sogenannten »Nachbarn« enthalten.

Die Population entwickelt sich von Generation n zu Gerneration n+1 nach folgenden Regeln fort:

Wenn ein Quadrat in der Generation n ein Mitglied enthält, dann enthält es auch in der Generation n+1 ein Mitglied, wenn es in Generation n zwei oder drei Nachbarn hatte; sonst ist es leer.

Wenn ein Quadrat in der Generation n leer ist, dann enthält es in der Gene-
ration n+1 ein Mitglied, wenn es in der Generation n genau drei Nachbarn
hatte, sonst bleibt es leer.«

(Richard Conway, Der neue Programmierstil – gezeigt an PL/1, Hanser,
1981)

Halt! Werden Sie nun sagen. Hieß der gute Mann nicht John Horton? Aber hier
ist von einem Richard die Rede. Gut aufgepasst! Conway, ein großer Mathematiker mit brillanten Ideen, ist persönlich ein äußerst bescheidener Charakter und
außerdem gab es da ja noch einen John von Neumann, der Jahre zuvor etwas niedergeschrieben hatte, das Conway las und anregte, sich selbst Gedanken darüber
zu machen. Aus der Not heraus, keine Niederschrift von John Horton Conway
selbst verfügbar zu haben, musste hier auf den Namensvetter Richard Conway zu-
rückgegriffen werden, der ein großer PL/1 Kenner und Fachautor ist. Seine Beschreibung des Spiels ist fachlich korrekt und kurz. Zu John Conways Bescheiden-
heit hier ein kurzer Ausschnitt aus seiner Biografie:

»Conway showed the game to his friend Martin Gardner who described it in
the October 1970 column which he wrote in Scientific American. The game
became an instant success and Conway became a household name. It has
often been claimed that since 1970 more computer time world-wide has been
devoted to the Game of Life than any other single activity. Gardner wrote:

›The game made Conway instantly famous, but it also opened up a whole new
field of mathematical research, the field of cellular automata.‹«

(http://www-gap.dcs.st-and.ac.uk/~history/Biographies/Conway.html)

Also: 1970 waren mehr Rechner damit beschäftigt, Conways Game of Life zu
spielen, als irgendwelche anderen Berechnungen durchzuführen, und Conway
begründete damit das neue mathematische Forschungsgebiet der zellulären
Automaten.

Doch zurück zu diesem verrückten Spiel. Die Regeln hören sich recht einfach an,
sind sie auch. Aber die Wirkung ist eine ungeheuerliche.

Man kann das Spiel recht gut auf einem Blatt Papier mit Rechenfeldern spielen.
Mehr als ein Bleistift und ein Radiergummi ist dazu nicht erforderlich. Man sollte
allerdings beachten, dass der Ablauf des Spiels in Generationen erfolgt. Nur der
Zustand der Felder in der Generation n darf für die Generation n+1 von Bedeutung sein, nicht der Zustand irgendeines Feldes von Generation n+1. Da Feldin-
halte verschwinden, muss man sie temporär so belassen, bis alle Nachbarfelder
abgearbeitet sind. Auf dem Papier kann man einen andersfarbigen Stift benutzen.
Im Programm kann man mit zwei Arrays arbeiten.

Bei einem leeren Rechenblatt geschieht natürlich gar nichts. Es müssen schon einige Felder gefüllt sein, damit etwas aktiv wird. Versuchen Sie einmal folgende Figur:

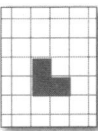

Abbildung 9.1   Eine einfache Figur

In der nächsten Generation sollte nur ein Feld dazukommen. Das war dann alles. Erhalten Sie etwas anderes bei Ihren Berechnungen, lesen Sie die Regel noch einmal durch. Da diese Figur etwas trostlos war, hier etwas anderes. Wenn Sie mit diesem Beispiel heute fertig werden sollten, müssen Sie leider die Regel auch noch einmal lesen. Es handelt sich nämlich um eine endlose Figur.

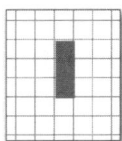

Abbildung 9.2   Der Blinker

Sollten Sie auch diese Figur langweilig finden, hier noch etwas anderes für Sie:

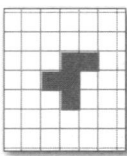

Abbildung 9.3   r-Pentomino

Oder vielleicht etwas Ästhetischeres?

Abbildung 9.4   Eine Explosion

Wie ist das Spiel ausgegangen, und war das Rechenblatt groß genug? Wahrscheinlich war es eher etwas frustrierend. Ist es verwunderlich, dass man bereits 1970 den Computer reichlich bemühte, diese Figuren zu zeichnen?

Die Life-Figuren finden Sie übrigens unter *Software zum Buch\Kap09\Life* als animierte Gif-Dateien *life_Explosion.gif* und *life_r_pentomino.gif*. Man kann sie sich mit einem Browser oder der Windows Bild- und Faxanzeige anschauen.

1970 erinnerten die Monitore, sofern sie überhaupt verfügbar waren, mehr an Oszilografenschirme als an die heutigen Flachbildschirme, und daher wurden die Ergebnisse von Game of Life hauptsächlich auf grauem Endlospapier »ausgespuckt«. Richard Conway nutzt in seinem PL/1-Buch eine Darstellung aus Punkten und X-Buchstaben (Abbildung 9.5).

```
. . . . . . . . . .
. . . . x x . . . .
. . . x x . . . . .
. . . . x . . . . .
. . . . . . . . . .
```

Abbildung 9.5 r-Pentomino mit dem Schnelldrucker

Man kann sich die Papierberge vorstellen, die allein r-Pentomino verursacht hat.

Soviel zu Theorie und Geschichte, wer nun keine Lust hat, sich mit dem Code der damaligen Computerprogramme auseinanderzusetzen, kann die folgenden Ausführungen überspringen.

Für Kenner

Den zugehörigen Code in PL/1 kann man sich folgendermaßen vorstellen:

```
CHANCE = '1' B;
GEN_LOOP : DO WHILE ((GENRQD > 0)& (CHANGE))
CHANGE = '0' B;
S=0;
G1:DO I = 2 TO ROWS-1 BY 1;
G2:DO J = 2 TO COLS-1 BY 1;
    NBOR = R(I-1, J-1) + R (I-1,J) +
        R(I-1, J+1) + R (I,J-1) +
R(I, J+1) + R (I+1,J-1) +
R(I+1, J) + R (I+1,J+1);
    IF NBOR = 3
        THEN S(I,J) = 1;
    IF (NBOR = 2) & (R(I,J) = 1)
        THEN S(I,J) = 1;
    IF R(I,J) ¬= S(I,J)
```

```
        THEN CHANGE = '1' B;
END G2;
END G1;
GENNBR = GENNBR + 1;
R = S;
PUT SKIP(3) LIST
    ('GENERATION NUMBER:'; GENNBR);
CALL DISP(R);
GENRQD = GENRQD - 1;
END GEN_LOOP;
```

(Quelle: R.Conway, Der neue Programmierstil gezeigt an PL/1)

Der Code stellt nicht das ganze Programm dar, sondern nur die beiden Schleifen, die über die Felder des Spiels laufen. DO I = 2 TO ROWS-1 BY 1; läuft über die Zeilen und das folgende DO über die Spalten.

Wenn man sich den Code ansieht, erkennt man rasch, dass zunächst einmal die Nachbarschaft untersucht wird. Die Variable NBOR wird dazu mit der Summe der umliegenden Felder gefüllt. Ergibt sie 3, wird auf der Position im Array S das Feld gesetzt. Gibt es in der Nachbarschaft zwei belegte Felder, bleibt das Feld (R(I,J)) belegt, sofern es belegt war. Am Ende wird noch festgehalten, ob sich was getan hat (CHANCE wird gesetzt). Der Generationenzähler wird hochgesetzt und ausgegeben. Auch wenn man kein PL/1 gelernt hat, lässt sich das alles aus diesen Zeilen erkennen. PL/1 ist eine relativ klare Programmiersprache. Eine Schleifenanweisung wie DO I = 2 TO ROWS-1 BY 1; spricht für sich selbst.

Auf diese Weise wurde also 1970 endlos Rechnerzeit verbraten, die zu dieser Zeit noch recht teuer war. Man kann sich denken, dass manches Forschungsinstitut und manche Versicherung darüber nicht erfreut waren. Wie das freilich die ersten »Spielsüchtigen« damals gedreht haben, ist schon erstaunlich, denn Rechenzeit musste peinlich genau verbucht werden. Zum Glück haben sich diese Zeiten geändert.

9.3 Das Life-Programm

Heute ist Rechenzeit millionenfach billiger, da wäre es eine Schande, wenn wir dieses hochinteressante Spiel nicht nachprogrammieren würden. Dazu wurde ein einfaches Java-Programm realisiert, das recht flott läuft und mit dem sich die wichtigsten »Lebensformen« dieses Spiels anschauen lassen.

Sie finden das Programm unter: *Software zum Buch\Kap09\Life* als *Life002.jar*.

Starten lässt sich das Programm mit:

```
java -jar Life002.jar
```

Es ist wieder mal peinlich genau auf die Schreibweise zu achten, da Java zwischen Groß- und Kleinschreibung unterscheidet.

Nach dem Start öffnet sich ein großes Dialogfenster mit sogenannten inneren Fenstern (Frames) (Abbildung 9.6).

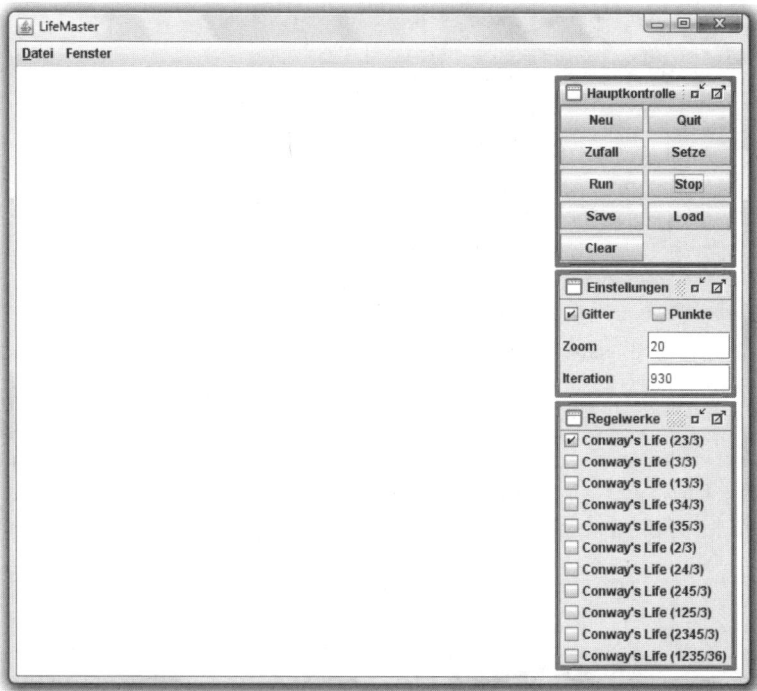

Abbildung 9.6   LifeMaster ist gestartet.

Drei kleine Frames dienen der Steuerung und in einer »beliebigen« Anzahl Fenster können Life-Spiele angezeigt werden. Diese Fenster werden über die Schaltfläche **Neu** in der **Hauptkontrolle** geöffnet (Abbildung 9.7).

Mit ihrer Erzeugung läuft dann auch die Iteration, das heißt, die Felder werden Generation für Generation durchgerechnet, auch wenn noch keine Felder belegt sind. Wichtig: Mit der **Stopp**-Schaltfläche kann man diese Rechnerei abstellen. Das sollte man stets tun, wenn man schwierigere Positionierungen vornehmen will. Unter **Einstellungen** lässt sich der Lauf der Generationen im Feld **Iteration** verfolgen. Im Feld **Zoom** ist es möglich, die Größe der einzelnen Felder zu verändern. Man kann für ihre Anzeige entweder **Gitter** oder **Punkte** wählen (Abbildung 9.7).

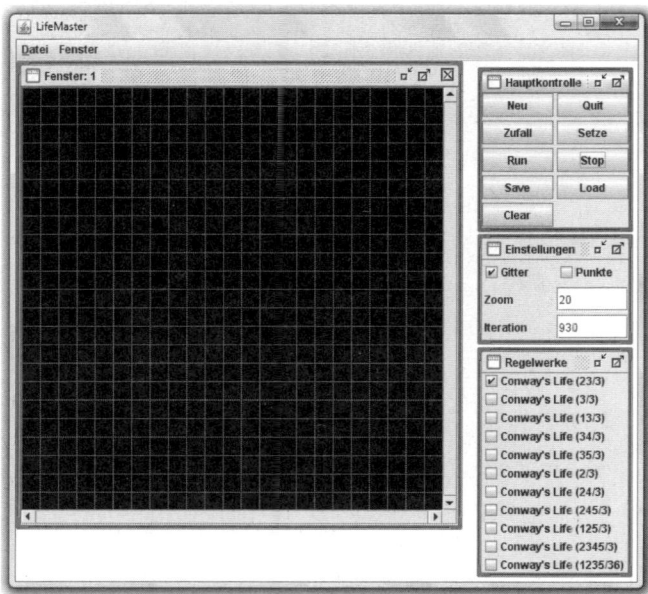

Abbildung 9.7 Fenster 1 als erstes Zeichenfeld geöffnet

Für einen ersten Versuch bietet es sich an, die Felder per Zufallsfunktion mit einer Population zu füllen. Ist die Iteration abgestellt, kann sie danach wieder mit **Run** aktiviert werden. Ansonsten läuft Life direkt los, und man sieht genau, was das Faszinierende an diesen zellulären Automaten ist (Abbildung 9.8).

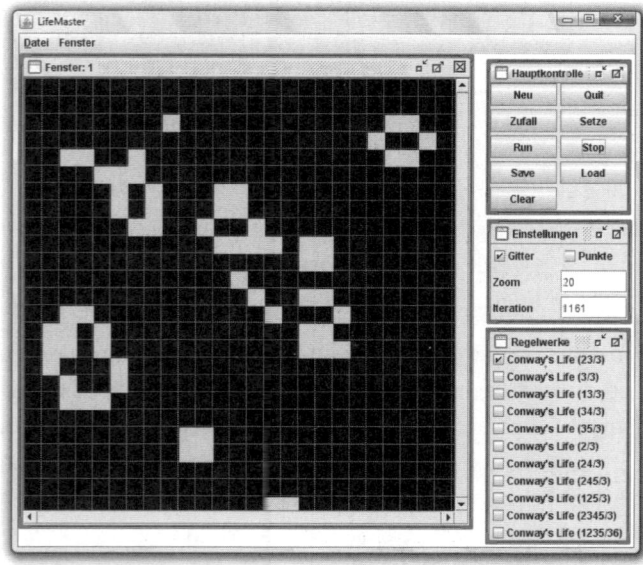

Abbildung 9.8 Die Life-Simulation läuft.

Schnell hatten die Mathematiker herausgefunden, dass es nicht nur einen zellulären Automaten mit drei Feldern zur Entstehung und mit überlebenden Zellen gibt, die zwei und drei Nachbarn haben, sondern eine ganze Reihe ähnlicher Regeln. Aus diesem Grund wurde eine Kurzschreibweise festgelegt, bei der zuerst die Anzahlen genannt werden, bei denen die Zellen überleben, und dann hinter einem Schrägstrich die Anzahl/en, bei denen eine neue Zelle entsteht. 13/3 bedeutet demnach, wenn in der Nachbarschaft eine Zelle oder drei Zellen sind, überlebt die Zelle, und bei genau drei Zellen entsteht eine neue Zelle. In der Dialogbox **Regelwerke** findet man eine Anzahl Regeln, die mit dieser Schreibweise beschrieben sind. Die gewünschte Regel lässt sich jederzeit einstellen oder wechseln.

Durch Ziehen mit der linken Maustaste lässt sich eine Auswahl festlegen, die man durch die Schaltfläche **Save** abspeichert (Abbildung 9.9). Mit **Load** kann man die gespeicherte Population dann von der Festplatte auf das Spielfeld übertragen. Eine Markierung mit der linken Maustaste legt die Zielposition fest (Abbildung 9.10). Zuvor kann man gegebenenfalls mit **Clear** das Spielfeld säubern.

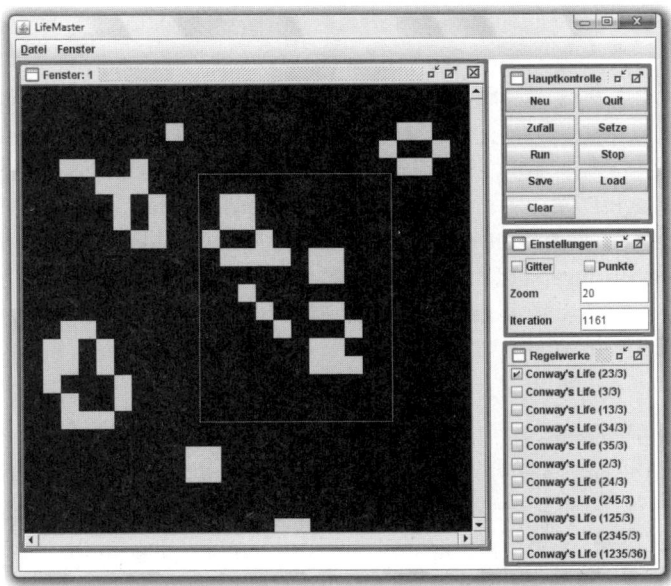

Abbildung 9.9 Die Auswahl einer Population

Mit der rechten Maustaste lassen sich einzelne Felder belegen oder, falls sie belegt sind, wieder deaktivieren. Versuchen Sie vielleicht erst einmal die Figuren, die Sie schon kennen (Abbildung 9.1 bis Abbildung 9.4).

Wenn Sie sich nun ein wenig mit der Bedienung vertraut gemacht haben, können wir uns mit Life etwas näher beschäftigen.

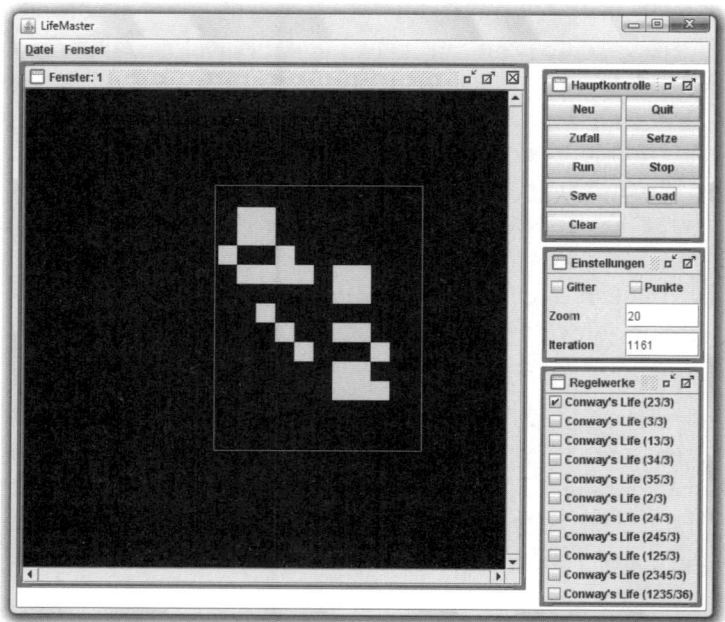

Abbildung 9.10 Einfügen einer gespeicherten Population

Es gibt einige interessante Figuren in der Regel 23/3. Eine davon ist der sogenannte **Gleiter** (Glider). Das ist ein Gebilde aus fünf Feldern, das sich geradlinig über das Spielfeld bewegt. Das Erstaunliche daran ist außerdem, dass die Anzahl seiner Felder über die Generationen gleich bleibt. Weitere bewegliche Figuren sind die **Segler**, die jedoch ihre Feldanzahl zyklisch ändern. Die Abbildung 9.11 zeigt Ihnen oben einen Gleiter und darunter drei Arten von Seglern. Alle diese Figuren finden Sie auch auf der DVD des Buches unter: *Software zum Buch\ Kap09\Life*.

Es gibt auch Gebilde, die regelmäßig Gleiter oder Segler ausstoßen. Man bezeichnet sie als **Kanonen** (Abbildung 9.12). Selbst Gebilde, die regelmäßig Kanonen ausstoßen, sind bekannt. Gebilde, die sich selbst hervorbringen, sogenannte selbstreplizierende Systeme, gibt es ebenfalls. Im Grunde ein Beleg dafür, dass der Name Game of Life zu recht gewählt wurde.

Anfangs gab es das gleiche Problem wie bei der Turingmaschine und den fleißigen Bibern. Man war sich nicht darüber im Klaren, ob es Gebilde geben kann, die unsterblich sind. Aus diesem Grund schrieb Conway einen Wettbewerb aus und bot demjenigen einen Preis von 50 US-Dollar, der den Nachweis erbrachte, dass es beim *Game of Life* unbegrenztes Wachstum gibt.

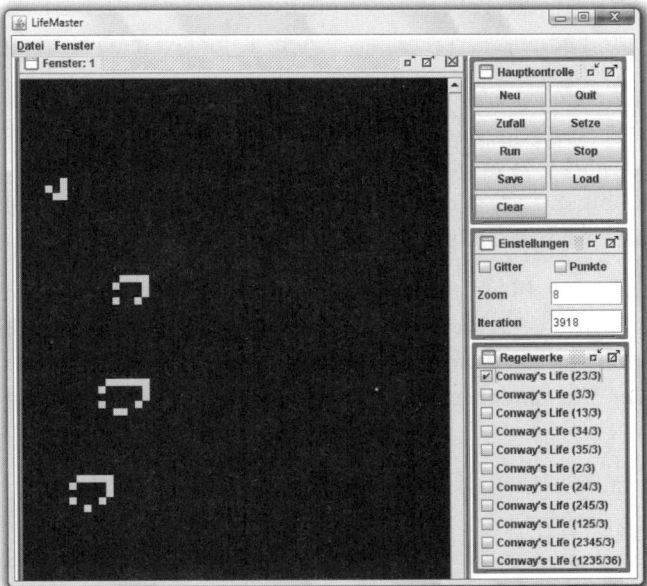

Abbildung 9.11 Auf die Plätze, fertig, los!

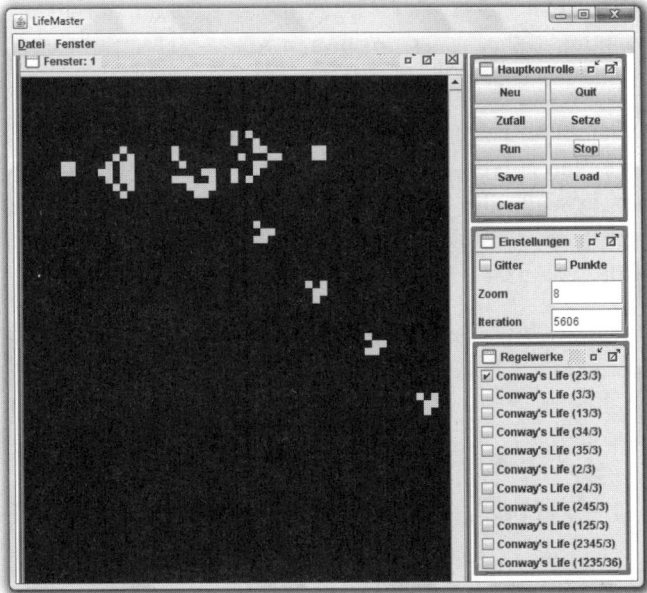

Abbildung 9.12 Die Gleiterkanone

Durch einfaches Nachdenken kommt man zu dem Ergebnis, dass es sich dabei nur um zyklische Vorgänge handeln kann, denn chaotisches Wachstum lässt sich nicht durchrechnen und somit die Lebensdauer nicht beweisen. Angeblich hat der Entdecker der Gleiterkanone den Preis gewonnen. Leider war dazu nichts Konkretes zu finden.

Mit Game of Life lassen sich logische Schaltungen simulieren, ja sogar ganze Computer (*http://www.quinapalus.com/wi-index.html*). Mathematiker sind heute so weit, mit Life Turingmaschinen zu bauen und über die sinnvolle Verwendung der gewonnenen Erkenntnisse nachzudenken.

Zelluläre Automaten sind, obwohl sie einen Hauch von Spielerei an sich haben, nicht gerade leicht zu verdauen. Wenn man sie von philosophischer Warte aus betrachtet oder kritischer über das nachdenkt, was sie darstellen und sichtbar machen, gewinnt man unter Umständen eine ganze neue Sicht auf das Leben und die Welt.

Bevor wir uns darüber im letzten Teilkapitel unterhalten, wollen wir uns noch einige andere spannende Programme anschauen.

 Für Könner

> Wer genug Java-Kenntnisse besitzt, kann sich ja selbst einmal an einer Version von Conway's Life versuchen. Im Grunde ist es ein sehr einfaches Programm. Es besteht lediglich aus einer Routine, die alle Felder durchläuft und die Regel anwendet. Dabei ist es am besten, die Regel auf ein altes Array anzuwenden und die Ergebnisse in eine neues zu schreiben.
>
> Man sieht das sehr schön an folgender Methode. Sie erhält den aktuellen Feldzustand als Parameter. Intern nutzt sie jedoch ein neues Feld, um das Ergebnis zu erfassen, und gibt das neue Feld dann zurück. Die Regel ist in der Form konserviert, dass es ein Feld mit der Anzahl gibt, bei der es überlebt, und ein Feld mit der Anzahl, bei der es neu entsteht.
>
> Auf diese Weise ist die Methode sehr flexibel und für alle denkbaren Regeln anwendbar.
>
> ```java
> /**
>  * Conways Life
>  */
> public int[][] calcLife(int field[][], int überl[], int
> entst[])
> {
> int anz = 0;
> int[][] newPointField = new int[field.length][field.length];
>
>     for (int i = 1; i < field.length - 1; i++)
>         for (int j = 1; j < field[0].length - 1; j++)
> ```

```
        {
            anz = field[i - 1][j - 1] + field[i][j - 1]
                + field[i + 1][j - 1] + field[i - 1][j]
                + field[i + 1][j] + field[i - 1][j + 1]
                + field[i][j + 1] + field[i + 1][j + 1];

            // Abarbeiten der Regeln
            // Überleben
            for (int u = 0; u < überl.length; u++)
            {
                if (anz == überl[u] && field[i][j] == LIFE)
                {
                    newPointField[i][j] = LIFE;
                }
            }

            // Entstehen
            for (int u = 0; u < entst.length; u++)
            {
                if (anz == entst[u] && field[i][j] != LIFE)
                {
                    newPointField[i][j] = LIFE;
                }
            }
        }
    iterControll.increment();
    return newPointField;
}
```

Die Schwierigkeit liegt also nicht in der Realisierung des Regelmechanismus, sondern mehr in der Art, wie man das Spiel präsentiert. Ein besonderes Problem stellt zudem der Rand des Spielfeldes dar. Man versucht das Problem dadurch zu umgehen, dass man annimmt, alle Felder außerhalb des Spielfeldes wären entweder belegt oder unbelegt, und man rechnet die Figuren, die an den Rand gelaufen sind, entsprechend durch.

Machen Sie sich ruhig Gedanken, wie man das Beispielprogramm weiter verbessern könnte. Am Ende des Kapitels gibt es dazu noch einige Anregungen.

9.4 Der Schwarm im Netz

Wie schaffen es Abertausende von Vögeln, gemeinsam in eine bestimmte Richtung zu fliegen, ohne zusammenzustoßen? Die Gesetze, die einem Schwarm zugrunde liegen, sind durchaus nicht komplex. Aber das Gebilde, das daraus entsteht, hat, wie beim Spiel Life, auch eine bestimmte Eigendynamik, und es entstehen Verhaltensmuster, die dem einzelnen Schwarmmitglied nicht zugrunde liegen. Schwärmen ist, entgegen den Gebilden von Game of Life, zu eigen, dass sich ihre Individuenzahl üblicherweise nicht ändert. Außerdem bilden sie keine artfremden Verhaltensweisen aus. So gesehen, bilden sie eine Art Vorstufe zu den zellulären Automaten.

Wie so viele Dinge in der modernen Technik, geht die ursprüngliche Idee zu Computerschwärmen auf die Schwärme zurück, die in der Natur vorkommen. Man spricht bei diesem Wissenszweig von der sogenannten **Bionik**.

Die Bionik beschäftigt sich mit der Anwendung von Naturphänomenen in der Technik. Vielzitiertes Beispiel ist der Lotoseffekt. Man versteht darunter eine Oberfläche mit mikroskopisch kleinen Höckern, die bewirken, dass sich Schmutzpartikel nicht fest anlagern können und beim nächsten Regen problemlos abgeschwemmt werden.

Bionik ist immer interdisziplinär, meist forschen Techniker mit Biologen zusammen an der Lösung eines technischen Problems, das bereits von der Natur vorbildlich gelöst wurde.

Ein amerikanischer Luftwaffenmajor namens Jack E. Steele nutzte erstmals 1960 den Begriff **bionics** auf einer Konferenz in der Wright-Patterson Air Force Base in Dayton, Ohio. Seit diesem Zeitpunkt ist der Begriff nicht mehr wegzudenken aus Diskussionen um das Thema, wie sich die Spitzenleistungen der Natur in die Technik umsetzen lassen.

Wenn wir von Schwärmen reden, meinen wir nicht nur Schwärme aus Einzelwesen, die den räumlichen Abstand zueinander steuern, sondern auch Einheiten, die ganz allgemein eine Aufgabe gemeinsam lösen. Auch ein einfaches Büronetzwerk ist in diesem Sinne ein Schwarm aus Computern. Bei den üblichen Installationen allerdings weiß ein Computer vom anderen höchstens die IP-Adresse. Das genügt für Computer bereits, um zusammen etwas auf die Beine zu stellen. Denn die Idee einer Schar Computer, die zusammenarbeiten, ist nicht viel jünger als die Computer selbst. Ende 1960, mitten in der Zeit des Kalten Krieges, machte man sich bei den Militärs Gedanken, was passiert, wenn ein Erstschlag den Zentralrechner des Verteidigungsministeriums zerstören würde (Sie erinnern sich: ein WarGames und Tic-Tac-Toe spielender Großrechner). Erst schien keine Lösung möglich. Ein Großrechner war – genau wie unser Gehirn – ein zentrales Steuerorgan, wie auch immer man ihn konstruierte. Fiel er aus, waren wichtige Aufgaben nicht mehr zu erfüllen. Man verfiel auf die gleiche Idee wie bei den Raketensilos, je mehr man hatte, umso geringer war die Wahrscheinlichkeit, dass alles gleichzeitig zerstört wurde. Nur beim Rechner war das etwas komplexer. Wie wollte man erreichen, dass auf allen Rechnern alle wichtigen Daten jederzeit verfügbar waren?

Kein Zweifel, die Rechner mussten miteinander verkabelt sein und wichtige Daten ständig miteinander austauschen. Eine feste Verbindung konnte jedoch unterbrochen werden, man konnte sie sabotieren. Die Militärs von Arpanet, wie man es inzwischen getauft hatte, brauchten etwas Besseres. Es kam mit UNIX und nannte sich TCP/IP. 1982 wurde es ins Arpanet übernommen, das inzwischen bereits auf einer Verbindung aller amerikanischen Universitäten aufbaute.

Die Idee war, die Information in einzelne Pakete zu zerlegen. Jedes Paket besitzt dabei einen Satz Steuerdaten, in denen auch die Adresse des Ziels enthalten ist. Sind alle Pakete am Ziel angekommen, wird die Information wieder zusammengefügt und steht zur Verfügung, so, als sei sie an einem Stück direkt über das Telefon übertragen worden.

1990 beschloss die amerikanische National Science Foundation, das Internet für private Interessenten und kommerzielle Zwecke zu öffnen. Kurz zuvor war in Cern in der Schweiz das WWW entwickelt worden, und ein unglaublicher Siegeszug nahm seinen Anfang.

Bis heute ist die paketorientierte Verbindung zwischen den Rechnern ein Garant für die Stabilität des Internets trotz Hackerangriffen von allen Seiten. Da von vornherein nie feststeht, welchen Weg die einzelnen Datenpakete bis zum Empfänger nehmen werden, ist die Übertragungsgeschwindigkeit zwar reduziert, aber die Übertragung ist trotzdem sicher.

Das Internet ist in diesem Sinne der größte Computerschwarm der Welt. Zahlreiche Server stellen Informationen zur Verfügung, die von unermesslich vielen Clients (Browsern) abgefragt werden. Dies weckte einmal die Phantasie und andererseits auch Begehrlichkeiten. Musste nicht so ähnlich wie bei Conways Spiel, durch die Verbindung so vieler Einzelbausteine etwas Größeres entstehen, eine Art Superhirn? Standen nicht alle Rechner des Netzes die meiste Zeit nur sinnlos herum und warteten auf die Eingaben ihrer Nutzer, wie Untersuchungen zeigten?

Inzwischen hatten sich die Hochleistungsrechner von Supercomputern mit wenigen Prozessoren zu Rechnern mit zigtausenden Prozessoren weiterentwickelt. Wenn man handelsübliche Rechner verwendet, die man in Regalen deponiert und mit einem Hochgeschwindigkeitsnetzwerk verbindet (**Computercluster**), kann man mit dem Bruchteil der Kosten auskommen. Noch billiger ist es, erst gar keine Rechner miteinander zu verbinden, sondern einfach die vorhandenen Rechner des Internets zu nutzen. Die Idee des **GRID-Computing** war geboren. Weltweit bekannt wurde diese Technik durch das **SETI@Home-Projekt**. Das ist ein Teilprojekt des SETI-Projekts. Es wurde am 12. Oktober 1992, zum 500. Jahrestag der Entdeckung Amerikas, ins Leben gerufen. (Abbildung 9.13)

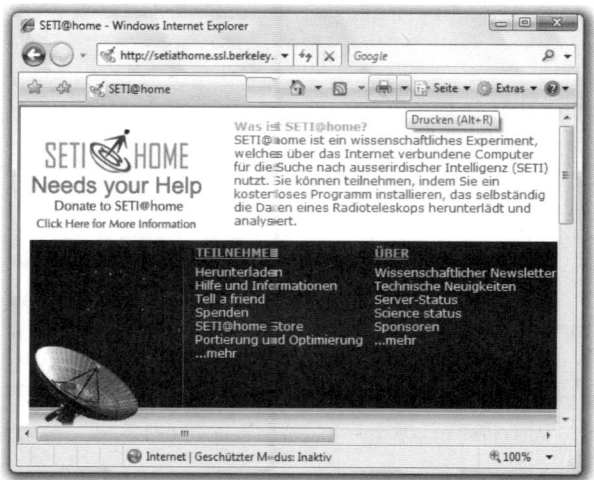

Abbildung 9.13 Die Homepage des Seti@home-Projekts

Wobei **SETI** für **Search for Extraterrestrial Intelligence**, also für »Suche nach außerirdischer Intelligenz« steht. Eine Chance, Kontakt zu außerirdischen Wesen zu bekommen, ist die Untersuchung der Signale von Radioteleskopen. Findet man dabei ein Signal, das keinen natürlichen Ursprung haben kann, wird meistens angenommen, dass es von einer außerirdischen Intelligenz stammt. Dazu müssen allerdings riesige Datenmengen durchgerechnet werden. Da der Senat in den USA das Geld für die SETI-Forschung im September 1993 radikal zusammenstrich, mussten die Forscher sich etwas einfallen lassen. Sie setzten sich hin und schrieben ein Programm, das die Daten des Teleskops an freiwillige Mitarbeiter in der ganzen Welt verteilte und auf deren Rechner in Form eines Bildschirmschoners durchrechnete. Die Ergebnisse wurden wieder übers Internet an das Institut zurückgesandt.

Das sogenannte SETI@Home-Classic-Projekt wurde am 15. Dezember 2005 offiziell eingestellt. Auch wenn das Projekt keinen echten Fund melden konnte, so wurden doch verschiedene Stellen im Universum entdeckt, die noch genauer analysiert werden müssen. Die Leistung des Projekts war jedoch in jedem Falle kosmisch, es wurden etwa 2,3 Millionen Jahre Rechenzeit aufgebracht, die aus 1,84 Milliarden Resultaten von über 5,4 Millionen Benutzern bestand.

 Für Kenner

> Wer nun gerne nach außerirdischem Leben sucht, braucht sich kein eigenes Fernrohr zu kaufen, das Nachfolgeprojekt ist noch aktiv und nutzt eine moderne Software namens BOINC. Die Webseite ist:
>
> *http://setiathome.ssl.berkeley.edu/*

Eine Version von Anfang 2008 befindet sich auf der DVD zum Buch. Sie finden Sie unter: *Software zum Buch\Kap09\SETI* als *boinc_5.10.30_windows_intelx86.exe*.

Wer sich das Programm nur ansehen möchte, kann das natürlich auch auf einem virtuellen Windows-Rechner. Möchte man richtig teilnehmen, ist natürlich nur eine reguläre Installation auf dem Hauptbetriebssystem sinnvoll.

Abbildung 9.14   Start des BOINC-Programms

Es folgt der übliche Begrüßungsdialog (Abbildung 9.14), dann muss die Lizenz anerkannt werden. Es gibt mehrere Installationsmöglichkeiten, wobei die **Single-User Installation** die passende sein dürfte (Abbildung 9.15).

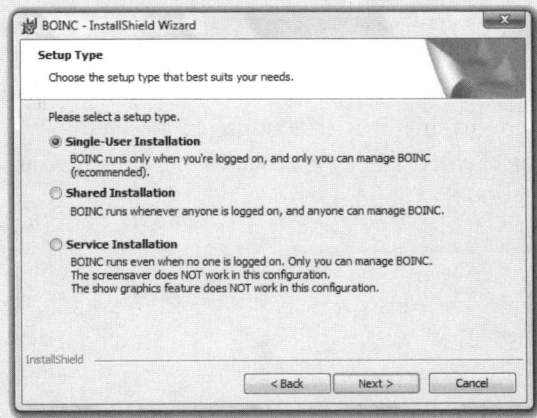

Abbildung 9.15   Welche Installationsart?

Danach ist zu entscheiden, ob BOINC als Screensaver verwendet wird und jedes Mal automatisch gleichzeitig mit dem Rechner startet. Danach beginnt bereits die reguläre Installation.

Am Ende wird ein Internetkonto eingerichtet, dem man seinen Kontostand entnehmen kann. Es wird nämlich eine Art Punktekonto über die Computerleistung geführt, die man zum Projekt beigetragen hat.

Nach der Installation startet das BOINC-Programm und es besteht Gelegenheit, sich an einem der Projekte anzumelden, die BOINC einsetzen (Abbildung 9.16).

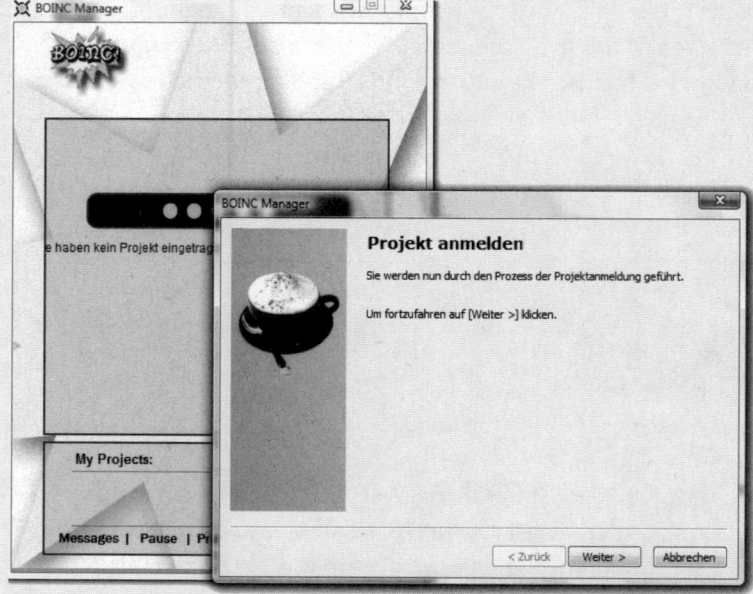

Abbildung 9.16 Anmeldung an einem der Projekte

Es wird ein Dialog mit der Liste der verfügbaren Projekte geöffnet. Man kann sich die Homepages der einzelnen Unternehmungen ansehen, bevor man sich für ein Projekt entscheidet. Die WWW-Spalte besteht dazu aus Links zu den jeweiligen Webseiten (Abbildung 9.17).

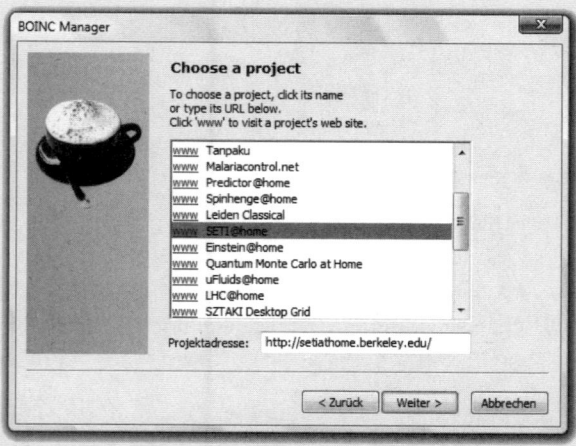

Abbildung 9.17 Die Auswahl des Projekts

Danach versucht der Projekt-Wizard Kontakt mit dem Server des Projekts aufzunehmen (Abbildung 9.18).

Abbildung 9.18 Die Verbindung mit dem Projektserver wird aufgebaut.

Das ich wichtig, denn nur, wenn der Server des Projekts auch erreichbar ist, kann eine Anmeldung erfolgen.

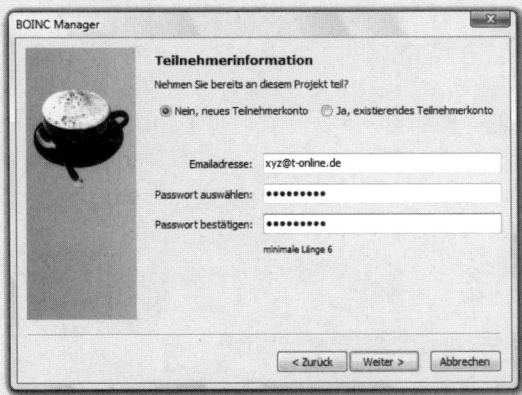

Abbildung 9.19 Die Teilnehmerinformation für das Teilnehmerkonto

Für die Anmeldung und insbesondere die Einrichtung eines Teilnehmerkontos sind Informationen erforderlich, die im nächsten Dialog abgefragt werden (Abbildung 9.19).

Danach wird die Anmeldung abgeschlossen und eine Webseite geöffnet, über die Informationen zur Anmeldung angezeigt und Korrekturen möglich sind. Gleichzeitig hat der BOINC-Manager seine Arbeit aufgenommen und lädt das erste zu bearbeitende Datenpaket vom Projektserver (Abbildung 9.21).

347

Abbildung 9.20   Die Anmeldung am Projekt ist geglückt.

Abbildung 9.21   Die Datenpakete werden vom Server geholt.

So klein der Dialog ist, er liefert zahlreiche Informationen. Im unteren Teil kann man das aktuelle Projekt auswählen, darüber wird dann der Status des Projekts angezeigt (Abbildung 9.22).

Wie Sie bei der Anmeldung sahen, gibt es eine ganze Reihe Projekte, die auf die gleiche Weise wie Seti@home die Rechenleistung privater Internetrechner nutzen. Um nur einige zu nennen:

Orbit@home   Suche nach Planetoiden, die die Erdbahn kreuzen

QMC@home   Faltungsprozesse von Molekülen berechnen

Folding@home   Entstehung von Proteinen entschlüsseln
                (hat mit PlayStation3s einen Rekord aufgestellt)

Einstein@home   Suche nach Gravitationswellen

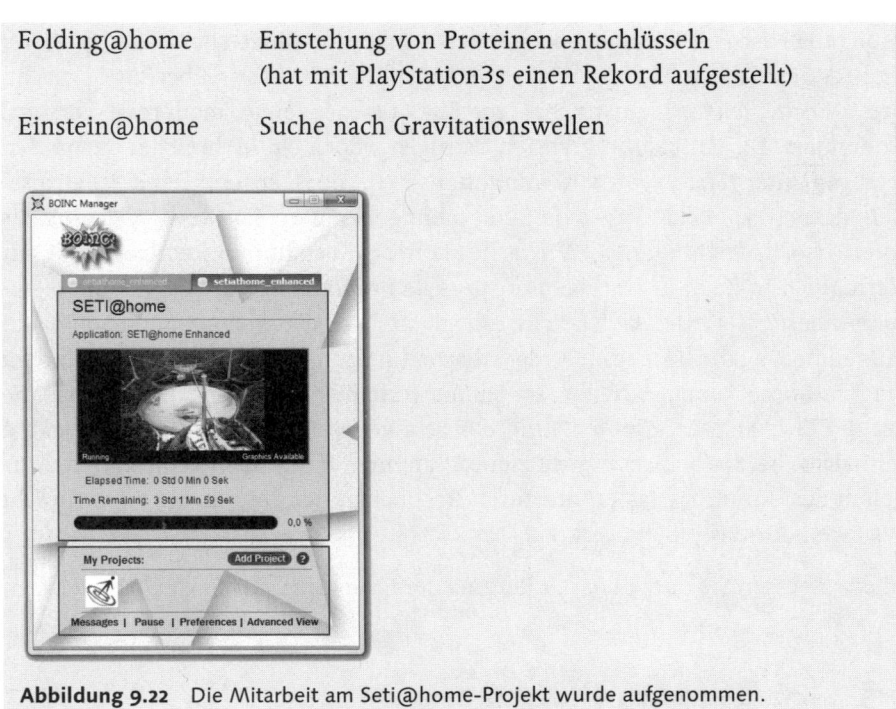

Abbildung 9.22   Die Mitarbeit am Seti@home-Projekt wurde aufgenommen.

Nimmt man beispielsweise am Seti@home-Projekt teil, ist der heimische Computer Teil der gewaltigsten Rechenmaschine, die die Welt bisher gesehen hat. Hat doch das Projekt eine Rechenleistung von über 900 Tera*FLOPS*. Sozusagen Supercomputing aus dem Arbeitszimmer. Einen Vergleich zeigt folgende Tabelle:

Name	Standort	Tera-FLOPS	Prozessoren-zahl	Aufgabe
Seti@Home	weltweit	Max. 900	5,4 Mio	Suche nach Außerirdischen
BlueGene/L	Lawrence Livermore National Laboratory Livermore (USA)	280,6	131.072	Simulation von Atombombentests
JUGENE	Forschungszentrum Jülich (Deutschland)	167	65.536	Materialwissenschaft, Chemie, Elementarteilchenphysik, Umwelt, Astrophysik
Blue Gene Watson	IBM Thomas J. Watson Research Center (USA)	91,29	40.960	Forschungsabteilung der IBM

Tabelle 9.1   Höchste Rechenleistungen (Quelle: Wikipedia.de)

Momentan ist der leistungsstärkste Supercomputer **BlueGene/L,** der in erster Linie Atombombentests simuliert, was angeblich echte Tests überflüssig macht. Seine Rechenleistung entspricht dem 35.000fachen eines modernen Personal Computers. Die Anschaffungskosten betrugen jedoch ein Mehrfaches davon. Ein jetzt geplanter Nachfolger wird mindestens 700 Mio. € kosten. Daher ist abzusehen, dass es bald keine Supercomputer mehr geben wird. Die Rechenleistung des Internets ist ohnehin um ein Vielfaches höher und steht praktisch kostenlos zur Verfügung. In Zukunft werden also spezielle Programme wie BOINC Supercomputer überflüssig machen. Und das Tolle daran ist, Sie können heute schon daran teilnehmen, egal, ob Sie nach Außerirdischen suchen oder die Welt retten, indem Sie mit Ihrem Computer helfen, im Sonnensystem Felsbrocken aufzustöbern, die auf die Erde stürzen könnten. Und das Schöne, wenn Sie bei diesen Projekten mithelfen, ist: Sie brauchen nicht zu programmieren und auch keine anderen Arbeiten ausführen. Sie lassen nur Ihren Rechner in der Zeit, in der Sie ihn nicht brauchen, für das Projekt rechnen.

Aber vergessen Sie bitte über der Rettung der Erde nicht, das Buch weiterzulesen.

9.5   Ein Schwarm-Programm

Aber nun weg vom Internet, weg von den regulären Schwärmen der Computer zu den simulierten Schwärmen. Eng mit der Schwarmidee verwandt ist die des Netzes. Wir haben uns bereits ein simuliertes Netz angesehen. Es ist ein Programm aus der Softwareschmiede von James Gosling, dem Entwickler von Java.

Das Programm finden Sie bei den Java-Demos der installierten Java-JDK oder auf der DVD unter: *Software zum Buch\Kap09\Schwarm01*.

Zum Starten genügt es, die Datei *Schwarm.html* in einen Browser zu laden (Abbildung 9.23). Die Beziehung zwischen den einzelnen Elementen ist so aufgebaut, dass ein Element x zu sechs Elementen eine Beziehung hat. Zu a, b und c jeweils 1 und 6. Diese wiederum sind Teil eines Ringes. Ein Ring ist sozusagen ein Schwarm, in dem jedes Mitglied genau zwei Nachbarn hat und die Anzahl der Mitglieder endlich ist.

Das Schwarmprogramm ist zwar sehr einfach gehalten, zeigt jedoch das Prinzip. Regeln, die für jedes einzelne Mitglied sehr einfach sind, führen zu einem komplexen Gesamtverhalten. Es gibt längst Simulationen für 3D-Räume: Realisierungen mit Robotern, die Schwarmverhalten zeigen, z. B. wenn Robotern die Aufgabe gestellt wird, Fußball zu spielen. Selbst Simulationen mit Fluggeräten wurden bereits von Studenten in Semesterarbeiten realisiert. Es ist also ein weites Feld, bei man noch sensationelle Ergebnisse erwarten kann. Die SF-Literatur hat bereits Storys hervorgebracht, in denen Schwärme winziger Maschinen im Körper von Menschen Reparaturen durchführen oder ihre Wirte zu Übermenschen machen.

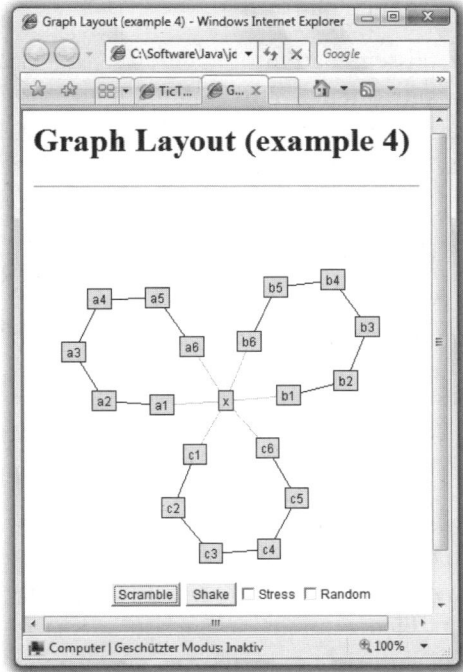

Abbildung 9.23 Ein Schwarm in Kleeblattform

Das interessanteste Einsatzfeld von Computerschwärmen ist freilich die Erforschung des menschlichen Gehirns. So ist man in Silicon Valley gerade dabei, Chips zu entwickeln, die ganze Gehirnteile 1 zu 1 darstellen und so den Forschern erlauben sollen, die Funktionsweise des menschlichen Denkapparates besser zu verstehen. Am Ende dieser Entwicklung könnte ein künstliches Bewusstsein, ja, ein ganzes künstliches Gehirn stehen.

Wir dürfen gespannt sein, was uns die Zukunft bringt.

9.6 Das Universum im Computer – oder wie funktioniert die Welt?

Wie versprochen, kommen wir nun zu dem philosophischen Teil. Er ist ausnahmsweise sowohl für Anfänger auch als auch für den Profi von Interesse. Das Einzige, was vielleicht dagegen spricht, dieses Kapitel zu lesen, wäre, wenn Sie zu starken Depressionen neigen und an der Welt und sich verzweifeln sollten. Man weiß jedoch nie – vielleicht bringen die folgenden Überlegungen gerade den labilen Charakter auf Gedanken, die ihm helfen, das Leben wieder zu meistern.

Was sagen die hinter uns liegenden Simulationen nun aus?

Bis auf den heutigen Tag ist die konkrete Wissenschaft nicht in der Lage, alle Fragen, die sich dem Menschen stellen, zu beantworten. Bereits Platon stellte die Hypothese auf, dass es zwar immer eine letzte Frage, aber nie die letzte Antwort geben werde. Auch moderne Forscher, wie beispielsweise Einstein, teilten diese Ansicht.

Auf der Suche nach dem Wesen der Welt fanden Mathematiker wie Conway nun die zellulären Automaten und machten sie durch Simulationen greifbar. Sie zeigen uns deutlich, dass durch einfachste Regeln neue Regelwerke entstehen. Und das Vervielfachen einfacher Regeln komplexe Regeln hervorbringen kann. Unsere Frage sollte nun sein: Funktioniert so das Universum, die Physik, das Leben? Sehen wir praktisch zu, wie eine neue Welt, ein neues Universum entsteht, das unserem Universum ähnlich ist? Werden im Game of Life irgendwann Strukturen über die Rechenfelder hüpfen, die intelligentes Verhalten an den Tag legen?

So einfach sind die Fragen sicher nicht zu beantworten. Aber bereits Konrad Zuse stellte die Hypothese auf, dass der physikalische Raum ähnlich funktionieren könnte wie zelluläre Automaten. 1969 erschien von ihm ein Buch mit dem vielsagenden Titel »Rechnender Raum«. Darin vergleicht er die Thesen der Quantentheorie mit dem Verhalten von Populationen in zellulären Automaten. Betrachtet man diese Ideen realistisch, würden sie Folgendes bedeuten:

Philosophie und Glauben postulieren eine Wesensform, die außerhalb unserer Existenz stehen muss, um das Weltgeschehen, das wir von uns aus nicht ganz erklären können, als erklärbar anzuerkennen. Im Alltagsgebrauch bezeichnen wir dieses Wesen als Gott. Vereinfacht ausgedrückt: Ohne einen Gott anzunehmen, können wir uns die Welt nicht ganz erklären. Ein rechnender Raum setzt jedoch etwas voraus, was rechnet. Denn wie beim zellulären Automaten besteht der Automat ja aus angewandten Regeln. Bei unseren Beispielen sind das entweder wir vor einem Rechenblock oder der Computer. Der Rechenblock wird schwerlich selbst die Regeln zum Game of Life aufstellen und der Computer genauso wenig.

Setzen wir den physikalischen Raum mit einem zellulären Automaten gleich, müssen wir etwas »ganz tief im Innern des Raumes« oder außerhalb annehmen, das ihn zum Rechnen bringt. Oder wir müssten wie beim kausalen Prinzip annehmen, dass alles nur fiktives Erlebnis, ein neuronales Spiel unseres Bewusstseins ist. Aber auch die Idee, dass wir alle gezwungenermaßen an einer Art virtueller

Realität teilnehmen, genau wie es im Kultfilm »Matrix« geschildert wird, erscheint gar nicht so abwegig.

Das sind jedoch Fantasien, die weit über die bisherigen Erkenntnisse aus zellulären Automaten hinausgehen. Klar zeigen sie uns nur, dass aus einfachen Regeln komplexe Regelwerke entstehen können und aus kleineren Bausteinen größere Gebilde aufgebaut werden. Die Gesetze im Großen lassen nicht gezwungenermaßen auf die Gesetze im Kleinen schließen. Doch das alles wussten wir schon seit den physikalischen Traktaten zur Relativitäts- und Quantentheorie.

Und trotzdem, wenn man Conways Spiel ganz unvoreingenommen betrachtet, kann man sich des Gefühls nicht erwehren, dass da noch manches Geheimnis auf seine Entschleierung wartet.

»Dass ich erkenne, was die Welt im Innersten zusammenhält.«
– Faust I, Vers 382 f. / Goethe

9.7 Zusammenfassung

Künstliche Intelligenz ist ein weites Feld und hat bereits trotz der kurzen Zeit, seit dieses Forschungsfeld existiert, zahlreiche Theorien hervorgebracht. Wir haben diese Theorie einfach links liegen lassen und uns die praktischen »Rosinen« herausgepickt. Zuerst haben wir uns die zellulären Automaten angesehen. Conways *Spiel des Lebens* ist nicht nur ein interessantes Beispiel für zelluläre Automaten. Es ist außerdem recht einfach, und es macht eine Menge Spaß. Also genau das Richtige für uns.

Zuerst haben wir die Regel an einem Stück Papier versucht und uns dann animierte Grafiken dazu angeschaut. Der nächste Schritt war ein Java-Programm, mit dem sich große Spielfelder in Windeseile durchrechnen lassen, sodass auf diese Weise der Eindruck von lebenden Wesen entsteht, die sich über eine zweidimensionale Welt ausbreiten. Wir haben Figuren präsentiert, die sich scheinbar selbsttätig über das Spielfeld bewegen und die Namen wie z. B. Gleiter und Segler tragen.

Das Thema Computerschwärme zeigte uns dann, das Netzwerke in gewisser Weise wie Schwärme aus Computern funktionieren. Der größte Computerschwarm ist demnach das Internet, es übertrifft in seiner Rechenleistung jeden heutigen Supercomputer. Und es gibt Programme, die diese Rechenleistung anzapfen und für Forschungsprojekte zur Verfügung stellen. Eines davon ist SETI@home, die Suche nach außerirdischer Intelligenz. Wer Lust hatte, konnte sich das Programm BOINC installieren, mit dessen Hilfe man an solchen Forschungsprojekten teilnehmen kann.

Es gibt da außer SETI weitere, sehr interessante Dinge, so forscht z. B. QMC@Home nach den Faltungsprozessen komplizierter Moleküle, was sehr wichtig ist, um neue Arzneimittel zu finden und die Funktionsweisen lebender Zellen zu verstehen. Einstein@home versucht Gravitationswellen zu finden, die von großen Katastrophen in Zusammenhang mit schwarzen Löchern stammen.

Nicht weniger interessant sind die Dinge, für die man Computerschwärme in Zukunft einsetzen möchte. Sie reichen von mitdenkender Kleidung bis zum künstlichen Gehirn.

9.7.1 Noch mehr Spaß

Das Rad des Lebens

Haben Sie sich nicht gefragt, ob es bei Life auch sich drehende Objekte gibt? Es gibt sie in der Tat. Die Mühle ist eins davon (Abbildung 9.24).

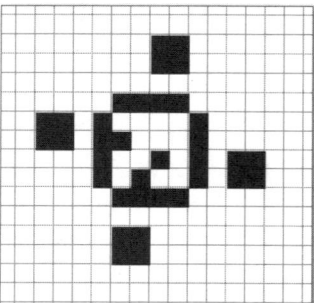

Abbildung 9.24   Die Mühle dreht sich

 Für Könner: Java-Programmierung am Life-Programm

> Haben Sie sich Gedanken gemacht, wie man das Life-Programm noch interessanter gestalten könnte?
>
> Was halten Sie davon, eine Einzelschrittfunktion zu erstellen?
>
> Vielleicht sollte man im laufenden Spiel einen Bereich auswählen und per Schaltfläche die restlichen Felder entleeren können, sozusagen mit einem Klick save, clear und load auswählen?
>
> Statt alles zu vergrößern wäre eine Zoom Funktion in einem separaten Fenster doch ganz witzig?
>
> Da das Programm hier unter Open-Source-Lizenz gestellt wurde, kann jeder sich daran versuchen.

9.7.2 Webseiten zum Kapitel

URL	Beschreibung
http://de.wikipedia.org/wiki/ Zellul%C3%A4re_Automaten	Wikipedia-Artikel zu zellulären Automaten
http://www.focus.de/wissen/bildung/ philosophie/aristoteles_aid_6036.html	kurzer Überblick zu Aristoteles
http://home.wtal.de/schwebin/lsys/fkt_za.htm	umfangreiches zu zellulären Automaten
http://www-gap.dcs.st-and.ac.uk/~history/ Biographies/Conway.html	Biografie Conways
http://home.fonline.de/fo0126/spiele/ denk31.htm	Game of Life
http://www.lismal.ch/text/ showtext.php?id=26&textid=230	Artikel zu Game of Life
http://alphard.ethz.ch/Hafner/PPS/PPS2001/ Life/Life2.htm	Game of Life, mal etwas anspruchsvoller
http://home.wtal.de/schwebin/lsys/ einf_lsys.htm	die Konstruktion von Bäumen
http://www.flowinguniverse.com/	Game of Life Software
http://www.quinapalus.com/wi-index.html	der Wireworld-Computer
http://cafaq.com/lifefaq/index.php	FAQ zu Game of Life
http://members.tip.net.au/~dbell	David Ingalls Lifeseite
http://www.ibiblio.org/lifepatterns	GoL Übersicht
http://www.trevorrow.com/lifelab	Life für olle Macs
http://setiathome.ssl.berkeley.edu/	Homepage des Seti@home-Projekts
http://www.sternenkojote.de/seti.html	Seti-Seite
http://www.seti-leipzig.de/	deutsche Seti-Seite
http://www.top500.org/	Rangliste der Supercomputer
http://news.bbc.co.uk/2/hi/technology/ 7074547.stm	Meldung zu einem Rekord mit einem PS3-Netzwerk

9.7.3 Weiterführende Literatur zum Kapitel

Peter Zöller-Greer, Künstliche Intelligenz – Grundlagen und Anwendungen, Composia Verlag, 2007

Hans Moravec, Mind Children, Der Wettlauf zwischen menschlicher und künstlicher Intelligenz, Hamburg (Harvard 1988)

Konrad Zuse, Rechnender Raum, Friedrich Vieweg u. Sohn, Wiesbaden, 1969

TEIL V
Programmieren lernen

»Das Fluchen ist die einzige Sprache, die wirklich jeder Programmierer perfekt beherrscht.«
– Unbekannter Autor

Wie lässt sich das Erlernen einer so komplexen Sache wie einer Program-miersprache vereinfachen? Auf spielerische Weise sollte das doch am Computer kein Problem sein? Das haben sich schon viele gesagt und interessante Ideen daraus entwickelt.

Die Lektüre des Buches hat Einblicke und Code für die Fachleute und Könner unter den Lesern gebracht. Jetzt ist es an der Zeit, etwas für die Einsteiger unter uns zu tun. Genau das soll in diesem Kapitel geschehen. Kurz gesagt, es geht darum, Visual Basic zu erlernen – und das mit modernen Entwicklerwerkzeugen. Der Fachmann oder Könner wird das Kapitel eher überblättern. Der Anfänger wird erst einmal tief Luft holen. Aber keine Angst, auf der DVD gibt es zur Unterstützung ein ganzes VB-Buch von über 1000 Seiten.

10 KI – und das gefährliche Leben der Ameisen

10.1 KI verstehen und spielend Basic lernen

Wie lässt sich das Erlernen einer so komplexen Sache wie einer Programmier-sprache vereinfachen? Etwas Anschauliches, Grafisches kann ein Mensch leichter begreifen als Schemen und Zahlenreihen, und der Umgang mit grafischen Sach-verhalten lässt sich leicht erlernen. Das ließ sich an Hand der Beispiele in diesem Buch feststellen.

In den 80er-Jahren wurde auf Basis solcher Überlegungen die Programmierspra-che **Logo** entwickelt. Anweisungen in dieser Sprache dienten dazu, eine kleine Schildkröte über den Bildschirm zu bewegen, die eine Linie hinter sich herzog. So lernte man sehr schnell und anschaulich die Orientierung innerhalb des Mo-nitorbilds und das Zeichnen von Linien und einfachen Grafiken. Auch die Pro-grammiersprache **Squeak**, die in das 100$-Laptop-Projekt einfließt, arbeitet mit ähnlich anschaulichen Mitteln, um auch Kindern die Programmierung nahezu-bringen. Andere Ideen wie beispielsweise **C-Robot** missbrauchten bereits vor Jahrzehnten den Bildschirm als Arena, in der Kämpfe zwischen Robotern ausge-tragen wurden, die man als einfache Blocksymbole darstellte. Wie unschwer zu erraten ist, diente diese Anwendung dem Erlernen der Programmiersprache C.

Microsoft hat sich etwas Ähnliches ausgedacht, um den Einsteigern den Weg zur ersten Programmiersprache zu erleichtern. Es handelt sich um ein Ameisenvolk, das, computersimuliert, auf Unterstützung durch den Jungprogrammierer angewiesen ist. So entstand die Homepage **Coding4fun** und das Projekt **AntMe**.

Wenn der eine oder andere Leser, der das Buch als Einsteiger zur Hand nahm, nach Schmökern und Experimentieren nun richtig Lust verspürt, sich endlich selbst als Programmierer zu versuchen, wird er jetzt die Gelegenheit dazu bekommen. Während der folgenden Seiten ist es sinnvoll, immer wieder unterstützend Kapitel aus dem Buch **Visual Basic 2005** von Andreas Kühnel zurate zu ziehen. Es befindet sich auf der Buch-DVD unter: *Online-Books\Visual_Basic*.

Zum Starten des Buches genügt es, die Datei *index.htm* in dem Verzeichnis doppelt anzuklicken. Wer sich zu den Profis zählt und statt VB lieber eine andere Sprache in Angriff nehmen möchte, dem kann ebenso geholfen werden. MS Ant lässt sich nämlich auch in **C#** programmieren. Das dazugehörige Buch befindet sich auf der DVD unter: *Online-Books\Visual_Csharp*. (Die C# Software befindet sich auf der DVD unter: *Software zum Buch\Kap10\coding4fun\C#\vcsetup.exe*.)

Doch zurück zu unserem Vorhaben. Es geht darum, die Simulation eines Ameisenvolkes zu steuern. Als Programmiersprache dient VB. Um die Simulation laufen zu lassen, benötigt man **DirectX** und **VB Express**. Beides befindet sich auf der dem Buch beiliegenden DVD.

10.1.1   DirectX installieren

Die Simulation, die wir einsetzen, um VB zu erlernen, ist eine 3D-Simulation und benötigt daher DirectX zur Ausführung. Oft ist es bereits auf dem Rechner installiert, insbesondere wenn man den Rechner für Spiele nutzt. Sollte trotzdem eine Nachinstallation erforderlich sein, findet man die aktuellste Version von DirectX in jedem Fall am ehesten bei Microsoft im Internet, ebenso die verfügbaren Service-Packs. Dazu nutzt man die Adresse des Microsoft Downloadcenters:

http://www.microsoft.com/downloads

Es könnte aber auch sein, dass zuerst die Installation eines Service-Packs erforderlich wird. Auch das wird man am ehesten auf diesen Seiten von Microsoft finden.

10.1.2   Visual Basic 2005 Express installieren

Die Entwicklungsumgebung findet man unter: *Software zum Buch\Kap10\coding4fun\vb\vbsetup.exe*.

Man kopiert die Datei *vbsetup.exe* auf Festplatte, um durch Doppelklick die Installation zu starten. Man kann durch Doppelklick auf die Datei die Installation auch direkt von der DVD starten. Es ist darauf zu achten, sie als Administrator auszuführen. Eine andere Version gibt es unter:

http://www.microsoft.com/germany/msdn/vstudio/products/express/
manuelleinstallation.mspx

Dort liegen die ISO-Dateien, mit denen sich Installations-CDs brennen lassen. Es sind ISO-Dateien für folgende Programmiersprachen vorhanden:

▶ Web Developer

▶ Visual Basic

▶ Visual C#

▶ Visual C++

Mit den ISO-Dateien installierte Versionen der CDs machen keine nachträgliche Registrierung auf der Microsoft-Homepage erforderlich, dennoch würde ich dazu raten, denn es gibt eine Menge Goodies und weiterführende Infos.

Weiter zur Installation. Zunächst laufen einige Kopiervorgänge ab, bis sich ein Willkommensdialog öffnet (Abbildung 10.1).

Abbildung 10.1 Willkommen zur VB-Installation

Die **Weiter**-Schaltfläche führt zum Lizenzdialog, der bestätigt werden muss, um das System installieren zu können (Abbildung 10.2).

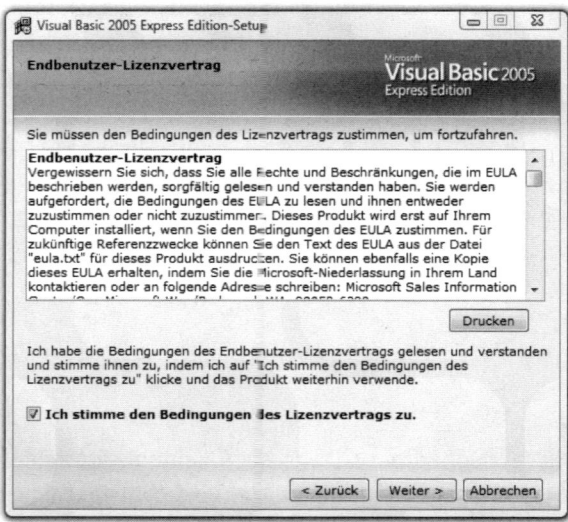

Abbildung 10.2 Den Lizenzvertrag lesen

Im nächsten Dialog wird gefragt, ob man das Hilfesystem **Microsoft MSDN 2005 Express Edition** ebenfalls installieren möchte (Abbildung 10.3). Wenn man sich ernsthaft mit VB-Programmierung auseinandersetzt und Platz genug auf der Festplatte ist, sollte man in keinem Fall darauf verzichten. Für einen kürzeren Blick auf die Sprache reichen allerdings die Beispiele im Rahmen des Buches.

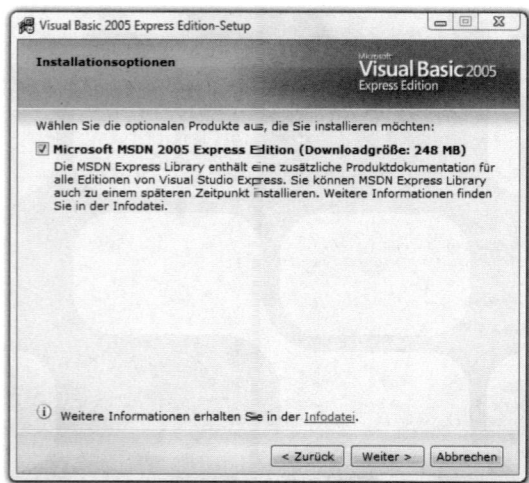

Abbildung 10.3 MSDN installieren?

Im nächsten Schritt startet bereits die Installation. Wurde die Installation übers Internet gewählt, werden nun die Leitungen glühen. Sobald alle erforderlichen

Programme auf Ihrem Computer liegen, beginnt die Installation. Der Hinweis: »Der Download ist abgeschlossen. Sie können die Verbindung zum Internet jetzt trennen.« zeigt, dass das Internet nun nicht mehr benötigt wird.

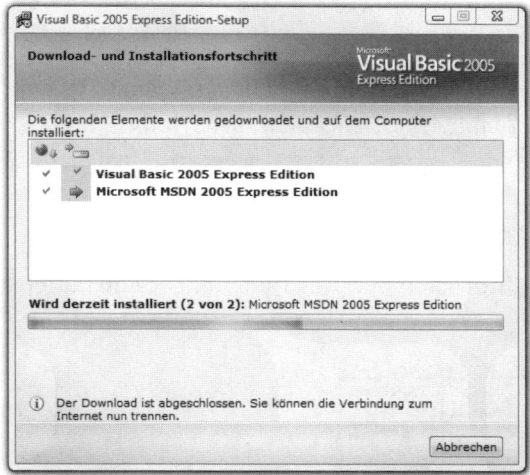

Abbildung 10.4 Die Installation läuft.

Nach Abschluss der Installation kann man die Software registrieren lassen. Ohne Registrierung lässt sie sich nur 30 Tage nutzen. Mit Registrierung ist die Nutzungsdauer unbegrenzt.

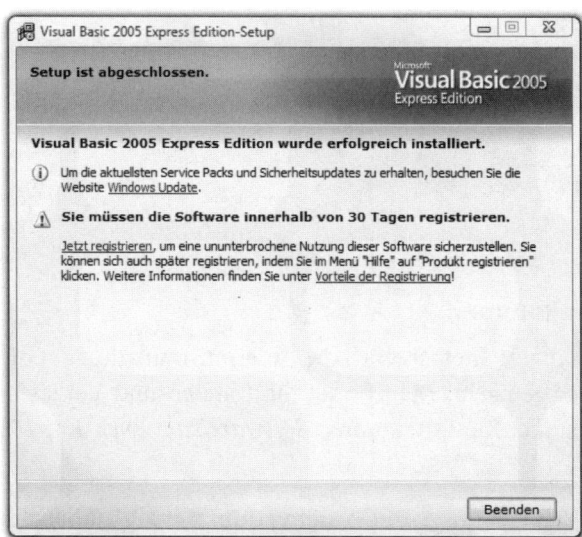

Abbildung 10.5 Die Software registrieren

10.1.3 Visual Basic 2005 Express deinstallieren

Sollten Sie Visual Basic 2005 deinstallieren wollen, gehen Sie bitte sorgfältig vor. Vor allen Dingen dann, wenn Sie es irgendwann erneut installieren möchten. Wird es nämlich nicht vollständig entfernt, lässt sich u. U. keine Version des Programms mehr auf dem Rechner installieren.

Nutzen Sie zur Deinstallation das spezielle Deinstallationsprogramm von der DVD: *Software zum Buch\Kap06\coding4fun\Deinstallation\vs_uninst_betas.exe* oder die Deinstallation-Funktion des Programms *setup.exe* im Installationsverzeichnis von VB, üblicherweise *C:\Program Files\Microsoft Visual Studio 8\ Microsoft Visual Basic 2005 Express Edition - DEU*.

Wenn man es startet, findet man im Dialog den Auswahlpunkt: **Deinstallieren** (Abbildung 10.6).

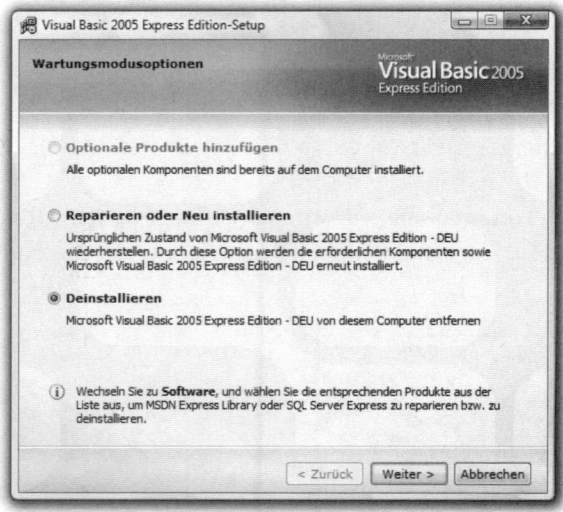

Abbildung 10.6 Deinstallieren

10.1.4 Hilfe, die Ameisen kommen

Nachdem das Werkzeug nun eingerichtet ist, wird die Ameisensimulation auf die Festplatte kopiert und startbar gemacht. Man findet die Dateien und Verzeichnisse auf der DVD, gepackt in einer Zip-Datei, unter: *Software zum Buch\Kap10\ AntME\EinsteigerVB.zip*.

Nach der Installation in ein Verzeichnis (z. B. C:\coding4fun) wird VB über das Hauptmenü gestartet: **Alle Programme • Microsoft Visual Basic 2005 Express Edition**.

Wer sich noch nicht traut, mit den Ameisen Kontakt aufzunehmen, kann sich einen einführenden Film anschauen, der ebenfalls auf der DVD enthalten ist. Insgesamt sind es sechs Kurzfilme, die den Umgang mit dem Entwicklungssystem und die ersten Programmierschritte mit der AntMe-Simulation zeigen. Die Filme befinden sich im Verzeichnis: *Software zum Buch\Kap10\AntME*.

Es sind die Zip-Dateien, die den Namen des Films und bei der gepackten Datei als Endung *wmv* enthalten. Die chronologische Reihenfolge der Filme ist:

▶ AntMeStartup

▶ AntMeFirstCode

▶ AntMeKaeferkiller

▶ AntMeGruppenverhalten

▶ AntMeRequirements

▶ AntMeglobalesGedaechtnis

Um einen Zugang zur Programmierung zu finden, genügt es zunächst, sich die drei ersten Filme vor den ersten Programmzeilen anzuschauen. Der Rest besteht aus weiterführenden Tipps. Außerdem gibt es ein ausführliches Tutorial unter: *Software zum Buch\Kap10\AntME\AntMeTutorial.zip*.

Hat man es entpackt, kann es durch Doppelklick gestartet werden (Abbildung 10.7). Man findet es aber auch im **Projektmappen-Explorer** im Verzeichnis **Dokumentation**.

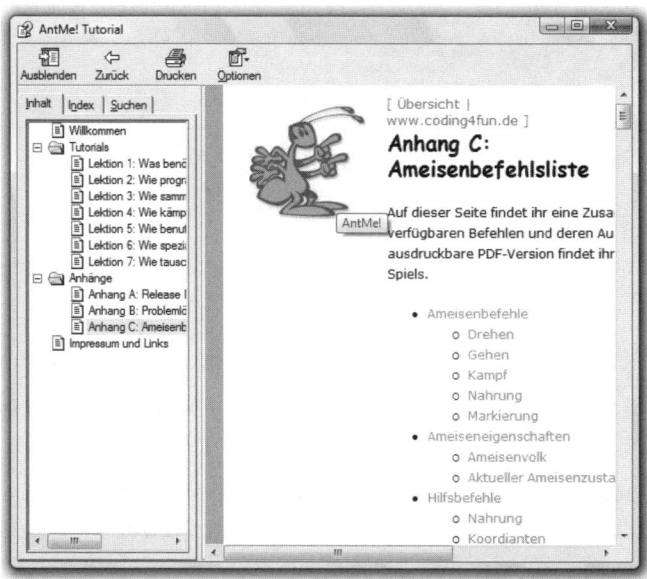

Abbildung 10.7   Das AntMe-Tutorial

Es führt in sieben Lektionen in die VB- und C#-Programmierung der Ameisensimulation ein. Der Anhang enthält zusätzlich so nützliche Informationen wie eine Liste der Befehle (Methoden), die für die Ameisen zur Verfügung stehen. Wie Sie bereits erfahren haben, spricht man in der Programmierung bei einer Sammlung solcher Befehle (oder Klassen und Methoden) von einem **API** (Application programming interface), einer Schnittstelle zur Erstellung von Anwendungssoftware. Bei AntMe ist dieses API noch recht überschaubar. Es gibt jedoch auch riesige APIs, wie etwa das Java-API.

Aber nun ran an den Speck ..., die Ameisen.

Über das Hauptmenü starten Sie VB durch: **Alle Programme · Microsoft Visual Basic 2005 Express Edition**.

Es öffnet sich ein Dialog aus vielen Teilfenstern. Eines der rechten Teilfenster zeigt aktuelle MSDN-Informationen an, sofern Sie mit dem Internet verbunden sind (Abbildung 10.8).

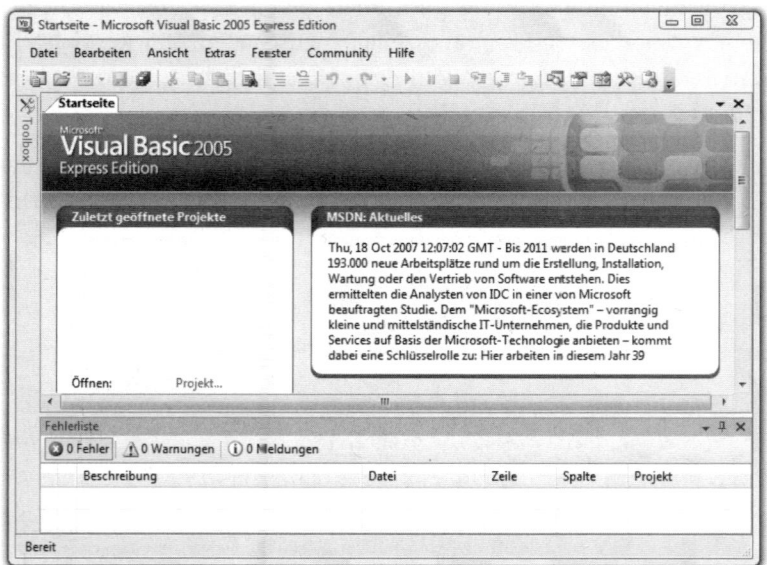

Abbildung 10.8 VB mit Internetanschluss

Den Zugang zum Projekt finden Sie über das Teilfenster: **Zuletzt geöffnete Projekte**.

Hier lässt sich über **Öffnen:Projekt** das Projekt in dem Verzeichnis öffnen, in das Sie es kopiert haben. Die Datei, die dabei ausgewählt wird, ist *Spieler*.

Nun sollte rechter Hand ein Verzeichnisbaum gezeigt werden, mit Elementen wie **Spieler, MyProject, Dokumentation** (Abbildung 10.9).

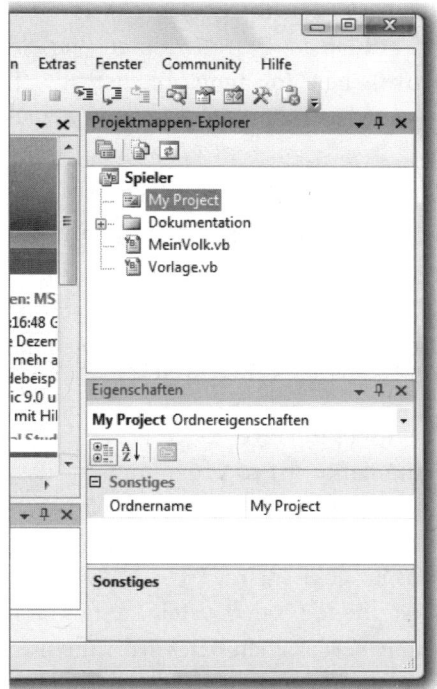

Abbildung 10.9   Ein Projekt im Projektmappen-Explorer

Wenn nicht, wurde eventuell die Darstellung der Anwendung verändert. Zurückgesetzt wird diese durch: **Fenster · Fensterlayout zurücksetzen**.

Nun geht es darum, aus einem bestehenden Beispiel-Ameisenvolk ein eigenes Volk zu machen, das man individuell programmieren kann.

In dem Verzeichnisbaum gibt es eine Datei *Vorlage.vb*. Sie dient als rudimentäres Dateikonstrukt (als Vorlage), um eigene Ameisenvölker zu »gründen«. Markieren Sie diese Datei und kopieren Sie sie mit [Strg]+[C] und [Strg]+[V]. Nun hat sie den Namen *Kopie von Vorlage.vb* erhalten. Das wollen wir noch ändern: **RM** und Menüpunkt **Umbenennen**. Ein brauchbarer Name wäre beispielsweise *MeinVolk.vb* (Abbildung 10.10).

Nach einem Doppelklick wird sie im Hauptfenster, im sogenannten Editorfenster, angezeigt. Nun gilt es am Anfang folgende Zeile zu suchen:

```
Spieler (
```

Dort finden Sie das Schlüsselwort **Name**. Zwischen den Anführungsstrichen geben Sie einen Namen für die neu zu schreibende Ameisensimulation ein. Diese nennen Sie wieder »MeinVolk«. Bei »Name« handelt es sich um eine Variable, der Sie einen Inhalt geben. In diesen Voreinstellungen wird eine Zuweisung durch

Eingabe von := bewirkt, nicht durch ein einfaches Gleichheitszeichen, wie sonst in VB üblich. Lassen Sie sich also dadurch nicht beirren. Den Attributen (Variablen) **Vorname** und **Name** kann man nun den eigenen Vor- und Zunamen zuweisen. Die Angaben können dann später genutzt werden, um Meldungen zu erzeugen oder zu begrüßen.

So, das war eine Sache. Nun gilt es noch, die Ameise selbst mit einem Namen zu versehen. Der kommt in die Zeile **Typ** unter **Name**. Nennen Sie sie beispielsweise **Volksmeise**. Ganz wichtig ist jetzt, dass Sie den Namen der neuen Ameise zurückgeben, wenn das System eine Ameise anfordert. Das geschieht über die Methode **BestimmeTyp**. Sie liefert den Typ der Ameise zurück. Hier fügen Sie zwischen die Anführungsstriche wieder **Volksmeise** ein.

Das war die zweite Sache. Jetzt können wir uns an die eigentliche Programmierung unseres Ameisenvolkes machen. Die Simulation ist so programmiert, dass die Ameisen alle aus dem Ameisenbau kommen. Dort bleiben sie jedoch bewegungslos stehen. Eine solche Ameise ist dann im Zustand **Wartet**. Man spricht in der Programmierung von einem Ereignis, das ausgelöst wird. Für den Programmierer bedeutet dies, dass eine bestimmte Methode (Codebaustein) aufgerufen wird. Alles, was man an Code in diese Methode geschrieben hat, wird dann ausgeführt, wenn dieser Zustand eintritt (also »Wartet«). Suchen Sie also diese ominöse Methode **Wartet**, um die Befehle für die Ameise dort unterzubringen.

Die Methoden, die die Programmierer von Microsoft zur Verfügung stellen, sind in Deutsch, und für den Fall, dass die Ameise einfach nur geradeaus laufen soll, heißt sie **GeheGeradeaus**. Wie man solch eine Methode nutzt, zeigt die nächste Abb. (Abbildung 10.10):

Abbildung 10.10 Der Methodenaufruf

Fast jede Methode gehört zu einem Objekt. Damit eine Methode gefunden wird, müssen Sie diesen Objektnamen mit angeben. Sie müssen sozusagen die Adresse mit Ortsnamen angeben. Das Objekt Käfer könnte nämlich die Methode **Gehe-Geradeaus** kennen, also **Käfer.GeheGeradeaus**, aber das Objekt Ameise auch, also **Ameise.GeheGeradeaus**. Der Name vom Objekt und seiner Methode wird durch einen Punkt getrennt. Die Abbildung 10.11 hat als Objektnamen allerdings ein **Me**. Was hat das nun wiederum zu bedeuten?

Objekte sind fertige Softwarebausteine, die lauffähig in einem Programm vorliegen. Zum Beispiel wäre ein Objekt **MeineAmeise** der Code, der für mich eine

Ameise realisiert. Diesen Code habe ich jedoch gar nicht eingetippt. Die Microsoft-Programmierer haben mir ein Baumuster für Ameisen hinterlegt, eine sogenannte **Klasse,** die man am Schlüsselwort **Class** erkennt. Unsere Klasse heißt übrigens **AmeiseVorlage.** In dieser Klasse steht bereits der gesamte Code für eine funktionsfähige Ameise. Um sie zum Leben zu erwecken, muss ich mit der Klasse **AmeiseVorlage,** der Bauanleitung, mein Objekt **Volksmeise** erzeugen. Diesen Vorgang nennt man Instanziieren, weil das Objekt einer Klasse auch als Instanz einer Klasse bezeichnet wird. Auch dafür gibt es eine »Methode«, den Konstruktor:

```
Public Sub New (volk As Volk, typ as Integer)
   MyBase.New(volk, typ)
End Sub
```

Das Instanziieren selbst sieht dabei wie die Definition einer Variablen aus. Das Schlüsselwort für die Definition lautet **Dim,** danach folgt der Name des neuen Objektes »Neu aus der Klasse« (As New), gefolgt vom Namen der Klasse mit den Parametern, also den Werten, die an die Klasse bei der Erstellung übergeben werden. Besser gesagt, sie werden an die Konstruktormethode übergeben. So ergibt sich folgende Zeile:

```
Dim meinVolk As New AmeiseVorlage(New Volk, 10)
```

Aus einer Klasse kann man auf diese einfache Weise ein Objekt erzeugen, also Code, der sich ausführen lässt. Das würde dann so aussehen, dass wir das Objekt **meinVolk** nehmen und ihm Nachrichten darüber senden, was es für uns ausführen soll. Diese Nachrichten sind nichts anderes als die bereits bekannten Methodenaufrufe.

Die folgende Abbildung zeigt dies noch einmal im Zusammenhang. Klassen, die wir nutzen wollen und die nicht zu unserem Namensraum gehören, ziehen wir mit einer Importanweisung an. Man kann beliebig viele Klassen über Importanweisungen bekanntmachen. Aber natürlich nur solche, die man auch wirklich verwendet.

Namespace gibt einen Namenbereich für die Gültigkeiten an. Alle Klassen, die zum gleichen Namespace gehören, sind miteinander bekannt. Bei dem Zugriff auf Klassen eines anderen Namespaces muss der Namespace mit angegeben werden. Für das Beispiel in der Abbildung würde das bedeuten, dass die Klasse **start** mit

```
AntMe.Spieler.Vorlage.Start
```

aufgerufen werden muss, damit VB sie findet. Eine Klassendefinition wird durch das Schlüsselwort **Class** gekennzeichnet. **Public** davor bedeutet, dass die Klasse auch außerhalb ihres Namensraumes bekannt gemacht werden kann. Nach diesem Klassenkopf folgen die inneren Codeteile der Klasse, ihre Methoden und

Attribute vor dem Abschluss der Klasse mit **End Class**. Eine besondere Methode ist der Konstruktor. Er nennt sich immer **New**. Diese Methode wird bei der Instanziierung einer Klasse aufgerufen. In unserem Beispiel wird die Klasse **AmeiseVorlage** in der folgenden Zeile instanziiert, wobei das Objekt **MeinVolk** erzeugt wird. Das wurde bereits angedeutet. Es ist eine Ameise der Klasse **AmeiseVorlage** entstanden. Danach kann das neue Objekt verwendet werden.

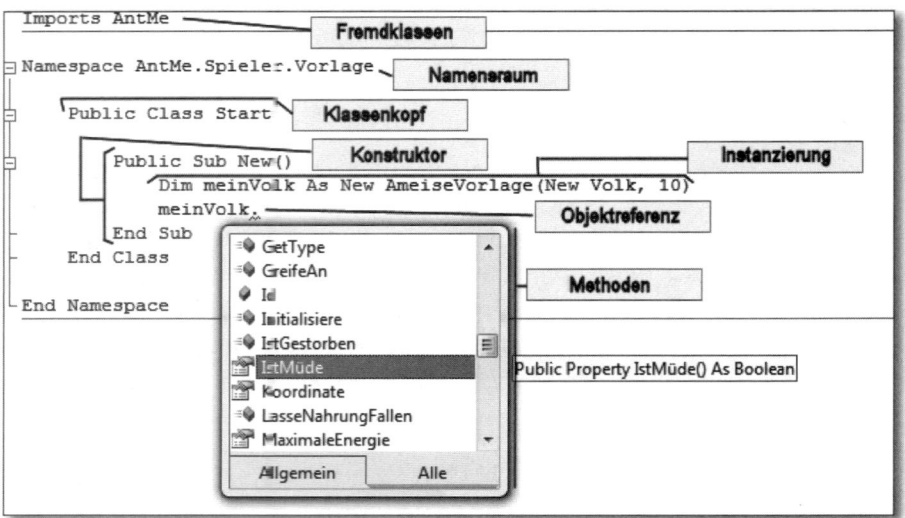

Abbildung 10.11 Die Bestandteile eines VB-Programms

Durch solche Objektnamen lässt sich beispielsweise die Ameise sagen, sie soll geradeaus gehen:

```
MeineAmeise.geheGeradeaus()
```

Bei Eingabe eines Punktes hinter dem Objektnamen zeigt die Entwicklungsumgebung die Methoden der Klasse des Objektes, z. B. **LasseNahrungFallen,** aber auch die Variablen (Attribute) wie Id, Koordinate und Ähnliches mehr. Mit ⌐Strg⌐+⌐J⌐ erhalten Sie ebenfalls diese Liste, wenn Sie sich mit dem Mauszeiger auf einem Objekt oder einer entsprechenden Methode befinden.

Was aber, wenn man im Code der Klasse, also schon im Baumuster, solch eine Methode aufrufen möchte? Das Objekt mit dem konkreten Namen **MeineAmeise** gibt es ja noch nicht. Es gibt überhaupt noch kein Objekt dieser Klasse mit irgendeinem Namen. Genau hier greift das Schlüsselwort **Me**. Es steht einfach für die aktuelle Klasse. Die Klasse sagt sozusagen, starte diese Methode, die sich in mir befindet. Auf andere Klassen lässt sich damit natürlich nicht zugreifen. Wie auch immer das Objekt später heißt, im Code der Klasse kann es mit Me bereits Methoden aufrufen.

Apropos, geradeaus gehen sollte unsere Ameise natürlich können, also fügen wir diese Methode doch gleich einmal an der richtigen Stelle ein. Suchen Sie dazu bitte die Methode **Wartet()**.

```
''' <summary>
''' Wird aufgerufen, wenn die Ameise nicht weiss, wo sie
''' hingehen soll.
''' </summary>
Public Overrides Sub Wartet()
    Me.GeheGeradeaus(meter)
End Sub
```

Sagen Sie der Ameise doch einfach, falls sie auf die dumme Idee kommen sollte, zu warten, soll sie doch bitte erst einmal einen Meter weitergehen (Me.GeheGeradeaus(meter)). Daraufhin wird sie dann wieder warten wollen und ebenfalls die Nachricht bekommen, einen Meter weiter vorn zu warten und so weiter. Haben Sie das so eingegeben, unterstreicht VB **meter** erst einmal blau. Das bedeutet: unbekannter Begriff. In der Tat wurde VB nicht gesagt, was es sich unter »meter« vorzustellen hat. Es erklärt jedoch seinerseits, dass dort, wo »meter« steht, die Entfernung als einfache Ganzzahl hingehört. Die Variable **meter** ist dem Programm jedoch noch gar nicht bekannt. Sie muss bekannt gemacht, definiert und deklariert werden. Wobei durch die Deklaration genau festgelegt wird, welcher Datentyp für eine Variable und welcher Startwert verwendet werden soll:

```
Dim meter As Integer = 10
```

Diese Zeile schreiben Sie direkt unter die Zeile:

```
Public Class AmeiseVorlage Inherits Ameise
```

Sie bewirkt, dass Speicherplatz für eine Ganzzahl (Integer) reserviert wird, der unter dem Namen »meter« genutzt werden kann. Als Startwert wird in den Speicherplatz 10 geschrieben. Was hat das nun konkret für Auswirkungen, wenn das Programm abläuft?

Die Ameise erhält die Nachricht, dass sie geradeaus gehen soll. Mit der Nachricht wird die Adresse des Speicherplatzes von **meter** mitgeliefert, zudem die Information, dass es sich bei dem Inhalt des Speicherplatzes um eine Ganzzahl handelt. Folglich wird sich die Ameise zehn Schritte nach vorn bewegen.

Starten Sie nun das Programm, sollten die Ameisen wild in der Gegend herumlaufen. Was allerdings noch beachtet werden muss: Sie können vorerst nur die 2D-Simulation nutzen. Bei der 3D-Simulation wird ein sogenannter Threadfehler auftreten. Um diesen zu beheben, müssten wir so weit vorgreifen, dass eventuell Verständnisprobleme auftreten. Wir werden ihn später genauer beschreiben sowie beheben und dann die 3D-Simulation auch wieder nutzen.

Versuchen wir es einmal. Mit **F5** oder der Menüfolge **Debuggen • Debuggen Starten** kann der Spaß beginnen. Auch der grüne Pfeil in der Icon-Leiste ruft die gleiche Funktion auf. Ein großer Begrüßungsdialog (Abbildung 10.12) öffnet sich, gleichzeitig läuft die Simulation in einem eigenen Fenster an. Das Fenster liegt oft im Hintergrund und muss erst vorgeholt werden, bevor Sie den Ameisen beim Laufen zuschauen können.

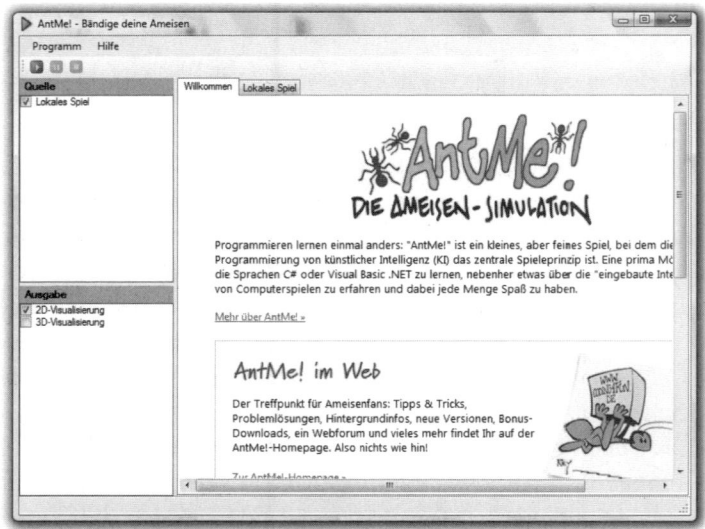

Abbildung 10.12 Willkommen im Ameisenland

Wahrscheinlich wird beim ersten Start jedoch noch keins der Beispiele laufen. Deshalb muss man über den Reiter **Lokales Spiel** erst einmal die eigenen Ameisen auswählen. Dazu hält man die Simulation am besten an. Die drei Schaltflächen unter dem Menüpunkt **Programm** dienen zur Kontrolle der Software. Es geht aber auch über den Menüpunkt selbst.

In der Tat zeigt sich ein ganz schönes Gewusel. Zahlreiche Ameisen huschen nur so über das Spielfeld, zwischen Zuckerhaufen, Äpfeln und Käfern. Und plötzlich sterben sie wie die Fliegen. Das bedeutet, Programmieren ist erforderlich. Das Verhalten unserer Volksmeisen muss besser werden.

Untersuchen wir zunächst, warum sie sterben. Dazu müssen wir mit den Ameisen in Kontakt treten, das gelingt am einfachsten über die Funktion **MsgBox**. Was wiederum ist darunter zu verstehen?

Die prozedurale Programmierung kannte, wie Sie bereits erfahren haben, Funktionen und Prozeduren. Da VB aus dieser Zeit stammt, hat es immer noch rudimentäre Elemente wie die Funktion MsgBox. Man kann ihr einfach einen Text mitgeben, wie `MsgBox("Mein text")`. Die Frage ist nur, wo die Informationen über unsere Ameisen abzugreifen wären. Da gibt es eine Methode (SUB oder auch Subroutine) mit Namen **WirdMüde**. Das sieht doch ganz vielversprechend aus. An dieser Stelle könnte interessieren, wie weit die Ameise gerannt ist, bis sie müde wurde. Dazu fügen Sie zuerst einmal unter die Zeile:

```
Me.GeheGeradeaus(meter)
```

folgende Zeile ein:

```
strecke += meter
```

Das ist eine verkürzte Schreibweise, die für

```
strecke = strecke + meter
```

steht. Das bedeutet nichts anderes, als dass bei Ausführung dieser Zeile immer zur Strecke ein Ameisenmeter hinzugezählt wird. Also erst 0 + 10, dann 10 + 10 usw. Freilich fehlt uns noch die Variable **strecke**, die wir also direkt unter **meter** definieren.

```
Dim meter As Integer = 10
Dim strecke As Integer
```

Nun kann man die Anweisung für die Ausgabe in **WirdMüde** unterbringen:

```
Public Overrides Sub WirdMüde()
    MsgBox("Ameisentyp : " + Me.Typ + " " + CStr(Me.Id) + _
    Chr(13) + " ist müde nach " + CStr(strecke) + _
    "Schritten.", MsgBoxStyle.Information)
End Sub
```

Innerhalb der Klammer von *MsgBox* steht lediglich ein Literal-Text, ein String, wie der VB-Kenner sagt. Auch wenn das etwas abenteuerlich aussieht. Strings werden wie unsere wörtliche Rede in Hochkommas eingeschlossen. Man kann Strings auch verketten (addieren): `"Text " + "string"` ergibt `"Textstring"`. Natürlich kann auch der Inhalt einer Stringvariablen verkettet werden (+ `MeTyp`, was den Ameisentyp liefert). `Chr(13)` ist ein Absatzumbruch und `CStr(strecke)` oder `Cstr(Me.Id)` wandelt eine Ganzzahl in eine Zeichenkette um. Mal sehen, was die Ameisen uns erzählen.

Nach dem Start passiert zunächst einmal gar nichts. Dann geht es plötzlich los. Eine müde Ameise nach der anderen meldet sich zu Wort (Abbildung 10.13).

Da es viele Ameisen gibt, kommt es zu einem regelrechten »Stimmengewirr«. Das bedeutet, dass man ständig auf die OK-Schaltfläche klicken muss. Was natürlich keine sehr sinnvolle Sache ist. Wir brauchen so etwas wie eine MsgBox ohne OK-Schaltfläche, um uns unproblematisch Nachrichten von den Ameisen übermitteln zu lassen. Es gibt zwar mehrere Varianten der MsgBox, aber nichts in der Art, die wir benötigen.

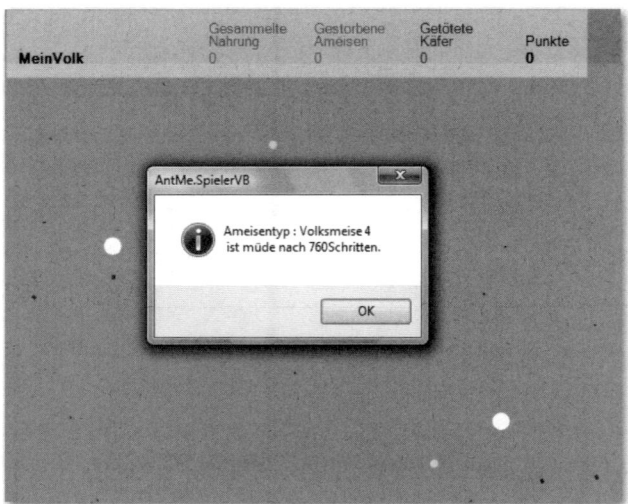

Abbildung 10.13 Müde nach 760 Schritten

Dazu müssen wir etwas tiefer in VB einsteigen. VB besitzt einen grafischen Modus, in dem man sich die Oberflächen seiner Programme zusammenstellen kann wie Spielzeug mit dem Steckbaukasten. Dazu wählt man im **Projektmappen-Explorer** Spieler mit der rechten Maustaste an und aktiviert den Menüpunkt **Hinzufügen • Windows Form...**

Ein großer Dialog öffnet sich, in dem wir das **Infofeld** auswählen (Abbildung 10.14) und als Name *Infobox1.vb* unten im Namensfeld angeben. Es erscheint eine vorgefertigte Dialogbox, die wir durchaus für unsere Zwecke nutzen können, wenn wir sie entsprechend ändern (Abbildung 10.15).

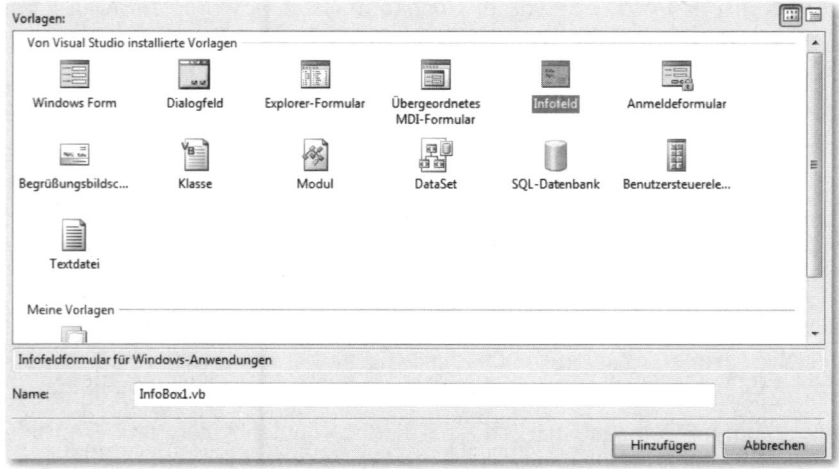

Abbildung 10.14 Das Infofeld auswählen

Abbildung 10.15   Das Infofeld als Infobox

Im Gegensatz zu MsgBox lässt sich dieses Dialogfeld völlig frei verändern. Wir klicken nach und nach die Innereien an und löschen mit der Entf-Taste alles heraus, bis das Fenster ganz leer ist.

Dann wählen wir im Menü **Ansicht · Toolbox**, sodass sich linker Hand eine Übersicht für grafische Bausteine öffnet. Dort klicken wir auf **Textbox** und ziehen diese Box dann in dem leeren Dialog auf (Abbildung 10.16).

Abbildung 10.16   Die InfoBox1 mit TextBox1

Bei einem Startversuch würde VB angehalten und darauf hingewiesen, dass das Programm doch ziemlich fehlerhaft ist. Unter dem großen Textfeld präsentiert VB eine Fehlerliste, und bei Anklicken eines Fehlers ruft VB die Stelle in den Editor (Abbildung 10.17).

Das sind Codebruchstücke, die zu den grafischen Elementen gehörten, die wir gelöscht haben. Also können wir die als fehlerhaft markierten Zeilen, die drei grünen Kommentarzeilen und den ganzen Rest bedenkenlos löschen. Kommentare, also Erläuterungen im Programm, sind Zeilen, die mit Hochkomma beginnen.

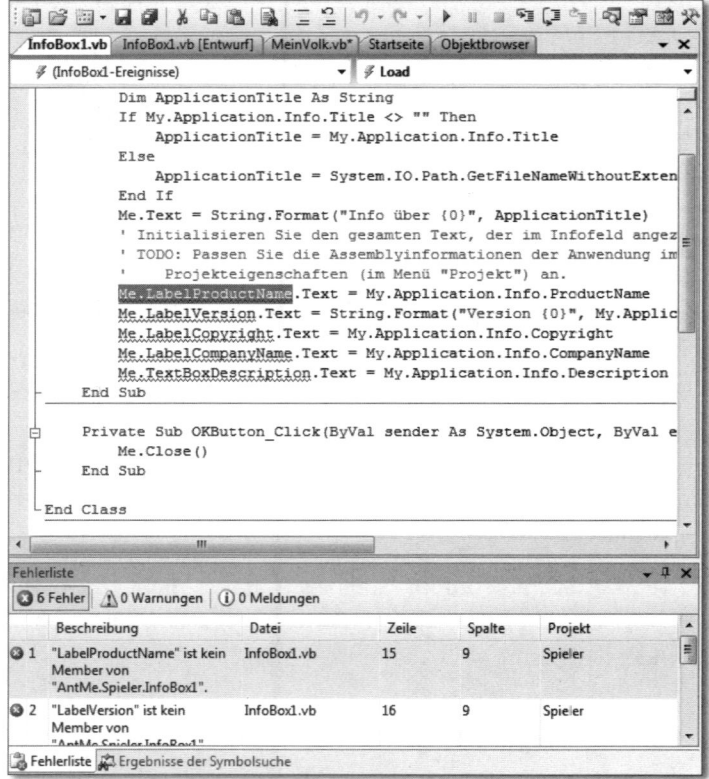

Abbildung 10.17 Ein Fehler-Überblick

Nun gilt es zu berücksichtigen, dass wir ja eine ganze Reihe Ameisen haben, die nach und nach geboren werden, und wenn jede Ameise einen Dialog aufruft, sind am Ende auch wieder 100 Dialoge geöffnet. Wir brauchen eine andere Lösung. Ein Objekt soll nur einmal erzeugt und dann immer wieder geliefert werden. Dazu gibt es **Singelton**, ein bestimmtes Entwurfsmuster, das üblicherweise mit der Methode getInstance() ein Objekt von sich selbst liefert und dabei immer das gleiche Objekt schickt. Schematisch könnte eine solche Methode etwa so aussehen:

```
Public Sub GetInstance() As Objekt
    If object = Null
        object = New Object
    return object
End Sub
```

Bei C# oder Java sieht das auch in der Tat so ähnlich aus. Bei VB ist es etwas anders. Denn wenn eine Klasse ein Objekt von sich selbst liefern soll, kann man die Klasse ja nicht instanziieren, um dann eine Methode von ihr aufzurufen. Man muss eine Klassenmethode, eine statische Methode schreiben, die immer verfügbar ist, auch wenn die Klasse noch nicht zum Objekt instanziiert wurde. VB kennt jedoch den Modifizierer **static** nur für Variablen und nicht für Klassen. Statische Klassen werden in VB als Module bezeichnet. Zudem wird ihre Methode **New** in jedem Fall einmal in der Anwendung aufgerufen, nämlich dann, wenn eine Methode des Moduls zum ersten Mal verwendet wird. So gesehen, ist ein VB-Modul schon so etwas wie Singelton und macht uns die Arbeit einfacher. Legen wir also ein Modul an, das unsere InfoBox1 als Objekt liefert.

Dazu markieren Sie im Projektmappen-Explorer das Projekt **Spieler** und wählen mit der rechten Maustaste **Hinzufügen • Modul**.

Da diese »Klasse« die InfoBox1 liefert und steuert, nennen wir sie InfoBox1Ctrl (InfoBox1Controller).

```
Namespace AntMe.Spieler.Vorlage

    Public Module InfoBox1Ctrl
        Dim infoBox As InfoBox1

        Sub New()
            infoBox = New InfoBox1
            infoBox.Visible = True
        End Sub

        Public Sub setText(ByVal tempText As String)
            infoBox.setText(tempText)
        End Sub
    End Module
End Namespace
```

Wie man sieht, wird eine New-Methode eingebaut, die die InfoBox1 als Objekt **infobox** instanziiert, das zuvor bereits definiert wurde. Außerdem wird es sichtbar gemacht mit `infoBox.Visible = True`. Das bedeutet, dass seine Eigenschaft **Sichtbar** auf True (Wahr) gesetzt wird.

Als angehender VBProfi ist Ihnen gewiss aufgefallen, dass wir eine Methode **setText** geschrieben haben, die wiederum eine Methode gleichen Namens in unserem infoBox-Objekt aufruft. Da es diese Methode noch nicht gibt, muss sie jetzt geschrieben werden.

Im Projektmappen-Explorer klicken Sie mit der rechten Maustaste auf **InfoBox1.vb** und wählen den Menüpunkt **Öffnen**. Die grafische Darstellung der Dialogbox wird geöffnet. Das hilft nicht wirklich weiter. Sie brauchen den Code. Dazu klicken Sie in der Icon-Zeile des Projektmappen-Explorers auf das Icon **Code anzeigen**. Die Bedeutung der Icons wird angezeigt, wenn man den Mauszeiger draufhält. Nun sehen Sie den Code der Klasse. Das sieht irgendwie unbrauchbar aus. Schließlich haben wir hier schon heftig gelöscht, weil wir Fehlermeldungen ausmerzen mussten. Kurz gesagt, der ganze Code sollte sich auf Folgendes belaufen:

```
Public Class InfoBox1

    Public Sub setText(ByVal text As String)
        TextBox1.AppendText(Chr(13) + Chr(10) + text)
    End Sub

End Class
```

Statt einer **Public NotInheritable Class InfoBox1** nehmen wir eine einfache Klasse. NotInheritable bedeutet nämlich versiegelte Klasse und meint eine Klasse, von der nicht geerbt werden kann. Wir bauen nur eine Methode ein, die als Eingabeparameter einen Text erhält. Diesen Text reicht sie über eine spezielle Methode an die Textbox1 weiter. Die normale Eigenschaft der Textbox, um Text entgegenzunehmen wäre einfach nur Text. Der Code demnach:

```
TextBox1.Text = text
```

Was passiert aber in diesem Fall? Der Text der Box wird immer wieder von dem neu hereinkommenden Text überschrieben. Jede neue Ameise hätte die Textbox für sich allein. Das wollen wir aber nicht. Die Ameisen sollen sich nacheinander melden und ihre Nachrichten schön sauber untereinander angezeigt werden. Genau das macht die Methode Appendtext(). Was nun noch fehlt, ist die Ameise, die um Hilfe schreit. Diese Stelle im Code kennen Sie schon. Dort wurde die Msg-Box-Klasse genutzt, um Mitteilungen sichtbar zu machen. Um wieder dorthin zu gelangen, klicken Sie im Projektmappen-Explorer doppelt auf *MeinVolk.vb*. Im Code muss man dann noch die Stelle

```
Public Overrides Sub WirdMüde()
```

finden. Hier bauen wir den Code ein wenig um, nämlich zu:

```
Public Overrides Sub WirdMüde()
    InfoBox1Ctrl.setText(Me.Typ + " " + CStr(Me.Id) + _
        Chr(13) + Chr(10) + " ist müde nach " + _
        CStr(strecke) + " Schritten.")
End Sub
```

Da wir immer noch die Strecke wissen wollen, nutzen wir wieder die Variable **strecke**. Es lässt sich aber auch eine Methode nutzen CStr(me.Zurückgelegte-Strecke). Wobei **Me.Id** die Nummer der Ameisen verrät und **Me.Typ**, wie schon gesehen, deren Typ. Das ist auch schon alles. Jetzt können Sie das Programm starten (Pfeil »Debuggen starten« anklicken) und staunen, was die Ameisen zu sagen haben (Abbildung 10.18).

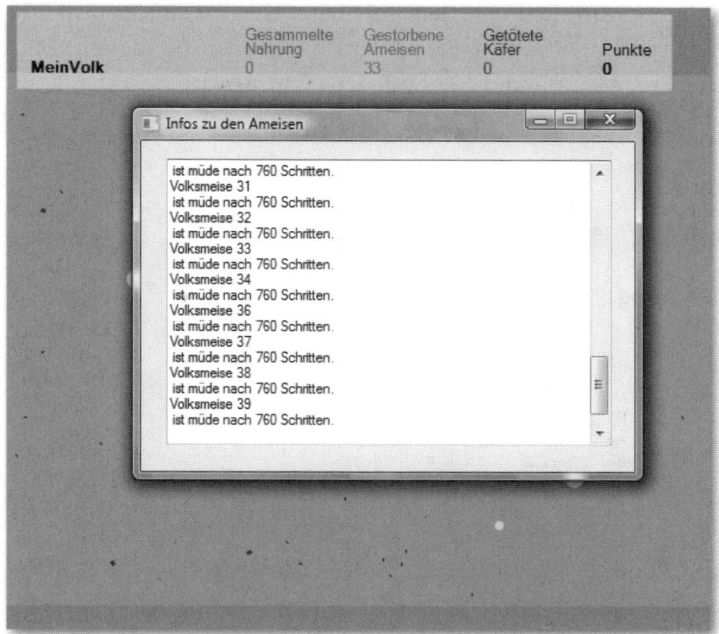

Abbildung 10.18 Lauter müde Ameisen

Sie müssen lediglich darauf achten, dass Sie ihnen den Focus nicht wegnehmen, weil dann die Verbindung zum Dialog abreißt und die Ameisen sich nicht mehr melden können. Das passiert beispielsweise, wenn Sie den Meldedialog anklicken. Das Problem lässt sich entschärfen, indem in der Hauptdialogbox unter der Registerkarte **Lokales Spiel konstante Bildwiederholrate** aktiviert wird. Dann erscheint die Infobox später und Sie können den AntMe-Hauptdialog vorher minimieren.

Außerdem soll der Dialog natürlich im Vordergrund bleiben. Das erreichen Sie, indem Sie rechts im **Projektmappen-Explorer** auf **Ansicht-Designer** umstellen und doppelt auf den Dialog klicken. Dadurch landen Sie in der entsprechenden Klasse und geben in der InfoBox1_Load die Einstellung ein:

```
Me.TopMost = True
```

Der Dialog bleibt nun immer im Vordergrund, ohne modal zu werden. Modal bedeutet, dass alles angehalten wird, bis der Dialog wieder geschlossen ist. Genau das soll ja nicht sein.

```
Private Sub InfoBox1_Load(ByVal sender As System.Object, _
  ByVal e As System.EventArgs) Handles MyBase.Load
      Me.TopMost = True
End Sub
```

Es muss doch noch mehr Information geben, vor allem, weil die Ameisen so massiv wegsterben. Wir wollen wissen, wie und wo sie das Zeitliche segnen. Dazu erweitern wir unser Programm in der Methode **IstGestorben**:

```
Public Overrides Sub IstGestorben(ByVal todesArt As TodesArt)
InfoBox1Ctrl.setText(Me.Typ + " " + CStr(Me.Id) + Chr(13) _
    + Chr(10) + " ist gestorben nach " + _
    CStr(Me.ZurückgelegteStrecke) + _
    " Schritten. Die Ameise ist/wurde " + _
    todesArt.ToString)
End Sub
```

Außerdem sollen die Ameisen noch erzählen, wenn sie etwas entdeckt haben:

```
Public Overloads Overrides Sub Sieht(ByVal zucker As Zucker)
InfoBox1Ctrl.setText(Me.Typ + " " + CStr(Me.Id) + _
    Chr(13) + Chr(10) + " sieht Zucker")
End Sub
```

Das Gleiche bewirken wir für die Ereignisse sieht Obst, Käfer und Markierung. Außerdem sollten die Ameisen noch um Hilfe schreien, wenn sie angegriffen werden, obwohl es ihnen im Moment noch nicht weiterhilft.

Nach dem Start erfährt man nun schon eine ganze Menge mehr über das geheime Leben und Treiben unseres Ameisenvolks.

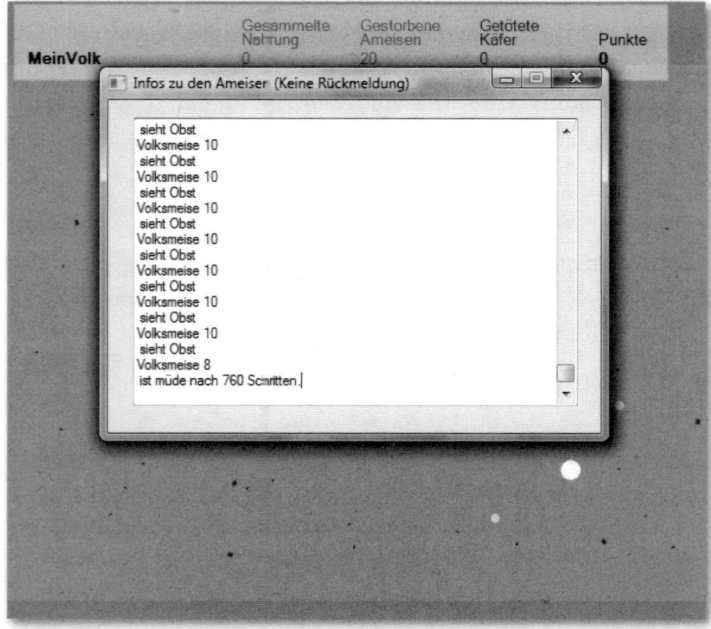

Abbildung 10.19 Aus dem Leben der Volksmeise 10

Damit wissen wir, wie es unseren Ameisen so ergeht, und wir können uns daranmachen, ihnen das Leben und auch das Sterben zu erleichtern. Aber wahrscheinlich gab es während der ersten eigenen Programmzeilen noch andere Probleme. Der Umgang mit einem so komplexen Softwarewerkzeug wie VB-IDE ist nicht einfach. Aus diesem Grund beschäftigen wir uns mit den Möglichkeiten der Oberfläche im nächsten Kapitel etwas näher, bevor wir unsere Entwicklerarbeit im Bereich der künstlichen Intelligenz weiter fortsetzen.

10.2 Diskrete Hinweise zur VB-IDE

10.2.1 Fensterln mit Niveau

Die IDE besteht aus zahlreichen Teilfenstern, die durch weitere Teilfenster ergänzt werden können. Man findet sie unter **Ansicht • weitere Fenster**. Entfernen lassen sie sich natürlich auch. Prinzipiell geht das mit der rechten Maustaste in der Fensterkopfleiste. Dort gibt es immer einen Menüpunkt **Schließen** oder **Ausblenden**. Schließen bedeutet jedoch wirklich schließen und Ausblenden nur unsichtbar machen. Ausgeblendete Editorfenster kann man über den Menüpunkt **Fenster • Fenster** wieder einblenden. Sind sie dagegen geschlossen, muss man sie eventuell wieder über den Projektmappen-Explorer öffnen.

Haben Sie keine Scheu davor, die Fenster der aktuellen Entwicklerarbeit entsprechend zusammenzustellen. Zum normalen Layout gelangt man jederzeit durch **Fenster • Fensterlayout zurücksetzen**. Will man sie nur beiseite schaffen, weil sie während der Eingaben im Editorfenster stören, lässt sich dies durch den Menüpunkt **Fenster • Alle automatisch ausblenden** bewirken. Die Hilfsfenster werden dann am Bildschirmrand versteckt und kommen nur hervor, wenn man die Maus auf den Reiter mit ihrem Namen bewegt.

Fenster sind nicht fest im Framework der IDE eingebaut. Sie lassen sich vergrößern und verkleinern. Man kann sie aber auch aus dem Verband herauslösen und ihre Position kann beliebig festgelegt werden. Dazu greift man sie mit dem Mauszeiger und der linken Maustaste und schiebt sie dorthin, wo man sie haben möchte. Die IDE zeigt Positions-Icons an, auf die der Zeiger gesetzt wird, um das Teilfenster abzulegen.

Das Editorfenster lässt sich teilen (**Fenster • Teilen**). Ein Vorgang, der eventuell von MS Word bekannt ist. Dadurch lassen sich Teile des aktuell bearbeiteten Code unabhängig von der Stelle anschauen, an der man gerade tippt. Insbesondere für den Anfänger eine sehr hilfreiche Sache. Neue Registerkarten lassen sich rasch erstellen: **Fenster • Neue horizontale Registerkartengruppe** und **Neue vertikale Registerkartengruppe**.

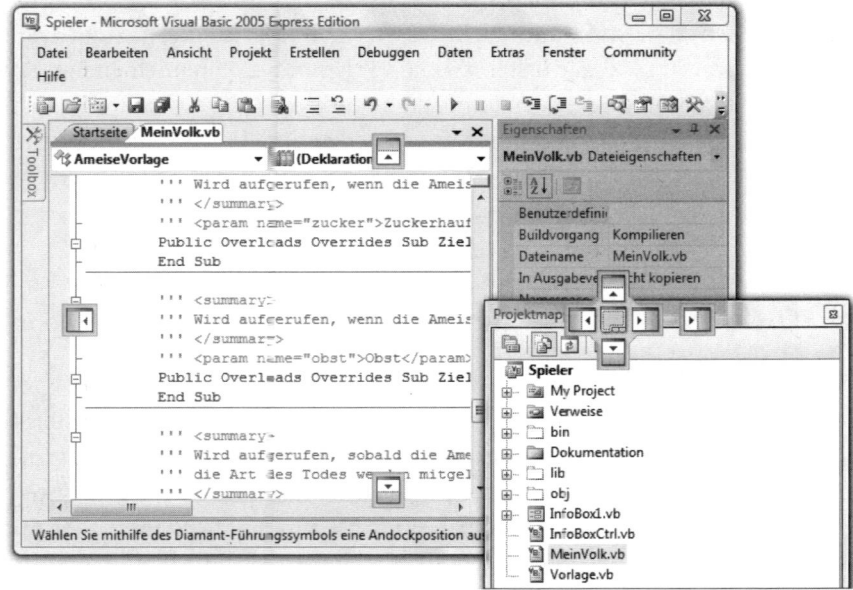

Abbildung 10.20 Das Teilfenster neu positionieren

10.2.2 In den Tiefen des Editors

Der wichtigste Teil an einer IDE bleibt natürlich nach wie vor der Editor. Schließlich wird mit ihm der Code erstellt. Apropos Code, vielleicht haben Sie es ja gemerkt, der VB-Editor kennt die VB-Befehle und Methoden ganz genau. Steht der Mauszeiger auf einer Methode oder einer Klasse, zeigt er dazu eine kurze Erläuterung an. Mit der Tastenkombination Strg + Leertaste oder Strg+J überredet man ihn dazu, eine Übersicht der möglichen Methoden und Attribute zu zeigen, falls man einen Klassennamen oder Me eingefügt und den Punkt eingetippt hat (Abbildung 10.21).

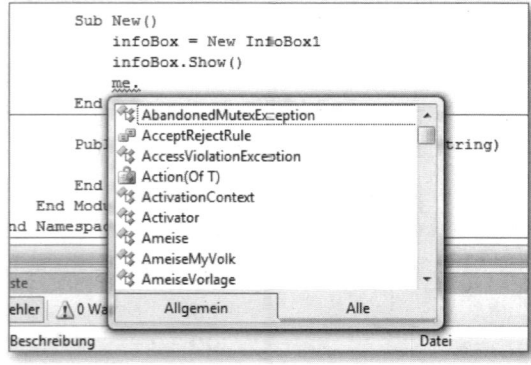

Abbildung 10.21 Die Direkthilfe der IDE

Selbst bei der Liste der Methoden bekommt man Hilfe. Neben den gewählten Methodennamen werden die Parameter angezeigt und erläutert, wozu die Methode dient (Abbildung 10.22). Ist bereits so viel vom Methodennamen eingegeben, dass VB eindeutig feststellen kann, was für eine Methode gemeint ist, wird sie vervollständigt, ohne dass vorher eine Auswahl oder ein Hinweis erscheint.

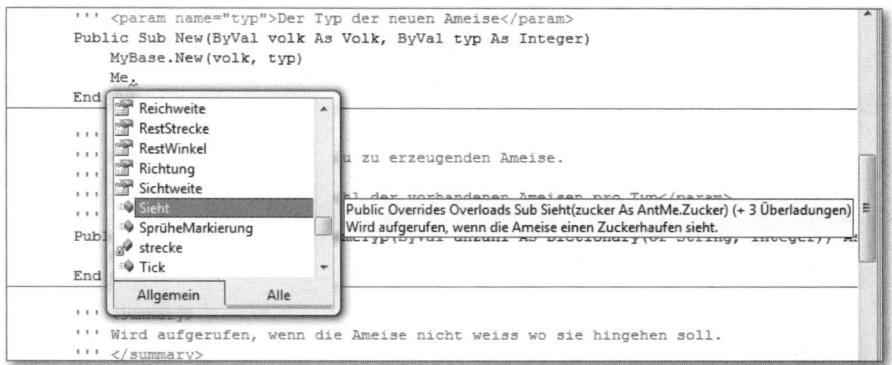

Abbildung 10.22 Die Methodenbeschreibung neben der Auswahl

Ein spezielles Problem bei den Methoden sind auch die Parameter, die man bei ihrem Aufruf benötigt. Abhilfe schafft das Tastenkürzel `Strg`+`⇧`+`I`. In einem Direkthilfefenster befindet sich eine Zeile, die alle Parameter abwechselnd erläutert, was sich mit kleinen Pfeiltasten steuern lässt (Abbildung 10.23).

```
Else
    TextBox1.AppendText(Chr(13) + Chr(10) + [text])
End  AppendText (text As String)
 Sub  text:
     Der an den aktuellen Inhalt des Textfelds anzufügende Text.
vate Sub MeisenInfoBox_Load(ByVal sender As System.Obje
```

Abbildung 10.23 Die Parameterhilfe

`Alt`+`→` bringt den Editor dazu, die Möglichkeiten zur Vervollständigung zu zeigen, ähnlich wie die `Strg`+`J`-Taste.

Wenn Sie sich in VB bereits gut auskennen, ist die Tastenkombination `Strg`+`K` + `Strg`+`X` sehr hilfreich. Dadurch wird eine Übersicht über Codemuster eingeblendet, die recht viel Tipparbeit ersparen können (Abbildung 10.24). Für den Anfänger ist diese Hilfe noch nicht ganz so interessant.

Das Schönste daran ist, dass man sie selbst erweitern kann. Dazu gibt es den sogenannten **Codeausschnitts-Manager**, der über die Menüpunkte **Extras · Codeausschnitts-Manager** aufgerufen wird.

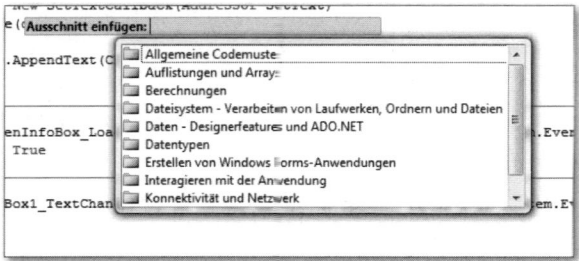

Abbildung 10.24 Die Codemuster einfügen

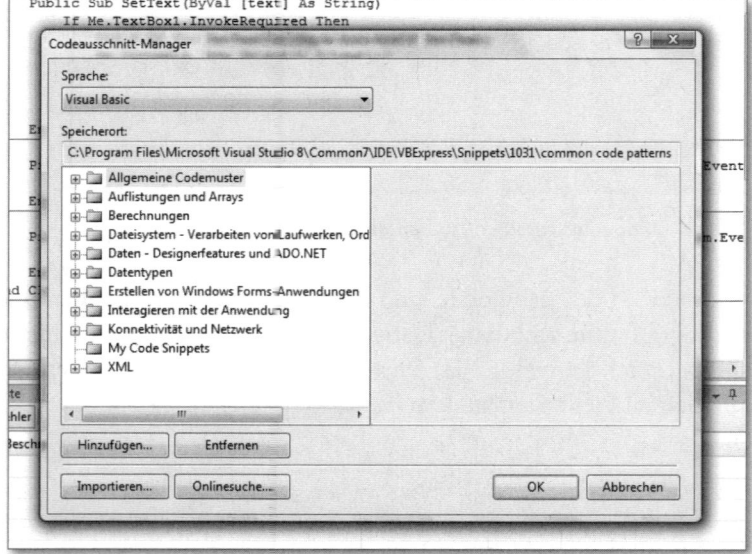

Abbildung 10.25 Der Manager für Codebruchstücke

Mit seiner Hilfe kann man neuen Beispielcode aufnehmen, den man sogar im Internet suchen und finden kann. Um Code hinzufügen zu können, muss er in Form einer XML-Datei erzeugt werden. Das ist im Grunde nicht schwierig, doch ginge es etwas zu weit, das im Rahmen dieses Kapitels durchzusprechen. Näheres finden Sie auf der DVD zum Buch und im VB-Buch im Kapitel »Code Snippets«.

10.2.3 Erweitern

Zusätzliche Funktionalität anderer Art bringt man in ein VB-Programm, indem die Toolbox mit **.Net**- oder **Com**-Funktionen erweitert wird. Man nimmt die Funktionen erst in die Toolbox auf und baut sie von dort in die eigenen Programme ein.

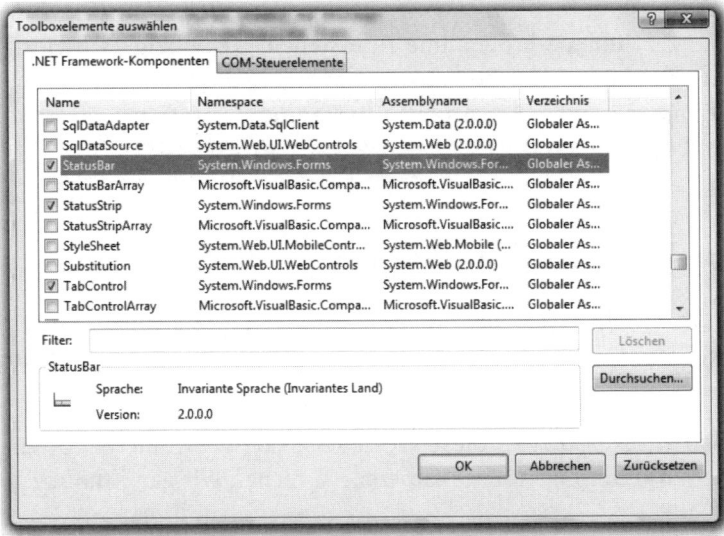

Abbildung 10.26 Die Toolbox anpassen

Wollen wir beispielsweise in unserem Dialog eine Statusbar haben, um die Gesamtzahl der Ameisen immer vor Augen zu haben, müssen wir dieses visuelle Element erst einmal in die Toolbox aufnehmen: **Extras • Toolboxelemente auswählen**.

Dann suchen wir in den alphabetisch geordneten Elementen nach der Statusbar, die zu **System.Windows.Forms** gehört. Durch Aktivieren der Checkbox wird sie in die Toolbar aufgenommen und kann von dort in unseren Dialog eingesetzt werden. Das Ergebnis sieht dann aus, wie in Abbildung 10.27. Den Namen Statusbar1 behalten wir bei.

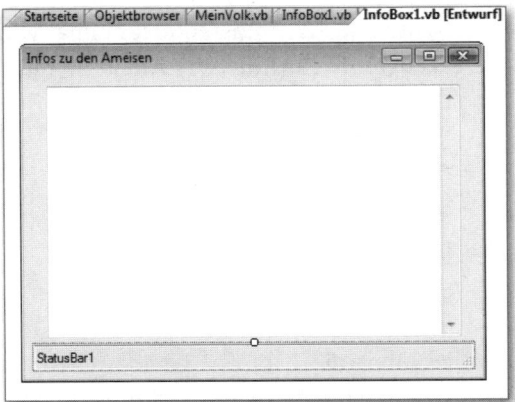

Abbildung 10.27 Eine eingefügte Statusbar

Auf die gleiche Weise kann man alle zur Verfügung stehenden .Net- und Com-Steuerelemente nutzen, um VB-Programme zu erstellen. Die einzige Schwierigkeit besteht darin zu erfahren, welche Funktionalität diese Bausteine jeweils beinhalten und wie man sie nutzt. Doch die VB-Hilfe und das Internet bieten zu jedem Element ausreichend Rat.

10.3 Die Ameisen schlagen zurück

Allerhöchste Zeit, mal wieder nach den Ameisen zu sehen und sie dabei zu unterstützen, mit Zuckerbergen, riesigen Äpfeln und ekligen Käfern fertig zu werden.

Zunächst werden wir uns die Statuszeile zunutze machen, um die jeweils aktuelle Anzahl an Ameisen anzuzeigen. Auf diese Weise lässt sich kontrollieren, ob unsere Maßnahmen Wirkung zeigen. Die Statuszeile sprechen wir ganz ähnlich an wie die Textbox.

Zunächst erweitern wir die Klasse **InfoBox1** um die Methode **setStatus**. Sie hat lediglich die Aufgabe, **StatusBar1.text** mit den Informationen zu füllen.

```
Public Class InfoBox1
    Public Sub setText(ByVal text As String)
        TextBox1.AppendText(Chr(13) + Chr(10) + text)
    End Sub

    Public Sub setStatus(ByVal text As String)
        StatusBar1.Text = text
    End Sub
End Class
```

Diese Methode werden wir nun von den Ameisen aufrufen lassen. Am besten immer dann, wenn eine Ameise wartet. An die Zahl der aktuellen Ameisen zu kommen, gestaltet sich allerdings etwas schwierig. Wir müssen erst einmal von **Me** zu **Volk** wechseln und dort auf die **ErzeugeInfo** für Ameisen. Am Ende muss die **ToString**-Methode aus der Zahl noch einen Text basteln.

```
Public Overrides Sub Wartet()
    Me.GeheGeradeaus(meter)
    strecke += meter
    InfoBox1Ctrl.setStatus("Ameisenanzahl " + _
    Me.Volk.ErzeugeInfo.Ameisen.Length.ToString)
End Sub
```

Damit erhalten wir auch einen Überblick über die Zahl der gerade lebenden Ameisen. Allerdings ist das Programm damit schnell etwas überfordert. Diese Methode wird zu oft aufgerufen. Wird sie dort platziert, wo die Ameisen müde werden, funktioniert es besser.

Zunächst sollte eine Ameise dafür sorgen, dass sie nicht verhungert. Schließlich ist das die häufigste Todesursache. Wenn sie Zucker sieht, muss sie demnach darauf zulaufen und Zucker nehmen. Damit nicht auch solche Ameisen, die schon Zucker »geschultert« haben, zum Zucker laufen, müssen wir die Ameise erst einmal fragen, ob sie wirklich gerade nichts trägt:

```
Public Overloads Overrides Sub Sieht(ByVal zucker As Zucker)
    If AktuelleLast = 0 Then
        Me.GeheZuZiel(zucker)
    End If
End Sub
```

Die Zeile, in der sie mitteilt, dass sie gerade Zucker entdeckt hat, wird entfernt, da sie keinen Sinn mehr macht.

So weit, so gut. Damit setzt sie sich in Richtung Zucker in Bewegung. Wenn sie Glück hat und nicht von einem Käfer gefressen wird, erreicht sie ihr Ziel. Doch was dann?

Die Ameise kennt die Methode **ZielErreicht()**. Allerdings in drei verschiedenen Varianten. VB unterscheidet Methoden auch an Hand der Parameter, die sie zugewiesen bekommen (der Wert in der Klammer). Man spricht auch von überschriebenen Methoden, wenn mehrere Methoden mit dem gleichen Namen existieren.

Achten Sie also darauf, dass Sie die Änderungen wirklich an der **ZielErreicht**-Methode für Zucker durchführen.

```
Public Overloads Overrides Sub ZielErreicht(ByVal zucker _
 As Zucker)
    Me.Nimm(zucker)
    Me.GeheZuBau()
    InfoBox1Ctrl.setText(Me.Typ + " " + CStr(Me.Id) + _
    Chr(13) + Chr(10) + " schleppt Zucker")
End Sub
```

Hier genügen also ganz einfache Befehle: Zucker nehmen und zurück, marsch, marsch! So fleißige Ameisen wollen natürlich auch erzählen, was sie tun. Also kommt die Meldung zum gefundenen Zucker nun hier hin, und wir erfahren auf diese Weise, welche Ameise gerade Zucker in den Bau trägt.

Nun das Gleiche mit Ameisen, die Obst gefunden haben. Allerdings müssen hier mehrere Ameisen mit anpacken. Wie das geht, sollten Sie sich anhand der kurzen Filme ansehen, die auf der DVD bereitliegen.

Eins ist klar: An der Ameisensimulation gibt es noch viel zu entdecken und zu verbessern, und ganz nebenbei lernt man dabei VB.

10.3.1 Die Musterlösung anschauen

Nun wollen Sie sich gewiss die Musterlösung ansehen, die im Grunde zu jeder Aufgabe gehört. Wie geht das in VB?

Sie sollten zunächst einmal auf Ihrer Festplatte ein Verzeichnis anlegen. Dann kopieren Sie den Inhalt der gepackten Datei *Software zum Buch\Kap10\VBProjekt\ SpielerAusBuch.zip* dort hinein.

Wenn Sie Visual Basic Express gestartet haben, laden Sie das Projekt über: **Datei • Projekt öffnen**.

Das ist bereits alles. Danach können Sie das Projekt starten oder weiter bearbeiten. Es kann allerdings zu Problemen kommen, da MS seit .NET zwischen verwaltetem und nicht verwaltetem Code unterscheidet. In diesem Fall ist es sinnvoller, die Dateien des Beispiels in ein eigenes Projekt zu übernehmen.

10.4 Zusammenfassung

VB ist eine einfach zu erlernende Sprache. Insbesondere die fest integrierte Grafik-IDE zum Entwurf der Oberflächen ist sehr nützlich. Man kommt gar nicht mit dem Code in Kontakt, der die Elemente der Oberfläche erzeugt. Das vereinfacht die Programmierung enorm. Trotzdem lässt sich auch eine einfache Programmiersprache natürlich nicht über Nacht erlernen. Es gehört eine gehörige Portion Ausdauer dazu.

Die AntMe-Simulation ist eine interessante Basis, insbesondere, wenn man sich bereits mit KI beschäftigt hat, um die ersten Schritte in die VB-Programmierung zu wagen.

10.4.1 Noch mehr Spaß – Weitere Projekte unter coding4fun

Wenn Sie sich die Webseite coding4fun von Microsoft genau angesehen haben, haben Sie gewiss noch weitere Projekte gefunden, die viel Fun versprechen. Da lassen sich Spiele für die X-Box entwickeln. Man lernt, Webseiten zu gestalten oder PC-Spiele zu programmieren. Hier und da gibt es auch mal einen Wettbewerb, bei dem es gilt, das erworbene Wissen zu beweisen.

Mit Sicherheit wird es in naher Zukunft weitere Projekte geben, die versprechen, sehr interessant zu werden.

Hilfe und Community

Wer beim Codieren einen Hänger hat oder einfach mal mit Gleichgesinnten Kontakt aufnehmen möchte, der ist auf der Webseite von Coding4fun an der richtigen Adresse: *https://www.microsoft.com/germany/msdn/coding4fun/default.mspx.*

Steine auf dem Weg zum .NET-Profi

Natürlich waren das nur die ersten Schritte auf dem Weg zu einem VB-Könner. Aber an Hand dieser ersten Erfahrungen sollte man erkannt haben, ob einem die Programmierung und im speziellen VB liegt. Sollte das nicht der Fall sein, ist man immer noch auf der Seite der erfahreneren Anwender und schließlich ist es nicht jedermanns Sache, Software zu entwickeln.

Außerdem ist nicht alles nur schön. Alles, was über ein Hobby hinausgeht, ist ein ständiger Kampf um die Beseitigung von Fehlern, die man im Grunde selbst eingebaut hat. Darüber sollte man sich in jedem Fall im Klaren sein, ob man nun Programmieren möchte oder nicht. Der Spaß am Computer kann auch sehr gut darin bestehen, die verfügbare Software zu nutzen und damit schöne Grafiken oder Texte zu erstellen oder ganz einfach nur ein Spiel zu spielen.

10.4.2 Webseiten zum Kapitel

URL	Beschreibung
https://www.microsoft.com/germany/msdn/coding4fun/default.mspx	Coding4Fun-Webseite
http://msdn.microsoft.com/msdnmag/issues/08/01/CLRInsideOut/default.aspx?loc=de	verwalteter und nicht verwalteter Code
https://www.microsoft.com/germany/msdn/coding4fun/knowhow/default.mspx	zusätzliche Informationen zum Programmieren von MS Werkzeugen
http://www.zdnet.de/builder/program/0,39023551,39148291,00.htm	Artikel zur .NET-Programmierung
http://www.dotnetframework.de/foren/display_forum.asp?fid=3	Forum zur .NET-Programmierung
http://antme.net/forums	AntMe Forumseite
http://msdn.microsoft.com/de-de/library/aa720433(VS.71).aspx	MS .Net Library

10.4.3 Weiterführende Literatur zum Kapitel

Andreas Kühnel, Visual Basic 2005. Das umfassende Handbuch, Galileo Press, 2006

Peter Bloch, Visual Basic 2005 für Einsteiger. Inkl. Visual Basic 2005 Express Edition, Galileo Press, 2007

Andreas Kühnel, Visual C# 2005. Das umfassende Handbuch, Galileo Press, 2006

Hans-Georg Schumann, AntMe!, Microsoft-Press, 2008

ANHANG TEIL I
Vorbereitungen

»*Ein Computer kann alles, was du willst, solange du nur willst, was er kann.*«
– Unbekannter Autor

Es ist an der Zeit, dass Sie sich ein paar neue Rechner zulegen! Am besten gleich zwei, drei Stück. Vielleicht aber auch ein Dutzend.

Schlagen Sie nun bitte nicht gleich die Hände über dem Kopf zusammen.

A Virtualisierung

A.1 Ein paar Rechner gefällig?

Vor dem Spaß kommt die Arbeit, auch dieses Mal. Jeder Computer ist auf ganz bestimmte Weise konfiguriert. Diese Konfiguration werden wir öfter ändern müssen, um uns bestimmte Software anzuschauen. Damit die Eigenheiten der EDV uns dabei den Spaß nicht verderben, legen wir uns ein paar neue Computer zu. Für DOS oder für Linux soll jeweils ein eigener Rechner her.

Herrje, nun haben Sie sich dieses teure Buch gekauft, und nun sollen Sie sich auch gleich noch ein paar neue Rechner für Spiele kaufen! Keine Angst, die Rechner bekommen Sie kostenlos.

Wir wollen nämlich installieren, konfigurieren und ausprobieren, und Sie wissen bestimmt, wie rasch man eine monatelang gepflegte Konfiguration kaputt gemacht hat. Um uns die dabei üblichen Wutanfälle, Katastropheneinsätze und Verzweiflungstaten aller Art zu ersparen, werden wir ganz massiv die neuen Techniken der Virtualisierung einsetzen.

Geht das gleich zu Anfang mit so überdrehten Dingen los, werden Sie fragen. Virtualisierung, was ist das nun schon wieder?

Das ist im Grunde etwas ganz Einfaches und wird uns viel Zeit und Kummer ersparen. Stellen Sie sich vor, Sie starten ein Programm und bekommen von diesem Programm einen neuen PC zur Verfügung gestellt oder zwei oder noch mehr. Hardware aus Software sozusagen.

Man spricht dabei von Virtualisierung. Auf einem **Hostsystem** (auch Wirtsystem), dem realen Rechner, werden per Software weitere Rechner simuliert, auch **Gastsysteme** genannt. Diese neuen Rechner können natürlich nicht so schnell und auch nicht so leistungsfähig sein, wie ein richtiger PC, aber sie haben dafür eine Reihe anderer Vorteile, die hier kurz genannt sein sollen:

▶ bessere Ausschöpfung der Rechnerleistung

▶ Wirtssystem weiterhin unabhängig nutzbar, »wie vorher«

▶ mehrere Betriebssysteme ohne Zusatzaufwand und synchron auf einem Rechner verfügbar

▶ schneller Aufbau neuer Rechner, ohne zusätzliche Hardware oder Aufwand

▶ Nutzung älterer Software/Rechner auf modernen Rechnern, ohne Umkonfigurierung

▶ Stoppen, »Einfrieren« eines Rechners möglich, um später genau dort weiterzuarbeiten

▶ Simulation ganzer Netzwerke auf einem Rechner

Unser Thema ist natürlich nicht die Virtualisierung. Nüchtern betrachtet, kann dieses Thema selbst ganze Bücherwände füllen. Wir wollen uns mit Computern, ihrer Konfiguration und Programmierung befassen und nutzen dazu virtuelle PCs. Das verhindert eine Zerstörung bestehender Konfigurationen und erlaubt uns, auch andere Betriebssysteme zu installieren, ohne die bestehende Konfiguration zu überschreiben.

Selbst, wenn Sie noch nie einen Rechner konfiguriert haben, sollten Sie das mittels virtueller Computer zustande bekommen. Also keine Angst.

Im nächsten Schritt werden wir uns die Virtualisierungs-Software ansehen und installieren. Vorher gibt's noch Informationen für die ganz Wissbegierigen, und zwar tiefergehende Informationen zur Virtualisierung.

 Für Kenner: Was ist Virtualisierung?

> Virtualisierung, ein im Grunde recht neuer Zweig in der praktischen Informatik, ist längst zum Schlagwort geworden. Was den EDV-Verantwortlichen dabei vorschwebt, sind zwei Dinge:
>
> Einmal möchte man die Pflege der zahllosen Rechner eines Büros vereinfacht wissen, zum Zweiten soll die Rechenleistung der PCs besser ausgenutzt werden, ohne dass der Nutzer sie irgendwie für fremde Zwecke missbrauchen kann (Spiele o. Ä.). Oder am Arbeitsplatz soll nicht ständig das neuste PC-Modell nachgerüstet werden müssen. Billige Net-Computer ohne Festplatte tun es auch.
>
> Um das zu erreichen, bleibt der persönliche PC zwar nach wie vor neben dem Schreibtisch stehen, aber das Betriebssystem und die Software laufen auf einer Simulation und werden übers Netz zur Verfügung gestellt.
>
> Wie funktioniert das genau?

Dem Betriebssystem wird – versteckt – eine Abstraktionsschicht untergeschoben, die es von der eigentlichen Hardware, dem Rechner mit seiner Rechenleistung und dem Speicherplatz, softwaretechnisch trennt. Der Nutzer arbeitet an einem Betriebssystem, das sich verhält, als liefe es auf echter Hardware, diese wird ihm jedoch nur von der virtuellen Maschine, der Virtualisierungssoftware, vorgegaukelt.

Das lässt sich mehrfach durchführen und somit kann man verschiedene Betriebssysteme gleichzeitig auf einem Rechner laufen lassen (Abbildung A.1).

Abbildung A.1   Eine schematische Darstellung der Virtualisierung

In der Virtualisierung unterscheidet man prinzipiell **Emulation** und **Simulation**. Stellen Sie sich einen Windows-Rechner vor und ein Linux-Programm. Nun gibt es zwei Möglichkeiten für das Windows-System, dieses Programm auszuführen.

Die erste Lösung wäre ein Programm, das die Linux-Befehle des Linux-Programms »umrechnet«, sodass sie direkt ausgeführt werden können. Die zweite Möglichkeit ist, dem Linuxprogramm vorzuspielen, der Rechner sei ein Linux-Rechner.

Diese zweite Möglichkeit wird von der Software genutzt, die man heute zur Virtualisierung verwendet. Statt der Software das erforderliche Betriebssystem vorzumachen, gaukelt man einfach dem Betriebssystem vor, es handele sich um den notwendigen Rechner, installiert dann das Betriebssystem mitsamt allen gewünschten Programmen und führt es aus.

So lässt sich dem Betriebssystem sogar Hardware vormachen, die gar nicht vorhanden ist. Insbesondere der Marktführer VMware bringt die Virtualisierung durch die Entwicklung neuer Produkte rasch voran. So gibt es einen Player, der virtuelle Rechner lediglich abspielt, ohne dass man sie konfigurieren kann. Es gibt sogenannte Virtual Appliances, also virtuelle Anwendungen, die man nur noch kopieren muss, um sie von VMware ausführen zu lassen.

Es ist allerdings ungünstig, zunächst ein Betriebssystem auf einem Rechner zu installieren, um dann darauf eine VM-Software zu installieren, auf der im virtuellen Rechner wieder ein Betriebssystem eingerichtet wird. Interessanter ist es, ohne Betriebssystem, direkt eine Virtualisierungssoftware zu installieren, auf der dann die Betriebssysteme eingerichtet werden. Diesen Weg beschreitet Xen. Da es unterhalb der Betriebssystemebene sitzt und die Hardware direkt anspricht, statt sie per Software zu emulieren, ist es schneller als die herkömmlichen virtuellen Systeme. Und das unter anderem auch, weil neuere Prozessorarchitekturen (Intel VT-x (Vanderpool), AMD Pacifica) diese Art der Virtualisierung direkt unterstützen. Es ist allerdings noch nicht ganz so ausgereift wie die etablierte Virtualisierungssoftware von VMware.

Auch im Bereich der Programmiersprachen geht es um virtuelle Maschinen, z. B. bei Java. In gewisser Weise wird dort auch eine Art Rechner simuliert, auf dem das Java-Programm ausgeführt wird. Das bewirkt die sogenannte Systemunabhängigkeit. Die virtuelle Maschine stellt für die Sprache Java immer den gleichen Rechner dar, ob sie nun auf einem Windows-Rechner, auf einer Sun oder auf dem Linux-Rechner läuft. Trotzdem ist es natürlich nicht die gleiche Technik wie bei der Virtualisierung per VMware oder Xen.

Selbstverständlich gibt es auch Kritiker dieser Technologie. Sie sind der Meinung, dass ein gutes Betriebssystem virtuelle Techniken überflüssig machen sollte.

A.2 Überblick

Im Moment gibt es zwei Marktführer, drei wichtige und zahlreiche kleinere Anbieter. Da ist einmal der Platzhirsch **VMware**, der sich durch langjährige Erfahrung ein festes Standbein in diesem Bereich gesichert hat. Daneben hat sich Microsoft durch die Übernahme der Firma Connectix mit **VirtualPC** einen Platz im Markt gesichert. Etwas weniger weit verbreitet, aber dafür OpenSource ist **VirtualBox** von Innotek, des Weiteren gibt es noch **Parallels Desktop** in der Apple-Welt.

Xen ist wiederum etwas anderes, obwohl es im Grunde die gleichen Leistungen bietet (siehe Anhang E, »Xen«). Allerdings sind die mit Xen simulierten Maschinen durchweg leistungsfähiger.

A.2.1 Virtual PC

Das Produkt von Microsoft heißt Virtual PC und liegt in einer kostenlosen Version für 32- und 64-Bit-Rechner vor. Simuliert werden jedoch nur 32-Bit-Maschinen.

A.2.2 VMware

VMware bietet gleich eine ganze Palette von Produkten, um Rechner zu virtualisieren:

▶ **VMware GSX Server**
  kostenlose VMware Serverversion zum Testen dieser Technik

▶ **VMware Converter**
  kostenlose Anwendung, um reale Rechner in virtuelle Maschinen zu konvertieren

▶ **VMware Player**
  Abspielprogramm für virtuelle Rechner, unabhängig vom GSX Server

A.2.3 VirtualBox

Obwohl von der deutschen Firma Innotek betreut, sind alle Unterlagen in Englisch. Das Produkt bietet Rechner für zahlreiche Betriebssysteme, läuft sehr stabil, benötigt allerdings relativ viel Systemressourcen.

A.2.4 Xen

Vor allem bei Xen spricht man von einem sogenannten Virtuelle-Maschinen-Monitor (VMM). Xen wird vorrangig an der Universität Cambridge entwickelt, obwohl es der GPL unterstellt ist. Inzwischen hat man ein Unternehmen gegründet, XenSource, das die Vermarktung übernimmt.

Xen nutzt ein etwas anderes Prinzip als die übrigen VMMs. Statt ganze Rechner zu simulieren, reicht es die Hardwarezugriffe der Gast-Betriebssysteme direkt an die Hardware weiter. Das führt dazu, dass die Gastsysteme fast so schnell laufen, als wären sie direkt auf der Hardware installiert.

Genug der grauen Theorie. Fangen wir einfach an, diese tollen virtuellen Systeme einmal auszuprobieren.

Im Folgenden wird die Installation und Bedienung der gängigsten Systeme beschrieben. Was nicht bedeutet, dass Sie diese Systeme alle gleichzeitig auf Ihrem Rechner betreiben sollen.

Die einzelnen virtuellen Systeme laufen nicht auf jeder Hardware, auch nicht gleich gut. So werden mehrere Systeme aufgezeigt, damit man in jedem Fall ein System zur Verfügung hat, das funktioniert. Ohne virtuelle Rechner können die Beispiele des Buches nicht nachvollzogen werden. Man müsste für jedes Beispiel den Rechner ganz neu konfigurieren.

Das System **VirtualBox** wird zuerst beschrieben. Wir werden es auch für die Beispiele im Buch verwenden, deshalb sollten Sie, wenn möglich, dieses System verwenden.

VirtualPC wird beschrieben, weil es recht performante virtuelle Rechner realisiert. Daraufhin wird als Standardsystem VMware beschrieben. Für den Freak folgt dann noch die Installation von Xen.

Sollten Sie Schwierigkeiten mit VirtualBox haben, suchen Sie sich das System aus, das Ihnen gefällt und am besten auf der Hardware läuft. Grundsätzlich lassen sich alle Systeme für die Beispiele aus dem Buch verwenden.

A.3 Zusammenfassung

Wir wollen uns auch Betriebssysteme wie DOS oder Linux ansehen, also müssten wir unseren Rechner konsequent mehrmals neu konfigurieren. Das ist jedoch viel zu umständlich, und der Spaß an der Sache geht vielleicht verloren. Deshalb arbeiten wir mit der sogenannten Virtualisierung. Statt unsere Hardware nacheinander mit unterschiedlichen Systemen zu konfrontieren, simulieren wir mit Programmen handelsübliche Rechner und installieren die Software darauf.

Wir haben Sie in diesem Kapitel ganz grob mit den Techniken der Virtualisierung vertraut gemacht. Es gibt Simulationen und Emulationen. Die Anbieter von Virtualisierungssystemen arbeiten in erster Linie mit der Simulation. Danach haben wir die Produkte der wichtigsten Anbieter ganz kurz betrachtet.

Für den angehenden Virtualisierungsfachmann, der noch mehr erfahren möchte, folgen nun noch Webseiten zu dem Thema, bevor wir uns in den nächsten Kapiteln an die Installation der entsprechenden Programme wagen.

A.3.1 Webseiten zum Kapitel

URL	Beschreibung
http://de.wikipedia.org/wiki/ Virtualisierung_(Informatik)	Wikipedia-Artikel zur Virtualisierung
http://www.zdnet.de/enterprise/server/ 0,39023275,39127599,00.htm	Servervirtualisierung
http://www.zdnet.de/itmanager/toolkits/ 0,39030558,39142569,00.htm	Überblick
http://www.c0t0d0s0.org/archives/1666-Loest-Virtualisierung-wirklich-irgendein-echtes-Problem.html	kritischer Artikel
http://www.vmware.com/de/	VMware-Homepage
http://www.virtualbox.org/	VirtualBox-Homepage
http://www.microsoft.com/windows/products/ winfamily/virtualpc/default.mspx	Virtual PC-Homepage
http://www.xensource.com/Pages/default.aspx	Xen-Homepage

Für Könner: Virtualisierung in Java

Wer nun ganz genau wissen möchte, wie derartige virtuelle Maschinen programmiert sind, kann sich das **JPC**-Projekt anschauen. Mitarbeiter und Studenten der Universität von Oxford haben dort die Idee realisiert, eine virtuelle Maschine in Java zu programmieren. Man kann sie direkt als Applet über einen Browser nutzen. Da sie der Open-Source-Lizenz unterliegt, lässt sich der Code offiziell downloaden und nach eigenem Gutdünken erweitern und studieren, wie solche Systeme aufgebaut sind.

URL	Beschreibung
http://www.physics.ox.ac.uk/jpc/index.html	JPC-Homepage
http://www.physics.ox.ac.uk/jpc/Demo2.html	Demo zur Virtualisierung mit Java
http://www.physics.ox.ac.uk/jpc/JPCsource.zip	Quellcode des JPC-Systems

Der Quellcode ist auch auf der DVD des Buches enthalten. Man findet ihn unter: \Software zum Buch\Anhang\Vorbereitungen\Virtuelle Maschinen\JPC als JPC-source.zip.

Für den Java-Kenner lohnt sich in jedem Fall ein Blick in den Code. Das Projekt ist recht sauber programmiert. Leider fehlt dem Quellcode die Inlinedokumentation.

Wir fangen mit dem System an, das wir vorrangig für die Beispiele im Buch nutzen wollen. Leider wird es eventuell nicht auf jedem Rechner problemlos laufen, sodass noch andere virtuelle Systeme beschrieben werden.

B   VirtualBox

B.1   Installation und Anwendung von VirtualBox

Kommen wir zur Installation der Software, die wir hauptsächlich für unsere Beispiele im Buch nutzen wollen. Wir verwenden diese deshalb, weil sie nicht als Server läuft und daher weniger kompliziert zu verwenden ist. Es ist zwar nicht das leistungsfähigste Programm, aber es bietet zahlreiche interessante Funktionen. Außerdem ist VirtualBox auch für Linux erhältlich. Eine 32- und eine 64-Bit Ubuntu-Version ist auch auf der beiliegenden DVD im gleichen Verzeichnis wie die Windows-Version enthalten. Die Installation selbst ist identisch.

B.1.1   Die Installation von VirtualBox

Informationen zum Programm VirtualBox findet man auf:

http://www.virtualbox.org/

Die neuste Version findet man im Internet auf der Webseite:

http://www.virtualbox.org/wiki/Downloads

Die Software befindet sich auf der beiliegenden DVD als: *Software zum Buch\ Anhang\Vorbereitungen\Virtuelle Maschinen\VirtualBox\VirtualBox_1.3.8_Win _x86.msi.*

Nach dem Start wird der übliche Begrüßungsdialog geöffnet (Abbildung B.1).

Nach diesem Dialog wird die Lizenz angezeigt, die man anerkennen muss, um die Installation weiter fortsetzen zu dürfen (Abbildung B.2).

Im folgenden Dialog wird gefragt, ob die USB- und die Netzwerkunterstützung mit installiert werden soll, sowie, in welches Verzeichnis installiert werden soll. USB und Netzwerke installiert man, falls vorhanden.

Abbildung B.1   Die Begrüßung zur Installation

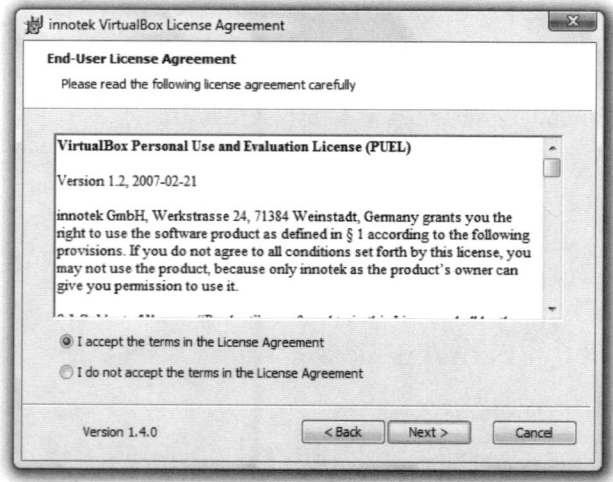

Abbildung B.2   Die Lizenz anerkennen

Das Verzeichnis wählt man auf einem Laufwerk mit viel freiem Speicherplatz, virtuelle Maschinen erzeugen riesige Dateien.

Das Verzeichnis kann mithilfe der **Browse**-Schaltfläche geändert werden.

Vor Beginn der eigentlichen Installation wird noch einmal nach der Richtigkeit der Einstellungen gefragt, noch können nämlich mit der **Back**-Schaltfläche Korrekturen vorgenommen werden (Abbildung B.4).

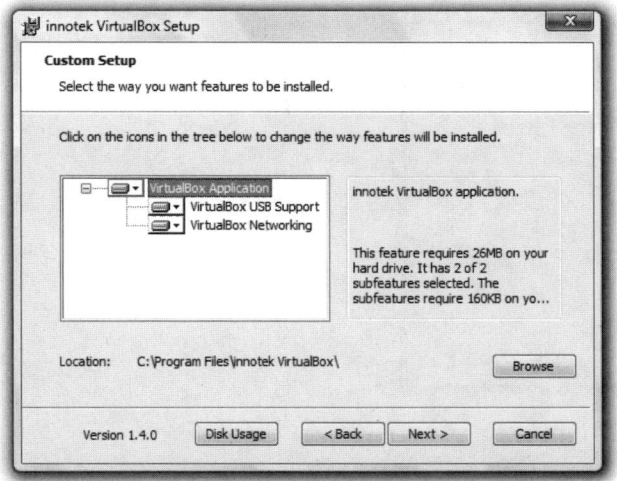

Abbildung B.3   Die Frage nach USB-Unterstützung und Netzwerk

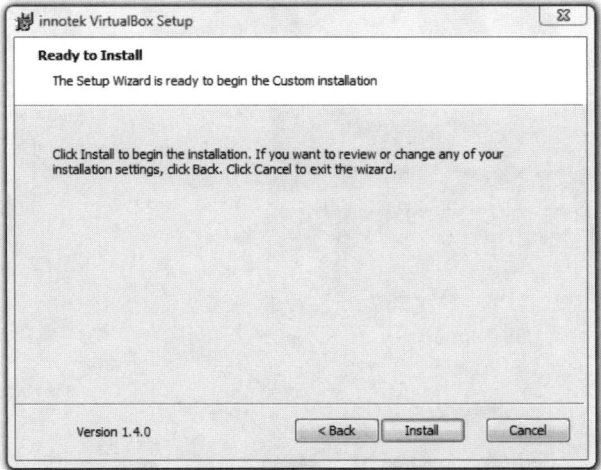

Abbildung B.4   Starten der eigentlichen Installation

Jetzt wird das Programm auf dem Rechner installiert (Abbildung B.5).

Während der Installation fragt die Software noch einmal, ob der USB-Support und die Netzwerkunterstützung installiert werden sollen. Die Dialoge können je nach Bedarf mit **Installieren** bestätigt werden (Abbildung B.6).

Danach wird die Installation abgeschlossen und das neu installierte Programm kann eingesetzt werden (Abbildung B.7).

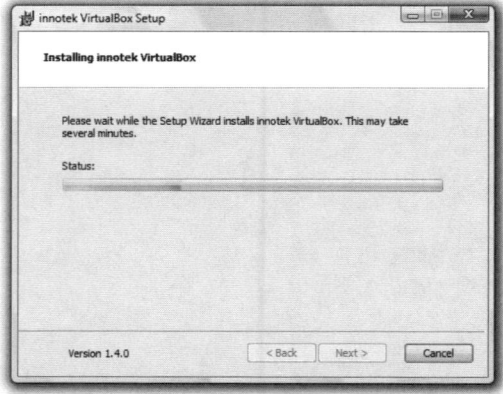

Abbildung B.5 Die Installation läuft

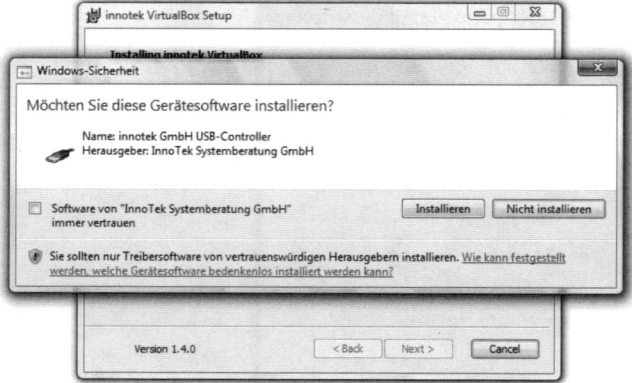

Abbildung B.6 Die Frage nach dem USB-Support

Abbildung B.7 Die Installation mit Finish abschließen

B.1.2 Die Verwendung von VirtualBox

Nach dem ersten Start zeigt uns VirtualBox einen Willkommensdialog mit einer leeren Liste, weil noch keine virtuelle Maschine angelegt ist.

Anlegen können wir einen neuen Rechner über das Icon **Neu** oder das Menü **Maschine • Neu** (Abbildung B.8).

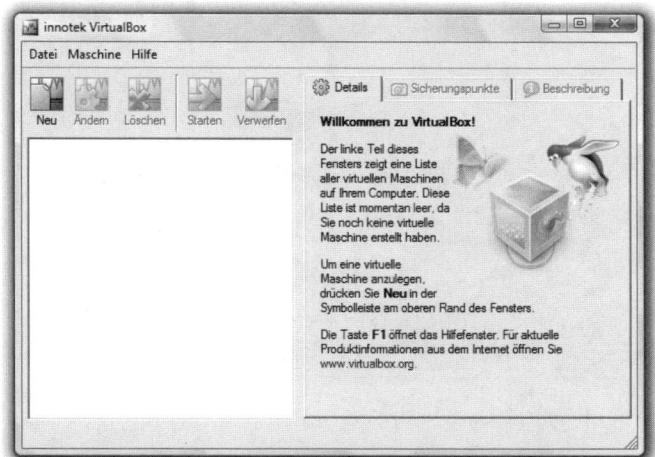

Abbildung B.8 Der erste Start von VirtualBox

Der nächste Dialog weist nur darauf hin, dass die Konfiguration eines neuen virtuellen Rechners durch einen Assistenten unterstützt wird. Im folgenden Dialog geht es darum, den Namen und den Typ des virtuellen Rechners festzulegen (Abbildung B.9). Wir wählen **Dos** als Typ des Betriebssystems aus.

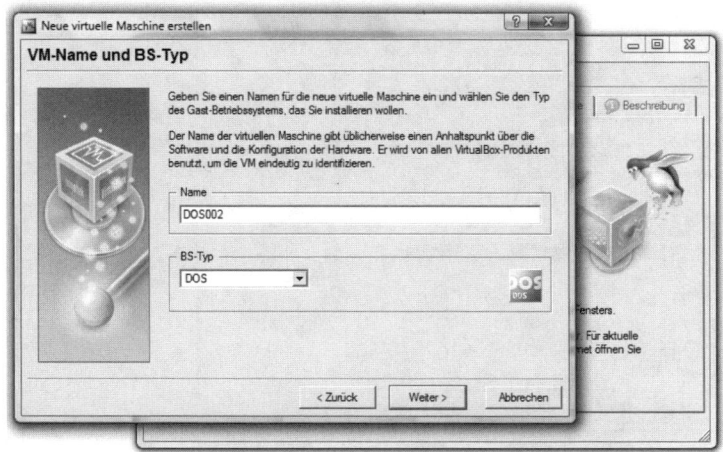

Abbildung B.9 Den Namen und den Typ bestimmen

Im darauffolgenden Schritt kann die Größe des Hauptspeichers bestimmt werden. Für eine DOS-Installation sind 32 MB bei weitem ausreichend (Abbildung B.10). Für übliche DOS-Programme werden nur 640 KB genutzt. Der restliche Speicher ist nur über spezielle Treiber für den erweiterten Speicher nutzbar.

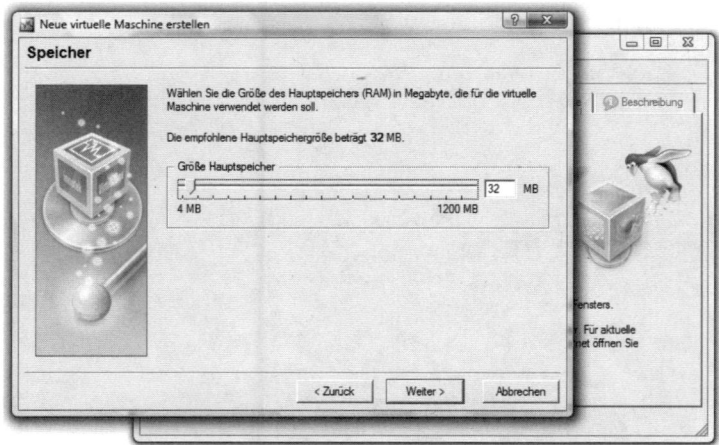

Abbildung B.10 Die Größe des Hauptspeichers festlegen

Im Folgenden geht es noch darum, eine virtuelle Festplatte zu erstellen, die das zu installierende Betriebssystem aufnimmt (Abbildung B.11). Auch sie muss nicht sonderlich groß sein, kann jedoch als dynamisch wachsend festgelegt werden, was keine zusätzliche Rechenleistung kostet (Abbildung B.12). Auf der folgenden Dialogfläche lassen sich der Name und die Startgröße festlegen. Man sollte einen Namen wählen, aus dem das zu installierende System zu ersehen ist.

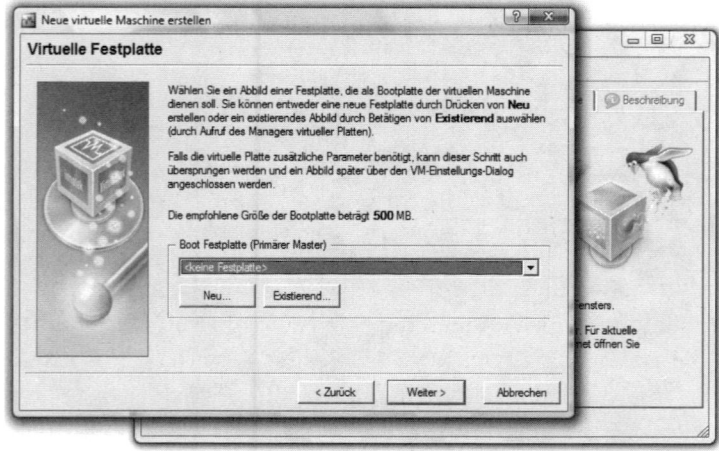

Abbildung B.11 Die neue, virtuelle Festplatte erstellen

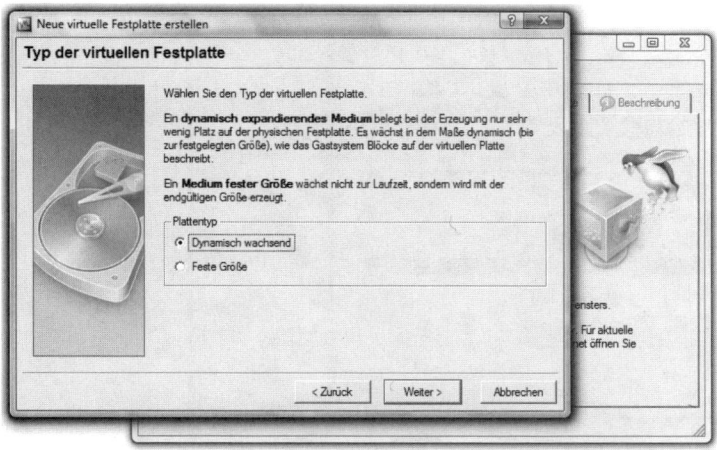

Abbildung B.12   Eine als Typ dynamisch wachsende Platte wählen

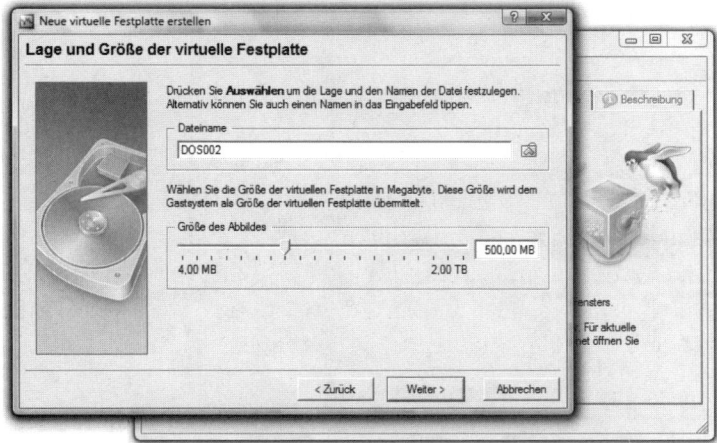

Abbildung B.13   Den Namen und die Größe der Festplatte bestimmen

Danach kehrt die Installation zum Dialog mit der Festplattenauswahl zurück. Die neu erstellte Platte ist bereits ausgewählt und der Konfigurationsvorgang kann mit **Weiter** fortgesetzt werden (Abbildung B.14).

Abschließend werden die durchgeführten Einstellungen in einer Zusammenfassung angezeigt (Abbildung B.15). Von diesem Dialog aus kann mit der Schaltfläche **Abschließen** die Erzeugung des virtuellen Rechners gestartet werden. Abschließend wird der Ausgangsdialog wieder angezeigt. Nur diesmal ist in der Liste der erzeugte virtuelle Rechner aufgeführt. In unserem Beispiel DOS002 (Abbildung B.16).

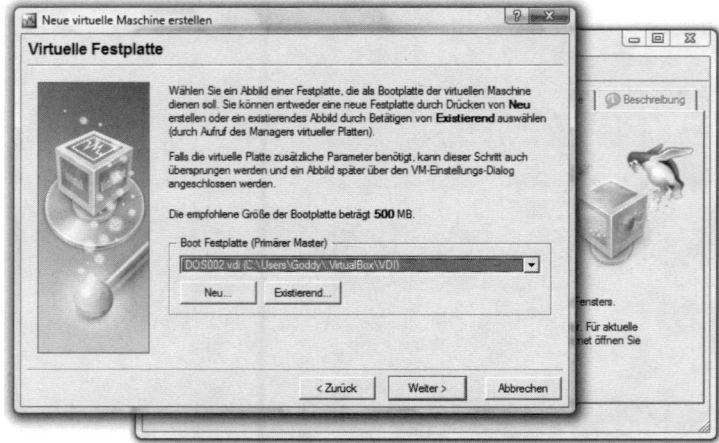

Abbildung B.14   Die Festplatte ist erstellt und ausgewählt.

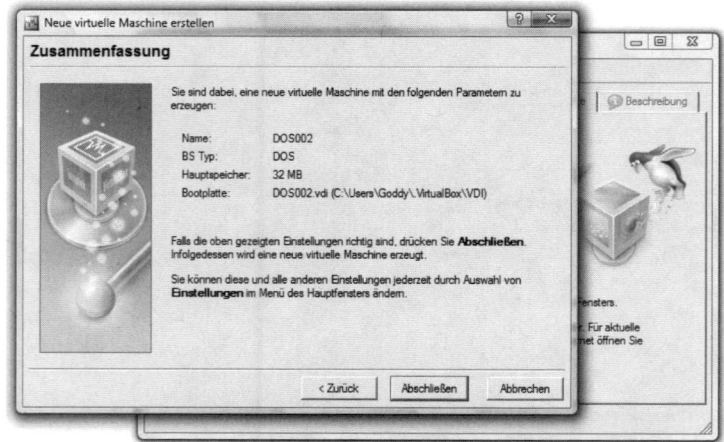

Abbildung B.15   Die Übersicht der eingestellten Parameter

Wird der virtuelle Rechner nun gestartet, geschieht dies nur aus Testgründen. Richtig funktionieren wird er erst, wenn wir ihm ein Betriebssystem zur Installation zur Verfügung stellen. Starten lässt er sich entweder über das Icon **Starten** oder durch einen Doppelklick auf die blaue Zeile in der Liste, in der er als ausgeschalteter virtueller Rechner angezeigt wird (Abbildung B.16).

Wichtig ist zu wissen, dass die Steuerung auf den virtuellen Rechner übergehen kann und man ihn nur mit AltGr verlassen kann. Man bezeichnet diese Tastenkombination auch als Host-Taste. Sie wird im Dialog unten rechts angezeigt. Denn diese Host-Taste kann vom Nutzer geändert werden.

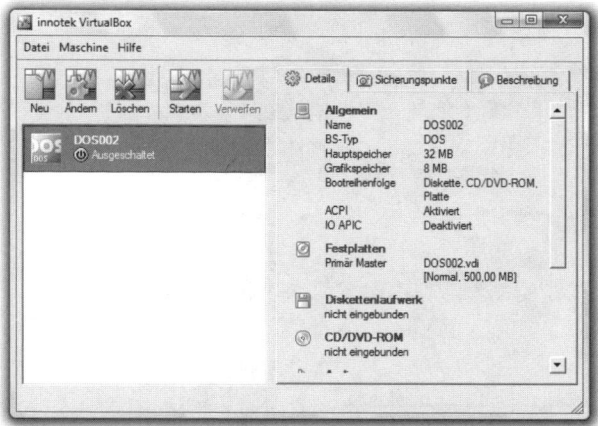

Abbildung B.16   Der neue virtuelle Rechner ist verfügbar.

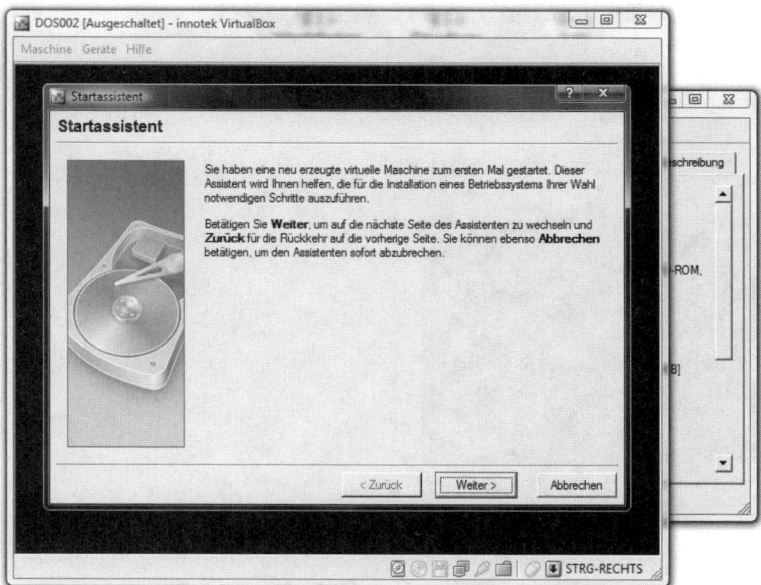

Abbildung B.17   Starten der neuen, virtuellen Maschine

Ein Startassistent wird aktiviert und führt über einen Begrüßungsdialog (Abbildung B.17) zum Auswahldialog für das Installationsmedium (Abbildung B.18).

Hier lassen wir die Einstellung unverändert, weil wir nur einen Test ausführen. Nach der **Weiter**-Schaltfläche versucht der virtuelle Rechner über das CD-ROM-Laufwerk zu booten, was misslingen muss und zu einer entsprechenden Meldung führt (Abbildung B.19).

Abbildung B.18 Wir booten von einem CD-ROM Laufwerk.

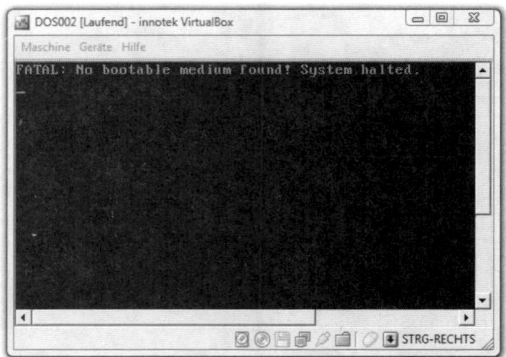

Abbildung B.19 Ein bootfähiges Medium fehlt.

Somit ist unser wichtigstes Virtualisierungsprogramm installiert. Es wird unter Linux genauso installiert und läuft dort genau wie unter Windows.

Hat der zur Verfügung stehende echte Rechner genug Ressourcen, also Plattenplatz und Hauptspeicher, könnten durchaus die weiteren virtuellen Werkzeuge, wie im Folgenden beschrieben, ebenfalls installiert werden. Ist der Rechner relativ schwach, sollte man die installierte VirtualBox-Software darauf belassen und die Beispiele mit ihr nachvollziehen.

Sollte für eine bestimmte Software eine ganz bestimmte virtuelle Maschine erforderlich sein, wird es erwähnt und man kann sich anhand der Beschreibungen dieses Kapitels die erforderliche virtuelle Maschine nachträglich installieren.

In den folgenden Kapiteln schauen wir uns diese weiteren Virtualisierungssysteme an.

B.2   Die Deinstallation

Die Deinstallation ist für alle virtuellen Rechner gleich. Man sollte sie in jedem Fall mithilfe der Softwarefunktionen der Systemsteuerung durchführen: **Startmenü** • **Systemsteuerung** • **Programme und Funktionen**.

Es wird eine Liste der installierten Software angezeigt. Man wählt das zu deinstallierende Programm aus (z. B. MS VirtualBox) und startet mit der rechten Maustaste die Deinstallation. Nach einer Sicherheitsabfrage wird die gewünschte Software vom Rechner entfernt.

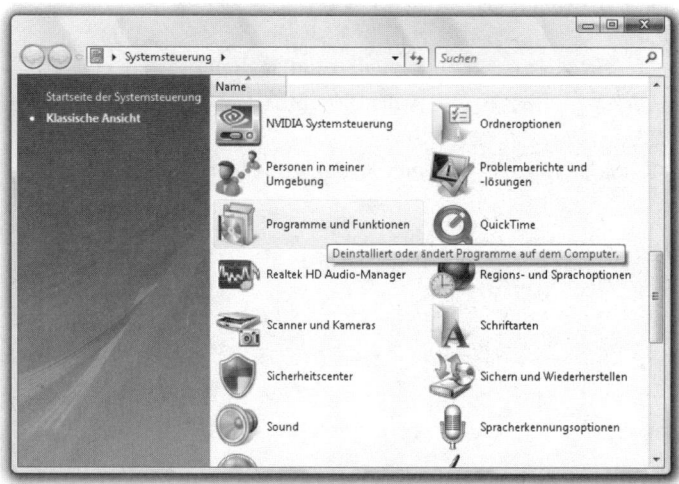

Abbildung B.20   Die Deinstallation

B.3   Zusammenfassung

VirtualBox ist ein ausgereiftes Virtualisierungswerkzeug, das für Windows wie für Linux erhältlich ist. Wir werden hauptsächlich mit diesem System arbeiten, deshalb wurde es auch zuerst installiert. Gelingt die Installation und läuft es problemlos, sollte man die Installation der folgenden Systeme überspringen und zum Kapitel **Images** weiterblättern. Falls es im Verlauf des Buches mit der Virtualisierung Probleme gibt, ist immer noch Zeit genug, eines der anderen Systeme zu installieren. Wer sich gerne mit der Virtualisierung selbst auseinandersetzen möchte, ist herzlich dazu eingeladen, die folgenden Systeme auch einmal auszuprobieren.

Die Host-Taste erlaubt dem Nutzer, die Steuerung vom virtuellen Rechner wieder auf den Host umzustellen. Standardmäßig ist es die **rechte Ctrl**-Taste. Weil diese Taste so wichtig ist, wird sie ständig unten rechts in der Statusleiste des Dialogfensters angezeigt.

Die Deinstallation der virtuellen Rechnersysteme wird genauso wie jede normale Deinstallation unter Windows durchgeführt.

B.3.1 Webseiten zum Kapitel

URL	Beschreibung
http://www.virtualbox.org/	Homepage von VirtualBox
http://de.wikipedia.org/wiki/VirtualBox	Wikipedia-Seite zu VirtualBox
http://www.pro-linux.de/berichte/virtualbox.html	Linux-Seite zu VirtualBox
http://wiki.ubuntuusers.de/VirtualBox	VirtualBox unter Ubuntu
http://www.pc-magazin.de/praxis/cm/page/page.php? table=pg&id=7471	Artikel zu VirtualBox
http://de.opensuse.org/VirtualBox	informative VBox-Seite von OpenSUSE

*Auch Microsoft hat die Bedeutung der Virtualisierung erkannt und sich
in diesem Markt etabliert. Das Produkt heißt Virtual PC und überzeugt
durch seine Leistungsfähigkeit. Aus diesem Grund wird es hier beschrieben und liegt auch der DVD bei.*

C   Microsoft Virtual PC

C.1   Die Installation von Microsoft Virtual PC

Informationen zum Programm Virtual PC bietet die Microsoft-Webseite:

http://www.microsoft.com/germany/windows/virtualpc/default.mspx

Zum Download der aktuellsten Version dient die Webseite:

*http://www.microsoft.com/downloads/details.aspx?displaylang=de&FamilyID=
04d26402-3199-48a3-afa2-2dc0b40a73b6#filelist*

Die Virtual PC-Software als 32-Bit-Version befindet sich auf der beiliegen DVD
unter: *Software zum Buch\Kap01\Virtuelle Maschinen\Virtual PC 2007\Virtual
PC 2007 64Bit setup.exe*. Die Datei als 64-Bit Version heißt: *Virtual PC 2007
64Bit setup.exe*. Eine ältere Version gibt es unter: *Software zum Buch\Kap01\Vir-
tuelle Maschinen\Virtual PC 2004 SP1*.

Gestartet wird die Installation durch einen Doppelklick auf das Programm mit der
Endung *setup.exe*.

Der sich öffnende Dialog dient der Begrüßung, mit der Schaltfläche **Weiter** gelangt man zum nächsten Dialog, der einem durchaus einen kleinen Schreck ein-
jagen kann (Abbildung C.2).

In der Tat werden nur bestimmte Windows-Versionen unterstützt. Ist die Version
nicht aktuell, was auch heißen kann, die neueren Service-Packs wurden nicht installiert, wird Virtual PC ebenfalls nicht installiert. Trotz der Meldung sollte man
sich nicht entmutigen lassen und es einfach einmal mit der Installation versuchen. Gelingt sie nicht, kann man immer noch auf die ältere Version auf der DVD
zurückgreifen (Virtual PC 2004 SP1). Im nächsten Schritt stimmt man den Lizenzbedingungen zu (Abbildung C.3).

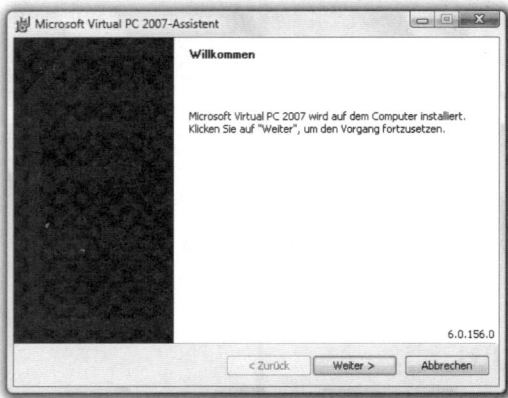

Abbildung C.1 Die Installation starten

Abbildung C.2 Eine Warnung

Abbildung C.3 Die Lizenzbedingungen

Jetzt wird ein Benutzer für die Anwendung bestimmt. Alternativ kann die Anwendung für alle Nutzer des Computers aktiviert werden. Ein Produktschlüssel ist bereits von Haus aus festgelegt, damit das Programm im Rahmen der Lizenz kostenlos verwendet werden kann (Abbildung C.4).

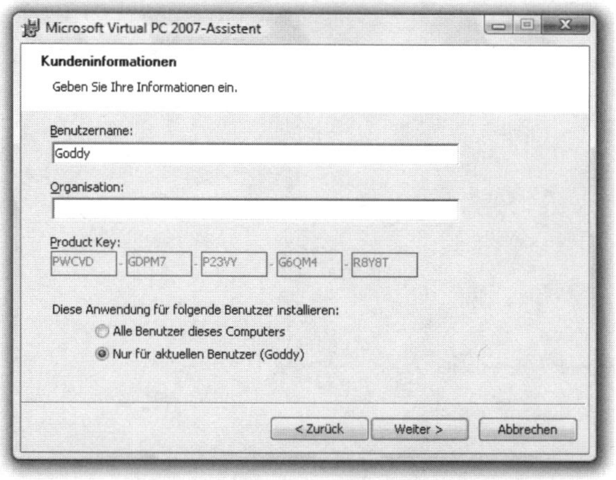

Abbildung C.4   Die Benutzer festlegen

Im folgenden Dialog kann der Ordner bestimmt werden, in dem Virtual PC installiert werden soll. Die Schaltfläche **Ändern** erlaubt eine Festlegung mithilfe eines Dateidialogs. Der Standardpfad ist: *C:\programme\Microsoft Virtual PC*.

Über die Schaltfläche **Installieren** wird danach die eigentliche Installation gestartet (Abbildung C.5). Ein Fortschrittsbalken zeigt den aktuellen Verlauf der Installation an (Abbildung C.6).

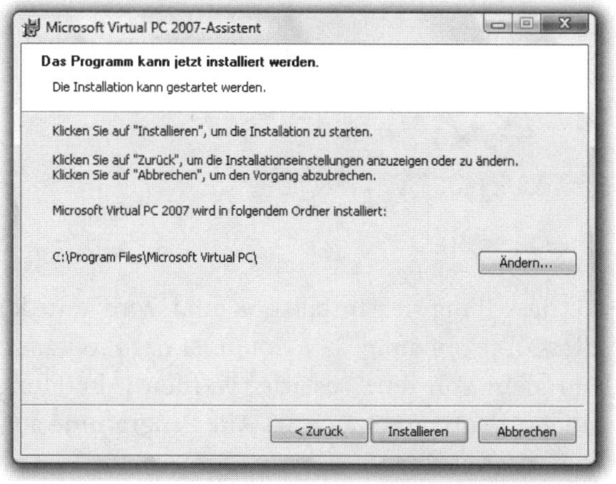

Abbildung C.5   Festlegen des Zielordners und Start der Installation

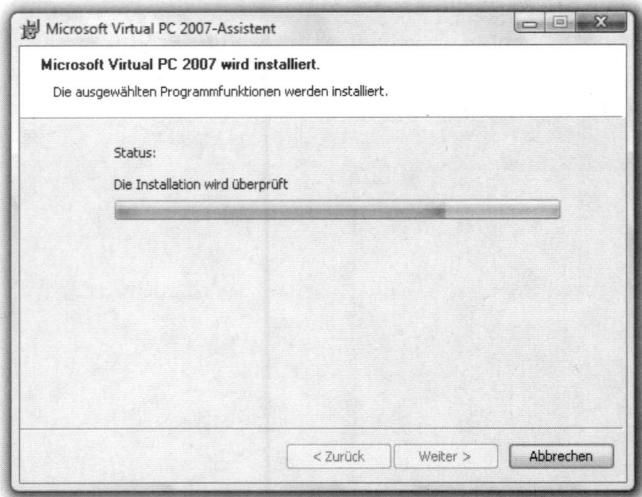

Abbildung C.6 Die Installation der Software

Abbildung C.7 Nach der Installation

Ein letzter Dialog meldet die Fertigstellung der Installation und wird mit der Schaltfläche **Fertig stellen** geschlossen (Abbildung C.7). Somit ist das Programm im Startmenü aufgenommen und kann von dort gestartet werden (Abbildung C.8). Unter Umständen muss man es über den Menüpunkt **Alle Programme** aufrufen.

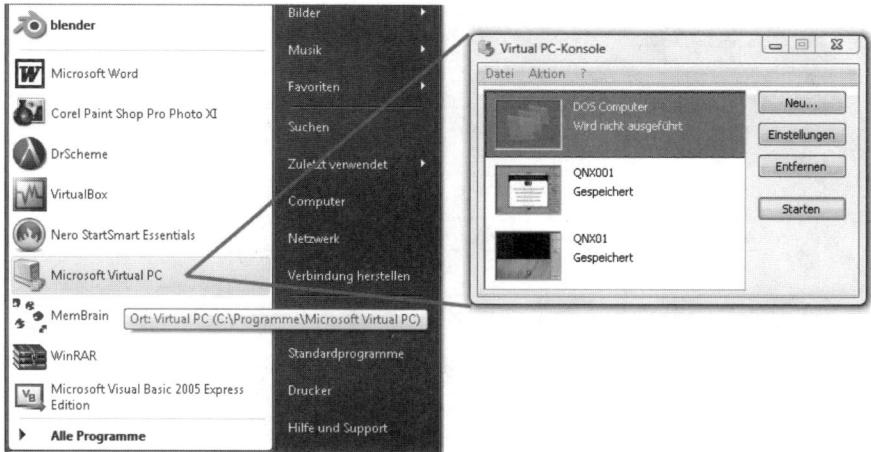

Abbildung C.8 Virtual PC über das Startmenü starten

C.2 Microsoft Virtual PC verwenden

Beim ersten Start sind noch keine virtuellen Computer vorhanden und eine leere Dialogbox wird geöffnet, gleichzeitig aber auch der Assistent zur Erstellung virtueller Rechner.

Abbildung C.9 Nach dem ersten Start

Die Konfiguration eines virtuellen Rechners ist doch recht komplex, und so wird man durch eine Assistentenfunktion unterstützt, die einen großen Teil der Konfiguration unsichtbar im Hintergrund vornimmt. Nur die variierbaren Parameter werden abgefragt.

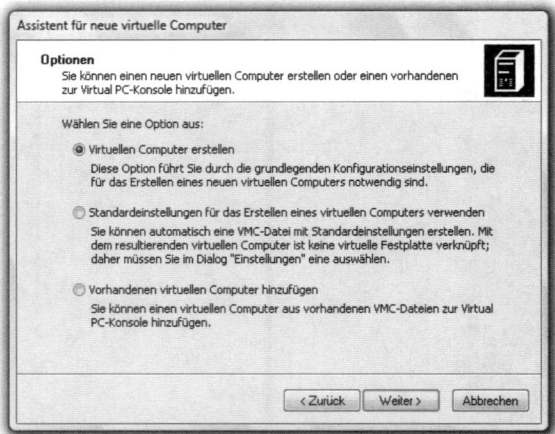

Abbildung C.10 Die Option angeben

Damit beginnt es bereits bei dem folgenden Dialog (Abbildung C.10). Man kann entweder einen neuen virtuellen PC erstellen, automatisch erstellen lassen oder einen bestehenden einbinden. Wir belassen es beim ersten Punkt zum Erstellen eines neuen PC.

Als Nächstes ist ein Name für den PC anzugeben. Das ist vor allem deshalb erforderlich, weil alles, was zum virtuellen PC gehört, als Datei abgelegt wird. Damit diese Dateien unterscheidbar sind, wird ein individueller Name benötigt. Es ist sinnvoll, einen Namen zu nehmen, aus dem hervorgeht, welches Betriebssystem man auf dem Rechner installieren wird.

Wir verwenden in diesem Beispiel den Namen **DOS Computer** (Abbildung C.11).

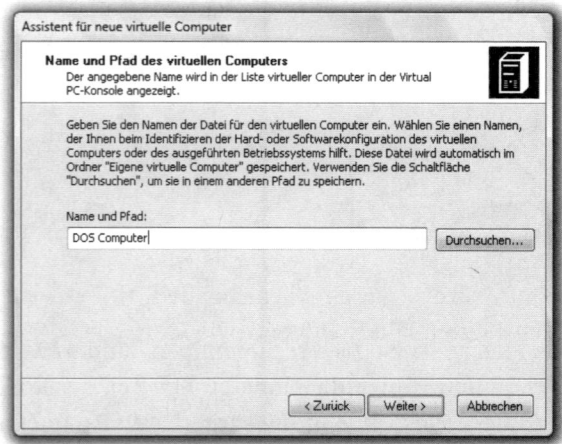

Abbildung C.11 Ein neuer Name für den neuen Rechner

Der Assistent soll die virtuelle Maschine sachgerecht einrichten, dafür benötigt er eine Angabe zu dem Betriebssystem, das wir auf diesem Rechner installieren möchten. Das geschieht auf der nächsten Dialogbox (Abbildung C.12). Bei Virtual PC stehen in der Liste nur Windows-Betriebssysteme zur Verfügung. Was jedoch nicht bedeutet, dass man mit diesem virtuellen Rechner nur Windows-Betriebssysteme verwenden kann. Für andere Betriebssysteme wählt man versuchsweise ein vergleichbares Windows-System oder den Punkt **Andere** aus. Wir wählen in unserem Beispiel **Andere**.

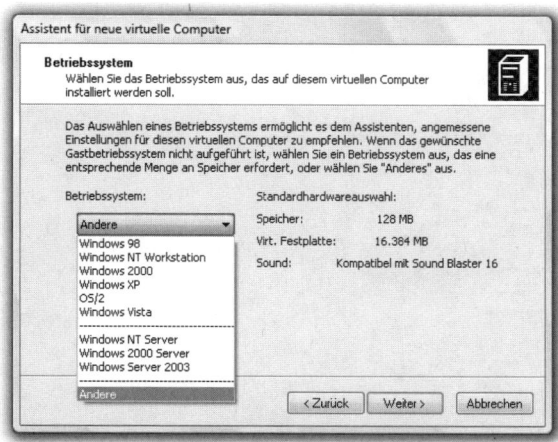

Abbildung C.12 Festlegen des Betriebssystems

Nach dem Betriebssystem wird die Menge des Arbeitsspeichers festgelegt, den die virtuelle Maschine nutzen soll. Wir belassen es bei der vom Assistenten vorgeschlagenen Größe von 128 MB. Hier sollte man einerseits berücksichtigen, wie viel Speicher das zu installierende Betriebssystem verwalten kann und wie viel realer Hauptspeicher vorhanden ist und vom Hostrechner entbehrt werden kann (Abbildung C.13).

Nach dem Arbeitsspeicher muss die virtuelle Festplatte eingestellt werden (Abbildung C.14). Der Assistent hat **vorhandene virtuelle Festplatte** vorgewählt. Das können wir nicht so belassen.

Also wählen wir in dieser Dialogbox den Punkt **Neue virtuelle Festplatte** aus. Es ist genau wie am echten Computer, würden wir eine bestehende Platte verwenden, so wird das darauf vorhandene System überschrieben. Die Schaltfläche **Weiter** öffnet einen Dialog, in dem der Dateiname und die Größe der virtuellen Festplatte festgelegt werden können (Abbildung C.15). Es genügt, wenn man für DOS eine kleine Platte zur Verfügung hat, z. B. 40 oder 80 MB.

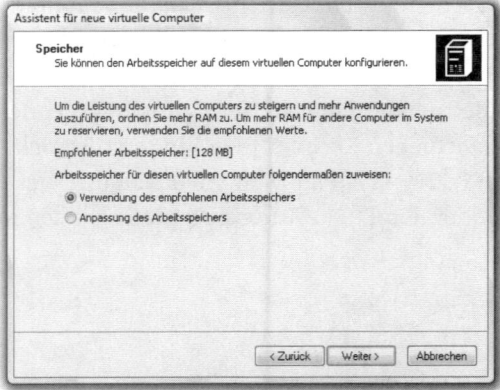

Abbildung C.13 Den Arbeitsspeicher auswählen

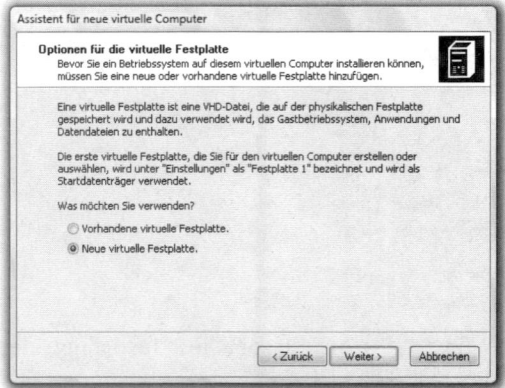

Abbildung C.14 Die Festplatte einstellen

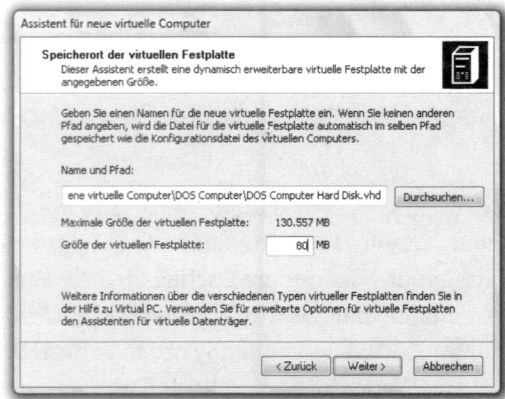

Abbildung C.15 Die Einstellungen zur virtuellen Festplatte

Jetzt ist bereits alles Wichtige festgelegt und der virtuelle DOS-Rechner kann erzeugt werden. Ein Klick auf die Schaltfläche **Fertig stellen** führt den Auftrag aus (Abbildung C.16).

Abbildung C.16   Vor der Fertigstellung

Nun zeigt die **virtuelle Konsole** den gerade erstellten virtuellen DOS-Rechner in ihrer Liste der virtuellen Maschinen an (Abbildung C.17).

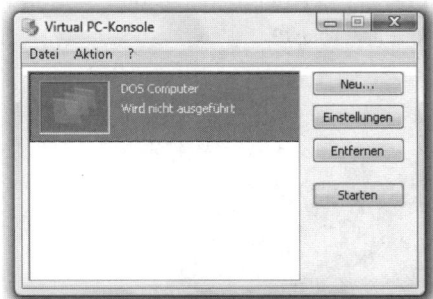

Abbildung C.17   Die Konsole mit einem DOS-Rechner

Der virtuelle Rechner kann nun wie ein echter Rechner gestartet werden. Hierzu dient die Schaltfläche **Starten**.

Es öffnet sich ein größeres Fenster, das einen Blick auf den schwarzen Monitor unseres virtuellen Rechners zeigt. Wie bei einem echten Rechner wird nun zunächst das BIOS hochgefahren. Wie Sie an der Abbildung C.18 sehen, hat das virtuelle BIOS auch ein Setup, das sich mit der ⌈Del⌉-Taste aufrufen lässt. Sofort sucht der Rechner nach einem startbaren Medium, also einem installierten System auf der virtuellen Festplatte oder einer Systemdiskette, CD oder DVD.

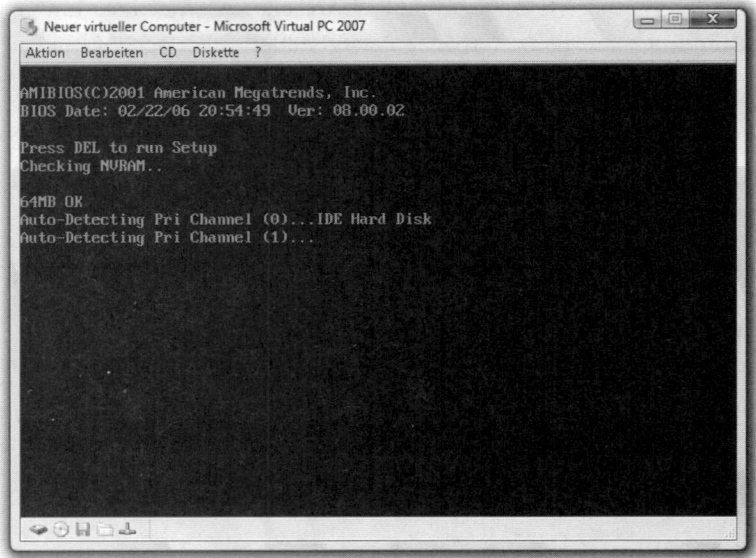

Abbildung C.18 Die BIOS-Meldungen des virtuellen Rechners

Wenn er nichts davon findet, beschwert er sich, wie das ein echter Rechner auch tun würde. Ganz wichtig für uns ist auch hier die Tastenkombination mit der wir unseren virtuellen Rechner verlassen können. Es genügt die ⸢AltGr⸣-Taste zu halten und die Maus zu bewegen. Mit ⸢AltGr⸣+⸢↵⸣ gelangen wir in den Vollbild-Modus und wir können ihn damit auch wieder verlassen.

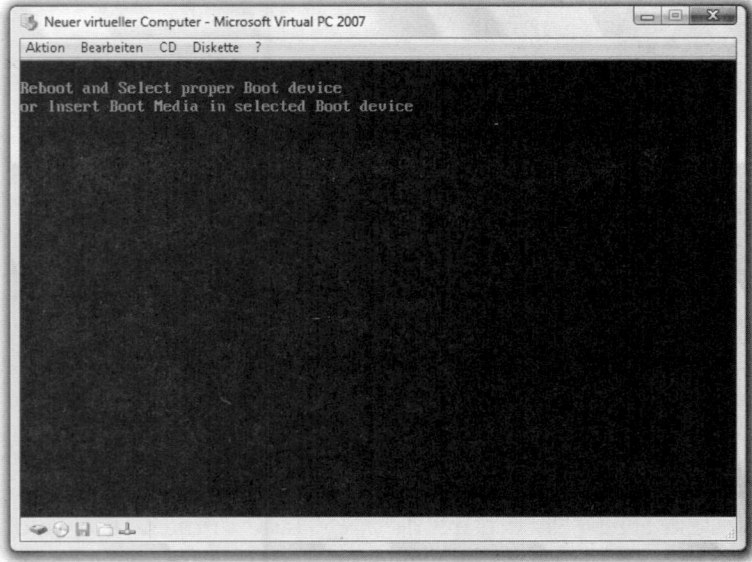

Abbildung C.19 Nichts Startbares gefunden

Wir werden später eine freie DOS-Version auf dem Rechner installieren und uns anschauen, was man mit DOS Interessantes anstellen kann.

Fürs Erste fahren wir den Softwarerechner wieder herunter. Hier gibt es mehrere Möglichkeiten. Entweder klicken Sie auf die Systemschaltfläche X oder verwenden den Menüpunkt **Aktion • Schließen**. In beiden Fällen wird ein kleiner Dialog geöffnet, der zur Auswahl stellt, den Rechner auszuschalten oder den aktuellen Zustand zu speichern. Durch Speichern des aktuellen Zustands kann man einen virtuellen Rechner an jeder Stelle einfrieren und beim Hochfahren wieder genau an dieser Stelle weiterarbeiten. Eine Technik, die man bei dem realen Rechner vergebens sucht.

Wir schalten den virtuellen Rechner natürlich aus, weil auf dem Rechner noch kein Betriebssystem installiert ist.

C.3   Zusammenfassung

Virtual PC ist ein flottes Virtualisierungswerkzeug, das natürlich für Windows wie geschaffen ist, schließlich wird es von Microsoft selbst angeboten. Die Installation war ähnlich einfach wie die Installation von VirtualBox. Beim Einrichten eines Rechners werden nicht so viele verschiedene Betriebssysteme angeboten. Es lassen sich jedoch auch Systeme installieren, die in der Liste nicht enthalten sind.

Wichtig ist die `AltGr`-Taste, um den virtuelle Rechner verlassen zu können. Mit `AltGr`+`↵` kann man in den Vollbildmodus und zurück schalten.

C.3.1   Webseiten zum Kapitel

URL	Beschreibung
http://de.wikipedia.org/wiki/Microsoft_Virtual_PC	Wikipedia-Seite zu Virtual PC
http://www.microsoft.com/windows/products/ winfamily/virtualpc/default.mspx	Homepage von Virtual PC
http://www.chip.de/artikel/ c1_artikel_ 21985686.html	Artikel zu Virtual PC
http://www.microsoft.com/downloads/ details.aspx?FamilyID=04d26402-3199- 48a3-afa2-2dc0b40a73b6&DisplayLang=de	Download-Seite

C.3.2   Weiterführende Literatur zum Kapitel

Dennis Zimmer, VMware und Microsoft Virtual Server – VMware GSX, VMware ESX und Microsoft Virtual Server im professionellen Einsatz, Galileo Press, 2005

VMware ist der Marktführer der virtuellen Systeme. Zusätzlich zum Virtualisierungssystem werden interessante Werkzeuge angeboten, mit denen wir uns hier auch kurz beschäftigen wollen.

D VMware

D.1 Installation und Anwendung von VMware

Bei VMware Server handelt es sich um ein serverbasierendes virtuelles System, das zentral eingerichtet per Remote Clients genutzt und verwaltet werden kann. Wir werden es natürlich nur lokal verwenden. Somit benötigen wir auch nicht die Aktivierung des Internet Information Service, wie sie während der Installation gefordert wird.

VMware ist neben der Windows-Version auch für andere Betriebssysteme erhältlich. Die entsprechenden Versionen liegen allerdings nicht auf der DVD dem Buch bei, können aber über entsprechende Webseiten bezogen werden.

Weitere Informationen zu VMware Server bietet, neben den Dokumentationen auf der Buch-DVD, die VMware-Webseite:

http://www.vmware.com/de/

Zum Download der aktuellsten Version dient die Webseite:

http://www.vmware.com/de/download/ws

Die Version kann uneingeschränkt für 30 Tage getestet werden. Hierzu muss man über die Webseite einen Evaluierungskey anfordern.

http://www.vmware.com/de/download/ws/eval.html

Die kostenlose Open Source Server-Version findet man unter:

http://www.vmware.com/de/download/server/open_source.html

Das VMware-Programm liegt auf der DVD unter: *Software zum Buch\Kap01\ Virtuelle Maschinen\VMWare\VMware-server-installer-1.0.3-44356.exe.*

Besorgen Sie sich bitte vor der Installation über die VMware-Webseite einen Evaluierungskey. Er ist zeitlich begrenzt gültig, daher konnte der Software auf der DVD kein Key beigelegt werden.

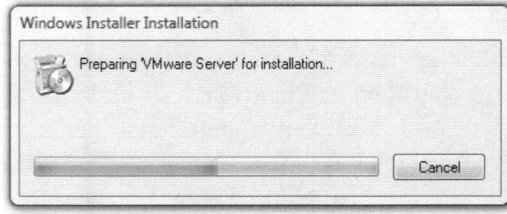

Abbildung D.1 Der Start der Installation

Nach dem Start des Installationsprogramms wird zunächst die Installation vorbereitet (Abbildung D.1). Danach wird ein Copyright-Hinweis angezeigt (Abbildung D.2).

Abbildung D.2 Der Copyright-Hinweis

Der nächste Schritt ist die Anerkennung der Nutzungslizenz. Wird sie nicht bestätigt, bricht die Installation ab.

Abbildung D.3 Die Lizenz ist anzuerkennen.

Die Installation kann als Komplettinstallation oder als Teilinstallation ausgeführt werden (Abbildung D.4). Bei einer Teilinstallation kann festgelegt werden, welche Komponenten des Systems zu installieren sind.

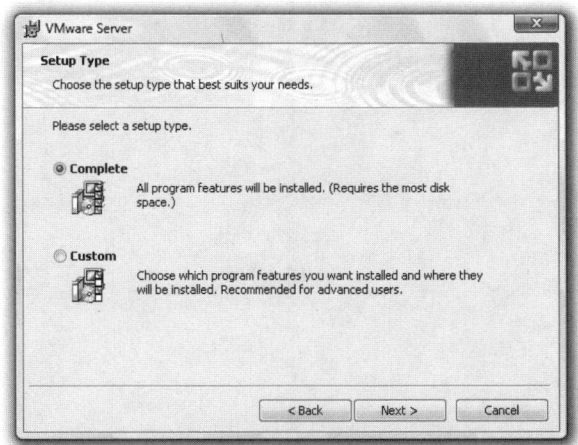

Abbildung D.4 Die Auswahl des Installationstyps

Nun folgt der Hinweis auf die erforderliche Installation des IIS (Internet Information Service), worauf wir verzichten wollen. So kann man die Schaltfläche OK anklicken. Der IIS dient VMware als Server, um eine Webseite anzubieten, mit der er ferngewartet werden kann. Installiert man den Server nur lokal, kann er direkt als Server aufgerufen und über einen Dialog eingestellt werden.

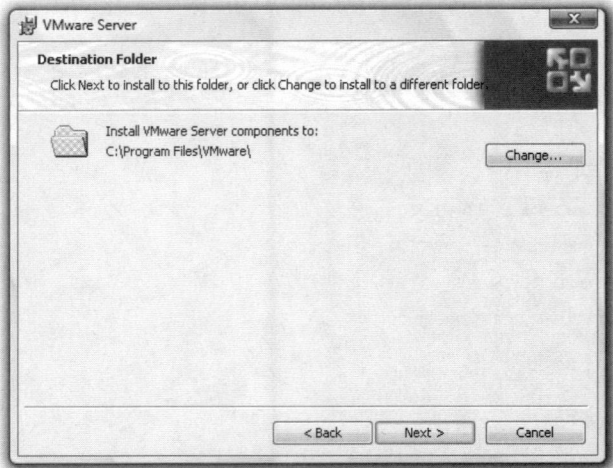

Abbildung D.5   Das Installationsverzeichnis festlegen

Es folgt die Festlegung des Verzeichnisses, in dem VMware zu installieren ist (Abbildung D.5). Über die Schaltfläche **Change** lässt sich das voreingestellte Verzeichnis abändern.

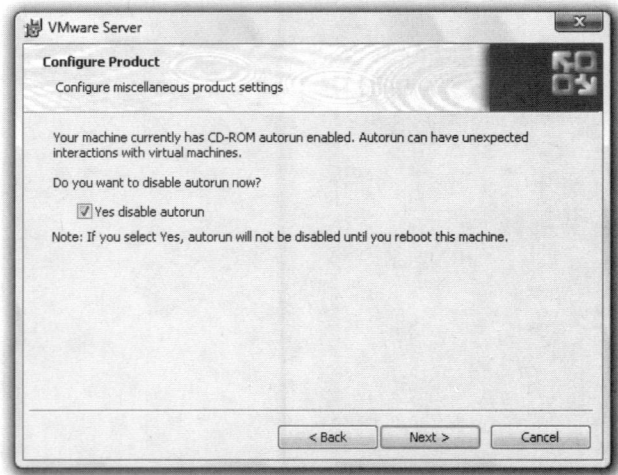

Abbildung D.6   Die Autorun-Funktion der CD-ROM-Laufwerke deaktivieren

VMware hat Schwierigkeiten, die CD-ROM-Laufwerke zu verwenden, wenn die Autorun-Funktion von Windows aktiviert ist. Das ist die Funktion, die eine CD-ROM automatisch startet, nachdem sie eingelegt wurde. Will man VMware problemlos nutzen, lässt man über diesen Dialog die Autorun-Funktion abstellen.

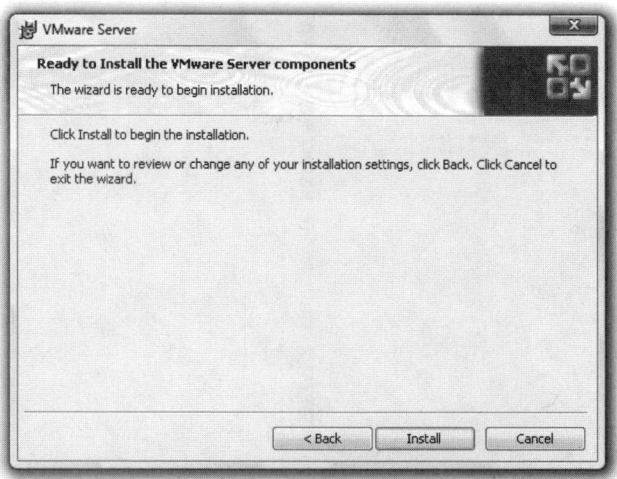

Abbildung D.7 Vor dem Start der Installation

Mit dem nächsten Dialog wird die eigentliche Installation gestartet (Abbildung D.7), die, wie üblich, an Hand eines Fortschrittbalkens zeigt, wie die Installation abläuft (Abbildung D.8).

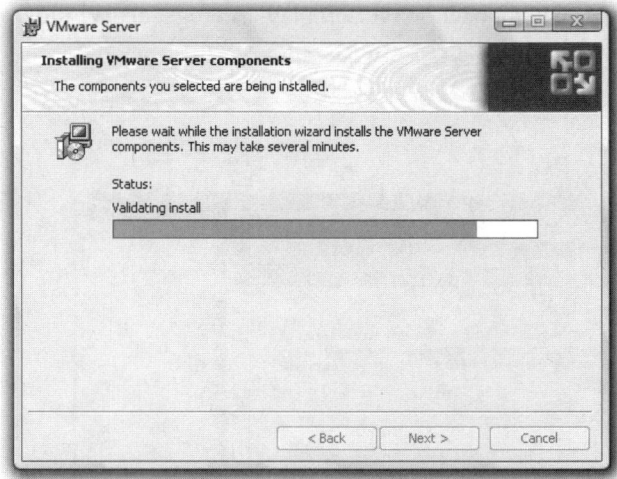

Abbildung D.8 Der Fortschrittsbalken

Nach Beenden der Installation (Abbildung D.9) kann man das Programm bereits aufrufen und einen virtuellen Rechner einrichten.

Abbildung D.9 Beenden der Installation

D.1.1 Einrichten eines virtuellen Rechners unter VMware

Wie üblich befindet sich ein neuer Menüpunkt im Startmenü, mit dem das soeben installierte Programm aufgerufen werden kann. Hierbei wird der Dialog der Server-Konsole geöffnet (Abbildung D.10). Es ist das Programm *vmware.exe* im Verzeichnis *\VMware Server*. Die meisten Serverteile laufen längst als Windows-Service und werden jeweils beim Start des Systems aufgerufen.

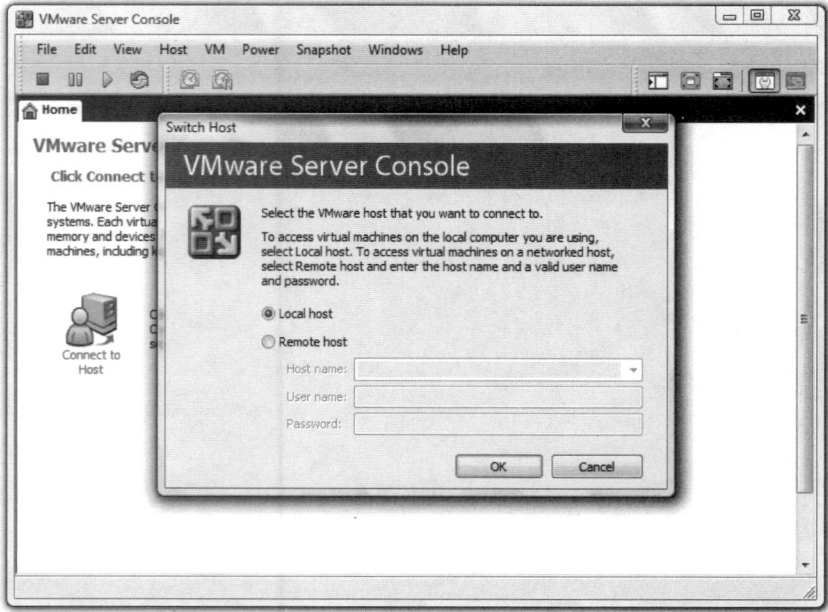

Abbildung D.10 Starten der VMware Server Console

Die Konsole kann den lokalen Server, aber auch einen Server nutzen, der auf einem anderen Rechner im Netz läuft. Dazu kann man bei Start der Konsole den gewünschten Host angeben. Wir lassen die Einstellung auf **local host** stehen. Hat man ein Netzwerkwerk aufgebaut, kann man natürlich auch einen Remote-Host einrichten.

Beim ersten Start öffnet sich nach Anklicken der Schaltfläche **OK** ein Dialog, dem entnommen werden kann, mit welchem Server man verbunden ist (Abbildung D.11). In unserem Fall: **Connected to Local host**.

Über drei Icons sind drei Funktionen aufrufbar:

▸ Neue virtuelle Maschine einrichten

▸ Existierende virtuelle Maschine einbinden

▸ Zu anderem Host wechseln

Nach dem ersten Start müssen wir natürlich erst einmal eine neue Maschine erstellen.

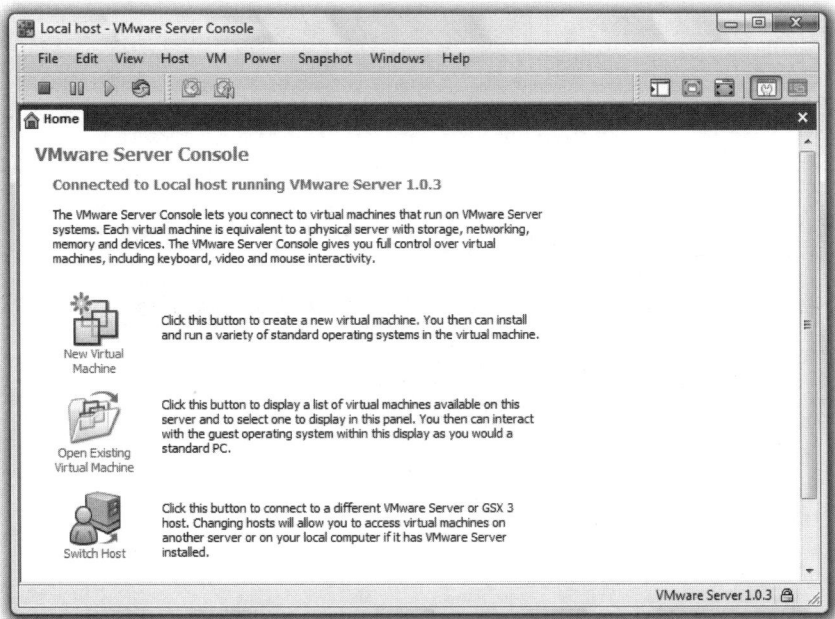

Abbildung D.11 Der erste Konsolenstart

Klicken wir also das Icon **New Virtual Machine** an.

Der Assistent wird gestartet, der wie bei dem Programm Virtual PC eine ganze Reihe von Einstellungen vornehmen wird (Abbildung D.12). Der nächste Dialog erlaubt die entsprechende Vorauswahl (Abbildung D.13). Wir können entweder eine typische virtuelle Maschine erstellen lassen oder die verschiedenen Einstellungen selbst eingeben (**Custom**). Dabei kann man von der Zahl der zu nutzenden Prozessoren über den Festplattenbus (IDE oder SCSI) so ziemlich alles einstellen, was einen virtuellen Rechner ausmacht.

Abbildung D.12 Der Start des Assistenten für die Einrichtung einer neuen virtuellen Maschine

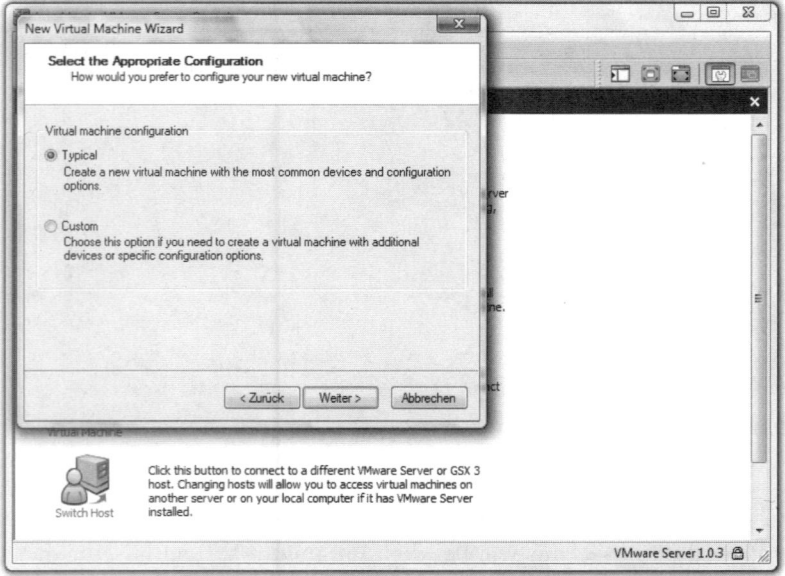

Abbildung D.13 Eine typische virtuelle Maschine auswählen

Sofern man sich halbwegs mit der Hardware von Rechnern auskennt, ist das natürlich eine interessante Sache, für die Erstellung funktionierender virtueller Maschinen ist es jedoch nicht erforderlich und die Auswahl **Typical** reicht vollkommen aus. Im nächsten Dialog wird das Betriebssystem angewählt, das auf dem virtuellen Rechner laufen soll (Abbildung D.14). Wir wählen **Other** und dann in der Combobox **MS-DOS**.

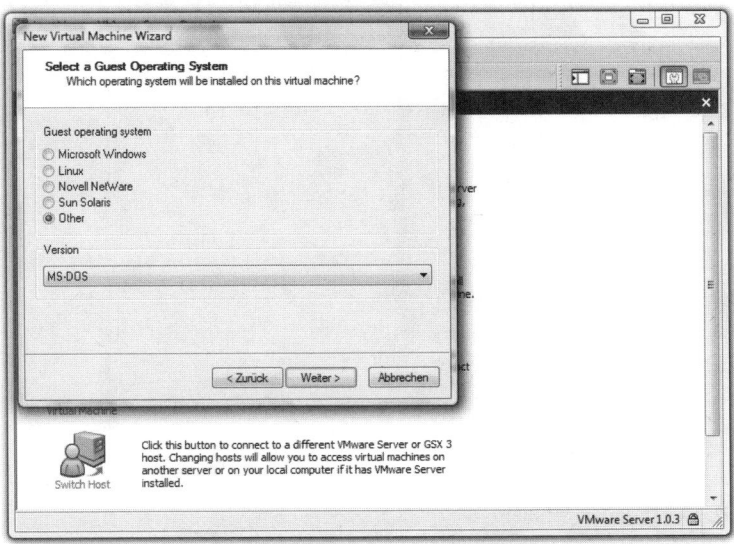

Abbildung D.14   Die Auswahl des Gast-Betriebssystems

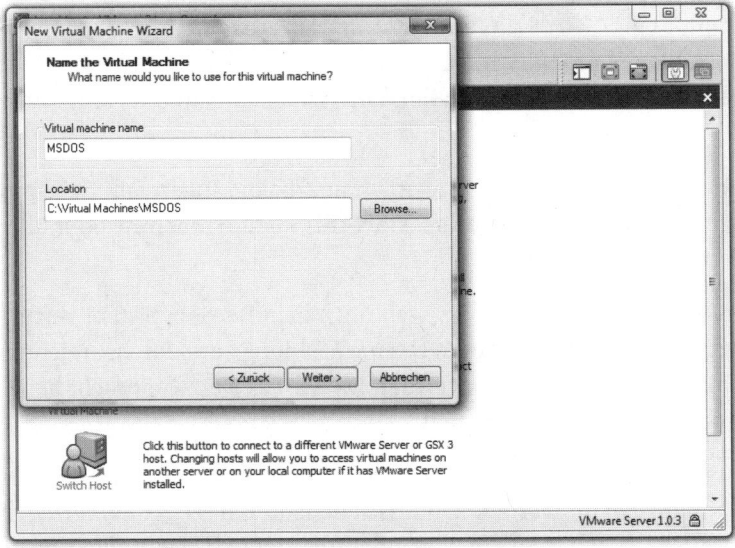

Abbildung D.15   Die Lage der virtuellen Maschine

Im folgenden Dialog wird bestimmt, wo im Dateisystem die Dateien der virtuellen Maschine abgelegt werden sollen (Abbildung D.15). Mit der Schaltfläche **Browse** kann ein vom Standard abweichender Pfad gewählt werden.

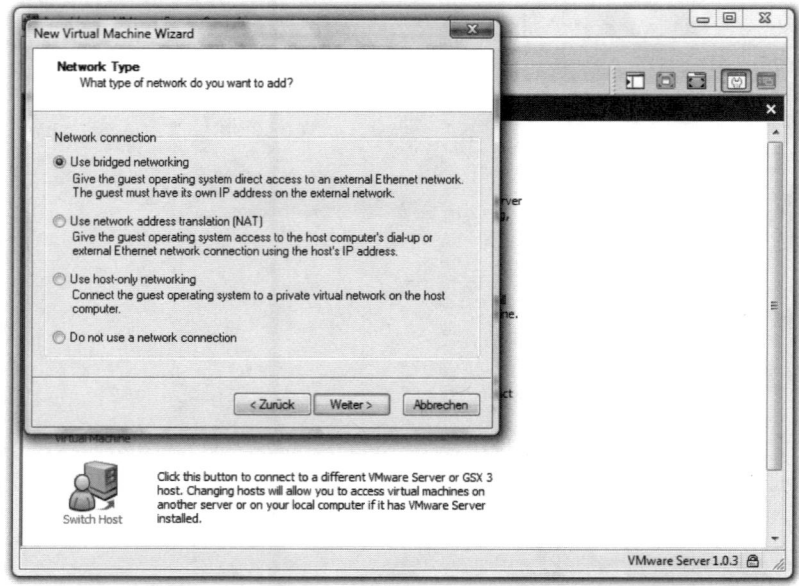

Abbildung D.16   Das Netzwerk einstellen

Nun wird die Art der Netzwerkanbindung festgelegt (Abbildung D.16). Anschließend kann eine virtuelle Festplatte erstellt werden. Für DOS genügen uns 0,5 GB Plattenplatz (Abbildung D.17). Sollten andere Betriebssysteme auf einem VMware-Rechner installiert werden, wird die Platte entsprechend größer gewählt. Nun kann mit der Schaltfläche **Fertig stellen** der virtuelle Rechner erzeugt werden.

Der neue Rechner wird als Registerkarte im Hauptdialog angezeigt. Gestartet wird er entweder über den Kommandolink: **start this virtual machine** oder über den grünen Pfeil in der Icon-Leiste.

Natürlich gibt es wieder Schwierigkeiten, weil noch kein Betriebssystem verfügbar ist (Abbildung D.19). Vorher gibt es u. U. eine Meldung zum durchgereichten Netzwerk, falls man über ein Netzwerk verfügt. Da wir das Netzwerk nicht benötigen, kann man diese Meldung übersehen.

Es kann durchaus sein, dass kurz nach dem Start bei Aufruf der VMware-Konsole kein lokaler Server angewählt werden kann. Das bedeutet, dass der Server noch nicht hochgefahren ist. Wenn man einen Moment wartet und dann die Konsole noch einmal startet, ist die Auswahl **Local host** meist verfügbar.

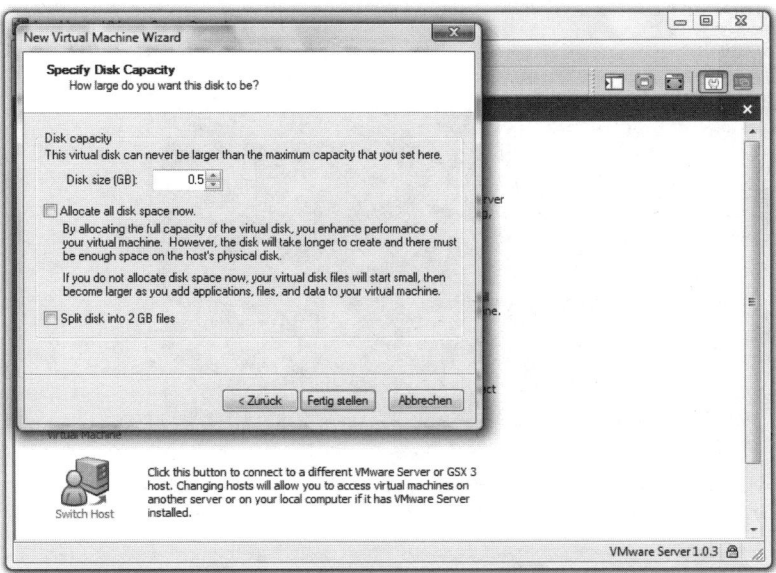

Abbildung D.17   Kleine Festplatte erstellen

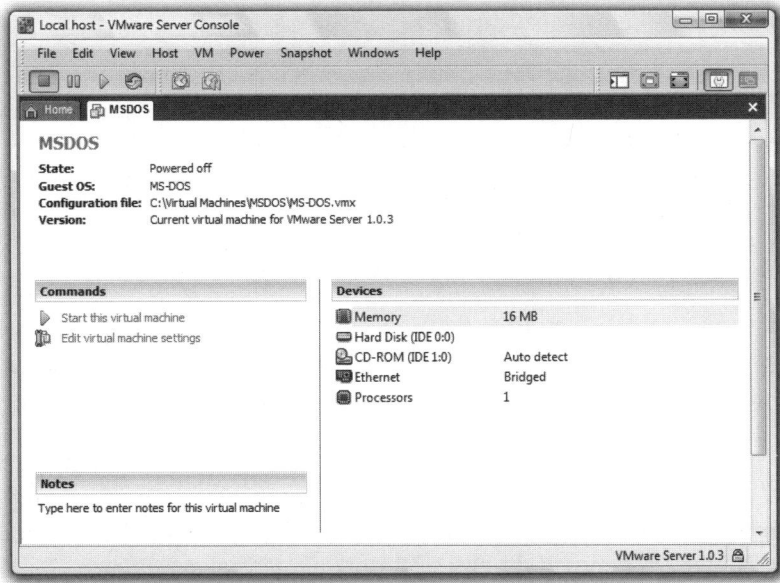

Abbildung D.18   Die fertige virtuelle Maschine für DOS

Der neue Computer lässt sich mit Klick auf das rote Kästchen (**Shut down guest**) in der Icon-Leiste anhalten. Weitere Möglichkeiten bestehen über das Menü: **Power • Power off**.

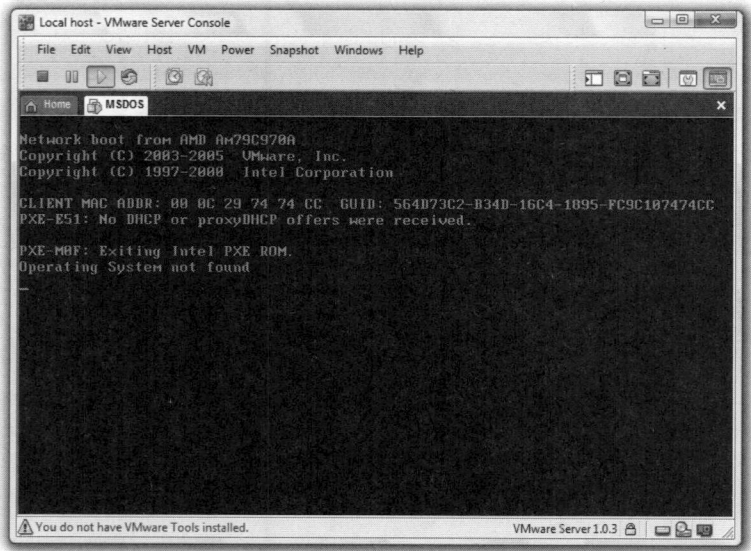

Abbildung D.19 Das Betriebssystem wurde nicht gefunden.

Es gibt auch die Möglichkeit **Snap shots**, also feste Zwischenstände, festzuhalten und diese später noch einmal anzuspringen.

Im Internet werden auch ganze virtuelle Maschinen mit freien Betriebssystemen angeboten. Diese virtuellen Maschinen sind fertig konfiguriert und brauchen nur noch gestartet zu werden.

Auch auf der beiliegenden DVD sind einige fertige virtuelle Maschinen abgelegt. Sie befinden sich im Verzeichnis: *Software zum Buch\Anhang\Vorbereitungen\ Virtuelle Maschinen\VMWare\VMs für Vmware.*

Sie lassen sich am sinnvollsten durch den sogenannten **VMware Player** starten. Es handelt sich dabei allerdings ausschließlich um Linux-Server oder einfache Linux-Systeme für Wartungsarbeiten am Rechner, die nur was für Tüftler sind.

D.1.2 Der VMware Player

Der VMware Player ist ein Programm von VMware, das dazu dient, gespeicherte virtuelle Maschinen lokal auszuführen. Das Programm ist frei erhältlich.

Informationen zum VMware-Player findet man auf:

http://www.vmware.com/de/products/player/

Die neuste Version findet man im Internet auf der Webseite:

http://www.vmware.com/de/download/player/

Die Software befindet sich auf der beiliegenden DVD als: *\Software zum Buch\ Anhang\Vorbereitungen\Virtuelle Maschinen\VMWare\VMware-player-2.0.0- 45731.exe.*

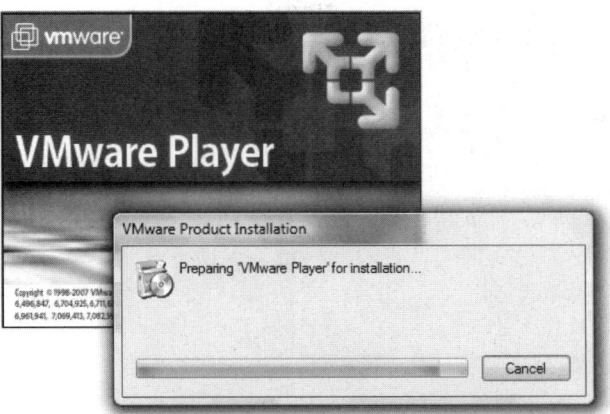

Abbildung D.20   VMware Player installieren

Die Installation ist völlig unproblematisch (Abbildung D.20), die Installationsroutine fragt lediglich nach dem Verzeichnis, in das der Player installiert werden soll. Auf einem System, auf dem bereits der VMware Server installiert wurde, lässt sich jedoch nicht zusätzlich der Player installieren (Abbildung D.21).

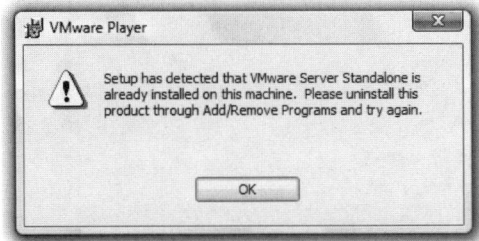

Abbildung D.21   Der Player ist nicht zusätzlich zum Server installierbar.

Man muss sich also entscheiden, was man auf einem Rechner betreiben möchte.

D.1.3   Der VMware Konverter

Mithilfe des VMware Konverters können bestehende Rechnerkonfigurationen in virtuelle Rechner umgewandelt werden. Für die Versuche, die wir im Rahmen dieses Buches durchführen, ist die Konvertierung bestehender Systeme nicht von Bedeutung, deshalb wird dieses Möglichkeit hier nur erwähnt und nicht weiter besprochen.

Abbildung D.22   Die Installation des VMware Konverters

Für die Konvertierung eines bestehenden Systems installiert man den VMware Konverter auf diesem System (Abbildung D.22). Die Software muss als Administrator gestartet werden (rechte Maustaste – als Administrator ausführen).

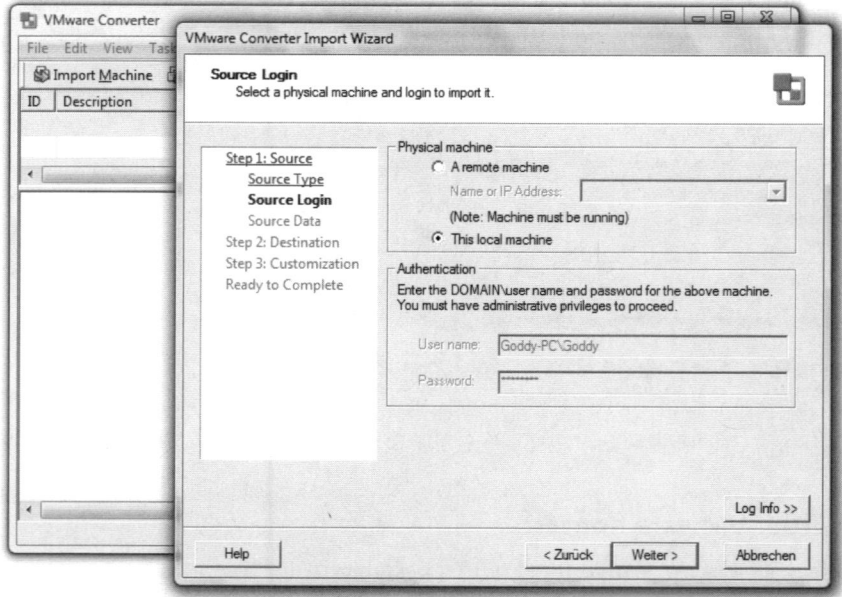

Abbildung D.23   Ein bestehendes System virtualisieren

Der Vorgang kann unter Umständen sehr lange dauern und viel Plattenplatz benötigen. Immerhin wird der gesamte Rechner als virtuelle Maschine konvertiert.

Wenn man sich VMware Server auf einer leistungsfähigen Serverhardware vorstellt und die Clientrechner, die im Moment noch als konfigurierte Hardware existieren, mit dem Konverter erfasst, um sie auf dem Server abzulegen, kann man sich derart die Virtualisierung eines ganzen Büros mit etlichen Arbeitsplätzen vorstellen. Der Vorteil dabei ist die zentrale Verwaltung der Rechner auf einem Server.

D.2   Zusammenfassung

Virtualisierung ohne VMware ist wie Marmeladenbrot ohne Marmelade. Zumindest ist diese Firma immer noch der aktuelle Marktführer auf diesem Gebiet. Aus diesem Grund wurde auch die Installation ihrer Software in diesem Kapitel beschrieben. Der VMware Server, der im privaten Rahmen kostenlos verwendet werden darf, ist die Basis der Virtualisierungstechnologie von VMware.

Wir haben dieses Programm lediglich lokal installiert und wollen es auch nur lokal nutzen, obwohl es als zentraler Virtualisierungsserver genutzt werden kann. Außerdem haben wir den VMware Player sowie den VMware Konverter kurz besprochen.

D.2.1   Webseiten zum Kapitel

URL	Beschreibung
http://www.vmware.com/de/	Homepage von VMware
http://www.vmware.com/de/download/	VMware-Downloadseite
http://de.wikipedia.org/wiki/VMware	VMware bei Wikipedia
http://www.tecchannel.de/server/ virtualisierung/401776/	Artikel zu VMware
http://vmware-forum.de/	Deutsches VMware-Forum

D.2.2   Weiterführende Literatur zum Kapitel

Dennis Zimmer, VMware Server und VMware Player, Galileo Press, 2006

Dennis Zimmer, VMware ESX, Galileo Press, 2007

Xen ist zwar das leistungsfähigste Tool unter den besprochenen Virtua-
lisierungswerkzeugen. Es ist jedoch nicht gerade leicht zu handhaben.
Außerdem benötigt es wirklich einen eigenen Rechner und ein Netzwerk.
Für die absoluten Könner unter den Lesern sei es hier trotzdem kurz
besprochen.

E   Xen

E.1   Installation und Anwendung von Xen (für Freaks)

Xen ist im Gegensatz zu den in den letzten Kapiteln beschriebenen Systemen
wirklich etwas für den Profi. Es benötigt Hardwareunterstützung, sprich, einen
Prozessor, der Xen unterstützt.

Wer einen entsprechenden Rechner hat (der als Server dienen kann), möchte Xen
eventuell auch nutzen, deshalb folgt hier eine kurze Einweisung in die Installation dieser Software. Xen stellt virtuelle Rechner als Clients zur Verfügung. Auf
dem Server sollte eine ganze Platte für die Xen-Installation zur Verfügung stehen,
denn Xen nutzt ohne Rückfrage gleich die ganze Festplatte.

Dies ist außerdem keine Installation, die einem Anfänger zu empfehlen ist. Zumal
sie wirklich sinnvoll nur auf Basis einer Linux-Serverinstallation durchzuführen
ist. Für die Beispiele im Buch werden wir Xen nicht nutzen und daher ist das im
Folgenden beschriebene Vorgehen für das Studium des Buches irrelevant. Es
dient nur dazu, dem erfahrenen Leser die Beispiele des Buches auch unter Xen
zugänglich zu machen.

Nähere Informationen zu Xen findet man auf der Seite:

http://www.xensource.com/Pages/default.aspx

Die neuste Version gibt es im Internet auf der Webseite:

http://www.xensource.com/Pages/Download.aspx

Das aktuelle Nutzerhandbuch findet man unter:

http://www.cl.cam.ac.uk/research/srg/netos/xen/readmes/user/user.html

Zunächst ist zu überprüfen, ob der zur Verfügung stehende Rechner die Hard-
ware-Virtualisierung unterstützt.

Das wäre Vanderpool bei Intel oder Pacifica bei AMD. Nur wenn man über einen Rechner verfügt, der eine dieser Techniken unterstützt, kann Xen genutzt werden. Vielleicht geht das bereits aus den Unterlagen des Rechners hervor.

Wird sie unterstützt, gibt es im BIOS eine Möglichkeit, die Virtualisierung ein- und auszuschalten. Man startet dazu den Rechner neu und wechselt über die entsprechende Taste (z. B. Del-Taste) in die Einstellungen des BIOS. Hier sollte es einen Menüpunkt geben wie: **Advanced · Advanced Processor Options · Intel (R) Virtualization Technology** oder bei anderen BIOS-Versionen: **Advanced BIOS Features · CPU Features · Virtualization Technology**.

Sind diese Einstellungen aktiv, also auf **enabled** gesetzt, kann Xen verwendet werden.

E.1.1 Installation

XenServer-4.0.1-install-cd.iso und XenServer-4.0.1-linux-cd.iso sind zunächst auf CD-ROM zu brennen. So kann die CD-ROM mit der XenServer-4.0.1-install-cd.iso gebootet werden. Eine minimale Linux-Version wird gestartet und die Xen-Installation in die Wege geleitet. Es wird zwischen einer 1-CD- und einer 2-CD-Installation unterschieden. Die 2-CD-Installation installiert zusätzlich einen Linux-Client mit auf den Server.

Es ist darauf zu achten, dass Xen bei der Installation eine ganze Platte für sich beansprucht und einfach alles überschreibt, was im Wege ist. Man sollte es also nur installieren, wenn man den Festplatteninhalt gesichert hat und weiß, was man tut. Ohne grundlegende Linux-Kenntnisse sollte man Xen überhaupt nicht installieren, weil sonst der Umgang mit dem Server nicht gelingt.

Die Installationsroutine verlangt außer Sprachangabe und Datum nicht viel. Ganz wichtig sind die Zugangsdaten, ein Host-, ein Nutzername und das Passwort. Wählt man die 2-CD-ROM-Installation, muss man am Ende die XenServer-4.0.1-linux-cd.iso-CD einlegen.

E.1.2 Verwendung

Die CD-ROM mit XenServer-4.0.1-install-cd enthält außer dem Xen Server einen Windows-Installationsteil, der die Clientsoftware XenCenter unter Windows installiert. Nachdem der Server auf Linux-Basis eingerichtet ist und bereitsteht, lassen sich nun auf den Rechnern des Netzwerks, die mit Xen arbeiten sollen, die entsprechenden Clientprogramme installieren.

Die CD-ROM im Laufwerk des Clients wird einfach nur eingelegt. Falls sie nicht automatisch startet, ruft man das Programm *XenCenterSetup.exe* im Verzeichnis */client-install* der CD-ROM auf (Abbildung E.1).

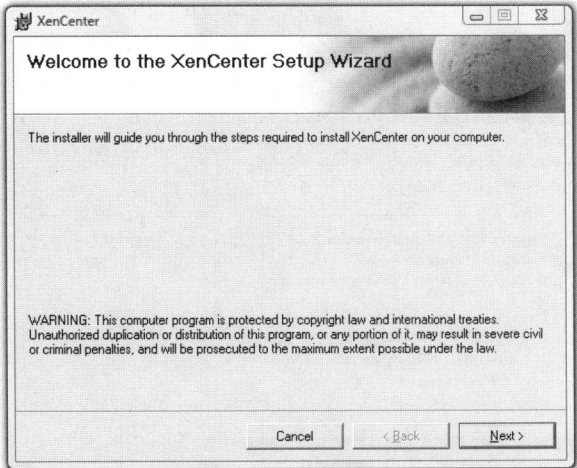

Abbildung E.1   Die XenCenter-Installation

Im nächsten Schritt braucht nur noch ein Verzeichnis für die Installation angegeben zu werden, und schon kann es losgehen (Abbildung E.2).

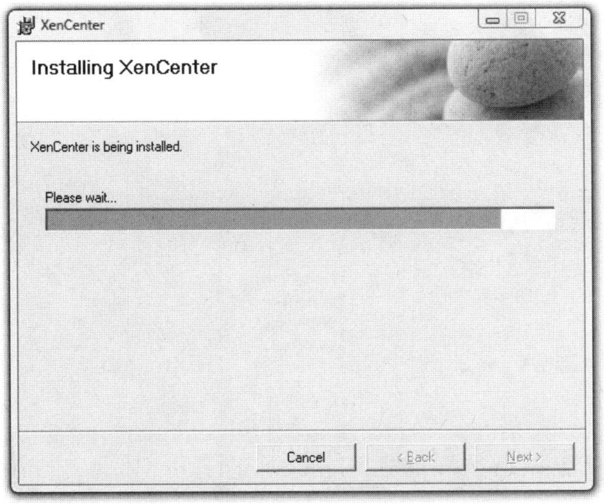

Abbildung E.2   Die eigentliche Installation

Nach der Installation kann man den Xen-Client, das XenCenter, über den eingefügten Menüpunkt im Start-Menü aufrufen (Abbildung E.3).

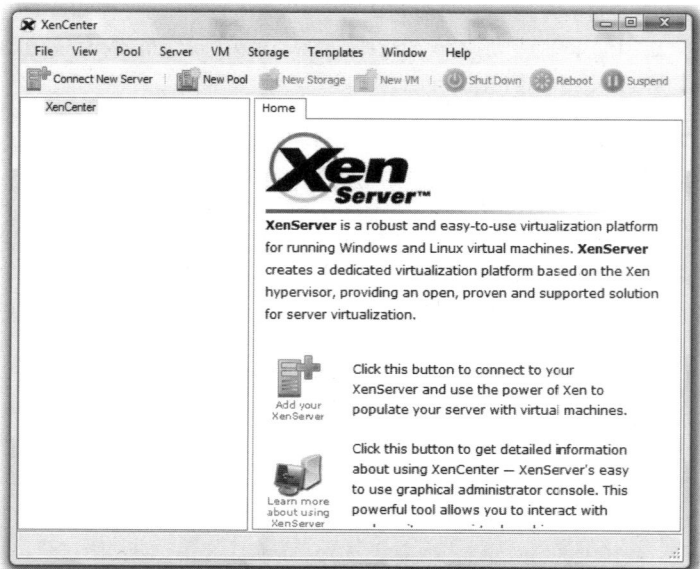

Abbildung E.3 Der Start des XenCenters

Damit der Client auf einen virtuellen Rechner zugreifen kann, wird er mit dem Server verbunden. Man klickt dazu auf das Icon **Add your Server**. Ein Dialog öffnet sich, in dem die Zugangsdaten zum Xen-Server angegeben werden (Abbildung E.4).

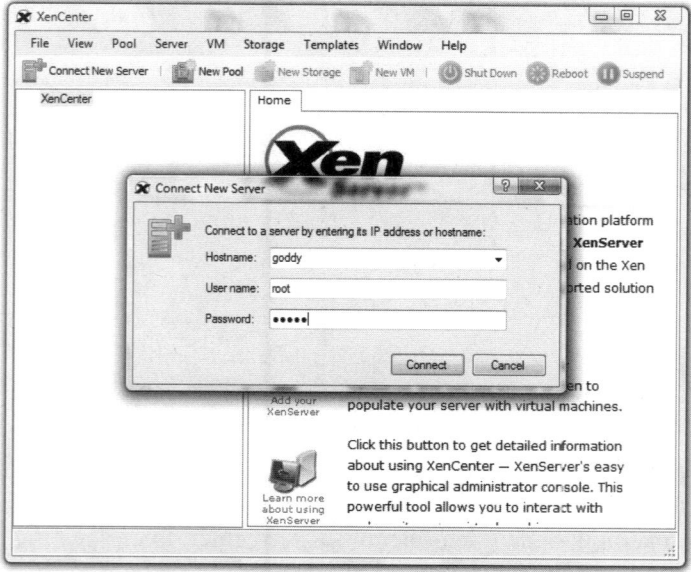

Abbildung E.4 Den Zugang zum Server einrichten

Insoweit unterscheidet sich der Umgang mit Xen von den anderen Virtualisierungssystemen. Vom Prinzip her funktioniert der Rest aber wie die anderen virtuellen Systeme. Die Rechner werden angelegt, installiert, gestartet und beendet. Für den Fachmann also kein Problem. Für den Anwender, der genug Rechner zur Verfügung hat und Spaß daran findet, Rechnerarchitekturen zu virtualisieren, gewiss eine interessante Sache.

Wir werden uns nun jedoch dem Thema Images zuwenden, weil Images es erlauben, mit den virtuellen Rechnern Daten auszutauschen. Dieses Thema ist für den Anfänger wie für den Fachmann gleichermaßen wichtig.

E.2   Zusammenfassung

Um Xen wirklich in den Griff zu bekommen, sollte man schon ein wenig Erfahrung mit einem Linux-System haben. Xen ist übrigens in den meisten Linux-Distributionen bereits integriert. Diese lassen sich von Haus aus als Xen-Server installieren. Wir haben die Installation der Xen-Software, die auf der DVD dem Buch mit beiliegt, kurz besprochen, sodass ein versierter Linuxer auch diese Software installieren kann, ohne lange probieren zu müssen.

E.2.1   Webseiten zum Kapitel

URL	Beschreibung
http://de.wikipedia.org/wiki/Xen	Wikipedia-Artikel zu Xen
http://www.xensource.com/	Xen-Homepage
http://linuxwiki.de/Xen	Linux-Anleitung zu Xen
http://www.rrze.uni-erlangen.de/dienste/ arbeiten-rechnen/linux/projekte/xen.shtml	Artikel zu Xen
http://www.fedorawiki.de/index.php/Xen	Xen auf Fedora Linux
http://wiki.ubuntuusers.de/Baustelle/XEN	Xen unter Ubuntu

E.2.2   Weiterführende Literatur zum Kapitel

Henning Sprang, Timo Benk, Jaroslaw Zdrzalek, Ralph Dehner, Xen. Virtualisierung unter Linux, Open Source Press, 2007

Nachdem nun virtuelle Rechner in Hülle und Fülle erzeugt wurden, werden auch virtuelle Festplatten, virtuelle CD-ROMs und Diskettenlaufwerke benötigt. Das wird mit sogenannten Imagedateien bewerkstelligt, die Thema dieses Kapitels sind.

F   Images

F.1   Images von Disketten und CD-ROMs

Um mit virtuellen Rechnern arbeiten zu können, sind Kenntnisse über sogenannte Images unbedingt erforderlich. Aus diesem Grund ist auch dieses Kapitel für jede Lesergruppe von Bedeutung.

Virtuelle Rechner benötigen natürlich auch Ein- und Ausgabegeräte. Bildschirm und Tastatur stellen kein Problem dar. Wie steht es aber mit Diskettenlaufwerken oder CD-ROMs? Viele moderne Rechner verfügen gar nicht mehr über ein Diskettenlaufwerk. DOS hätte nun aber gerne ein solches Laufwerk, um installiert zu werden.

Dieses Problem lässt sich mit sogenannten Images lösen. Brennt man Sicherheitskopien, so finden sich im Menü der Brennsoftware ebenfalls Hinweise auf diese Technik.

Vereinfach gesagt, ist das Image eines Datenträgers eine genaue Kopie in Form einer Datei. Dabei werden auch die sogenannten Metainformationen des Datenträgers mitgespeichert. Das sind Informationen darüber, wie die Daten auf dem Datenträger abgelegt sind. Diese Informationen gehören üblicherweise nicht zu den gespeicherten Daten, sondern zum Datenträger selbst. Sie sind also in der Regel nicht sichtbar und oft sind sie unveränderbar auf dem Datenträger abgelegt.

Bei einem Image sind sie jedoch in der Imagedatei mit enthalten. Dadurch kann ein solches Image selbst wie ein Datenträger angesprochen und genutzt werden. Auch bei den virtuellen Festplatten der virtuellen Rechner handelt es sich um eine Art Image. Sie können daher auch formatiert werden wie echte Platten.

Im Gegensatz zu diesen Images kann auf ein CD-ROM-Image natürlich nicht geschrieben werden, es ist wie eine CD-ROM schreibgeschützt. Natürlich gibt es auch Imagedateien von Disketten.

Ein Image kann man entweder direkt über einen Dialog in einer virtuellen Maschine nutzen oder auf eine CD/DVD brennen und ins CD-ROM-Laufwerk einlegen.

Bei **VirtualBox** wählt man den gewünschten virtuellen Rechner aus und klickt die Menüpunkte **Maschine · ändern** an. Der Dialog **Einstellungen** öffnet sich (Abbildung F.1).

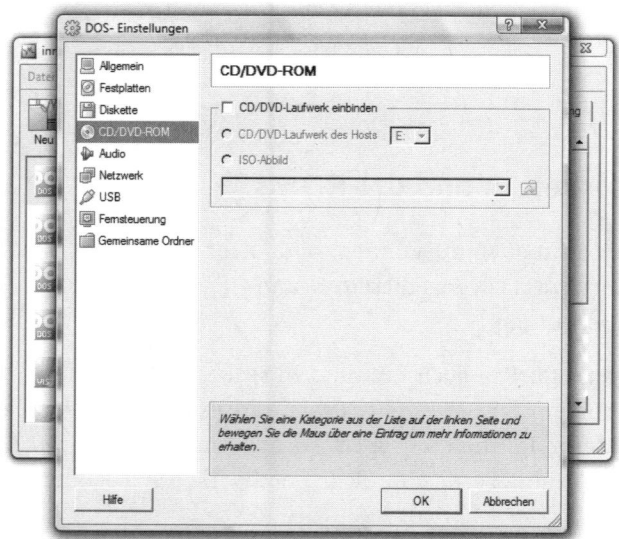

Abbildung F.1 Die Einstellungen

Nun lässt sich für die Diskette oder die CD/DVD eine Imagedatei angeben. Dazu muss jedoch jeweils erst einmal mit **Diskettenlaufwerk** bzw. **CD/DVD-Laufwerk einbinden** das jeweilige Laufwerk verfügbar gemacht werden.

Jetzt kann man **Abbild/ISO-Abbild** aktivieren (Abbildung F.2) und auf die Schaltfläche rechts neben der Combobox klicken. Ein weiterer Dialog wird geöffnet (Abbildung F.3).

Er zeigt eine eventuell leere Liste und das Icon **Hinzufügen**. Dieses wird angeklickt. Ein Verzeichnisdialog öffnet sich, mit dem die vorgesehene Imagedatei ausgewählt und mit der Schaltfläche **Öffnen** eingebunden werden (Abbildung F.4) kann. Das heißt, das Image ist im **Manager für virtuelle Laufwerke** für alle virtuellen Rechner verfügbar. Dort wird es angewählt und mit der Schaltfläche **Auswählen** einem Laufwerk oder Verzeichnis zugewiesen.

Somit würde jetzt beispielsweise beim Booten der virtuellen Maschine dieses Image als Installations-CD genutzt werden. Das wollen wir sofort einmal mit einem Image versuchen, das auf der Buch-DVD bereitliegt.

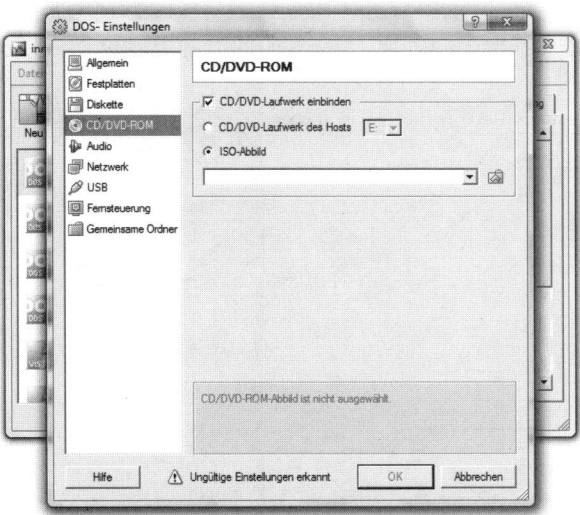

Abbildung F.2 Das ISO-Abbild aktivieren

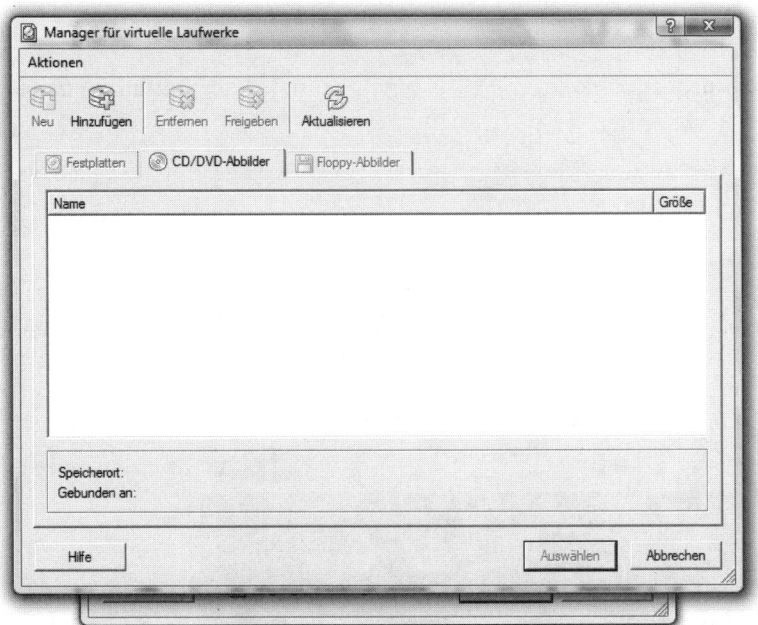

Abbildung F.3 Der Manager für virtuelle Laufwerke

Nehmen Sie eine der erstellten DOS-Maschinen oder erstellen Sie rasch eine neue. Kopieren Sie das FreeDOS-Image von der DVD in ein Verzeichnis auf Ihrer Festplatte z. B. C:\temp. Das Image liegt auf der DVD als: *Software zum Buch\ Kap01\DOS\freedosfullcd.iso*.

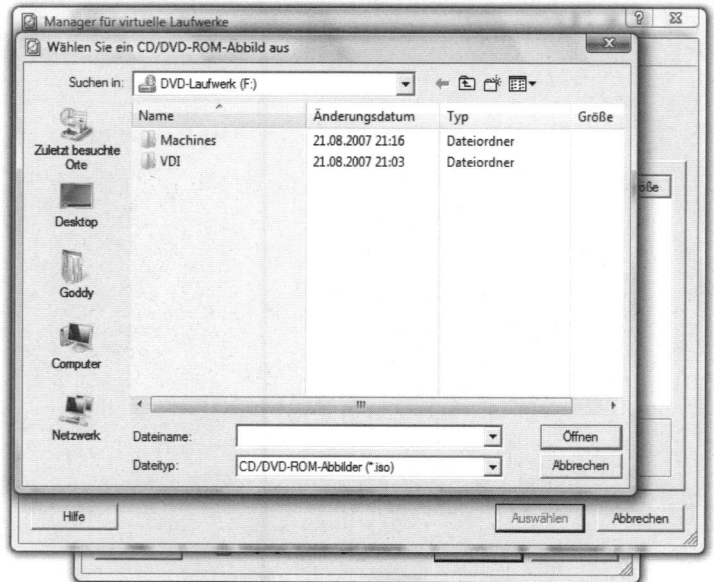

Abbildung F.4 Das Image auswählen

Binden Sie das Image nun so ein, wie Sie es zuvor geübt haben. Starten Sie danach den virtuellen Rechner neu.

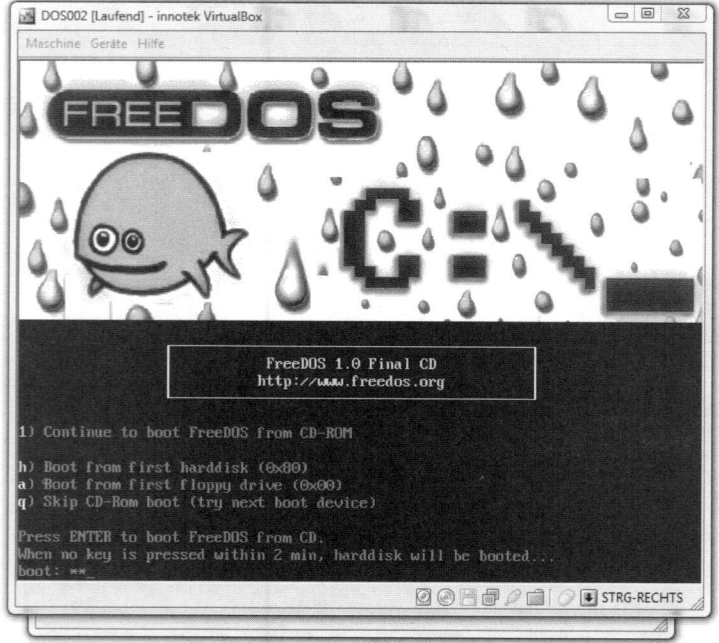

Abbildung F.5 DOS vom Image starten

Diesmal bleibt der Rechner nicht mit einem Hilferuf stehen, sondern startet eine DOS-Installation vom eingebundenen Image (Abbildung F.5).

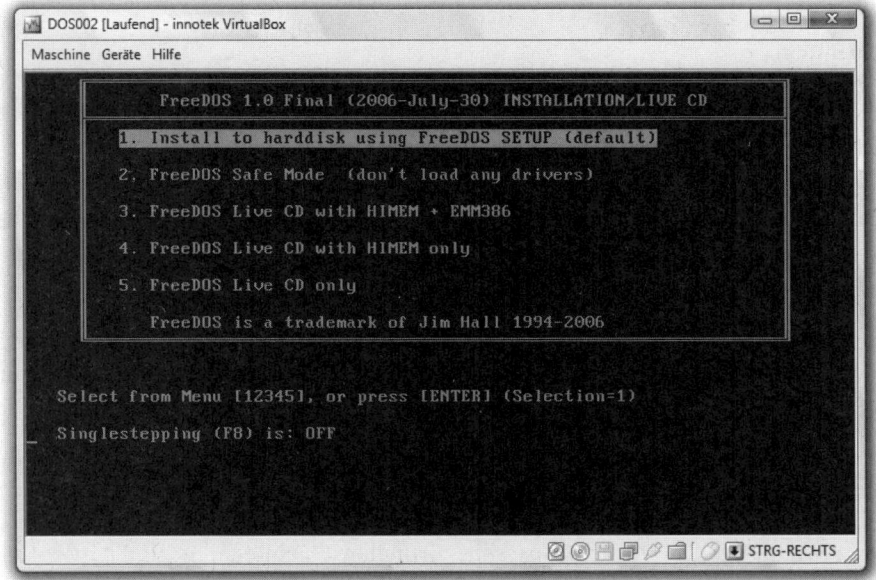

Abbildung F.6 FreeDOS installieren

Halten Sie sich bitte bei der Installation von FreeDOS (Abbildung F.6) an den in Anhang G, »FreeDOS«, beschriebenen Weg.

Da wir nun ein Betriebssystem haben, können wir auch mal ein eigenes Image erstellen und von unserem DOS-Rechner aus lesen. Hierzu benötigen wir allerdings noch Software.

F.1.1   Image erstellen

Mit dem richtigen Werkzeug ist es einfach, ein Image zu erstellen, so einfach, wie Dateien zu packen. Im Freeware- und PD-Bereich gibt es genügend brauchbare Programme.

Um nur einige zu nennen:

▸ VirtualCD

▸ WinImage

▸ WinISO

▸ UltraISO

▸ ISOCommander

Auf der DVD findet man die Programme:

- ▶ VirtualCD
- ▶ WinImage
- ▶ WinISO

Im ersten Schritt wird die Trial-Version von WinISO installiert. Die Anleitung dazu finden Sie in Anhang I, »WinISO, Burnatonce und VirtualCD«. Nach der Installation starten Sie das Programm und erstellen ein Image. Zunächst brauchen Sie Dateien, die ins ISO-Image aufgenommen werden sollen. Öffnen Sie den Editor (**Start Icon • Programme • Zubehör • Editor**) und erstellen Sie eine Datei *Image.txt*, die Sie in *C:\temp* ablegen.

Nun starten Sie WinISO und erzeugen ein neues Image **File • New**. Dann nehmen Sie die Datei ins Image auf (**Actions • Add files**) und wählen die Datei *c:\temp\Image.txt* aus.

Die ISO-Datei wird gespeichert mit **File • Save as**. Speichern Sie diese unter *c:\temp\test.iso* ab.

Wenn wir diese ISO-Datei in unserem virtuellen DOS-Rechner als Laufwerksimage nutzen wollen, will uns das nicht so recht gelingen. Eine Imagedatei ist eben doch kein Laufwerk. Bei VirtualBox lässt sich zwar ein Image angeben, das beim Booten genutzt wird, aber kein Image als CD-ROM ausgeben, auf das Zugriff besteht. Die Lösung wäre, das Image auf CD zu brennen. Die zweite Möglichkeit ist die Verwendung virtueller Laufwerke. Genau das kann WinISO nicht und deshalb installieren (Abbildung F.7) wir noch VirtualCD (siehe dazu ebenfalls den Anhang I, »WinISO, Burnatonce und VirtualCD«).

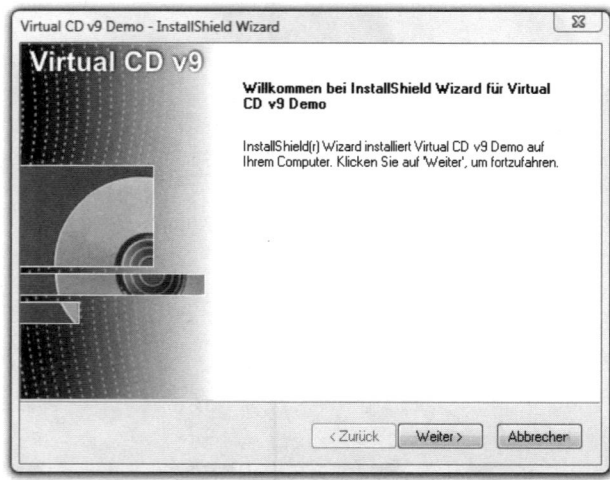

Abbildung F.7 VirtualCD installieren

Im nächsten Schritt starten wir nun VirtualCD und bauen uns ein neues Image damit oder wählen unser Image aus und verwandeln es in ein virtuelles CD-ROM-Laufwerk.

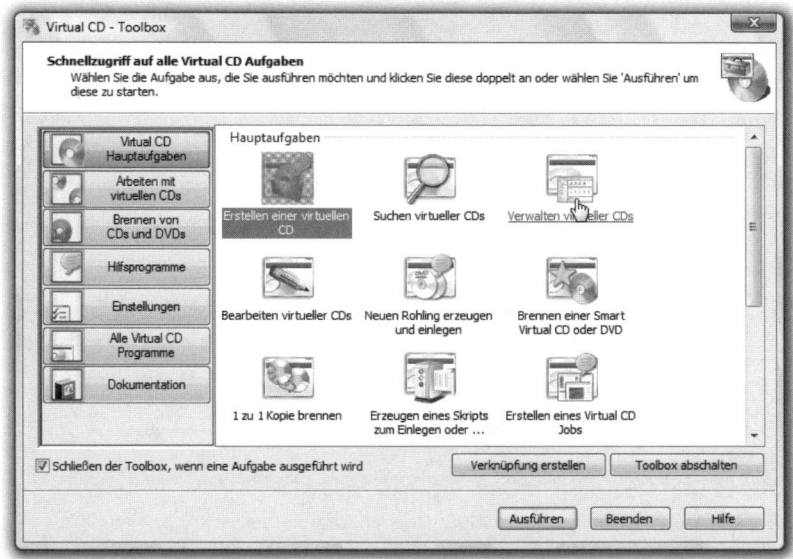

Abbildung F.8 Verwalten virtueller CDs

Es öffnet sich der Dialog der sogenannten VirtualCD-Toolbox. Dort wählen wir die Funktion **Verwalten virtueller CDs** mit einem Doppelklick aus (Abbildung F.8). Damit wird die CD-Verwaltung gestartet. In der Mitte des Detailfensters finden wir ein Registerblatt **Virtual CD Ordner**. Hier fügen wir die ISO-Datei über die rechte Maustaste **Hinzufügen** ein. Nun wird oben ein Laufwerk ausgewählt, in das diese virtuelle CD eingelegt werden soll. Jetzt lässt sich auf der virtuellen CD mit der rechten Maustaste die Funktion **Einlegen** auswählen. Es geht auch ohne Auswahl des Laufwerks mit **Einlegen in...**

In einem letzten Schritt sollte lediglich dieses Laufwerk noch mit dem virtuellen Rechner arbeiten. Dazu muss dieser gestartet und über das Menü **Geräte · CD/DVD-ROM einbinden** das entsprechende Laufwerk ausgewählt werden (Abbildung F.10).

In DOS kann durch Wechseln auf das Laufwerk D: auf den Inhalt der ISO-Datei zugegriffen werden.

Einen Nachteil hat das ISO-Image leider: Man kann darauf normalerweise nicht schreiben. VirtualCD erlaubt es zwar, auch beschreibbare Images zu erstellen, doch DOS kommt damit nicht zurecht. Dazu wird eine virtuelle Diskette benötigt. Auch dies ist natürlich möglich.

Abbildung F.9 Das Image ist im Feld VirtualCD-Ordner aufgenommen.

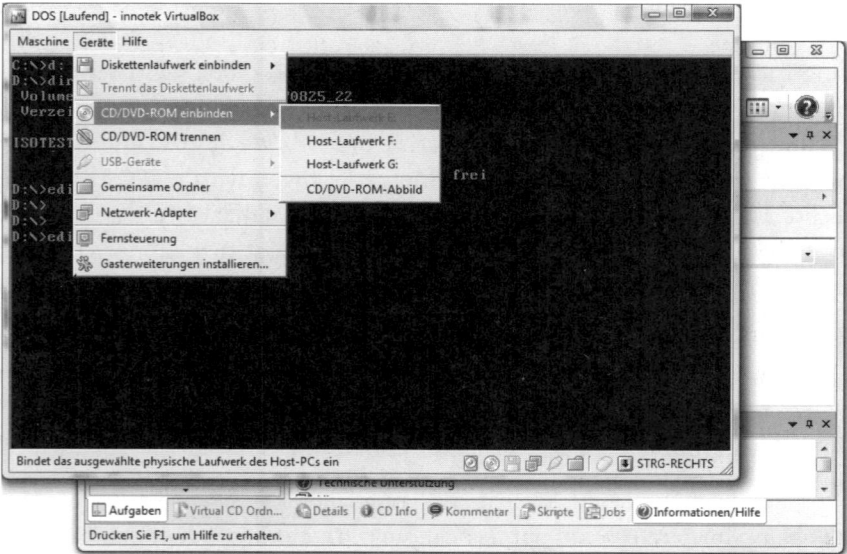

Abbildung F.10 Das Laufwerk verbinden

In einem nächsten Schritt wollen wir mit dem DOS-Rechner einmal ein Disketten-Image nutzen. Natürlich kann man ein existierendes Diskettenlaufwerk einbinden. Es ist aber auch möglich, eine Diskettenimagedatei zu verwenden. Mit einer virtuellen Diskette kann man sogar über eine Imagedatei von DOS aus Daten nach Vista übertragen, im Grunde genommen genauso wie mit einer echten Diskette.

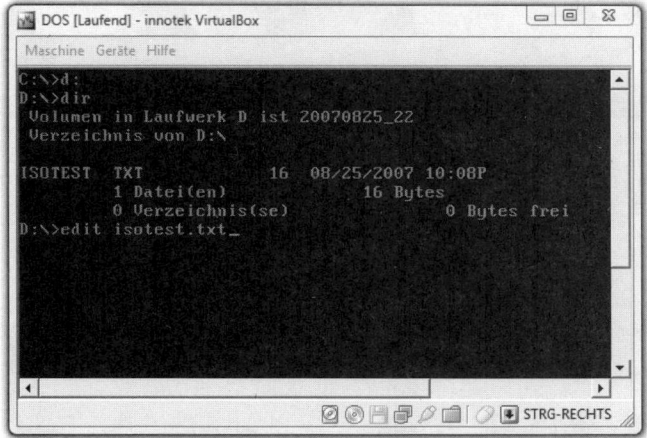

Abbildung F.11 Die virtuelle CD unter DOS lesen

F.1.2 Eine virtuelle Floppy Disk

Bei VirtualFloppyDisk handelt es sich um ein kleines Windows-Programm, das eine Diskette in Form einer Imagedatei realisiert. Auf diese »Diskette« kann sowohl die virtuelle Maschine als auch das Host-Betriebssystem zugreifen, sodass darüber Daten ausgetauscht werden können. Allerdings ist das nur im Rahmen des Fassungsvermögens einer Floppy Disk möglich, bis 2,88 MB.

Das Programm finden Sie auf der DVD als: *Software zum Buch\Anhang\Vorbereitungen\Image-Werkzeuge\virtfloppydisk21.zip*.

Installieren sollten Sie das Programm jedoch erst, wenn es benötigt wird. Üblicherweise werden per Netzwerk oder CD/DVD Daten zwischen Host- und Gast-System transferiert.

F.1.3 Installation

Nach den zahlreichen Installationsexzessen nun einmal was ganz Einfaches. Man erstellt ein Verzeichnis auf der Platte, z. B. *C:\programme\virtfloppy*, und kopiert den Inhalt des Verzeichnisses: *\Software zum Buch\Anhang\Installationen\ Image-Werkzeuge\virtFloppyDisk* dort hinein.

Gestartet wird durch Doppelklick auf die Datei *vfdwind.exe* oder besser noch durch Aufruf dieser Datei über die rechte Maustaste **Als Administrator ausführen**.

F.1.4 Verwendung

Ein Dialog wird geöffnet, in dem die Registerkarte **Driver** auszuwählen ist (Abbildung F.12).

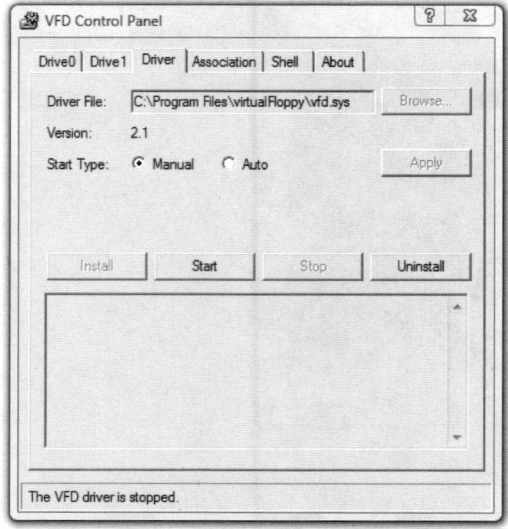

Abbildung F.12 Den VF-Treiber starten

Mit der Schaltfläche **Start** startet man das erste virtuelle Diskettenlaufwerk. Nun auf die Registerkarte **Drive0** wechseln. Mit der Schaltfläche **Open** geht es weiter (Abbildung F.13).

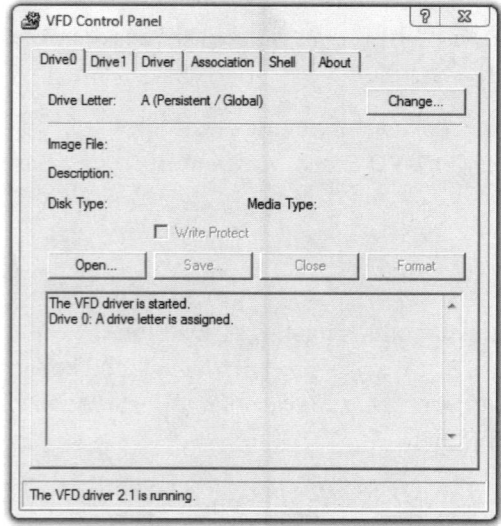

Abbildung F.13 Öffnen der Datei für das virtuelle Laufwerk

In dem sich öffnenden Dialog wird mit der Schaltfläche **Browse** ein Verzeichnis ausgewählt (Abbildung F.14), in dem man unter Eingabe eines Dateinamens (FloppyA) wieder zum **Open Virtual Floppy Image Dialog** zurückkehrt.

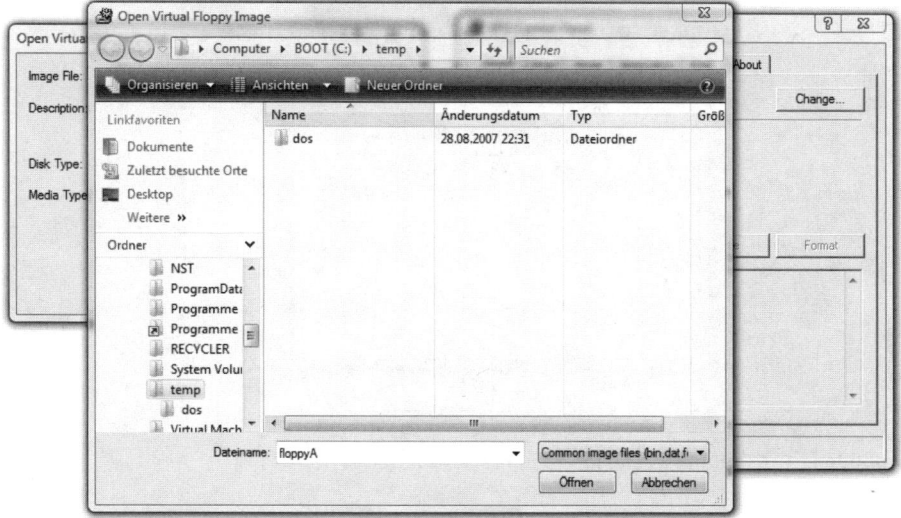

Abbildung F.14   Eine Datei auswählen

Die **Create**-Schaltfläche legt nun die Imagedatei an (File sollte aktiviert sein) und richtet die virtuelle Diskette ein (Abbildung F.15).

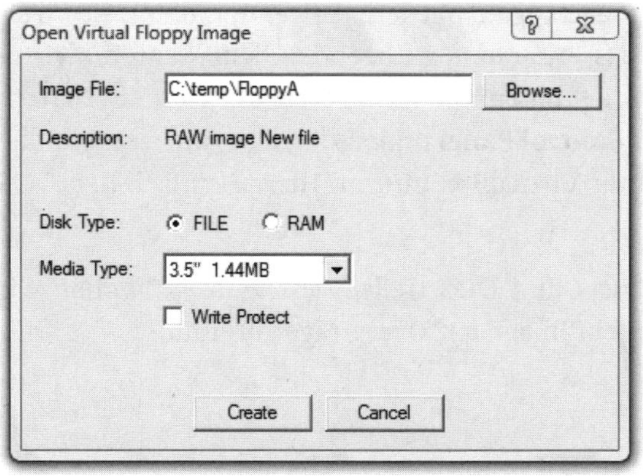

Abbildung F.15   Ein Image erzeugen

Nun kann man mit dem Datei-Explorer von Vista eine Textdatei erzeugen und diese unter A: speichern (Abbildung F.16).

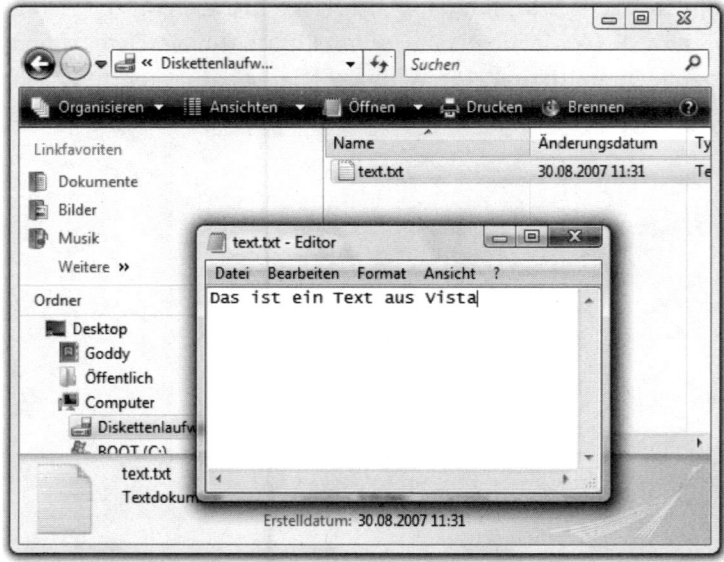

Abbildung F.16 Die Textdatei in Vista unter A: ablegen

Danach gilt es, dieses Diskettenimage mit dem DOS-Rechner zu nutzen. Dabei muss allerdings beachtet werden, dass die Datei immer nur in einer Anwendung geöffnet sein kann. Entweder VirtualFloppy nutzt die Datei oder der virtuelle Rechner, aber nicht beide. Der virtuelle Rechner kann zwar eine virtuelle Floppy A: lesen, aber nicht beschreiben. Um auf die Floppy schreiben zu können, muss sie unter VirtualBox als Floppy-Image angehängt sein. Es genügt, dafür die virtuelle Maschine zu schließen und das Programm zu beenden. Nun kann die virtuelle Floppy wieder mit **Open** geöffnet und unter Vista bearbeitet werden. Danach speichert man sie wieder im **VFD Control Panel** und nutzt **Close**, um sie zu schließen. Nun lässt sie sich erneut unter VirtualBox nutzen. Hierzu einfach den DOS PC wieder starten.

Nachdem nun Daten zwischen Vista und DOS transferiert wurden, wollen wir uns damit beschäftigen, wie man ein Image auf Datenträger brennt.

F.2   Images auf CD brennen

Images können, weil sie eine 1:1-Kopie eines Datenträgers darstellen, einfach auf CD oder DVD gebrannt werden. Die meiste Brennsoftware hat dafür die Möglichkeit, statt einer Quelle in Form eines anderen Datenträgers eine Imagedatei auszuwählen. In Nero gibt man lediglich unter **Öffnen** die Imagedatei an, und schon geht's los (Abbildung F.17).

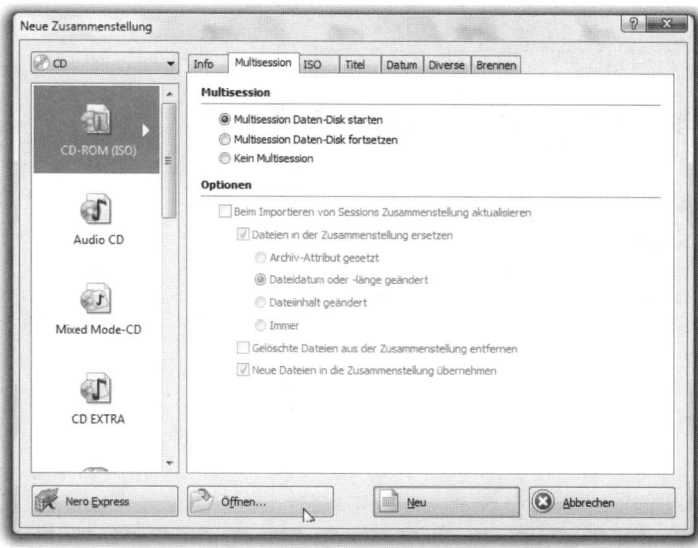

Abbildung F.17   Nero brennt natürlich auch Imagedateien

Wer Nero nicht zur Verfügung hat, kann sich **Burnatonce** installieren, das der DVD beiliegt: *Software zum Buch\Anhang\Installationen\Image-Werkzeuge\ bao0995.exe.*

Die Beschreibung zur Installation befindet sich ebenfalls im Anhang Teil 2 im Kapitel »Burnatonce«.

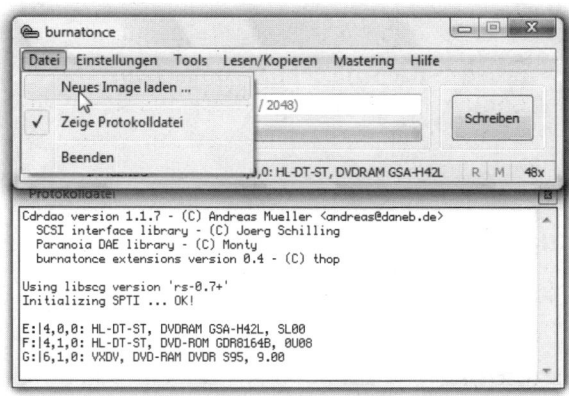

Abbildung F.18   Ein neues Image in Burnatonce laden

Burneatonce ist einfacher aufgebaut und arbeitet vorrangig mit Images. Man kann eine CD als Image abspeichern und Images brennen. Nach dem Start gibt man in **Date • Neues Image laden** die zu brennende Imagedatei an (Abbildung F.18). Mit der Schaltfläche **Schreiben** wird die CD-ROM gebrannt.

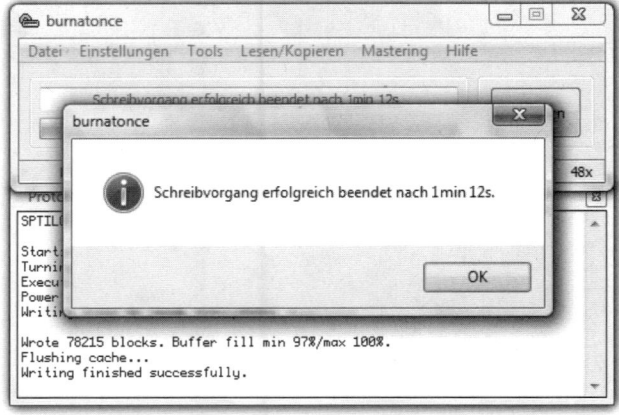

Abbildung F.19 Eine CD brennen

Damit sind unsere Vorbereitungen abgeschlossen.

Wir haben einen virtuellen Rechner, den wir mit einem beliebigen Betriebssystem ausstatten können, wir können mit Imagedateien Daten mit den virtuellen Rechnern austauschen und sie auf CD brennen.

Nun gilt es, all diese Dinge zu realisieren, die am Computer Spaß machen. Ob das nun ein kleines Spiel ist, eine knifflige Aufgabe oder gar die künstliche Intelligenz.

Zwischendrin wollen wir allerdings noch etwas lernen, damit wir später auch die schwierigeren Dinge mit Spaßfaktor meistern können.

Fangen wir nun vorn an, um es für jeden nachvollziehbar zu machen.

Von ganz vorne ...

F.3   Zusammenfassung

Um mit virtuellen Rechnern problemlos umgehen zu können, haben wir uns die sogenannten Imagedateien angeschaut. Im Gegensatz zu den üblichen Dateien, stellen sie einen ganzen Datenträger dar und können auch wie ein Datenträger genutzt werden.

Es gibt ISO-Images, die virtuelle CD-ROMs sind. Wir können sie nutzen, um einen virtuellen Rechner zu installieren. Das erspart das Einlegen von Disketten. Ihr Nachteil ist, dass man sie nicht beschreiben kann, wie das auch bei echten CD-ROMs der Fall ist. Aus diesem Grund haben wir uns auch noch ein virtuelles Diskettenlaufwerk angesehen. Somit konnten wir lesen und schreiben.

Gegen Ende des Kapitels haben wir Imagedateien auf CD-ROM gebrannt. Das geht mit dem weit verbreiteten Programm Nero, genauso aber mit Burnatonce, das auch auf der Buch-DVD zu finden ist.

F.3.1 Webseiten zum Kapitel

URL	Beschreibung
http://de.wikipedia.org/wiki/Speicherabbild	Wikipedia-Artikel zu Imagedateien
http://www.smart-projects.net/de/help.php?help=285	Infos zu ISO Images
http://www.tippscout.de/cd--und-dvd-image-inhalt-von-image-datei-iso-bin-cue-ohne-brennen-%F6ffnen_tipp_2661.html	Tipp zu Images
http://www.hardwarejournal.de/ws-dateiendung.htm	Dateiendungen von Imagedateien
http://www.virtualcd.de/	Homepage von VirtualCD
http://winiso.softonic.de/	WinISO-Homepage
http://www.winimage.com/	WinImage-Homepage
http://www.ezbsystems.com/enindex.html	UltraIso-Homepage
http://www.turtleblast.com/	ISOCommander-Homepage
http://burnatonce.net/	Burnatonce-Homepage
http://www.nero.com/deu/index.html	Nero-Homepage
http://chitchat.at.infoseek.co.jp/vmware/vfd.html	VirtualFloppy
http://de.wikibooks.org/wiki/FreeDOS-Kompendium	FreeDOS-Handbuch
http://www.freedos.org/	FreeDOS-Projekt

ANHANG TEIL II
Installationen

»Computer werden installiert, Toiletten auch«
– Unbekannter Autor

Als Besitzer einer ganzen Reihe virtueller Computer müssen Sie diese auch betriebsbereit machen. Das heißt, sie brauchen ein Betriebssystem. Das bekommt man nun nicht gerade geschenkt. Im Internet geistern zwar einige Originalversionen herum, von ihrer Nutzung ist jedoch abzuraten, zumal es nicht rechtens ist, Software kostenlos zu nutzen, die nicht frei verfügbar ist.

G   FreeDOS

G.1   Die FreeDOS-Story

Das originale DOS ist leider nicht frei verfügbar. Mit ein Grund, warum Sie auf der DVD das originale DOS vergebens suchen werden. Zum Glück haben einige sehr enthusiastische Leute DOS nachprogrammiert und ihre Software auf den Namen FreeDos getauft. Diese DOS-Version darf für private Zwecke unentgeltlich genutzt werden. Im Internet findet man FreeDOS unter der Webadresse:

http://www.freedos.org/

FreeDOS ist nicht entwickelt worden, um ein kostenloses DOS zu haben, sondern, weil Microsoft 1994 mit MS-DOS 6.22 die letzte ungebundene DOS-Version herausbrachte. Windows basierte noch einige Jahre auf DOS, wobei man noch bis zur Version 8 hochzählen konnte. Dann war endgültig Schluss mit diesem System. Entgegen der heutigen Systeme hat es einen gravierenden Vorteil: Es ist ein Einzelnutzer-System. Wenn man an seinem Rechner nur allein und ohne Internet arbeiten möchte, ist es eine recht gute Alternative, da es ohne komplexe Verwaltung und Rechtesysteme auskommt. Vor allem aber ist es zu 100 % kompatibel, sodass alle Programme, die auf MS-DOS liefen, auch auf FreeDOS verwendbar sein sollten.

Der Entwickler, der dieses Projekt 1994 in Angriff nahm, heißt James Hall. Damals gab es eigentlich keine Open Source DOS-Versionen, auf die man zurückgreifen konnte, sodass man dieses Betriebssystem von Grund auf neu entwickeln musste. Man hat sich zwar an den Möglichkeiten von DOS orientiert, das System ist jedoch moderner. Es unterstützt das 32-FAT-Dateisystem, hat CD-ROM Driver, Internetzugang, Netzwerk und zahlreiche Funktionen, die man bei MS DOS noch vergeblich suchte.

FreeDOS oder DOS allgemein ist durchaus nicht überflüssig geworden, nur weil es nicht mehr von Microsoft unterstützt wird oder die heutigen Betriebssysteme alle viel umfangreicher, aber vor allem bunter sind, als es DOS je war.

Wie zuvor bereits angesprochen, war es das ideale System, so lange man allein an seinem Computer arbeitete und keine Verbindung zum Internet aufnahm. Es benötigt außerdem auch viel weniger Speicherplatz als jedes andere moderne Betriebssystem. Was es besonders interessant macht für Geräte, in die Computer integriert sind wie Waschmaschinen und etliches mehr. Dafür unterstützt es aber leider keinen Arbeitsspeicher im GByte-Bereich, und mit den großen Festplatten hat es auch so seine Probleme.

Die größte Stärke ist allerdings die hohe Kompatibilität mit dem Original-DOS. Dadurch läuft im Grunde jede Software, die auch unter MS DOS lief.

G.2 Wie war das doch gleich mit DOS?

DOS selbst geht, wenn man es ganz genau nimmt, bis auf das Jahr 1980 zurück. Ein gewisser Tim Paterson hatte bei SCP (Seattle Computer Products) ab 1978 eine Einsteckkarte für Computer entwickelt. Die Karte besaß bereits den neuen 16-Bit-Prozessor Intel 8086, hatte aber dadurch kaum Software, weil der 8086 gerade erst auf den Markt gekommen war. Nachdem der Hardwareentwickler die Karte fertiggestellt sowie Assembler und einen Monitor dafür geschrieben hatte, versuchte er, von Microsoft die Erlaubnis zu bekommen, den neuen 8086-BASIC-Interpreter für die Steckkarte anpassen zu dürfen. In der Tat konnte 1979 die Steckkarte mit Assembler und Microsoft Basic ausgeliefert werden. Was fehlte, war ein Betriebssystem für diese Prozessorkarte. Digital Research stellte CP/M-86 zwar für 1979 in Aussicht, es war jedoch im April 1980 noch nicht verfügbar, und Tim Paterson machte sich daran, ein eigenes Betriebssystem zu schreiben, um den Verkaufserfolg seiner Steckkarten zu fördern.

Bereits im August des Jahres konnte Q-DOS ausgeliefert werden. **Q-DOS** stand für **Quick and Dyrty Operating System**. Bei der Entwicklung hatte Paterson sich an CP/M orientiert. Einerseits wäre er sonst nicht so rasch fertig geworden, andererseits war CP/M ein Standard, zu dem er in jedem Fall kompatibel sein musste, wenn er Erfolg haben wollte.

Dass man damals mit Steckkarten für erweiterbare Computer Geld verdienen konnte, hatte sich auch bis zu einer kleinen Garagenfirma herumgesprochen, die daraufhin eine 8-Bit-Steckkarte für den Apple-Rechner entwickelte. Der damals erfolgreichste Rechner für den Privatgebrauch, der erste Homecomputer, hatte der Firma Apple bereits drei Jahre nach ihrer Gründung einen Jahresumsatz von

155 Mio. Dollar verschafft. Die Firma mit der veralteten Steckkarte nannte sich Microsoft und hatte 8 Mio. Dollar Umsatz. Heute sind es 11 Mrd. Aber zurück zu den Anfängen. Diese Karte machte es möglich, dass man MS Basic auf dem Apple nutzen konnte, als Betriebssystem diente CP/M, was ja für 8-Bit-Prozessoren verfügbar war. Als nun 1980 IBM in den Microcomputermarkt einsteigen wollte, suchte man händeringend Basic und ein Betriebssystem. Es sah so aus, als hätte Microsoft beides, weil sie diese Karte mit Basic und CP/M anboten. Man reiste zu Bill Gates und ließ ihn erst einmal eine Verschwiegenheitserklärung unterschreiben. Schließlich sollte und durfte niemand erfahren, dass IBM vorhatte, den Markt für Kleincomputer zu erobern. Dann der Schock: Bill Gates war gar nicht der Entwickler von CP\M, hatte es nur lizenziert und konnte es folglich auch nicht an IBM verkaufen. Bill schickte die IBM-Leute zu Gary Kildall. Der war gerade auf Geschäftsreise, und seine Frau wusste nicht, ob sie diese Verschwiegenheitserklärung unterschreiben durfte. Ein Anwalt wurde hinzugezogen. Er riet Frau Kildall von der Unterschrift ab, und so ging das größte Geschäft aller Zeiten an Herrn Gary Kildall vorüber.

Die Leute von IBM fuhren verärgert zu Gates zurück, denn schließlich brauchten sie sein Basic und ein Betriebssystem. Bill Gates unterschrieb einen Vertrag, in dem er Basic und ein neu zu entwickelndes PC DOS für 185 000 Dollar zusagte. Sein Freund, Paul Alan, hatte gehört, dass die verschuldete Firma SCP ein einfaches DOS namens Q-DOS entwickelt hatte und dass der Entwickler Tim Paterson hieß. Zwei Tage darauf hatte Microsoft die Rechte an dem Betriebssystem für 50 000 Dollar erworben und stellte etwas später auch Tim Paterson ein, der bis dahin noch gar nicht wusste, um was es eigentlich ging und dass IBM mit im Spiel war. Im August 1981 war dann der IBM PC mit seinem PC DOS erhältlich. Beides, Rechner wie Betriebssystem, waren extrem teuer und Privatleute konnten ihn sich kaum leisten. Trotzdem wurde er ein großer Erfolg, weil die Firmen längst gemerkt hatten, dass durch einen Computer Arbeitskräfte eingespart werden konnten.

Wenige Jahre darauf kamen die ersten Klone auf den Markt, nachgebaute IBM-PCs, für weit weniger Geld. Nur das Betriebssystem musste original sein, nannte sich nun statt PC- einfach MS DOS. Und Microsoft verdiente, verdiente endlos. IBM dagegen, nachdem sich herausgestellt hatte, dass Q-DOS und das daraus entstandene PC-DOS im Grunde nicht viel mehr als ein abgekupfertes CP/M waren, sah sich genötigt, Gary Kildall Geld anzubieten. Er erhielt im Ganzen 800 000 Dollar für die Zusicherung, dass er IBM auf Grund dieses Plagiates nicht verklagen würde. Ein zweites Mal hatte er die Chance verspielt, Milliardär zu werden.

Der Erfolg von DOS jedenfalls war nicht mehr aufzuhalten. Es wurde weltweit viele Millionen mal verkauft und wurde schließlich durch die grafische Oberfläche Windows aufgewertet. Mit der Weiterentwicklung von Windows wurde es schließlich jedoch verdrängt. Einfach dadurch, dass man die grundlegenden Funktionalitäten, die DOS bisher erledigt hatte, mit in das Windows-System übernahm. Das geschah mit Windows NT, und so mutierte DOS zu einer rudimentären Textkonsole.

Heute braucht man, wie bereits erwähnt, nicht auf DOS zu verzichten. FreeDOS ist nicht nur ein vollwertiger Ersatz, es geht weit über das alte MS DOS hinaus und bietet Möglichkeiten, von denen bei DOS nicht einmal zu träumen war. So gibt es mehrere grafische Oberflächen, Multitasking, Server, Programmiersprachen, Internet- und Sicherheitstools. Alles Gründe, FreeDOS einmal auf einem virtuellen Rechner zu installieren.

G.3 FreeDOS installieren

Wie es bei DOS (Disc Operating System) üblich war, wird DOS von Disketten installiert.

Wir werden es mithilfe eines Images installieren. Das können wir entweder mit einem virtuellen Laufwerk oder einer bootfähigen FreeDOS CD-ROM, die wir brennen. Wir wollen zuerst den ersten Weg beschreiten und ein Image dem virtuellen Rechner in VirtualBox zur Verfügung stellen. Dadurch wird beim Booten der virtuellen Maschine dieses Image als Installations-CD genutzt. Das versuchen wir mit einem Image, das auf der Buch-DVD bereitliegt.

Starten Sie eine der erstellten DOS-Maschinen oder erstellen Sie rasch eine neue in VirtualBox über **Maschine • Neu**. Name angeben und als Betriebssystem DOS auswählen (Abbildung G.2). Nachdem eine virtuelle Festplatte erzeugt worden ist, wird der Rechner generiert. Er wird als Eintrag in der Liste links angezeigt. Bevor Sie ihn das erste Mal starten, müssen Sie allerdings noch ein paar Kleinigkeiten vorbereiten.

Prinzipiell gibt es ja immer zwei Möglichkeiten. Entweder Sie brennen eine CD-ROM mithilfe der ISO des Betriebssystems oder Sie binden die ISO-Datei direkt ein. Das Brennen eines Rohlings ist eigentlich nur erforderlich, wenn das System später auf einem realen Rechner richtig installiert werden soll. Für die virtuellen Rechner sind ISO-Dateien in jedem Fall ausreichend (Abbildung G.1).

Binden Sie das Image nun ein, indem Sie es beim ersten Start in der Installationsmedium-Dialogbox angeben (Abbildung G.1).

Das ISO-Image befindet sich auf der DVD als *Software zum Buch\Anhang\Installationen\FreeDOS\fdfullcd.iso*. Sie können es auf Ihre Festplatte kopieren oder die Position auf der DVD direkt angeben (Abbildung G.3).

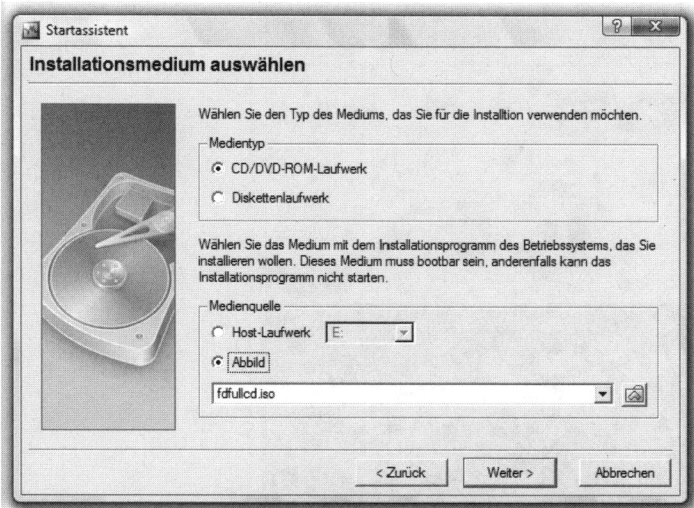

Abbildung G.1 Eine ISO-Datei als CD-ROM-Laufwerk verwenden

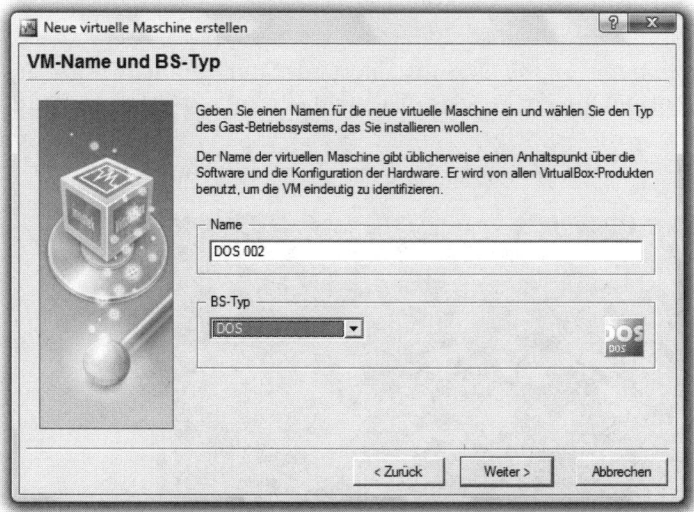

Abbildung G.2 Einen neuen Rechner als DOS-Rechner erstellen

Der nächste Dialog zeigt noch einmal die Einstellungen, und dann bootet der Rechner über die angegebene Imagedatei.

Eine Willkommensseite öffnet sich, und man erhält die Möglichkeit, in das Installationsgeschehen einzugreifen. Zunächst wird 1 eingegeben und FreeDOS vom Image gestartet (Abbildung G.3).

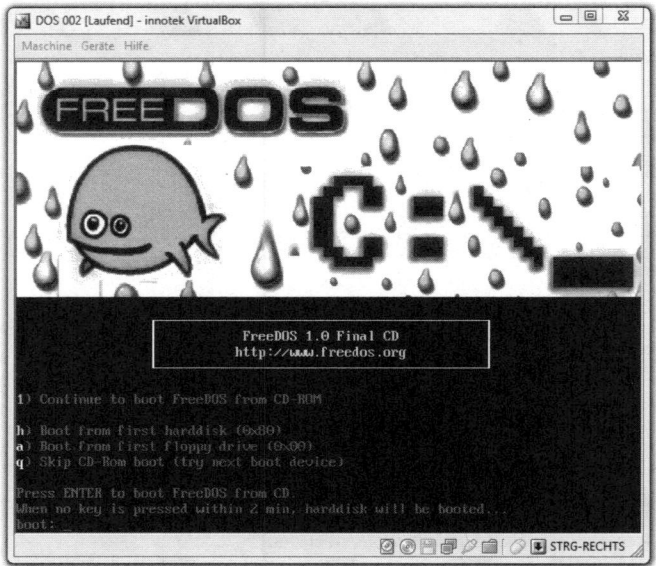

Abbildung G.3 FreeDOS bootet von der CD-ROM oder dem Image

Nun will das Programm wissen, ob DOS installiert oder nur von der CD aus ausgeführt werden soll (Abbildung G.4). Natürlich wählen Sie den Punkt **Install** aus.

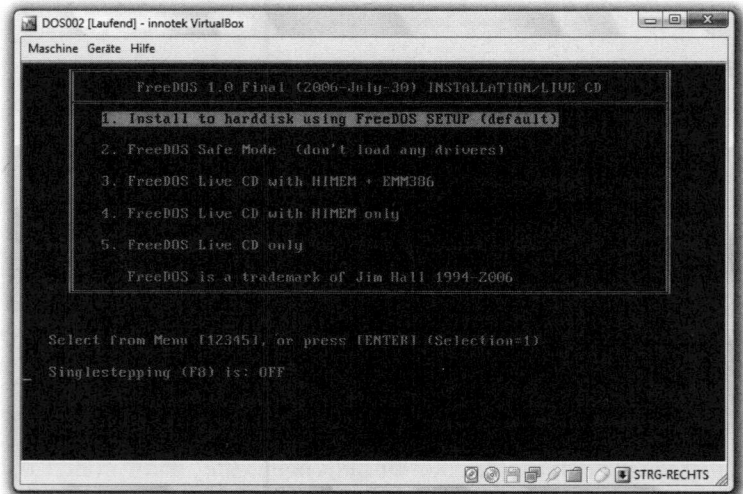

Abbildung G.4 Eine Installation auswählen

Im nächsten Schritt wird die zu nutzende Sprache festgelegt (Abbildung G.5). Der nun folgende Dialog weist darauf hin, dass die Platte formatiert werden muss (Abbildung G.6). Dieser Vorgang ist zwei Mal zu bestätigen (Abbildung G.7).

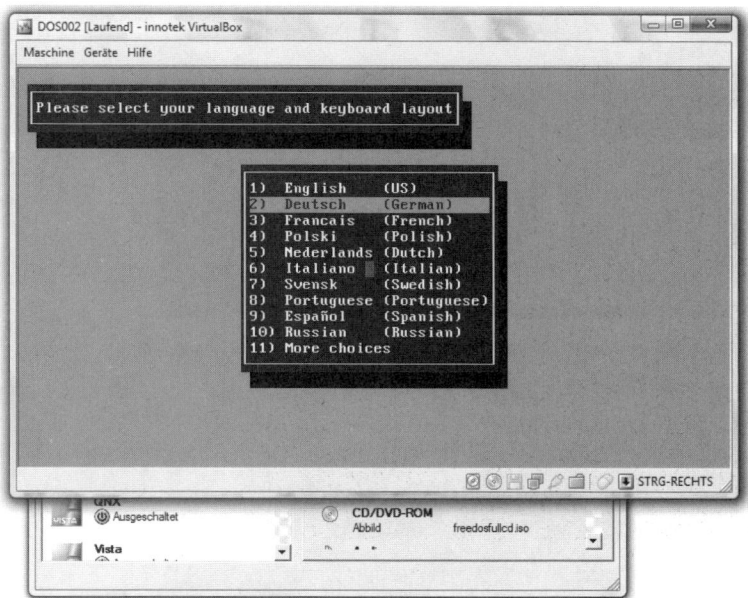

Abbildung G.5   Die Auswahl der Tastatursprache

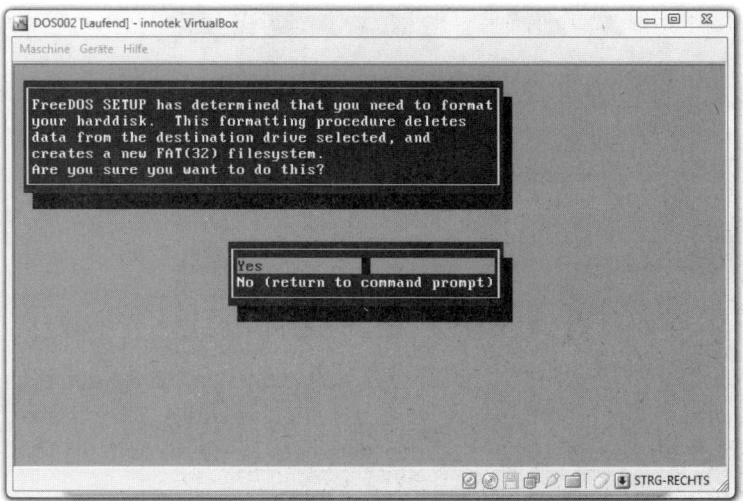

Abbildung G.6   Bestätigen, dass die Festplatte formatiert werden kann

Die Formatierung kann ein wenig dauern, obwohl es sich nur um eine virtuelle Festplatte handelt. Ist die Platte formatiert, kann die eigentliche Installation in Angriff genommen werden (Abbildung G.8). Dieser Vorgang muss freilich erst zwei Mal bestätigt werden, bevor es gilt, die Lizenz anzuerkennen (Abbildung G.9).

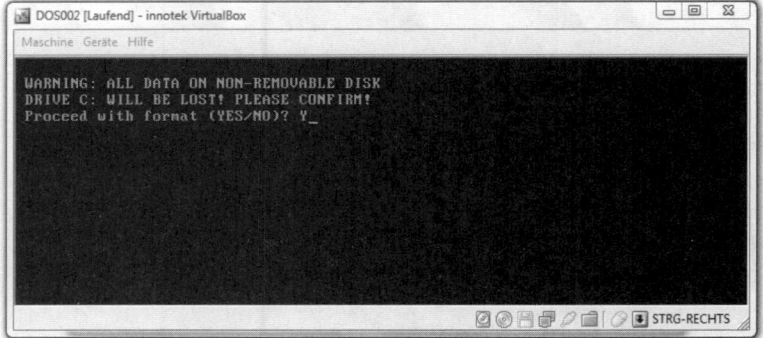

Abbildung G.7 Formatieren der virtuellen Festplatte

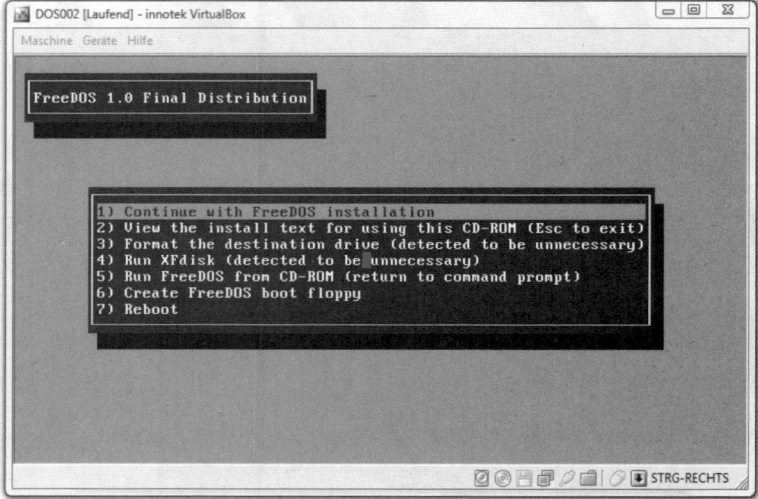

Abbildung G.8 Mit der Installation fortfahren

Danach gilt es, noch einmal die Installation zu bestätigen, bevor das System fragt, von welcher CD-ROM wohin installiert werden soll (Abbildung G.10). Danach werden die einzelnen Pakete aufgezeigt, die installiert werden können (Abbildung G.11).

Es werden eine Unmenge Programme aufgezeigt, die sich mit der Cursortaste aktivieren, was mit einem X-Zeichen angezeigt wird, oder deaktivieren (Leertaste) lassen. Da wir genug Platz auf der virtuellen Festplatte haben, könnte alles aktiviert bleiben. Vor allen Dingen wollen wir uns die mitgelieferten DOS-Spiele, aber auch die grafische Oberfläche GEM ansehen. Deshalb sollten diese Dinge natürlich auch aktiviert sein, damit sie installiert werden. GEM wird ganz zum Schluss separat abgefragt und auch separat installiert.

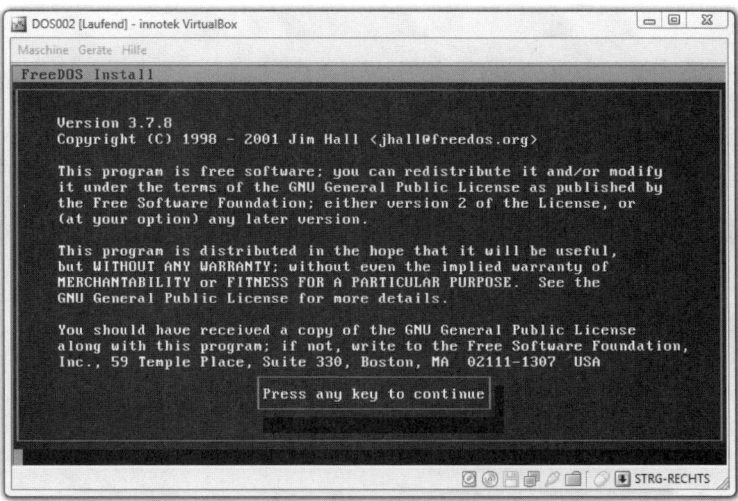

Abbildung G.9   Der Lizenztext

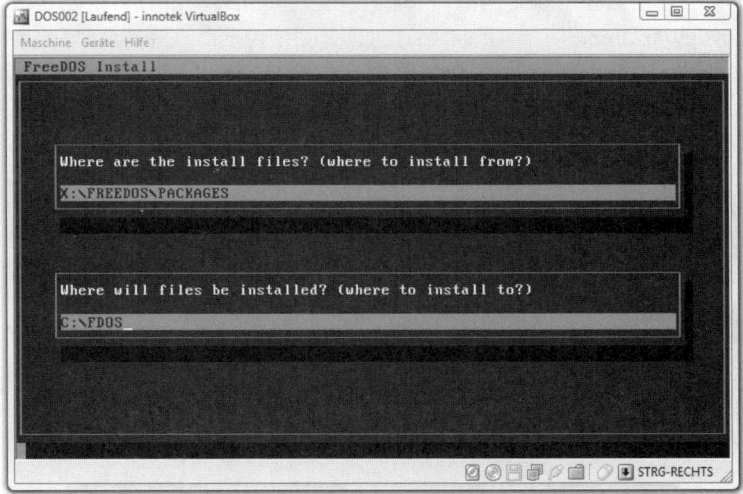

Abbildung G.10   Installationsquelle und -ziel festlegen

Nach der GEM-Installation ist FreeDOS fertig installiert und kann von der virtuellen Platte aus gestartet werden. Dazu hängen Sie die ISO-Datei wieder ab: **Geräte • CD/DVD-ROM trennen**. Nun lässt sich mit **Maschine • zurücksetzen** der Rechner neu starten. Starten Sie mit dem zweiten Punkt: **Load FreeDOS with EMM386 and SHARE**.

Innerhalb weniger Sekunden sind Sie auf dem sogenannten Prompt gelandet, einem **C:\>**. Wobei C:\ die Lage und > das eigentliche Promptzeichen ist.

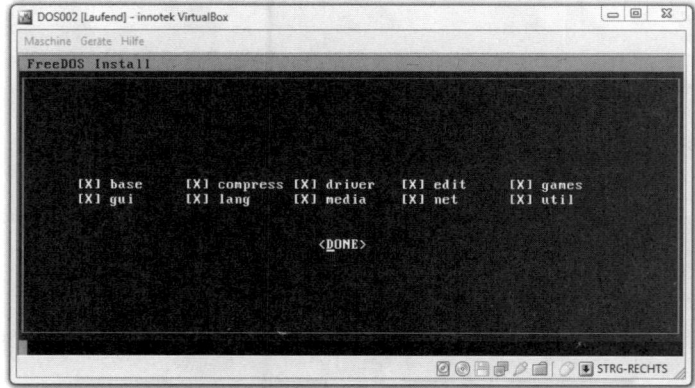

Abbildung G.11 Die ausgewählten Pakete installieren

Was ganz einfach bedeutet, dass wir uns jetzt im Betriebssystem befinden und ein Befehl von uns erwartet wird. Vielleicht stehen Sie als von Windows verwöhnter PC-Anwender diesem Problem etwas hilflos gegenüber? Geben Sie einfach gem <Returntaste> ein, und schon zeigt sich eine grafische Nutzeroberfläche (Abbildung G.12). Es ist zwar eine der ersten Oberflächen, die es gab, aber von der Bedienung her hat sich seither nicht viel verändert. Mit **File • Quit** können Sie GEM wieder verlassen. Was dagegen DOS so alles leistet, schauen wir uns im folgenden Abschnitt an.

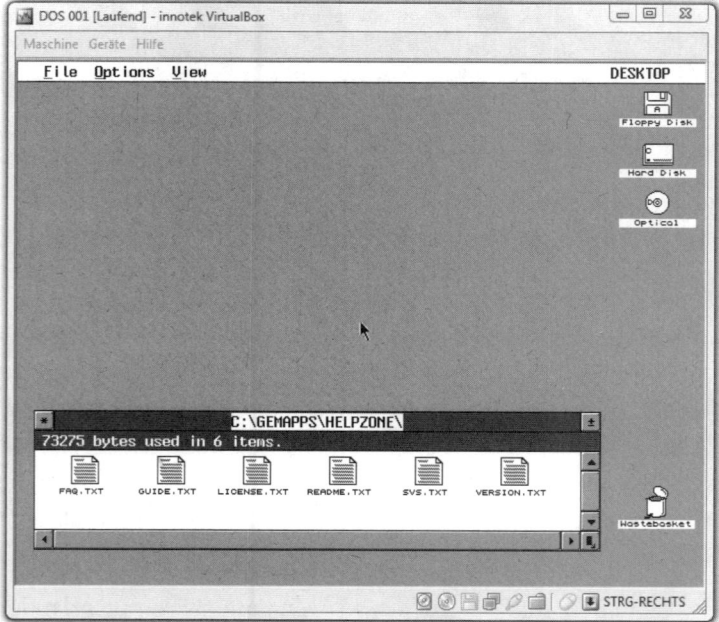

Abbildung G.12 GEM ist gestartet.

G.4   Der DOS-Crashkurs

Obwohl DOS ein sehr einfaches Betriebssystem war, benötigte man doch ein wenig Hintergrundwissen und die Kenntnisse der einfachsten DOS-Befehle, um damit agieren zu können. Da heutzutage viele Computeranwender nur noch mit der grafischen Oberfläche arbeiten, gehen diese Kenntnisse mehr und mehr verloren. Aus diesem Grund gibt es hier eine kurze Einführung in die Bedienung von DOS. Wer DOS noch halbwegs kennt, kann dieses Kapitel überblättern.

Zunächst einmal gilt: DOS unterscheidet nicht zwischen Groß- und Kleinschreibung. **CD FDOS** funktioniert genauso wie **cd fdos**.

G.4.1   Der Bootvorgang

Das Starten des Betriebssystems wird Bootvorgang genannt. Ein spezielles kleines Programm aus dem BIOS startet die ersten Routinen von der Festplatte des Rechners. Einstellungen am System werden aus den Dateien *config.sys* und *autoexec.bat* gelesen und ausgeführt. Das kann der Start von speziellen Treibern für Tastatur, Maus oder andere Geräte sein. Auch GEM kann man z. B. beim Booten starten lassen, sodass man direkt in eine grafische Oberfläche gelangt.

Dazu ruft man am Prompt den Editor mit der autoexec.bat auf:

```
C:\>edit autoexec.bat
```

Ganz ans Ende der Datei schreibt man in eine eigene Zeile gem und speichert die Datei mit **File • Save** und **File • Exit** ab. Startet man jetzt den Rechner neu, gelangt man direkt zu GEM. Auf diese Weise wurden auch die ersten Windows-Versionen, die noch unter DOS liefen, genutzt.

Natürlich kann man in der autoxec.bat-Datei weit komplexere Einstellungen vornehmen. Schauen wir uns beispielsweise die Datei mit dem Editor noch einmal genauer an, stellen wir fest, dass oft das Schlüsselwort **Path** vorkommt.

Von Windows wissen wir längst, dass unsere Festplatte in Verzeichnisse oder Ordner aufgeteilt ist. In diesen Ordnern liegen Dateien. Man kann mit dem Focus (aktuelle Position) in einem bestimmten Ordner stehen. Erscheint als Prompt **C:\>**, stehen wir ganz oben auf C: in der Wurzel (root), was mit einem \ angezeigt wird. Man sieht praktisch immer nur die Dateien, die sich gerade im gleichen Verzeichnis befinden. Programme, die in einem anderen Verzeichnis liegen, kann man gar nicht starten, wenn man nicht ihre genaue Lage mit angibt. Gibt man beispielsweise ein:

```
C:\>kraptor.exe
```

so meldet DOS, dass es diese Datei nicht kennt. Möchte man das Spiel starten, gibt man also die genaue Lage (den kompletten Pfad) mit ein:

```
C:\>fdos\games\kraptor\kraptor.exe
```

Schon startet das Spiel in diesem entfernten Verzeichnis. Das funktioniert aber nicht mit jedem der Spiele. Gibt man beispielsweise Folgendes ein, startet das Spieleprogramm nicht:

```
C:\>fdos\games\jumpbump\jumpbump.exe
```

Es folgt eine Fehlermeldung. DOS findet zwar die Programmdatei jumpbox.exe und startet sie. Aber diese Datei benötigt Daten aus anderen Dateien. Da wir jedoch auf C:\ stehen, sieht es die Dateien unter **C:\>fdos\games\jumpbox** nicht und kann folglich nicht starten. Nun kann man aber in der Systemvariablen PATH alle Verzeichnisse angeben, in die das System blicken darf. Also mit:

```
PATH=%PATH%;C:\FDOS\GAMES\jumpbump\
```

Diese Anweisung addiert zum Inhalt der Pathvariablen unseren neuen Pfad hinzu. Die Pfade sind jeweils durch ein Semikolon voneinander getrennt. Durch Aufruf der Variablen **path** lässt sich der Inhalt anschauen. Unser Pfad ist zwar drin, funktionieren wird es trotzdem nicht, weil die Programmierer das Programm nicht in der Path-Variablen nachsehen lassen.

G.4.2 Laufwerke und Verzeichnisse

DOS arbeitet, im Gegensatz zu UNIX/Linux, mit Laufwerksangaben. A: und B: sind die Diskettenlaufwerke, und ab C: beginnen die Festplatten- und CD/DVD-Laufwerke. Auf ein Laufwerk wechselt man einfach durch Eingeben des Buchstabens mit Doppelpunkt. Um innerhalb des Verzeichnisbaumes zu wechseln, nutzt man den Befehl `cd`. Gibt man beispielsweise `cd fdos` ein, wechselt er ins Verzeichnis fdos und der Prompt sieht so aus:

```
C:\FDOS>
```

Zurück gelangt man mit **cd ..**, wobei die beiden Punkte für das vorige Verzeichnis stehen.

Man kann auch in ein ganz bestimmtes Verzeichnis wechseln:

```
cd fdos\games\jumpbump\
```

Dementsprechend gelangt man mit `cd \` ins oberste Verzeichnis direkt auf dem Laufwerk.

Der Befehl `mkdir <neuer Verzeichnisname>` legt ein Verzeichnis an und `rmdir <Verzeichnisname>` löscht leere Verzeichnisse.

Datei- sowie Verzeichnisnamen dürfen nur acht Zeichen lang sein. Nach dem Dateinamen folgen ein Punkt und drei Zeichen für den Dateityp. Längere Namen werden abgekürzt und nummeriert:

`LANGER~1`

Die Dateiendungen haben eine bestimmte Bedeutung, die von den Programmen zur Erkennung des Dateityps genutzt wird, wie z. B.:

.txt	Textdatei
.doc	Word-Datei
.htm	Html-Datei
.exe	ausführbares Programm

Programme werden gestartet, indem man ihre Namen eingibt und die ⏎-Taste betätigt. Zum Beispiel:

`PUZZLE.EXE`

Allerdings muss man sich dazu in dem Verzeichnis befinden, in dem dieses Programm liegt. Zum Beispiel:

`CD C:\FDOS\GAMES\PUZZLE`

Es genügt auch, Dateinamen ohne Endung anzugeben:

`PUZZLE`

G.4.3   Wichtige DOS-Befehle

CLS	Entleert den Bildschirm.
DIR	Zeigt den Verzeichnisinhalt an.
	Als zusätzliche Angabe • MORE für eine seitenweise Anzeige, z. B. DIR | MORE
TYPE <Dateiname>	Zeigt den Verzeichnisinhalt Datei »Dateiname« an.
COPY <vonPfad/Dateiname> <nachPfad/Dateiname>	Kopieren einer Datei auf eine andere Position und eventuell neuen Namen.
DEL <dateinamen>	Löscht eine bestimmte Datei.
Es können sogenannte Jokerzeichen verwendet werden. Wobei * für beliebige Zeichen und ? für genau ein Zeichen stehen. Zum Beispiel:	
DEL *.txt	Löscht alle Textdateien im aktuellen Verzeichnis.
REN <alterDateiname> <neuerDateiname>	Datei umbennen

MKDIR <neuerName>	Legt ein neues Verzeichnis an.
RMDIR <Name>	Löscht ein Verzeichnis.
FORMAT C:	Formatiert die Festplatte; alle Daten gehen verloren.
DATE	Zeigt Systemdatum an oder ändert es.
TIME	Zeigt Systemzeit an oder ändert diese.

G.5   Zusammenfassung

Das erste Betriebssystem, das wir auf unseren virtuellen Rechner installieren, ist FreeDOS. Es ist mit MS-DOS, dem großen Wurf von Microsoft aus der Anfangszeit der PCs, kompatibel, sodass man auch alte Programme aus der MS DOS-Zeit darauf nutzen kann.

Zunächst haben wir kurz in die interessante Entstehungsgeschichte von DOS geblickt. Danach wurde durchgesprochen, wie wir einen virtuellen Rechner für DOS vorbereiten, und dann wurde FreeDOS aus der beiliegenden ISO-Datei auf den virtuellen Rechner installiert.

Den Schluss des Kapitels bildete ein kleiner Crashkurs im Umgang mit DOS. Er sollte genügen, DOS soweit nutzen zu können, wie es im Rahmen dieses Buches nötig ist. Wer sich näher mit DOS auseinandersetzen möchte, sollte sich im Internet oder im modernen Antiquariat umsehen. Denn neue Bücher gibt es inzwischen zu DOS kaum noch.

G.5.1   Webseiten zum Kapitel

URL	Beschreibung
http://www.freedos.org/	FreeDOS-Homepage
http://www.chemie.fu-berlin.de/lehre/edv/ msdos-intro.html	DOS-Grundkurs
http://www.antonis.de/dos/	gute MS-DOS-Seite
http://www.newdos.de/	andere DOS-Version
http://www.shamrock.de/dostools.htm	tolle DOS-Tools
http://www.antonis.de/dos/dos-tuts/dosfaq.htm	DOS-Überblick
http://www.almnet.de/ptsdos/	weitere DOS-Version

Zweifellos sind Ubuntu und QNX zwei der interessantesten Betriebssysteme. Ubuntu hat sich aufgemacht, den größten Gegner zu schlagen, Windows. Und liegt gar nicht schlecht im Rennen. Statt mit viel Funktionalität zu protzen, kommt es ganz schlicht daher und will mit echter Leistung überzeugen. Dabei ist Linux im Grunde bereits seit Jahren ein veraltetes System. QNX hingegen baut auf einem Microkernel auf und gehört damit zu einer wirklich neuen Generation von Betriebssystemen. Es soll uns in Zukunft helfen, unsere Autos zu bedienen, und ist allein schon daher eine hochinteressante Sache.

H   Ubuntu und QNX

H.1   Ubuntu – wie bitte?

Ubuntu ist ein Wort aus der Sprache der Zulu und bedeutet übersetzt: »Ich bin, weil du bist!« Die eigentliche Bedeutung geht jedoch darüber hinaus. Der Begriff steht für Menschlichkeit, Mitgefühl, Gemeinsamkeit in der Schöpfung und gegenseitige Verantwortung.

Ubuntu ist in erster Linie eine Linux-Distribution, die ursprünglich auf Debian Linux zurückgeht. Sie wurde von **Mark Shuttleworth** initiiert, einem Südafrikaner, der schon in jungen Jahren mit erfolgreichen Internetfirmen zum Multimillionär wurde. Nachdem es Debian Linux nicht gelang, eine echte Konkurrenz für Windows-Betriebssysteme aufzubauen, nahm er sich vor, die Fehler von Linux auszumerzen und es dadurch zu einem wirklichen Microsoft-Konkurrenten werden zu lassen.

Was sind nun noch die Probleme?

▶ Linux ist gegenüber Windows immer noch zu kompliziert.

▶ Windows bietet zu jedem Problemfeld genau ein erfolgreiches Programm, Linux unüberschaubar viele Programme.

▶ Zu Windows-Problemen kann man jeden fragen, denn jeder Computernutzer kennt es. Linux wird wenig genutzt, und man muss lange suchen, um Antworten zu finden.

▶ Vieles in und um Linux ist in Englisch. Windows bekommt man in allen denkbaren Sprachversionen.

Um die Probleme lösen zu können, wurde die Distribution in verschiedene Versionen des Betriebssystems aufgegliedert. Jede Version erhielt einen eigenen Namen. Bis heute gibt es folgende Ausführungen:

Ubuntu

Ubuntu ist die erste Version, die im Rahmen dieser Betriebssysteme entwickelt wurde. Sie basiert auf der **Gnome**-Oberfläche. Wichtige Unterscheidungspunkte zu anderen Linux-Distributionen sind, dass im System jeweils nur ein Programm zu einem Anwendungsgebiet enthalten ist. Ein Update- und Installationsmanager erlauben es jedoch, das System beliebig über das Internet zu konfigurieren.

Kubuntu

Kubuntu ist Ubuntu mit der KDE-Oberfläche.

Xubuntu

Xubuntu ist eine minimalistische Version des Systems, das auch auf alten Rechnern laufen soll. Es wird die sparsame Oberfläche **Xfce** genutzt. Durch ständige Weiterentwicklungen ist das System heute kaum noch anderen Fenstermanagern unterlegen.

Edubuntu

Diese Version für Ubuntu ist zur Unterstützung von Lehrern und Schülern gedacht. Man kann mit ihr ein Schulnetzwerk aufbauen, aber auch an Hand von Lernprogrammen sich selbst aktiv Nachhilfe geben.

Gobuntu

Mit Gobuntu wurde eine Version herausgebracht, die ohne jede proprietäre Software auskommt. Das heißt, es wurde nur Software aufgenommen, die wirklich frei verfügbar ist. Die Version hat auch die Aufgabe, potenzielle Entwickler der Freeware-Szene darauf aufmerksam zu machen, was bereits alles frei verfügbar ist, aber auch, was man noch selbst entwickeln könnte.

UbuntuStudio

Diese Version ist speziell für Medienschaffende herausgebracht worden. Es ging darum, leistungsstarke Komponenten im Audio- und Videobereich zu integrieren. Wichtige Programme des Systems sind im Audiobereich **JACK**, **Rosegarden** und **Ardour**, für Videobearbeitung **Cinepaint** und **Kino**, sowie schließlich das DTP-Programm **Scribus**.

Ubuntumobile

Eine speziell an tragbare Rechner und Handhelds angepasste Ubuntu-Version. Die erste offizielle Version wurde mit Ubuntu 7.10 herausgebracht.

Wubi

Eine noch inoffizielle Installationsroutine zum Betreiben einer Ubuntu-Version unter Windows. Dabei wird Ubuntu wie jedes andere Anwendungsprogramm unter Windows installiert und kann genauso auch wieder deinstalliert werden.

H.2 Ubuntu installieren

Die Webseite des Programms ist:

http://www.ubuntu.com/

Zunächst heißt es, einen virtuellen Rechner vorzubereiten. Wieder einmal muss VirtualBox herhalten. Und eigenartigerweise will Ubuntu als BS-Typ Vista installiert werden, als Linux lässt es sich nicht ohne Probleme installieren. Das kann daran liegen, dass es etwas mehr Ressourcen benötigt, als bei Linux normal üblich. Sie werden hier nur die Beschreibung der Ubuntu-Installation finden. In den Beispielen im Buch werden wir aber auch **Kubuntu** nutzen. Es ist ebenfalls auf der DVD. Der Ablauf der Installation ist praktisch identisch.

Als Erstes muss man das betreffende ISO-Image einbinden oder die davon gebrannte CD einlegen und das Laufwerk einbinden. Die ISO-Datei befindet sich auf der DVD unter: *Software zum Buch\Anhang\Installationen\Ubuntu* als *ubuntu-7.10-desktop-i386.iso*.

Mit dem auf der DVD beiliegenden Brennprogramm (Burnatonce) kann man sie auf eine CD-ROM übertragen: **Datei • Neues Image laden – Schreiben**.

VirtualBox fragt beim ersten Start des Rechners, man kann es aber auch nachträglich einstellen: **Geräte • CD/DVD-ROM einbinden**.

Nachdem man die Maschine wieder zurückgesetzt hat, startet Ubuntu, sobald der Rechner hochgefahren ist, mit einem Countdown, den man durch einen einfachen Klick beschleunigen kann (Abbildung H.1). Wie bei Installationen großer Betriebssysteme üblich, wird erst einmal das System gestartet und von dort aus dann installiert. Ubuntu macht dies ganz besonders deutlich, da es auch von der gleichen CD-ROM einfach ohne Installation betrieben werden kann.

Alternativ zum einfachen Start hat man die Möglichkeit, in einem anderen Modus zu starten oder das Medium auf Fehler überprüfen zu lassen (Abbildung H.1).

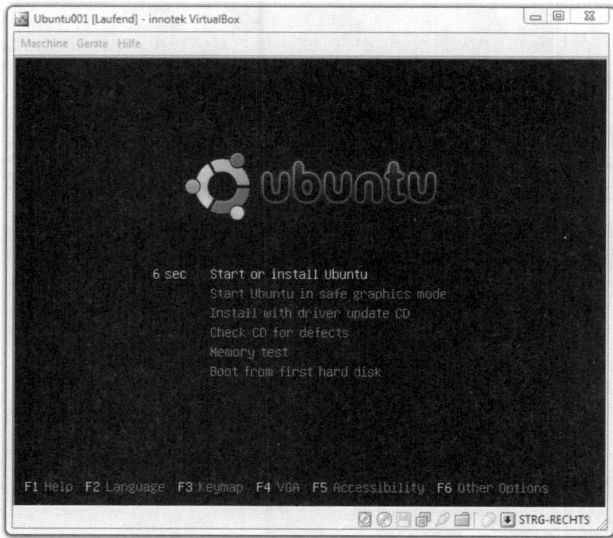

Abbildung H.1   Ubuntu startet von einer selbst gebrannten CD-ROM.

Nach dem Start scannt Ubuntu erst die Hardware, um sich richtig konfigurieren zu können. Danach beginnt der eigentliche Systemstart (Abbildung H.2).

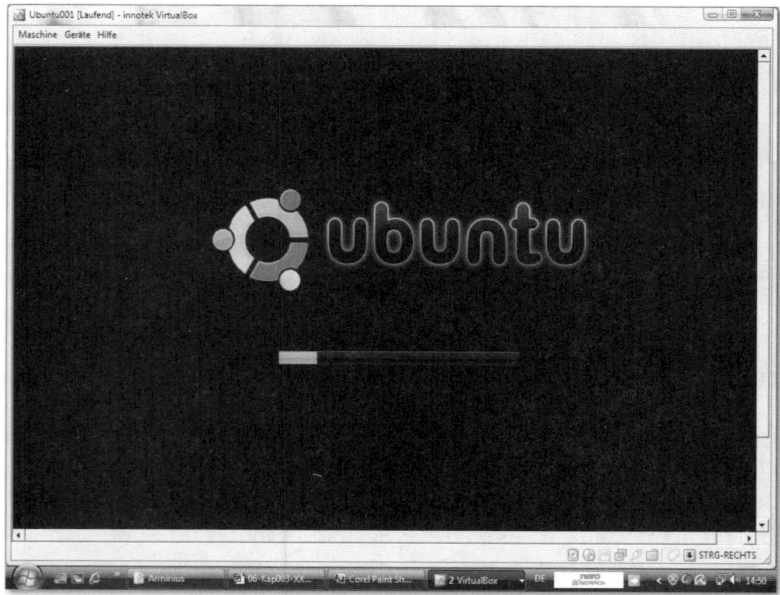

Abbildung H.2   Der eigentliche Systemstart

An dessen Ende ist schließlich die Desktopansicht von Ubuntu aufgebaut. Noch ist diese in Englisch, und die verfügbaren Funktionen sind zwar reichlich vorhanden, wie ein Blick in die Menüs zeigt, aber nicht unseren Bedürfnissen angepasst. Deshalb beginnen wir mit der Installation auf der Festplatte des virtuellen Rechners. Dazu gibt es auf dem Desktop ein Icon, das nur doppelt angeklickt werden muss (Abbildung H.3).

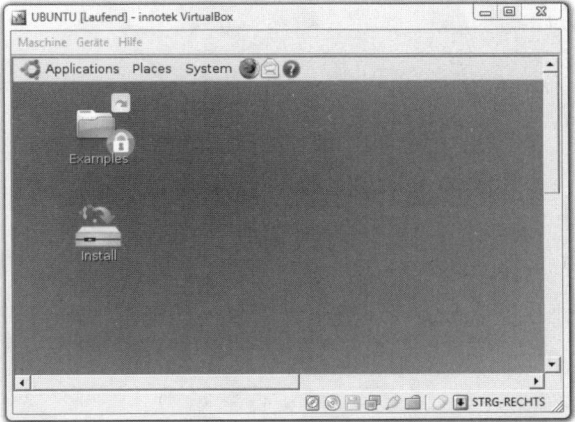

Abbildung H.3 Ubuntu ist gestartet.

Nun sind noch eine Reihe von Einstellungen erforderlich, bevor die eigentliche Installation des Systems durchgeführt werden kann.

Zunächst wird die Zeitzone eingestellt (Abbildung H.4). Es gibt eine Voreinstellung, die meist richtig ist.

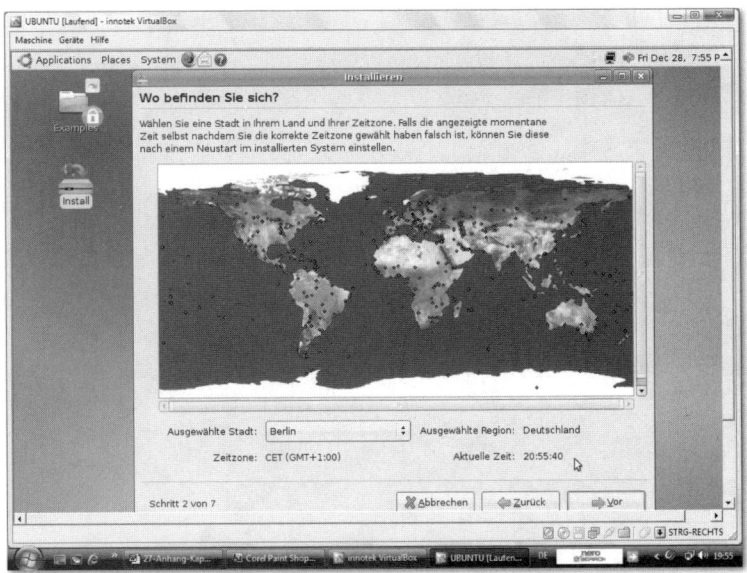

Abbildung H.4 Die Zeitzone einstellen

Danach gilt es, die Sprache für die Installation auszuwählen (Abbildung H.5). Dahinter folgt gleich die Auswahl für die Landeseinstellung der Tastatur.

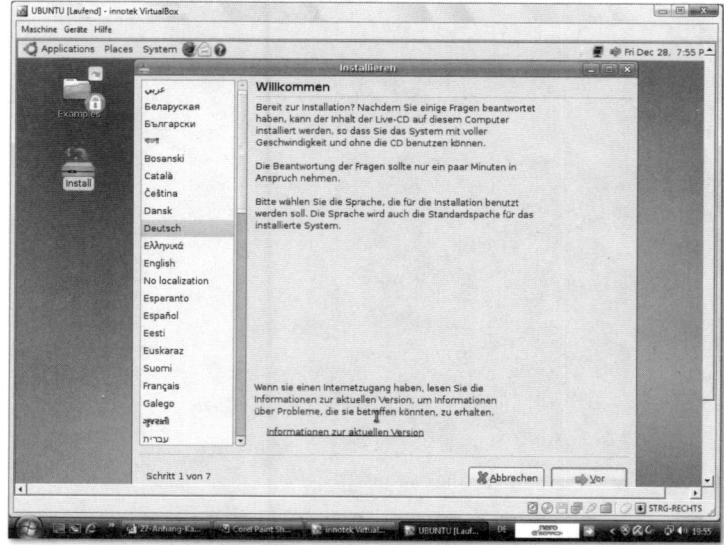

Abbildung H.5 Die Installationssprache auswählen

Worauf schließlich die Festlegung für die Verwendung der Festplatte folgt (Abbildung H.6). Falls es sich um ein Update handeln sollte, können bereits bestehende Nutzerkonten importiert werden. Das trifft in diesem Fall ja nicht zu und der folgende Dialog kann übergangen werden.

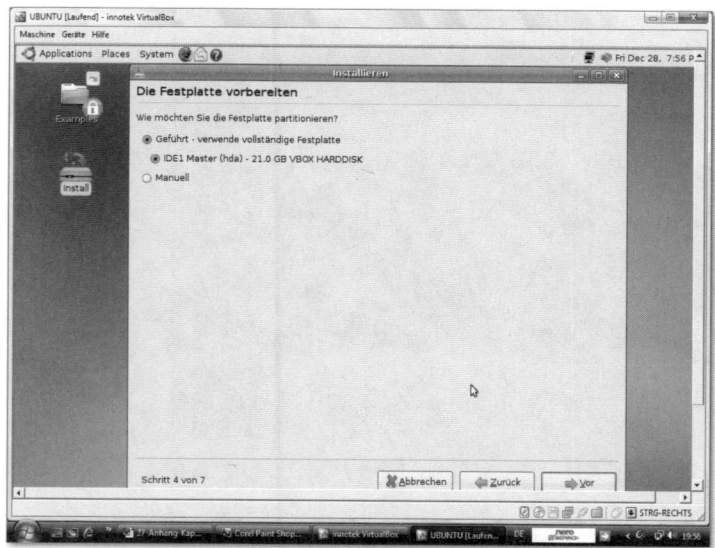

Abbildung H.6 Vorbereiten der Festplatte

Jetzt müssen die Nutzerdaten eingegeben werden, die verwendet werden sollen, also die Zugangsnamen und das gewünschte Passwort (Abbildung H.7).

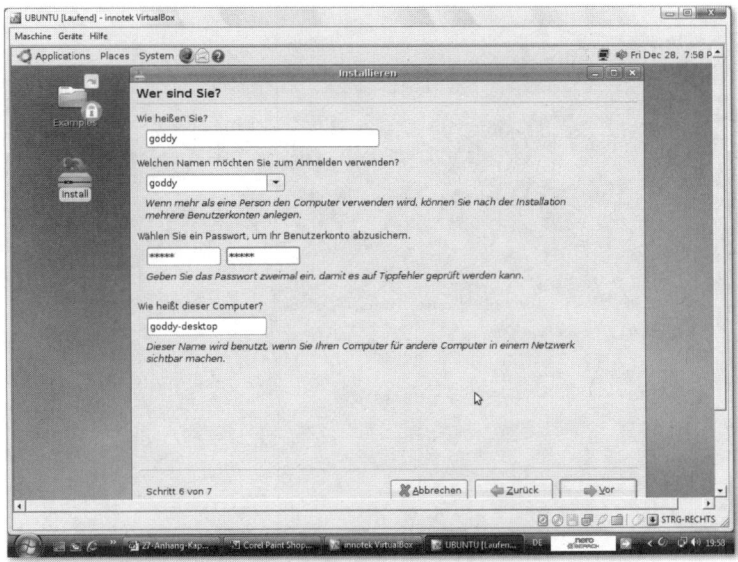

Abbildung H.7   Zugangsnamen und Passwort

Nun folgt die eigentliche Einrichtung des Systems. Ubuntu zeigt einen Überblick über die gewählten Einstellungen, und mit einem Klick auf die Schaltfläche **Install** kann die Installation des Systems beginnen.

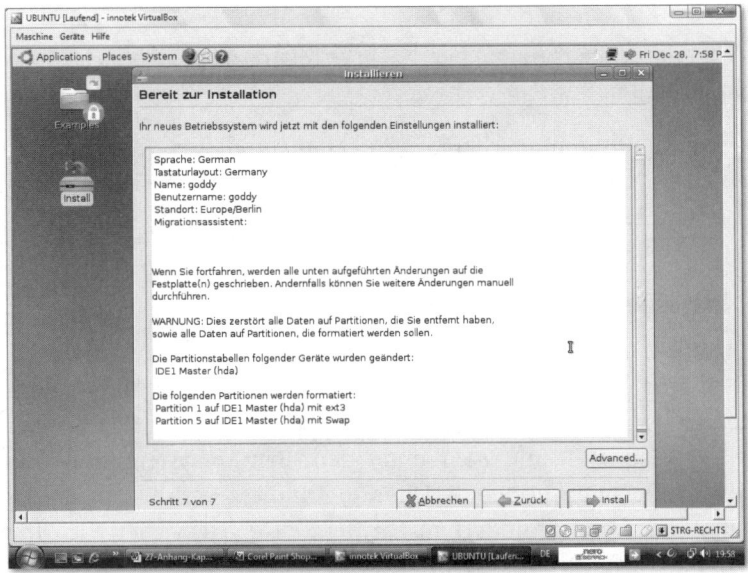

Abbildung H.8   Vor der Installation

Im ersten Schritt wird die Festplatte partitioniert und formatiert (Abbildung H.9). Gut, dass wir uns sicher sind, dass es sich dabei um eine virtuelle Platte des virtuellen Rechners handelt.

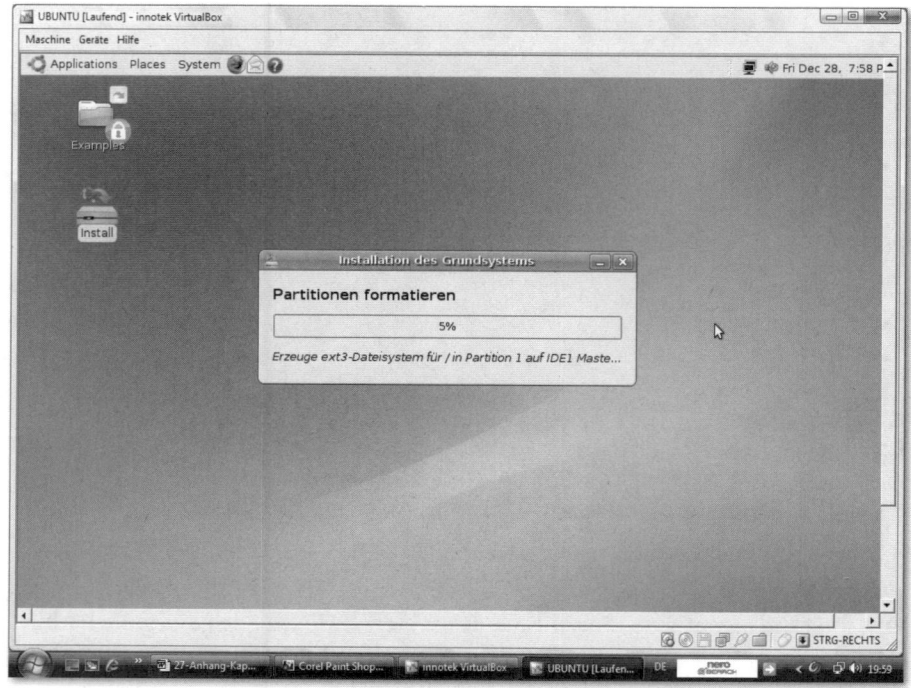

Abbildung H.9 Die Platte wird formatiert.

Danach ist das System für die Nutzung bereit. Da es relativ anspruchslos ist, läuft es sogar auf dem virtuellen Rechner recht flott.

Die Installation von Kubuntu unterscheidet sich kaum von dieser Ubuntu-Installation. Eventuell wird Kubuntu noch dazu benötigt, eine Apfelmännchen-Grafik anzusehen. Diese ist aber auch unter Windows oder Ubuntu verfügbar.

H.2.1 Wubi installieren

Neben der Möglichkeit, Ubuntu von einer sogenannten Live-CD-ROM zu starten, wurde vor kurzem eine neue Idee propagiert. Sie nennt sich Wubi und ist noch im Betastadium. Es ist vereinfacht gesagt eine Art Live-CD in Form einer Installation auf der Festplatte, und zwar unter dem Betriebssystem Windows oder einem virtuellen Rechner speziell für Ubuntu. Auf diese Weise kann auf das Dateisystem von Windows ungehindert zugegriffen, das System aber auch frei konfiguriert werden.

Zwar weist das Betastadium noch nicht ausgemerzte Instabilitäten auf, aber es deutet sich schon an, dass hier eine weitere interessante Variante um Ubuntu entwickelt wurde. Die Webseite des Programms ist:

http://www.ubuntu.com/

Die Installation ist recht einfach. Man startet die aus dem Internet geladene oder von der DVD kopierte Datei mit einem Doppelklick. Ein Dialog wird geöffnet, in dem bereits alle wichtigen Einstellungen durchgeführt werden können.

Abbildung H.10 Ubuntu-Installation mit Wubi

Nun lädt Wubi eine ISO-Datei von der Ubuntu-Downloadseite und kopiert sie auf die Festplatte des Rechners.

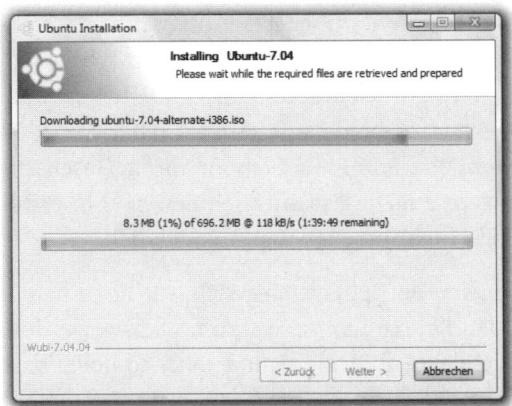

Abbildung H.11 Wubi zieht eine Ubuntu-Version.

Anschließend läuft die übliche Installationsroutine ab und danach lässt sich Ubuntu unter Windows nutzen.

H.3 Die QNX-Story

Bereits zehn Jahre vor Linux wurde QNX entwickelt. Zwei Studenten der University of Waterloo, **Gordon Bell** und **Dan Dodge,** hatten 1980 den Entschluss gefasst, ein eigenes Betriebssystem zu entwickeln. Es sollte anders als vorhergehende Betriebssysteme ein Microkernel-System werden. Sie gründeten die Firma **Quantum Software** und veröffentlichten bereits 1982 eine erste Version mit der Bezeichnung **QUNIX**. Das Betriebssystem war für Intelrechner der 8086-Prozessorgruppe gemacht. Sich für diesen Rechner entschieden zu haben, sollten sie nicht bereuen, obwohl ihr System vorrangig für Embeded-Systeme gedacht war, also für Rechner, die als Steuerrechner irgendwelcher Maschinen oder Apparate eingesetzt wurden.

Wenig später wurde das Betriebssystem in QNX umbenannt, um die Unabhängigkeit von UNIX deutlicher zu machen. Bald darauf wurde das System als Standard-Betriebssystem für die Hochschulen in Ontario genutzt.

Mit dem Aufkommen von Linux begann sich die Betriebssystemwelt grundlegend zu wandeln. Und das nicht deshalb, weil Linux eine fortschrittliche Systemarchitektur hatte, sondern weil es ein freies System war und jeder, der mithelfen wollte, das System weiterzuentwickeln, mitmachen konnte. So entstand rasch eine Programmvielfalt um dieses System, die nur noch von der Windows-Welt übertroffen wurde. Die Entwickler von QNX entschlossen sich, ihr System an Linux zu orientieren, um Software einfacher adaptieren zu können und die Nutzer von Linux auf ihr System aufmerksam zu machen. Als Ergebnis entstand **QNX Neutrino**, das seit 2001 verfügbar ist.

Zwischenzeitlich dachte man bei Commodore darüber nach, ob man QNX nicht als Betriebssystem für Amiga einsetzen könne. Man entschied sich schließlich doch für eine Eigenentwicklung. Weitere große Änderungen kündigten sich an. Die Firma wurde in **QNX Software Systems** umgetauft. Am 27. Oktober 2004 wurde QNX von **Harman International** übernommen, um es in ihrem Geschäftsfeld als Betriebssystem einsetzen zu können. Dieses Unternehmen baut in erster Linie Lautsprechersysteme jeder Größe für Fahrzeuge wie auch Stadien.

Inzwischen hatte sich gezeigt, dass kleine Betriebssysteme sich nur noch halten können, wenn sie auf Basis einer Open-Source-Lizenz weiterentwickelt werden. Die Kosten für die erforderliche Anzahl an Entwicklern sind sonst so hoch, dass man solche Systeme nicht weiter pflegen kann. So kam es, dass am 12. September 2007 der Quellcode des QNX-Kernels ebenfalls öffentlich zugänglich gemacht wurde.

Die neue Lizenz erlaubt außerdem die kostenlose Nutzung des Betriebssystems für den privaten Gebrauch. Aus diesem Grund haben Sie die Möglichkeit, dieses

System in dem festgelegten Rahmen von der beilegen DVD oder aus dem Internet kostenlos zu installieren.

Zusätzlich erlaubt diese Lizenz, den Kernel für eigene Zwecke zu verändern. Diese Entwicklungen dürfen jedoch nicht ohne schriftliche Erlaubnis weitergegeben werden.

H.4 Aufbau von QNX

QNX Neutrino besteht aus einem Microkernel und aus einer eigenen grafischen Nutzeroberfläche, **Photon microGUI**. Als Entwicklungssystem wird eine spezielle Eclipse-Version genutzt. Ein Server, ein Browser (Voyager) sowie einige Hilfsprogramme (z. B. ein Editor) gehören zur Standardausstattung des Systems.

Normalerweise läuft ein Betriebssystem in einem Teil des Hauptspeichers und wartet und verteilt die Ressourcen des Computersystems an die laufenden Programme. Da es ein großes Speicherareal nutzt, in dem alle Programme und Dienste laufen, kann es leicht zu Problemen kommen, wenn die Ressourcen einmal knapp werden.

Im Unterschied dazu besteht ein Microkernel aus kleinen Teilprogrammen, die selbst bereits geschützte Speicherareale nutzen und sich so nicht gegenseitig beeinflussen können. Es ist außerdem möglich, Teile des Betriebssystems zu entfernen, ohne alles neu starten zu müssen. So wird das eigentliche Kernprogramm sehr klein und passt z. B. ohne weiteres auf eine Diskette.

Vor allem die modernen Netzwerkumgebungen und das Internet sind ideal für QNX, weil das System sich einfach über ein Netz installieren oder betreiben lässt. Deshalb ist es auch als Betriebssystem für Gerätesteuerungen gut geeignet.

So wurde es fast allen gängigen Prozessortypen angepasst.

H.5 QNX installieren

Die Webseite des Programms ist:

http://www.qnx.com/

Die Downloadseite findet man unter:

http://www.qnx.com/download/

Wieder ist es ratsam, eine CD-ROM zu brennen oder später die ISO-Datei als CD einzuhängen.

Leider kommt unser bisher so bewährtes VirtualBox mit QNX nicht allzu weit. Wir haben zum Glück weitere virtuelle Maschinen und nutzen für QNX Virtual PC.

Wir starten dieses Programm und öffnen den Assistenten für virtuelle Maschinen über **Datei · Assistent für neue virtuelle Computer**.

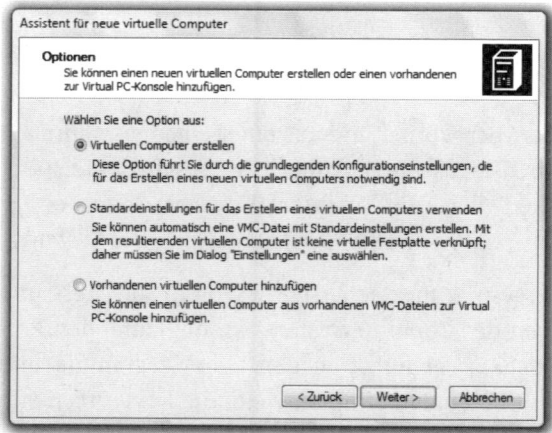

Abbildung H.12 Erstellen eines virtuellen Computers

Der nächste Dialog erfordert die Festlegung des Punktes: **Virtuellen Computer erstellen** (Abbildung H.12). Im Folgenden lässt sich ein Name für den virtuellen Rechner festlegen. In diesem Falle ist es QNX001 (Abbildung H.13).

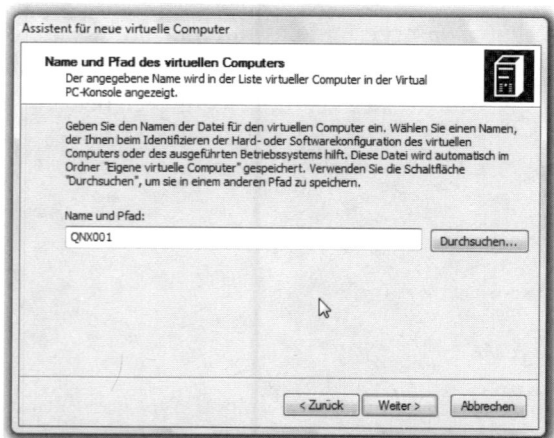

Abbildung H.13 Den Namen für den virtuellen Rechner festlegen

Bei der Festlegung des Betriebssystems belassen wir die Kombobox auf **Andere** (Abbildung H.14).

Abbildung H.14 Die Auswahl des Betriebssystems

Da QNX sparsam mit Ressourcen umgeht, belassen wir den Arbeitsspeicher auf 128 MB (Abbildung H.15).

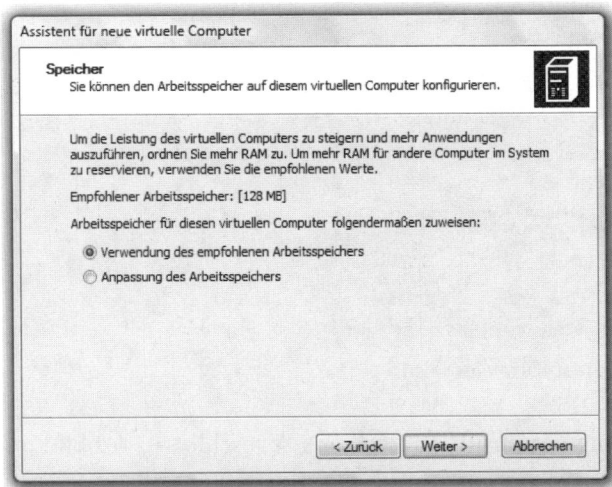

Abbildung H.15 Den Arbeitsspeicher festlegen

Danach wird eine neue, dynamische virtuelle Festplatte eingerichtet (Abbildung H.16).

Die Größe der Festplatte ist weniger wichtig und kann auf dem eingestellten Wert belassen werden (Abbildung H.17).

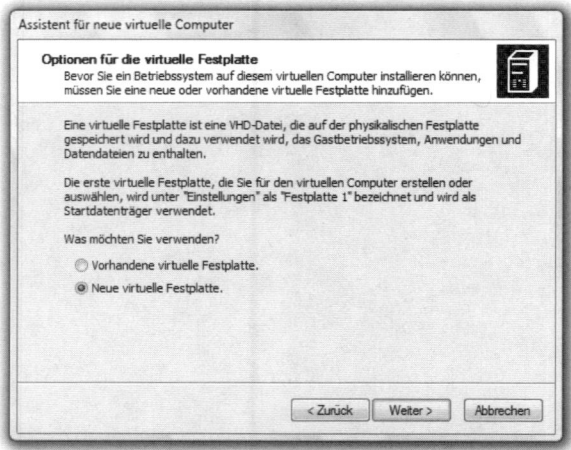

Abbildung H.16 Eine neue Festplatte einrichten

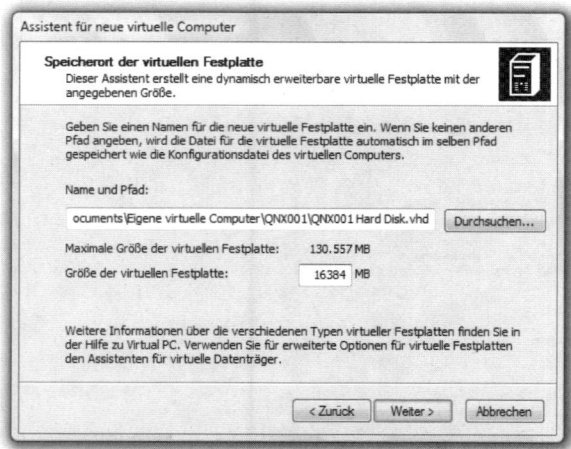

Abbildung H.17 Die Größe der Festplatte einstellen

Danach wird die Einrichtung des virtuellen Rechners abgeschlossen (Abbildung H.18).

Der Assistent wird geschlossen und das Programm Virtual PC erneut gestartet, um den Rechner einzurichten. Der neu eingerichtete Rechner wird angewählt und über die Schaltfläche **Starten** hochgefahren. Beim Starten wird zunächst das Problem auftreten, dass die vorgesehene ISO-Datei von QNX gefunden werden muss. Diese geben Sie über die Menüpunkte **CD · ISO Bild erfassen** ein – sofern keine CD-ROM erstellt und diese über **CD · Physikalisches Laufwerk X: verwenden** eingebunden wurde. Danach muss der Rechner mit einem Warmstart hochgefahren werden, was am einfachsten über **Action · Zurücksetzen** gelingt.

Abbildung H.18 Einen virtuellen Rechner für QNX fertigstellen

Es ist nicht nötig, in den Rechner zu wechseln, um ihn bedienen zu können, es genügt, wenn er den Fokus hat. Denken Sie daran, dass Sie mit ⌊AltGr⌋ und Mausbewegungen oder ⌊AltGr⌋+⌊↵⌋ (beim Vollbildschirm) den virtuellen Rechner wieder verlassen können.

Die Installation läuft zum größten Teil auf der Textoberfläche ab. Daher macht es wenig Sinn, hier die Bildschirminhalte als Grafiken zu zeigen. Zunächst muss man angeben, dass nicht von der CD gestartet, sondern das System installiert werden soll. Das wird noch zwei Mal mit **F1** bestätigt. Schließlich wird gefragt, ob man die ganze oder Teile der Festplatte nutzen möchte. Da mit einem virtuellen System gearbeitet wird, können Sie mit **F1** alles nutzbar machen. Kurz darauf ist die Installation abgeschlossen. Starten Sie den Rechner durch einen Tastendruck. Sie sollten jedoch vorher **mit CD · qnxnc621.iso freigeben** die virtuelle CD-ROM abhängen.

Nach dem Neustart möchte QNX wissen, welche Grafikeinstellung gewünscht wird. Hier muss man eventuell ein wenig experimentieren.

Nun wird eine Dialogbox angezeigt, in die man den Namen und das Passwort eingeben soll. Hier genügt es, als Namen **root** einzutragen und das Passwort wegzulassen.

Direkt nach Öffnen der Oberfläche wird der Software Installer gestartet. Hängen Sie das ISO-Image wieder ein, und sehen Sie, was der Installer anbietet (Abbildung H.21).

Sie können die angebotene Software markieren und installieren und dadurch den Installer 1.0 ersetzen (Abbildung H.22).

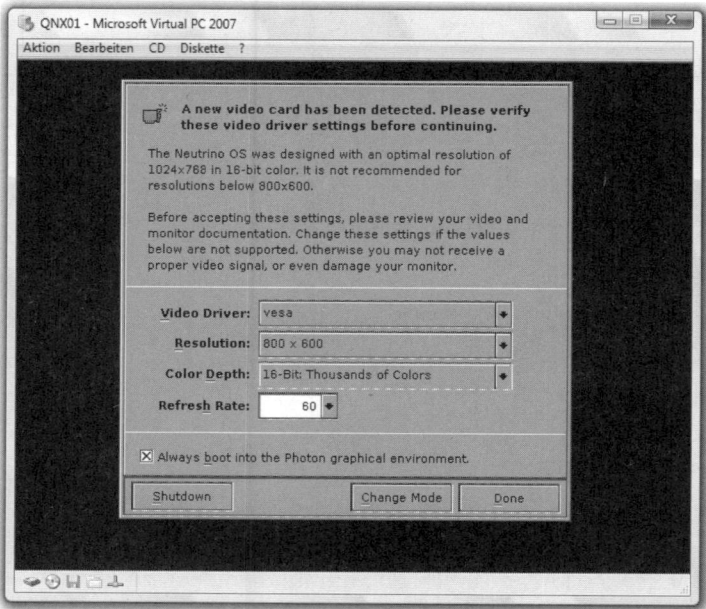

Abbildung H.19 Die Auflösung einstellen

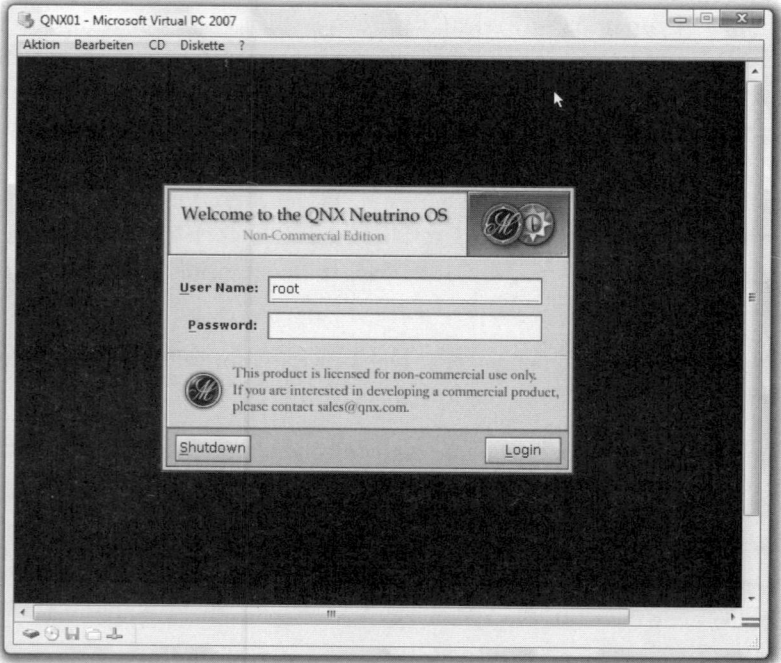

Abbildung H.20 Neutrino-Login

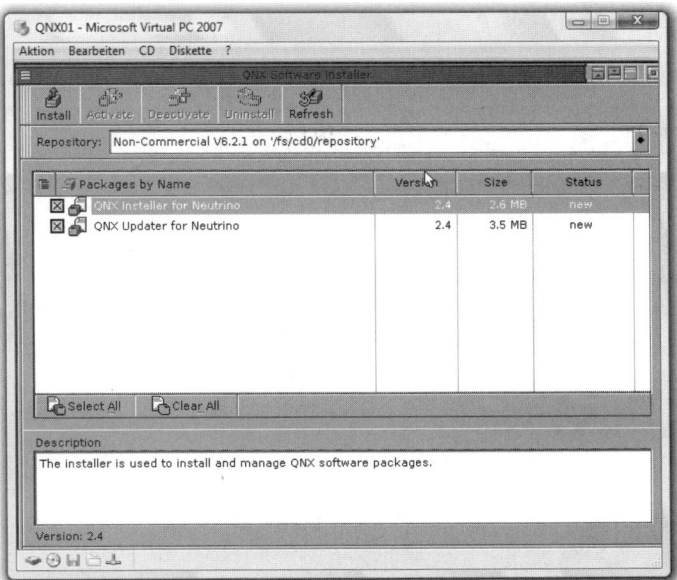

Abbildung H.21 Der QNX Software Installer

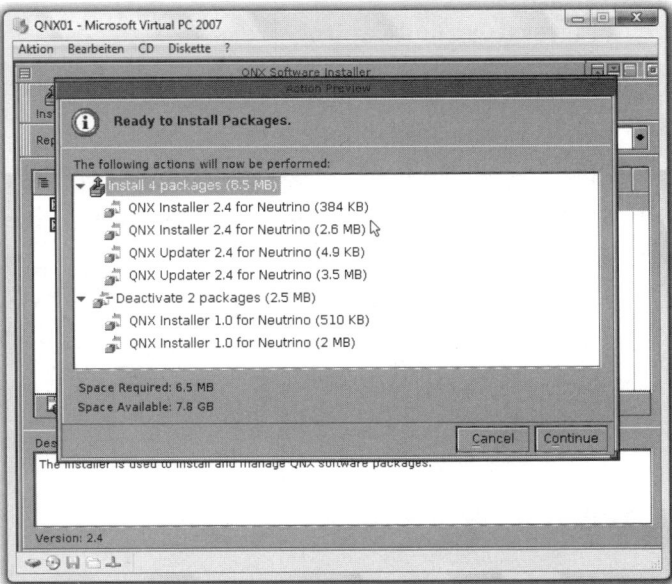

Abbildung H.22 Der Installer V 2.4 ist ausgewählt.

Damit ist QNX installiert und Sie können sich noch Zeit nehmen, die interessante Oberfläche kurz zu studieren.

H.6 Zusammenfassung

Nachdem wir uns mit DOS herumgeschlagen haben, ging es diesmal um die Installation von zwei mehr oder weniger aktuellen Betriebssystemen. Das waren einmal Ubuntu und dann QNX. Es sind nicht nur interessante Systeme, sie haben auch eine recht interessante Entstehungsgeschichte. Die haben wir natürlich auch ein wenig unter die Lupe genommen.

Schließlich haben wir Ubuntu auf einem VirtualBox-Rechner installiert und QNX auf einem VirtualPC-Rechner. Nach der Installation haben wir sie kurz auf eigene Faust erkundet.

H.6.1 Webseiten zum Kapitel

URL	Beschreibung
http://de.wikipedia.org/wiki/Ubuntu	Ubuntu-Homepage
http://www.markshuttleworth.com/	Homepage von Mark Shuttleworth
http://www.qnx.com/	Homepage von QNX
http://www.qnx.com/download/	Downloadseite von QNX

H.6.2 Weiterführende Literatur zum Kapitel

Marcus Fischer, Einstieg in Ubuntu GNU/Linux, m. DVD-ROM, Galileo Press, 2008

Rainer Hattenhauer, Ubuntu GNU/Linux, Galileo Press, 2007 (Video-Training)

Rainer Hattenhauer, Linux-Livesysteme – Knoppix, Ubuntu, Morphix, Kanotix, Mepis, Slax & Co., mit DVD, 2005

Es werden verschiedene Tools benötigt, um mit den virtuellen Maschinen optimal arbeiten zu können. ISO-Images sind Abbilder von Datenträgern. Sie werden mit Vorliebe auf virtuellen Maschinen eingesetzt und sind sozusagen virtuelle Laufwerke. Sie lassen sich mit WinISO erzeugen. Die Abbilder können mit Burnatonce gebrannt und mit Virtual CD wie physikalische Laufwerke angesprochen werden. Je nach Bedarf müssen diese Programme also installiert werden.

I   WinISO, Burnatonce und Virtual CD

I.1   WinISO installieren

Das Programm WinISO dient dazu, Imagedateien von Datenträgern zu erstellen. Das kann eine Festplatte genauso wie eine CD-ROM oder DVD-ROM sein. Die Webseite des Programms ist:

http://www.winiso.com/

Es gibt Vollversionen, die käuflich zu erwerben sind, aber auch eine sogenannte Trial-Version, die man zum Kennenlernen des Programms nutzen kann, bevor man es kauft. Die Version auf der beiliegenden DVD ist eine solche Trial-Version.

Sie können gerne von der Homepage die neuste Version beziehen. Im Buch wird jedoch nur die Anwendung der dem Buch beiliegenden Version beschrieben. Die Datei befindet sich auf der DVD unter: *Software zum Buch\Anhang\Installationen\Image-Werkzeuge* als *winiso53.exe*.

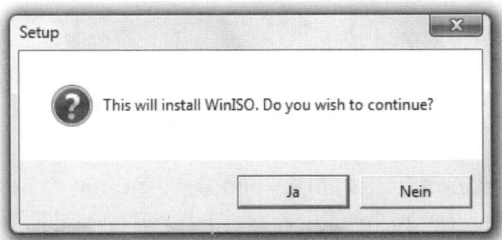

Abbildung I.1   Die Frage nach der Installation

Klickt man die Version doppelt an, so fragt die Installationsroutine zunächst nach, ob man wirklich installieren möchte.

Abbildung I.2   Der Willkommensdialog von WinISO

Die Installation lässt sich jedoch auch noch mit dem nächsten Dialog abbrechen, mit dem der sogenannte Wizard gestartet wird, das Programm also, das durch die Installation führt. Mit der **Next**-Schaltfläche gelangt man zum nächsten Dialog, den Lizenzbedingungen (Abbildung I.3), wo es nur mit **Yes** weitergeht.

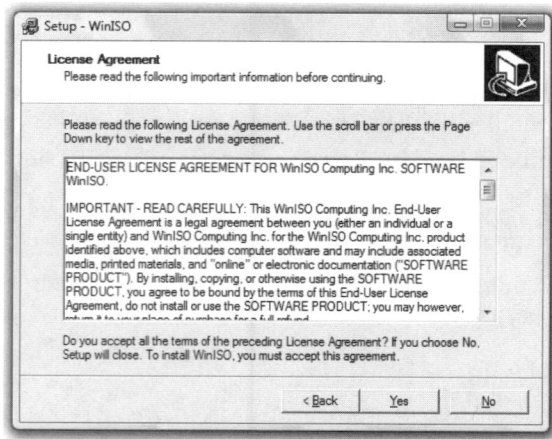

Abbildung I.3   Die Lizenz ist anzuerkennen.

Hat man die Lizenzbedingungen anerkannt, muss angegeben werden, in welches Verzeichnis auf der Festplatte das Programm installiert werden soll (Abbildung I.4).

Man wählt den übergeordneten Verzeichnisnamen aus, wie z. B. **Programme** oder **Program Files** und gelangt mit der **Next >**-Schaltfläche zum folgenden Dialog.

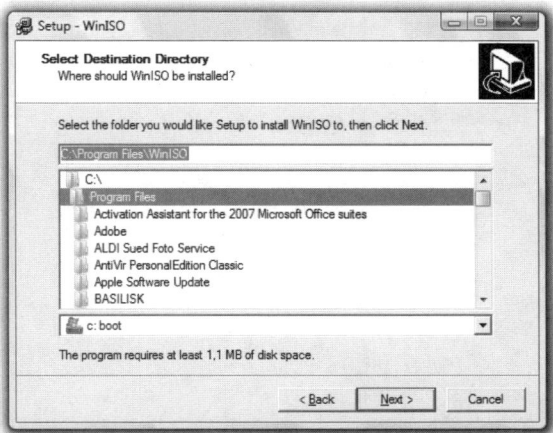

Abbildung I.4 Das Verzeichnis für die Installation

Wie Sie wissen, gibt es im Startmenü auch Ordner, in denen oft mehrere Programme zusammengefasst sind. Im nachfolgenden Dialogfenster wird ein solchen Ordner ausgewählt. Vorgeschlagen wird **WinISO** (Abbildung I.5), es kann aber auch ein anderer Ordner in der Liste gewählt oder ein individueller Name eingeben werden, wie z. B. **Brennprogramme**.

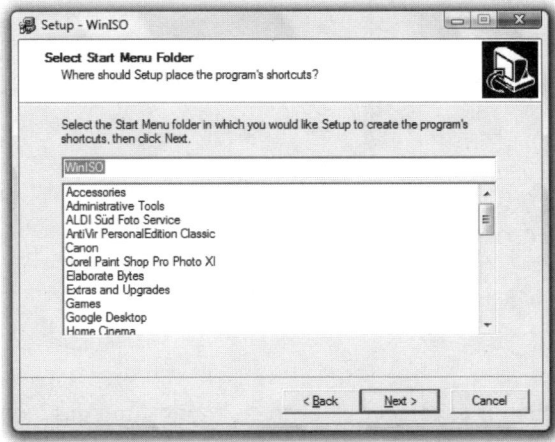

Abbildung I.5 Das Verzeichnis im Startmenü wählen

Danach lässt man auf der Desktop-Oberfläche ein Icon für das Programm WinISO anlegen (Abbildung I.6).

Im nachfolgenden Dialog lassen sich alle Vorgaben für die Installation noch einmal überprüfen (Abbildung I.7). Man kann mit der **Back**-Schaltfläche zurückblättern und die Einstellungen korrigieren.

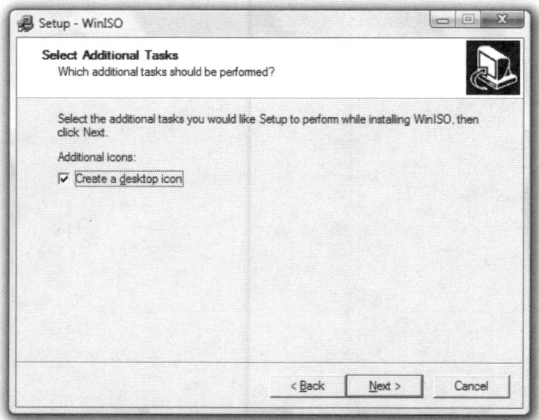

Abbildung I.6 Erzeugen eines Icons auf dem Desktop

Ist nun alles in Ordnung, wird die eigentliche Installation durch die **Install**-Schaltfläche gestartet.

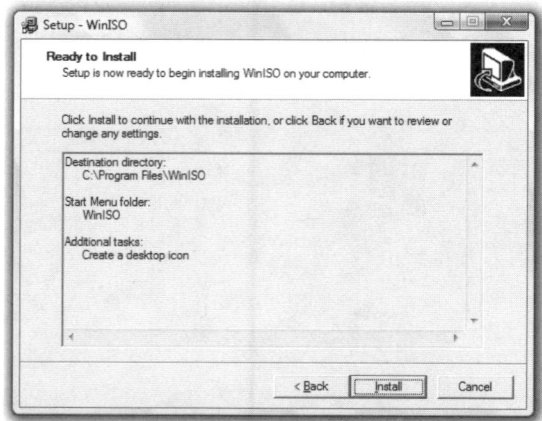

Abbildung I.7 Das abschließende OK

Nachdem das gewünschte Verzeichnis angelegt, die Dateien kopiert und das Icon erzeugt wurde, meldet der Installations-Wizard den erfolgreichen Abschluss der Installation. Ist während der Installation ein Fehler aufgetreten, so wird eine entsprechende Fehlermeldung angezeigt und die Installation kann gegebenenfalls wiederholt werden.

Falls angegeben, liegt auf der Desktop-Oberfläche nun ein grellbuntes Icon mit dem Namen WinISO, das sich durch Doppelklick starten lässt. Außerdem lässt sich das Programm über das **Startmenü · alle Programme · WinISO · WinISO** aufrufen.

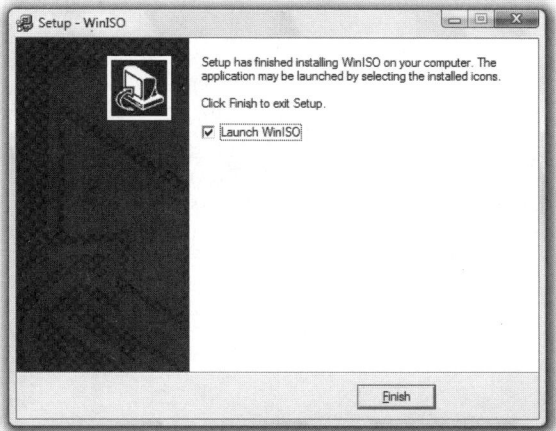

Abbildung I.8 Die Installation wird abgeschlossen.

Das Programm mit einer auffallend bunten Nutzeroberfläche wurde gestartet (Abbildung I.9). Das linke Fenster zeigt eine Bezeichnung, die für das neue ISO-Image steht, das praktisch mit dem Start des Programms geöffnet wurde. Der Name wird aus dem aktuellen Datum und der aktuellen Uhrzeit generiert.

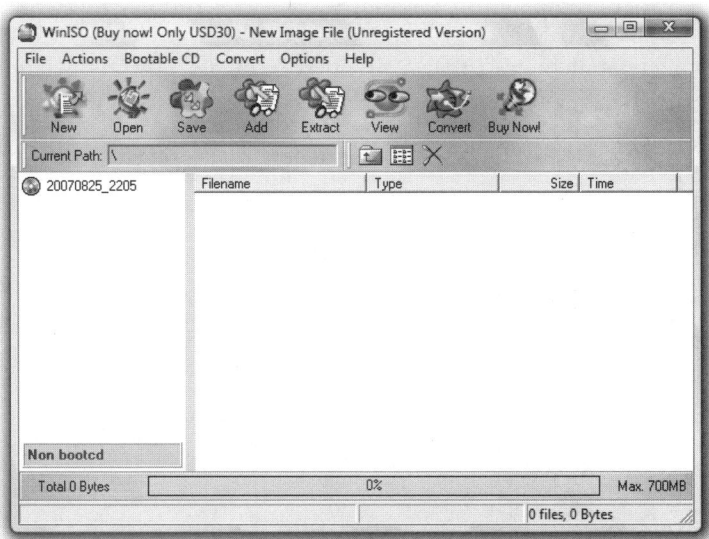

Abbildung I.9 WinISO wurde gestartet.

Um das Programm zu testen, legen Sie am besten mit dem Editor eine kleine Textdatei an (z. B. Isotest), die Sie am Inhalt jederzeit wiedererkennen können. Mit den Menüpunkten **Actions • Add Files** nehmen Sie die neu erzeugte Textdatei in das aktuelle Image auf (Abbildung I.10). Durch **File • Save as** erzeugen Sie das

Image letztendlich dadurch, indem Sie es auf der Festplatte abspeichern (Abbildung I.11).

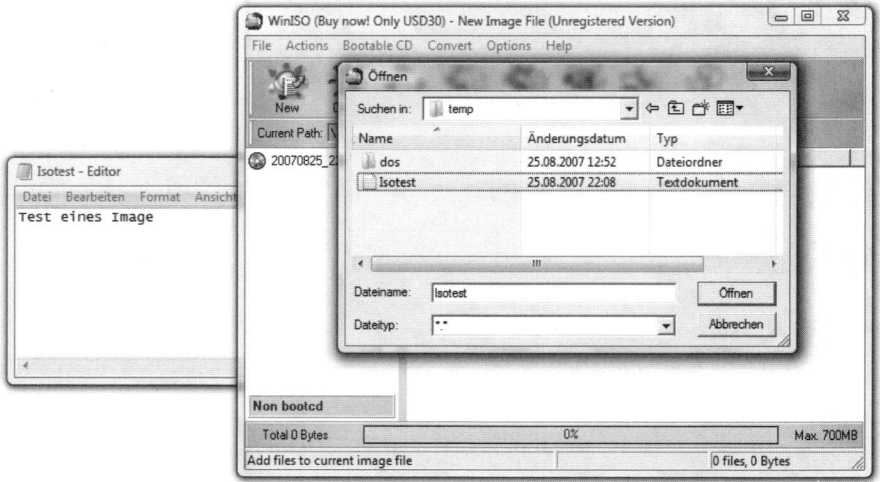

Abbildung I.10   Datei in ein Image aufnehmen

Falls Sie es jetzt auf einen Datenträger brennen, erhalten Sie eine CD-ROM, die sich wie jede andere Daten-CD-ROM lesen lässt und die eine Textdatei **Isotest.txt** enthält. Da das jedoch jetzt nicht geschehen soll, überprüfen Sie das Gelingen der Operation einfach durch Schließen und Neustarten des Programms.

Wenn Sie nun die erzeugte ISO-Datei suchen und laden, sollte sie als Inhalt die Testdatei anzeigen.

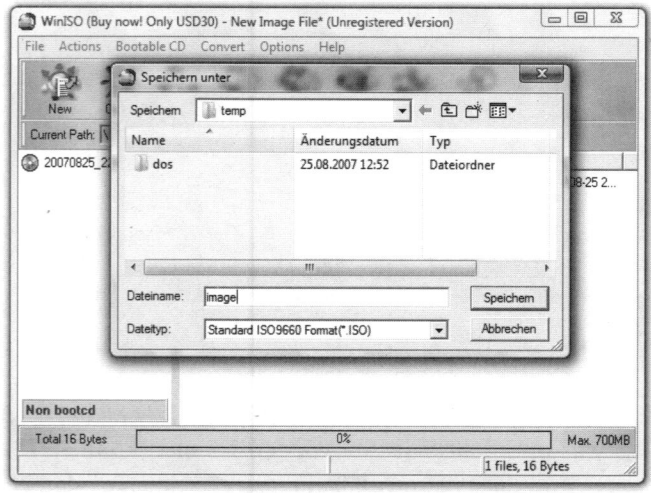

Abbildung I.11   Ein Image durch Abspeichern erzeugen

Damit ist man zumindest prinzipiell in der Lage, eigene ISO-Dateien zu erzeugen und diese mit den virtuellen Rechnern als Datenträger zu verwenden.

I.2 Burnatonce installieren

Besitzen Sie kein anderes Programm zum Brennen von CD/DVDs, verwenden Sie das auf der DVD bereitliegende Burnatonce. Es benötigt eine ISO-Datei, die Sie ja inzwischen mit WinISO erzeugen können. Auf der DVD liegen aber auch fertige ISO-Dateien, die Sie zur einfacheren Nutzung auf eine CD oder DVD brennen können. Die Webseite des Programms ist:

http://www.burnatonce.net/

Den Download der neusten Version des Programms kann man über die folgende Webseite bewerkstelligen:

http://www.burnatonce.net/downloads/

Hier können Sie zwar die neuste Version beziehen, im Buch wird jedoch nur die Nutzung der dem Buch beiliegenden Version beschrieben.

Die Installation von Burnatonce ist sehr einfach. Die Datei befindet sich auf der DVD unter: *Software zum Buch\Anhang\Installationen\Image-Werkzeuge\Brenn-software* als *bao0995.exe*.

Installieren Sie sie direkt von der DVD durch Doppelklick oder kopieren Sie sie erst von der DVD in ein temporäres Verzeichnis Ihrer Festplatte, um sie von dort per Doppelklick zu starten.

Ein Begrüßungsdialog wird geöffnet (Abbildung I.12).

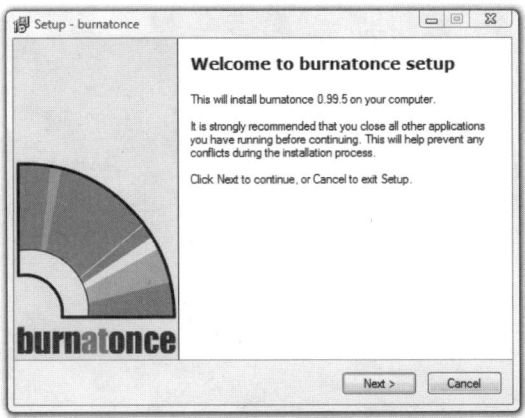

Abbildung I.12 Start der Burnatonce-Installation

Von ihm aus gelangt man mit der **Next**-Schaltfläche zu den Lizenzbedingungen, die man anerkennen sollte, sofern man das Programm im Rahmen der Bedingungen nutzen möchte (Abbildung I.13).

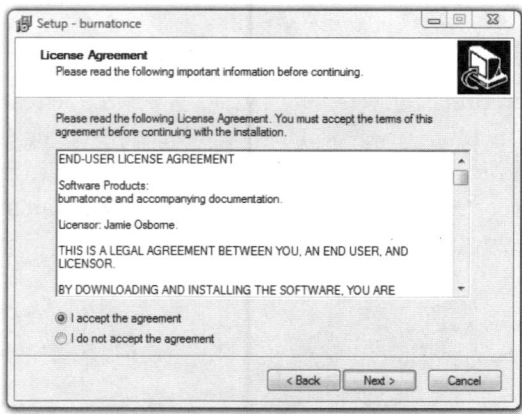

Abbildung I.13 Die Lizenzbedingungen

Nach den Bedingungen folgt noch eine Seite an Informationen zu der Lizenz und den Möglichkeiten, das Programm kommerziell zu nutzen. So weit, so gut, hier lässt sich jetzt festlegen, in welches Verzeichnis das Programm installiert werden soll (Abbildung I.14).

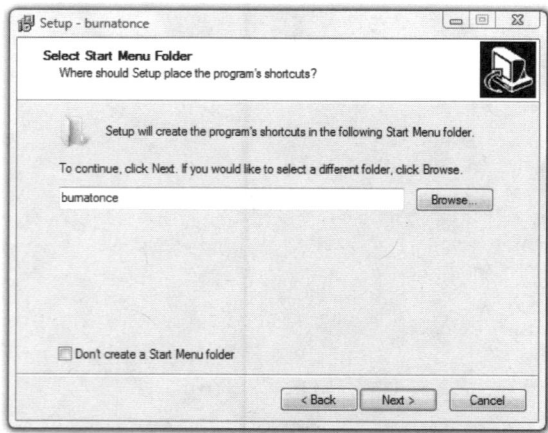

Abbildung I.14 Das Verzeichnis für die Installation wählen

Im nachfolgenden Dialog lässt sich für den Start des Programms ein Icon auf dem Desktop anlegen (Abbildung I.15).

Letztendlich lassen sich alle Einstellungen noch überprüfen und gegebenenfalls korrigieren, bevor man das Programm anweist, die Installation zu beginnen.

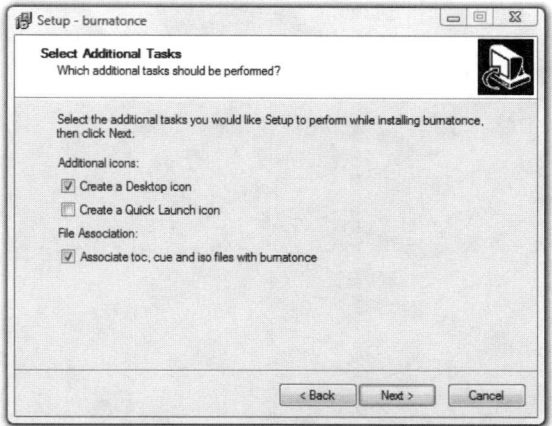

Abbildung I.15   Die Dateibeziehungen und ein Icon einrichten

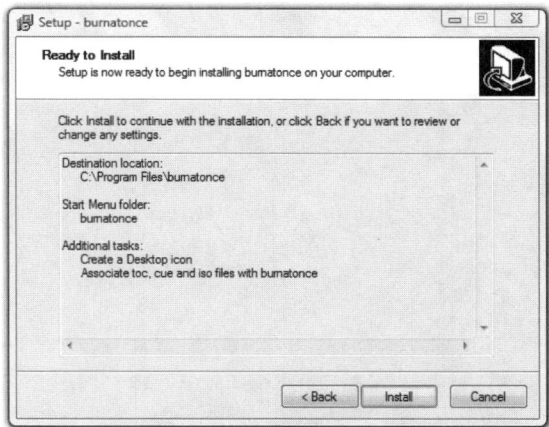

Abbildung I.16   Eine abschließende Kontrolle vor der Installation

Die Installation wird durch Anklicken der Schaltfläche **Install** gestartet. Das angegebene Verzeichnis wird angelegt und die Dateien des Programms hineinkopiert sowie Icon und Menüeinträge erstellt. Danach ist die Installation beendet und ein entsprechender Dialog wird geöffnet (Abbildung I.17).

Jetzt startet das Programm automatisch, sofern die Checkbox **Lauch burnatonce** aktiviert war. Nach dem ersten Start des Programms wird ein Hinweisdialog geöffnet, in dem das Programm fragt, ob es privat oder kommerziell genutzt wird.

Da Sie im Rahmen des Buches ein privater Nutzer sind, dürfen Sie das Programm auch länger als 30 Tage verwenden und können den ersten Auswahlpunkt anklicken.

Abbildung I.17   Die Installation wurde erfolgreich durchgeführt.

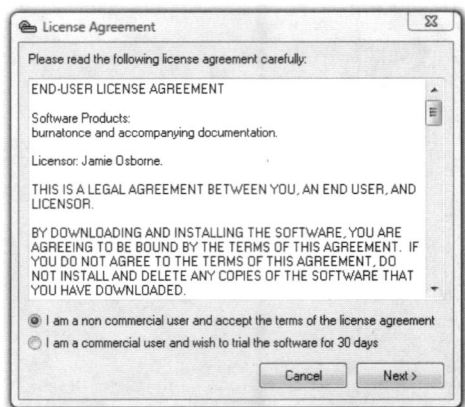

Abbildung I.18   Private oder kommerzielle Nutzung?

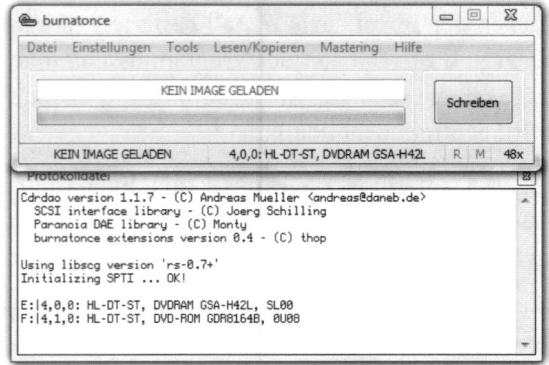

Abbildung I.19   Die Oberfläche von Burnatonce

Das gestartete Programm geht sparsam mit dem Platz auf dem Desktop um und zeigt nur ein Menü und einen Fortschrittsbalken (Abbildung I.19). Die Protokolldatei, die normalerweise darunter angezeigt wird, kann im **Datei**-Menü ausgeblendet werden (Abbildung I.20).

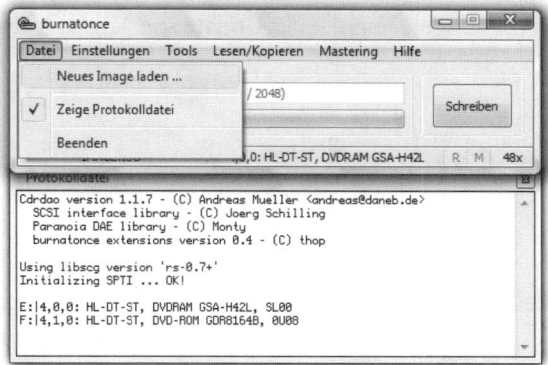

Abbildung I.20   Die Protokolldatei aus/einblenden

Das Programm scannt beim Start die verfügbaren Laufwerke, sodass man direkt mit dem Brennvorgang beginnen kann. Man gibt unter **Datei • Neues Image laden** die Image-Datei an und klickt auf den **Schreiben**-Button. Schon wird die eingelegte Scheibe gebrannt.

I.3   Virtual CD installieren

Da man nicht immer gleich ein Medium beschreiben möchte, wenn man Daten im virtuellen Rechner benötigt, wäre es doch sinnvoll, eine Art virtuelles CD-ROM Laufwerk zu besitzen, das vom virtuellen wie auch vom realen Rechner, genutzt werden kann. Hierzu bietet sich die Software Virtual CD an. Sie ist sehr ausgereift, weil sie noch aus der Zeit vor dem Virtualisierungshype stammt. Die Webseite des Programms ist:

http://www.virtualcd.de/

Ein Download ist von folgender Seite möglich:

http://www.virtualcd.de/vcd/apps/download/download.cfm?lg=1

Hier können Sie auch die neuste Version beziehen. Im Buch wird jedoch nur die Nutzung der dem Buch beiliegenden Version beschrieben. Es ist die Version **Virtual CD v9 Demo**. Die Nutzungsdauer könnte jedoch bereits abgelaufen sein, je nachdem, wie lange das Buch im Handel ist. In diesem Fall sind Sie darauf angewiesen, eine Version aus dem Internet zu beziehen, wobei ältere Vollversionen wie 7.1.0.2 oder 6.0.0.7 ebenfalls geeignet sind. Für unsere Anwendungsfelder genügen sie bei weitem.

Bezüglich der Funktionalität sieht es folgendermaßen aus:

▶ **Version 9.0**
Für Vista und ältere Windowsversionen geeignet, ein Update speziell für Vista ist verfügbar.

▶ **Version 7.1.0.2**
Für ältere Windows-Versionen und Vista geeignet.

▶ **Version 6.0.0.7**
Diese Version ist bereits für Vista geeignet.

▶ **Version 4.7.0**
Unter Vista lassen sich virtuelle Laufwerke nicht einrichten. Sie lassen sich jedoch anlegen und mit dem Programm selbst nutzen. Aber einschließlich Windows XP funktioniert alles problemlos.

Die Dateien befinden sich auf der DVD unter: *Software zum Buch\Anhang\Installationen\Image-Werkzeuge* als *VirtualCD9002.exe*, oder Sie nutzen eine der älteren Versionen: *VCD47.exe, VCD6007EG.exe, VCD7102EG.exe*.

Wie gewohnt wird die Installation durch einen Doppelklick auf das Programm gestartet (Abbildung I.21).

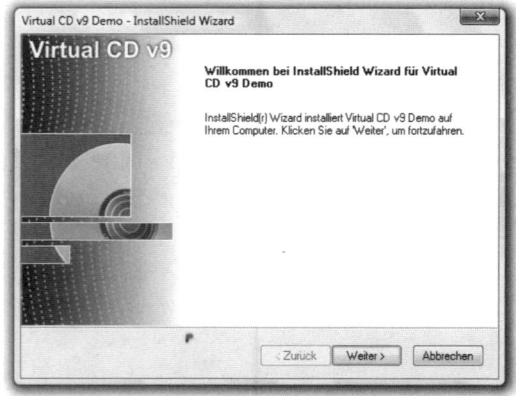

Abbildung I.21 Der Begrüßungsdialog von Virtual CD

Danach folgt die Bestätigung der Lizenzbedingungen. Die **Weiter**-Schaltfläche kann erst nach der Bestätigung betätigt werden (Abbildung I.22).

Im folgenden Dialogfenster wird eingegeben, wo die neue Virtual CD abgelegt werden soll (Abbildung I.23).

Abbildung I.22   Das Anerkennen der Lizenzvereinbarung

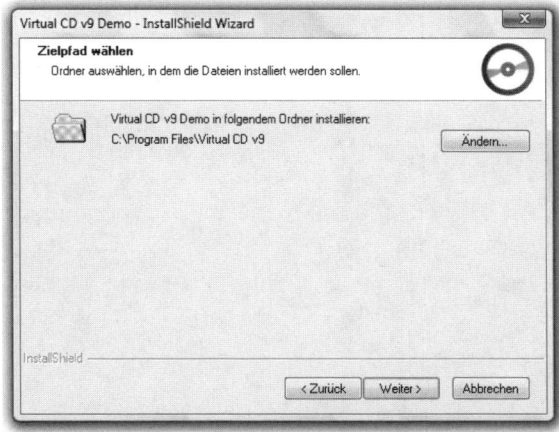

Abbildung I.23   Der Zielpfad für die Dateien

Der nächste Dialog zeigt drei verschiedene Installationsmodi (Abbildung I.24). Für unsere Zwecke genügt es, den oberen doppelt anzuklicken, wonach die Installation sofort gestartet wird.

Sie besteht zunächst darin, das Programm auf dem Rechner einzurichten (Abbildung I.25). Sofort wird es konfiguriert (Abbildung I.26), und schließlich werden virtuelle Laufwerke angelegt (Abbildung I.7).

Der erfolgreiche Abschluss der Installation wird gemeldet (Abbildung I.28).

Wenn Sie das Programm starten, erscheint zunächst ein Wizard, der die verschiedenen Programme, aus denen Virtual CD aufgebaut ist, verwaltet. Bei den älteren Versionen ist das identisch und an der Bedienung hat sich nicht viel geändert.

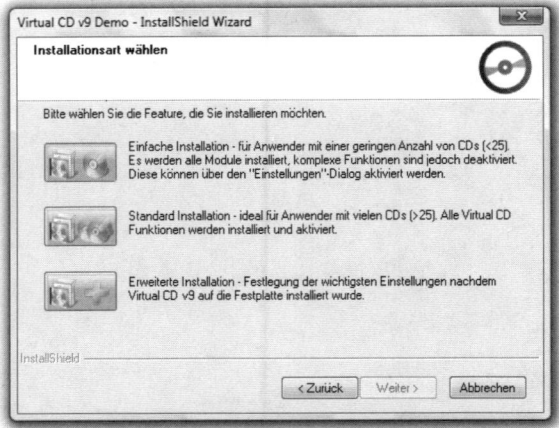

Abbildung I.24   Die Art der Installation wählen

Abbildung I.25   Die Installation läuft.

Abbildung I.26   Die Konfiguration

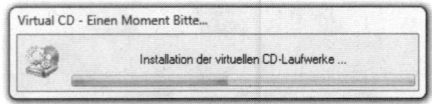

Abbildung I.27   Die Laufwerke einrichten

Abbildung I.28 Die Installation ist abgeschlossen.

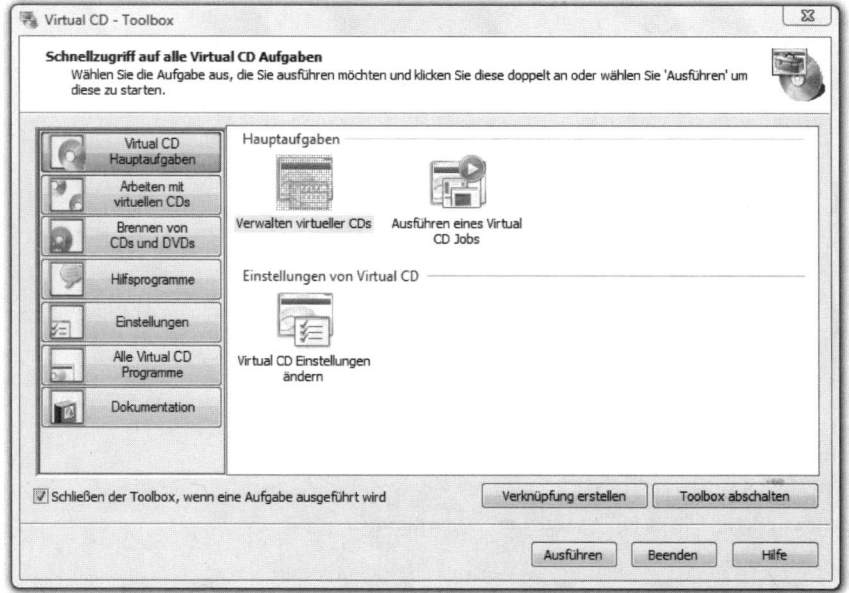

Abbildung I.29 Die Oberfläche des Programms

▶ Das Programm kann physische CDs/DVDs virtualisieren, indem sie auf die Festplatte kopiert und unter einem neuen Laufwerksbuchstaben verfügbar gemacht werden. Die Datei, die das virtuelle Medium enthält, wird als Containerdatei bezeichnet und ist sozusagen die gepackte Version des physikalischen Mediums. Mit den Hilfsprogrammen von Virtual CD können die virtuellen Laufwerke gesucht, editiert, erweitert und gelöscht werden.

▶ Zunächst muss eine virtuelle CD-ROM erstellt werden. Das kann durch Kopieren einer physikalischen CD-ROM in eine virtuelle CD-ROM geschehen. Aber auch, indem man in die angelegte virtuelle CD Dateien kopiert. Zum Überprüfen der Funktionalität erzeugen Sie wieder eine simple Textdatei, die einfach in die erzeugte virtuelle CD geschoben wird. Wir nennen das virtuellen Medium-**Test**. Durch selbst vergebene Namen lassen sich die Medien gut unterscheiden.

▶ Im nächsten Schritt legen Sie ein virtuelles Laufwerk an, indem Sie mit dem **Laufwerkseditor** einen freien Laufwerksbuchstaben zum virtuellen Laufwerk machen. Die Abbildung I.30 zeigt den Laufwerkseditor der Version 6.0.0.7.

▶ Wir wählen den ersten freien Laufwerksbuchstaben. Bei meinem Rechner war es A:, weil der Rechner kein Diskettenlaufwerk besitzt (Abbildung I.30). Nun kann man, wie bei einem physikalischen Laufwerk, eine virtuelle CD in das Laufwerk einlegen. Dazu wird das Teilprogramm, das als CD-Verwaltung bezeichnet wird, gestartet. Jetzt lässt sich eine virtuelle CD in ein virtuelles Laufwerk laden.

Abbildung I.30   Ein virtuelles Laufwerk A: bestimmen

▶ Zunächst klickt man das virtuelle Medium an und dann mit der rechten Maustaste das Laufwerk und wählt den Menüpunkt **Einlegen**. Je nach Version ist es aber auch möglich, das Medium per Drag & Drop einfach auf das Laufwerk zu ziehen (Abbildung I.31).

▶ Die Abbildung zeigt das Einlegen des virtuellen Datenträgers mit Drag & Drop. Mit dem Dateiexplorer lässt sich überprüfen, ob das Medium auch auf dem gewählten Laufwerksbuchstaben sichtbar ist. Als letzten Test greifen wir auf dieses Laufwerk von einer virtuellen Maschine aus zu.

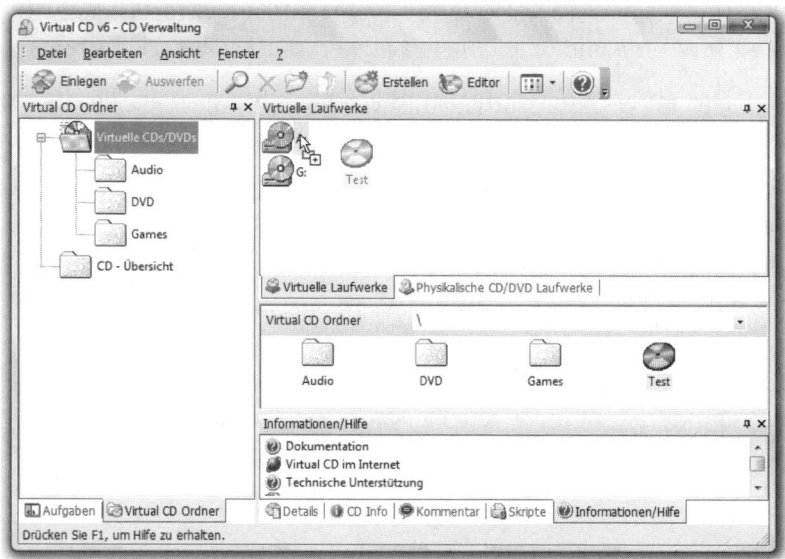

Abbildung I.31 Eine virtuelle CD ins virtuelle Laufwerk einlegen

▶ Neben den Möglichkeiten, die virtuellen Laufwerke mit virtuellen Rechnern zu nutzen, kann man mit dieser Software mehrere Datenträger gleichzeitig verfügbar machen, CDs ohne sie einlegen zu müssen jederzeit starten, CD-Projekte testen, bevor man sie real gebrannt hat, und so etliche Rohlinge sparen.

I.4   Zusammenfassung

Es werden einige Hilfsprogramme benötigt, deren Installation in diesem Kapitel beschrieben wurde, um problemlos mit einem virtuellen Rechner arbeiten zu können. Je nach Bedarf können Sie nun die entsprechende Software installieren, sobald sie erforderlich ist.

Images sind Abbilder von physikalisch existierenden Laufwerken. In Wirklichkeit Dateien auf der Festplatte, können sie genau wie eine CD-ROM oder DVD angesprochen werden. Solche Mediendateien sind ideal für die virtuellen Rechner.

Das erste Programm: Mit WinISO lassen sich solche Images erstellen. Sie können ein Image anlegen und beliebige Dateien hineinkopieren. Sie haben die Wahl, sie als virtuelles Laufwerk (Virtual CD) anzusprechen oder mit Burnatonce auf einen CD-Rohling zu brennen. Die Installation dieses Brennprogramms ist im nächsten Kapitel beschrieben. Es ist ein kleines, aber sehr effektives Programm, das existierende Image-Dateien ohne viele Schnörkel auf einen Rohling brennt.

Das letzte Programm ist ein sehr ausgereiftes Programm, um virtuelle Laufwerke zu erstellen, zu verwalten und unter einem Laufwerksbuchstaben zu nutzen.

Es sind verschiedene Versionen verfügbar, die zeitlich begrenzt als Demos zur Verfügung stehen.

I.4.1 Webseiten zum Kapitel

URL	Beschreibung
http://www.winiso.com/	WinISO-Homepage
http://www.burnatonce.net/	Burnatonce-Homepage
http://www.burnatonce.net/downloads/	Burnatonce-Downloadseite
http://www.virtualcd.de/	Virtual CD-Homepage
http://www.virtualcd.de/vcd/apps/download/download.cfm?lg=1	Virtual CD-Downloadseite

I.4.2 Weiterführende Literatur zum Kapitel

Dennis Zimmer, VMware Server und VMware Player, Galileo Press, 2006

*Keine Sprache hat sich in den letzten Jahren so etabliert wie Java.
Deshalb werden wir hier auch Java-Programme verwenden. Das Java-
Grundpaket ist in zwei Ausführungen erhältlich, als JRE und als JDK.
Hierbei handelt sich einmal um die virtuelle Maschine und einmal um
die Entwicklungsumgebung mit der virtuellen Maschine. In diesem Kapitel wird die Installation von JDK mit JRE gezeigt. JRE ist erforderlich,
um die Java-Beispielprogramme starten zu können. Möchte man jedoch
in den Programmcode hineinschauen und ihn verändern, benötigt man
das JDK. Es ist ebenfalls erforderlich, um die Entwicklungsumgebung
Eclipse zu installieren.*

J   Die Installation von Java und Eclipse

J.1   JDK oder JRE?

Die Bedeutung einer virtuellen Maschine ist Ihnen in den Beispielen des Buches
nahegebracht worden. Eine solche Maschine gibt es bei Java ebenfalls. Allerdings
in einer anderen Form. Bei Java ist es ein lauffähiges Programm mit Namen
java.exe. Es gehört zur **JRE (Java Runtime Environment)**, der Java-Laufzeitumgebung. Mit diesem Programm lassen sich Java-Programme ausführen. Im einfachsten Fall sieht das so aus:

```
java.exe c:\entwicklung\MyProgramm
```

Das bedeutet, der virtuellen Java-Maschine (java.exe) muss mitgeteilt werden,
welches Java-Programm sie ausführen soll (c:\entwicklung\MyProgramm.class).

Dass solch ein Programm erforderlich ist, um Java-Programme auszuführen, liegt
daran, dass diese Java-Programme von der virtuellen Maschine interpretiert werden.

Natürlich ist *java.exe* die Basis jeder Java-Installation. Wenn es nur die Datei
java.exe wäre, dürfte man eigentlich nicht von Installation reden. Aber es gehört
noch eine Reihe Klassen dazu, welche die VM benötigt, um Java-Programme ausführen zu können. Diese Klassen sind Standardklassen, die bereits von Sun mitgeliefert werden und so allgemein gültig sind, sodass sie in fast jedem Java-Programm erforderlich sind. Welche das sind, kümmert uns wenig. Es reicht zu
wissen, dass die JRE-Software vollauf genügt, um alle üblichen Java-Programme

starten zu können. JDK ist dagegen für Java-Entwickler und enthält den Compiler und andere Entwicklerwerkzeuge. Die JRE ist immer im JDK enthalten.

J.2 Hardwarevoraussetzungen

Eine aktuelle JDK-Version belegt etwa 132 MB Festplattenplatz, ohne die umfangreiche API-Dokumentation. Für die Dokumentation lassen sich noch einmal 180 MB dazurechnen.

Die genauen Angaben für das **JDK**:

Baustein	Plattenplatz
Development Tools Entwicklungswerkzeuge werden unbedingt benötigt, wenn man Java programmieren möchte.	132 MByte
Demos Die Beispiele und Demos zeigen sehr eindruckvoll die Möglichkeiten dieser Sprache, sodass wir sie uns in jedem Fall anschauen möchten.	24 MByte
Source Code Quellcode der J2SE-Klassen ist für uns nicht erforderlich. Lediglich erfahrene Java-Kenner sollten ihn installieren.	27 MByte
Public JRE Das ist die erwähnte JDK-interne JRE, die wir in jedem Fall installieren. Dafür verzichten wir auf die Installation der separaten JRE.	98 MByte

Tabelle J.1 Benötigter Plattenplatz für das SDK 6

Sollte der Plattenplatz für das JDK nicht genügen, so ist es ausreichend die JRE zu installieren. Der erforderliche Plattenplatz geht aus der folgenden Tabelle hervor.

Die gleichen Angaben für die **JRE** sind:

Baustein	Plattenplatz
J2SE Runtime Environment **Java-Laufzeitumgebung 6** Mit den europäischen Sprachen; wird unbedingt benötigt.	72 MByte
Support for Additional Languages **Unterstützung für zusätzliche nichteuropäische Sprachen** Wird nur in den seltensten Fällen benötigt.	20 MByte
Zusätzliche Schriften und Medienunterstützung Werden nicht unbedingt benötigt, sollten jedoch installiert werden, sofern Platz vorhanden ist.	6 MByte

Tabelle J.2 Der erforderliche Platz für die JRE 6

Wie bei Java üblich, werden alle gängigen Betriebssysteme unterstützt. Die Installation ist jedoch unter allen Betriebssystemen fast identisch, sodass wir darauf nicht eingehen müssen.

J.3   Die Installation

Das Java 6 JDK und die JRE befinden sich auf der beiliegenden DVD. Neuere Versionen kann man über das Internet beziehen. Diese Software wird von Sun kostenfrei auf der Homepage angeboten (Abbildung J.1). Die Webadressen sind in einer Tabelle am Ende dieses Kapitels aufgeführt. Sollten Sie ein anderes Eclipse mit dem JDK betreiben wollen, machen Sie sich im Internet kundig, ob die verwendete Eclipse-Version mit dem JDK läuft, das man sich downloaden möchte.

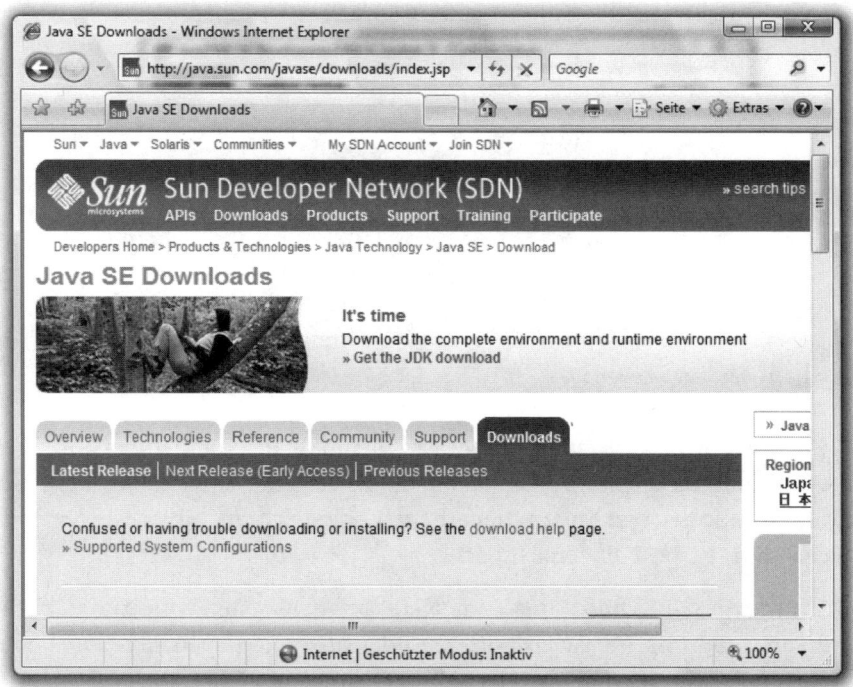

Abbildung J.1   Die Java-Download-Seite der Sun-Homepage

Auf der CD sind die Softwarepakete so zusammengestellt, dass sie problemlos laufen. Falls man aktuellere oder andere Versionen aus dem Internet bezieht, ist einiges zu beachten: Für Eclipse der Version 3.X ist wenigstens ein JDK oder JRE der Version 1.4.X erforderlich. Diese Version der virtuellen Maschine benötigt Eclipse, weil es auch in Java geschrieben ist. Für die Entwicklung ist ein JDK erforderlich. Dieses braucht nicht der genannten Versionsnummer zu entsprechen.

Eine der neusten Versionen ist z. B. die Java-Edition 6.0. Sun unterscheidet dabei die Java-Umgebungen in SE und EE.

▶ **SE** steht für **Standard Edition**, also Standardausführung.

▶ **EE** steht für **Enterprise Edition**, was sich mit Sonderausführung übersetzen lässt.

Außerdem gibt es noch eine **ME**-Ausführung, die für **Micro Edition** steht. Dieses Java-Programm eignet sich in erster Linie für kleine, mobile Geräte. Hauptanwendungsfeld sind Handys, PDAs u. Ä. Während SE dazu verwendet wird, Applikationen und Applets zu erstellen, lassen sich mit der EE-Version verteilte Anwendungen programmieren. Man spricht von **EJBs**, Enterprise Java Beans.

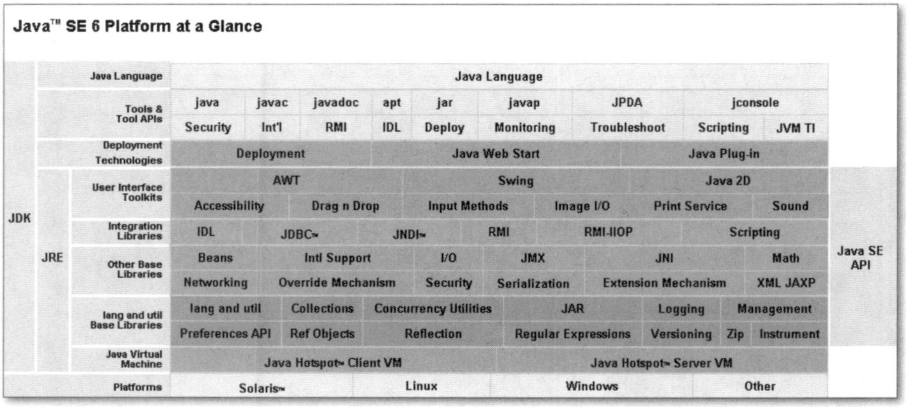

Java™ SE 6 Platform at a Glance									
Java Language	Java Language								
Tools & Tool APIs	java	javac	javadoc	apt	jar	javap	JPDA		jconsole
	Security	Int'l	RMI	IDL	Deploy	Monitoring	Troubleshoot	Scripting	JVM TI
Deployment Technologies	Deployment				Java Web Start		Java Plug-in		
User Interface Toolkits	AWT			Swing			Java 2D		
	Accessibility	Drag n Drop		Input Methods		Image I/O	Print Service		Sound
Integration Libraries	IDL	JDBC™		JNDI™	RMI	RMI-IIOP		Scripting	
Other Base Libraries	Beans	Intl Support		I/O	JMX		JNI	Math	
	Networking	Override Mechanism		Security	Serialization	Extension Mechanism		XML JAXP	
lang and util Base Libraries	lang and util	Collections	Concurrency Utilities		JAR		Logging	Management	
	Preferences API	Ref Objects	Reflection		Regular Expressions		Versioning	Zip	Instrument
Java Virtual Machine	Java Hotspot™ Client VM				Java Hotspot™ Server VM				
Platforms	Solaris™		Linux		Windows		Other		

Abbildung J.2   Der Aufbau von Java

Zum Erlernen von Java genügt in jedem Fall fürs Erste die Standardversion. Erst wenn es darum geht, Software zu erstellen, die als verteilte Anwendung läuft, mit einem Applikationsserver zusammenarbeitet oder sich in einen Server und Clients gliedert, ist J2EE unverzichtbar.

Das JDK wie die JRE findet man im Netz auf den Seiten von Sun (*http://java.sun.com/* und *http://www.javasoft.com* oder *http://developers.sun.com/* unter *downloads* in Form einer Exe-Datei mit interner Installationsroutine.

Die Installationsdatei kann z. B. *jdk-6u3-windows-i586.exe* heißen. Hinter der Bezeichnung *jdk* folgt die Version (6u3) und danach das Betriebssystem, in diesem Fall Windows. Zum Schluss wird der Prozessor genannt. Hier handelt es sich also um eine Windows-Version für den Intel 586. Man sollte jedoch darauf achten, dass man sich die richtige Software zieht, denn Java ist sehr stark gegliedert und umfangreich. Die Enterprise-Version, die man auch über ein Icon auswählen kann (Abbildung J.3), wird beispielsweise in einem Schaubild gezeigt.

Abbildung J.3 Der Link zu den Download-Seiten von J2EE

Diese Version ist jedoch für eine Einführung in Java wirklich nicht erforderlich, weil man, um Enterprise Java Beans entwickeln zu können, schon über fundierte Erfahrungen mit Java verfügen muss. Ein älteres Schaubild zeigt jedoch sehr schön, worauf es ankommt (Abbildung J.4).

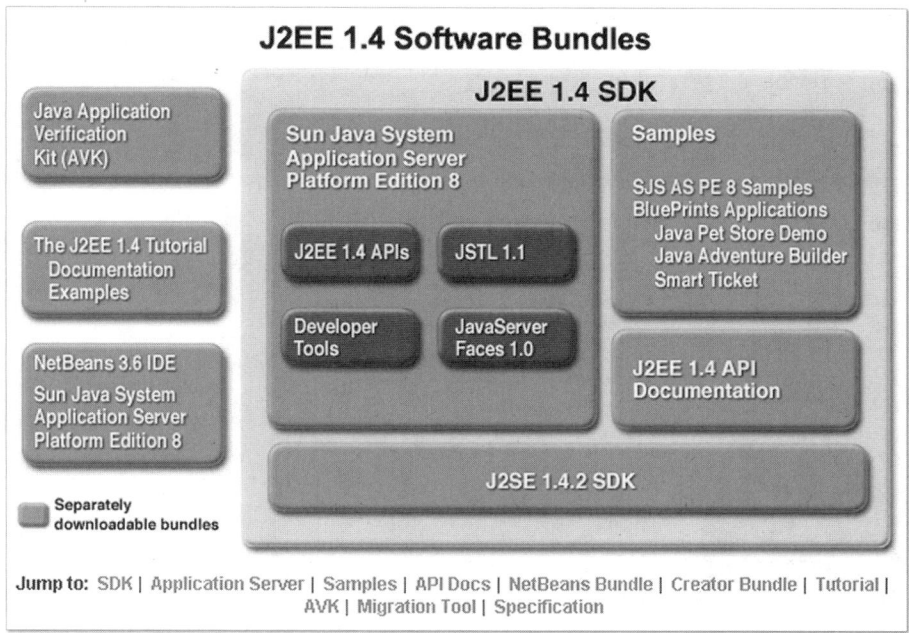

Abbildung J.4 Die Software-Pakete des J2EE in einer Grafik für die alte Version 1.4

Man sieht deutlich, dass es nicht genügt, nur das SDK zu installieren. Eine vernünftige Dokumentation sowie aussagekräftige Beispiele sind ebenfalls nützlich. Sun empfiehlt, beim J2EE sogar das Tutorial (Lehrbuch) zu nutzen. Fangen wir also mit der Installation des SDK an.

Es befindet sich auf der DVD unter *\Software zum Buch\Anhang\Installationen\ Java* als *jdk-6u3-windows-i586.exe* (siehe Abbildung J.5). Durch einen Doppelklick kann sie aus dem Datei-Explorer heraus gestartet werden.

Nachdem die Exe-Datei gestartet wurde, wird zunächst das Installationsprogramm aktiviert (Abbildung J.6).

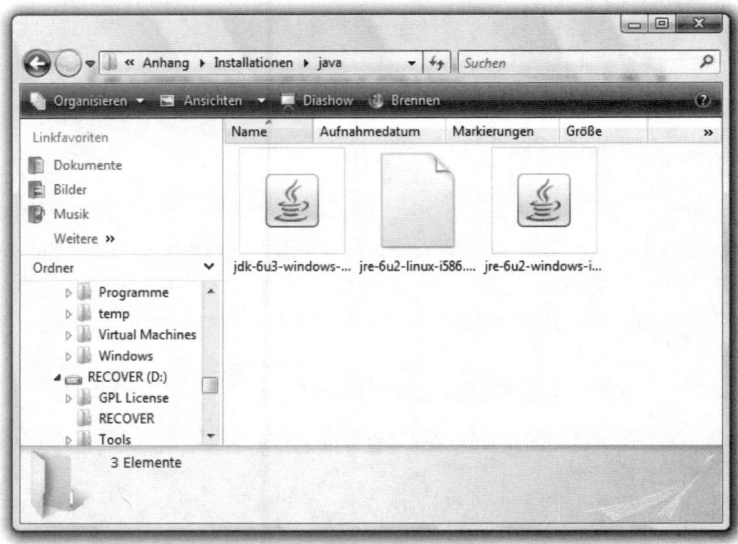

Abbildung J.5   Die SDK-Software auf der Buch-DVD

Abbildung J.6   Die Installation des JDK von Java 6

Danach gilt es, die Lizenzbestimmungen anzuerkennen (Abbildung J.7). Zum Bestätigen klickt man auf die Schaltfläche **Accept**. Erkennt man sie nicht an (Decline), wird noch einmal nachgefragt und sofort die Installation abgebrochen.

Nach der Lizenzbestätigung öffnet das Installationsprogramm eine Setup-Dialogbox, in der der Zielpfad ausgewählt (Change) und die Software festgelegt werden kann, die installiert werden soll (Abbildung J.8).

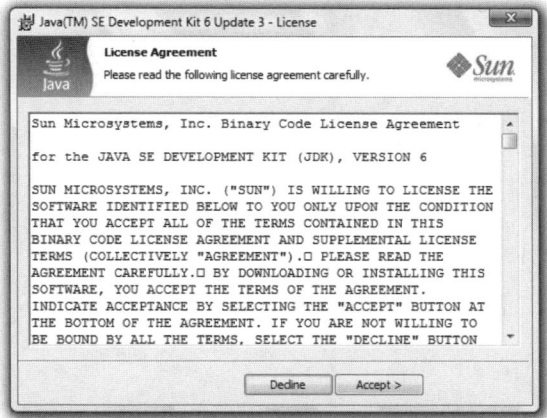

Abbildung J.7   Die Lizenz muss beachtet werden.

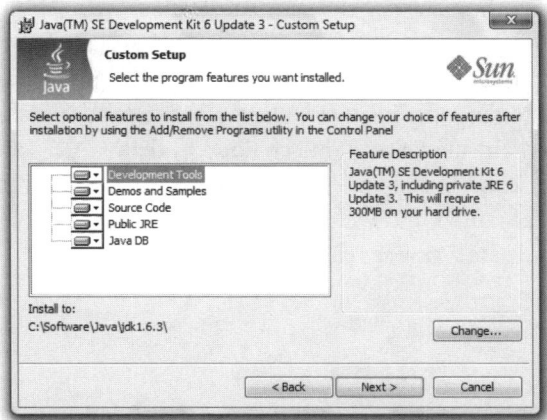

Abbildung J.8   Die zentrale Dialogbox der JDK-Installation

Für die Beispiele des Buches wurde die JRE in *C:\Software\Java\jdk1.6.3* abgelegt. Folglich ist dieser Pfad bei der Beispielinstallation als Zielpfad angegeben worden. Die Installationsroutine schlägt den Pfad *C:\Program Files\Java\jdk1.6.0_03* vor. Die Schaltfläche, um den vorgeschlagenen Pfad abzuändern, ist die **Change**-Schaltfläche. Neben der Combobox gibt es zwei kleine Schaltflächen. Mit **One Level Up** gelangt man jeweils in eine Verzeichnisebene zurück. Mit **Create New Folder** kann man neue Unterverzeichnisse anlegen. Der im **Folder name**-Feld eingegebene Pfad wird bereits in den Verzeichnissen angezeigt, auch wenn er noch gar nicht existiert. Er ist an dem Karteikartensymbol mit dem Sternchen zu erkennen, das sich auch auf der **Create New Folder**-Schaltfläche befindet. Es genügt der genaue Pfadeintrag im **Folder name**-Feld. Das Anlegen von Pfaden ist nicht erforderlich. Mit **OK** wird der angegebene Pfad übernommen.

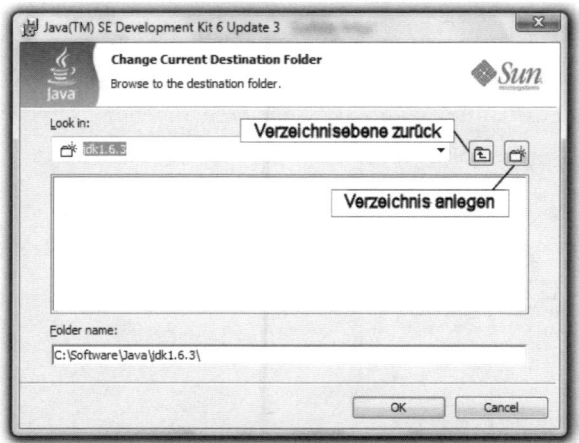

Abbildung J.9   Einstellen des Installationsverzeichnisses

Ohne Veränderungen im Feld für die Softwareauswahl des Dialogs von Abbildung J.8 ist alles ausgewählt. Sofern der Platz auf der Festplatte ausreicht, kann man die Auswahl so lassen. Den benötigten Plattenplatz zeigt Tabelle J.1. **Demos and Samples** und **Public JRE** sollten in jedem Fall installiert werden, da wir diese brauchen. Am ehesten kann noch auf die Pakete **Source Code** und **Java DB** verzichtet werden (Abbildung J.10). Zum Abwählen eines Pakets klickt man auf das Laufwerksymbol neben dem Paketnamen und wählt in dem sich öffnenden Kontextmenü den Menüpunkt **Don't install this feature now.** aus.

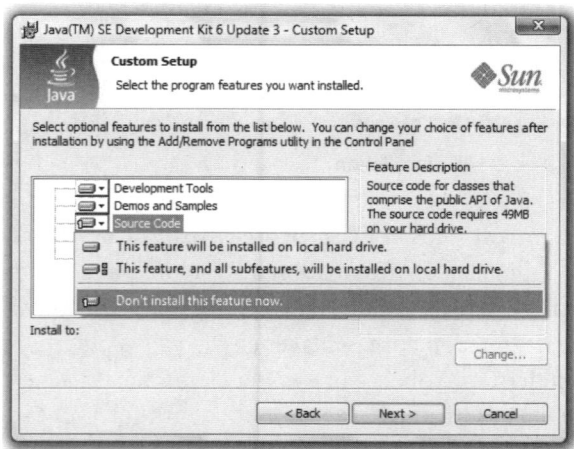

Abbildung J.10   Der Sourcecode soll nicht installiert werden.

Der nächste Dialog wird angezeigt. Es ist eine Fortschrittsbar (Progressbar). Je nach Rechnerleistung sollten die Entwicklerwerkzeuge innerhalb einer Minute installiert sein. Man sollte sich nicht wundern, wenn man nun einen Dialog angezeigt bekommt, der stark an die Abbildung J.8 erinnert. Es ist **Custom Setup** der JRE (Abbildung J.12). Leider ist er nicht sofort als solcher zu erkennen, was dazu verleiten kann, einen Fehler zu machen, indem man an dieser Stelle abbricht. Hier sollte man auch den gewünschten Installationspfad angeben. Im Buch wird dazu ebenfalls *C:\Software* genutzt, sodass diesmal im *Install to:* oder auch *Folder name:* stehen sollte: *C:\Software\Java\jre1.6.3*.

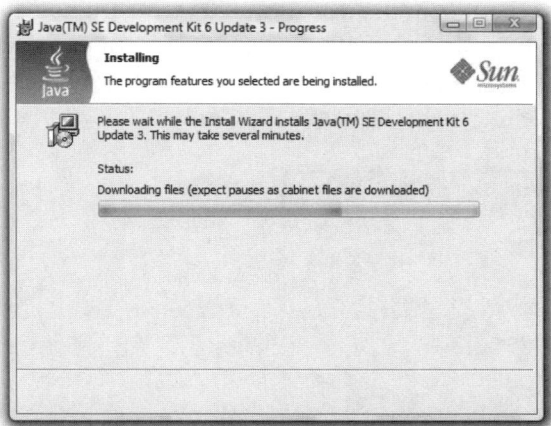

Abbildung J.11   Die Installation der Entwicklerwerkzeuge

Nachdem der Installationspfad entsprechend eingestellt ist, geht es durch die **Next**-Schaltfläche weiter. Die Einstellungen der Software wie **Java(TM) SE Runtime Environment** kann man so belassen.

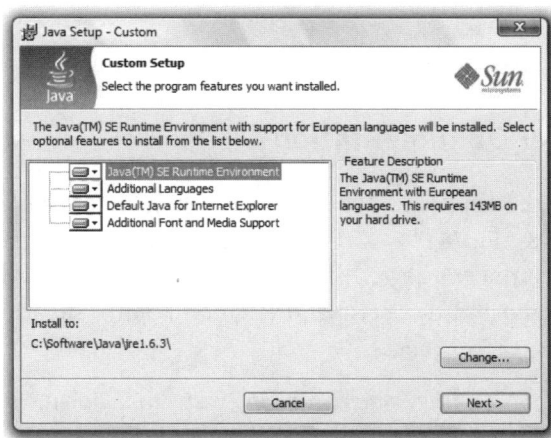

Abbildung J.12   Die Einstellungen für die JRE

Ein weiterer Dialog zeigt wieder einen Fortschrittsbalken und die Installation wird mit Kopieren der JRE und der Plug-Ins für Browser auf die Festplatte abgeschlossen. Ein spezieller Dialog zeigt den erfolgreichen Abschluss der Installation an. Mit der **Finish**-Schaltfläche wird er geschlossen und die Installation ist beendet.

Möchte man auf einem anderen Rechner lediglich Java-Programme ausführen, ohne Software zu entwickeln, genügt es, wenn man dort das JRE-Paket installiert. Auch wenn es ein Teil des JDK ist, kann es mittels des **Custom Setup**-Dialoges **nicht** separat installiert werden. Hier bleibt bei den Anwenderrechnern nur die getrennte Installation mit dem JRE-Paket. Dieses Installationsprogramm findet man auch auf der beiliegenden DVD-ROM im Verzeichnis *\Software zum Buch\ Anhang\Installationen\Java* es heißt: *jre-6u3-windows-i586.exe*.

Abbildung J.13 Die Installation ist abgeschlossen.

J.4 Die Installation der Dokumentation

Zum JDK gehört eine umfangreiche englische Dokumentation, man spricht auch von der Dokumentation des Java-API. Meist wird diese Dokumentation als gepackte Datei ohne Installationsroutine vorliegen. Sie wird einfach entpackt, und zwar am besten ins JDK-Verzeichnis. In der Beispielinstallation kommt sie also ins Verzeichnis: *C:\software\Java\jdk1.6.3\docs*.

Auf der DVD liegt die Dokumentation im Verzeichnis *\Software zum Buch\Anhang\Installationen\Java* und trägt den Namen: *jdk-6-doc.zip*. Sie besitzt ein Unterverzeichnis *\docs* und braucht nur ins jdk1.6.0-Verzeichnis entpackt zu werden. Falls kein Entpackprogramm installiert ist, kann das Programm *fz301.exe* aus dem Verzeichnis *\Tools\Packer* von der DVD-ROM genutzt werden. Beachten Sie jedoch bitte die Lizenzbestimmungen.

J.4.1 Aufbau der JDK-Dokumentation

Auch wenn man kein Java programmieren möchte, sollte man sich nach der Installation die API-Dokumentation unbedingt ansehen. Die API-Doku ist ein wirklich vorbildlich gestaltetes API-Dokument. Die Möglichkeiten der Sprache Java lassen sich damit wunderbar erkennen und untersuchen.

Man wechselt im Datei-Explorer in das Verzeichnis *c:\software\java\jdk1.6.3\ docs* und öffnet die Datei *index.html* in einem Browser.

Es ist mit Sicherheit die umfangreichste zusammenhängende Literatur zu Java. Wobei man zugeben muss, dass ein Teil nur über das Internet verfügbar ist. Überall, wo am rechten Rand *docs* steht, sind die Dokumentationstexte im docs-Verzeichnis auf der Platte verfügbar. Überall, wo *download* steht, bekommt man nur etwas zu sehen, wenn man online ist und der Browser die jeweilige Seite von Sun beziehen kann. Der Download-Link erlaubt es, die Seiten dauerhaft auf die Festplatte herunterzuladen.

Abbildung J.14 Ein erster Einblick in die API-Dokumentation

Der wichtigste Teil ist die eigentliche API-Dokumentation, die man etwas unterhalb unter **API, Language, and Virtual Machine Documentation** als **Java Platform API Specification** findet.

Mit einem Klick auf diesen Link sollte eine dreigeteilte Webseite zu sehen sein (Abbildung J.14). Mit diesen Erläuterungen müssen sich Java-Programmierer ständig herumschlagen. Auf der linken Seite findet man einen Überblick über alle vorhandenen Klassen und die Pakete, in denen sie abgelegt sind. Rechts wird alles ausführlich erläutert, wobei die Möglichkeiten der Verlinkung der Texte als Hypertext in HTML phantastisch gelungen sind. In Java gibt es dafür ein spezielles Werkzeug, **Javadoc**, das solche Dokumente automatisch aus den Java-Quellen generieren kann.

J.5 Demos und Beispiele

Mit dem JDK sind eine ganze Reihe Demos und Beispiele installiert worden, die einen guten Einblick in die Möglichkeiten der Sprache Java bieten. Genau aus diesem Grund haben wir das ganze Paket installiert. Wir werden uns die Beispiele nur kurz anschauen. Hier und dort gibt es Bezüge zum Text des Buches, und später kommen wir gezielt darauf zurück.

Am einfachsten ist der Start per Datei-Explorer. Die Datei *C:\Software\Java\ jdk1.6.3\demo\applets.html* wird mit dem Browser geöffnet, für den ein Plug-In installiert wurde (Abbildung J.15).

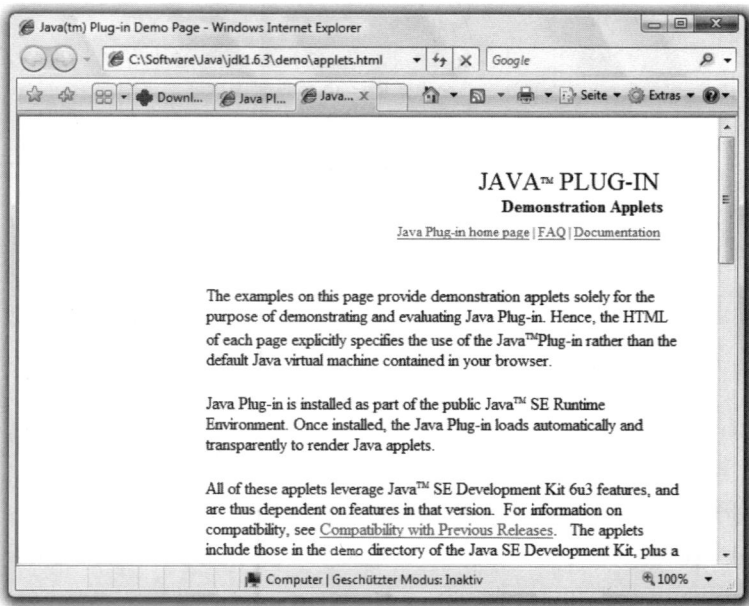

Abbildung J.15 Die Demo-Applets werden mittels Webseite gestartet.

Auf der Seite befinden sich eine ganze Reihe Links zu Demo-Programmen, die einen Querschnitt der Möglichkeiten zeigen, die sich einem Programmierer mit Java bieten. Viele Applets bieten Interaktionen, z. B. Bewegung der Objekte mithilfe der Maus (Abbildung J.16).

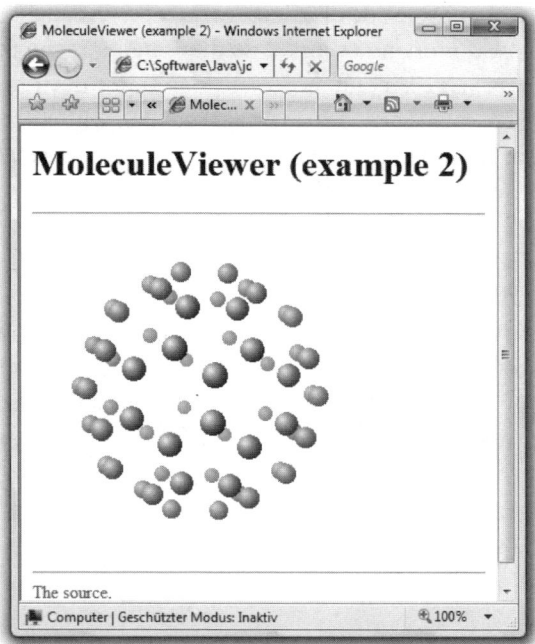

Abbildung J.16 Educational Applets – 3D Chemical Models

Zur Ansicht simulierter Modelle aus der Chemie klicken Sie z. B. auf die Datei *C:\ Software\Java\jdk1.6.3\demo\applets.html*. Nachdem sich die Webseite geöffnet hat, klickt man den Link *3D Chemical Models example2* an. Unter Umständen wird am oberen Rand des Webfensters eine Bemerkung angezeigt: »Das Ausführen von Scripts bzw. ...« Was im Grunde genommen nur heißt, dass das Java-Applet gar nicht angezeigt wird. Dazu muss auf die gelbe Fläche geklickt und im Popup-Menü der Punkt **Geblockte Inhalte zulassen** aktiviert werden. Es wird noch einmal nachgefragt. Hat man erneut zugestimmt, wird endlich die simulierte Kugel aus Kohlenstoffatomen angezeigt. Es handelt sich um C60, ein sogenanntes Fulleren. Das sind Moleküle aus Kohlenstoff, die die Form einer Kugel oder einer Röhre haben können.

Packen Sie den Fußball aus Atomen mit gedrückt gehaltener Maustaste an irgendeiner Stelle, und sie können das Molekül beliebig hin und her bewegen. Es handelt sich bei dem Programm um ein Applet, ein kleines Java-Programm, das von einem Browser ausgeführt werden kann. Wie eine Webseite wird es von einem Internetserver bezogen, kann also durch das Netz übertragen werden. Diese Art Programm war bereits bei der Entwicklung von Java im Gespräch und sollte die eigentliche Basis der Java-Euphorie werden. Bis heute haben sich die Applets allerdings nur bedingt durchgesetzt.

Unterhalb des Applet-Fensters gibt es den Link The Source.

Klicken Sie diesen an, wird die dazugehörige Java-Datei angezeigt. Wer genauer hineinschaut, bekommt an Hand der Kommentare mit, dass die Datei von einem gewissen **James Gosling** stammt. Das ist niemand anders als der Leiter der Projektgruppe, die Java entwickelt hat, sozusagen der Erfinder der Sprache Java. Damit haben wir einen Trip zu den Anfängen von Java, ja bis zum Erfinder selbst gemacht. Bei noch genauerem Hinsehen lässt sich feststellen, dass es nirgendwo Codeanteile gibt, die eine solche Kugel zeichnen. Gosling wäre kein guter Programmierer, wenn er den Aufbau der Kugel fest in den Code integriert hätte. Natürlich hat er ein Programm geschrieben, das jede Art von chemischem Molekül darstellen kann. Sein Programm sorgt nur dafür, dass die Kugel gezeichnet und die Ereignisse für die Bewegungssteuerung abgearbeitet werden. Wo aber kommt die Kugel her? Applets werden vom HTML-Code einer Webseite aufgerufen und die erforderlichen Parameter von dort mitgegeben. Das nehmen wir mal unter die Lupe: Klicken Sie mit der rechten Maustaste in die Webseite und wählen Sie den Menüpunkt **Quelltext anzeigen**. Nun wird der HTML-Code in einem Texteditor angezeigt. Das Applet findet man zwischen den HTML-Anweisungen relativ gut. Die Größe wird angegeben und als Parameter namens *model* eine Datei *models/buckminsterfullerine.xyz*.

```
<h1>MoleculeViewer (example 2)</h1>
     <hr>
     <applet code=XYZApp.class width=300 height=300>
     <param name=model value=models/buckminsterfullerine.xyz>
```

Auch diese Datei sollten wir uns einmal mit einem Editor ansehen, unter:

C:\Software\Java\jdk1.6.3\demo\applets\MoleculeViewer\models

```
# buckmisterfullerine  http://chem.leeds.ac.uk/Project/MIME.html

60

C   1.22650000 0.00000000 3.31450000
C   0.37900000 1.16640000 3.31450000
C  -0.99220000 0.72090000 3.31450000
```

Wie zu sehen, enthält eine solche Datei zunächst die Anzahl der Atome und für jedes Atom in einer Zeile das Kurzzeichen des Atoms, seine Position im Molekül als Koordinatenwert aus X,Y,Z. Nun ist auch die etwas seltsame Dateiendung etwas einleuchtender, die Herr Gosling gewählt hat. Natürlich ist ein Ball aus 60 Atomen nicht gerade einfach zu beschreiben, zumal, wenn man die Lage der Atome im Raum angeben muss. Um die Arbeitsweise des Programms besser zu verstehen, sehen wir uns ein einfacheres Beispiel an: Wasser. Es ist die Datei *water.xyz*

```
# water -- this is *wrong*  Just a guess
o 0 0 0
h -1 1 0
h 1 1 0
```

Wasser, bekanntlich H_2O, besitzt ein Sauerstoffatom, an dem wie zwei Ohren zwei Wasserstoffatome angelagert sind. Setzen wir den Sauerstoff genau auf 0,0,0, so können wir ein Atom links darüber setzen mit -1,1,0 und ein Atom rechts daneben mit 1,1,0

Es ist also gar nicht so schwer.

J.6 Die Installation von Eclipse

Nachdem Sie erfahren haben, wie ein wirklicher Java-Profi Moleküle simuliert, wollen wir noch zeigen, mit welchen Werkzeugen die heutigen Java-Profis arbeiten. Das am häufigsten eingesetzte Entwicklungswerkzeug für Java heißt **Eclipse** und ist völlig kostenlos erhältlich. Die Homepage zum Download der Software ist:

http://www.eclipse.org/downloads/

Die Software befindet sich auch auf der DVD im Verzeichnis: */Software zum Buch/Anhang/Installationen/eclipse*. Die gepackte Datei heißt: *eclipse-java-europa-fall2-win32.zip*.

Zur Installation entpackt man einfach den Inhalt der Datei in ein Verzeichnis auf der Festplatte (z. B. *c:\software\java*), das ist alles. Sollten Sie keins der gängigen Packprogramme wie z. B. winzip haben, finden Sie auf der DVD unter *packer* eins.

Alle erforderlichen Einstellungen für die Installation nimmt Eclipse selbst beim ersten Start der Software vor. Ohne Java startet Eclipse allerdings nicht.

Die Willkommensseite (Abbildung J.17) bietet Links zu Lernprogrammen und wichtigen Informationen. Auch als Anfänger sollte man sich Eclipse einmal anschauen, um ein Gefühl zu bekommen, mit welchen Werkzeugen heute Software entwickelt wird. Bei den Exkursen im Buch haben wir ein ähnliches Werkzeug bei Visual Basic verwendet, als es darum ging, diese Sprache zu erlernen bzw. wenigstens den Einstieg zu wagen. Die weitere Nutzung von Eclipse soll dagegen dem Java-Profi unter den Lesern überlassen bleiben. Er kann damit die gezeigten Java-Beispiele auf eigene Faust weiterentwickeln.

Abbildung J.17   Die Willkommensseite von Eclipse

J.7   Deinstallation

Nachdem man sich ausgiebig mit Java auseinandergesetzt hat oder weil man den Rechner für andere Software frei haben möchte, will man das JDK und das JRE auch wieder deinstallieren.

Das gelingt mit den Hilfsprogrammen von Windows am besten, also über die Menüs **Start-Icon • Systemsteuerung • Programme und Funktionen**. In der großen Tabelle sollten sich zwei Zeilen zu Java befinden, ein Eintrag zum JDK und einer zur JRE. Die jeweilige Zeile, z. B. **Java (TM) Development Kit 6 Update 3** oder **Java (TM) 6 Update 3**, wird angewählt und mit der Deinstallieren-Schaltfläche von der Platte geputzt (Abbildung J.18).

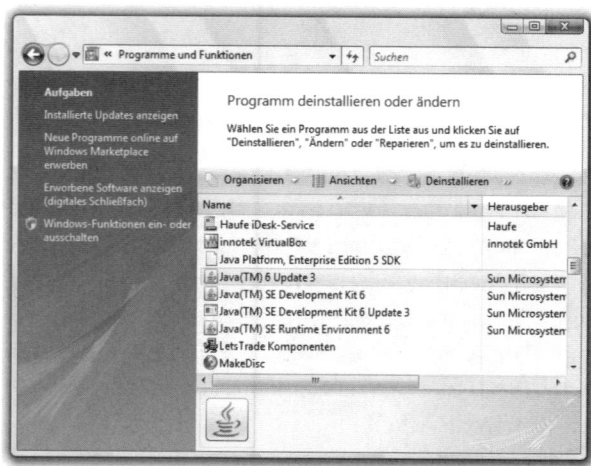

Abbildung J.18   Die Deinstallation von JDK

Die Dokumentation wird von Windows nicht entfernt, sie muss über den Datei-Explorer auf herkömmliche Weise gelöscht werden. Sie befindet sich unter *c:\Software\jdk1.6.3\docs*. Sollte außer der Dokumentation nichts mehr in dem jdk1.6.0-Unterverzeichnis sein, kann das ganze Verzeichnis gelöscht werden.

Eclipse lässt sich genauso einfach deinstallieren, wie man es installiert hat. Das Eclipse-Verzeichnis wird einfach im Dateiexplorer markiert dann gelöscht.

J.8   Zusammenfassung

Vor der Installation von JRE und JDK galt es zu klären, was es überhaupt mit diesen Abkürzungen JDK und JRE auf sich hat. JRE ist die virtuelle Java-Maschine, die Laufzeitumgebung, JDK die Entwicklungsumgebung für Java-Programme. Die Hardwarevoraussetzungen wurden geklärt und die Installation durchgesprochen. Es zeigte sich, dass mit dem JDK auch JRE installiert wird, sofern sie noch nicht installiert ist. Zusätzlich wurden Java-Plug-Ins für Webbrowser eingerichtet.

Zum JDK gehört eine umfangreiche Dokumentation, die ebenfalls installiert wurde. Sie gab einen Einblick, wie ein Entwickler sich die in der Entwicklungsumgebung vorhandenen Java-Klassen ansehen kann.

Während JDK und JRE über eine Installationsroutine verfügen, wird die Dokumentation lediglich entpackt und auf die Platte kopiert.

Es wurden die Demo-Applets gestartet, die mit JDK installiert worden sind. Sie zeigen auf anschauliche Weise die Leistungsfähigkeit der Programmiersprache Java.

Dabei wurde ein Programm unter die Lupe genommen, das James Gosling, der Entwickler von Java, geschrieben hat. Ein kleines Stück Softwaregeschichte. Wir haben uns die Funktionsweise zumindest prinzipiell angesehen, sodass wir uns eigentlich daran versuchen könnten, selbst einmal ein Molekül für Goslings Programm zu entwerfen.

J.8.1   Noch mehr Spaß am Programmieren

Sie haben das wunderschöne 3D-Molekülprogramm von Gosling angesehen. Haben Sie dabei Lust bekommen, selbst einmal Moleküle zu bauen?

Zweifellos das bekannteste und größte Molekülmodell ist das sogenannte **Atomium** in Brüssel. Es wurde 1958 von dem Architekten **André Waterkeyn** entworfen und stellt das Modell eines Ferritmoleküls in der kubisch raumzentrierten

Form dar, wo ein Eisenatom in einem Würfel aus acht Eisenatomen eingeschlossen ist. Das Modell zeigt das Molekül in 165-milliardenfacher Vergrößerung.

Wie das fertige Molekül aussieht, zeigt Abbildung J.19. Die Lösung finden Sie auf der DVD in Verzeichnis: *Software zum Buch\Noch mehr Spaß\Ferrit*.

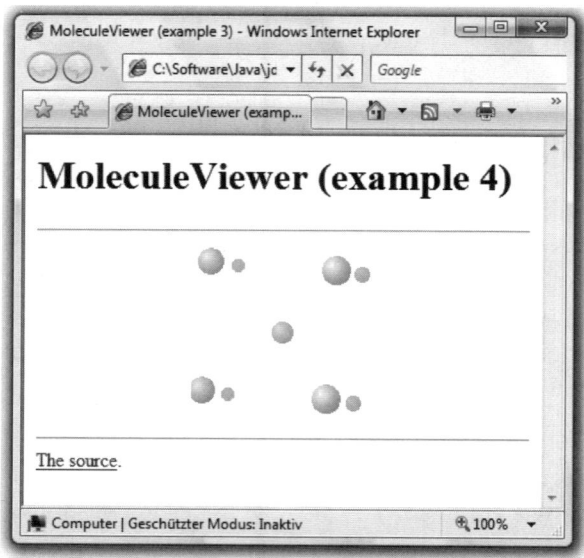

Abbildung J.19   Ein Ferrit-Molekül

J.8.2   Webseiten zum Kapitel

URL	Beschreibung
java.sun.com/	Java-Homepage
java.sun.com/docs/books/tutorial/	Java-Tutorial von Sun
www.java.com/en/download/ windows_automatic.jsp	Java Download-Seiten
www.java.com/de/download/manual.jsp	Java Download-Seiten
www.java.de/	deutsche Java-Seite
http://www.sap.info/public/DE/de/index/ Category-12603c61b2d8e182c-de/3/ articleContainer-2533342d264ea4371e	Geschichte von Java auf der SAP-Seite
http://www.karakas-online.de/teia/JAVA/ java_1_1_1.htm	Java gestern – heute – morgen
http://de.wikipedia.org/wiki/Fulleren	Seite zu den Fullerenen
http://e-collection.ethbib.ethz.ch/ecol-pool/ bericht/bericht_191_html.html	Fullerene
http://blogs.sun.com/jag/	Gosling Blog

ANHANG TEIL III
Biografien

»Lebensläufe schreibt man von Hand, Biografien mit dem Computer.
Mit ihm lässt sich leichter lügen.«
– Ein Nobelpreisträger

Die Entwicklung der Rechenmaschinen ist eng mit der Lebensgeschichte ihrer Entwickler verbunden. Das war eigentlich schon vor der Blütezeit der Computer so. Bereits Mathematikgenies wie Leibniz, Pascal oder Gauß dachten über Rechenmaschinen nach oder konstruierten welche, die mehr oder weniger gut funktionierten. Im Buch wurde bereits hier und da eine Anekdote aus dem Leben dieser Wissenschaftler erzählt. Interessante Leute haben eben oft auch ein interessantes Leben. Deshalb folgen nun hier, als ein eigenes Kapitel, die Kurzbiografien der wichtigsten Computerwissenschaftler.

K Biografien

Howard Hathaway Aiken

(geb. am 8.3.1900 in New Jersey (Hoboken), gest. am 14.3.1973 in St. Louis)

Der Amerikaner Howard Aiken ist der Entwickler des ersten digitalen Großrechners und zählt damit zu den großen Computerpionieren wie Konrad Zuse oder John von Neumann.

Er studierte an den Universitäten von Chicago, Wisconsin und der Harvard Universität. In Harvard machte er 1937 seinen Abschluss als Master und 1939 den Doktor. Dorthin wurde er auch an den Lehrstuhl für Mathematik berufen, nachdem er einige Jahre in der Elektroindustrie gearbeitet hatte. Als Direktor des Labors für Computertechnik war er mit den Möglichkeiten, die ihm die verwendeten Holerithmaschinen boten, sehr unzufrieden. Er konnte den Lieferanten dieser Maschinen, IBM, gewinnen, ihn beim Bau eines Rechners zu unterstützen. So entstand der Automatic Sequence Controlled Calculator (ASCC), der später in **Mark 1** umgetauft wurde. Dieser Rechner, 17 Meter lang und 2,5 Meter hoch, bestand aus insgesamt 760 000 Einzelteilen. Er arbeitete mit Zählrädern, ähnlich wie der ENIAC, und las sein Programm von einem 24-spurigen Lochstreifen.

Aiken ist auch bekannt durch den sogenannten Aiken-Code, der heute noch in Taschenrechnern und Digitaluhren verwendet wird.

Webseiten:

http://www.americanheritage.com/articles/magazine/it/1999/4/1999_4_56.shtml
http://computer-modell-katalog.de/mark.htm

Charles Babbage

(geb. am 26. Dezember 1791 in Walworth, in der Grafschaft Surret, England, gest. am 18. Oktober 1871 in London)

Charles Babbage war ein universell begabter englischer Gelehrter. Er arbeitete unter anderem als Mathematiker, Astronom, Philosoph, Ökonom und Erfinder. Seine mechanische Rechenmaschine **Difference engine** gilt als Vorläufer der modernen Computer. Diese und eine weitere Maschine, die **Analytical engine,** konnten jedoch auf Grund technischer Probleme von ihm nie fertiggestellt werden.

Charles war Spross zweier angesehener Familien in Devonshire. Er studierte ab 1810 am Trinity College in Cambridge Mathematik und Chemie. Schon während seines Studiums gründete er 1812 zusammen mit John Herschel die Analytical Society, um die britische Wissenschaft auf den neusten Stand zu bringen.

1815 dozierte er über Astronomie. 1816 wurde er Mitglied der Royal Society, und 1817 bekam er den Abschluss Magister in Philosophie. 1820 schließlich gründete er zusammen mit John Herschel und George Peacock die königliche astronomische Gesellschaft (Royal Astronomical Society).

Er machte sich Gedanken über die zahlreichen Tabellenwerke, die in der Astronomie und in der Nautik verwendet wurden. Auf Grund ihres Umfangs enthielten sie viele Fehler, die schwerwiegende Folgen haben konnten. Wenn es gelänge, sie mechanisch herzustellen, wären sie wesentlich fehlerfreier. 1822 bekam er auf Grund eines funktionierenden Modells einer Rechenmaschine von der britischen Regierung den Auftrag, die Difference engine no.1 bauen zu lassen. Babbage wurde 1828 Professor für Mathematik in Cambridge.

In seinem 1832 veröffentlichten Buch »On the Economy of Machinery and Manufactures« erörterte er die Möglichkeiten des erstarkten Industriekapitalismus. Unter anderem diskutierte er die Senkung der Lohnkosten durch die Aufteilung von Arbeitsprozessen in unterschiedlich anspruchsvolle Teilprozesse. Dieses Babbage-Prinzip genannte Verfahren förderte die Verarmung großer Bevölkerungsteile und ist bis heute eine der Grundlagen der Fließbandarbeit.

1832 wurde ein erstes Modul der Difference engine no.1 fertiggestellt. Der Bau ging nur schleppend voran, weil er höchste Anforderungen an die mechanische Qualität der Bauteile stellte. 1833 begann er die sogenannte Analytical engine zu konstruieren. Zwischendurch, nämlich im Jahr 1834, gründete er in London die Gesellschaft für Statistik. Aufgrund der hohen Kosten und der technischen Probleme stellte die britische Regierung das Projekt Difference engine no.1 1842 ein. Babbage konnte die Konstruktion seiner Analytical engine 1846 abschließen.

Von 1847 bis 1849 arbeitete er an der Konstruktion einer Difference engine no.2, die mit wesentlich weniger Bauteilen auskommen sollte als ihr Vorgängermodell.

Es wäre ungerecht über Babbage zu reden, ohne seine Mitarbeiterin, Ada Lovelace, zu erwähnen. Sie machte sich bereits vor der Fertigstellung Gedanken über die Programmierung der Maschinen. In gewisser Weise ist sie dadurch zur ersten Programmiererin überhaupt geworden. Zu ihrem Andenken erhielt die Programmiersprache Ada ihren Namen.

Zum Privatleben des Gelehrten bleibt noch zu erwähnen, dass er am 2. Juli 1812 Georgiana Whitmore heiratete. Nach dem Tod seines Vaters Benjamin im Jahre 1827 erbte er den Familienbesitz, was ihn in die Lage versetzte, sein ganzes Leben lang finanziell unabhängig zu bleiben. Nachdem seine Frau und zwei Söhne innerhalb eines Jahres starben, machte er eine längere Europareise, auf der er Angehörige der Familie Bonaparte und Alexander von Humboldt aufsuchte und zahlreiche naturkundliche Forschungen betrieb. Nach seiner Rückkehr widmete er sich etliche Jahre der lokalen Politik.

Webseiten:

*http://www.mathematik.de/spudema/spudema_beitraege/beitraege/sujan/
babbage.htm*
http://privat.swol.de/SvenBandel/Babbage.htm

John Warner Backus

(geb. am 3.12.1924 in Philadelphia, gest. am 17.3.2007 in Ashland)

John W. Backus zählt zu den großen Pionieren der Informatik, und das in erster Linie, weil er der Leiter des Entwicklungsteams von **FORTRAN** (FORmula TRANslation), der ersten höheren Programmiersprache, war.

Gemeinsam mit Peter Naur entwickelte er später auch die nach ihm benannte Backus-Naur-Notation. Sie dient dazu, die Funktionsweise formaler Sprachen zu beschreiben.

Als Sohn eines deutschen Emigranten, der als Chemiker wohlhabend wurde, sollte er Chemie studieren. Er brach sein Studium jedoch ab und ging zur Army, wo man ihn zu einem Medizinstudium verpflichtete.

Nachdem er an einem Hirntumor operiert worden war, schloss er in New York statt des Studiums eine Ausbildung zum Radiotechniker ab. Dabei entdeckte er seine Liebe zur Mathematik und studierte dieses Fach an der Columbia Universität bis zum Master-Abschluss 1950. Nach dem Studium arbeitete er als Programmierer bei IBM. Die Programmierung wurde damals ausschließlich in Assembler ausgeführt, was ihn dazu anregte, nach einer besseren Möglichkeit zur Programmierung vom Computern zu suchen.

Ab 1953 leitete er bei IBM ein Team zur Untersuchung der Möglichkeit, Computer effektiver zu programmieren. Als Ergebnis der Untersuchungen konnte man 1957 die Sprache und den ersten Fortran-Compiler vorstellen. Fortran wird heute insbesondere bei mathematischen Problemen noch eingesetzt. 1959 machte Backus sich noch einmal mit der Veröffentlichung der Backus-Naur-Form einen Namen. Für diese und für die Fortran-Entwicklung erhielt er 1977 den Turing-Preis.

Er befasste sich später mit der funktionalen Programmierung, nachdem er erkannt hatte, dass die imperative Programmierung viele Probleme mit sich bringt. Mit FP entwickelte er selbst eine der ersten funktionalen Programmiersprachen.

Webseiten:

http://www.open7days.de/?p=411
http://hubpages.com/hub/Death_of_Computer_Pioneer_John_Backus

John Horton Conway

(geb. am 26.12.1937 in Liverpool)

Conway ist eines der größten mathematischen Talente der Neuzeit. Er studierte an der Universität Cambridge und wurde dort 1964 Professor für Mathematik.

Er hat zahlreiche großartige Beiträge zu verschiedenen Gebieten der Mathematik geliefert, u. a. die surrealen Zahlen, die Doomsday-Methode zur einfachen Berechnung des Wochentags, die Conway-Folge und die ebenfalls nach ihm benannten Conwaygruppen sowie das Spiel Sprouts. Am berühmtesten wurde jedoch sein Game of Life.

Webseiten:

http://www.hwi-zartbitter.de/archiv/zb0399/seite90.htm

William Henry Gates III, Spitzname Bill

(geb. am 28.10.1955 in Seattle)

Bill ist das Paradebeispiel des US-amerikanischen Unternehmers. Laut Forbes ist er der reichste Mensch der Welt.

1975 gründete er mit **Paul Allen** die **Microsoft Corporation**. Mit dem ersten Paradepferd, **DOS**, machte sich die Firma bereits kurz nach der Gründung einen Namen und verdiente großes Geld. Heute ist der Produktschwerpunkt das Betriebssystem Windows in mehreren Versionen. Neben Software wird aber auch Hardware vertrieben, u. a. Mäuse und eine Spielekonsole (X-Box).

Bill Gates ist das zweite Kind des vermögenden Rechtsanwalts William Henry Gates II und der Lehrerin Mary Maxwell Gates. Bereits in der Grundschule fiel er durch gute Leistungen in Mathematik und den Naturwissenschaften auf. Daher schickten ihn seine Eltern auf die private Lakeside School in Seattle. Dort konnte er erst über einen Fernschreiber bei General Electric Computerzeit nutzen, und schließlich konnten die Schüler auf einer PDP-10-Anlage arbeiten. Es gab jedoch Probleme und ein Nutzungsverbot. Später suchte Bill mit Klassenkameraden, die auch Kollegen bei Microsoft werden sollten, im Auftrag der Anlage-Betreiber nach Programmierfehlern. Dabei lernte Gates Assembler, Fortran, BASIC und Lisp. Mit 14 Jahren gründete Bill Gates zusammen mit seinem Schulfreund **Paul Allen** die Softwarefirma **Traf-O-Data**. Sie verdienten 20 000 Dollar mit einem Programm zur Messung von Verkehrsströmen.

Natürlich kam für Gates nur Harvard als Studienplatz infrage. Trotzdem verbrachte er seine Zeit nicht im Hörsaal, sondern im Computerraum. Dort lernte er auch **Steve Ballmer** kennen, den jetzigen Microsoft-Chef. Hinzu kam, dass er im Dezember 1974 zusammen mit Allen einen BASIC-Interpreter für den Computer Altair 8800 entwickelte. Er hatte nie regulär studiert und brach sein Studium 1975 vollständig ab, um sich ganz seiner Firma Microsoft zu widmen.

Als IBM wenige Jahre später bei ihm das Betriebssystem für den IBM-PC in Auftrag gab, waren die Weichen für Microsoft bereits gestellt.

So wurde Microsoft mit heute fast 100 000 Beschäftigen die größte Softwarefirma und Bill Gates der erfolgreichste Unternehmer der EDV-Branche, allerdings auch einer der umstrittensten. Zeitweise hatte die amerikanische Kartellbehörde sogar vor, den Microsoft-Konzern zu zerschlagen. Obwohl er riesige Summen aus seinem Vermögen für wohltätige Zwecke spendet, gilt er nicht nur als Wohltäter. Man hält ihm beispielsweise vor, das TRIPS-Abkommen zur weltweiten Sicherung des geistigen Eigentums zu unterstützen. Kritiker haben errechnet, dass dadurch die Arzneimittelversorgung der Dritten Welt stärker eingeschränkt wird, als Gates mit seinem gespendeten Vermögen je gutmachen kann.

Webseiten:

http://www.whoswho.de/templ/te_bio.php?PID=122&RID=1

Herman Holerith

(geb. am 29.2.1860 in Buffalo, New York, gest. am 17.11.1929 in Washington, D.C.)

Herman Holerith war ein amerikanischer Erfinder, Computerpionier und Unternehmer. Nach ihm benannt sind die von ihm erfundenen Holerith-Lochkarten, das Verfahren und die Maschinen zur Lochung und Zählung.

Seine Firma, die **Tabulating Machine Company**, war das Unternehmen, aus dem die **IBM** hervorging, die jahrzehntelang die Computerindustrie anführte und den PC entwickelte, das meistverkaufte Computermodell.

Er wurde im Bundesstaat New York in Buffalo geboren und war das Kind deutscher Einwanderer aus der Pfalz. Herman Holerith studierte an der Columbia Universität Bergbauingenieur. Er meldete Patente für die Herstellung von Wellblech und für eine automatische Eisenbahn-Druckluftbremse an.

Nachdem er Arbeit als Statistiker für die Regierung gefunden hatte, musste er sich mit der Speicherung von Daten auf Lochkarten auseinandersetzen. Lochkarten wurden in der Technik schon längere Zeit genutzt, man steuerte damit mechanische Webstühle oder Musikinstrumente. Nach diesen Vorbildern entwickelte er ein System zur Erfassung von Daten auf Lochkarten. Bereits einen Monat vor der Patentanmeldung, am 8. Januar 1889, installierte er eine seiner Anlagen im US-Kriegsministerium.

Die Holerithmaschinen wurden bei der großen Volkszählung 1890/1891 eingesetzt und verkürzten die Auszählung von über fünf Jahren auf vier Monate. Die Maschinen hatte er nicht verkauft, sondern nur vermietet. Eine Vorgehensweise, die noch lange bei IBM beibehalten wurde. Sein erster großer ausländischer Auftrag kam aus Russland, wo zum ersten Mal eine Volkszählung durchgeführt wurde.

Also gründete er 1896 die **Tabulating Machine Company**, er verlor jedoch wegen unangemessen hoher Mietpreise seinen wichtigsten Kunden, das Büro zur Durchführung von Volkszählungen. Eine Klage auf Patentverletzung verlor er und verkaufte daraufhin seine Firma 1911 für 1,21 Millionen Dollar. Seine ehemalige Tabulating Machine Company schloss sich mit der Computing Scale Corporation und der International Time Recording Company zur CTR (Computing Tabulating Recording Corporation) zusammen. Durch Umbenennung wurde 1924 daraus die **International Business Machines Corporation**, IBM.

Webseiten:

http://www.hnf.de/dauerausstellung/1._obergeschoss/galerie_der_pioniere/ t_herman_hollerith.asp
http://www.columbia.edu/acis/history/hollerith.html

Steven Paul Jobs

(geb. am 24.2.1955 in San Francisco)

Steven Jobs ist der Geschäftsführer des Computerunternehmens **Apple Inc.** Er zählt mit zu den bekanntesten Persönlichkeiten des Computerzeitalters. Seine treibende Kraft bei neuen Innovationen ist legendär. So beruhen alle revolutionären Neuentwicklungen der Firma, vom Apple Mcintosh bis zum iPhone, auf seinen Initiativen.

Gegründet hat er die Firma 1976 zusammen mit **Steve Wozniak**. Die beiden wollten damals einen Computer für jedermann bauen und verhalfen damit der Idee des Heimcomputers zu einem ersten erfolgreichen Vertreter, dem **Apple II**.

Steven Jobs gründete auch die Firma **NeXT Computer**, die ein revolutionäres Computermodell, den NeXT Cube, auf den Markt brachte, auf dem übrigens HTML und somit die Grundlage des WWW entwickelt wurde. Die Firma wurde von Apple übernommen. Außerdem war Jobs der Geschäftsführer der Pixar Animation Studios und ist nach deren Übernahme durch Disney der größte Einzelaktionär der **Walt Disney Company**.

Jobs ist der Sohn des syrischen Politikwissenschaftlers Abdulfattah Jandali und der Amerikanerin Joanne Simpson. Die zwei Studenten wollten das Baby mit dem Namen Steven Paulis aus finanziellen Gründen jedoch nicht behalten und gaben es zur Adoption in die Hände von Paul und Clara Jobs aus Mountain View.

Seinen High-School-Abschluss an der Homestead High School in Cupertino machte Jobs 1972. Danach schrieb er sich am Reed College in Portland ein, brach das Studium nach dem ersten Semester jedoch ab. Es folgte eine Zeit der Selbstfindung mit Indientrip und Guru-Ambitionen. Nachdem er 1974 nach Kalifornien zurückkehrte, nahm er an einem Treffen des Homebrew Computer Clubs teil, wo er unter anderen auch Wozniak kennenlernte. Computer für den Homebereich waren damals noch Platinen ohne Tastatur und Anzeigemöglichkeiten.

Jobs und Wozniak nahmen eine Arbeit als Mitarbeiter in der Spielekonsolen-Entwicklung bei Atari an.

Wozniak lötete ein kleines Gerät zusammen, mit dessen Hilfe man kostenlose Ferngespräche führen konnte, und das sie ab 1974 verkauften. 1976 gründeten sie zusammen mit Ronald Wayne in Jobs Garage schließlich die Firma Apple. Mit Apple I produzierten sie den ersten Heimcomputer der Welt, der für 666,66 Dollar auf den Markt kam. Bereits mit Apple II wurde seine Firma 1977 zum wichtigsten Lieferanten von Homecomputern. Apple wurde Aktiengesellschaft und Jobs Geschäftsführer.

Ein neues Rechnermodell, der Apple Lisa (nach Jobs unehelicher Tochter), scheiterte am Markt, weil er zwar revolutionär (grafische Oberfläche), aber mit 10 000 Dollar viel zu teuer war. Erst der Macintosh, preislich günstiger, wurde ab 1984 ein Erfolg. Er war ebenfalls revolutionär und auch der erste kommerziell erfolgreiche Rechner mit einer grafischen Nutzeroberfläche.

Trotz dieses Erfolges verließ Jobs 1985 die Firma Apple wegen innerer Querelen. Er galt stets als sehr launisch und impulsiv. So gründete er kurzerhand eine neue Computerfirma, die er NeXT-Computer nannte, fest davon überzeugt, die Computer von morgen auf den Markt zu bringen.

Obwohl seine neuen Rechner der Zeit weit voraus waren, konnten sie sich nicht durchsetzen, weil ihre Technologie zu ungewöhnlich war und die Softwareschmieden nicht schnell genug die erforderliche Software liefern konnten. So wurde schließlich nur noch das Betriebssystem NeXTStep vertrieben. 1996 kaufte Apple die Firma NeXTStep auf und stellte Jobs wieder ein, allerdings mit einem Jahresgehalt von nur einem Dollar.

Daran hat sich bis heute nichts geändert. Somit gilt er als schlecht bezahltester Geschäftsführer aller Zeiten.

Allein mit dem Verkauf von NeXTStep und den Pixar Studios hat er jedoch ein riesiges Vermögen gemacht und bezieht außerdem große Mengen an Apple-Aktien als Geschenk. Seine neue Arbeit für Apple hat mit Produkten wie dem iMac, dem tragbaren MP3Player iPod, der Jukebox-Software iTunes, dem iTunes Store und dem iPhone die Gewinne von Apple nur so sprudeln lassen. So scheint es, dass er den Computer wirklich in ein neues Zeitalter führt, wie er es schon mit seinen NeXT-Rechnern vorhatte, nur in um eine Größenordnung kleineren Gehäusen.

Webseiten:

http://www.stern.de/computer-technik/computer/536292.html?nv=heads
http://www.tagesspiegel.de/zeitung/Fragen-des-Tages;art693,2106362

Gary Kildall

(geb. am 19.5.1942 in Seattle, gest. am 11.7.1994 in Montery, Kalifornien)

Kildall war, wie so viele seiner Generation, eine der treibenden Kräfte des Computerzeitalters, ohne für seine Arbeit und seine Ideen je den gebührenden Erfolg zu ernten. Was man heute noch vorrangig über ihn erfährt, sind die beiden Aussagen: Er war der Entwickler des Betriebssystems CP/M und der Gründer der Firma Digital Research. Nur die wenigsten wissen, dass er auch GEM entwickelte, eine grafische Oberfläche für DOS, die noch vor Windows auf den Markt kam und auf ihre Weise revolutionär war.

Er promovierte 1972 an der University of Washington im Fach Informatik. Danach arbeitete er als Informatik-Dozent und befasste sich mit der Programmierung der neu entwickelten Mikrocomputer. Er erkannte früh ihre Entwicklungsmöglichkeiten und schuf bis 1974 das erste erfolgreiche Betriebssystem für

Mikrocomputer namens control program/monitor **CP/M**. Später glaubte man oft, die Abkürzung stünde für Control program for microcomputer.

Nachdem IBM nicht bereit war, das System zu kaufen, setzte er es selbst über Kleinanzeigen ab und gründete die Firma Digital Research (DR). Diese Firma gehörte in der Anfangszeit des PCs zu den ganz großen Softwareunternehmen, wurde jedoch später vom Markt verdrängt und schließlich von Novell übernommen.

CP/M war Ende der Siebziger das verbreitetste Betriebssystem der Welt. Es wurde zur Vorlage für die Entwicklung der verschiedenen DOS-Versionen. Bis heute ist nicht geklärt, in wieweit dabei Urheberrechte verletzt worden sind.

Nachdem in Palo Alto die grafische Nutzeroberfläche erfunden worden war, programmierte auch DR einen Ableger, das sogenannte **GEM,** was für Graphics Environment Manager steht. Später folgte dann DR-DOS, das heute noch eingesetzt wird. Der Niedergang war jedoch nicht mehr aufzuhalten, sodass es schließlich zum Verkauf an Novell kam.

Auch sein privates Leben hatte zahlreiche Schattenseiten. Er war zwei Mal geschieden. Seine erste Ehe mit Dorothy McEwen, die ein halbes Jahr nach ihm verstarb, wurde 1963 geschlossen. Sein Sohn Scott wurde 1969 und die Tochter Kristin 1971 geboren.

Es scheint, als hätte sein Privatleben sehr unter den geschäftlichen Misserfolgen gelitten, die er oft nicht einmal verschuldete. Es lag wohl in erster Linie daran, dass er nicht in der Lage war, große Ideen auch als solche zu erkennen und erfolgreich zu vermarkten. Er verstarb mit 52 Jahren am 11. Juli 1994, angeblich an den Folgen einer Schlägerei in einer Motorradkneipe, von denen er sich nicht mehr erholte.

Legendär ist sein Satz geworden: »Fragen Sie doch Bill, warum die Zeichenkette in Funktion 9 mit einem Dollarzeichen endet. Er kann nicht antworten. Nur ich weiß es.«, womit er belegen wollte, dass viele wirtschaftliche Erfolge der Softwareindustrie auf seinen Ideen beruhten.

Webseiten:

http://de.wikipedia.org/wiki/Gary_Kildall

Benoît B. Mandelbrot

(geb. am 20.11.1924 in Warschau)

Der französische Mathematiker polnischer Abstammung ist der Mitbegründer der Chaostheorie und einer der Väter der fraktalen Geometrie, die er in Form von

Computergrafiken sichtbar machte. Seine Arbeiten in diesem Bereich führten zu einer regelrechten Flut an Büchern und Programmen zu diesem Thema. Das bekannteste seiner Fraktale ist die sogenannte **Mandelbrotmenge** oder auch **Apfelmännchen**.

Benoît Mandelbrot entstammt einer jüdischen Familie, die ursprünglich in Polen ansässig war. Seine Mutter war Ärztin und sein Vater Kleiderhändler. 1936 zog die Familie nach Paris. Bereits in jungen Jahren lernte er durch den Unterricht bei zwei seiner Onkel die Mathematik im Detail kennen und entschied sich dafür, sie zu studieren. 1952 promovierte er in diesem Fach an der Pariser Universität.

1958 begann er seine Forschungsarbeit bei IBM. 1987 wurde er an der Universität von Yale Professor für Mathematik.

Webseiten:

http://www.fractal-dome.de/mand.shtml

John von Neumann

(geb. am 28.12.1903 in Budapest (Österreich-Ungarn), getauft wurde er auf den Namen Margittai János Lajos Neumann, gest. am 8.2.1957 in Washington)

Johann Neumann war der Sohn eines jüdischen Bankiers aus Ungarn, dessen Familie durch Kauf eines Titels in den Adelsstand erhoben worden war.

Er war ein hochbegabtes Kind und besuchte in Budapest das deutschsprachige Gymnasium. Bereits mit 17 veröffentlichte er seinen ersten mathematischen Artikel. Er studierte zwar Chemie, interessierte sich aber in erster Linie für die Mathematik. Von 1926 bis 1929 war er der jüngste Privatdozent der Berliner Universität.

Als Mathematiker arbeitet er zunächst bei Hilbert in Göttingen an den Forschungen um die Logik und dem vollständigen Beweis der Mathematik. Als Gödels Unvollständigkeitssatz bekannt wurde, beendete er diese Forschungen und wandte sich der Quantenmechanik zu.

Er lieferte zahlreiche neue Erkenntnisse hinsichtlich der Quantenphysik und der Mathematik, wie zum Beispiel die von ihm entwickelte **Spieltheorie**.

Er arbeitete auch mit am amerikanischen Atombombenprojekt und gehörte zum Kreis derer, die festlegten, wo die Bomben auf Japan abgeworfen werden sollten. An den Weiterentwicklungen bis zur Wasserstoffbombe war er ebenfalls beteiligt. Das brachte ihm die zweifelhafte Ehre ein, Vorbild für Stanley Kubricks Film »Dr. Seltsam oder: Wie ich lernte, die Bombe zu lieben« zu sein. Dabei war er immer ein Mensch, der gerne seine Ideen mit anderen teilte und wenig Wert darauf legte, als Urheber einer Idee bekannt zu werden.

Außerordentliche Verdienste erwarb er sich auch durch seine Arbeiten bei der Entwicklung von Computern. Jeder, der sich ernsthaft mit der Informatik auseinandersetzt, kennt den Begriff der **Von-Neumann-Architektur**. Das ist sozusagen der Bauplan aller modernen Rechner. Nach dieser Idee liegen Programme und zu bearbeitende Daten in einem modifizierbaren Speicher. Dadurch ist es möglich, im Programm ablaufabhängige Sprünge durchzuführen (sogenannte GOTO-Programme). Die Von-Neumann-Architektur beruht auf den Bausteinen Steuereinheit, arithmetischer Einheit und dem Speicher. Zwar hatte Konrad Zuse das Prinzip schon vorher für seine ersten Computer genutzt, aber die wissenschaftliche und mathematische Erforschung des Prinzips erfolgte erst durch von Neumann.

Ab 1949 leitete er am Institute for Advanced Study ein eigenes Computerprojekt, den sogenannten IAS Computer. Hier realisierte er zahlreiche neue Ideen, darunter auch etliche Programmierkonzepte wie Listen, doppelt genaue Zahlen, Sortierfunktionen, aber auch Flussdiagramme. Verwendung fanden seine Computer wiederum im militärischen Bereich. Man sollte allerdings auch erwähnen, dass er mit diesem Rechner auch erstmalig numerische Wettervorhersagen durchführte, unter anderem die erste rechnergestützte 24-Stunden-Wetterprognose.

Bereits 1953 entwickelte J. von Neumann die Theorie der selbstreproduzierenden Automaten. Aus ihr ging die **Theorie der zellulären Automaten** hervor, zu der auch John Conways Spiel Life gehört. Ebenfalls verbunden ist damit die Idee künstlichen Lebens, und Science-Fiction-Autoren malten sich die Eroberung des Alls mit solchen Automaten vor, die sich selbst reproduzieren können, und erfanden dafür den Namen **Von-Neumann-Sonden**.

Webseiten:

http://tams-www.informatik.uni-hamburg.de/applets/baukasten/DA/ VNR_Einleitung.html

Dennis MacAlistair Ritchie

(geb. am 9.9.1941 in Bronxville, New York)

Er entwickelte unter anderem zusammen mit **Ken Thompson** die erste Version des Betriebssystems **UNIX**. Zu vielen Betriebssystemen wurde eine eigene Programmiersprache entwickelt, wie C bei UNIX. Auch daran war er mit Thompson und Brian W. Kernighan beteiligt.

Dennis Ritchie hat an der Harvard Universität Angewandte Mathematik und Physik studiert. In den Bell Telephone Laboratories, wo UNIX entwickelt wurde, arbeitete er seit 1967. Für die Entwicklung von UNIX und C wurde er mehrfach ausgezeichnet.

Webseiten:

http://de.wikipedia.org/wiki/Dennis_Ritchie

Mark Shuttleworth

(geb. am 18. September 1973 in Welkom, Südafrika)

Er ist der Sohn des Arztes Richard und der Hausfrau Ronelle Shuttleworth. Nach dem Besuch des privaten Diocesan College begann er 1991 mit dem Studium der Informatik an der *University of Cape Town*. 1996 machte er dort ein *Bakkalaureus*-Diplom, den niedrigsten akademischen Abschluss. An der Uni lernte er auch das Internet kennen, dessen Potenzial er sofort erkannte. Während er bei **Debian** als Entwickler mitarbeitete, gründete er das Unternehmen **Thawte Consulting**, das erst lokale Unternehmen beim Internetzugang unterstützte und schließlich im Bereich Internetsicherheit und digitale Zertifikate tätig war. Kurz vor dem Zusammenbruch, der von der Interneteuphorie getragenen AGs, verkaufte er sein Unternehmen für 500 Millionen Dollar an VeriSign.

Im Jahr 2000 gründete er **HBD Venture Capitel**. Sein Tätigkeitsfeld, neue Unternehmen zu fördern, machte er in dem Kürzel HBD deutlich, das für here be dragons steht. Ein Kürzel, das Kartografen nutzen, um unerforschtes Teritorium zu kennzeichnen.

Ein zweites Unternehmen, **The Shuttleworth Foundation** (TSF), unterstützt Bildungsprojekte in Südafrika und entwickelte öffentliche Brennautomaten, an denen man Open-Source-Software auf CDs brennen kann, weil die Internetzugänge in Südafrika nicht so verbreitet und breitbandig sind, dass man von dort die Software beziehen könnte.

Mit dem dritten Unternehmen, **Canonical Limited,** unterstützt er die Linux-Distribution **Ubuntu** und andere Projekte der Open-Source-Welt. Das Unternehmen firmiert auf der Isle of Man. Sein Inhaber hat im Februar 2001 Kapstadt verlassen und lebt seitdem in London. Er ist ledig und kinderlos und hat die südafrikanische sowie die englische Staatsbürgerschaft. Außerdem war er der zweite Weltraumtourist.

Webseiten:

Die private Homepage von Mark Shuttleworth ist:

http://www.markshuttleworth.com/
http://www.ubuntu.com/

Andrew S. Tanenbaum

(geb. 1944 in New York City)

A. S. Tanenbaum ist Professor für Informatik an der Freien Universität Amsterdam. Er ist einer der führenden Fachleute, was das Thema Betriebssysteme betrifft. So hat er unter anderem die Betriebssysteme **MINIX** und **Amoeba** entwickelt. Bei dem zweiten handelt es sich um eines der ersten echten verteilten Systeme. Er ist ein Anhänger der Microkernel-Architektur und vertritt diese Meinung vehement.

Seine Kindheit verbrachte er in White Plains, New York. Nach Besuch der dortigen Schule studierte er am Massachusetts Institute of Technology (MIT) in Boston bis zum Abschluss Bachelor. Promoviert hat er 1971 an der University of California in Berkeley. Nachdem er eine Niederländerin geheiratet hatte, zog er nach Amsterdam und nahm dort eine Professorenstelle an. Er war außerdem bis zum 1. Januar 2005 technischer Direktor der ASCI, Advanced School for Computing and Imaging.

Ein besonderer Leckerbissen der Computergeschichte ist sein E-Mail-Briefwechsel mit dem Linux-Erfinder Linus Torvalds, worin er dem Linux-Entwickler Vorwürfe macht, weil er keinen Microkernel verwendet, sondern einen sogenannten monolithischen Kernel.

Webseiten:

http://de.wikipedia.org/wiki/Geschichte von Linux#Andrew Tanenbaum

Linus Benedict Torvalds

(geb. am 28. Dezember 1969 in Helsinki, Finnland)

Er ist einer der bekanntesten Computergrößen unserer Zeit. Und das vor allen Dingen deshalb, weil er bereits als Student die Entwicklung eines neuen Betriebssystems anregte, das nach ihm den Namen **Linux** erhielt. Genauer gesagt hatte er begonnen, einen Kernel zu entwickeln, der frei verfügbar sein sollte.

Linus wurde als Sohn von Anna und Nils Torvalds, Angehörige einer schwedisch sprechenden Minderheit, in Finnland geboren.

Von 1988 an studierte er an der Universität Helsinki. 1991 hatte er sich in den Kopf gesetzt, unter Minix einen Terminalemulator zu schreiben, um sich einfacher in den Unix-Rechner seiner Universität einwählen zu können. Nachdem er auch noch einen Zugriff aufs Diskettenlaufwerk implementiert hatte, kam ihm die Idee, das Programm zu einem Betriebssystemkern weiterzuentwickeln. Er kündigte sein Vorhaben in der Newsgroup comp.os.minix an, um Unterstützung zu finden. Die große Resonanz von Leuten, die ihm dabei helfen wollten, führte schließlich zur Entwicklung von Linux, das seit der Version 0.99.10 unter der GNU General Public License steht.

Berühmt geworden, lebte Linus später mehrere Jahre mit Frau Tove und drei Töchtern in Santa Clara, Kalifornien, bis sie in die Nähe von Portland, Oregon zogen. Von 1997 bis 2003 war er bei Transmeta beschäftigt und arbeitet jetzt bei der **Linux Foundation**, um hauptberuflich an der Weiterentwicklung des Linux-Kernels mitwirken zu können.

Webseiten:

http://www.cs.helsinki.fi/u/torvalds/

Alan Mathison Turing

(geb. am 23.6.1912 in London, gest. am 7.6.1954 in Wilmslow)

Alan Turing ist eine der größten Persönlichkeiten in der Geschichte der Informatik. Und das obwohl es zu der Zeit, als er seine wichtigsten Arbeiten abschloss, Computer im heutigen Sinne noch gar nicht gab. Er war ein hochbegabter Kryptologe, Mathematiker und Logiker. Seine theoretischen Arbeiten zum Computer sind die wichtigsten Grundlagen der theoretischen Informatik. Auf ihn geht der Turing-Test zurück, der sich mit der Unterscheidung Mensch/Maschine befasst und zum Nachweis künstlicher Intelligenz dienen soll, sowie die Turingmaschine, die die Leistungsfähigkeit einer Rechenmaschine darstellt.

Turing hat federführend an der Entschlüsselung des deutschen Enigma-Codes im Zweiten Weltkrieg gearbeitet und das erste Schachprogramm für Computer geschrieben. Alan Turing war der Sohn von Julius Mathison Turing und Ethel Turing. Schon sehr früh fiel auf, dass Alan hochbegabt war, brachte er sich doch angeblich innerhalb von vier Wochen selbst das Lesen bei und beschäftigte sich außerdem viel mit Rätseln. Mit sechs Jahren besuchte er die Ganztagsschule in St. Michaels. Auch hier fiel seine Begabung auf, wie auch am Malborough College, das er danach besuchte. Mit 14 Jahren, also 1926, wechselte er auf das Sherborne-Internat von Dorset.

Während er in den naturwissenschaftlichen Fächern herausragende Leistungen zeigte, hatte er in den geisteswissenschaftlichen frappierende Schwächen. Aus diesem Grund versiebte er einige Prüfungen und bekam einen schlechten Notendurchschnitt, was dazu führte, dass er lediglich das King's College besuchen konnte (von 1931 bis 1936), während er gerne am Trinity College studiert hätte.

1936 veröffentlichte er seine mathematische Arbeit »On Computable Numbers, with an Application to the Entscheidungsproblem«, die sich mit dem Gödel'schen Entscheidungsproblem auseinandersetzte. In dieser Arbeit formulierte er auch die **1-Band-Turingmaschine**, die statt einer Folge von Formeln für die prinzipielle Berechenbarkeit steht. Im Prinzip kann man sich eine Turingmaschine als Papierstreifen, Bleistift und Radiergummi verstellen. Der Streifen erzwingt ein sequentielles Vorgehen. Turing bewies in seiner Arbeit, dass ein solches Gebilde ein universeller Automat ist. Was bedeutet, dass sich damit alle denkbaren Rechenprozesse nachvollziehen lassen. Selbst unlösbare Aufgaben, die dazu führen, dass die Turingmaschine niemals anhält. Lösbare Probleme führen dazu, dass sie nach einer endlichen Zeitspanne stehen bleibt. 1938 und 1939 studierte Turing an der Princeton University, wobei er bereits 1938 dort seinen Doktor über Hypercomputation und Orakel-Maschinen (erweiterte Turingmaschinen) machte.

Während des Zweiten Weltkriegs arbeitete er an der Entschlüsselung verschiedener Geheimcodes mit, unter anderem an dem der Enigma. Seine dabei erzielten Erfolge waren im Grunde kriegsentscheidend.

Kurz vor seinem Tod 1954 befasste sich Turing mit Biologie und den dort vorkommenden mathematischen Zusammenhängen.

Doch das große Computergenie hatte auch eine private Seite, die man zur damaligen Zeit noch nicht tolerieren wollte – er war homosexuell veranlagt. 1952 brach ein junger Mann, zu dem er eine Beziehung hatte, mit einem Komplizen in sein Haus ein. Turing meldete einen Diebstahl. Bei den Ermittlungen kamen jedoch seine sexuellen Vorlieben ans Licht. Wegen »grober Unzucht und sexueller Perversion« wurde er daraufhin angeklagt. Er verzichtete jedoch auf seine Verteidigung und wurde verurteilt. Er bekam die Wahl zwischen Gefängnis und Therapie. Die Therapie, die er gewählt hatte, führte infolge von hohen Östrogendosen zu Depressionen und zur Bildung von Brüsten. Man fand ihn schließlich tot auf seinem Bett, neben einem halb gegessen, mit Zyanid vergifteten Apfel. Allgemein wird angenommen, dass es Selbstmord war, auch wenn seine Mutter immer behauptete, er sei sehr sorglos mit Chemikalien umgegangen.

Angeblich ist die makabre Geschichte vom Ende des großen Computergenies die Grundlage für den Firmennamen Apple und das Logo mit dem angebissenen Apfel.

Webseiten:

http://www.turing.org.uk/turing/
http://www-groups.dcs.st-and.ac.uk/~history/Mathematicians/Turing.html

Joseph Weizenbaum

(geb. am 8.1.1923 in Berlin, gest. am 5.3.2008 in Gröben bei Berlin)

Joseph Weizenbaum war der bekannteste Kritiker der modernen Computertechnologie. Er bemängelte besonders die immer stärker steigende Abhängigkeit, sowie die unbedingte Technikgläubigkeit vieler Computernutzer.

Er ist der Sohn des Kürschnermeisters Jechiel Weizenbaum, der mit seiner Familie 1936 in die USA emigrierte.

Weizenbaum studierte in Detroit Mathematik und arbeitete danach in der noch blutjungen Computerindustrie. Von 1955 bis 1963 war er Systems Engineer im Computer Development Laboratory der General Electric Corporation.

1963 begann seine Tätigkeit als Professor im MIT (Massachusetts Institute of Technology). Hier veröffentlichte er auch 1966 das Programm ELIZA, mit dem er berühmt werden sollte. Ursprünglich war es dafür gedacht zu demonstrieren, wie man natürliche Sprache im Computer verarbeiten kann. Eine Weiterentwicklung des ersten Prototypen mit dem Namen **Doctor** sollte das Beratungsgespräch mit einem Psychologen imitieren. Das gelang recht gut, weil es für einen Computer einfacher ist, Fragen zu stellen, als Antworten zu geben. Die Folge war, dass praktizierende Psychologen allen Ernstes nachfragten, ob sie das Programm nicht als Urlaubsvertretung nutzen könnten. Ihn selbst brachte dieses Erlebnis dazu, intensiver über den Sinn und Unsinn der EDV nachzudenken und er wurde zu einem anerkannten Computer- und Medienkritiker.

Seit 1996 lebte Weizenbaum wieder in Berlin.

Joseph Weizenbaum war Inhaber zahlreicher Ehrendoktorwürden und Mitglied einiger Gesellschaften, die sich mit dem sinnvollen Einsatz der EDV auseinandersetzen.

Webseiten:

http://fiff.informatik.uni-bremen.de/archiv/weizenbaum/wb75.htm
http://www.abendblatt.de/daten/2006/02/03/529883.html
http://www.abendblatt.de/daten/2006/02/03/529878.html?s=1

Konrad Zuse

(geb. am 22.6.1910 in Berlin, gest. am 18.12.1995 in Hünfeld bei Fulda)

Konrad Zuse war von seiner Ausbildung her Bauingenieur. Er gilt jedoch durch den Bau des Computers Z3 im Jahre 1941 als eigentlicher Erfinder des Computers. Er fühlte sich nicht nur als Techniker, sondern auch als Erfinder und Künstler. So hat er zeitlebens gemalt. Diese künstlerische Veranlagung war auch der

Grund für sein Architekturstudium, weil er in diesem Fach Technik und Kunst auf ideale Weise vereint sah.

Er wurde am 22.6.1910 als Sohn von Maria und Emil Zuse geboren. Die Familie zog in das ostpreußische Braunsberg, als der Junge zwei Jahre alt war. Sein Vater hatte dort Arbeit als Postbeamter gefunden. Konrad besuchte das humanistische Gymnasium und versuchte, bahnbrechende Erfindungen zu machen.

Als er in der 9. Klasse war, zog die Familie erneut um, diesmal nach Hoyerswerda, wo er das Realgymnasium besuchte und 1928 mit dem Abitur abschloss. Danach begann er zunächst Maschinenbau an der Technischen Hochschule Berlin zu studieren, wechselte jedoch erst zum Fach Architektur und später zum Bauingenieurwesen.

Nachdem er das Studium 1935 mit einem Diplom abgeschlossen hatte, arbeitete er bei den Berliner Henschel-Flugzeugwerken. Etwa seit dieser Zeit hatte er sich in den Kopf gesetzt, einen Rechner zu bauen, der ihm die Berechnungen der Flugzeugstatik vereinfachen sollte. Sein Z1 war ein rein mechanischer Rechner, der elektrisch angetrieben wurde. Bereits 1938 fertig gestellt, war er nur bedingt brauchbar, weil die mechanischen Bauteile nicht exakt genug arbeiteten.

Trotz Einberufungen konnte er weiter seiner Arbeit nachgehen, weil er als unabkömmlich eingestuft wurde. Für die Flugzeugwerke baute er die Spezialrechner S1 und S2, die Flügelprofile berechnen konnten.

Mit Unterstützung von der Aerodynamischen Versuchsanstalt baute er ab 1940 an seiner **Z2**, einer verbesserten Version mit Telefonrelais. Noch im selben Jahr gründete er seine eigene Firma »Zuse Apparatebau«, um programmierbare Rechner herzustellen. Ab 1941 baute er an seiner Z3, einem vollautomatischen Rechner mit Telefonrelais, der binäre Gleitkommazahlen verarbeitete und programmiert werden konnte. Auf Grund von Untersuchungen ist der Z3 heute als erster richtiger Computer der Welt anerkannt.

Seine Firma samt Z3-Rechner wurde durch einen Bombentreffer zerstört, der im Bau befindliche **Z4** wurde jedoch verschont. Zuse konnte ihn nach dem Krieg fertigstellen und an die ETH Zürich als ersten Computer Europas ausliefern.

Im Krieg entwickelte er noch die erste universelle Programmiersprache der Welt, **Plankalkül,** und heiratete Gisela Brandes, mit der er später fünf Kinder hatte. Für den Neuanfang gründet er die Zuse KG, die erfolgreich Computer herstellte, bis sie von Siemens übernommen wurde.

Nachdem er sich 1964 zur Ruhe gesetzt hatte, frönte er seinem Hobby, der Malerei, und unterstützte den Bau von Modellen seiner ersten Computer Z1 bis Z3. 1969 schrieb er das Buch: »Rechnender Raum«, in dem er sich mit zellulären

Automaten befasste. Er sagte auch voraus, dass man Rechenleistung bald in riesigen Computerfarmen über ein weltweites Netzwerk zur Verfügung stellen würde.

Möchte man seine Leistungen beurteilen, sollte man bedenken, dass er erst nach dem Zweiten Weltkrieg von den Erfindungen von Charles Babbage sowie von Howard Aiken und Alan Turing erfuhr.

Zu seinem Andenken wurden zwei Preise nach ihm benannt. Die **Zuse Medaille** der Gesellschaft für Informatik und die des Zentralverbandes des Deutschen Baugewerbes, die beide für besondere Leistungen auf dem Gebiet der Informatik vergeben werden.

Webseiten:

Seite mit der Simulation des Z3 Addierers:

http://gymoberwil.educanet2.ch/a.hu/projektarbeit/zuse/simu.htm

K.1 Alle Webseiten zum Kapitel im Überblick

URL	Beschreibung
http://www.cs.helsinki.fi/u/torvalds/	Homepage von Linus Torvalds
http://de.wikipedia.org/wiki/Dennis_Ritchie	Wikipedia-Seite von Dennis Ritchie
http://www.tagesspiegel.de/zeitung/ Fragen-des-Tages;art693,2106362	Seite zu Steve Jobs
http://www.whoswho.de/templ/te_ bio.php?PID=122&RID=1	Infos zu Bill Gates
http://www.stern.de/computer-technik/ computer/536292.html?nv=heads	Infos zu Steve Jobs
http://www.tagesspiegel.de/zeitung/ Fragen-des-Tages;art693,2106362	Seite zu Steve Jobs
http://gymoberwil.educanet2.ch/a.hu/ projektarbeit/zuse/simu.htm	Zuse Z3
http://www.fractal-dome.de/mand.shtml	Biografie von Mandelbrot
http://www.mathematik.de/spudema/spudema_ beitraege/beitraege/sujan/babbage.htm	Biografie Charles Babbage
http://privat.swol.de/SvenBandel/Babbage.htm	zum Rechner von Charles Babbage
http://www.hwi-zartbitter.de/archiv/zb0399/ seite90.htm	Seite zu Conways Life
http://de.wikipedia.org/wiki/Geschichte von Linux#Andrew Tanenbaum	Linus contra Tanenbaum
http://www.open7days.de/?p=411	Zu John Backus

URL	Beschreibung
http://hubpages.com/hub/Death_of_Computer_Pioneer_John_Backus	Nachruf auf John Backus
http://fiff.informatik.uni-bremen.de/archiv/weizenbaum/wb75.htm	Webseite über Weizenbaum
http://www.abendblatt.de/daten/2006/02/03/529883.html	Artikel zu Weizenbaum
http://www.abendblatt.de/daten/2006/02/03/529878.html?s=1	Weizenbaum
http://tams-www.informatik.uni-hamburg.de/applets/baukasten/DA/VNR_Einleitung.html	Seite zum Von-Neumann- Rechner
http://www.turing.org.uk/turing/	Seite zu Alan Turing
http://www-groups.dcs.st-and.ac.uk/~history/Mathematicians/Turing.html	Infos zu Alan Turing
http://www.hnf.de/dauerausstellung/1._obergeschoss/galerie_der_pioniere/t_herman_hollerith.asp	Seite zu Holerith
http://www.columbia.edu/acis/history/hollerith.html	Infos zu Holerith
http://www.americanheritage.com/articles/magazine/it/1999 /4/1999_4_56.shtml	Seite über Aiken
http://computer-modell-katalog.de/mark.htm	Seite zu Mark 1
http://www.markshuttleworth.com/	Homepage von Mark Shuttleworth
http://www.ubuntu.com/	Ubuntu-Homepage

ANHANG TEIL IV
Üblicher Anhang

»Bei der Ehefrau schreibt man Anhang: Ehemann. Beim Computer: User«
– Unbekannter Autor

L   Noch mehr Spaß

Kapitel 1:

Zahlensysteme
individuelle Lösung

Captchas
1. Einen Parcours mit dem Mauszeiger nachfahren
2. Mündlich gesprochene Befehle mit der Maus ausführen; z. B. das G anklicken.
3. Einen Spruch oder Reim zu Ende schreiben
4. Eine Scherzfrage richtig beantworten

Eine Frage zu unserem Pseudo-Captcha
Was gegen den Einsatz von SVG für Captchas spricht, ist, dass sie nicht jeder Browser anzeigen kann. Außerdem sieht man natürlich den gesuchten Text im Quellcode, was auch nicht gerade für SVG Captchas spricht – so kann jedes Programm den verschlüsselten Text direkt lesen, was dem Sinn eines Captcha total widerspricht. Wir haben kein Captcha, sondern ein Anti-Captcha entwickelt.

Kapitel 2:

Assembler
individuelle Lösung

Kapitel 3:

Betriebssysteme im Netz
individuelle Lösung

Programmiersprachen im Netz
individuelle Lösung

Kapitel 4:

Logo kontra KTurtle
individuelle Lösung

Back to the Roots

Lösung unter: *Software zum Buch\Noch mehr Spaß\Algol60*

Mehr Spaß an Squeak

individuelle Lösung

Kapitel 5:

Spielen

Eine Seite, auf der man Lemming spielen kann, ist:

http://www.playit-online.de/index.php?site=SC:Game&gid=195

Bei dem Spiel kommt es darauf an, einen bestimmten Prozentsatz der kleinen Burschen ins Ziel zu bringen. Es gibt verschiedene Tätigkeiten: Tunnel graben, Treppen bauen, sperren usw., die man den Lemmingen zuweisen kann. Man sollte es so geschickt machen, dass kaum Lemminge verloren gehen und möglichst viele ins Ziel kommen. Um den Level zu beenden, müssen alle Lemminge verschwunden sein. Die Letzten wird man notgedrungen sprengen, auch eine der möglichen Aktionen.

Einmal Hacker sein

individuelle Lösung

Virtuelle Welten

individuelle Lösung

Kapitel 6:

Grafiken designen

Hier die Adressen einiger Galerien:

http://www.virtualroom.de/

Community:

http://www.zbrush.de

Das Programm POV-Ray ist beispielsweise ein ganz brauchbarer Raytracer, mit dem man 3D-Szenen konstruieren und dann zeichnen lassen kann. Eine Anleitung findet sich bei Wikibooks:

http://de.wikibooks.org/wiki/Raytracing_mit_POV-Ray

Python lernen
Zum Start vielleicht erst mal die offizielle Python-Homepage aufsuchen:

http://www.python.org/

Ein sehr brauchbares Handbuch zum Erlernen der Python-Programmierung findet man bei wikibooks:

http://de.wikibooks.org/wiki/Python-Programmierung

Bei Fragen hilft oft ein Besuch im Python-Forum weiter.

http://www.python-forum.de/

Kapitel 7:

In den Tiefen des Apfelmännchens
FracInt ist ein sehr professionelles Programm zur Untersuchung fraktaler Grafiken. Es liegt bereits in der zwanzigsten Version vor. Außerdem gibt es umfangreiche Dokumentationen zum Programm sowie weiterführende Anregungen. Die Homepage ist:

http://spanky.triumf.ca/www/fractint/FRACTINT.HTML

Papiertiger
individuelle Lösung

Logo macht Spaß
Bei Wikibook gibt es auch ein gutes Lehrbuch zu Logo:

http://de.wikibooks.org/wiki/Logo

Kapitel 8:

Neuronale Netze
Interessante Anwendungen für Neuronale Netze findet man auch im Internet auf zahlreichen Seiten. Beispiele dafür sind:

http://www.artifin.de/
http://www.andreas-mielke.de/nn.html
http://www.seo-united.de/blog/internet/kolumne/kuenstliche-neuronale-netze-und-suchmaschinen.htm
http://www.pcwelt.de/cebit/news/74035/

ELIZA mal anders

individuelle Lösung

Virtuelle Lebewesen

Das ist ein sehr weites Feld. Hier noch einige An- und Abregungen:

http://www.pressetext.ch/pte.mc?pte=070914016
http://www.mip.sdu.dk/~hhl/facts.html
http://www.sueddeutsche.de/leben/artikel/944/143623/
http://www.vpet.de/
http://www.starpet.de/

Kapitel 9:

Das Rad des Lebens

individuelle Lösung

Java-Programmierung am Life Programm

Bei solch einem Projekt ist es immer lehrreich, sich Anregungen bei anderen Programmen zu holen. Ein solches Programm mit sehr interessanten Funktionen findet man auf der folgenden Seite:

http://psoup.math.wisc.edu/Life32.html

Kapitel 10:

Weitere Projekte unter coding4fun

Bisher gibt es schon die Projekte:

- **Clubsite4Fun**
  Egal, ob Dorffußball oder Angelverein, der Club braucht eine Seite im Internet. Wie man das richtig anfängt, kann man bei diesem Projekt lernen.

- **Rocket Commander**
  In die Geheimnisse der Spieleprogrammierer werden alle die eingeweiht, die an diesem Projekt teilnehmen.

- **AntMe**
  Die Ameisensimulation haben wir in diesem Buch besprochen.

- **XNA Programmierung**
  Richtige Konsolenspiele programmieren, die man dann auch auf der X-Box spielen kann. Der Traum eines jeden Spielefans. Mit diesem Projekt wird er Wirklichkeit.

Es sollen weitere tolle Projekte folgen.

Hilfe und Community
individuelle Lösung

L.1 Webseiten zu »Noch mehr Spaß«

URL	Beschreibung
http://www.playit-online.de/index.php?site=SC:Game&gid=195	Lemmings online
http://www.nur-games.de/	Lemmings zum Downloaden
http://www.python.org/	Python-Homepage
http://www.thomas-guettler.de/vortraege/python/einfuehrung.html	private Python-Seite
http://www.python-forum.de/	Python-Forum
http://www.cootey.com/fractals/index.html	Fraktale
http://www.fractalus.com/ifl/	Fraktale
http://www.ginko.de/user/kremer/karsten/d/ap-gal.htm	Apfelmännchen-Seite
http://www.fim.uni-linz.ac.at/lva/rus/CellulareAutomaten/gol.htm	interessante Life-Seite
http://www.mathematische-basteleien.de/gameoflife.htm	tolle Game of Life-Seite
http://alphard.ethz.ch/Hafner/PPS/PPS2001/Life/Life2.htm	Ausführliche Life-Seite

M Fachbegriffe

3D-Spiel Bezeichnung für ein Computerspiel, das eine dreidimensionale Umgebung für eine Spielhandlung realisiert. Nicht alle als 3D-Spiele bezeichneten Spiele sind echte 3D-Welten. Manche (Pseudo 3D-) Spiele arbeiten auch mit perspektivisch gezeichneten Abbildungen und Abbildungsteilen.

Ada Streng typisierte Programmiersprache mit objektorientierten Elementen. Sie wurde vom amerikanischen Verteidigungsministerium in Auftrag gegeben und von Jean Ichbiah bei der französischen Firma Honeywell Bull in den 70er-Jahren entwickelt. Ihren Namen erhielt sie zu Ehren von Lady Ada Lovelace (1815–1852), einer Tochter von Lord Byron und Mitarbeiterin von Charles Babbage, die als erste Programmiererin der Welt gilt.

Algol war eine der ersten höheren Programmiersprachen. Sie wurde von 1958 bis 1963 auf Basis internationaler Zusammenarbeit hauptsächlich für mathematische Belange entwickelt. Es gab zahlreiche Versionen, die bis in die 80er-Jahre genutzt wurden.

API Das Application Programming Interface stellt Objekte und Methoden zur Programmierung innerhalb einer Sprache bereit und realisiert somit in gewisser Weise ein Framework für die Programmierung in dieser Sprache.

Blender Aus den Niederlanden stammendes Open-Source-Programm für 3D-Grafik und Animationen. Es ist sehr leistungsfähig, aber aufgrund seiner eigenwilligen Nutzerführung nicht sehr weit verbreitet.

Bytecode Der mit Smalltalk und später wieder mit Java aufgekommene Begriff bezeichnet einen plattformunabhängigen Code, der vom Java-Compiler erzeugt und vom Java-Interpreter ausgeführt werden kann.

C ist eine imperative Programmiersprache, die 1971 von Dennis Ritchie im Rahmen der UNIX-Erstellung entwickelt wurde. Es ist eine kleine Sprache, die auf Grund der Betriebssystemnähe sehr schnelle Programme liefert. Die objektorientierte Version heißt C++.

C# Von Microsoft entwickelte objektorientierte und C-ähnliche Sprache. Sie ist nahe mit Java verwandt.

Class (dt.: Klasse) Definition von gemeinsamen Merkmalen einer Objektart. Durch Instanziierung werden daraus Objekte (Instanzen) erzeugt. In der Klassendefinition werden die Attribute und Methoden festgelegt, die allen Objekten der Klasse gemeinsam sind. Zusätzlich werden die Schnittstellen und die Superklasse festgelegt. Das ist die Klasse, von der die aktuelle Klasse erbt.

Comment (dt.: Kommentar) Die Erklärungen vom Programmierer, die anderen Programmierern helfen sollen, ein Programm zu verstehen. Kommentar wird vom Compiler ignoriert. In Java werden einzeilige Kommentare mit // und mehrzeilige durch /*... */ gekennzeichnet.

Compiler Ein Programm, mit dem der Quellcode in Code übersetzt wird, der vom Computer ausgeführt werden kann. Der Java-Compiler übersetzt Quellcode in Java-Bytecode.

Computerspiele Computersoftware, die ausschließlich der Unterhaltung dient.

Constructor Der Konstruktor ist eine Methode, die bei der Objekterzeugung aufgerufen wird. Dem Konstruktor können Parameter mitgegeben werden, er kennt jedoch keinerlei Rückgabe (in Java auch kein void). Er hat in Java immer den gleichen Namen wie die Klasse selbst. Es kann mehrere Konstruktoren in einer Klasse geben, die sich jedoch über die Signatur unterscheiden müssen. Konstuktoren werden bei der Instanziierung einer Klasse aufgerufen.

CVS steht für Concurrent Versions System. Es ist ein wichtiges Werkzeug, um im Team Software entwickeln zu können. Es baut auf verschiedenen Bestandteilen auf. Meist sind das ein Workflow-Manager, eine Branch-Verwaltung und eine Zugriffs- und Freigabesteuerung. Ein Branch repräsentiert den aktuellen Stand eines Projekts. Die Eclipse-Workbench kann beim Einsatz von Eclipse mit CVS eine Sicht auf einen Branch darstellen.

Declaration (dt.: Bekanntmachung) Bekanntmachung von einer Instanz oder Variablen/Konstanten aus primitiven Typen. Es wird weder Speicherbereich reserviert, noch werden Methoden implementiert.

Definition (dt.: Definition) Die Definition reserviert den Speicher und implementiert die Methoden, welche die Deklaration bekannt gemacht haben.

Distributed (dt.: verteilt) Verteilte Anwendungen laufen in mehr als einem Adressraum.

Exception (dt.: Ausnahme) Ein unerwartetes Ereignis in der Ausführung von Programmen, meist ein Fehler. In Java werden solche Exceptions mittels der Schlüsselwörter »try«, »catch« und »throw« behandelt.

Fleißige Biber Es handelt sich um Turingmaschinen, die möglichst viele Einsen auf das Band der Turingmaschine schreiben, bevor sie anhalten.

Forth Eine stackorientierte Programmiersprache, die in erster Linie für Steuerungsaufgaben Verwendung findet.

Instanz Anderer Begriff für Objekt. Der OOP-Fachmann sagt: »Ein Objekt ist die Instanz einer Klasse.«

Interpreter (dt.: Interpreter) Ein Programm, das den Quellcode direkt ausführt. Dabei führt der Interpreter die vorliegenden Instruktionen des Quellcodes mit eingebauten Funktionen im eigenen Adressraum aus.

Instanzvariable Variable, die in einer Klasse, aber außerhalb von Methoden definiert und nicht statisch ist. Sie speichert eine Eigenschaft des Objektes und kann mit Getter-Setter-Methoden genutzt werden.

J2EE J2EE steht für Java to Enterprise Edition. Darunter versteht man das Entwicklerpaket, mit dem verteilte Anwendungen entwickelt werden können. Das gelingt mit Einsatz von Applikationsservern, wie Oracle 9i/AS, Tomcat oder JBoss und Techniken, wie HTML-Seiten, JSP und Servlets. Unterstützt wird J2EE von Plugins, wie MyEclipse Enterprise Workbench oder Lomboz.

JAE Unter »Java Application Environment« versteht man die Quellcodeversion der Java-Laufzeitumgebung.

Jar Java-eigene Endung für das Zip-Archivformat gepackter Dateien. Das Format kann mit jedem Zipper-Entzipper bearbeitet werden.

JavaSoft Eine Tochterfirma von Sun, die mit der Weiterentwicklung und dem Vertrieb von Java beschäftigt ist. Ihr exakter Firmenname ist Sun Microsystems, Inc., Java Software Division.

JDC Sun hat mit dem Java Developer Connection einen Dienst für Entwickler, bei dem Preisnachlässe, Fachliteratur, Informationen über Bugs, Online-Lehrgänge und frühzeitiger Zugang zu neuen Produkten geboten werden.

JDK Das Java Development Kit ist als Sammlung von Klassen und Methoden die wichtigste Grundlage für die Entwicklung mit Java. Mit dem JDK können Applets und Anwendungen in Java geschrieben werden.

JRE (dt.: Java-Laufzeitumgebung) Das Java Runtime Environment besteht aus der virtuellen Java-Maschine, den Java-Kernklassen und zugehörigen Dateien.

JVM Abkürzung für Java Virtual Machine, also virtuelle Java-Maschine. Es ist der Teil der Java-Laufzeitumgebung, der die lauffähigen Java-Programme interpretiert. Eine virtuelle Maschine, ein Software-Element, das es bereits lange vor der Erfindung von Java gab, stellt eine einheitliche Plattform für entsprechende Programme auf allen Betriebssystemen dar.

Klasse Klassen sind die Baupläne für Objekte. Anhand einer Klasse kann man konkrete Objekte erzeugen lassen. Klassen besitzen Attribute in Form von Variablen, welche die inneren Daten eines Objektes beinhalten. Sie geben den Zustand eines Objektes wieder. Das Verhalten eines Objektes ist in der Klasse durch Methoden festgelegt. Die Methode, die aus der Klasse ein Objekt erzeugt, nennt man Konstruktor und den Vorgang instanziieren. Der Konstruktor ist eine Klassenmethode und

keine Instanzmethode. Man erkennt das an seinem static-Attribut. Klassen können ihre Attribute und Methoden an andere Klassen vererben.

Klassenvariable Eine Variable, die nicht zu einer einzelnen Instanz gehört, sondern zur Klasse (Smalltalk). Für alle Objekte der Klasse sind ihre Klassenvariablen sichtbar. In Java sind es in erster Linie Konstanten, die so genutzt werden, um klassenspezifische Attribute unabhängig von einer Instanziierung dieser Klasse zur Verfügung zu stellen, z. B. Color.white, was die weiße Farbe zurückgibt.

Künstliche Neuronale Netze Softwarekonstruktionen, die den natürlichen Neuronennetzen der Säugetiergehirne nachempfunden sind.

Life Das Spiel Life von John Horton Conway ist ein zellulärer Automat, der aus einer zweidimensionalen Welt und Steinen mit drei Regeln besteht. Kurz nach seiner Erfindung war es das verbreitetste Computerprogramm seiner Zeit.

Lisp Alte funktionale Sprache, die in erster Linie für Programme der künstlichen Intelligenz Verwendung fand.

Literal kommt als Wort aus dem Lateinischen. In der Informatik bezeichnet man damit konkrete Inhalte wie Texte und Zahlen, die direkt vorliegen. Oft werden sie in bestimmter Form dargestellt, z. B. »Text« oder 10.0f, damit ihr Typ für die Maschine erkennbar ist.

Method (dt.: Methode) Anweisungsblock, der den funktionellen Teil von Objekten ausmacht. Sie existieren nur innerhalb von Klassen und ihren Objekten. Bei den prozeduralen Programmiersprachen sind es die Funktionen, die den Methoden entsprechen.

Microsoft Von Bill Gates gegründetes Softwareunternehmen, das die Betriebssysteme MS DOS und Windows entwickelt hat und vertreibt. Es ist das erfolgreichste Unternehmen der Welt.

Object (dt.: Objekt) Das Objekt ist die logische Einheit in der objektorientierten Programmierung, die Funktion (Methoden) und Daten unter einem Namen zusammenfasst. Objekte können voneinander Daten und Methoden übernehmen (vererben).

OOD (dt.: objektorientierter Entwurf) Das Object Oriented Design ist das Designverfahren der OOP zur Projektion der realen Welt auf die zu entwickelnde Software. Es arbeitet mit Klassen, Objekten und Methoden.

OOP (dt.: objektorientierte Programmierung) Programmierparadigma, mit dem das OOP in Programme umgesetzt wird.

Pascal Von Niklaus Wirth entwickelte prozedurale Sprache, die in erster Linie in der Ausbildung verwendet wurde.

Persistenz Unter Persistenz versteht man eine Objekteigenschaft. Es ist die Existenz von Objekten über die Laufzeit eines Programms hinaus.

Process Ein Geschehen in einem virtuellen Adressraum, der wenigstens einen Thread enthält.

Prompt Bereitschaftszeichen in der aktuellen Zeile. Man spricht vom DOS-Prompt in der DOS-Konsole u. Ä. Ein häufiges Promptzeichen ist >. Darüber hinaus gibt es auch andere Prompts, wie z. B. das BWBasic Prompt:

```
bwBASIC:_
```

Qualifizieren Von »Qualifizieren« redet man, wenn ein Name aufgrund seines Zusammenhangs im Namensraum festgelegt wird. Man findet die Qualifizierung z. B. bei Webnamen und nennt sie hier Adressierung. Ein Beispiel wäre

www.galileocomputing.de. Man findet sie aber auch bei der OOP, um Objekte, Methoden oder Variablen adressieren zu können. Hier spricht man von Referenzierung oder Qualifizierung, wobei man vom Referenzieren meistens spricht, wenn Werte übertragen werden, z. B. beim Referenzieren von Variablen. Ein Beispiel wäre **this.höhe = höhe**. Eine Qualifizierung wäre dagegen **java.awt.Frame.**

Rechnervirtualisierung Meist mit einer speziellen Software realisierte Simulation eines eigenständigen Rechners in einer laufenden Betriebssystemumgebung. Auf diesem virtuellen Rechner kann ein weiteres Betriebssystem installiert und genutzt werden. Bekannte Systeme sind: VMware, VirtualBox, VirtualPC und Xen.

Runtime System (dt.: Laufzeitsystem) Konkret verwendbare virtuelle Maschine mit allen notwendigen Softwareelementen, um Anwendungen ausführen zu können. Das JRE ist das »Java Runtime System«.

Second Life Im Internet realisierte virtuelle Welt, die man aufsuchen, in der man sich bewegen und Kontakte knüpfen kann.

Sichtbarkeit Der Teil des Quellcodes, in dem eine bestimmte Variable verfügbar ist. Das kann ein Block sein, eine Methode, eine Klasse oder ein ganzes Package.

Smalltalk Rein objektorientierte Programmiersprache, die ursprünglich nur als Interpretersprache auf Basis einer virtuellen Smalltalkmaschine verfügbar war. Konnte sich nicht endgültig durchsetzen und wird heute hauptsächlich in der OOP-Schulung genutzt.

Styleguide bezeichnet eine Sammlung von Anweisungen zur Erstellung von Dokumenten oder Programmen. Durch die Festlegungen erreicht man eine Vereinheitlichung.

Superclass (dt.: Superklasse) Superklasse einer bestimmten Klasse ist die Klasse, von der die bestimmte Klasse abgeleitet worden ist.

Thread Begriff, der sich insbesondere mit Java durchgesetzt hat. Man versteht darunter einen zusammenhängenden Teilstrang im Programmablauf. Früher hat man Prozess und Thread gleichgesetzt. Heute versteht man etwas anderes unter den beiden Begriffen. So kann ein Prozess mehrere Threads beinhalten. Threads können nebenläufig sein, das heißt, parallel oder semiparallel ausgeführt werden.

TurboC Von der Firma Borland entwickelte und vertriebene Version der Programmiersprache C.

TurboPascal Von der Firma Borland entwickelte und vertriebene Pascal-Version.

Turingmaschine Sie ist der denkbar einfachste universelle Rechenautomat. Also eine Maschine, mit der man alles errechnen kann, was errechenbar ist. Ihre Erfindung geht auf den englischen Mathematiker Alan Turing zurück.

Variable Ein »Datenbehälter«, der Daten variabel unter einem bestimmten Namen zur Verfügung stellt. Variablen haben einen Typ, wobei man zwischen einfachen (int) und komplexen Typen unterscheidet (Object). Wichtig bei den Variablen ist außerdem die sogenannte Sichtbarkeit, der Gültigkeitsbereich, innerhalb dessen sie genutzt werden können.
→ Instanzvariable, Klassenvariable.

VB Abkürzung für VisualBasic. Es handelt sich um einen von Microsoft entwickelten Basic-Dialekt, der weit verbreitet ist.

VirtualBox Programm zur Rechnervirtualisierung von der Firma InnoTek.

VM Abkürzung für **virtuelle Maschine**. Es handelt sich dabei um eine Software, die als einheitliche Schnittstelle einen virtuellen Rechner auf einem bestehenden System realisiert. Es gibt zwei Formen. Einmal wäre da die VM als virtueller Rechner, auf dem ein Betriebssystem installiert werden kann. Eine andere Form ist die VM einer Programmiersprache, die einen Pseudocode in Maschinen umsetzt und so systemunabhängige Software möglich macht.

VR Abkürzung für Virtual Reality, zu Deutsch virtuelle Realität. Gemeint ist eine künstliche Welt, die ein Computerprogramm für seinen Nutzer erzeugt.

Zelluläre Automaten sind Konstrukte aus einfachen Elementen, die Gruppenverhalten zeigen. Der bekannteste zelluläre Automat ist das Spiel Life von Conway.

ZIP ist ein Komprimierungsverfahren, das Dateien in einer Archivdatei zusammenstellen kann. Es wurde 1989 von dem Amerikaner Phil Katz eingeführt. Die Programme PKZIP (komprimieren) und PKUNZIP (dekomprimieren) gehörten zu dem System. Da es eine PD Soft2ware ist, gibt es das System heute in verschiedensten Versionen. Es wird auch von Java unterstützt, vor allem in Form der Java eigenen **Jar**-Dateien.

M.1 Webseiten zum Thema »Fachbegriffe«

URL	Beschreibung
http://www.wikipedia.de	Lexikon im Internet
http://lexikon.meyers.de/meyers/Meyers:Meyers_Lexikon_online	Meyers Online-Lexikon
http://www.woxikon.de/	Wörterbuch und Lexikon
http://www.at-mix.de/	Internet-Lexikon
http://www.biologie-lexikon.de/	Biologie-Lexikon (NN und Gehirn)
http://www.computerlexikon.com/	Computer-Lexikon
http://www.bildungsserver.de/zeigen.html?seite=1672	Computer-Lexikon
http://www.vokabularium.de/	Wörterbuch

Index

EDV-Grundlagen, Programmierung, Mediengestaltung

Praxisorientiertes Lehr- und Nachschlagewerk

Für Fachinformatiker der Bereiche Anwendungsentwicklung und Systemintegration

Sascha Kersken

IT-Handbuch für Fachinformatiker

Der Ausbildungsbegleiter

3., aktualisierte und erweiterte Auflage

Das Buch vermittelt alle Grundlagen der Informationstechnik wie sie Fachinformatiker in Ihrer Ausbildung benötigen: Computerhardware, Betriebssysteme, Netzwerktechnik, -protokolle und -anwendungen sowie Grundlagen der Programmierung werden ebenso wie das Thema Datenbanken und Multimedia berücksichtigt.

1114 S., 3. Auflage 2008, 34,90 Euro, 59,90 CHF
ISBN 978-3-8362-1015-7

>> www.galileocomputing.de/1234